UNA BIOGRAFÍA

BARCELONA

ENRIC CALPENA

〔西〕恩里克·卡尔佩纳 著

王晨颖 译

巴塞罗那传

北京大学出版社
PEKING UNIVERSITY PRESS

本书所表达的与加泰罗尼亚相关的政治观点均为作者个人意见,不代表译者及北京大学出版社的观点。

特此声明。

© Enric Calpena Ollé, 2015
© Editorial Planeta, S. A. (2015)
Ediciones Destino es un sello de Editorial Planeta, S.A.
Diagonal, 662-664. 08034 Barcelona

此书献给那些已经逝去而我却希望依然健在的人，
献给所有还在我身边的我爱的人，
特别是用爱和耐心帮助我完成这部书的马克斯和赫玛。

目 录

序 言　一段深刻的人类历史　　　　　　　　　　　　001

第一章　漫长的孕育期　　　　　　　　　　　　　　001
　　聪明的巴塞罗那早期居民　　　　　　　　　　　　003
　　巴塞罗那平原　　　　　　　　　　　　　　　　　006
　　拉耶达尼亚人　　　　　　　　　　　　　　　　　008

第二章　罗马时期的巴希诺城　　　　　　　　　　　017
　　罗马与迦太基:巨人间的较量　　　　　　　　　　019
　　埃布罗河协议　　　　　　　　　　　　　　　　　021
　　汉尼拔将军带领战象穿越加泰罗尼亚　　　　　　　023
　　罗马化进程　　　　　　　　　　　　　　　　　　025
　　尤利乌斯·奥古斯都钦定法温蒂雅巴希诺殖民地　　027
　　巴希诺城　　　　　　　　　　　　　　　　　　　029
　　早期居民　　　　　　　　　　　　　　　　　　　031
　　市民生活的中心:奥古斯都广场　　　　　　　　　033
　　巴希诺城人怎样生活?　　　　　　　　　　　　　035
　　贵族卢西奥·米尼西奥·纳塔尔·瓜德罗尼奥和他的赶车奴隶　037
　　坟墓间的道路　　　　　　　　　　　　　　　　　040
　　向海敞开的大门　　　　　　　　　　　　　　　　042
　　王冠之城　　　　　　　　　　　　　　　　　　　044
　　建筑热潮　　　　　　　　　　　　　　　　　　　047

  基督信仰的一神教   048

第三章　西哥特人　055

  加拉·普拉西提阿：一件价值连城的珍宝   058
  巴希诺，西罗马帝国的最后一座堡垒   061
  巴切诺那   063
  两座大教堂   066
  巴切诺那的发展：郊区的出现   069
  社会中的不平等   071
  保罗叛乱   073
  犹太人的复仇   075

第四章　巴希卢那　079

  巴塞罗那归降   084
  比利牛斯山区的穆斯林   086
  清真寺和麦地那巴希卢那的集市   088
  边境地区   092

第五章　加洛林王朝统治下的巴塞罗那　099

  巴希罗那的第一位伯爵   102
  塞普蒂马尼亚的贝尔纳尔多伯爵   106
  陷入混乱的巴塞罗那   110
  "毛人"威弗雷多   114

第六章　逐渐演变为首都的城市　121

  巴塞罗那伯国   123
  巴塞罗那被毁的那一年   130
  巴塞罗那兰迪亚或加泰罗尼亚   133

独立早期 136
　　一对年轻却野心勃勃的夫妇：拉蒙·博雷尔和卡尔卡松的艾尔梅森达 138
　　贝伦格尔·拉蒙一世与艾尔梅森达的摄政 142
　　周旋于祖母及女人之间的拉蒙·贝伦格尔一世 144
　　从"亚麻头发"到拉蒙·贝伦格尔三世大帝 148

第七章　大飞跃 153

　　平常日子 155
　　"委员会"的出现使一切秩序井然 157
　　对外政策 158
　　阿拉贡联合王国 161
　　新加泰罗尼亚 162
　　游客视角下的巴塞罗那 165
　　城墙内外 167
　　巴塞罗那商人 169
　　佩德罗二世，好战的国王 177
　　海梅国王 179
　　征服马洛卡王国 180
　　巴塞罗那，加泰罗尼亚的首都 182
　　征服巴伦西亚 183
　　百人市政会 184
　　新城墙 186
　　海商贸易事务所 189
　　"三只手" 191
　　巴塞罗那的犹太人 193
　　乞丐 194
　　奴隶 195
　　征服西西里王国 196

大卫和歌利亚的战斗：法国人的溃败	197
市民暴动	198
未完工的城墙	200
艰难光景	201
黑死病	202
海洋圣母圣殿	205
加泰罗尼亚议会	207
"漫不经心"的胡安一世和他的文人内阁首相	210
1391年对犹太人的肃清运动	210
教宗和圣徒：国王的顾问	213
卡斯佩协约	216

第八章 发展的危机 219

百人市政会的法令	221
1413年宫廷议会：协约主义的巩固	232
阿方索，文艺复兴时期的国王	239
两个政党：比卡与布斯卡	242
王朝冲突	247
波恩区里的骑士世界	251
圣克鲁斯医院	253
"天主教徒"费尔南多二世	258
佃农阶层：一次失败的弑君尝试	262
宗教裁判所	264
发现美洲所带来的影响	266
抽签选举	267
卡洛斯入主巴塞罗那	270
海盗	276
耶稣会	279

土耳其人的威胁和勒班陀海战	283
城墙之内的424条街及最著名的安普勒大街	285
疾病防治委员会	287
巴塞罗那：世界上最美丽的城市之一	291

第九章　关于灾难　　　　　　　　　　　　　　297

加泰罗尼亚总督辖区	299
法国移民	301
一个暴力的社会：盗匪猖獗	306
1626年宫廷议会	311
加泰罗尼亚战争	318
加泰罗尼亚政府主席保·克拉里斯	321
收割者战争	324
西班牙军队的进入	328
一个疯子是如何赢得一场战役的，以及战争中的其他偶然因素	329
保·克拉里斯中毒身亡	333
苦难的一年	335
波恩区的巴塞罗那	340
历史上的第一次"世界大战"：王位继承战争	353
巴塞罗那宫廷议会	359
国王卡洛斯进入巴塞罗那	363
赫奥瓦尼·赫梅利：1708年的巴塞罗那及城里的歌剧表演	365
战争的终结	367
加泰罗尼亚人的战争	372

第十章　关于贸易　　　　　　　　　　　　　　397

反扑报复：《新基本法》、地籍税及休达德拉城堡	400
黑暗年代	408

城市的变迁 411
　　贾科莫·卡萨诺瓦在巴塞罗那 417
　　第一次工业革命开始 422
　　巴塞罗那的人口"爆炸" 435
　　在巴塞罗那举行的王室"集体"婚礼 438
　　法国战争 442

第十一章　在动荡中觉醒 471
　　觉醒的巴塞罗那 473
　　"让我们坚定不移地走立宪的道路,朕将身先士卒" 477
　　极端保皇党人 486
　　皇家宪章 491
　　一切都要返本还原 493
　　巴塞罗那——西班牙最大的城市,变革的风向标 501
　　塔尔雷斯巡逻队及"热巧克力蘸饼干" 514
　　巴塞罗那人的娱乐:斗牛、热气球、戏剧 520
　　巴塞罗那的梦想:拆除城墙 526
　　扩建巴塞罗那 530
　　一段属于自己的历史 534
　　小伙子们,去非洲! 545
　　拉开变革的架势 552
　　黄金时期 557
　　1888 年世界博览会 561
　　巴塞罗那,开足马力 563
　　新式现代风格 566

第十二章　一座崭新的城市 575
　　全速发展 577

关闭钱箱	580
"加泰罗尼亚万岁!"或"西班牙去死!"	582
悲惨一周	591
新哥特区	595
高迪的神话	598
电影制作人和剧作家——阿方索十三世	603
加泰罗尼亚共同体	604
第一次世界大战:一个出奇繁荣的时代	607
一场噩梦	610
普里莫·德·里维拉的独裁及1929年的国际博览会	615
海市蜃楼般的加泰罗尼亚共和国	620
加泰罗尼亚共和政府	624
内战前的紧张局势	628
1936年7月19日叛乱详录	635
加泰罗尼亚反法西斯军人中央委员会	639
轰炸下的巴塞罗那	643
佛朗哥军队进入巴塞罗那	645
20世纪50年代的移民	649
对佛朗哥政权的回击	650
变化的风潮	653

致　谢　　　　　　　　　　　　　　　　　　　657

序 言
一段深刻的人类历史

喜欢上一座你在那里出生并度过童年的城市很容易，因为那里积累了你的回忆和个人经历，你自然会带着感情去看她的街道、广场、商店、酒吧、教堂、博物馆，感受她的味道和洒在她身上的阳光，所有的一切都已经成为你自身的一部分。巴塞罗那是世界上为数不多的有着超凡魅力的城市之一，她能让不住在那里的人以及从来没在那儿生活过的旅行者、观光客、过路人喜欢上她。很难遇到哪个人不对巴塞罗那印象深刻。有人会认为这是因为巴塞罗那的阳光，但他们可能并未领略过巴塞罗那灰色的冬日；也有人认为是因为巴塞罗那将小资格调、巴黎气质和地中海风情完美融合；还有人认为是因为她随处可见的古迹、街道，如格拉西亚大道、加泰罗尼亚大道等。但不管人们的意见有多么不同，大家都一致认为巴塞罗那人民和蔼可亲、热情好客。

这一切是真的吗？巴塞罗那真有这么特别？或仅仅是因为她正处在前所未有的辉煌时期？这座城市崛起在一个古老的欧洲已失去了昔日重要性的时代，一个地中海地区问题频发、找不到出路的时代。巴塞罗那崛起在21世纪最初的十余年里。身份及文化的混杂是这个年代的典型特征，而这种混杂也造成了难以维持的紧张局面。虽然巴塞罗那也曾陷入这样的僵局，但她依然脱颖而出，大放异彩，让人流连忘返。

巴塞罗那不是千篇一律的。在这里有着风格迥异的多种氛围，让你很难找不到一种自己喜欢的，也很难不欣赏她的多样性。总之，巴塞罗那是一座面积不大的城市,在约100平方公里的土地上汇集着多种不同的风格,让你可以从不同的视角感受同一事物,比如说,你可以从不同的角度来欣赏日出。

天亮时,幸福的情侣和凄惨的醉鬼都踩上了波加特尔海滩冰冷的沙子,这座弥漫着硝石气味、被海浪轻抚的城市向大海展开了自己的怀抱。佩德拉尔韦斯区则截然相反,那里豪宅林立,犬吠声不绝于耳,行人的脚步声回荡在街道中。宿醉的人坐在革命广场的长凳上吸着最后一支烟,看着急匆匆赶去上班的人们。扩展区运送货物的小货车嘈杂地行驶在笔直的街道上,频繁地穿梭于各种现代主义建筑之间。

这些截然不同的场景并不是凭空产生的。巴塞罗那在两千年前形成,经历了不断的变化,直到拥有现在的样子。很难想象,看起来这么不起眼的地方最终会变成一座如此令人着迷的城市。或许一张地图有助于我们了解巴塞罗那,谷歌地图就可以提供这种帮助。如果我们从相当高的高度俯瞰巴塞罗那,会发现她是浅栗色的,被镶嵌在浓密树林覆盖着的山峦和大海之间。如果再提升一些高度,我们会发现她其实就是由两条河流冲击而成的陆地的一部分。如果我们从海上看巴塞罗那,会发现她左侧的河流较宽,右侧的河流较窄,而且右侧的河流恰好流经环绕巴塞罗那的山脉外侧。如果我们继续提升高度并变换视角,会发现巴塞罗那坐落于一片平原之上,这也是南北绵延数百公里的海岸地区唯一的平原。

虽然飞机和卫星都是近期才出现的,但人们自古就熟知巴塞罗那的地形。千百年来,生活在这片平原上的男男女女深知这是一片优选之地,这里被河流、小溪环绕,土壤肥沃,大海更是提供了天然屏障和便利交通。此外,巴塞罗那临靠的地中海,温和平静,适合航行,丝毫不具有破坏性。地中海在人类文明史上的重要性一直延续到16世纪才开始消退,现今,虽然它已经不如500年前那样重要,但依然在我们生活的星球上发挥着不容忽视的作用。

巴塞罗那位于地中海西岸,地理位置非常适合开展贸易活动。中世纪时期,巴塞罗那是阿拉贡王国的主要城市,来自那里的商人沿着整个海岸线建立了很多商栈。事实上,在美洲被发现之后,巴塞罗那就逐渐失去自己的商业霸主地位。从那时起,她把眼光放在了更远的地方。从18世纪开始,不管她愿不愿意,英国人及荷兰人都成了她主要的贸易伙伴。到了19世纪中期,苏伊士运河的开通又让这个地中海沿岸的欧洲港口恢复了昔日的活力。当往来于欧洲和亚洲间的商船不再需要绕道好望角后,欧洲的五大港口——雅典、那不勒斯、热那亚、马赛及巴塞罗那——便成为这些船只新的目的地,而巴塞罗那的世界主义精神很大程度上就源自于她开阔的视野。

不近距离地观察巴塞罗那,是很难感受到她的灵魂的。20世纪70年代到80年代曾红极一时的拉伊埃塔娜(一种介乎于民歌和通俗歌曲之间的音乐类型)歌手胡阿梅·西撒(Jaume Sisa)曾说过,巴塞罗那是一座既适合旅行又适合居住的城市。她的话是有道理的。到19世纪城墙被拆除后,巴塞罗那有限的空间才得以疏解。如果我们看一下巴塞罗那的城市平面图,就会发现那些已被拆除的城墙只是围住了现在市中心的区域。然而,在如此有限的空间内,各种事件皆有发生,诸如密谋夺权、武装暴动、战争冲突等;同样,在这样狭小的空间里,也一应俱全,应有尽有:富人区、贫民窟、工业区和机构大楼。如果现在想如当年那样乘马车或骑马穿行于这座城市的大街小巷,无疑困难重重,因为这里的街道都很窄,还总是挤满了人。也许,就是从那个年代开始,巴塞罗那人喜欢上了步行。如今,靠步行已经不能跨越城市的不同区域,但只要可以,巴塞罗那人依然坚持从一个地方走到另一个地方。这也是为什么在市中心,特别是在相对较大的扩展区,私人住所、办公室和临街的商店能和谐共存在同一栋建筑中的原因。

商店也是巴塞罗那的一大特色,虽然世界各地都有商店,而且这里的商店也未必是世界上最好的。有一些非常精美的商店已面临着消失的危险,这是房地产的发展和国际连锁店的威胁所致,但大部分商店也不一定要保持传统的风格。除了在一些较为富裕的区域,商店已经成为巴塞罗那人日常生活的一部分。在扩展区里,很多商店都设在建筑物中原先半地下的炭房里,这些屋子以前是储存取暖和烹饪用的煤炭的场所。如果我们仔细想想,不免会觉得奇怪,这样的地方竟然能变成商业空间。

近几十年来,亚裔移民再次改变了原有商店的概念。来自中国和巴基斯坦的移民主要经营理发店和超市,虽然这两个行业还掌握在巴塞罗那本地人手中,但移民的工作时间都刷新了纪录。已经很难找到由地道的巴塞罗那人经营的专业理发店、肉店和灌肠店了。虽然巴塞罗那人依旧喜爱街区的小商店,但这并不阻碍他们去大型的"中心"购物。这里的"中心"既不是指地理上的中心位置,也不是指城市的政治、经济中心,毫无疑问,它指的是商业中心。商业中心是一个很大的区域,它以不太讨人喜欢的加泰罗尼亚广场为核心,涵盖了从波尔塔费利萨街到普罗旺斯街、从格拉西亚大道到巴尔梅斯街之间的区域。这个区域的中轴线自东向西沿着格拉西亚大道延伸,一直到加泰罗尼亚广场,随后,穿过安赫尔门。这条大街几乎和兰布拉大街平行,这条街上商铺的租金是全西班牙乃至全欧洲最贵的。

散步、购物、不同氛围的转变……巴塞罗那是一座让人喜爱的城市。也许喜欢寻找古风遗迹的人会认为巴塞罗那比不上巴黎,但在圣家大教堂的塔楼上俯瞰巴塞罗那,肯定会让他屏息凝气。也许那些想体验大都市感觉的人会认为巴塞罗那比不上伦敦,他们也不觉得巴塞罗那有着风格迥异的街区,但漫步在拉瓦尔区,他们却会闻到孟买、达喀尔以及科恰班巴美食的香味。也许在巴塞罗那很难找到一种介乎优雅与闲适之间的舒适氛围,但在"七扇门"餐厅点上一份巴雷亚达海鲜饭,便可以获得坐在美国女星艾娃·加德纳或巴勃罗·毕加索曾坐过的椅子上品尝私家美食的体验。

但巴塞罗那也不是一切都美轮美奂。令外来人最为惊讶的事情之一,就是巴塞罗那人所表现出的对名人极低的关注度,甚至可以说,他们对名人根本不感兴趣。当米拉之家及圣家大教堂的设计者安东尼·高迪被电车撞倒在格兰大道和拜伦街相交的路口,事发几个小时竟无人认出高迪。虽然高迪备受尊重,但人们从他身边路过时却连看都不看他一眼。哈里森·福特曾和妻子卡莉斯塔·弗洛克哈特在巴塞罗那生活过几个星期,他们经常在扩展区的孔塞普西奥市场购物。店员们会议论几句,对他们微笑,但也仅此而已。据说,哈里森·福特对巴塞罗那人所表露出的漠然感到很吃惊。1990年,在电影《漂亮女人》(Pretty Woman)首映之后的几个月,理查·基尔到巴塞罗那来录制一个电视访谈节目。他之前来过一次巴塞罗那,但那时没有机会从容地参观这座城市,所以他请求节目负责人能将他的行程延长几天。理查·基尔当时就住在兰布拉大街上的一家酒店,在节目工作人员的陪同下,他在街上散步,但他的出现并未引起太多关注,人们只是稍加议论并多看了他几眼而已。

这种"清高"是巴塞罗那人的一个重要特点,这也很好地解释了巴塞罗那人另一种自命不凡的观点:巴塞罗那一直被认为是一个国家的首都,虽然事实并不是这样。从中世纪开始,从政治的角度而言,封建统治下的巴塞罗那已经成为阿拉贡王国最为重要的城市,但在那个时期,这种重要性只是相对的。海梅一世是加泰罗尼亚最令人敬重的君主之一,他总是在自己的领地巡游,而贵族们就要接待他并负担一切费用。当时的宫廷议会并不是只在一个固定的地点召开,阿拉贡王国时期,议会习惯在当时的三大主要城市——巴塞罗那、巴伦西亚和萨拉戈萨——轮流召开。在这三座城市中,巴塞罗那是最重要的,她在某种程度上已经成为阿拉贡王国的首都。

到了近代,欧洲所有的君主制国家都倾向于将王朝固定在一个地方,并在那里供养一个日渐庞大的官僚阶层。虽然那时的巴塞罗那依然是阿拉贡王国最重要的城市(当然,在特定的时期,那不勒斯和巴伦西亚也非常重要),但它已经开始渐渐失去发展的动力,因为当时的阿拉贡国王还拥有其他很多领地,其中最重要的就是卡斯蒂利亚。在卡斯蒂利亚的辖区内,费利佩二世将马德里变成了国家的行政中心,而当时的马德里规模要比巴塞罗那小。从那时起,马德里的规模就越来越大,地位也越来越重要。加泰罗尼亚的贵族阶层(其中大部分人都在巴塞罗那拥有府邸)都迁去了中央政府的所在地,这让巴塞罗那的处境非常尴尬。虽然巴塞罗那依然是首都,但不再具备首都的特质了。

被中央政府抛弃让巴塞罗那人形成了与众不同的思维方式,而多年之后,这种"抛弃"又变成了"蔑视"。虽然巴塞罗那没有宏伟的宫殿,但也不乏引人瞩目的华府大宅;虽然巴塞罗那人尊重名人,但不会将他们奉若神明;虽然这座城市存在于君主制国家之中,却主张共和。这既是一座工人阶层的城市,也是一座资产阶级的城市。这就是巴塞罗那。

虽然官方数据显示,作为加泰罗尼亚大区的首府,巴塞罗那拥有160万人口,占地面积约100平方公里,但巴塞罗那人都知道,他们居住的城市拥有400万人口,占地面积约为650平方公里。很大一部分巴塞罗那人都认为巴塞罗那是一个国家的首都,这个国家就是加泰罗尼亚国。这种现实与情感的特殊结合使这座城市和她的人民变成一个独特的共同体。巴塞罗那是一座有自己灵魂的城市,她的灵魂诞生于一段与众不同、跌宕起伏的岁月,诞生于一段深刻的人类历史。

第一章
漫长的孕育期

1910年巴塞罗那城平面图,图中展示了巴塞罗那海岸线的历史变迁。

从有500多米高的科利塞罗拉山上俯视巴塞罗那,她就像一张从山脚下向大海展开的地毯,但这张由泥土和石块构成的地毯并不是完全平整的。北部是一系列褶皱,小山丘连绵起伏,一直延伸到离贝索斯河入海处很远的地方。遥望对面,沿着海岸稍稍往南,就会看到蒙特惠奇石丘,巴塞罗那人夸张地称其为山。如果继续往南看,当我们不断靠近环绕巴塞罗那的另一条河——略夫雷加特河——由建筑物织成的一张地毯就会渐入眼帘。从蒂比达博山上俯瞰,你会觉得巴塞罗那很自然地占据了北至贝索斯河,南达略夫雷加特河,东临地中海,西靠科利塞罗拉山的空间。

然而,最初的巴塞罗那居民,跟今天那些登上蒂比达博山俯瞰巴塞罗那的人感受这片空间的方式是不一样的。现今,蒂比达博山的游乐场里架起了空中观景台,伴随着电机发出的响声,升到高空中的人们才第一次看清他们所居住的城市的全貌。

聪明的巴塞罗那早期居民

伊比利亚半岛上最早的原始人类出现在大约45万年前。他们组成了很多游牧部族,在非常广阔的区域内采集水果及块茎类植物,并进行狩猎活动。其中的某些部族很可能曾于某段时期在现今巴塞罗那所处的区域内活动过。当然,现在的巴塞罗那已经难以找到那个时代的痕迹,我们只能这样设想。事实上,这些最初的原始人类留下的遗迹为数寥寥,这不仅仅是因为已经过去了很多个世纪,也因为他们本身人数很少,又过着只能满足温饱的生活。因此,他们很难留下只鳞片爪。

尽管如此,巴塞罗那依然可以自诩她拥有最重要的史前遗迹。1990年,在圣保乌军营周围及蒙特惠奇山附近的摩罗特地区发现了新石器时代的遗址。虽然所有的历史遗迹都能引发人们的兴趣,但这些遗迹有其独特的魅力。在摩罗特地区,大约7000年前,最早的巴塞罗那人就已经开始了对山区的开发,他们开采石块和其他材料用于制造工具,例如枪尖、锤子、刀等。他们创造了史前历史学家所说的"石器产业",这种产业主要由一个采石场及其附近的作坊构成。这种工具制造业非常重要,持续了很多个世纪。在已进行的挖掘中,发现了超过12 000件工具的碎片,有一些状态良好,这说明最早的巴塞罗那人已经拥有足以让他们进行交易的产业。在卡瓦地区的磷铝石(一种类似宝石的矿石)矿层中也发现了同时代的遗迹,这表明摩罗特地区的巴塞罗那人生产出的产品已超过自身的需求量。他们应该是非常聪明的,用自己多余的物品与其他地区的部族交换石制的工具、产品及原材料。

当时,他们活动的地区条件得天独厚。在那个时期,该地区有海滨沼泽和小型湖泊,还有水流及小溪从科利塞罗拉山上流下。除了富足的水资源,其他的地区应该都被树木所覆盖,主要是栎树、圣栎树,而略夫雷加特河的另一边则主要以松树为主,这构成了非常典型的地中海景观。现今,随着海岸地区的建设及城市化的推进,往日海边茂密的森林几乎消失殆尽,但在地中海沿岸的某些地区,这样的植被依然保存完好。森林的存在也很好地解释了为什么在这个地区发现过大量的火灾痕迹。火灾使这片地区遭到了破坏,但火灾往往都是在小范围内发生的,很可能是人们为了创造耕种的空间而点火。虽然我们并不能确切知道摩罗特地区的原始人是以什么为食,但可以想象,他们基本上和15公里之外的卡瓦地区矿工邻居们吃的差不多:各种自己种植的粮食、笋、块茎类植物、水果、海里及湖里的鱼类、软体动物、野兔、野猪、鹿等。那时,人们已经开始驯养动物,他们或许还能吃到猪、山羊、羊羔,甚至牛和鸭子,伙食一点儿都不差。

然而,今天巴塞罗那所在的地区,不仅仅只发现了家养动物。在雷斯科尔特斯区(准确地说是今天和谐广场的所在地,也是人流最集中的地区之一),曾发现过河马的遗迹。在奥尔塔区和佩德拉尔韦斯区还发现了大象的遗迹,在新村区发现了马的遗迹,在恩典区发现了龟及犀牛的遗迹,等等。现在,这些动物在街上可没办法见到,人们只能去休达德拉城堡动物园观看了。很难想象,最初的巴塞罗那人是和这些动物一起生活的。

在蒙特惠奇山生产枪尖、锤子及石刀的作坊周围形成了一个定居区。在离摩罗特地区不远的圣保乌街曾发现墓葬群,从这些墓葬中我们了解到体现那时男男女女精神生活的墓葬礼仪。这些部族最多由几十个人组成,成员彼此间具有很强的情感联系,从而团结在一起。因此,一个成员死亡并不是普通的日常事件,这对于整个部族来说都是一个沉重的打击。在21世纪,一个陌生人的离世往往不会让人们感到太悲伤(当然,这根据每个人的敏感程度而定),因为我们这个社会的成员实在太多了。但在那个时候,不存在陌生人,人们很少有机会认识一个和自己家庭没有直接或间接关系的人。因此,一个人的死亡可能让所有人都为之动容。不管是谁,大家都与他保有共同的回忆。对于早期的巴塞罗那人而言,陪伴死者并为他准备去往另外一个世界的旅程是非常有必要的。

圣保乌街的墓葬群可能一直延伸到蒙特惠奇山附近的一条街上。

2012年，在改造卡尔顿亚广场的工程施工过程中，在波盖利亚市场后面发现了一座古墓。墓主是一位成年女性，她像婴儿一样蜷缩在墓穴里，被埋在两米深的沟内，旁边还有一个装满了食物的陪葬盒子。她佩戴着磷铝石的手镯（可能是有人从卡瓦带给她的），还有一条挂着野猪牙齿的滑石项链。她的家人可能出于某种原因将她埋葬在这个孤独的角落，即便这并不符合当时的习惯。我们可以设想，这周围可能还有更多的坟墓未被发现，或者是因为年代久远，已被毁坏，或者是因为这个区域的建筑物阻碍了必要的挖掘活动。如果是这样，巴塞罗那城建立的时间应该比我们现在认为的更早。

巴塞罗那平原

除了蒙特惠奇山采石场定居地，毫无疑问，在巴塞罗那平原还有人类活动的其他痕迹。即便不是人类学家，我们也明白过度的城市化建设并没有为发掘古代人类遗迹提供便利。此外，考古遗迹的出现对于建筑商来说是个麻烦，而这无疑也是导致巴塞罗那大量古代物品、废墟、遗迹消失的原因。然而，已经被发现的某些遗迹，虽然少得可怜，却让人想起7000年前那些活跃在这片土地上的男男女女。

由于科利塞罗拉山对气流的阻隔，巴塞罗那平原可以免受恶劣天气的影响。蒙特惠奇山又为人类提供了天然的山洞和藏身之处，这里还拥有丰富的水资源和食物，等等。当然，我们不能要求更多了。也正是因为如此，在100多平方公里相对宽阔的平原上，新石器时代的人类可以随心所欲地过日子，这也不足为奇。

另一方面，在没有公路的时代，当情况允许时，人们主要通过河流谷地和海岸进行迁徙。加泰罗尼亚境内，从布拉内斯到加拉夫的海岸地区平坦无阻，为人类的迁移和沟通提供了便利条件。此外，水流时不时将海岸阻断,也促使人类深入内陆地区。巴塞罗那平原还有一个经常被忽略的特点:虽然当时这片平原没有现在这么辽阔,却是海岸地区最为平坦和开阔的区域。这样的地形条件让这里成为周遭最适宜建立有扩张可能的村镇的地区。这个地区不仅联通南北,还可以通过略夫雷加特河谷和贝索斯河谷进入内陆地区。此外,这两条河流有大量的支流,与其他河流交织互连,四通八达。因此,巴塞罗那自然而然地成为加泰罗尼亚的首府,因为这里是最方便居民扩张的地区。

随着时间的推移,平原地区不断扩展(今天依然在扩展),不断地和大海争夺更多的土地。这里的两条主要河流——略夫雷加特河和贝索斯河——有大量水流自山上流下,经年累月,带来了大量的泥土,将海岸线不断向前推移,而巴塞罗那港也经常由于水流携带的泥沙沉积而造成淤堵,不得不多次进行疏通。因此,最为久远的早期城市遗址离现在的海岸相对较远。当然,那些原本位于近海地区海拔较高处的遗址不在此列,如蒙特惠奇山和塔贝尔山(后者就在现今市政府所处的圣若梅广场和主座教堂后的帕拉迪斯街上)。

巴塞罗那的很多地方都发现了史前遗迹,其中最为特别的可能要算位于慕达内尔街与高贝尔尼克街交汇处的蒙德洛尔斯山遗址。1917年,在修建一座建筑时,人们发现了一座用平整的石板砌成的石墓,长80厘米,宽70厘米,墓中葬的是一位巴塞罗那人,或者更确切地说,是他的部分骨头和两片5000年前的燧石。在20世纪的很长一段时间里,这座石墓都是巴塞罗那考古学家的骄傲,但在20世纪末期,当更为系统化的挖掘开始后,人们发现了圣保乌和摩罗特古遗址,这座墓穴的影响力就降低了。

现今,在拆除一些建筑物的同时,人们期待着更多新的遗址能被发现。可以肯定的是,在新石器时代,或者可能在更早的时代,就已经出现了一些把巴塞罗那这片土地当成自己家园的男男女女。研究史

第一章 漫长的孕育期

前历史的学者们都在热切讨论一个问题：如果说在地中海沿岸的其他村镇，"新石器革命"催生的变革是通过为当地居民带来新技术的游牧部族引入的话，在加泰罗尼亚及巴伦西亚地区，这种变革会不会是自然而然发生的呢？不管实际情况如何，这对于最初的巴塞罗那人来说完全不重要。在新石器时代，定居的部落往往和一些游牧族群共同生活，想必不少暂时停留的族群都从定居的部落那里学到了很多东西，与此同时，定居部落的生活也因游牧族群的影响而变得更为丰富多彩。

拉耶达尼亚人

不管怎样，新石器时代的遗迹表明已存在几个部落共同生活的社会，这些部落相距不远，彼此通商，互有联络，可能还会在他们认为合适的时候发生冲突。随着时间的推移，无需发生任何特殊事件，其中某些部落就会结成一种更为持久、密切的关系，这让他们最终变成了一个村落，或者至少共享同一种文化。这样的过程在伊比利亚半岛的很多地方，以及如今的"南部—比利牛斯"大区和法国南部都有发生。新石器时代的社会已经变得相当复杂，再也不是电影中所描绘的那种虚幻的世外桃源。青铜武器开始出现，土地的耕种不再是新鲜事，瓷器成批生产，商业网络延伸几百公里。事实上，这已经形成另一种社会，这样的社会可以生产更多的食物，养活更多的个体。这些人数众多的群体渐渐习惯在固定的地方生活。以狩猎和采集为生的游牧部落已被以农业和畜牧业为主的群体取代。这些人也从新石器时代的人类转变为伊比利亚人。

当时的人如果听到"伊比利亚人"这个名字，一定会觉得很奇怪。因为那时没有人叫这个名字，也没有人认为自己是伊比利亚人，这一称呼源自很多个世纪之后一些特殊的来访者——罗马人。罗马人把现在的埃布罗河称为"伊比鲁斯河",而"伊比利亚人"这个名字就源于此。那么,问题来了,到底谁是伊比利亚人?答案是:那些生活在伊比鲁斯河周围的人。据我们推测,罗马人并没有掌握这里的地理情况,因为他们将所有生活在伊比利亚半岛的人统称为伊比利亚人——他们将远离埃布罗河的地区都涵盖进去了。

另外,一般我们都说伊比利亚人"出现"了,而不是从其他任何地方迁徙而来,也就是说,他们已经在那里,他们是生活在那些地区的居民,已经开始建立不止影响一个村落的各种社会关系和社会机构。此外,也可能有移民从伊比利亚半岛南部迁徙而来,为加泰罗尼亚的伊比利亚人注入了其他文化特征。我们并不十分清楚新石器时代的社会组织形式,不确定那时是否某个群体会统治另一部分群体,也不知道他们是否拥有一种类似教会的等级制度,我们只是猜测很可能如此。但可以肯定的是,他们中间存在贵族阶层,一些掌握权力的家族控制另一些家族;同时,不管其他人愿不愿意,贵族阶层会占有这个地区其他人劳动成果的一部分。对于公元前6世纪到公元前1世纪这500年间出现的伊比利亚人,可以说,我们知道的东西相当多,但也可以说我们对他们知之甚少。当我们觉得他们已经不再陌生或神秘到足以滋养传奇故事时,他们就被归于某种遗忘。这都是因为我们至今仍然未能破解伊比利亚人的语言,虽然我们很清楚该怎样发音。伊比利亚人各种不同类型的文字中,在加泰罗尼亚地区使用的文字被识别了出来,也正是因为如此,这些文字才可以被朗读。然而,除了罗马人和希腊人引入到某些领域的只言片语外,人们还是完全弄不明白这些文字要表达的意思。至今,人们依然没有找到某种能破译这种语言的"罗塞塔石碑",也许这样的石碑根本就不存在。这确实非常令人遗憾。如果能找到这样的石碑,一定能激发人们探求未知的伊比利亚人生活的极大热情。

生活在巴塞罗那的伊比利亚人就是拉耶达尼亚人。自从罗马人这样称呼他们之后,他们就有了这样的名字,而罗马人创造这个名字并非出于好意。公元前 2 世纪,罗马人已经大致控制了这个地区,并制造了一批伊比利亚硬币,上面刻着"laiesken"(拉耶斯根),这就是"laietania"(拉耶达尼亚)一词的由来。因此,至少伊比利亚人在这片土地上生活的晚期,他们自称为拉耶达尼亚人。这个名字的来源有多种猜测,但很可能是指存在于这片土地上一个叫"拉耶"(Laie)的重要城镇,它大概就在蒙特惠奇山上。而这个没有留下任何遗迹的城镇中,很可能汇集了拉耶达尼亚地区全部的商业活动,它的覆盖面极广:在海岸地区,大概从布拉内斯开始,从布拉瓦海滩的起点一直延伸到略夫雷加特河的入海口;在内陆地区,一直延伸到比塔拉萨城更远的地方,而塔拉萨城距巴塞罗那的直线距离约 25 公里。

虽然拉耶达尼亚的起源可能是"拉耶",但也可能是另一个更重要的城镇,它的原始名字为巴尔克诺(Barkeno)。这可绝对不是开玩笑。1990 年,在蒙特惠奇山进行的挖掘中发现了 21 个巨大的谷仓,这是伊比利亚半岛西北部最大的谷仓。从谷仓的数量和容积可以大致看出,巴尔克诺是一个规模很大的城镇,或者说它有着相当重要的进出口贸易活动,抑或两者兼具。事实上,不论在蒙特惠奇山还是在巴塞罗那城的其他地方,考古学家都面临着同样的困难:密度极大的建筑物和基础设施建设阻碍了对遗迹的发掘工作。不过,一旦有机会在山上进行挖掘,他们总会有所收获。在发现谷仓的挖掘中,考古学家还发现了一面宽一米的墙,这很可能是伊比利亚人城墙的一部分。但这还不是全部的发现,其他的遗迹揭示了更多有趣的事情。考古学家们发现,在公元前 218 年罗马人入侵伊比利亚半岛前很久,他们就在蒙特惠奇山的巴尔克诺村设有类似商贸办事处的机构。这一发现,为了解罗马人如何与伊比利亚人建立联系提供了跟以往不同的特别视角。

我们印象中的古人主要从事的活动就是战争和宗教，但考古发现事实并不是这样。虽然不可否认，在这些村落的遗址中也有武器和祭祀器具，但大部分遗迹都和日常生活及商业活动相关。吃饭、娱乐、交际、耕地、饲养动物、出售多余的物品以购买其他东西，等等。这就是当时伊比利亚人的生活，也是公元前几个世纪大多数城镇的生活。和现在一样，当时地中海沿岸各个城镇社会结构的复杂程度各不相同。埃及人从几个世纪前就拥有世界一流的社会管理体制，而另一些城镇的发展水平可能和伊比利亚人类似，还有一些社群，如希腊城邦或腓尼基人的社会，它们都在某些方面特别发达（例如商业）。长期以来，腓尼基人和希腊人持续不断地到达加泰罗尼亚海岸，并和生活在巴尔克诺的拉耶达尼亚人建立了较为稳定的长期联系。

对于这一点，历史学家没有达成一致。一部分人认为，位于布拉瓦海岸北部（现在的拉埃斯卡拉市）的原希腊殖民地恩波里翁非常重要；而另一部分人认为，腓尼基人更喜欢巴尔克诺，这些腓尼基人可能来自埃布苏斯（今天的伊比萨）。不管是希腊人、腓尼基人，还是早期的罗马人，巴尔克诺对于他们而言完全是一个商业城市，这是不争的事实。而在蒙特惠奇山脚下，也应该有一个港口或是一个合适的地方，让抵达的船只可以安心完成货物装卸或者躲避恶劣的天气。不管你觉得奇怪与否，这个地方恰恰就在现今巴塞罗那商贸港口所处的位置。

巴尔克诺是拉耶达尼亚地区最重要的城镇之一。但如果说它是首都，略显夸张，这主要因为现在我们还不清楚伊比利亚人的组织形式是不是中央管理体制。此外，从已发现的重要遗迹来看，拉耶达尼亚地区其他城镇的规模也非常大，足以竞争"第一大城市"的美名。其中，最为突出的是布伊阿克，它位于现今距巴塞罗那北部30多公里的滨海卡夫雷拉市附近。当然,也不能忽略布伊克-卡斯德亚尔,它位于离巴塞罗那中心不远的圣科洛马-德格拉马内特市,参观那里的古遗址,可以让人体会到好的防御工事对于一座滨海的山丘有多么重要。此外,还有巴达洛纳市的玛斯-包斯卡,它也坐落在一座修建了防御工事的山上。实际上,到目前为止,在巴塞罗那及其周围地区已经发现了20多个城镇的遗址。

拉耶达尼亚人为什么在山上修建如此坚固的防御工事,这是值得思考的问题。如果没有人攻击他们,是不会有人投入时间和精力去修建城墙的。虽然在伊比利亚人生活的年代,巴塞罗那海岸地区的山里有狼出没,但这些重要的防御工事似乎并不是为了用来防御野兽攻击的。我们更应该怀疑,攻击他们的应该也是和拉耶达尼亚人一样的人类。但为什么他们会遭到攻击呢?这很可能是因为当时他们拥有令人羡慕的葡萄园、丰富的农产品和用来交易的商品。很可能会有成群结队的男男女女奔走于这片土地之上,试图寻找机会,而这些人中有和平人士,也有暴力分子。此外,当有些地方资源相对匮乏时,到那些走几个小时就可以抵达的地方去看看的愿望会非常强烈。同时,也不能忘记那些乘船而来的外国商人,他们可不是什么圣人;当然还有那些为捕获战利品远道而来的劫掠者,他们能从四面八方通过陆路到达。

同时,也有一些理论为我们提供了一个更和平地看待拉耶达尼亚人的视角。一些考古学家认为,拉耶达尼亚的伊比利亚城镇总是位于山上,这并不意味他们崇尚武力或一直处在战争状态,这仅仅是因为伊比利亚人的村落就建立在原来新石器时代村落的基础上,而新石器时代的人类确实需要自我保护。伊比利亚人所做的无非是留在了先人一贯居住的地方。

当我们在谈及一种文明或一个民族时,并不局限于它们的某个特定时期,而更强调它们漫长的社会进化过程。通常,历史书籍都不太强调这一点,就好像不同的世纪都是一个模子刻出的硬币一样。历史书籍中的描述总让人感觉一种文化从开始到消亡是千篇一律的。即便我们不是专业学者,也能意识到事实远非如此。文明的发展和民族的形成是随着时间的推移而变化的。在最近两三个世纪里,虽然变化节奏的加快确实让人们觉得以前所有的文明仿佛都是静态的,但实情并不是这样。不管是伊比利亚人还是拉耶达尼亚人,他们生活在公元前6世纪到公元前1世纪之间,毫无疑问,在这500年间,会有各种各样的事情发生,一些适用于其早期发展的推理未必同样适用于后来的发展时期。很可能有暴力事件发生在拉耶达尼亚人身上,虽然我们并没有任何考古遗迹来证明这一点。

真正的巴塞罗那人形成之前的伊比利亚人是怎样生活的呢?应该和当时处于古典时期的希腊大致相同吧。虽然伊比利亚人可能在某些方面没有希腊人那么完善,但在日常生活方面却非常相似。和希腊人、古意大利的伊特鲁里亚人、迦太基人及腓尼基人类似,伊比利亚人已经能够锻造并制造金属武器和耕种的工具,他们会写字及铸造钱币,尽管这些都发生在伊比利亚文明的后期。因此,他们已经不再属于原始人,他们铸造的武器的精细程度就是最好的证据:从长矛、铁甲、有羽饰的头盔、坚实的长盾牌到马具及剑,大多数都是又长又重的武器。还有一些生活在边境地区的伊比利亚人习惯使用双刃短剑,这种武器让罗马人闻风丧胆,后来,他们甚至将双刃剑引入自己的军团。罗马人曾和伊比利亚人展开过激烈的战争,但他们很欣赏伊比利亚人使用武器的娴熟技巧,在他们的军队里,也经常雇佣伊比利亚人。伊比利亚人擅长集体作战,个个骁勇善战,无畏艰险。

拉耶达尼亚人的武器装备不容小觑。他们的盾牌及所采用的防御手段都让人联想到他们有着严密的组织机构。事实上,当罗马人不得不和伊比利亚人开战时,他们惊奇地发现,伊比利亚人从不临阵脱逃,不像阿尔卑斯山另一侧及意大利北部的那些原住民。他们以集体作战的方式抵抗着罗马军团的进攻,努力保持一定的秩序和纪律,甚至是在被击溃时。由于他们出色的军事及文化才能,很多罗马化的伊斯帕诺人或伊比利亚人成了罗马皇帝私人卫队的成员。当然,这些都只是传说而已,虽然在那个年代罗马皇帝的命也并不值钱。

伊比利亚人(或是具体到拉耶达尼亚人)至今依然沉寂在历史的迷雾中。他们构成了被历史学家称为"原史时代"的一部分,这样说并非出于卖弄,而是因为他们的历史是通过第三者讲述的。因为我们不懂他们的语言,就必须相信罗马人或是一小部分希腊人对他们的描述。从伊比利亚人敌方的视角来描述他们,而且还是从最强大、最终统治了他们的敌人的视角来描述,这似乎并不公平,但除此之外,我们无据可考。虽然有一些考古资料,但它们总是太过琐碎,没有提供详细的记载。因此,我们无从得知,住在巴塞罗那平原上的拉耶达尼亚人生活是充满艰辛还是绚丽多彩?巴尔克诺是否真的在塔贝尔山脚下,或者说它仅仅是位于蒙特惠奇山下的拉耶城的延续?我们更无法知晓,对于拉耶达尼亚人而言,生活在平原上的20余个城镇是形成了一个社会,或是相互交恶?虽然我们对这一切一无所知,但毫无疑问,巴尔克诺的居民,就像现在的巴塞罗那人一样,都对他们所居住的城市有着爱恨交织的浓烈情感。一些被发现的硬币上刻着的铭文就是最好的证明,这些铭文表明伊比利亚人对他们的城市有着强烈的认同感。例如,有两枚古币上刻着"巴尔克诺"的字样,或者更确切地说是曾经有过这样的两枚古币。现在,我们只知道其中一枚硬币的去向:它被收藏于哥本哈根的丹麦国家博物馆。一位丹麦的收藏家于1847年从巴黎的一位古董收藏家手里买下了这枚硬币,最终它出现在丹麦国家博物馆的玻璃展示柜里。另外一枚硬币留在了巴塞罗那,但它最终和其他收藏于加泰罗尼亚艺术博物馆的古币一道,在1936年内战开始的混乱时期消失不见了,从那以后就再也没有任何关于这枚硬币的消息。那时,加泰罗尼亚艺术博物馆的古币及金属纪念币收藏品被打包寄往法国,但恰恰是含有那枚古币的包裹遗失了。

加泰罗尼亚大学一些较为悲观的考古学家认为那枚银质的钱币一定是被卖掉或者被熔掉了,它再也不会出现。相反,一些乐观的加泰罗尼亚考古学家则认为,这枚刻有"巴尔克诺"字样的银质古币总有一天会重新出现并回到博物馆的橱窗里。考虑到内战期间收藏于加泰罗尼亚地区的钱币(其中的一小部分为金币)有一大部分都被低价卖掉,以支撑流亡政府所需费用,似乎那枚银币重见天日的希望颇为渺茫。

在拉耶达尼亚人模仿住在恩波里翁的希腊人铸造钱币的同时,另一些来访者正悄无声息地侵占这片土地(至少最初是不被人察觉的)。这些人便是罗马人。

第二章
罗马时期的巴希诺城

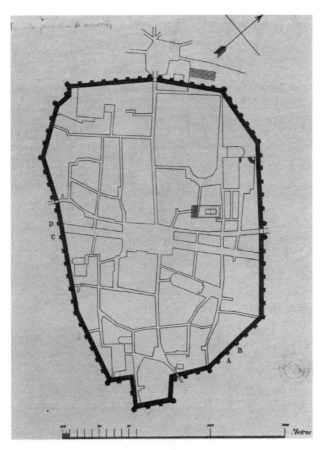

公元 3 世纪罗马时期的巴希诺城平面图。

罗马人总是显示出其巨大的野心和些许的自负。当然这不是说他们在很多方面的成就不令人尊敬,但他们总是不遗余力地想以自己的方式来重建世界。众所周知,罗马建于公元前5世纪,在200多年的历史进程中,它已经从一个不起眼的小城发展壮大,最终建立了盘踞亚平宁半岛中南部的帝国。我们很难说清楚罗马人在哪些方面超越了他们的邻居,以及为什么他们在领土的扩张上取得了如此辉煌的成就。一般来讲,原因是多样而复杂的,甚至有时是偶然的,但不管罗马人扩张的目的是什么,他们很快就把目光投向自己城市之外更远的地方。

罗马与迦太基:巨人间的较量

就像之前的希腊人、腓尼基人和伊特鲁里亚人一样,罗马人乘船沿海岸线航行,构建其海上的商贸网。渐渐地他们到达了加泰罗尼亚的海岸,在这里他们发现了一条有着微红蛋黄颜色的河流,他们称之为卢布力卡图斯河(红水河)[①]——也就是现在的略夫雷加特河——这条河成为罗马人进入伊比利亚半岛内陆地区的极佳门户。同时,他们还在蒙特惠奇山脚下建立了定居点。虽然不清楚他们建立的是何种类型的定居区,也不知道他们是否还在加泰罗尼亚沿海地区建立了

---

① "卢布力卡图斯"为拉丁语"Rubricatus"的音译,意思是"红色的"。——译注

其他类似的区域，但可以肯定的是，这片拥有天然屏障挡风，兼具交错纵横的河流滋养的肥沃平原是不会被聪明人所忽视的。很多年之后（过了几个世纪），巴希诺城（Barcino）便从这片平原上拔地而起。正如资本家们所说，竞争是发展的最佳动力。可能他们是有道理的，因为当罗马人遇到了像他们一样自负、强大的迦太基人，他们便开始实行更具侵略性的对外政策。迦太基人原本是腓尼基人建立的一块殖民地上的居民，但随着时间的推移，他们脱离了腓尼基人的控制。最初的迦太基人来自位于今天黎巴嫩南部与以色列交界处的提尔城，以商人和垦殖者为主，后被塞琉古帝国征服。就在离现在的突尼斯城几公里远的地方，迦太基城成了一个独立的国家。它有着不输罗马的国家结构和组织机制，例如，它拥有"百人议会"，这个机构很多年之后才在巴塞罗那出现；它还拥有一种类似于执行委员会的机构，由30名成员构成，负责迦太基城和整个帝国的事务。此外，迦太基的运气不错——那个时候，非洲北部还不像现在这样干旱荒芜，那里拥有得天独厚的环境，土地肥沃，这为迦太基人进行扩张并控制地中海沿岸大部分地区提供了充足的资源储备。

迦太基与罗马的对抗几乎是不可避免的。他们之间的第一次冲突就发生在西西里岛。此地一直是地中海上最重要的岛屿。农业革命以后，农作物变得多样化，地中海其他地区的收成变得富足，西西里岛的地位才有所改变。西西里岛似乎是为种植粮食作物而生的，特别是小麦。谁控制了这个岛，就保证了本方居民的食物供给，同时也阻断了敌人的粮食供应。所以，在很久之后的中世纪，当阿拉贡王国进入全面扩张时期，便一直将西西里岛作为目标之一。

迦太基人并没有稳固地控制住西西里岛。公元前3世纪中期，迦太基人与罗马人之间爆发了第一次布匿战争，战争以罗马人胜利而告终。虽然迦太基依旧强大，但他们认为通往北方的道路已被切断。从那时候开始,他们的注意力转向西方,具体而言,就是转向了伊比利亚半岛的南部。这片土地矿藏丰富,居住于此的伊比利亚人也没那么好战。迦太基人利用天然港口在那里建立了一座非常重要的城市——新迦太基城(也就是如今的卡塔赫纳)。

有谚云,当一扇门关上,另一扇门就会开启。但事实并非完全如此,至少对那些处于扩张中的帝国来说不是这样。迦太基人想扩展疆域并向罗马人展开报复,罗马人想巩固已获得的土地并吞并整个迦太基,而这两大帝国冲突的引爆点,就是他们在伊比利亚半岛上的边境线。

埃布罗河协议

迦太基人主要盘踞在伊比利亚半岛的南部,而罗马人也强势出现在半岛的中北部地区,大概就是现在的加泰罗尼亚和巴伦西亚的大部分地区,这样的对峙让半岛的紧张局势加剧。然而,我们应该想到,那时的边境并不像现在这样是一条线,而是面积相对较大且对立双方都尽其所能想控制的地区。这就意味着"非法越境"这种今天引发战争的典型事件,在那个时候不太容易发生。另外,古代城邦国家对于地域的控制,是通过和当地居民建立税收及商业关系来实现的,而非通过指派官员、警察或军队来加强管理。因此,罗马和迦太基都决定,既然有这么多的土地可以瓜分,没必要非得两军对垒。面对罗马和迦太基两大强敌,伊比利亚人总要做出选择,而最明智的做法只能是选择依附于更为强大的一方,或者说依附于他们认为可能会给他们带来更大伤害的一方。公元前226年,罗马与迦太基签订协议,两大帝国在理论上确定了一条精确的边界线——埃布罗河。当然,也有人认为这条边境应该是胡卡尔河。不管是哪条河,它都非常重要:此河以南的地区属于迦太基,以北的地区属于罗马。

埃布罗河协议表明罗马已经将现今加泰罗尼亚的绝大部分地区划在了它的势力范围之内,尽管迦太基人并不承认。罗马人已经不再是乘船闯入未来的加泰罗尼亚地区的那个想靠贸易发财的民族了。他们已经建立起一个非常强大的国家(虽然那时的国家和今天不可同日而语,但不管怎样,罗马已经是一个非常稳固的国家),手握两大制胜法宝:首先,他们拥有一支无坚不摧、经验丰富的军队,尽管当时还没有达到几个世纪之后那样高超的军事水平;第二,他们拥有非常明确的对外政策,并不满足于组织抢掠式的远征或建立商贸办事处,而是计划控制更为广阔的领地并加以罗马化。"罗马化"这个奇怪的动词可以帮助我们弄明白那时在加泰罗尼亚发生了什么,以及为什么巴塞罗那城会在罗马时代出现。

然而,我们还没有讲到巴塞罗那城诞生的时代。公元前2到3世纪,也就是罗马人和迦太基人之间关系紧张的时期,巴尔克诺或是拉耶的伊比利亚人(或许二者兼有)依然生活在巴塞罗那平原上,但对于这段时期此地到底发生了什么,人们一无所知。对于伊比利亚人而言,罗马人通过海路到达可能是很正常的事,因为很久以前罗马人就将目光投向了当时最重要的城市——希腊人建立的恩波里翁。

但希腊人根本没有能力有效地抵抗罗马人的进攻,二者力量悬殊。恩波里翁是由来自马萨利亚(也就是现在的马赛)殖民地的福西亚垦殖者建立的。恩波里翁之所以成为一座多元化的城市,并不是因为它幅员辽阔,而是因为它的创建者支持来自不同文化的商人到他们的城市里来经商。从这种意义上讲,恩波里翁并不是一座防御性的城市,而更像一个开放的市场。它为了贸易而建,也依赖贸易而生,但罗马人却看到了贸易之外的更多东西。恩波里翁是通向安普尔丹平原的门户,那里地形相对平坦,土壤肥沃,有丰富的淡水资源,这片富饶的土地可以成为向西扩张的根据地。在征服了西西里岛之后,朝气蓬勃、蒸蒸日上的罗马帝国最想做的事就是进入伊比利亚半岛,而恩波里翁就是那个入口。因此,对于罗马人而言,恩波里翁是一个非常有吸引力的地方。

汉尼拔将军带领战象穿越加泰罗尼亚

公元前219年,距离埃布罗河协议签订已有7年的时间,罗马帝国和伊比利亚的城镇阿尔色(现在的萨贡托)加强了联合。因为这样的联合,阿尔色就成为伸入迦太基势力范围150公里的受罗马庇护的城市。可以想象,迦太基人对此很不满意,他们决定袭击阿尔色的居民。阿尔色人只能等待罗马的援助,但最终他们的希望落空,阿尔色城被夷为平地,所有居民惨遭杀害。罗马人被激怒了,立即向迦太基宣战。

公元前218年,迦太基最出色的将军汉尼拔·巴卡在攻陷阿尔色后,挥师意大利,虽然他的队伍沿路与很多伊比利亚城邦结盟,但这种联盟并不稳固。他没有选择带着部队从海上乘船出发,而是走陆路穿越加泰罗尼亚、比利牛斯山、普罗旺斯和阿尔卑斯山,最终到达意大利北部。汉尼拔将军一路令人闻风丧胆,特别是在他出其不意地俘虏了罗马人之后。在这里,我们应该要问一下,汉尼拔将军的军队和战象到底有没有穿过巴塞罗那平原?要不是因为令人难以置信,这个假设还是很有吸引力的。汉尼拔将军根本就没有在穿越加泰罗尼亚的过程中与罗马军队遭遇,因为他的敌人甚至都不知道发生了什么。如果他确实穿过了巴塞罗那平原,他就会因完全失去掩护而暴露踪迹。迦太基人很可能是通过内陆地区的塞尔达尼亚穿过比利牛斯山,因为那里远离希腊人和罗马人统治下的恩波里翁。因此,至少那个时候,在日后成为巴塞罗那的地区,还没有迦太基人出现。

正如人们所说,罗马人在自己家门口与迦太基的军队展开了战斗。为了削弱迦太基人的力量,罗马人想了一个不错的计策,因为他们知道和汉尼拔正面冲突很难取胜(在阿普利亚的坎尼会战中,汉尼拔有力地打击了罗马人)。罗马人决定孤立迦太基入侵的军队,切断他们的供给。当罗马控制了西西里岛之后,通过海路从迦太基城运送补给品及援军就变得非常复杂。但不管怎样,汉尼拔已经证明了通过陆路也可以到达罗马,那么控制迦太基人在伊比利亚半岛上的基地,对于截断他们的陆路通道至关重要。

为了执行这一战略计划,罗马军团统帅及前最高执政官、人称"光头"的格奈乌斯·科尔内利乌斯·西庇阿派遣了几个军团,通过水路占领了恩波里翁。从那时起,这座城市就被称为"恩波里安"。我们知道,罗马共和国时期的军团一般由4 000余名步兵和400余名骑兵组成,所以,我们可以想象,可怜的恩波里翁居民眼睁睁地看着万余名气急败坏、全副武装的士兵涌入并驻扎在他们的城市。

格奈乌斯是最高执政官(共和国时期最高行政长官)普布利乌斯·科尔内利乌斯·西庇阿的弟弟,他被哥哥派来给迦太基人下最后通牒。如果他们继续支持汉尼拔,与罗马作对,就会有失去国家主要经济基础的风险——格奈乌斯指的便是富饶的伊比利亚大地。正如普布利乌斯所料,迦太基人最终决定让汉尼拔自生自灭。汉尼拔将军只能将目光投向伊比利亚半岛对面的马其顿王国,他加强和马其顿的联盟以获得援助,这让迦太基人得以在伊比利亚半岛聚集。

但罗马人并不傻。格奈乌斯对当地的伊比利亚城镇使用了一种怀柔政策,许诺会对当地居民做出颇多让步,结果,这让恩波里安城附近的居民最终都解除了与迦太基人的联盟。此外,格奈乌斯还在海岸地区组织了一次武装远征来驱逐迦太基人,将他们赶出了恩波里安,这样做的目的是防止他们援助汉尼拔将军。那么,这一次格奈乌斯穿越巴塞罗那平原了吗？可能性很大,因为联合伊比利亚人的政策有利于他这么做。格奈乌斯挥师南下,直至他遇到由汉诺将军率领的迦太基军队才停了下来。双方在伊比利亚小镇赛斯色附近(可能是现在的塔拉戈纳)展开战斗,迦太基人被击溃,格奈乌斯控制了大片地区(大约就是今天的加泰罗尼亚)。也可能因为这次胜利,格奈乌斯决定在那里建立一座城市,这就是塔拉科。随着时间的推移,这座城市变成了伊比利亚半岛最重要的城市。

罗马化进程

被大家所熟知的罗马化进程,就是从格奈乌斯及其兄普布利乌斯先后到达伊比利亚半岛之后开始的。这是一个罗马人对伊比利亚人在军事、文化及经济三个层面进行同化的过程。那些希望融入罗马体制的人受到欢迎,而不愿意接受的人则受到镇压。在200多年的时间里,罗马人建立了很多城市,其中一些城市相对较为重要[例如:巴尔度罗(巴达洛纳)、伊路罗(马塔罗)],这些城市改变了这个地区的整体面貌。伊比利亚的小村镇渐渐被遗弃或被新的罗马化城市吞并。这并不是一个完全和平的过程,原因多种多样,最重要的是很多伊比利亚人已经意识到发生了什么并开始反抗。在这些反抗活动中,因蒂比尔和曼多尼奥的例子意义重大,这两位伊雷尔赫特人(ilergetes)的领袖守住了他们的城市(也就是现今的莱里达),让家园免受迦太基人和罗马人的袭击,未被夷为平地。因蒂比尔和曼多尼奥先与迦太基人联合,后投靠罗马；当他们获得胜利后,又起兵反叛罗马；最终,两人悔过,获得了罗马人的谅解。毫不夸张地说,在接下来几个世纪里,伊比利亚人和罗马人之间关系一直这样,时而紧张时而缓和。

在这段时期,罗马人不断地巩固他们所控制的区域并试图进一步控制其他伊比利亚城市及希腊人的定居点。虽然伊比利亚半岛的局势越来越复杂,罗马人却已渐渐在现今的加泰罗尼亚地区扎根,而原本生活在这里的伊比利亚人的痕迹则逐渐消失,他们变成了罗马化的伊比利亚人或是伊斯巴尼亚罗马人。西庇阿兄弟到来之后不久,罗马人就把伊比利亚半岛的领土以行省划分。巴塞罗那平原、巴伦西亚、穆尔西亚及现在安达卢西亚的一部分组成了伊斯巴尼亚(Hispania)①行省,以新迦太基城为省会。几年之后,他们又重组了这个省,省会变成了塔拉科。这时的塔拉科不仅是军事重镇,也成为行政管理中心。

罗马人对于轻易就可以变成自己内战战场的加泰罗尼亚地区实施铁腕政策。一次著名的罗马内战就发生于此,即尤利乌斯·恺撒与庞贝残留的军事力量之间的较量。公元前50年,恺撒毫无悬念地取得了伊雷尔达(现今的莱里达)战役的胜利。他沿用了之前罗马领袖所采用的政策,而在这些领袖中也包括他的敌人及以前的盟友庞贝。这种政策就是通过给军团退伍士兵分配土地来加强罗马人对这些地区的控制。同时,这样做还能储备一定的兵力,这些老兵久经沙场,作战经验丰富,并对执政者心存感激,能在关键时刻挺身而出。罗马人也在加泰罗尼亚实行了这一政策,但并没有史料明确记载他们到底在巴塞罗那平原上做了什么。

---

① 伊斯巴尼亚是罗马人对伊比利亚半岛的称呼。——译注

尤利乌斯·奥古斯都
钦定法温蒂雅巴希诺殖民地

巴希诺城的建立需要等待第二次城市建设浪潮的到来。巴希诺城诞生于罗马帝国第一任正式皇帝奥古斯都之手,他是恺撒的甥孙。公元前26年,奥古斯都成为罗马帝国的皇帝,他巡游到伊斯巴尼亚行省,决定亲自去平定坎塔布里人和阿斯图尔人的叛乱。在此期间,奥古斯都就住在塔拉科。利用在此暂居的时间,他积极推动了塔拉科的发展,将这里变成了一座威严而奢华的城市。

在伊斯巴尼亚行省停留的两年里,奥古斯都不仅平定了叛乱,也推动了一系列城市的建设,这些城市成为该地区未来发展的重要动力之一。奥古斯都很清楚,新帝国应该依托于更大的城市,它们既应该作为管理各行省的行政基地,也应该成为给临近地区提供服务的中心。此外,还应建立更多新的城市,构建一个城市网络,以安置从罗马来的移民和那些在军队服役30年后退役的士兵。他还考虑到另外一个因素。当罗马人对伊比利亚半岛的控制日渐稳固,恩波里安作为军事和商业中心的重要性已经开始减退。他们急需向半岛的西部及南部扩张,这样才可能建立更多更为牢靠的根据地。毫无疑问,这是一个野心勃勃的计划,但也正是因为有这样的雄心壮志,奥古斯都才能称帝。巴塞罗那便是这些新城市中的一个,但它最初并不叫这个名字。它确切的名字是"尤利乌斯·奥古斯都钦定法温蒂雅巴希诺殖民地"(Colonia Iulia Augusta Faventia Paterna Barcino)。罗马人没有取如此复杂名字的习惯,而巴塞罗那的名字也并不是没有意义:

殖民地(Colonia):它确实是移民的居留地,是一座移民城市,这里的居民来自意大利,大多是带着家人来定居的老兵。他们居住在分配给自己的地区，可以享受利于土地开垦的优惠财政政策。巴希诺是罗马人在塔拉科之后在这个地区建立的第二块殖民地。在罗马人看来，一个地方成为殖民地而不是城市可以有很多好处。殖民地就是在一片没有居民的土地上建立一个新的村镇，可以将以前的建筑舍弃。与城市相比，殖民地还可以交纳较少的税费，并和军队紧密联系，至少最初是这样。罗马统治时期，殖民地与军队联系在一起，就意味着它直接和国家的根基唇齿相依。不利之处在于，殖民地内部决策的制定不像城市那样采用民主的方式，城市居民对城市管理直接负责。

尤利乌斯·奥古斯都（Iulia Augusta）：指皇帝本人，他是尤利乌斯家族的后代，被元老院授予"奥古斯都"的称号。这个名字表明这座城市是在皇帝的支持下建立起来的。

法温蒂雅（Faventia）：这个词可能是最难懂的，它有着多种解释。有一种说法认为这个词的意思是"神所偏爱的"，它很可能就只是对当地居民的一种美好的祝愿；另一种说法认为这个词是指存在于这个地区的某个伊比利亚村庄，但我们没有任何证据能证明它的存在；还有一种假设认为这个词是指现在的意大利城市法恩扎，早期的移民或是主要定居在巴希诺的家族都来自那里。

钦定（Paterna）：在拉丁语中，paterno 是指"父亲的"。当一个殖民地直接由奥古斯都或是他的将军阿格里帕建立时，都会以这个词命名。

巴希诺（Barcino）：这是一个最容易也最难破解的词汇。Barcino 这个词很可能是拉丁语中对伊比利亚词汇 Barkeno 的翻译。如果真是这样的话，就表明罗马人想保持这两座城市的延续性,它既是原来伊比利亚人的城市,同时也是统治者的城市。虽然大家都这么想,但这个说法一直没有得到证实,也很可能永远都无法证实。

巴塞罗那城正式建立于公元前15年到公元前13年之间,选定的建城地点是塔贝尔山,这座山位于今天哥特区的中心位置,老城区由四个区构成,哥特区就是其中之一。塔贝尔山的最高点大概就在现今的帕拉迪斯街,离圣若梅广场和加泰罗尼亚政府大楼近在咫尺。"塔贝尔"这个名字并不是罗马人的主意,很可能他们就没有想过要给这座山起名,这个名字的出现是很久之后的事了。

巴塞罗那城的建立是在奥古斯都离开伊比利亚半岛之后,因此,他对这座城市的直接影响并不明显。但不管是因为皇帝或其官员的设想,还是因为和皇室有关的某个贵族家族的提议,巴塞罗那是在官方推动的建城浪潮中诞生的。奥古斯都于公元14年去世,巴塞罗那的建城进程也戛然而止。原本计划要利用平原周围的自然资源来修建一座防御工事完备的小城,让它成为罗马人在加泰罗尼亚海岸地区修建的新兴或是半新城市链中的重要一环。虽然罗马帝国没有必要担心会有敌人时不时发动袭击(至少在那个时期的伊比利亚半岛没有),但巴希诺城的建立最初是出于军事目的,而不是为了开垦其周围的土地。此外,巴希诺城坐落于赫拉克勒斯大道旁边(即奥古斯都大道的前身),这条路也是著名的汉尼拔之路,因为有人认为汉尼拔将军曾率领他的战象队伍通过这条路向比利牛斯山挺进。

巴希诺城

巴希诺城位于海边的小山丘之上,这里视野辽阔,控制着海岸的天然通道,又有可饮用的水资源,因为塔贝尔山被两条河流环绕(它们分别是罗亚河以及圣米盖尔河)。巴希诺城除了修建城墙之外,很有可能还挖了深沟。从最近的发掘可以看出,塔贝尔山类似于一个半岛,因为海水会慢慢地从城市的一边或另一边涨起,至少在最初的几十年是这样的。首批移民应该花费了很大的力气来砍伐森林,从而腾出了空地,因为这座小山完全被栎树、圣栎树和少数松树所覆盖,今天我们在地中海的某些地区还能看到类似的景象。巴希诺城是一个被拉长的八角形,往东西方向延伸,长412米,宽280米。巴希诺城居民的视线习惯朝向东方,既不是北也不是南,因为东方是海的方向。从巴希诺城建立的那一刻起,巴塞罗那人的方向感就是倒置的。对于一个巴塞罗那人而言,"往低处走"就是往东走,也就是朝着海的方向走。城市的地图,甚至连最古老的地图,都是以东方作为基准方向的,海在地图的下方,而蒂比达博山在地图的上方。好吧,这很可能是罗马人造成的,也可能是因为这片土地本身就给人留下了这样的印象。

罗马人踏上这片土地的目的是要征服它,巴希诺城的建立就是为了实现这一目标。因为巴希诺城是一座类似于军营的城市,它的内部布局是按照营地的临时建筑而设计的。城市被两条大街贯穿,一条贯通南北,一条连接东西。贯通南北的大道开始于现在主座教堂旁边的诺瓦广场,一直延伸到雷高米尔门,连接东西的大道覆盖了从现在有地铁站出口的安赫尔广场到阿维约街之间的区域。两条道路相交处形成了巴希诺城的大广场,就在今天的加泰罗尼亚政府、受俸神父之家及圣若梅广场的一部分所占据的区域。

在最近的一个世纪里,从市政府门前经过的文化专员们都有一个执念,他们希望政府可以批准在这个广场上进行考古挖掘工作,但他们也都非常爱惜自己的职位——他们深知,如此规模的挖掘会使城市中心的广场在几个月甚至是几年里都像一个泥潭。因此,即便人们认为目前仍有考古奇观沉睡在广场的地下,但要想让古广场的遗迹重见天日,仍需等待时机。那个时期,奥古斯都神庙就修建在这个广场上,那也是它最辉煌的时刻。现在如果您去参观位于帕拉迪斯街的加泰罗尼亚远足运动中心,还能看到神庙遗留下来的几根柱子。此外,当时围绕着城市的核心区域,还修建了高达7米的城墙,城墙是由木头、泥土及砖块垒砌而成的,不算壮观。通常,这样的城市框架都不会是在短期内完成的,而需要经过几个世纪的不懈努力。罗马时期的巴希诺城在最辉煌的时期拥有5 000居民,或许这也是它人口密度最大的时期。若确实如此,巴希诺人就和历史上每个时期的巴塞罗那人一样,因城市空间狭小,只能挤在局促的空间里生活。这种空间上的局促感从城市建立起就成为一种常态,但偶尔也有例外,比如,在19世纪城墙被拆除后的几十年里。虽然这段时间很短,但巴塞罗那人感觉终于能顺畅地呼吸了,因为在他们看来,在巴塞罗那的历史上,空气能在城市的街道中流通已经是件稀罕事了。

早期居民

巴希诺的第一批居民是直接从亚平宁半岛移民过来的垦殖者,或是参加过坎塔布里战争的士兵(有可能他们是同一批人)及他们的家人。事实上,这是一个世纪前盖乌斯·马略执政时期罗马惯用的一种体系。退伍士兵在结束服役的地方或在任何一个新近被占领、被殖民的地区都可以获得土地。巴希诺就是这样一个地方。此外,这个新的殖民地应该是早期居民向往的,因为这里不像其他新城市那样,或诞生在冲突不断的地区,或处在不安全的边界线上,或生存条件艰苦。巴希诺刚好相反,它位于塔拉科行省的内部,在赫拉克勒斯大道附近(这条大道就是后来的奥古斯都大道)。同时,巴希诺城离伊卢罗

(Iluro)这样称得上宏大而坚固的中心城市不远,也离省会塔拉科不远。此外,它周围土壤肥沃。在略夫雷加特河入海口处进行的一些发掘中,曾发现过巴希诺人从事农业开垦的遗迹。由此看来,这座新兴的城市是一个适于生活的好地方。

虽然大部分新的巴希诺人或是法温蒂雅人(最初他们被这样称呼)都是农民,但随着城市化进程的展开,很快就有愿意从事城市服务业的移民涌入。因为巴希诺这个新的殖民地处在塔拉科行省的边缘位置,而塔拉科行省本身又是罗马帝国一个地处偏远的行省,来这里的新居民通常都是获得了人身自由的奴隶。罗马帝国一种重要的制度就是对人划分等级。在罗马统治时期,虽然公民有贵族和平民之分,但实际上在罗马社会中,分属各个阶层而享有不同法律权利的人们生活在一起,包括奴隶、外邦盟国人、享有部分公民权的人和获得自由的奴隶。

当奴隶的主人愿意找个理由并通过法律程序将其释放时,奴隶便可以重获自由。重获自由的奴隶将永远对其原来的主人保有感恩之心和极高的崇敬爱戴之情。如果用21世纪的思维方式来想这件事,我们可能会认为这将什么叫"奴颜媚骨"体现得淋漓尽致,但这种对主人的崇敬之情在罗马社会却是根深蒂固的,甚至就连那些祖辈中没人当过奴隶的人也会对社会上受尊敬的人保有这种主仆之情,更不用说那些重获自由的奴隶了。这些人来到了巴希诺城,此地很多杰出人士都曾是奴隶出身,或者他们的父辈或祖辈曾是奴隶,这是很普遍的现象。在一两代人的时间里,重获自由的奴隶家庭就可以获得一定的社会地位,这在罗马社会中并不少见,在巴希诺城也不例外。总之,最初的巴希诺居民不可能是罗马的精英阶层。

然而,并不是所有的巴希诺居民都来自亚平宁。有很多伊比利亚人因为婚姻、工作或寻求某位权贵的庇护而来到这里,成为最早的巴塞罗那人。我们应该注意到,在巴希诺城建立之前,罗马人已经在这片土地上定居了几个世纪之久,也差不多融入了这里的生活。因此,一片紧邻主干道、直接或间接由罗马皇帝支持建立、以农业和服务业为主的殖民地,应该会对伊比利亚人有着极大的吸引力。

此外,从公元2世纪起,也就是说在巴希诺城建立之前,就有很多犹太人因公元70年耶路撒冷被罗马皇帝提图斯摧毁而逃到这里。事实上,犹太人在巴塞罗那出现的时间可能更早——很多犹太人大概在公元前3世纪或2世纪就来到罗马的伊斯巴尼亚行省定居。几年前,在安普里亚斯曾发现过一枚印有那个时期犹太铭文的图章。然而,我们并没有证据证明,在提图斯驱逐犹太人之前,在巴希诺出现过人数众多的犹太社区,很可能当时只有少数犹太家庭住在这里。当然,也不排除一些犹太家族来到巴希诺是为了利用这里提供给他们的商业机会。

市民生活的中心:奥古斯都广场

虽然现存的任何一部史书都没有具体解释过巴塞罗那城是如何建成的,但人们都知道市民生活的中心是供奉奥古斯都的神庙,它就在塔贝尔山顶的广场上。考古研究所得出的结论是:奥古斯都神庙是在巴希诺殖民地建立后不久修建的。奥古斯都死于公元14年,也就是在巴希诺诞生之后的20年左右。他的继承者、养子提庇留为了纪念奥古斯都这位第一个被神化的皇帝,修建了这座神庙。而在公元1世纪初,巴希诺城很可能也因这座神庙而名声大噪。现今,这座神庙仅剩下四根柱子——不难想像,它们曾经在很长一段时间内应该都是巴希诺城的标志,就像今天的圣家大教堂或是过去的哥伦布纪念碑一样。

巴希诺城居民的庆典活动都在奥古斯都神庙举行。在罗马统治时期,神庙的使用方式和最近几个世纪西方人所习惯的方式并不一样,只有神父和获得授权的人方可进入神庙,能不能获得授权,则主要根据一个人的职位或是根据仪式的性质而定。很多罗马信徒从未进入过公共神庙的内部,但这并不会让他们放弃遵守教规。在罗马,私人层面的宗教活动要比公共层面的更为重要,公共的祭祀活动往往有炫耀的意味。私人家里都有祭坛或在门口处摆放神龛来供奉家族的神或祖先,当人们供奉祖先时,先辈们也具有了某种神圣的光环。

最初,神庙只是供奉神,而自奥古斯都之后,神庙就变成了供奉被神化的皇帝的地方。现今,被人奉若神明的是那些出现在大众媒体上的男男女女,对于供奉皇帝,人们则持怀疑态度。其实,过去的人也这么想,这一点都不奇怪,供奉皇帝从来都不像其他传统祭祀那么流行,这是因为传统祭祀不会厚颜无耻地为当权者歌功颂德。在罗马,朱庇特总是比奥古斯都更受欢迎。此外,罗马当政者对皇帝的崇敬并没有增加皇帝的可信度。人们除了诵读一些简短热情的祷词外,通常都不会向那些被神化的皇帝祈求恩典。然而,离帝国的中心越远,人们就越容易把皇帝当成神,特别是对那些去世多年的皇帝。元老院成员在罗马街头吵闹不休,玩弄权谋,这些表现应该无益于让他们受到尊重。相反,在其他行省,没有人见过那些元老院成员和负责管理帝国的高官。因此,人们更容易将这群人的"首领"——皇帝——想象成一位充满传奇色彩、不识人间烟火的圣人。这就解释了为什么在远离罗马的地区(例如巴希诺和塔拉科),向被神化的皇帝献祭会以特殊的方式发扬光大。然而,并没有史料记载伊斯巴尼亚的罗马人在这方面所取得的成就。相反,很多罗马宗教中不那么程式化的要素却在这里扎根,可能是由于这些内容让当地居民感觉更为亲切。

把家族的神安置在家里的小祭坛上膜拜，或是遥望天空或大海，想象着神灵们随心所欲地驾驭这个广阔的空间，这些都远比相信一位生前残暴专制的弄权者死后会守护地球上的某个人及其家庭来得更为容易。

巴希诺城建在一座海拔只有 15 米高的小山丘上，地处一片肥沃的平原，虽然城市规模不大，却拥有着与其规模极不相符的宏伟神庙和广场，这也解释了为什么罗马人从一开始就喜欢这里，尽管听起来有些矛盾。巴希诺城至少在大约 250 年的时间里是加泰罗尼亚海岸地区的行政及宗教中心。为何这么说？如果巴希诺城的广场仅需要服务于本城的居民，那它的规模也未免太大。同样的道理，如果在一个不会举行一定级别宗教仪式的地方建造这样一座金碧辉煌的神庙，完全是没有意义的。当时，一片殖民地通常有 2 000 居民，而奥古斯都神庙的规模远远超出了 2 000 人的需要。此外，那个时代的巴希诺城也没有要变成能容纳众多人口的大都市或军事殖民地的需要。一方面是因为塔拉科已经是一个不折不扣的大都市；另一方面，当时的罗马人在军事方面已经没有太多的顾虑，他们不仅击退了所有的强力外敌，也刚刚从三次内战的泥潭中走出。总之，奥古斯都和他的新帝国体制都取得了不容置疑的胜利。

巴希诺城人怎样生活？

以神庙和广场为中心，巴希诺城被分成若干小方格。我们所发现的城市建筑遗迹并没有解开城市布局的重重疑团，这就像其他同类遗址一样。富人的房子旁边就是贫民窟，那里混合着海滩上腌咸鱼的腥味和鞣制皮革的尿味。在弹丸般大小的一块殖民地内，各个社会阶层的混居程度高于世界上任何一个城市。这里没有被分隔开来的区域,也不存在什么远郊,每个区域都紧紧靠在一起,没有间隙。

我们巴塞罗那人运气不赖,如果您想要了解当时的巴希诺人怎么生活,不妨去参观一下罗马时期建立的一个街区,它至今还保存完好。这个街区位于地下,就在国王广场的下方,距奥古斯都神庙几步之遥。其实,这是巴塞罗那历史博物馆(MUHBA)的镇馆之宝。您可以从贝格尔街的入口进入博物馆,上二楼之后,乘电梯到达地下。您会发现,电梯按钮上的标识既不是人们通常使用的"-1",也不是西班牙语"地下室"单词的首字母"S",更不是英文"地下室"首字母"U",而是"-2000",这表示电梯将带人们去往2000年前,也可以说是我们这座城市历史的开端。电梯一停,您便可以漫步在国王广场的地下,这里保存着罗马时期工业区建筑的遗迹。虽然保存下来的房屋遗迹都和工业有关,但它们通常也具有商业和住宅的功能。就像我们之前所说的,这些遗迹留给我们的解释并不是非常明确。如果我们想象着这些房屋是被人用一把可怕的电锯在1.5米的高度拦腰锯断的话,可能更容易看懂它们。只有这样,才能更好地了解这个坐落于巴希诺城广场北部的区域。

狭窄的街道让人联想到喧嚣吵闹的街区生活,罗马文明中的城市都是这个样子。罗马人的生活不在家里,而是在街上或是在温泉浴室里,这种浴室类似于一种社交俱乐部,男人们去那里放松、做生意、谈论政治或驷马车比赛。驷马车比赛是在整个罗马帝国都非常流行的运动。虽然巴希诺城没有竞技场,但这里的男人们也同样热爱这项运动。驷马车比赛就像今天的足球,可以给参与者提升社会阶层的机会。当然,参与驷马车比赛的意义并不在于一个人能驾驭一辆颠簸、危险的驷马车,而在于那个人可以借这种方式来进行自我推广,以获得更高的政治及社会威望。

贵族卢西奥·米尼西奥·纳塔尔·瓜德罗尼奥和他的赶车奴隶

巴希诺殖民地献给罗马帝国的最杰出的子民,就是巴塞罗那贵族卢西奥·米尼西奥·纳塔尔·瓜德罗尼奥,他可能是通过驷马车比赛改变命运的典型代表。卢西奥·米尼西奥赢得了于公元129年举办的第227届古奥运会的驷马车比赛。卢西奥·米尼西奥可能并不是特别有天赋的驾车手,因此,赢得比赛对于他来说是很大的荣誉。卢西奥·米尼西奥是一名元老院成员的儿子,他的父亲和他同名。米尼西奥的父亲是罗马皇帝图拉真的朋友,虽然出身世家,却没有为帝国发挥太大作用,也没什么野心。但他的儿子不一样,他想要走得更远。卢西奥·米尼西奥于公元127年离开巴希诺城,去塔拉科行省的省会塔拉科定居。虽然没有确切的证据证明那是他第一次来到塔拉科,不管怎样,塔拉科的繁华景象应该让他感到震惊。当时,塔拉科拥有40 000居民,是巴希诺城人口的20倍。这是一座富丽堂皇的城市,在这里居住过10年到15年的诗人兼历史学家卢西奥·阿内欧·弗罗鲁斯曾这样描写塔拉科城:

> 在所有适合休息的城市之中,对我而言,塔拉科是最好的,它是最令人愉悦的。那里的人诚实谨慎、性情平和,虽然需要一些时间来接受外来的访客,但慢慢就会变得非常好客。那里气候温和,不会骤然变天,全年四季如春。塔拉科土壤肥沃,田野里是这样,山丘上更是如此。本地出产的葡萄酒及小麦和意大利的一样好,秋天的丰收一点都不逊色。此外,这座城市还有不少自己的优势,它保留了许多恺撒的

标准，它的名字中有"胜利者"①的头衔，它还拥有大量重要的外来历史遗迹。

如果塔拉科城真是这样，卢西奥·米尼西奥被它迷住就毫不稀奇了。显然，巴希诺的乡下生活和塔拉科的城市风貌形成了鲜明对比。塔拉科城拥有一座巨大的竞技场、一座令人震惊的大型广场、一座富丽堂皇的宫殿，最重要的是，它还拥有一座可以容纳 30 000 人的跑马场，也就是说，光这座跑马场就可以容纳塔拉科四分之三的人口（这就相当于今天巴塞罗那足球俱乐部的诺坎普球场能容纳 120 万观众）。塔拉科的跑马场之所以这么大，可能是因为驷马车比赛会吸引整个行省的人来观看。因此，我们可以认为，像卢西奥·米尼西奥这样的驷马车比赛爱好者，很可能在移居塔拉科之前就曾多次来过这里。米尼西奥移居塔拉科两年之后，第 227 届奥运会便拉开了帷幕。

在那段时间里，他全身心地投入到驷马车比赛中，并做了任何一位想要赢得比赛的贵族都会做的事：他买了一个精通驾车的奴隶。事实上，卢西奥·米尼西奥并没有赢过任何重要的比赛，而是他的奴隶以他的名义参赛并获得了胜利。对此，我们不应感到惊奇，因为在那个年代，这是一种惯用的方法。对于罗马人来说，执行命令的奴隶并不是以自己的名义来行动的，而是代表他的主人，这就如同主人亲自做了这件事。于是，卢西奥·米尼西奥在塔拉科买下的奴隶驾车参加了驷马车比赛，就像是米尼西奥本人手持马车的缰绳登场竞技。

驷马车比赛有着严格的比赛规则，跟今天的大型竞技比赛一样，这些规则有时令人费解。比赛会分成几队进行，以颜色来区分，通常使用的颜色为绿色、蓝色、红色和白色。不同队伍的支持者很容易便拳脚相向。虽然我们不知道卢西奥·米尼西奥让他的奴隶加入了

---

① 塔拉科的全称为 Colonia Iulia Urbs Triumphalis Tarraco，意为"尤利乌斯（恺撒）胜利之城塔拉科殖民地"。——译注

哪支队伍,可以肯定的是,在塔拉科,所有人都想获得参加奥林匹克运动会的机会,也就是说要赢得在跑马场举行的预选赛。两年以后,卢西奥和他的奴隶很可能驾着他们的驷马车参加了奥林匹克运动会,并赢得了比赛的胜利。于是,就像现在一样,在体育比赛中获胜的伟大运动员便享有了崇高的社会威望。此外,在罗马社会中,如果男人想走"荣耀之路"——也就是想从政——都得大显身手,以展示他的价值和恢弘的气魄。在获得了奥运会胜利之后,卢西奥·米尼西奥·纳塔尔便开始了他的荣耀之旅,并一路前行。对此,我们有证据可以证明。在巴希诺曾发现过几块为卢西奥·米尼西奥·纳塔尔歌功颂德的石碑,这些石碑可能是由他本人或由依附于他的人出资打造的。卢西奥·米尼西奥最终成为罗马最高执政官及利比亚行省的总督,这表明他已在罗马帝国的等级体制中拥有较高的地位。

卢西奥·米尼西奥将他在驷马车比赛中所取得的胜利刻在了奥林匹亚神庙中的一块石碑上。2000多年之后,当巴塞罗那举办1992年奥运会之时,这个纪念碑的复制品被安放在蒙特惠奇山上(1992年奥运会最重要的仪式都是在那里举行的)。在离蒙特惠奇山不远的加泰罗尼亚考古博物馆里,保存着两块为卢西奥·米尼西奥歌功颂德的石碑。其中较为古老的一块制于公元125年,是在第227届古奥运会举行之前,碑文中记录了米尼西奥父子在自己的领地上建了一栋带有廊檐的温泉浴室及一座水渠,然后将它们赠予了巴希诺城的居民。可能这片领地就在今天圣米盖尔广场的位置,几年前那里曾发现过一些温泉浴室的遗迹。第二块石碑刻于米尼西奥(儿子)死后,碑文中写着他时刻心系巴希诺城,这块石碑是由奥古斯都教士团敬献的。奥古斯都教士团这个奇怪的名字是指一种非常特别的罗马机构,它由六个获得自由的奴隶组成,负责供奉奥古斯都大帝,这个机构曾存在了一段时间。这些教士出资刻了一块石碑以感谢卢西奥·米尼西奥给巴希诺城留下了一笔遗产,每年卢西奥·米尼西奥诞辰到来之际,巴希诺城都会收到由这笔遗产而产生的利润。然而,没人知道他们具体指的是哪一天,很可能也正是因为如此,从来没有哪一届市政府向任何财政机构提出请求,希望他们每年继续支付这笔钱。

米尼西奥父子的例子表明,只有成为罗马帝国的公民才能让他们在所享受的权利和应履行的义务方面对等。事实上,在罗马出生是一个优势,而在罗马的行省出生就不会享有太高的威望(例如,西塞罗是阿尔皮努姆人,罗马人认为他是乡下人),但是这并不代表来自偏远行省的人就不能去首都完成他的职业生涯。此外,罗马人都以他们的故乡为傲,非常依恋自己的故土。曾有几十位伟大的罗马领袖在特定的时期返回故土生活。卢西奥·米尼西奥对故乡巴希诺的自豪感也体现了罗马时期的这个特点。事实上,直到今天,巴塞罗那人依然是这样。虽然巴塞罗那已经走过了2000年的历史,但当现在的巴塞罗那人谈起他们的故乡时,还是会指他们祖辈生活过的地方,这可能是因为继承了罗马人的基因吧。但这种怀旧的情绪总带着些许喜剧色彩,虽然生活在巴塞罗那的家庭偶尔会回到原籍或者说他们已经习惯了在故土拥有一片栖身之地,但事实上很少有人会回到故乡生活,即便是在退休之后。对于他们来讲,巴塞罗那太重要了。

坟墓间的道路

就像古希腊人、古埃及人和古代中国人一样,罗马时期的巴塞罗那人也消失在历史的长河中。要想详细说明巴希诺城的居民都经历了什么,以及他们是怎样让这座城市变得如此与众不同,则并非易事。因为巴希诺城经历了太多个世纪的外族统治,有太多世代的居民生活在这里,有着太多我们未知的事件发生。然而,令人觉得奇怪的是,在

20世纪及我们如今生活的21世纪,与之前的时代相比,人们发现了更多的古罗马遗迹。在之前的几个世纪里,古罗马遗迹仅仅被人们当成废墟而已,它们并没有得到足够的重视,或者根本无人问津。也就在最近这100年里,人们才开始寻找、发掘并欣赏这些遗迹。巴塞罗那的罗马时期坟墓之所以能被完整地保留下来,完全是由于一系列偶然的原因。1936年到1939年西班牙内战期间,叛军盟友意大利派飞机轰炸巴塞罗那,城里的很多区域都被炸毁,有些建筑物被夷为平地,有些建筑物变得残缺不全,无法修复,只能拆除。事实上,现在巴塞罗那几个广场就是这么来的,刚才我们提到的紧邻兰布拉大道的马德里城市广场就是其中之一。1938年,轰炸摧毁了原先坐落于此的赤足加尔默罗会修道院。20世纪40年代,佛朗哥统治时期的巴塞罗那市政府决定先从这座建筑无法使用的部分开始拆除,结果,人们在修道院里发现了一些不属于修女的坟墓。这就是今天我们可以在广场上看到的罗马时期的坟墓。

如果我们看一下罗马时期巴希诺城的平面图,就会发现,今天马德里城市广场所处的位置在当时的城墙之外,虽然它离城墙不远,但也属于城外。这一点不足为怪,因为罗马人是不会把死人埋在城里的,他们习惯将坟墓修建在通向城市的道路旁边。进出任何一个罗马城市都必然要穿过墓地,这说明从巴塞罗那发现的坟墓可以划出一条通向巴希诺城的道路。

然而,并非所有的坟墓和所有的道路都属于同一等级。现在马德里城市广场上的那些坟墓,当年是建在通往现今塞里亚区的一条辅路旁边,这条道路间接与奥古斯都大道相连,也就是说,它并不是一条主干道。因此,这些被保存下来的墓穴里埋的并不是什么重要人物,而是获得自由的奴隶,或者就是奴隶。通过对沉积层进行深入研究,我们可以看出当时人们的生活非常艰苦:死者很多是孩子和年轻人,他们的骨骼多有变形和骨折的痕迹。换言之,罗马人,或者说至少是生活在巴希诺城的普通人,死去的时候都还很年轻,他们往往一生都在从事繁重的体力劳动。对于巴希诺人来说,关节和骨骼痛是家常便饭,现在的巴塞罗那人也是一样。他们经常抱怨骨头疼,这是湿度太高的原因所致。这可能也是罗马时期的巴希诺城留下的另一笔遗产吧。

向海敞开的大门

　　这条两侧建有坟墓的道路也间接地引出了另一个问题。正如我们之前所说,这条通向塞里亚区的道路并不是主要道路。那么,那些主干道都在哪里呢?那些结束于城门或是人员流动性较大地方的道路就是主干道。海之门是当时最重要的大门,它坐落于今天的雷高米尔街。从这个门出入的都是和海运及海上活动相关的人员。巴希诺城那些海里饲养的牡蛎品质上乘,这让它在罗马帝国声名鹊起,虽然这并不是它的主业。农产品的运输、接待来往于奥古斯都大道南北穿梭的游客、行政管理、供奉奥古斯都,等等,这一切都让巴希诺这座小城的重要性日渐增强。在罗马时代,虽然塔拉科一直都是这个地区的中心城市,但巴希诺城也逐渐崭露头角,虽然它的发展速度并不快。

　　巴希诺城地位的上升在很大程度上得益于它吸取了塔拉科的一些宝贵经验,特别是在对牡蛎的养殖上。古希腊地理学家斯特拉波曾提到塔拉科的牡蛎,虽然那里的海岸条件并不算太好。巴希诺城最早的居民,也就是古罗马军团的士兵,照搬了塔拉科人的养殖技术。但令人惊讶的是,巴希诺的牡蛎居然比塔拉科的更受欢迎。公元 4 世纪下半叶,伟大的古罗马诗人马格努斯·奥索尼乌斯曾经对巴希诺的牡蛎赞不绝口。除此之外,他还对当时的另一种食品青睐有加,那就是鱼露,这种产品让巴希诺城在整个罗马帝国名声大噪。鱼露是用鱼的内脏发酵而制成的一种酱料。这么说并不能让人胃口大增,但实际上它非常美味。虽然鱼露味道浓郁,却极易与食物调和,这有点像亚洲的酱油。因此,它常被用做调味品,是一种极佳的能让食物增加咸味的调料。人们通常认为鱼露是只有特权阶层才能享用的美味,其实它和今天的很多美食一样,质量决定了它的价格。鱼露和鱼子酱不一样,它只是一种很普通的让食物增色的配料。地中海沿岸甚至是大西洋沿岸有很多制作鱼露的工厂,如塔里法,但在罗马帝国,盛产鱼露的城市当属巴希诺。古罗马元老院成员奥索尼乌斯尤其偏爱鱼露。在他的孙子、也是他最爱的学生梅罗皮奥·朋希奥·安希奥(后来著名的圣保林)移居巴希诺城之后,奥索尼乌斯曾给他写过几封信,信中林林总总什么都有,甚至还评论过鱼露。

梅罗皮奥·朋希奥·安希奥移居到巴希诺城,是因为他的妻子特拉西娅是巴希诺人。而正是在这座城市爆发了几年后让梅罗皮奥成为意大利南部诺拉主教辖区主教的宗教危机。早年间,梅罗皮奥曾失去过一个儿子,那时,他身在现今的埃纳雷斯堡,这件事让他受到了沉重的打击。史书上并没有明确记载他移居巴希诺的原因,事实表明,他来这里是为了消解丧子之痛。他们夫妻二人,特别是他的妻子,想待在家人身边以减轻自己的痛苦。但不管怎样,他的老师奥索尼乌斯依然咬文嚼字地给他写信,信中不乏琐碎尖刻的评论。在这些信件中,奥索尼乌斯就曾提及巴希诺城的牡蛎和鱼酱。他觉得巴希诺城建在一片牡蛎的海洋之上,这个美好的形象让人联想到巴希诺城前面那片海的样子:海面上浮动着一眼望不到边的牡蛎养殖笼。奥索尼乌斯非常羡慕梅罗皮奥,因为他能够享用巴希诺出产的优质鱼露。不管梅罗皮奥是为了治愈他心灵的伤痛,还是为了能全身心地与上帝交流,他都应该跟那个时期的巴塞罗那人有一样的饮食习惯。

通过对现今位于索伯斯蒂南特-纳瓦罗街的城墙的挖掘工作,我们了解到,那时的巴塞罗那人食用大量的沙丁鱼。我们的祖先有在城墙底下扔垃圾的习惯,在古城墙的遗址中,我们发现了几百条沙丁鱼的鱼骨和大量的牡蛎贝壳,这表明这两样水产品都是当时居民日常餐桌上的食物。那时的巴希诺人胆固醇应该不会太高,因为沙丁鱼中含有丰富的omega-3脂肪酸。同时,我们还发现了被啃过的老鼠骨头。在后来的日子里,老鼠肉变成了很受欢迎的肉类食品,但在罗马时期还不是这样。

王冠之城

如果罗马帝国没有分崩离析,巴塞罗那也不会开始逐渐变得强大。公元3世纪,罗马帝国遭遇了严重的危机,这让它至少在50年的时间里一直处于动荡不安的状态。皇帝在位的时间都很短暂,有时候只有几个月,通常都是被自己的军队所杀。商业发展变慢,灾害及奴隶叛乱频发;边境地区罗马人口中的"蛮族"也开始不断地以暴力的方式进入帝国的疆域。总之,罗马帝国风雨飘摇。尽管塔拉科行省远离罗马,但动荡的局势也多少让它受到了影响。事实上,不论是塔拉科行省,还是行省中的城市,都无法逃避帝国体制瓦解所带来的伤害。

然而,这场对罗马帝国的其他部分影响颇深的危机,对巴塞罗那来说是一件好事,虽然这听起来似乎不合逻辑。这并不是说局势的动荡和经济的一蹶不振没有给巴塞罗那的商业活动造成伤害。起初,巴塞罗那确实受到了影响,但正是因为这样,巴塞罗那才下定决心启动一项工程,而这项工程后来改变了这座虽然繁荣但处在从属地位的小山丘的命运。最初为封闭城市而建的城墙并不牢固,但对于巴塞罗那这样一个没有海陆威胁的新生殖民地来说,已经足够了。应该说,这些城墙具有的象征意义大于实际效果:城墙使一个村镇成为城市,让它的居民在心理上有了安全感。但防御的塔楼只在城墙的转角处和城门的位置才有,从保护城市安全的角度讲,这只能算是极为普通的防御工事。

然而,公元3世纪时,情况变得不那么简单。罗马帝国的扩张已经停止,这影响了它的经济体系。罗马帝国就像一辆自行车,一停下来就会摔倒,扩张的突然停止导致了帝国的崩塌。伊比利亚半岛一直被认为是非常安全的地区,这里只有一个驻扎在莱昂的合组军团[①],距塔拉科行省相当遥远。正因为如此,主要由法兰克人和阿拉曼尼人构成的日耳曼军团才从北部入侵伊比利亚半岛,突袭防守非常薄弱的塔拉科和巴希诺的居民。塔拉科城几经入侵、袭击及劫掠,但它并不是唯一遭受这样悲惨经历的城市。现今加泰罗尼亚地区的罗马城市都经受过法兰克人和阿拉曼尼人的袭击,例如,现在的巴达洛纳、圣安德烈斯-德利亚瓦内拉斯、马塔罗、圣库加特、萨瓦德尔、阿尔塔富利亚、卡拉费利、雷乌斯、比利亚努埃瓦和赫尔特鲁、赫罗纳、滨海托萨、安普里亚斯和莱里达。这种情况至少持续了12年,其中一些城市被毁。历史学家奥罗修斯曾证实,蛮族入侵的影响甚至在150年之后依然清晰可见。

巴希诺城既没有受到袭击也没有遭到洗劫,虽然一些考古遗迹表明事实可能并非如此。巴希诺城之所以免受灾难,就是因为它的城墙。我们应该还记得,巴希诺城是由退伍军人建立的,虽然已经过去了250年的时间,但军人的精神依然还在。可能是因为从罗马帝国其他地区传来的消息引起了人们的警觉,也可能是因为有过一次糟糕的

---

① 古罗马军队建制名称。——译注

经历,巴希诺城的居民对城墙进行了彻底的改造。城墙改造工程不仅改变了城市的整体风貌,也改变了之前人们对这座城市的印象。由于巴希诺城拥有坚不可摧的新型防御工事,它很快就取代了塔拉科的地位,成为行省的省会。

城墙的改造工程是在公元 268 年到 270 年间进行的,那时罗马帝国的皇帝是克劳狄二世。克劳狄二世战功卓越,死在他手里的哥特人都称他为"打败哥特人的克劳狄二世"。改造后的城墙在形状上并没有多大的改变,只是在海之门附近增设了一个堡垒,但我们要记得,这个门可是巴希诺城的主要入口。然而,也有两个变化非常重要,那就是城墙的宽度和防卫塔楼的高度有所增加。城墙的厚度至少达到 2 米,在某些点甚至能达到 8 米。此外,还修建了 78 个紧靠城墙的塔楼,大部分都是方形的,就像我们今天在拉耶达尼亚大道旁边的拉蒙·贝雷恩格尔三世广场或是在耶多街的豪华酒店里看到的一样。中世纪时期,为了让这些塔楼不被看出来,人们在上面添加了一些其他的元素。另外,有一些塔楼是圆形的,例如,那些嵌入城门中的塔楼。现在,巴塞罗那还保留着两座已经很难辨认的圆形塔楼,它们就镶嵌在通往比斯贝街的城门上,比斯贝街刚好朝向紧邻主座教堂的诺瓦广场。城墙上每隔 6 到 8 米就设一个塔楼,这让巴希诺城看起来像一顶有很多尖齿的皇冠。因此,随着时间的推移,巴塞罗那便以"王冠之城"而闻名了。

如果我们以 21 世纪的眼光来看,那时建造城墙所使用的材料非常特殊。罗马人利用一切他们可以找到的、讨厌的或是认为没用的东西。也可以说,罗马人使用的都是多余的材料。除了蒙特惠奇山的石头和罗马建筑惯用的灰泥之外,巴希诺城的居民使用了雕塑、石碑、破碎的瓶罐及来自其他建筑的石材。总之,他们使用了一切可以利用的材料。在巴塞罗那历史博物馆的地下,我们可以进入一个朝向拉蒙·

贝雷恩格尔三世广场的方形塔楼，在这里可以看到罗马人是用什么样的材料来修建城墙的。事实上，巴希诺城居民的这种实用主义精神在罗马帝国很普遍，罗马斗兽场便是这样建起来的，它的损坏也是因为后来要修建其他建筑，人们就把斗兽场当成了采石场。在修建巴希诺城的城墙时，很多路边坟墓的石材也被重新利用。在马德里城市广场上的那些坟墓之所以被留了下来，很可能是因为它们规模太小，看上去没那么重要，而其他的坟墓则都变成了城墙的一部分，或是说变成了城墙遗迹的一部分。

建筑热潮

建造如此壮观的城墙提升了巴希诺城的商业及政治吸引力。公元4世纪，巴希诺城建起了整个罗马时代最为奢华的建筑。今天在圣若梅广场附近的圣荣耀街就可以参观一处这样的建筑。虽然在大部分情况下，当危机到来时，总会有一部分人趁机获利，但在巴希诺城，大家似乎可以做到利益均分。当然，大家也会一起共同面对灾难，也可以说，巴希诺城全体居民同甘共苦。那个时代的巴希诺城发生了一些变化，这些变化对于整个罗马帝国而言，都算得上意义重大。很多提供公共服务的建筑被拆除或被推倒了（例如面朝大海的海水浴室），而私人浴室的修建反而有所增加。不少大房子都进行了扩建，它们侵占了大量的公共空间，可见当时罗马帝国法规的权威性及受尊重程度都日渐下降。同时，这也表明"公共空间"和"私人空间"所扮演的角色发生了变化。工业也获得了大力发展。从那时起，坐落于广场之后的工业区开始形成，今天我们还可以在巴塞罗那历史博物馆的地下看到这个区域。

如果没有大量可饮用水的供应，这股建筑热潮是不可能兴起的。

巴希诺城所在的塔贝尔山上没有天然的泉水。此外,虽然有小溪和激流流经巴希诺平原,但这里沼泽众多。面对这样的情况,那些有先见之明的罗马工程师是不可能眼睁睁看着富足的雨水去充盈河流的。如果条件允许,罗马人做事情绝对不会半途而废。而对于水利工程的建设,他们尤为谨慎。因此,即便没有文字记载可以证明,我们也应该想到,在殖民地建立之初,罗马人很可能已经设计出一套供水系统。公元3世纪,当巴希诺城第二次修建城墙时,这个供水系统通过一个水渠将水从贝索斯河引入城里。贝索斯河的河水清澈透明,不管从水量还是从水质上讲,都要远高于从科利塞罗拉山的分支流下的水源。这个水渠从拱门街穿过,紧贴着城市西门边的诺瓦广场往前延伸。今天,在三月八日广场上,我们还可以看到几个这样的拱门。

水源、城墙、些许的平静……公元4世纪的巴希诺城一帆风顺,甚至连商业也得到了迅猛的发展。我们发现了很多那个时期的两耳细颈瓶,这也证实了巴希诺城的繁荣。当时的海之门还有卫兵把守,他们向要进入巴希诺城的商品和人收税,这种税被很形象地称为"进门税"。到现在为止,我们已经在海之门附近发现了上百枚硬币,它们很可能是人们在付进门税时掉在地上的。这些硬币来自罗马帝国不同的铸币厂,这表明巴希诺城商业活跃,跟罗马帝国的其他地区联系紧密,虽然当时地中海地区的情况并不乐观。

基督信仰的一神教

除了上面提到的那些变化,一个并非全新的事物马上就要在罗马帝国永久地开枝散叶,至少在西罗马帝国是这样。这个事物就是基督信仰,这种来自东方的宗教激起了罗马民众的热情。对于处在社会底层的人或是奴隶来说,基督信仰所捍卫的平等非常具有诱惑力。此外,基督信仰也和人民大众最深层次的愿望紧密相连,它的神更贴近日常生活。同时,基督信仰中的神是唯一的,而不像罗马的众神,多得像军队一样数不清。非基督教的神并不像人那样和蔼可亲,而基督教上帝的每个举动都非常具有亲和力。最初,对于统治阶层而言,基督信仰并不具有吸引力,它更像是一种扰乱秩序的宗教。因此,在公元3世纪和4世纪的一段时间里,罗马帝国的皇帝都曾经或多或少地迫害过基督徒。基督徒来到了巴希诺城,随之而来的还有想压制基督信仰的力量,这在整个罗马帝国都一样。事实上,大部分巴塞罗那的圣徒都出现在这个时代,虽然很少有证据能证明这些男男女女确实是因其宗教信仰而被杀害的。

给巴塞罗那人刻下至深记忆的圣徒,是少女圣艾乌拉利娅,她是巴塞罗那的守护神。从主座教堂临比斯贝街一侧的回廊出来,就是圣瑟韦尔街(圣瑟韦尔是巴塞罗那另一位具有传奇色彩的圣徒),这条街一直通到圣艾乌拉利娅斜坡。在那里可以看到一座配有加泰罗尼亚诗人哈辛特·贝尔达格尔诗句的圣徒像,诗中主要讲述了这位圣徒所受的苦难:

> 看到火焰靠近
> 就连达西阿诺都会退缩;
> 她被装入镶满钉子的木桶,
> 里面还插着双刃的利剑和匕首。
> 圣艾乌拉利娅随桶滚落,
> 你看着她滚下来,
> 从一个深渊跌入另一个深渊,
> 被桶碾压过的草地上,
> 留下了一串带血的念珠。

不了解圣艾乌拉利娅传奇故事的人很难理解这些诗句。它们是在讲述一个 13 岁的女孩艾乌拉利娅(现在,这个名字更常用的形式是"莱伊亚")的故事,她试图说服罗马长官达西阿诺不要听从罗马皇帝戴克里先的命令,请求他停止迫害基督徒。这个女孩是个养鹅的姑娘,口才很好,她为了完成这项神圣的使命,从自己居住的塞里亚区来到巴希诺城,她的武器就是自己的演说。然而,艾乌拉利娅的言辞只让达西阿诺相信了一件事:这个女孩很危险。因此,达西阿诺决定要除掉她,他对艾乌拉利娅动用了极为严酷的刑罚。达西阿诺折磨人的想象力非常丰富,他告诉自己的手下,女孩有多少岁就要受多少次折磨。幸好艾乌拉利娅只有 13 岁。和所有圣徒受难的传奇故事一样,艾乌拉利娅的故事也极为病态。首先,罗马人脱光了女孩的衣服。据说,艾乌拉利娅很受人爱戴,这样做完全是为了羞辱她。他们拉着赤身裸体的艾乌拉利娅游街,一直走到了后来的圣艾乌拉利娅拱门街(这条街随后通向斐尔兰街)。罗马人就在那里将她收押。后来,人们为了纪念她,在那条街上为她设了一个很小的祭坛,上面供有圣艾乌拉利娅的圣像。当然,这只是达西阿诺想出的第一种折磨艾乌拉利娅的方法。我们必须说明一下,这只是所有酷刑中最轻的一种,罗马人折磨人的想象力足够拍一部好莱坞爆米花电影了。如果我们了解一下女孩所受刑罚的种类(火刑、断肢、撕裂、石磨等),就不难看出,达西阿诺或是他的打手们根本就不在意艾乌拉利娅所承受的痛苦。当然,在大多数艾乌拉利娅所受的酷刑中,单独每一项都能置她于死地。如果这个女孩不是未来的圣徒,她早就死了。普通人或许能熬过其中某项酷刑,但绝对熬不过 13 项。最残忍的刑罚是第 10 项,也就是贝尔达格尔诗句中描写的酷刑。因为没有什么方法能杀死女孩,罗马人决定给原本已经非常残忍的酷刑加入更多的创意。在圣瑟韦尔街的尽头,罗马人将被扒光衣服的艾乌拉利娅放入钉满钉子、装满碎玻璃的桶里,然后,他们将桶从斜坡滚下,想一下子结束女孩的性命,这个斜坡后来就变成了圣艾乌拉利娅斜坡。罗马人这样重复了 13 次,再度"致敬"女孩 13 岁的年龄。然而,当酷刑结束后,艾乌拉利娅依然平安无事,她光着身子从桶里出来,身上连一点伤都没有。这样的奇迹似乎也让罗马人感到震惊,他们决定不再采用别出心裁的方法。最后一项酷刑,也是罗马人最经典的刑罚,结束了女孩的性命:他们将艾乌拉利娅钉在了十字架上。多年以来,这个方法一直奏效,这次也没让他们失望。但罗马人希望女孩卑贱地死去,他们并没有将她钉在惯用的十字架上,而是把她钉在"X"形的木架上,并以最令人感到耻辱的方式来展示她的身体。然而,达西阿诺和他手下的恶徒们万万没有想到,上帝会为艾乌拉利娅守护圣体;当女孩被钉在"X"形木架上时,上帝让漫天飘起大雪,雪片遮住了女孩的身体,让她免受那些巴希诺城异教徒猥琐眼光的亵渎。

就像大家所看到的,整个故事有些空洞。后来,人们得知,之前还有一位和女孩同名的圣徒,在她身上也发生过同样的故事,只不过这位圣徒并不是巴希诺人,而是来自梅里达。在这之后,人们更觉得艾乌拉利娅的故事索然无味了。但不管怎样,我们应该承认,在巴塞罗那,献祭者艾乌拉利娅的传说已经根深蒂固。很可能从 15 世纪开始,只要在城市陷入危难之时,圣艾乌拉利娅的旗帜就会出现在游行的队伍中。圣艾乌拉利娅的旗帜大概有两种:一种用于危急时刻,另一种用在圣体节的游行中。1714 年,巴塞罗那被围时,守城的人们竖起的就是圣艾乌拉利娅的旗帜,而在其他类似的场合也是一样。总之,对于巴塞罗那人而言,这面旗帜有着强烈的象征意义。甚至在今天,在这个质疑一切的世俗时代,这位具有传奇色彩的圣徒依然影响着巴塞罗那人的生活。很多巴塞罗那女性都叫莱伊亚,而且,为了纪念这位城市的守护神,市政府多年前便已开始举行庆祝活动。除此之外,主座教堂回廊上刻有 13 只鹅,这同样是为了纪念艾乌拉利娅这位养鹅姑娘。"13"这个紧紧跟随她一生的数字,在她死后,也不曾离她远去。很多游客都是为了看这13只鹅才来到主座教堂的。

在基督信仰受到遏制的时期,巴塞罗那圣徒名单上很多具有传奇色彩的人物是没有任何现实依据的。这并不奇怪,因为很多圣徒(特别是那个年代的殉道者)都是人们想象出来的,但教会并没有将他们从罗马殉道者的名册中除名,也就是说,他们并没有被从官方认可的圣徒名录中抹去。然而,也有一些圣徒是真实存在的,这是不容辩驳的事实,虽然他们的故事中充满了奇幻的想象。例如,圣古法多(加泰罗尼亚语里称为古法特)这位殉道者是第一位被斩首而死的,他死在现今圣库加特-德尔巴列斯修道院的所在地(圣库加特-德尔巴列斯是离古巴希诺城很近的一个城镇)。他的遗体被安放在巴塞罗那海洋圣母圣殿的墓穴里。

那个年代,巴塞罗那另一位重要的圣徒就是圣帕西安诺,他生活在和圣古法多差不多的年代,而且历史上也真有其人,我们甚至对他的生活细节都有所了解。他大约在公元4世纪的前30年出生在巴希诺城或是直属于巴希诺城的某个地方。他是城里的第二任基督教主教。虽然教会在很多个世纪以来一直声称巴塞罗那在基督死后不久就有了主教,但显然这是不可能的。帕西安诺结过婚,并有一个有出息的儿子——德克斯特罗,后来成为罗马皇帝狄奥多西一世的重臣。当然,他是一位重要的父亲,但人们记住他,更多是因为他曾被任命为"教父"①。帕西安诺是神学家,洋洋洒洒地写过很多关于洗礼、教宗的绝对权威及反对异教徒等问题的文章。他的作品应该颇具说服力,而且充满激情,所以他才能在教会早期的神学讨论中发挥重要的影响。

---

① 这里的"教父"是天主教会对早期宗教作家及宣教师的统称。教父的著作可以作为教会的教义指引与先例。——译注

帕西安诺在他生活的那个年代应该是很受欢迎的,虽然现在的巴塞罗那人早就把他忘得一干二净。在他的影响下,巴希诺城开始转变成一座基督信仰的罗马城市。其实,整个罗马帝国都一样。这种转变是非常重要的,那个时期罗马帝国的皇帝正在将基督教作为国教来推广。公元313年,君士坦丁停止像他之前的皇帝那样迫害基督徒,这很大程度上是为了寻求基督徒群体的帮助以消灭威胁其权力的人。从公元325年起,罗马帝国正式承认基督教为合法宗教。也许只有那些习惯了在竞技场里以基督徒为食的狮子们才会对殉道者时代的结束感到惋惜吧。

18世纪,爱德华·吉本的重要著作《罗马帝国衰亡史》出版。在这本书中,作者认为公元4世纪末罗马帝国皇帝狄奥多西一世将基督教定为国教是罗马帝国衰落的重要原因之一,但现今的历史学家们并没有得出这么明确的结论,他们把原因更多归于经济及军事方面。不管怎样,将基督教定为国教动摇了罗马帝国的根基,甚至造成罗马帝国的分崩离析。罗马帝国最终分裂为两个部分:一部分是巴希诺所属的西罗马帝国,另一部分是以拜占庭为首都的东罗马帝国,拜占庭后来改名为君士坦丁堡。据吉本所言,开始走向衰落的恰恰是西罗马帝国。

然而,我们已经看到,罗马帝国的衰落及后来的灭亡并没有给巴希诺城造成特别糟糕的影响。首先,巴希诺所属的塔拉科行省是一个不太引人注目但非常繁华的地方,虽然这种繁华并不是罗马帝国其他地方的人们所习以为常的那种奢华。随着罗马帝国中央集权的削弱,各行省的自治权有所增加。这种自治首次让制定政治决策的权力落在了一个地区各个城市身上。

正如我们之前所说,巴希诺城地理位置优越,上文提到的那些变化都给它的发展带来了动力。或许是因为巴希诺地处主教辖区之内，或许是因为城里的某位有头有脸的大人物皈依了基督教，巴希诺城开始修建巴塞罗那历史上的第一座大教堂，它位于现今主座教堂的所在地。教堂具体的建造时间不详，很可能是在公元4世纪。此外，我们还发现了同一时期修建的另一座大教堂的遗迹，这座教堂位于巴希诺城广场的另一侧，也就是今天圣胡斯特和帕斯托尔大教堂所在的位置。

虽然巴塞罗那的第一座大教堂和现在的主座教堂在外观上大为不同，但在1700多年的时间里，它们相继出现在巴塞罗那的同一个位置，象征着一种历史的延续性。世界上很少有城市可以因这样的历史而沾沾自喜。

第三章
西哥特人

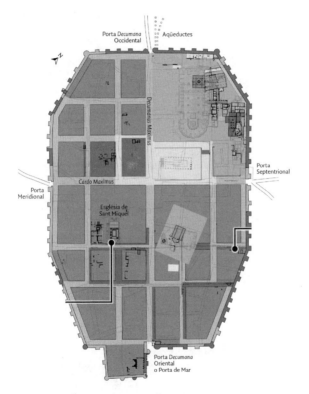

公元6世纪巴塞罗那城的平面图。

罗马帝国在公元4世纪下半叶开始动荡不安，而让动荡日渐增强的众多原因之一就是罗马帝国内部日耳曼民族不断增长，罗马人把这些日耳曼人称为"蛮族"。事实上，日耳曼民族和罗马人的关系可以追溯到很久以前。在罗马共和国时期，罗马军团经常与蛮族移民对抗，大多数情况下，他们都能战胜蛮族并将其变成奴隶。

另一方面，罗马帝国的迅速扩张使其拥有了漫长的边境及辽阔的疆域。罗马人只有对所征服领地内的居民进行同化才能控制这些领地，通常他们会借助日耳曼人的军事力量来与其他部族作战。日耳曼士兵作为协同军参战变得越来越频繁，他们与罗马人之间关系也变得越来越紧张。公元378年，日耳曼人中的一支——西哥特人——发动了叛乱，他们曾与罗马人联盟，希望能以和平的方式融入罗马帝国的疆域，但最终因罗马官员的背信弃义和腐败统治，才揭竿而起。为了惩罚西哥特人，罗马皇帝瓦伦斯奔赴与君士坦丁堡近在咫尺的色雷斯地区，在哈德良堡，他最终作战失败并在战斗中丧生。这是"蛮族"力量中的一支首次大败罗马军团。罗马人既感到震惊，又觉得备受羞辱，他们放弃了自五个世纪前就一直使用的变幻莫测的阵形。

当然，西哥特人并不是一群野蛮人，他们和我们一样。他们只是一些想在和平的环境中生活的人。然而，自从哈德良堡战役取得胜利之后，不管是西哥特人，还是其他的日耳曼人，或是来自亚洲的部族，都开始不断地深入罗马帝国内部（特别是西罗马帝国），他们逐渐形成了一股政治力量。那些在罗马帝国拥有一定地位的权力集团把这些蛮族当成消灭政敌或巩固暴乱地区的万能武器。而罗马人最终也为他们过多地利用了这些有着不同利益需求、不同文化的民族而付出了沉重的代价。对于西哥特人而言，或者说对于所有日耳曼民族而言，哈德良堡一战是具有划时代意义的一战。如果说此前日耳曼人只是想成为罗马人控制下的一个民族，或是最多希望成为他们的盟友，哈德良堡一战之后，他们开始觉得自己不比罗马人差，甚至认为自己可以接替罗马人来统治欧洲。西哥特人和罗马人的关系时而紧张、时而缓和，这种状态持续了若干年。后来，西哥特人终于在亚拉里克将军身上看到了希望，他们认为亚拉里克将军有能力带领西哥特人打败罗马人，甚至是征服意大利半岛。公元410年，亚拉里克和他的战士们最终进入了罗马。

但西哥特人并没有表现得像"蛮族"一样。罗马在长达五个世纪的时间里一直都是世界上最重要的城市，西哥特人对罗马的入侵和占领也并非完全野蛮。他们对罗马的洗劫是有节制的，例如，宗教财产得到了尊重，这是有一定道理的。尽管西哥特人对罗马人感到失望，但通过和罗马人接触，西哥特人从几十年前就表现出对古典文明的崇拜。事实上，他们在很大程度上已经被罗马化。很多西哥特人都信奉基督教，很可能还讲拉丁语，或者多少会将拉丁语和自己的语言混杂在一起使用。

加拉·普拉西提阿：一件价值连城的珍宝

在西哥特人从罗马带来的诸多珍宝和财富中，有一件对于巴塞罗那的历史非常重要。在公元410年对罗马的洗劫中，亚拉里克俘获了一个非常重要的人：罗马皇帝霍诺留的妹妹——加拉·普拉西提阿。她是一位受人尊敬的人质，因为当时的罗马人依然保持着非常强大的军事和社会力量。西哥特人控制了罗马帝国的大部分地区,特别是现在的意大利和法国南部地区,更确切地说,是西哥特人阻挠了罗马人继续控制这些地区。然而,罗马人对塔拉科行省的统治依然牢固,这主要是因为这里有一座城墙坚不可摧的城市——巴希诺城。但罗马人对巴希诺的控制很快就变得对自己不利。公元4世纪时,罗马帝国皇帝的权力已经被逐渐削弱,而掌握军队的人手中的权力越来越大。一位将军想获得军队支持的唯一方法,就是确保自己已经控制了一个地区的经济和政治。如果我们注意到当时罗马帝国最为安定繁荣且没有被西哥特人侵犯的行省就是塔拉科省,可想而知,在那个动荡的年代控制塔拉科省的将军很可能会谋划称帝,正是那些围绕着他的叛变而产生的计谋改变了巴希诺城的未来。

所有的计谋都一样,它们的形成颇为复杂。一方面,由于西哥特人入侵意大利,罗马帝国的皇帝霍诺留只能眼睁睁地看着自己的皇权被削弱。另一方面,驻守不列颠的将军君士坦丁自立为皇帝(即君士坦丁三世),在不列颠军团的帮助下控制了高卢地区。后来,君士坦丁三世手下的一位日耳曼将军赫隆希奥在苏维汇人、阿兰人和汪达尔人的帮助下起兵反叛,这三支日耳曼人最终进入了伊比利亚半岛。公元408年,赫隆希奥来到塔拉科行省,旋即拥立这里的一位贵族马克西姆为皇帝。他们希望可以替代罗马帝国,并决定将巴希诺城定为新国家的首都,他们甚至还造了钱币。

巴希诺拥有稳固的城墙和条件优良的港口,这使得它成为一块极佳的军事飞地。公元411年,赫隆希奥率军出征,试图彻底消灭老东家君士坦丁三世的军队,而率领君士坦丁军队的将军名为君士坦特(Constante),这两个相似的名字很容易让人产生混淆,赫隆希奥以为带兵前来的是君士坦丁三世本人。结果,赫隆希奥将君士坦特围困在阿尔勒,这时他却意外地遇到了霍诺留派来的抓捕君士坦丁三世和他自己的罗马军队，因为霍诺留也以为君士坦丁三世本人被困在了阿尔勒，而率领霍诺留军队的统帅名叫君士坦提乌斯（Constantius，从这些名字便可以看出，这个历史事件本身就让人如雾里看花）。赫隆希奥的军队受到了袭击，兵败阿尔勒，他被迫向塔拉科撤退，而其部下却背叛了他。几场战斗之后，赫隆希奥被叛军围困，万般无奈，他只能选择自杀。面对这种情况，塔拉科的贵族马克西姆逃到贝蒂卡行省，去投奔他在海岸地区的盟友阿兰人。公元419年，马克西姆重新占领巴希诺，但好景不长，最终他被霍诺留捕获并被带到后来成为西罗马帝国首都的拉韦纳。公元422年，霍诺留以叛乱罪将马克西姆处决。这一切似乎过于复杂，不是吗？但其中最重要的是赫隆希奥和马克西姆称帝建国的事件，这表明巴希诺城对于罗马人来说非常重要，特别是在罗马城被洗劫后，它的重要性更是有所提升。

在罗马人谋划着称帝的同时，西哥特人在干什么呢？他们已经在托洛萨定居，亚拉里克死后，阿陶尔夫被任命为新的西哥特国王。阿陶尔夫不仅继承了权力，也继承了对人质的控制权，在这些人质中就有加拉·普拉西提阿公主，这时她已经成为人质两年了。公元411年，不管是出于爱情还是处于对自身利益的考虑，阿陶尔夫和被俘的加拉·普拉西提阿公主在纳博讷结婚，这可谓是权术游戏中的上策。西哥特人是蛮族中罗马化程度最高、军事实力最强的一支，他们向世界宣布，西哥特王也要争夺罗马帝国的王位。

霍诺留在被其视为左膀右臂的君士坦提乌斯将军的帮助下，已经摆脱了君士坦丁的威胁，但他却突然发现，和他竞争王位的人竟然是阿陶尔夫和自己的妹妹加拉·普拉西提阿。因此，他决定派兵去攻打他的敌人，以逼迫他们再次退让。当然，这次还是君士坦提乌斯将军率兵出征。阿陶尔夫和加拉·普拉西提阿不得不带着西哥特人的军队退回到纳博讷，直到公元414年，他们才移居巴希诺城。

阿陶尔夫吞并罗马帝国的决心越来越强，他加快了西哥特人的罗马化进程并计划着如何扩张自己的疆域。他的继承人狄奥多西在巴塞罗那出生，但在几天之后不幸夭折。然而，如此高强度的罗马化进程和拉丁语的使用引发了西哥特战士的担心。公元415年，阿陶尔夫被他的守卫斩首而亡，那时他们在巴希诺城定居还不到一年。之后继位的是另一位贵族西格里克，但一周后，新国王也被杀害。第三位国王是出身贵族的瓦利亚，无疑，他是一位实用主义者。人们都认为很可能是罗马人阴谋暗杀了前两位国王并策划了政变，所以，公元416年，瓦利亚和罗马人签订和平协议，以协助罗马人驱逐当时已盘踞在伊比利亚半岛南部和中部的汪达尔人和阿兰人作为交换条件。他还释放了加拉·普拉西提阿。加拉公主回到罗马之后，受到哥哥的逼迫，嫁给了他最得力的助手君士坦提乌斯将军。

罗马人惧怕西哥特人的力量日渐强大，于是通过协议或威胁迫使他们退回到朗格多克的托洛萨（也就是现在的图卢兹），西哥特人在那里建立了自己的王国。事实上，高卢地区早在几十年前就已经不在罗马的控制之下，而对于罗马帝国来说，这个地区与其被那些野心勃勃的罗马将军控制，还不如交由和自己结盟的部族统治，虽然这些盟友也并不可靠。我们可以想象西哥特人和罗马人之间的关系有多么摇摆不定。从整体上讲，两者之间较为友好，但总是充斥着纷争和阴谋。

巴希诺，西罗马帝国的最后一座堡垒

巴希诺城随着塔拉科省一起回到罗马的统治之下。事实上，在很多年里，巴希诺城都是西罗马帝国的最后一座堡垒。虽然西哥特人和东哥特人时不时入侵这片土地，但巴希诺城一直都在罗马人手中。然而，奇怪的是，罗马权力的衰败在这座城市里产生了一种很实际也很奇怪的效应:传统的民事官员(例如,古罗马的营造官)都被宗教领袖主教所替代。罗马帝国其他很多地方也一样,教会开始统治巴希诺城。这种转变非常重要,不仅仅是因为在巴希诺城的人们将看到几栋为主教服务的建筑拔地而起,还因为他们和西哥特人之间很快就出现了宗教问题。

西哥特人信奉的是阿里乌斯教派。尽管在今天看来,阿里乌斯教派只不过是基督教一个异化的分支,且已经不复存在了,但在那个年代,它是一个规模不小的宗教。它的创始人为公元4世纪的一位神学家阿里乌斯,他认为基督不是上帝,而是上帝的儿子。这个细微的差别,在今天不过是一个不太重要的教义上的争论,但在那个时候曾引起过轩然大波。就像历史上一再上演那样,当涉及宗教教义上的分歧时,经常会引发暴力冲突。西哥特人和东哥特人都信奉阿里乌斯教派,但法兰克人却信奉天主教。当西罗马帝国被撼动时,唯一能保持一定统一性的机构就是教会。但如果阿里乌斯教派在这里扎根,就破坏了这个地区统一的宗教联系。因此,阿里乌斯教徒和天主教徒之间互无好感也并不完全出于宗教原因。从更深的层面上讲,双方较量的是权力会留在谁的手中,这与基督是上帝还是上帝的儿子无关。

另一方面,公元5世纪的罗马帝国已处在弥留之际,西罗马帝国的很多城市都开始乡村化,巴希诺城也不例外。随着大庄园主的经营日渐惨淡,被放任自生自灭的城市也逐渐失去了重要性。这些大庄园主都逃到了乡下,他们在那里有大量的田产。事实上,很多村镇的核心区就是在公元5世纪产生的。

虽然时局如此混乱,但西哥特人依然很强大,而且他们看起来并不像其他未开化的蛮族那样肆意妄为,他们懂得如何在临近的地区博得好感。如果不是这样,就无法解释为什么在公元472年,也就是西罗马帝国的最后一位皇帝罗慕路斯·奥古斯都退位前的四年,西哥特王尤里克攻打巴希诺城时，全城居民不但没有抵抗，还反过来跟他合作。西哥特王国的威慑力，或者是已在巴希诺城扎根的阿里乌斯教，可能会是巴希诺人甘心投诚的原因。

不管怎样，西哥特人直到公元496年才完全控制塔拉科省，尤里克的儿子亚拉里克二世推翻了残存的伊斯巴尼亚罗马人的组织机制。罗马人彻底从巴塞罗那的历史中消失。但当一切都似乎朝着好的方向发展时，亚拉里克却变得没有那么雄心万丈了。

西哥特人攻陷了德尔托萨（现今的托尔托萨）之后，法兰克国王克洛维就向西哥特人发起了进攻。亚拉里克带军队到达普瓦捷附近的武耶。根据哥特人的史书记载，在战争开始时，克洛维亲手杀死了亚拉里克，这让西哥特人军心涣散。这场战役在距普瓦捷北部1 500公里的地方展开，战争的结果直接影响了巴希诺城，因为西哥特人被迫放弃了他们之前所拥有的比利牛斯山以北的大部分地区，也丢掉了托洛萨。公元507年，他们不得不重新确定都城，那就是巴希诺城。

巴切诺那

巴希诺城并没有再继续叫这个名字，巴切诺那（Barchinona）或巴希诺那（Barcinona）成了它的新名字，不久之后，这个名字还被刻在了钱币上。这个时期的很多事情都没有明确的历史记载，城里的居民是否这样称呼这座城市，我们也无从得知，但在《恺撒奥古斯都城史》[1]这本书中曾用"巴切诺那"来指巴希诺城，书中还曾提到西哥特人来到巴切诺那并在这里定居，但不幸的是，关于巴切诺那城的记录，只剩下一些复制的片段保存在后来的一份资料中。总之，一切都

---

[1] 恺撒奥古斯都城就是现在的萨拉戈萨。这个城市建于恺撒重新划分伊比利亚半岛行省的时期，曾被称为"恺撒奥古斯都殖民地"。——译注

不是很确定。但有一点可以肯定,溃败武耶的西哥特人拥立去世国王亚拉里克的私生子赫萨雷伊科为王,他带领着残存的西哥特军队到达巴切诺那城,如他们所愿,公元511年,他们定居在那里。

赫萨雷伊科把强大的东哥特人当成敌人,因为亚拉里克二世的另一个私生子——一个名叫阿马拉里克的九岁孩子——是东哥特国王的外孙。如果阿马拉里克继承了西哥特的王位,东哥特人就在伊比利亚半岛有了一个不错的盟友,而赫萨雷伊科自然想和他的邻居划清界限。西哥特人和东哥特人曾经共享过一片广阔的疆域,罗马人把这片区域叫做哥特亚,大概位置就在今天的乌克兰。几个世纪以来,两个族群间的关系因多种原因变得紧张,而时间的流逝并未让他们之间的关系得到改善。对于东哥特人而言,控制西哥特王国几乎算是进而控制罗马帝国的必要之举。当时,并不是只有东哥特人想控制罗马帝国,西哥特的亚拉里克已经做出过尝试,那些挑起武耶之战的法兰克人同样有这种想法。

东哥特的狄奥多里克大帝以阿马拉里克的名义派兵追击已经逃到巴切诺那的赫萨雷伊科。可能是因为赫萨雷伊科也不确定巴切诺那能否抵挡得住敌人的围攻,也可能是因为他并不信任巴切诺那人,他选择出城,在巴切诺那城以北的地方对阵东哥特人以及年幼的阿马拉里克王的拥护者,结果被打败。赫萨雷伊科夹着尾巴灰溜溜地逃进了有城墙保护的巴切诺那,但因害怕敌人会乘胜追击,他又继续向南逃去。最后,他很可能是逃到了非洲,那儿是汪达尔人的地盘。虽然从理论上讲汪达尔人是赫萨雷伊科的朋友,但他们不愿意挑起西哥特人新的统治者的怒火,也不愿意激怒支持新西哥特王的东哥特人,于是,他们驱逐了赫萨雷伊科。赫萨雷伊科又逃到阿基坦,也就是现在的法国,在那里他又招募了一支新的军队。他企图从那里用武力收回西哥特王国的新首都巴切诺那。然而,结果对于赫萨雷伊科又是一场灾难，他在距巴切诺那城几公里的地方再次被打败。就像以前一样，他又不得不开始逃亡。几周之后，赫萨雷伊科到达纳博讷附近，被几个东哥特士兵捕获并杀害。

阿马拉里克只有九岁，年纪太小不能执政，所以由其外祖父、东哥特国王狄奥多里克大帝摄政，但情况并不容乐观。挑起事端的法兰克人不断用武力施加压力，试图进入意大利半岛。西哥特人在东哥特人的帮助下，终于在最后时刻于纳博讷自救成功。与此同时，狄奥多里克大帝任命他手下的东哥特将军狄乌蒂斯来统领西哥特军队。实际上，狄乌蒂斯将军成为西哥特王国的实际统治者，为了避免节外生枝，他让阿马拉里克与梅罗文加王朝的公主克洛蒂尔德联姻，但阿马拉里克却让这位公主陷入了两难的境地。克洛蒂尔德公主信奉天主教，而她的丈夫却信奉阿里乌斯教。当克洛蒂尔德去巴塞罗那大教堂参加弥撒时，西哥特的贵族们都以辱骂她为乐并往她身上泼污物。这让梅罗文加人感到很难堪，他们最终忍无可忍，出兵攻打西哥特王国。作为回击，阿马拉里克下令将妻子乱棍打死，结果导致梅罗文加人向法兰克人寻求帮助。公元531年，阿马拉里克被逼无奈，选择离开宫廷到巴切诺那定居，这让狄乌蒂斯非常不满。他决定亲自到巴切诺那将问题一次性解决，他处理的方法非常极端，他直接处死了阿马拉里克。

狄乌蒂斯在巴切诺那称王并将这里定为首都。他东哥特人的身份为他与周围的其他同族人达成互不干涉内务的协议提供了便利。从狄乌蒂斯起，西哥特王国被称为塞普蒂马尼亚。狄乌蒂斯使从亚拉里克开始实施的变法得到了巩固。那时，虽然占领罗马帝国的不同日耳曼民族都将自己的来自其他法律体系的特有法规引入了罗马法之中，但被视为经典的罗马法仍被继续使用。狄乌蒂斯想要有所改变，虽然他所做的称不上是司法革命，但事实上在巴切诺那所在的塞普蒂马尼亚,不同于之前五个世纪的法规已经开始约束当地人们的行为。

也正是狄乌蒂斯结束了阿马拉里克将巴切诺那作为国家首都的历史,这很可能是因为他认为巴切诺那离法兰克的领土太近,所以决定迁都到位于伊比利亚半岛中部的托莱多,这里的地理位置更切合他扩张的愿望。当狄乌蒂斯意识到已经不可能继续向北扩张后,他便将目光投向南部,多年之后,加泰罗尼亚最伟大的国王海梅一世也是这样。南部是原来罗马帝国的贝蒂卡行省,那里的敌人比法兰克人要弱得多。虽然说起来有些令人难以置信,但南部的敌人主要是那些不满东罗马帝国统治的拜占庭人,他们企图重新征服罗马帝国原来的疆域。先不谈他们,我们重新回到西哥特人。狄乌蒂斯的命运也和其他西哥特国王一样,没有打破被杀的传统。一次,狄乌蒂斯在巴切诺那停留期间,一位疯疯癫癫的男子向他靠近,将他杀害。考虑到西哥特人更换国王的一贯风格,可能那位男子并没有那么癫狂,或者他仅仅是一名想取代狄乌蒂斯的西哥特贵族派来的刺客。但不管怎样,这次刺杀就发生在巴切诺那。然而,对于这一切是怎样发生的,我们并没有找到精确的历史记载,这就让事件更加扑朔迷离。真正的受益者是狄乌蒂斯手下的将军狄乌蒂瑟洛,他继承了王位,但一年之后,他就在塞维利亚的一次宴会中被杀。据说,狄乌蒂瑟洛是被一群伊斯巴尼亚罗马人邀请去赴宴的。狄乌蒂瑟洛到死都没有想起来,他曾欺凌过这些宴会举办者的妻子。这位荒淫无度的国王甚至都没等到上甜点的时候就被杀死了。

两座大教堂

巴切诺那也被笼罩在这种充斥着暗杀及阴谋的氛围之中。当西哥特人进入巴切诺那时,这里已经有一座大教堂,它坐落在城墙以里区域的最北端,也就是现在主座教堂的所在地。大教堂是建立在一个多姆斯①的基础之上的,也就是说,是建立在一个富有罗马家庭家宅的地基之上的,这个宅子很可能以前就用于基督教的宗教活动。在君士坦丁家族统治时期,从公元346年开始,宗教建筑上其他宗教的象征符号都变被换成了基督教的凯乐符号。凯乐符号是由希腊语中基督名字里的字母 *khi* 和 *ro* 叠合而成的,在已习惯西方字母的人看来,这个符号像是由字母 X 和 P 叠合而成的。相传,在米尔维安大桥战役进行的过程中,罗马皇帝君士坦丁一世在天上看到了这个有象征意义的符号,最终,君士坦丁赢得了这场战役。他将这次胜利归功于凯乐符号;同时,他还认为,罗马方面之所以能够取得胜利,是因为他说服了在军队中占多数的信奉基督的士兵,让他们相信上帝就在身边。

当西哥特人统治巴希诺城时,大教堂已经充分发挥了它的作用,主教是当时真正统治这座城市的人。主教信奉的是天主教,信奉阿里乌斯教的蛮族的到来也没能让他改变自己的宗教信仰。此外,巴切诺那的大部分居民并没有和西哥特人混居,这也有助于他们保持自己的宗教信仰。另一方面,西哥特人控制权力,目的并不是要让信奉天主教的主教屈服。最初,他们只是要征用天主教的大教堂(用于阿里乌斯教的祭祀)。因此,人口占多数的天主教徒只能另建一个新的主座教区。新教堂建在离原教堂不远的地方,只有几百米的距离,大广场的另一边,也就是今天圣徒胡斯特和帕斯托尔大教堂所在的位置。

从那时开始,巴塞罗那便有了一个保持至今的传统。巴塞罗那的权力机构总是坐落在城市主广场旁边,那时的主广场是大广场,而现

---

① 拉丁文为 domus,"家宅"或"家庭"之意。在古罗马时期,多姆斯是上流阶级和中流阶级公民的住宅。——译注

在的主广场是圣若梅广场。通常,以巴塞罗那为首府的地区会将它的地方权力机构设在主广场的西侧,而代表巴塞罗那的权力机构则会设在主广场的东侧。今天,这两个机构的驻地分别为加泰罗尼亚政府大楼和巴塞罗那市政府大楼。然而,在西哥特时代,这两股力量分别为信奉阿里乌斯教的西哥特政权和信奉天主教的巴希诺那城居民。

两个距离如此之近、对比鲜明的大教堂应该会引发冲突。事实的确是这样,这两座教堂引发了一定程度的冲突。之所以说"一定程度",是因为阿里乌斯教和天主教之间教义的差别并没有大到能引发类似"血染河水"的严重后果,或更准确地说,是血染(罗马)水渠的后果。真正受到影响的,是当时已经成为巴希诺城生活中心的大广场,它慢慢失去了存在的意义。在罗马文明中,广场是民事权力和宗教权力的汇集点,大概这是因为在这种文明中政教是分离的。然而,西哥特人的权力都集中在阿里乌斯教的教堂中。事实上,大教堂已经开始"膨胀",因为在教堂内部或是在倚靠着教堂的建筑里,巴塞罗那总督或伯爵的宫殿被修建起来,而宫殿旁边还设有驻军。这样一来,军事、政治和宗教就汇集在一处。显然,西哥特人对权力的运作了如指掌。此外,西哥特人还开始在城墙以内的区域埋葬死者,这在以前是从未有过的。他们打破了罗马人的传统,希望让死者能更靠近"天堂",而他们口中的"天堂",在基督教到来之前,罗马人连听都没有听说过。大人物及其家人的尸体被埋在教堂里或是教堂边上,而穷人或是那些没能进入西哥特领导核心的人,则继续被埋在从城市延伸出去的道路两侧的水渠。

大教堂建筑群的建设给城市带来了巨大变化。广场周围的建筑慢慢都被拆除了,它们的石材被拿去建新的房屋。罗马城市典型的四方形特征也渐渐被抹得一干二净。尊贵人物的庞大宅邸或是富裕家庭的多姆斯被重新划分并改建,在这个过程中,环绕着房屋的回廊或是街道的一部分经常被占用。罗马式直线条的城市设计也被改变,城市变得更接近现今我们所认识的中世纪城市:出现了被封死的狭窄小巷;沿街建筑的排列变得杂乱无章,不在一条直线;楼顶上加盖了难称美观的楼层。罗马人修建的下水系统不再受到重视,有些被堵塞,有些则因街道的改建而遭废弃。那些坐落于现今圣米盖尔广场、由卢西奥·米尼西奥及其父亲捐给巴希诺城的浴室也变成了教堂,即圣米盖尔教堂,它于19世纪中期被毁。

巴切诺那的发展:郊区的出现

城市的变化不仅仅是因为西哥特人和伊斯巴尼亚罗马人有着不一样的世界观及看世界的方法,也因为巴切诺那城在逐渐扩大。一方面,农业及畜牧业的开发自然使人口得到了增长;另一方面,城市对于城外居民的吸引力日渐增强,因为当时的巴切诺那城是方圆几十公里之内唯一的城市,它可以为商业提供一定的保护,使其能得到相对稳定及安全的发展。

人口的增长给巴切诺那城带来了巨大的压力,虽然城墙之内的空间已经得到了最大限度的利用,但还是不能容纳所有涌向城市的人口,也无法开展新时代出现的所有活动。巴切诺那开始了它的第一次扩张,开始翻越城墙。依照罗马传统的形式,城外建起了很多纪念基督教殉道者的大教堂,还建起了以前没有的修道院。也就是在那个年代,今天成为巴塞罗那重要历史遗产的几座教堂诞生了,它们是:田间圣保罗教堂、松树圣母圣殿、已经消失的圣库加特教堂、沙滩圣母圣殿。沙滩圣母圣殿是在原来海洋圣母圣殿的旧址上建起来的。然而,当时它们的样子和现在已大不一样。

这些建在城外的教堂对巴切诺那的居民有着巨大的吸引力,因为它们都拥有一种当时很流行的物件：圣骨。圣骨就是一些与基督信仰相关的重要人物的遗骨，这些人包括为基督信仰而死的殉道者、教会认定的圣徒和那些过了十个世纪后还能激起人们热情的传奇人物。当某位圣徒的圣骨被安放在某个教堂时，对这位圣徒在世时的美德深信不疑的信徒们就会来教堂里朝拜。这些圣骨往往是从修建教堂的地方挖出来的，因为基督徒往往会把殉道者和圣徒埋葬在他们供奉上帝的教堂里。而教堂又通常都建在主要道路的旁边，那里恰恰是罗马人和伊斯巴尼亚罗马人埋葬死者的地方。因此，不管是不是圣徒的，遗骨从来都不缺。

在对松树圣母圣殿地基的几次挖掘中，人们发现了一座刻有罗马铭文的石碑。这座石碑现在被陈列在帕拉迪斯街奥古斯都神庙遗留下来的四根石柱旁边。石碑的上端有一个小穴，它应该就是用来保存某些重要的圣骨的，而圣骨的主人很可能是圣徒艾乌拉利娅，但对此我们还不敢肯定，因为在松树圣母圣殿和沙滩圣母圣殿都有可能安放过她的遗骸。在巴塞罗那最早建成的两所教堂里，安放着一位并不存在的圣徒的圣骨，这是对殉道者身上所体现出的信仰的力量和她所受磨难的神圣性的一种认可。也许某位持怀疑态度的人会说，如果这个小女孩并不存在，那些圣骨就不是她的。那又如何？反正总会有人这么问。

是圣徒艾乌拉利娅的圣骨也好，是其他圣徒的几节指骨也罢，在那些年里，巴塞罗那确实因宗教信仰的力量首次在城墙之外开展常规的市民活动。一个新的区域出现了，并开始拥有自己的历史。就像罗马时代一样，人们把这片位于城墙之外的地区称为"郊区"。越来越多的人开始在这里定居，他们希望能感受到日渐强大的巴切诺那城的影响，但出于经济原因，他们又不得在太阳落山、城门关闭之时，也就是在他们被禁止继续待在城里的时候，走出城门。通过城门进城并不是免费的,人员通过以及商业活动都要交税,穷人去市场做小买卖要交税,那些不能住在有城墙保护的巴切诺那城的人们也要交税。住在城外的人和住在城里的人区别明显,他们的精神面貌大不一样,这成为巴塞罗那一个延续至今的特点。21世纪初,巴塞罗那经历了房地产的空前繁荣,很多巴塞罗那人都离开了城市,他们这样做可能是遵从内心所愿,也可能是迫于房子天文数字一般的价格,虽然21世纪巴塞罗那的市中心已经离当年的城墙很远了。

社会中的不平等

公元6世纪下半叶,西哥特王国迁都托莱多后,巴切诺那就失去了它在西哥特王国的重要地位,但作为西哥特社会的一部分,它独特的城市魅力并没有消失。一个王国要想巩固其统治,通常都会采用文明的方式,国王雷塞思宾托就是这样,他颁布了《西哥特法典》,对当时所实施的法律进行了汇编。然而,国家政权的巩固往往不是通过这么和平的方式进行的。在整个西哥特人统治的时期,社会关系紧张,充满了尔虞我诈,暗杀频发。另一方面,在西哥特王国中,哥特人和伊斯巴尼亚罗马人混居,阿里乌斯教徒和天主教徒混居,令情况更加复杂。

雷卡雷德继承王位后,意识到阿里乌斯教让西哥特人看起来像是混杂在基督徒世界中的瘟疫患者,他决定带领他的王国皈依天主教。这样做是正确的,在近一个世纪的时间里,西哥特人和伊斯巴尼亚罗马人的混居让他们之间的关系变得非常复杂,而西哥特人皈依天主教后,两方首次开始相互理解,并进入了关系相对和睦的共处期。这是明智之举,据估算,当时西哥特人只占人口比例的1%到10%。有些学者甚至指出,在西哥特王国的居民中,西哥特人只占2%至3%。城市里的西哥特人所占的比例应该没有这么小,大部分日耳曼人都聚集在城市中，巴切诺那城也不例外。对于西哥特人而言，居住在城市可以享有很大的威望：城市是唯一能够享受教育的地方，教育机构通常都设在主教辖区周围。此外，在城里，特别是在巴切诺那，有外国商人出售商品，这也是为什么那里会生活着相当数量的犹太人。

不管怎样，西哥特社会和罗马社会的差别不大。例如，奴隶制依然存在，虽然这时的奴隶制已经和罗马时期不同，但它还是被强制性地保留了下来。从整体上讲，罗马时期的奴隶来自被罗马军团发动的战争所毁坏的村庄。事实上，很多历史学家都认为奴隶数量的减少是罗马帝国衰退的重要原因。罗马帝国在最后的150年里停止了帝国的扩张，这使得维持帝国生产的奴隶数量减少，从而导致了罗马帝国经济的崩溃。在西哥特人统治时期，虽然他们在很多针对半岛北部的巴斯克尼亚人、西部的苏维汇人以及定居在南部的拜占庭人的战争中取得了胜利，但俘获战俘的数量有所减少。奴隶很可能是无法偿还债务的人、忍饥挨饿的人、被父母卖掉的孩子、各种类型的罪犯或是出身奴隶社会的人。

奴隶制在西哥特时代也很重要，这一点从西哥特人颁布的法令就可以看出，半数以上的法令都与奴隶制有关。例如，法律规定如奴隶与有人身自由的女子发生性关系，两人将被判处火刑。同时，法律允许对不服管束的奴隶进行体罚或施以割刑。西哥特人非常喜欢使用"拔头发"的刑罚，虽然奴隶受到了惩戒，但不久之后便可恢复工作。虽然西哥特人采用的惩罚措施令人生畏，但这些刑罚都不会削弱奴隶的体力，阉割、割耳或割鼻都是他们常用的刑罚。像罗马时期一样，西哥特时期大部分奴隶的主要工作就是开垦田地，他们构成了耕作的主要劳动力。但在像巴切诺那这样重要的城市里也有很多奴隶，他们主要是为有权有势的人提供服务的。在拉丁语里，"有权有势的人"用"potente"一词来表示，这是拉丁语里含义最为丰富的名词之一。人们用这个词来指西哥特时代的领导阶层,这个阶层中绝大多数人都是西哥特人,也包括一部分有财产的伊斯巴尼亚罗马人。而在统治阶层中,最有权势的人当属教会的领导层。但不管怎样,奴隶所受的待遇都没有改变,不管他是阿里乌斯教徒还是天主教徒。一些历史学家认为基督教的到来及基督教承认奴隶也有受洗的权利,或者说承认奴隶也是上帝的孩子,是导致罗马帝国衰落的决定性因素,但西哥特人的实践否定了这个假设。教会毫无顾虑地使用奴隶,而且也没有任何证据证明基督徒和异教徒被区别对待。更有甚者,几位西哥特时期的神学家,如塞维利亚大主教依西多禄,还曾为奴隶制辩护,将它和原罪联系起来。依西多禄认为奴隶制是上帝慈悲的结果,因为奴隶本性向恶,因此必须受到主人的惩罚。

其实,基督教也给奴隶制带来了一些改变。西哥特时期,被释放的奴隶数量有所增长(从被释放之时开始,奴隶要和以前的主人保持一种从属关系)。这样一来,罗马时期获得自由的奴隶变成了被释放的奴隶,后者这种与前主人保持从属关系的身份让我们联想到另一种非常相似的身份,即仆人身份,它将在接下来的几个世纪里扮演重要的角色。在整个西哥特王国,各个大众阶层的相似度越来越高,在巴切诺那也不例外,而奴隶、被释放的奴隶和贫苦的自由人之间的差别也不大。在对巴塞罗那古城墙遗址所进行的发掘中,我们在西哥特时期的沉积层中发现了很多老鼠的骨架,这一点也不奇怪,因为当时城里穷苦的居民就是以老鼠为食的。

保罗叛乱

这样的社会不平等现象导致西哥特王国的内部产生了裂痕。公元 7 世纪时,国王更迭和贵族叛乱时有发生,几乎从未停止。然而奇怪的是，塔拉科地区一直处在这些混乱的边缘地带，并未发生类似的情况，这种状态一直持续到公元 7 世纪末。这也反映出以托莱多为中心的宫廷斗争远离名义上归属西哥特王国的其他大部分地区，而这些地区实际上都掌控在当地贵族的手中。巴切诺那作为塔拉科地区最强大的城市，得到了一定程度的发展，虽然它的居民依然处在比较艰苦的生存环境中。然而，公元 7 世纪末，巴切诺那被卷入了保罗的叛乱，这也是预示着西哥特王国接近灭亡的重要事件之一。

保罗名为弗拉维奥，是旺拔王（Wamba，于 673 年继位）手下的主要将领之一。旺拔王的统治开始时并不顺利。据史书记载，旺拔并不愿意自己被推选为国王。虽然西哥特王国也试图建立王位世袭制，但最终并未实现。当时的旺拔已经年迈，前国王雷塞思宾托死后，大家达成一致，推选他为国王，这样做的原因很简单，大家都不希望他在位的时间太长。这种机制在推选教皇时也经常使用。但问题是旺拔却是一位高寿的国王，而且还颇具活力。他当选之后就爆发了巴斯克尼亚人的叛乱，当然，这只是无数次叛乱中的一次。旺拔带军平叛，但正当双方进入全面对峙阶段时，却传来了非常糟糕且含糊不清的消息：塞普蒂马尼亚地区叛变了。塞普蒂马尼亚地区是西哥特王国最为富饶和重要的地区之一，它的首府为纳博讷，巴切诺那就属于这个地区。虽然我们并没有可靠的证据说明叛乱发生的原因，但似乎叛乱的借口是推选旺拔为王的体制是非法的。这个借口并没有多少依据。但不管怎样，当收到这个消息时，旺拔派弗拉维奥·保罗率领部分军队去镇压叛乱，并册封保罗为塞普蒂马尼亚公爵。

然而，令人震惊的是，保罗率兵到达塔拉科之后，不但没有镇压叛乱，还与叛军联合，甚至成了叛军的领袖。在保罗的领导下，实际上整个塔拉科地区以及塞普蒂马尼亚的大部分地区都为他所控制。法兰克王国的支援也是保罗获胜的原因之一，虽然法兰克人派来的军队战斗力平平。后来，保罗称王，但我们不清楚他到底是建立了一个独立于旺拔统治的新国家，还是要想取代旺拔而成为整个西哥特王国的新国王，虽然他当时只对王国的部分地区享有控制权。不管怎样，巴切诺那城都成为保罗的重要支柱城市之一。

面对这样的局势，虽然年迈但丝毫不敢懈怠的旺拔尽快平定了巴斯克尼亚人的叛军，带领军队向塔拉科地区挺进。他召集了30 000多名士兵，这支浩浩荡荡的队伍兵分三路，通过加泰罗尼亚地区直奔纳博讷。主力纵队由国王亲自率领，途径奥古斯都大道，目标是要征服三个重要的防御性城市：塔拉科、巴切诺那和赫伦达（也就是现在的赫罗纳）。这三个城市中最重要、最关键的就是巴切诺那。然而，旺拔的大军在这座城市却没有遇到任何抵抗。这里的主要首领拉诺辛多公爵逃走了，旺拔率领军队长驱直入，俘虏了包括两个执事在内的剩余叛乱头目。旺拔的军事远征继续进行，与敌人进行了数次对阵，几个月后，叛军有的被剿灭，有的被俘。保罗和其他幸存的叛乱首领并没有按照西哥特人的法律被处决，也没有被刺瞎双眼，而是像奴隶一样被剃光了头发，流放远方。

保罗事件向我们展示了当时的西哥特王国处在什么样的情况，或者说是处在怎样的混乱。旺拔不明不白地被推选为王以及相继爆发的巴斯克尼亚人、塔拉科人及塞普蒂马尼亚人的叛乱，这一切都表明西哥特王国已经失去了坚实的统治基础。

犹太人的复仇

旺拔之后，西哥特王国的情况变得越来越糟，缺乏凝聚力和社会公正似乎是西哥特王国固有的弊端，而且这种现象越来越严重。旺拔的继任者之一艾赫卡（Ergica）国王推行了一种残酷的政治迫害政策,这种政策不仅针对他妻子西希罗[前任国王艾尔维赫(Erwig)的女儿]的家族,也针对居住在西哥特王国领地内的犹太人。实际上,艾赫卡只是遵循了大多数西哥特国王的传统,自从西哥特人改信天主教之后,他们的统治阶层总花很大的精力去找犹太人的麻烦。但和其他国王相比,艾赫卡却有了质的飞跃:他从奴隶开始向犹太人征税,并逐步剥夺他们的财产。虽然我们并没有非常翔实的历史记录,但当时显然发生了攻击犹太人的事件,即现在我们所说的"大屠杀"。巴切诺那是否发生了这样的屠杀,我们无从而知,但发生此类事件的可能性还是相当大的。巴切诺那的犹太社区非常重要,那里的犹太人都从事海上贸易,这肯定引致颇多嫉妒和怨恨。

公元694年,艾赫卡加强了对犹太人的镇压。艾赫卡在托莱多召开了一次主教会议,会议期间,他告诉主教们,他从其他地中海沿岸的国家得到了消息,犹太人想要阴谋推翻基督教国王:

> 我们有足够强大的理由让我们为荣誉而战,我们必须要全力对付犹太人,因为据可靠消息称,在世界的某些地区,一些犹太人已经叛变了他们的基督教国王,而且很多参加叛乱的犹太人已经死在这些国王的手中,因为上帝是公正的。最近,确凿无疑的供词表明,某些国内犹太人曾建议他们海外的同胞团结一致反抗基督教民族,以获得他们想要的堕落并毁灭基督教信仰。

这简直是一个世界性的阴谋!虽然这个想法本身就像20世纪纳粹主义那样疯狂,事实却是,主教们虽然对此都持怀疑及保留态度,却依然为艾赫卡国王的行动祈福。犹太人被剥夺了财产,被赶出了西哥特国王的土地,甚至连他们的孩子都被抢走,被强迫接受基督信仰的教育,这实在是太疯狂了!

而也恰恰从那一刻起,犹太人就真的决定密谋推翻西哥特人的统治。这样做顺理成章,任何聪明人都会做出同样的选择。若干世纪后,在佛朗哥统治期间,犹太人受到的指控之一,就是他们曾为穆斯林入侵伊比利亚半岛打开了大门。虽然没有任何文字记录可以证实这一点,但是如果看到犹太人是如何受到西哥特人摧残的话,就会相信只要能推翻西哥特人,任何盟友他们都会接受。

在这种混乱局面中,基督教世界里开始流传大量关于世界末日的预言,这给信徒们造成了极大的恐慌。其中最著名的是圣梅托蒂奥预言,它宣布了敌基督的到来和基督教力量的初次失败。在末日之战中,最后一个皇帝将爬上哥耳哥达山,基督就在那里被钉在十字架上,他将找到耶稣受难的那个神圣的十字架。之后,皇帝也将升天,他站在十字架旁,而敌基督将永远统治人间。虽然最后什么都没有发生,但这个预言流传甚广,从君士坦丁堡的宫殿到西哥特王国的每个角落。这证明当时很多犹太人已经做好了一切准备,甚至是与敌基督结成同盟,只要能摆脱那些奴役他们、摧毁他们人生的残酷的基督徒,他们什么都干得出来。正因为如此,也就不奇怪为什么犹太人会张开双臂欢迎即将到来的入侵者。

与此同时,穆斯林也准备好了船只,磨刀霍霍。艾赫卡死后十年,穆斯林便越过直布罗陀海峡,摧毁了腐朽没落的西哥特王国。

第四章
巴希卢那

巴塞罗那发现的肩胛骨碎片上刻着的阿拉伯语铭文。第一行是《古兰经》开始的一节:"奉至仁至慈的真主之名"。

711年，一支由阿拉伯人及柏柏尔人组成的人数不多的穆斯林军队，因缘巧合，获得了重大的胜利。这支穆斯林军队在位于伊比利亚半岛南部的塔里法击溃了西哥特王国的主力军队之后，才发现这是西哥特王国最强大的武装力量。穆斯林的入侵势如破竹，和一个世纪前罗马帝国崩塌时一样不可阻挡。拿薪水的雇佣兵并不满足只获得部分战利品，他们希望得到更多。没过几年的时间，穆斯林便到达了巴切诺那。

但这一切是怎么发生的？要明白这一点，我们应该回到一年以前。西哥特王国国王维提萨（Wittiza，倒数第二位或第三位西哥特国王，对此没有确切的记载）经历了两年的饥荒、一场鼠疫和多得数不清的要推翻他的阴谋。710年，也有其他消息来源认为可能是711年，有人加快了让维提萨退位的速度。没有人能免于疾病的侵害，更没人能逃过在西哥特人中普遍流行的致命疾病——暗杀。维提萨很可能就死于暗杀。当他的继承者罗德里克（Roderic）登上王位后，内战就爆发了。在维提萨死后的几个月里，罗德里克控制了伊比利亚半岛的中部和南部，而他的对手阿赫拉二世（Agila Ⅱ）则控制了从塞普蒂马尼亚、塔拉科一直到卡塔赫纳的地中海沿岸地区。

战争本就不是好事情，而内战带来的结果更糟。罗德里克虽然还没有获得伊比利亚罗马教士阶层及贵族的支持，但他的军队配备却优于敌人。依照西哥特人的传统，阿赫拉的支持者勾结被流放至休达（位于直布罗陀海峡另一侧）的维提萨的儿子，并突袭了罗德里克的军队。他们的作战计划如下：当罗德里克忙于对付北部经常叛乱的巴斯克尼亚人时，一支由休达的奥班伯爵调遣的雇佣兵伺机入侵半岛南部并挑起事端。同时，阿赫拉趁乱袭击罗德里克。

正如多年之后拿破仑所说，在战争中首先死掉的就是战争计划。事情的发展并不像某些人所设想的那样。首先，奥班伯爵（人们往往称他为胡里安）只招募了生活在里夫山脉地区的阿拉伯士兵以及经常和阿拉伯人作对的柏柏尔人。没有人怀疑这些穆斯林在战斗中的价值，但奥班伯爵在雇佣他们之前可能就想到了这一点。不久之前，阿拉伯士兵受到宗教的感召，在当时的西亚和北非地区发动了前所未有的大规模军事行动，扩张了他们势力范围。在那个时代，穆斯林所捍卫的信仰是非常先进的，相当具有吸引力。面对生活的打击，伊斯兰教为信徒指出一条虽艰难但可行的道路，通过这条道路，信徒们可以到达天堂并获得那里的财富。虽然公元 8 世纪的基督信仰并不像几个世纪后那样强调逆来顺受，但和《圣经》相比，《古兰经》在很多方面更有吸引力，这种新的信仰让人不惧艰险，勇往直前。此外，奥班提议出兵伊比利亚半岛，给这些既残暴又虔诚的战士提供了一个意想不到的机会。

奥班和穆萨·伊本·努赛尔将军达成协议，后者将派 7 000 人的军队登陆伊比利亚半岛，去和与罗德里克厮杀的阿赫拉汇合。率领军队的是穆萨的心腹塔里克，他们在如今被称为直布罗陀的石山边登陆——"直布罗陀"在阿拉伯语中是"塔里克的山"的意思，这个名字就是为了纪念这次登陆。塔里克获得了当地西哥特贵族的支持，但正当塔里克和他的军队要在这里驻扎时，在科尔多瓦的罗德里克又开始了下一步行动：他抓住阿赫拉军队在卡塔赫纳的时机，试图与阿赫拉达成协议来共同击退穆斯林的入侵。最初，阿赫拉接受了罗德里克的提议，加入了他的军队并和罗德里克一起抗击塔里克率领的柏柏尔人。然而,罗德里克错在天真地相信了他们。虽然塔里克对此并不担心,但他还是成功让穆萨增派了 5 000 士兵,这样,12 000 名穆斯林战士对阵 30 000 西哥特大军。然而,当战争全面展开时,阿赫拉的军队背弃了罗德里克,使其失去了所有,甚至是生命。

这对于西哥特人来讲是致命的打击,因为这支从半岛南部进入的穆斯林想要得到比普通战利品更多的东西,这样的愿望不断地鼓舞着他们。穆斯林不仅在军事上占有优势,还充当着半岛上大部分居民的拯救者的角色。西哥特人在他们所统治的区域给人民造成了巨大的财政压力,这很不公平。在西哥特王国统治的最后几十年里,饥荒、鼠疫以及西哥特人所固有的残忍都使得民众陷入无尽的暴力与灾难。更别提犹太人也受到他们的迫害,阿里乌斯教徒亦不断遭到天主教势力的打击。

从另一方面看,塔拉科地区的利益常常与半岛的其他地区背道而驰,当时的塔拉科地区包括整个埃布罗河谷、地中海沿岸大部分地区以及比利牛斯山脉以北的纳博讷高卢地区。因此,当这支规模有限的穆斯林军队北上时,他们所遇到的民众没有进行反抗。此外,与信奉基督教的西哥特人相比,穆斯林在宗教方面更为宽容,这也帮助他们赢得了民心。他们并不强迫任何人接受伊斯兰教,但也是因为这种更为开放和包容的宗教特点让大批原来信仰基督的人改信伊斯兰教,这些人中既有天主教徒,也有阿里乌斯教派的信众。

穆斯林的到来导致社会的巨大转变。很大一部分征战的西哥特贵族在战争期间丧生,其余的则撤退到了半岛北部的山区,那里不易被征服,入侵的穆斯林对那些地区也不感兴趣。此外,由于气候的原因,那些地区所能提供的资源几乎连少数居民的生活都无法维持。因此,征服这些地区得不偿失。

巴塞罗那归降

穆斯林的军事行动非常迅速。在两年的时间里,塔里克和穆萨就瓦解了西哥特人对伊比利亚半岛南部的控制。阿赫拉被任命为塔拉科和纳博讷的王,但他并没能活太长的时间,他死后,由阿尔多(Ardo)继承了王位。714年,撒拉逊人占领了萨拉戈萨,通过一系列的渗入行动,他们最终进入了现在的加泰罗尼亚地区。同年,他们袭击了前罗马省会城市塔拉科。塔拉科人进行了顽强的抵抗,结果惨烈,他们甚至需要花上几个世纪的时间才能从这场毁灭性的战争中恢复过来。塔拉科的城墙与巴塞罗那的城墙完全没有可比性,这些城墙并未对捍卫塔拉科的伊比利亚西哥特人起到太大的作用。撒拉逊人对塔拉科及其他加泰罗尼亚城市的暴力征服在民众中引起了恐慌。四十年后写成的一部穆斯林史书中提到,当时的很多基督徒都逃到了山上,在饥寒交迫中死去。

塔拉科的结局就是前车之鉴。尽管巴希诺那是一个坚固的堡垒,当看到撒拉逊人的军队出现在城门前时,巴希诺那人投降了。赫罗纳的情况和巴希诺那一样。相反,马塔罗和安普里亚斯都奋起反抗,最终,它们和塔拉科一样被夷为平地。穆斯林军队的统帅很可能一直都是穆萨·伊本·努赛尔,但也有资料记载领兵攻打巴希诺那的是他的侄子阿尔胡尔·伊本·阿卜德拉曼·阿尔萨法齐。同时,这些资料还指出撒拉逊人攻打巴希诺那是在717年,而不是714年。不管怎样,720年,穆斯林已经完全控制了比利牛斯山以南的地区。

对于巴希诺那和其他没有浴血奋战抵抗穆斯林的城市,穆斯林都给了它们优厚的待遇。城里的居民只需要交一定的税金就可以保有自己的财产;原来的官员可以保有自己的职位,只要他们服从更高级别的穆斯林政权的领导；基督教徒和犹太人（在西哥特人的迫害之下，犹太人可能已所剩无几）可以自由进行宗教活动。撒拉逊人需要尽可能跟占领区的民众保持良好的关系，因为他们属于少数。据估计，当时在伊比利亚半岛上的阿拉伯人和柏柏尔人不超过 10 万，却控制了 600 万到 900 万的半岛居民。穆斯林所采取的措施和 11 个世纪后大英帝国对待印度的方法如出一辙：和当地人民保持良好的关系；与当地精英阶层达成协议，直接统治当地居民；分化敌人；只在非常时期采用铁腕政策。

巴塞罗那是现在加泰罗尼亚的首府，城市的形状接近三角形。在当代巴塞罗那人的脑海中，这个三角形的一个角就是埃布罗河的入海口，虽然这会让住在河以南的加泰罗尼亚人感到很不开心。对于八世纪的穆斯林来说，那时的地域划分是截然不同的。略夫雷加特河构成了不同区域之间的界线。在略夫雷加特河的北部，是刚刚投降的叫做伊法兰赫或阿法兰尼的城市，这个名字的意思是法兰克人的土地，也就是说，这个地方之前曾在法兰克人的控制之下。但奇怪的是，那个时候，从现在法国的纳博讷到略夫雷加特河并没有出现过任何一个法兰克人，甚至连画上都没有，只是有几个时间点例外。那个区域被认为是一个不稳定的边界地区，经常会有叛乱爆发或受到外来袭击。虽然巴塞罗那离这条边境线的末端不远，但人们还是把它划入了不太安全的区域。

穆斯林人将科尔多瓦定为新的首都，他们划分了新的行政区域，这带来的变化甚至在今天还可以感受到。略夫雷加特河北部地区在几个世纪后被称为"老加泰罗尼亚"，与河南部的"新加泰罗尼亚"遥相呼应。虽然语言的分界线和这种划分并不十分吻合，但从整体上讲，在"老加泰罗尼亚"地区，主要讲加泰罗尼亚语的一种东部方言，而在"新加泰罗尼亚"地区更多是讲西部方言，这个区分和公元 8 世纪上半叶穆斯林的行政划分是一致的。略夫雷加特河南部的加泰罗尼亚地区被穆斯林统治了近400年,而在北部的地区,穆斯林的统治只维持了一个世纪。但这是后来发生的事情,我们还是言归正传。

在征服了比利牛斯山之后,穆斯林在后勤保障方面遇到了一个问题:如果要控制被分成多个部分的区域,他们的人数太少了。要知道,除了瑞士,加泰罗尼亚是欧洲最多山的地区。此外,这里也遍布盆地和峡谷。因此,所有想控制这片地区的军队最终都只能选择让大量军队驻扎在设有防御工事的飞地中,在其他的地区则不设防线,这种状况至少持续到1936年内战时期。当驻扎于阿法兰尼的穆斯林发现无法对生活在较为偏远地区的农民加强控制时,他们也采用了同样的方法。另外,山脉也为伊比利亚罗马贵族提供了相对安全的栖身之地,虽然他们的生存条件艰苦,但能跟新的政权保持一定的独立性。略夫雷加特河南部更为安全,情况和北部地区大相径庭。因为穆斯林战士全部为男性,他们的队伍中也没有女性随行。出于个人喜好或生理需要,他们和伊比利亚罗马女性结合,构成了"混合家庭",这样的家庭在很多城镇里扎根。在接下来的四个世纪里,这种通婚的现象为穆斯林深入控制这个地区提供了便利条件。

比利牛斯山区的穆斯林

在穆斯林统治的最初阶段,一切都非常顺利。柏柏尔人的军队组织得当,将士们士气高涨,不仅战胜了西哥特人及哥特人,还战胜了法兰克人。然而,他们始终没有解决兵力薄弱的问题,这也导致了他们一直都没有取得过决定性的胜利,也没能成功围剿比利牛斯山北部地区敌人的残余力量。同时,联合当地民众及保持精锐部队的策略也不像在征服伊比利亚半岛时那么管用。

不久之后，穆斯林内部的矛盾也显现出来。731年，纳博讷瓦利①柏柏尔人欧特曼·本·阿比·内扎（法兰克人称之为穆努扎）在一次叛乱中崭露头角。后来，他成功地与阿奎塔尼亚公爵的女儿联姻。这次联姻对双方都有利，因为当时阿奎塔尼亚奥东公爵领地的北部地区受到了法兰克王国军事领袖查理·马特的袭击，这次联姻使南部地区保持了和平状态。对于欧特曼而言，他可以挑衅当时已经控制了比利牛斯山中部地区的科尔多瓦埃米尔而不用承担后果。

这次没么重要的叛乱如果不是因为诱发了穆斯林穿越比利牛斯山，甚至都不会被人记得。科尔多瓦酋长国的埃米尔阿布·赛义德·阿卜杜勒·拉赫曼·伊本·阿卜杜拉（后来的史书上称其为阿卜杜拉赫曼，但他和后来的那些非常有名的阿卜杜拉赫曼们一点关系都没有）是一位非常虔诚的穆斯林。他深信让真主赋予他的权力得到这世界上所有人的尊重是他的责任，他立刻开始行动，组织了一支由来自叙利亚的战士构成的远征军，征讨欧特曼及其统领的柏柏尔人。双方的军队在今天的利维亚相遇，欧特曼和他的军队不得不退到一个堡垒中。当叙利亚战士切断了流向堡垒的水源时，被围困的欧特曼陷入了绝境。一天晚上，欧特曼、他的家人和几个亲信一起逃走了，但他们并没有跑太远就被阿卜杜拉赫曼的人包围了。欧特曼设法让家人逃走，自己则纵身跳下悬崖摔死了。

欧特曼的失败也打破了阿卜杜拉赫曼和阿奎塔尼亚公爵之间的停战状态。阿卜杜拉赫曼在大马士革哈里发的支持下，决定深入阿奎塔尼亚内部地区，他很可能一直深入到法兰克人的领地。阿卜杜拉赫曼最终打败了奥东公爵和在波尔多的阿奎塔尼亚人，但当他的军队在732年到733年之间到达普瓦捷时，与查理·马特所率领的法兰克军

---

① 瓦利是穆斯林国家行政区域统治者。——译注

队遭遇。对于阿卜杜拉赫曼而言,敌人的军队太过庞大,他本人及大部分穆斯林士兵都在战斗中牺牲。这也是在穆斯林圣战历史上深入欧洲内陆最靠北的一次。

很多历史学家,特别是那些非常保守的历史学家,都坚持认为,自从普瓦捷一战失利后,穆斯林就开始了不可遏制的衰落过程,直到1492年格拉纳达王国被彻底击败。这是一种缺乏依据的推论,虽然穆斯林王国的边界线一度退到了巴塞罗那,但从711年到1492年间,在穆斯林所控制的伊比利亚半岛的大部分地区都出现了历史上为数不多的繁荣辉煌的时期,就像我们马上将要看到的那样。

普瓦捷一战的失利也在穆斯林战士中引起了莫名的恐慌。由于几千名柏柏尔人和阿拉伯人来到伊比利亚半岛南部并在这里定居,在二十年的时间里,穆斯林已经巩固了对半岛南部的统治。当然,这也有被穆斯林接纳的几百万基督徒的贡献,比起他们之前更为残酷、不开化及野蛮的西哥特人主子,他们更喜欢穆斯林。然而,随着穆斯林军队不断向北推进,这种明智的殖民方式也慢慢改变了。当穆斯林到达略夫雷加特河之后,他们就开始派军队进驻城市,不但期待着某天基督徒会皈依伊斯兰教,也希望会有足够的移民来重新开垦北部的荒地。

清真寺和麦地那①巴希卢那的集市

下面将要提到的这种现象对于巴塞罗那来说至关重要,而且它在整个伊比利亚半岛的北部都有着不同程度的体现。在加利西亚、阿斯图里亚斯、坎塔布连、巴斯克和阿拉贡地区(后者程度没有其他地区

---

① 麦地那(Madinat)在阿拉伯语里是城市的意思。——译注

高),出逃的伊比利亚罗马贵族率领基督教士兵和农民在小块飞地上发展壮大,虽然这些飞地资源匮乏,但却可以让他们远离撒拉逊人的统治。起初,穆斯林的哈里发就像罗马人和西哥特人一样,并没有把这些人当成一回事。他们只是时不时派兵去征讨那些反抗激烈且较为分散的叛乱,结果往往得不偿失。慢慢地,这样的征讨就不是以征服为目的了,这也为后来穆斯林遭受致命打击埋下了隐患。

另一方面,普瓦捷一战的失利让穆斯林的敌人——天主教徒——对于伊比利亚半岛的南部又重新燃起了希望。就像拜占庭人认为失去的西罗马帝国是他们的一部分,是需要去光复的土地那样,天主教王国也把被穆斯林占领的欧洲看成需要被光复的失地。"光复"这个新词意思是说,那些通过血与火的战争而失去的土地要重新成为天主教王国的疆域。

然而,当时的天主教徒还没有那么想入非非,自欺欺人。首先,大部分可能成为征服者的人,如法兰克人,和西哥特王国没有任何关系,而来自北非的穆斯林的入侵主要影响了西哥特王国。另外,伊斯兰教在原来的伊斯巴尼亚取得了不可否认的成就。除了大量的自愿皈依伊斯兰教的人,从一开始,当地原住民就和后来的移民有很大程度的融合。随着时间的推移,虽然穆斯林对这种融合的宽容度逐渐降低,但我们还是可以看到多位科尔多瓦酋长国的哈里发都长着金色头发、白皮肤,这是马格里布人、阿拉伯人、西哥特人和伊比利亚罗马人相互融合的明显标记。此外,在穆斯林和基督徒之间,商品和战士的交换也在持续进行。事实上,在穆斯林征服半岛几年之后,他们就已经停止往大马士革的大型奴隶市场输送从伊斯巴尼亚俘获的奴隶,而选择运送半岛北部的基督徒作为替代品。这些奴隶的提供者,无疑是那些同为基督徒的大奴隶商贩。法兰克人专门抓捕撒克逊人,把他们用锁链锁着运往法国的各个地区,直到现在的巴塞罗那。大奴隶贩子在巴塞罗那向穆斯林商人交货,男女老少都有,然后这些人在地中海的各口岸被装船贩卖到东方。

公元8世纪,当穆斯林统治巴塞罗那时期,伊斯兰教和基督教之间商业的发展非常重要。那时,巴塞罗那被冠以新的名字"麦地那巴希卢那(Barshiluna)"。巴希卢那除了像以往一样被当成军事飞地外,还变成了商业中心,这要归功于它得天独厚的地理位置及它面前那片长期以来风平浪静的大海。然而,商业的发展并不意味着巴希卢那城就可以变成一个与西哥特时期的巴切诺那大不相同的城市。实际上,穆斯林没有留下太多的印记,这可能不仅因为他们停留时间短暂,也因为他们非常尊重城里居民的日常生活。我们知道,虽然主座教堂变成了清真寺,但不论伯爵、主教还是犹太人的首领都受到尊重,他们都在穆斯林瓦利的领导下或多或少地继续履行自己的职责。

虽然从历史的角度讲,穆斯林在巴塞罗那的出现是低调、短暂和谨慎的(仅仅有八十多年),但从个体的角度而言,这也是相当长的一段时间,而对于一个人均寿命并不长的年代来说,更是如此。其实,没有一个亲眼看到穆斯林到来的人能活到他们被驱逐出伊比利亚半岛的时候,这就意味着,对于生活在那个年代的巴塞罗那人来说,穆斯林的统治是一个绝对的事实,而穆斯林统治的时间越久,由基督教政权再次统治他们的希望也就越渺茫。

在穆斯林统治时期,虽然发生在日常生活中的实质性变化有限,但都意义深远,这一点毋庸置疑。穆斯林的穆安津(宣礼员)从清真寺召唤信徒祷告,每日五次。那种独特的召唤方式至今仍能让走访穆斯林国家的西方游客印象深刻。斋月以及穆斯林的饮食也对巴塞罗那人产生了影响。不过,猪肉和葡萄酒并没有绝迹,这主要是因为当时的穆斯林很宽容,他们允许其他宗教的信徒享用这些食物。那时还出现了被称为"索科"的集市,这是在受阿拉伯人影响的国家中出现的一种典型的市场,市场里小商铺一间挨着一间,商品琳琅满目。从这些商店就可以看看出,对于巴希卢那人来说,住在边境地区也有一定的好处,因为这里有各种各样商品的交易:纺织品、瓷器、珠宝、金银手艺、奴隶,等等。除了奴隶,所有这些商品均可由巴希卢那城出产,因为城里有很多生产这些商品的作坊。但在巴希卢那城不只有手工产品,还有农产品,如蜂蜜和油。

同时,我们也应该注意到,巴塞罗那被划归到穆斯林的势力范围,而当时穆斯林已经控制了伊比利亚半岛南部、地中海东部的大部分地区,还接管了通往遥远的亚洲及能在一定程度上深入非洲内陆地区的道路。这无疑使得巴希卢那城上升到一种新的商业高度,远远超出了它在西哥特时期所拥有的商业地位。

然而,穆斯林的到来不仅仅给巴塞罗那的商业和宗教带来了改变,也改变了城市的内部规划。从罗马时代建城开始,巴塞罗那南起略夫雷加特河岸,向北延伸到贝索斯河,东到地中海,西到科利塞罗拉山脉。我们可以说巴塞罗那是一个农业占据重要地位的城市,这并不是说这里的居民都是每天穿过城门去耕种的农民,而是说它是一座田产主的城市,它在为周边地区提供服务。

然而,穆斯林改变了巴希卢那和周边地区建立联系的方式。罗马时期,土地被分割成大的方块,由田产主开垦。西哥特人统治时期,开始出现明显的朝大庄园发展的趋势。但到了穆斯林统治时期,农民和田产主之间开始建立一种新的合同关系:佃户合同。随着时间的推移,这种关系变成了加泰罗尼亚历史上非常重要的一种法律关系,现在佃农依然是加泰罗尼亚农村的一种雇佣形式。这种关系的构成为:庄园主让与佃农小块土地或其他不动产,以获得佃农一定比例的产出。虽然这种体制今天仍在使用,但很少再以农业开发为目的,而更多的是为了商业开发。这种罗马人率先使用的合同形式在皈依伊斯兰教（这种皈依或是出于自愿或是为了一定的便利）的地区较为常用。宗教没有理由反对这种按照一定利益关系来开发土地的方式。虽然伊斯兰教对某些信用形式或投机交易持保留态度，但穆斯林宗教领袖们却很看好这种建立在信任和增加利润的基础上的雇主和佃农之间的协议。不管我们怎么理解这种佃户制，按当时对它的理解也好，按历史上一贯对它的理解也罢，它都让巴希卢那周边的农村出现了某种程度的和谐场面。此外，穆斯林还加强了对这些土地的灌溉，让土地更加肥沃，而更重要的是他们还合理地保障了居民对粮食的需求。

伊斯兰教的宽容让天主教的领袖都留在了巴希卢那，但并不是在所有的地方都一样。事实上，在艾格拉（现在的塔拉萨）、安普里亚斯、维克以及大都市塔拉戈纳这些曾武装反抗穆斯林入侵的地方，主教们早就销声匿迹了。巴塞罗那穆斯林宽容的宗教政策及他们对城市日常生活的管理都让人民摆脱了苦难和西哥特人的残酷压榨，这有利于他们的新政权树立威信。结果，一大部分民众放弃了基督信仰，皈依伊斯兰教。

边境地区

然而，麦地那巴希卢那在科尔多瓦酋长国的统治下看来也不是完全太平的。巴希卢那地处边境地区，但那时的边境不像现在，一个界碑或是地形的起伏可以明确地界定一个国家主权下的领土范围。在那个时期，边境是位于两个相邻国家之间的一个广阔的空间，两国都会对其产生一定影响，这种情况一直持续到16世纪以后。这就意味着边境地区不是一个很安全的区域。事实上，只有当一方明确看到一个区域、几个乡村或是一个城市已经完全属于另一方时，这个区域才不再是边境。这种模糊的边境概念也解释了为什么当一座城市处在边境地区时,它的官员并不能完全控制该城。巴希卢那就是一个典型的例子。

在普瓦捷一战失利之前,穆斯林的军事组织都极为高效。穆斯林的常驻军队很少,因此,他们会针对特定的目标组建分遣队进行军事行动,而这些军事行动通常都是为了获得战利品而不是为了征服某个区域。当然也有宗教原因,但普瓦捷大败之后,士兵们勇往直前的圣战精神有所衰减。与此同时,法兰克人成为一股新兴力量,在欧洲中部日益强大。此外,他们还有一个明确的目标:重建帝国。实际上,这种想法一直存在,这主要是因为拜占庭帝国的存在,但任何一个客观的旁观者都会发现,虽然拜占庭人的出击或多或少取得过一些胜利,但在西欧帝国体制早在几个世纪前就已经灭亡了。不过从查理·马特开始,法兰克人曾几次尝试重建一个强大的王国并积极寻找盟友来实现这个梦想。751年,被人们称为"白痴"的希尔德里克三世的宫相丕平篡位。那个时候,国王在加冕时并不用说感谢上帝的恩赐,即便是这么说了,也纯粹只是冠冕堂皇的话而已。一次,教宗斯德望二世受到伦巴第人的袭击,丕平带兵出征保护教宗。任务完成之后,丕平试图将"君权神授"的皇帝加冕仪式以某种形式具体化,于是,他决定效仿天主教任命主教的仪式,他期望教宗能为他涂抹圣油。圣油是一种带有香味的油,它代表上帝的恩赐。从丕平开始,法兰克的君主以及后来的法国国王们都总是和天主教教会保持着相互扶持的特殊关系。这样一来,信奉基督教的国王们很快就意识到自己已经足够强大,已经有能力去攻打那些他们所认为的"信仰的敌人",即东部几个王国中的异教徒以及南部的穆斯林。不难想象,北部基督教王国的兴起对巴塞罗那未来的影响十分关键。

768年,丕平去世,他统治了法兰克王国十七年,因个子矮小,他在历史上被称为"矮子丕平"。依据法兰克人的传统,国王死后,国家应分给他留下的三个孩子,但丕平的一个儿子查理最终将他父亲的疆域全部划在了自己的名下。不久之后,他便成了我们所熟知的查理大帝,在通俗拉丁语中也被称为查理曼。查理曼将法兰克王国南部的边界一直延伸到比利牛斯山,虽然山脉两侧都时不时会受到不同部族的进犯。

然而,穆斯林方面的情况不是很明了。从公元 8 世纪中期开始,另一位阿卜杜拉赫曼,也就是后来被我们所熟知的阿卜杜拉赫曼一世,最终让科尔多瓦获得了独立,并创建了一个新的酋长国。在某些地区,特别是在北部和法兰克人临近的地区,瓦利们利用科尔多瓦酋长国独立的机会,起兵叛乱。774 年,驻守"上边境"地区的一位将军苏雷伊曼·阿卜阿拉毕叛变并控制了巴希卢那和赫罗纳两座城市。苏雷伊曼是也门人,也是将都城从大马士革迁到巴格达的阿拔斯王朝的忠实拥护者,他一直都和阿拔斯王朝保有联系,他已经不是第一次起兵反叛阿卜杜拉赫曼一世。不管是出于对苏雷伊曼的欣赏,还是想达到和叛军头目签订协议的目的,阿卜杜拉赫曼一世授予苏雷伊曼巴塞罗那及赫罗纳瓦利的称号,希望他能满足于既得利益。但苏雷伊曼并不领情,他想要更大的权力和更高程度的独立,于是,他不仅联合了其他的穆斯林叛军,还决定去寻找另一个强有力的盟友,那就是北部的查理曼。

777 年,查理曼在现今地处德国内陆地区的帕德博恩召开公爵会议。苏雷伊曼带着一些人出现在会议上,他提出要和法兰克人建立联盟,并声称萨拉戈萨的瓦利已经向他保证会加入同盟。查理曼看到这是一个扩张其权力及疆域的大好时机,就决定派几千士兵支援叛军并顺便将他的边界向南推进几公里。法兰克王国因与其穆斯林属地之间距离遥远而无法有效管理这些地区,这就让比利牛斯山区的穆斯林一直试图成为实际上独立于法兰克王国的小撮强大势力。然而,查理曼此次向南推进以失败告终。查理曼亲自率领部分军队赶往萨拉戈萨，与此同时，另一支由撒克逊人构成的纵队也将从未来的加泰罗尼亚进入伊比利亚半岛。查理曼的作战计划是让两路军队在萨拉戈萨汇合，到时，那里的城门将会打开，他们可以通过萨拉戈萨去攻打科尔多瓦。但事情完全没有按照计划进行，令法兰克人吃惊的是，萨拉戈萨的瓦利将城门紧闭。撒克逊士兵开始变得紧张起来，而他们的穆斯林盟军也惊恐万分，开始后退。查理曼认为明智的选择是退回到隆塞斯瓦耶斯，但他没有想到的是一小撮巴斯克尼亚人或是加斯科尼人在那里伏击了他们的后方，这直接导致了查理曼的失败和他手下著名将领罗兰的阵亡。虽然将领的阵亡在战争中是再平常不过的事情，但这个历史事件却非常重要，因为中世纪最伟大的赞歌之一《罗兰之歌》就是以这次事件为灵感而创作的。

在查理曼入侵失败之后，法兰克人就总是蠢蠢欲动。查理曼的儿子"虔诚者"路易曾提出应采取一定的措施来让法兰克帝国南部边境地区得到稳定。于是，法兰克人便开始不定期地向南发动非系统化的进攻。781年，路易试图进入加泰罗尼亚，却在比利牛斯山附近停下了脚步。苏雷伊曼被处决，阿依松成为巴塞罗那的新任瓦利，但他后被法兰克人所俘，在囚禁中度过了余生。之后，他的兄弟玛楚斯接替了他的职位，成为巴塞罗那瓦利。

情况对于穆斯林而言非常不利，他们马上就要陷入绝境。875年，赫罗纳人叛变，自愿归顺法兰克人。查理曼似乎推行了有利于伊比利亚哥特流亡者的政策，这鼓励了赫罗纳人移交政权。法兰克人已经一只脚迈进了伊比利亚半岛，这对加洛林帝国而言至关重要。法兰克人开始以伯爵领地①的形式来管理它的疆域，这些领地都由高级官

---

① 译者注：伯爵领地也被称为伯国或伯爵封地。

员来治理。赫罗纳伯国、贝萨卢伯国、瓦勒塞普伯国、佩雷拉达伯国及安普里亚斯伯国就是在那时诞生的。789年,乌尔赫耶特人、塞尔丹亚人、巴雅尔斯人和利巴高尔萨人也都主动投靠法兰克人,这也表明这个地区的穆斯林已所剩无几。这些小伯国都被划入了一个被称为"伊斯巴尼亚边境"的地区,这是加洛林帝国刚刚攻陷的一个军事区域,是法兰克人偶然得到的一个收获。这个地区情况严峻,在接下来的十年里,叛乱和来自边境两边的军事袭击不断发生,而在这期间,情况对于穆斯林最为不利。巴塞罗那也成为叛乱及暴乱的舞台。例如,瓦利玛楚斯本想和法兰克人联盟,他领军前往萨拉戈萨,但情况突然发生了变化,一支来自科尔多瓦的军队一路追击他到托尔托萨,在那里玛楚斯被捕并被斩首。穆斯林对法兰克人的反攻一直延伸到卡尔卡松城门口。法兰克人再次出击,而穆斯林却又一次被迫后退。那时的巴塞罗那人应该活在一个不断受到限制和威胁的艰难时代。

公元8世纪末期,局势已经变得动荡不安。年迈的查理曼只能让他的继承人路易来解决这种混乱的局面。当时,不管是查理曼设在亚琛的宫廷,还是路易设在托洛萨的宫廷,总有想要叛乱的穆斯林瓦利或首领或伊斯巴尼亚哥特人到来向他们寻求帮助。托洛萨宫廷委派乌尔赫耶特和塞尔丹亚伯爵重新开拓几个被遗弃的地区并向那里派遣驻军。伯爵的计划是在占领了奥索纳、卡尔多纳、卡瑟雷斯以及其他的小城市之后,将巴希卢那作为下一个目标,因为它是越过略夫雷加特河之前穆斯林的最后一个堡垒。这位伯爵名为博雷尔,后来很多巴塞罗那伟大的伯爵都叫这个名字。

800年,托洛萨宫廷召开了一次大会。这不禁让我们联想到电影中的一幕:在拥有高大穹顶和尖顶窗户的大厅里,一位君主正坐在王位上,留着大胡子的贵族们列队站在国王面前。这是针对当时的情况所召开的一次重要的会议。虽然对于法兰克人而言,边境地区的情况并不是很糟糕,但路易的物资并不充裕,而且法兰克人也已经遭受了几次失败。此外,路易有充足的理由相信那些暂时的盟友并不可靠,因为不论穆斯林还是伊斯巴尼亚哥特人,都是墙头草,他们可以在一眨眼的工夫内转换阵营。会议决定要进行一次大规模的袭击以夺取巴希卢那,为此,还必须召集分散在帝国各处的士兵。在准备工作开始前,路易传信给他的父亲查理曼,请求他批准自己的请求。

据史书记载,法兰克人召集的军队人数众多,士兵们被分成了三路纵队。其中一路由赫罗纳的罗斯坦伯爵率领,目标是要围困巴塞罗那。科尔多瓦的穆斯林军队派兵解围,但最终都被法兰克人的第二路纵队俘获。虽然巴塞罗那没能获得外来的援助,但最初这似乎并没有令萨顿瓦利非常担心,因为巴塞罗那城还较为完整地保留着公元3世纪所修建的罗马城墙,这些坚固的城墙足以让查理曼的军队望而却步。

第五章
加洛林王朝统治下的巴塞罗那

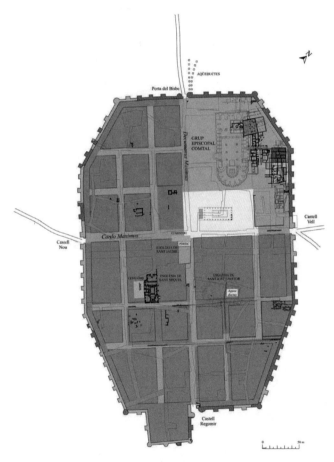

公元 9 至 10 世纪城区有所变动的巴塞罗那平面图。

毫无疑问，穆斯林统治末期的巴塞罗那是动荡不安的。巴塞罗那城被围不仅使城内的居民饱受摧残，也让巴塞罗那城的前景变得不容乐观。公元800年，加洛林大军攻陷巴塞罗那并不意味着三年前的事情不会重演，巴塞罗那很可能会在刚被攻陷后不久就再次失守。虽然这座城市拥有坚固城墙，但前途未卜。不管怎样，加洛林大军的士气并没有被漫长的围城战消耗殆尽。由查理曼的继承者、未来的路易一世率领的大军势不可挡，他们已做好准备攻克南下道路上的下一个重要堡垒：托尔托萨要塞。

事情从一开始就进行得不那么顺利。加洛林大军能够占领巴希卢那［随着时间的推移，巴希卢那先是变成了巴希罗那（Barsilona），之后，在此基础上又变成了巴塞罗那］，是因为他们获得了很久以前便从那里逃往北部的哥特人的帮助。这些哥特人中有很多人都和生活在穆斯林控制区的居民有亲缘关系。事实上，巴希卢那之所以能被法兰克人攻克，就是因为得到了城里大量保有哥特传统的居民的默许。就像我们之前几次提到的，穆斯林并没有对城里的基督徒采用镇压的政策，所以，当加洛林大军进入巴塞罗那时，虽然城里的居民都为能重新回归基督信仰国家而高兴，但并不热衷于参与加洛林帝国的扩张计划。虽然巴塞罗那的哥特人遇到了加洛林帝国这样一个意想不到的盟友，但他们对法兰克人在巴塞罗那周边地区推行的政策并不完全赞同。

巴希罗那的第一位伯爵

贝拉是曾参加过巴希罗那围城战的一位年轻的法兰克贵族,曾受召担任负责处理帝国事务的重要官员,这主要是因为他拥有皇室血统。他的父亲是查理曼的表弟、托洛萨伯爵吉列尔莫一世,所以贝拉也是未来的虔诚者路易的远房表亲。虽然这种亲缘关系并不是很近,但贝拉天生就有一种优势,能让他在帝国新征服的疆域中成为关键人物:贝拉的母亲是哥特贵族古内昆达,而且他由母亲亲自带大。因此,他成为加洛林帝国引入的一位有一半哥特血统的官员。当巴希罗那城沦陷,贝拉就被封为伯爵——他成为巴塞罗那历史上第一位伯爵。然而,在加洛林帝国的体系中,伯爵类似于总督,因此,为了巩固贝拉的地位,他又被封为哥特亚侯爵,也就是说,他统领着伊斯巴尼亚边境地区,这里聚集了加洛林帝国地中海地区多个小伯国。但贝拉获得的所有头衔都不是永久性的,而且他还要服从更高级别的领导。

贝拉一世是担任新式伯爵的第一人,这种伯爵和加洛林帝国的旧式伯爵大为不同。在这之前,帝国不同地区的伯爵都是宫廷贵族,他们被派到自己的领地,在那里可以合法拥有一切能落入他手中的东西。这是一桩非常赚钱的生意,而且基本上也不费什么力气,是一份清闲差事,罗马人用"sinecura"这个拉丁词汇来指这样的职位,意思是能挣很多钱却又什么都不用干的职务。然而,在那些与穆斯林控制地区相邻的伯国,情况远非如此。首先,这些伯国远离宫廷,这就意味着它们失去了得到皇帝恩惠的可能;其次,它们并不平静,是费心费神之地;再次,这些地区基本都是没有矿藏的山区,也缺乏肥沃的土地,人口稀少且多半都有穆斯林或犹太血统。哥特亚侯国的南部可不是一个得来全不费工夫的地方。在贝拉之前,法兰克王国所采用的方法就是任命当地的贵族为伯爵,因为他们对能在宫廷出人头地基本不抱希望。这些人要么非常了解这个地区,要么本身就在这里或是附近的地区出生,他们也只能待在这些被认为是整个加洛林帝国里条件最差的伯国。

不管怎样,我们都不应该用今天国家的概念来衡量加洛林帝国。那时的通讯有诸多不便,而且加洛林帝国坐拥从巴塞罗那到多瑙河、从伦巴第到波罗的海的辽阔疆域,这便让加洛林帝国的高官享有很大的操作空间,不过,更高级别的官员出现时,这个操作的空间就会大幅缩小。

贝拉一世这个刚上任的伯爵差不多就是我们说的"高官"。贝拉在和城里的哥特人进行谈判之后,便宣布不再继续与穆斯林对抗,因为他坚持认为穆斯林的力量已经不构成威胁。事实上,巴塞罗那附近唯一能对这片新征服的土地构成威胁的就是塔拉萨城堡,但当时它已经处在加洛林帝国的控制之下。因此,贝拉认为已经是时候重建哥特人的组织机制并巩固胜利的果实,而不应再继续维持交战状态,这是非常合理的。此外,我们更不要忘了,穆斯林并不是好对付的敌人,如果当时从科尔多瓦派来的军队赢了,或许巴塞罗那至今依然在穆斯林的控制之下。

然而,时间并不是白白流逝的。不论是继续生活在这里的哥特人,还是曾经流亡的哥特人,他们的愿望都变得遥不可及。首先,西哥特旧体制的弊端早就暴露无遗。虽然穆斯林的统治长期处在不稳定的状态,他们又总是摇摆不定,但他们的统治却获得了不错的效果,这足以说明西哥特体制的落后。其次,时代已经变了,加洛林帝国这个新政权在管理它辽阔的疆域时(这种辽阔程度自几个世纪前罗马帝国灭亡后就再未出现过),采用了更为强硬和智慧的策略。

与西哥特时期相比,新的组织机制形式更灵活。在这种新机制下,大部分贵族只能在一段时间里行使他们的权力,而且要服从上级的意志。与此同时,伯国和公国的划分有利于贵族之间相互制约。实际上,当时要想不以这样的机制来运作也很难,因为通过这种机制贵族们可以从这片土地上获得相当可观的利润。野心勃勃、利欲熏心的贵族们坚信,如果没有帝国政权的支持,他们所获得的一切特权都将烟消云散。

事情就是如此,不管贝拉一世多想和穆斯林保持和平状态,当他面对帝国的继承者虔诚者路易及其代理人时,他只能加入到加洛林帝国继续向南扩张的新计划之中。此外,这样做也主要是因为当时加洛林帝国和穆斯林控制区的边境略夫雷加特河离巴塞罗那非常近。我们不要忘了,略夫雷加特河,特别是它的入海处,在全年的大部分时间里,想要穿越它都非常容易,这就让它流经的巴塞罗那地区变得不宜防守。因此,组织远征来寻找一个能建立稳固防御点的任务就成为加洛林统治初期的基本任务,而这个防御点可以在加拉夫或更好是在埃布罗河流域。然而,所有这些远征都被托尔托萨堡垒挡住了。实际上,公元804年、807年、808年、809年和811年的远征都因它的存在而失败,有些远征在托尔托萨城门前失利,有些甚至连城门口都没到就失败了。贝拉一世伯爵参加了三次远征,我们可以想到,他对远征的结果失望至极。虽然这些远征并非完全没有意义,毕竟它们以某种方式巩固了巴塞罗那的地位,但在几十年的时间里,巴塞罗那易攻难守的境遇并没有改变。

公元812年,查理大帝同意与穆斯林停战,这让贝拉可以专心治理问题百出的巴塞罗那。巴塞罗那地处一个冲突不断的边境地区,这非常不利于商业的发展。此外,奥古斯都大道通过巴塞罗那,敌人可以轻而易举地通过这条大道去攻击加洛林帝国。因此,作为守护奥古斯都大道的第一个也是最重要一个军事飞地,巴塞罗那有必要让自己变得更为安全并保证有财政支持源源不断地流入。在这个方面,贝拉伯爵应该做得不错。公元815年,停战期结束,一支穆斯林军队袭击了巴塞罗那并试图重新占领这座城市。正当穆斯林士兵在城墙脚下架设大炮,试图摧毁城墙以攻破城门之时,贝拉召集了一队人马,对穆斯林做出了迅速的回击。可能是因为这次出击太出乎意料,击溃穆斯林人并没有费贝拉太大的力气。这次胜利的取得,再加上贝拉又善于拉拢城里的重要人物,不管是伊斯巴尼亚哥特人还是穆斯林都对贝拉刮目相看,贝拉在伯国的威望也日益提升。

对于巴塞罗那来讲,那应该是一个非常复杂的年代,它经常受到威胁,在几十年内,它不得不多次进行防御。巴塞罗那位于加洛林帝国疆域的最远端,那时候,帝国的统治者已经不是查理曼,他于公元814年去世,他的儿子路易接替了王位。巴塞罗那本来就远离帝国权力的中心,而虔诚者路易又不像他父亲那么骁勇善战、战绩辉煌,这就更是让巴塞罗那失去了往日的重要性。

正如我们之前所说,由于贝拉在抵抗穆斯林入侵巴塞罗那一战中取得了胜利,他在民众中的威望迅速提升。他当然知道要利用这一点来说服宫廷重新和穆斯林签订停战协议,因为这不仅对贝拉有好处,也对巴塞罗那伯国①的盟友有利。虽然最终贝拉与穆斯林达成协议,但战争的脚步并没有停止。西部地区(也就是现在的潘普洛纳)的哥特人、巴斯克尼亚人和穆斯林加强了联盟,他们通过艰苦的斗争全面击溃了加洛林帝国的伯爵们。这让贝拉的敌人抓住了机会,他们指责贝拉准备不足,并指控他与敌人签订了虚假的停战协议。不管这些指控有没有根据,贝拉被召回亚琛,在那里接受了审判。最终,他因叛

---

① 巴塞罗那伯国是由法国加洛林王朝早期设置的伊斯巴尼亚边境地区演变而来,存在于公元8至12世纪。公元10世纪之后,巴塞罗那伯国不再效忠加洛林王朝,开始通过战争及联姻的手段吞并加泰罗尼亚地区的其他伯国。到公元12世纪,巴塞罗那伯爵拉蒙·贝伦格尔四世和阿拉贡王国的公主结婚,巴塞罗那伯国并入阿拉贡王国。——译注

变罪而被撤职。在那个年代,叛变罪通常都会被判处死刑,但路易并没有处死贝拉,这很可能是因为他并不完全相信那些对贝拉的指控,也可能是因为他很欣赏贝拉。所以,路易只是将贝拉流放鲁昂,几年后,贝拉死在了那里。

塞普蒂马尼亚的贝尔纳尔多伯爵

贝拉一世的领地是被这样分配的:位于现在法国南部的拉泽和孔弗伦特伯国被分给了贝拉的儿子吉叶莫多;巴塞罗那、赫罗纳及贝萨卢伯国被分给了一个法兰克人,他和哥特亚地区各帮派纷争没有任何关系——这个法兰克人名为兰波,从公元820年开始到公元825年去世,他一直都是巴塞罗那的第二任伯爵。

兰波也曾在穆斯林控制区领导过几次不是很重要的军事行动,但他在位五年后就去世了,也没有留下什么重要的痕迹。他的继承者是一个更有意思的人物:塞普蒂马尼亚的贝尔纳尔多,他是贝拉同父异母的兄弟,也是设计陷害贝拉的主要策划者之一(他的同谋是安普里亚斯和罗塞略伯爵卡乌塞尔莫)。从某种意义上说,贝尔纳尔多和卡乌塞尔莫都是主战派的首领,主战派支持继续与穆斯林对抗,并要夺回被穆斯林占领的土地。此外,他们还主张用铁腕来控制当地人。贝尔纳尔多实际上听命于卡乌塞尔莫,他的到来可能给巴塞罗那的居民泼了一盆冷水。

贝尔纳尔多上任不久后,也就是在公元825年,阿依松领导的叛乱爆发。阿依松原本是贝拉手下的一位穆斯林官员,在贝拉被审判之后,他也在亚琛被捕。阿依松似乎是在一个仆人的帮助下从亚琛逃走的,他一路走到了赫罗纳。后来,他又从赫罗纳到了维克平原。他在维克平原组建了一支先头部队并发动了武装叛乱。不久之后,贝拉原来的支持者都加入了阿依松的队伍,其中就有贝拉的儿子——拉泽和孔弗伦特伯爵吉叶莫多。西部(现今莱里达地区)的穆斯林也加入了这支成分复杂的队伍。这支杂牌军从一开始就表现出了极强的战斗力。在控制了维克附近的地区之后,这支军队又进入了与塞普蒂马尼亚的贝尔纳尔多伯爵结盟的伯国境内,他们一路上烧杀劫掠,所到之处血流成河。

公元827年夏末,因情况紧急,贝尔纳尔多伯爵不得不派信使去加洛林帝国的宫廷请求援兵。尽管已经派出了信使,贝尔纳尔多伯爵还是忧心忡忡,他决定号召人民武装起来。民众的反映对于试探巴塞罗那人到底站在哪一边非常重要。最终,贝尔纳尔多伯爵获得了巴塞罗那及赫罗纳人民的支持。应该注意的是,加洛林帝国从二十五年前就开始控制这两座城市,实际上,新的一代人已经成长起来。巴塞罗那的精英层很了解加洛林帝国的组织机制,我们也可以认为,他们觉得和贝尔纳尔多伯爵合作,自己可以随心所欲,或者说,他们深信自己终将受益。相反,阿依松和吉叶莫多既想跟加洛林帝国保持一定的独立性,又不想和科尔多瓦哈里发切断联系。最终,他们没能说服巴塞罗那的精英层。

虔诚者路易决定派出一支先头部队去支援贝尔纳尔多伯爵,但在军队整装待发的时候,贝尔纳尔多和他的盟友们就已经开始让局面扭转。对阿依松而言,事情进展得并不顺利,他不得不尝试加强和科尔多瓦埃米尔阿卜杜拉赫曼二世的联合,而后者看到有机可乘,便想借机间接收复二十年前失去的土地。阿卜杜拉赫曼二世派出了一支军队,由阿卜·马尔万将军率领。这支军队从科尔多瓦出发,先后到达萨拉戈萨和莱里达。公元827年6月,这支军队包围了巴塞罗那。这次,巴塞罗那的城墙再次发挥了作用。虽然城墙已有600年的历史了,而且不久前还曾数次抵御军队的进攻,但依然坚固,对敌人有足够的震慑力。阿卜·马尔万没敢下令攻城,他带领军队从 7 月开始在城外驻扎了两个月。情况确实非常令人沮丧,因为安达卢斯人①并没有和他们后方的基地保持顺畅的沟通,这让他们不能长时间地维持这种状况。夏末之际,他们解除了对巴塞罗那的包围,打算去赫罗纳碰碰运气。公元 827 年 10 月 10 日,他们到达赫罗纳,虽然这里不如巴塞罗那城坚固,但两个月徒劳无功的围城已经极大地削弱了军队的战斗力,最后,他们不得不调转方向,灰溜溜地打道回府。至于阿依松和吉叶莫多这两个人的下场如何,我们就不得而知了,他们要么就和科尔多瓦的军队一起撤离了,要么就是死了,或者也可能受到追随者的帮助而躲到了某个地方,但可能性并不大。不管怎样,穆斯林最后一次想攻占巴塞罗那的计划彻底失败了,因为当地的精英阶层都支持加洛林帝国。在接下来的一段时间里,穆斯林并没有放弃再次进攻巴塞罗那,但他们的目标只是洗劫城市之后便离开,而并不是要占领它并在那里驻扎。

阿依松叛乱最大的受益者就是他最主要的敌人贝尔纳尔多伯爵。贝拉的儿子吉叶莫多所拥有的两个伯国——拉泽和孔弗伦特——也都落入了贝尔纳尔多的兄弟卡乌塞尔莫手中。那些坚决拒绝帮助贝尔纳尔多伯爵的法兰克伯爵们都失去了自己的领地(在今天法国境内),而这些领地都转入到贝尔纳尔多伯爵追随者们的手中。贝尔纳尔多则被封为一片辽阔疆域的伯爵,这片土地从加尔东河大桥所在的法国境内的于泽斯一直延伸到巴塞罗那,也就是说,贝尔纳尔多成为实际上掌控塞普蒂马尼亚地区的伯爵。可以说,贝尔纳尔多变成了除法兰克帝国国王之外最有权势的人。这种地位的迅速提升必然促使

---

① 安达卢斯(Al-Ándalus)是指穆斯林统治下的伊比利亚半岛,疆域最大时期曾囊括了塞普蒂马尼亚,也就是现今法国南部的朗格多克-鲁西永大区。今天西班牙南部安达卢西亚的名字就是由此演变而来。——译注

贝尔纳尔多想要在宫廷大展拳脚，但这也给他带来了很多麻烦。虔诚者路易将他召到宫廷，让其负责教育自己的一个儿子，也就是未来的"光头"查理二世。可能是因为贝尔纳尔多有些轻浮，也可能是因为他受到敌人的诋毁，不久之后，他就被指控和来自巴伐利亚的朱迪思皇后（路易的第二任妻子）保有不正当关系，甚至还有流言说，他才是查理真正的父亲。这让路易和第一任妻子、来自埃斯拜的埃芒加德所生的三个儿子——洛泰尔、丕平和路易——发动了反对贝尔纳尔多及他们父亲的暴乱。贝尔纳尔多不得不逃回了自己的领地。

路易用武力平复了三个儿子的叛乱之后，贝尔纳尔多本以为他可以重返宫廷并恢复之前拥有的地位，但路易有太多的问题需要操心，根本无暇顾及手下的一个贵族。这让贝尔纳尔多非常生气，于是，他开始策划阴谋，结果遭到罢免并被流放。贝尔纳尔多并不甘心，他利用权谋从托洛萨伯爵贝伦格尔手中收回了自己之前的领地，而这一切就发生在路易的三个儿子相互争斗或和他们的父亲争斗的时期。当时情况惨烈，局势混乱，贝伦格尔善于使用计谋和暴力手段，不断从中挑拨，朝秦暮楚，他就是通过这种方式来为自己牟取利益的。

在这些不同的力量展开较量的同时，巴塞罗那及贝尔纳尔多控制的其他地区，情况也并不好。出于自身的性格特点和利益需求，贝尔纳尔多行事果断，这让他得到了很多的好处。然而，很多伊斯巴尼亚哥特贵族都不断地向宫廷控诉贝尔纳尔多的行为，但那时加洛林帝国兄弟相残的几次内战已经爆发，根本无人理会那些控诉。此外，虽然贝伦格尔统治巴塞罗那的时间不长，但他已经赢得了巴塞罗那居民的尊重，他的统治方式与贝尔纳尔多截然不同。然而，贝伦格尔在与贝尔纳尔多斗争期间病逝，贝尔纳尔多最终夺回了全部的领地。无疑，对于巴塞罗那人而言，这是非常不幸的。

陷入混乱的巴塞罗那

在虔诚者路易和他的儿子洛泰尔死后,查理和丕平之间的争斗以查理取得胜利而告终。由于丕平在阿基坦、塞普蒂马尼亚和哥特亚颇具影响,查理也不得不对他这位同父异母的兄弟做出了一些让步。那个时候,加洛林帝国已经非常脆弱,但支持洛泰尔和丕平的几派势力的争斗还在继续。在公元844年发生的一次争斗中的,贝尔纳尔多被秃头查理在托洛萨俘获。查理决定处决他以前的老师。

巴塞罗那的下一任伯爵是乌尔赫尔和塞尔丹亚伯爵苏尼弗雷多,他可以算得上是加泰罗尼亚人,虽然他的父亲很可能是卡尔卡松人。公元842年,苏尼弗雷多带着为数不多的一小队人阻击了企图袭击纳博讷的穆斯林军队,正是他这样的决心和勇气让他赢得了秃头查理的信任。事实上,苏尼弗雷多的行动完全符合加洛林帝国对身在边境战乱地区贵族的要求。这次行动阻止或至少是遏制了一次可能发生的穆斯林袭击或入侵。苏尼弗雷多表现出了对加洛林帝国的忠诚,因此,在贝尔纳尔多死后,他被封为巴塞罗那伯爵。但极具讽刺意味的是,苏尼弗雷多却成为加泰罗尼亚"伯爵-国王"家族的创建者,他以巴塞罗那伯国为基础,最终实现了加泰罗尼亚的独立。

苏尼弗雷多一世担任巴塞罗那及其他领地伯爵的时间并不长,因为他在公元848年对抗贝尔纳尔多儿子吉列尔莫的战斗中被俘,对于他的结局,历史上并没有确切的记载。塞普蒂马尼亚的吉列尔莫回到了之前他父亲控制的领地,但这只是一个宏大计划中的一步。当时,加洛林帝国正处在皇帝秃头查理二世和阿奎塔尼亚王两军对峙的时期,阿奎塔尼亚王是查理的侄子丕平二世,他的父亲丕平一世是查理的同父异母兄弟。当查理二世在波尔多出击获胜后,阿奎塔尼亚王国受到了威胁,因此,丕平二世决定派出他手下一位重要的贵族吉列尔莫,让他在塞普蒂马尼亚-加泰罗尼亚地区的各个伯国继续骚扰查理二世。吉列尔莫强有力的进攻不仅了结了苏尼弗雷多伯爵的性命,还消灭了安普里亚斯伯爵苏尼阿里奥,很可能还有拉泽伯爵贝拉二世。这样辉煌的战绩,让人很难想象当时的吉列尔莫只有二十二岁。

然而,吉列尔莫对几个伯国的统治并不稳固,因为这些伯国对于发生这样血腥暴力的事件极为不满。在这种情况下,吉列尔莫加强了与穆斯林的联合,而穆斯林也派出一支军队去支援吉列尔莫。最初,对吉列尔莫来说,攻占巴塞罗那并不是很难。此外,之前的伯爵苏尼弗雷多并没有在位很长时间,他去世后只留下了还未成年的幼子,这就让占领巴塞罗那变得更为简单。

但查理二世并不喜欢吉列尔莫的行动,因为他是在为发动叛乱的阿奎塔尼亚国王丕平二世卖命。因此,查理二世组织了一次军事远征,在攻克托洛萨之后,军队随即向纳博讷挺进,到达了吉列尔莫控制较弱的地区。加洛林帝国军队的出现足以让吉列尔莫投降,他非常清楚自己缺少必要的军事力量来进行反抗。因此,加洛林帝国对于塞普蒂马尼亚-加泰罗尼亚地区城市的占领相对比较容易。之后,查理二世封法兰克人阿雷兰为新伯爵。阿雷兰对塞普蒂马尼亚的贝尔纳尔多家族恨之入骨,虽然我们不知道这种恨由何而来,但如果想想吉列尔莫是什么人,他的父亲又是什么人,就不会觉得奇怪了。查理二世很清楚,阿雷兰的使命就是消灭吉列尔莫,所以他又任命伊森姆巴尔德为副伯爵,当阿雷兰追捕吉列尔莫时,伊森姆巴尔德负责管理巴塞罗那。

当时的局势就是"一团乱麻"。加洛林帝国在塞普蒂马尼亚-加泰罗尼亚边境地区的斗争中慢慢解体。血腥的阴谋、政变、叛乱、处决、抢掠……各种事件频频发生。对于生活在那个时代的人来说,那是一个非常艰苦的时期。巴塞罗那伯国也陷入了混乱之中,据那个时代途径巴塞罗那的过客描述,因为害怕受到袭击,他们甚至都不敢路过巴塞罗那。

当阿雷兰不遗余力地追击吉列尔莫的支持者时,吉列尔莫也没有坐以待毙。公元850年,他最终获得科尔多瓦酋长国埃米尔阿卜杜拉赫曼二世的帮助,阿卜杜克里姆将军被派往巴塞罗那。阿雷兰躲入了有坚固城墙守护的巴塞罗那城,城墙再次抵挡住了敌人发动的进攻。阿卜杜克里姆只能率军朝赫罗纳挺进,但也未能攻克此城。不管怎样,穆斯林的出击可能大大地削弱了阿雷兰伯爵的力量,当吉列尔莫接下来发动反攻时,阿雷兰不得不放弃巴塞罗那,让它重新回到吉列尔莫的手中。几周之后,吉列尔莫的军队和阿雷兰相遇,查理二世派兵支援阿雷兰。吉列尔莫战败,不得不藏身于巴塞罗那城里,但这次他被俘并最终死在了阿雷兰麾下官员手中。

吉列尔莫死后所有的暴力就结束了吗?当然不是。因为吉列尔莫和阿雷兰之间的斗争被穆斯林看成是新的机会,那时安达卢斯的边境已经向南退了六十多公里,到了塔拉戈纳以北的卡雅河附近。公元852年,穆斯林重返巴塞罗那,这次他们终于攻陷这座城市并在城里大肆劫掠,阿雷兰也在战斗中丧生。穆斯林一定满心愤恨,史学家伊本·艾西尔曾说,穆斯林士兵入城之后,"他们抢夺财富,大量虏获奴隶,之后,毫发无伤地返回"。此外,他们还杀了很多人。一些巴塞罗那人被当成奴隶运到南方,还有一些被处以剥皮的酷刑。也可能有人很高兴穆斯林进城劫掠,如穆斯林奴隶,他们应该将这种入侵看成是一种解放。但是,对于其他居民来说,这次袭击是一次沉重的打击,这让巴塞罗那陷入了暴力事件不断发生的年代。

灾难一个接着一个……在接下来的几年里,劫掠,法兰克人和穆斯林之间的冲突,加洛林帝国领主、伊斯巴尼亚哥特人及一帮贪婪残暴的贵族的阴谋活动接连发生。公元856年夏,穆斯林的又一次军事远征进入巴塞罗那地区,虽然他们没能占领巴塞罗那城,但对周边地区大肆掠夺,并洗劫了塔拉萨,这也是巴塞罗那伯国的第二个堡垒。公元861年,这样的事件再次发生,城墙之外的建筑受到了破坏,连城墙也没能幸免。在阿雷兰死后的几年里,接连几任巴塞罗那伯爵及其他领地的伯爵都是法兰克人。这些伯爵的共同之处在于他们根本不重视城市的发展需求。

公元865年的复活节,哥特亚的贝尔纳尔多被封为巴塞罗那伯爵,他也是最后一位拥有法兰克人血统的巴塞罗那伯爵。和他所有的前任一样,他的个人利益并不总是和皇帝的利益一致。他的敌人是另外两个贝尔纳尔多,也就是托洛萨的贝尔纳尔多和普兰塔毕罗萨的贝尔纳尔多。他们不断地联合其他力量,挑衅对方,遏制对方。加洛林王国的情况也不断恶化,皇帝不得不派遣他所信任的主教弗洛伊诺来到巴塞罗那,任务是监视哥特亚的贝尔纳尔多。但贝尔纳尔多担任伯爵期间,巴塞罗那处于无人管理的状态,因为伯爵忙着管理比利牛斯山地区和塞普蒂马尼亚地区,那里都是滋生叛乱的地区。

这种反复无常、复杂多变的情况需要一位强有力的领导人,需要一位能把外交及铁腕政策相结合的明智的领导人。然而,秃头查理毕生都在和自己的家人斗争,财富好不容易积累起来,之后又消耗殆尽。公元875年,哥特亚的贝尔纳尔多被封为阿奎塔尼亚的皇家官员,同时,他还把控着塞普蒂马尼亚和未来的加泰罗尼亚的权力。贝尔纳尔多联合阿奎塔尼亚王国的大贵族一起发动叛乱,与加洛林帝国的皇帝对抗。但秃头查理在准备跟叛军作战时突然因病去世,他的继承者"结巴"路易二世授予了叛乱者很多特权。结果,除了哥特亚的贝尔纳尔多和普兰塔毕罗萨的贝尔纳尔多之外,其他人都妥协了。这两位贝尔纳尔多都有脱离加洛林帝国而独立的念头,他们想建立一个囊括从大西洋开始的比利牛斯山北部地区及巴亚尔斯和里瓦哥萨伯国南部地区的中世纪王国。然而,情况并不像他们预想的那样:哥特亚的贝尔纳尔多被革除了教籍,而他的盟友普兰塔毕罗萨的贝尔纳尔多则改变了阵营,他的军队也多次被击败。为了接替哥特亚的贝尔纳尔多的位子,"结巴"路易二世(不久之后便早夭)封乌尔赫尔、塞尔丹亚及孔弗伦特伯爵米隆和"毛人"威弗雷多兄弟俩为巴塞罗那、赫罗纳和罗塞略伯爵,这两人是苏尼弗雷多的儿子。

"毛人"威弗雷多

无疑,"毛人"威弗雷多是从有了伯爵一职之后最重要的一位伯爵,也是加洛林帝国任命的最后一位伯爵。事实上,面对加洛林帝国不闻不问的境况,威弗雷多索性将巴塞罗那城据为己有。19世纪中期,当要求恢复加泰罗尼亚文化及政治机构的加泰罗尼亚运动兴起时(那时还没有独立诉求),威弗雷多就是这个运动最初所推崇的一批重要人物之一。那个年代弥漫着些许浪漫主义色彩,欧洲所有国家都在寻找逝去的中世纪。威弗雷多伯爵的形象和现在与他相关的一切,都是以真实历史为基础所创造的传奇故事。例如,人们认为是他创造了加泰罗尼亚的旗帜。这面旗帜是由红黄条纹相间构成,红色条纹有四条,黄色条纹有五条,用纹章学的术语讲,加泰罗尼亚旗是由四条红色缎带纵向分布在金色背景上构成的。关于这个传说的文字记载首次出现在1551年,也就是在巴伦西亚教士贝雷·安东尼·贝乌特尔口述威弗雷多的故事之后的700年,这位教士曾著有《西班牙通史(第二部分)》。贝雷·安东尼·贝乌特尔讲述的故事非常具有感染力:威弗雷多奉命为加洛林帝国抵御诺曼侵略者。在战斗中,威弗雷多和他的骑士们起到了重要的作用。威弗雷多虽多次受伤,但最终消除了诺曼人带来的威胁。战争结束后,皇帝路易(这里不清楚是哪个路易)走近威弗雷多,问他想得到怎样的补偿。伤势很重的威弗雷多回答,他请求可以拥有自己的族徽。路易临时起意,用了一个不太卫生的方式,将自己四根手指放在威弗雷多的伤口上,用他的血在一个金色的盾牌上留下了四条红色血印。从那时起,这便成为巴塞罗那伯爵的旗帜,之后,它变成了整个加泰罗尼亚的旗帜。

无疑,这是一个美丽的传说,遗憾的是这并不是真的。没有任何文字记载可以证明威弗雷多曾参加过一次帮助了某位皇帝的军事远征,也没有任何文字记录表明在公元9世纪就已经有徽章出现。因此,这完全是子虚乌有的事情。然而,这并没有影响"毛人"威弗雷多的故事成为加泰罗尼亚建立的伟大传说之一。虽然我们不可否认巴塞罗那的这位第十二任伯爵跟独立有着很大的关系,但这种关系也并非像19世纪的那些浪漫主义者所想象的那么直接。

我们分头来说。公元878年,威弗雷多像他的前任一样被封为伯爵。从理论上讲,这个职位并没有什么改变:新的巴塞罗那伯爵是官方承认的统治者,是控制一定区域的高级官员。伯爵应该向宫廷汇报他所做的一切,并要上交在自己领地内所收的税款,当然,要除去他自己应得的部分。然而,随着时间的推移,加洛林帝国的所有伯爵,特别是加泰罗尼亚地区的伯爵,都想尽办法来摆脱这些义务。威弗雷多上任之时,正值加洛林帝国控制最弱的时候,每个伯国,或者更确切地说是每个伯爵,都认为自己基本独立于其他伯国,他们在想法上也与帝国的宫廷渐行渐远。但不管怎样,加泰罗尼亚地区各个伯国的伯爵达成一致,在遇到防御或是地界的划定等具体问题时,大家共同处理。公元9世纪下半叶,加泰罗尼亚各伯国都各自为政,已经不需要其他的力量来帮助他们控制自己的领地,但这并不意味着伯爵们认为自己独立于加洛林帝国的中央政权。他们不断地宣称自己效忠帝国,但实际上他们却逐渐摆脱了帝国的束缚。此外,出于政治需要,伯爵们还创建了地方的朝廷,拥有自己的法律甚至是外交机构,因为受地理条件的限制,他们经常要与穆斯林邻居进行谈判。于是,一种类似于大使馆的机构诞生,它主要负责伯爵的谈判事宜。

巴塞罗那和赫罗纳及安普里亚斯一样,都为迎接上述变化做好了准备。由于巴塞罗那在军事及商业上的重要性,某些伯国都处在它的直接控制之下。因此,巴塞罗那伯爵渐渐就变成了加泰罗尼亚地区伯爵们的领袖。这也是历史上巴塞罗那第一次感觉自己成为一个辽阔地区的首都,而这个地区的事务在很大程度上依赖于巴塞罗那所做出的决定。然而,在那个时代里,加泰罗尼亚城市里发生的变化和乡下一点关系都没有。

虽然我们还没有讲到封建时代,但也已经离它不远了。在西哥特统治时期,经济体制已经开始从基本的奴隶制向自由体制转变,虽然农民在经济及法律上仍与领主保持着很强的依附关系,但生活在这些土地上的农民已跟两百年前大相径庭。接连不断的战乱和劫掠使加泰罗尼亚地区的部分土地变得荒无人烟,基督徒的进入和穆斯林一样,都让这些地区受到了惨遭破坏。也正因为如此,生活在山区的农民变得越来越强悍,只要能改善自己的生活条件,他们愿意铤而走险。很多家庭离开了土地贫瘠的山区而南下,在那些荒芜之地定居下来。但通常这样的决定未必能获得预想的效果,因为新的土地不一定总能有足够的产出来解决人们的温饱问题。同时,武装入侵始终让这些地区动荡不安。

最初,对荒芜地区进行垦殖只是一种自发的行为,但不久之后,各个伯国就为垦殖建立了某种法定的程序。通常,伯爵会关注这些有山区农民陆续到达的荒地,他们会对这些地区做一些捐赠,并修建修道院。修道士们将垦荒的农民聚集在修道院的周围。接着，便会有地位较低的贵族到来，如果事情进展的较为顺利的话，他们便会在这个地区修建防御工事，甚至是城堡，来抵御穆斯林和其他贵族的进犯。此外，作为对这种保护的回馈，农民需要向贵族和修道士缴纳他们索要的东西。当这些地区已经进入相对稳定的状态后，伯爵们又着眼于更靠南的地区，并重复同样的过程。从这个角度看，可以说"光复运动"本身就是一个错误的概念，这个过程实际上就是一个侵略性的殖民过程。

让我们再回到"毛人"威弗雷多。他是如何被封为伯爵的呢？很多年前，威弗雷多的父亲苏尼弗雷多凄惨地死去，他和他的兄弟们都没有见过自己的父亲。那个时候，他们家住在卡尔卡松和塞雷之间的地区。当哥特亚的贝尔纳尔多发动叛乱时，虽然威弗雷多和家人总是表示他们拥护正统王室，是皇帝的支持者，但秃头查理还是发现了威弗雷多曾背叛过他的朋友，因此，他认为威弗雷多不是个可靠的人。当查理去世后，"结巴"路易继位，威弗雷多和米隆才等到了他们期待已久的机会：878年，"结巴"路易登基，主教会议在特鲁瓦召开，在此次会议上，威弗雷多和米隆分别被任命为巴塞罗那及赫罗纳伯爵和罗塞略伯爵。就这样，加泰罗尼亚的所有伯国几乎都在苏尼弗雷多三个儿子的控制之中：威弗雷多是巴塞罗那、赫罗纳、乌尔赫尔及塞尔丹亚伯爵；米隆是罗塞略和孔弗伦特伯爵；罗多尔福是贝萨卢伯爵。

对于威弗雷多其人，确实留下了很多文字记载，但也不像人们所说的那么多。12世纪末，里波尔修道院的修道士们撰写了一部名为《巴塞罗那伯爵功绩录》的历史著作。这座修道院是威弗雷多下令修建的修道院之一，显然，这位伯爵得到了教士们的爱戴，虽然教士们所说的很多事儿都是无稽之谈，或者干脆说都是假的。例如，书中就讲了"毛人"这个绰号的来历。根据《巴塞罗那伯爵功绩录》的记载，威弗雷多之所以会有这样的绰号,是因为他的毛发长在和别人不一样的地方。这不禁让人浮想联翩:是在脚底？手背？鼻子外侧？嘴唇上？还是在更私密的地方？总之,他是一个毛发旺盛的人。但也有人认为,他的外号"*Pelós*"这个名词并不是加泰罗尼亚语中指毛发的"*pèl*",而是拉丁语中的"*pilum*",即罗马长矛的意思。如果真是这样,威弗雷多就不是"毛人",而应该是"长矛手"。不管怎样,《巴塞罗那伯爵功绩录》都让威弗雷多这个人物更具有传奇性。14世纪末,人们已将威弗雷多称为加泰罗尼亚之父。至今,史学界依然保留了他的这个称号。

和其他的巴塞罗那伯爵一样,威弗雷多也是一生操劳。他忙着为土地而征战,忙着修建修道院和教堂,也忙着孕育后代。事实证明,威弗雷多确实拥有强大的基因,由他所开创的王朝,父子相传,直到15世纪初才结束。传承这么长久的王朝,至今在全世界的王国中都属罕见。而这种传承与其他巴塞罗那伯爵的不同之处就在于它是以子承父业的方式来延续的。

威弗雷多任巴塞罗那伯爵的时期,不论是在各个伯国,还是在加洛林帝国,都是战乱不断。随着皇权的日益削弱及当权者的不断更迭,领主们变得越来越强大。此外,由于帝国的分裂,宫廷也逐渐失去了存在的意义。威弗雷多应该经历过帝国解体及历史变革所带来的混乱,也经历过对手的轮换更替。很多朝廷都宣称自己是合法政权,都想拉拢威弗雷多,而另一些则按兵不动,静观其变。但巴塞罗那伯爵则越来越专注于经营自己家族的领地,他不得不像一位独立的领主一样行事,虽然他从未正式宣布过自己要独立。加泰罗尼亚开始按自己的意志前行,这不是因为它想要这样,而是因为法兰克国王,或者说是所有的法兰克国王,都抛弃了它。

可能正是因为屡遭抛弃,又经历过无序的混乱状态,人们对于建立秩序有着迫切的需求。这或许也是加泰罗尼亚人总是对制定法律充满热情的原因所在。现今,在加泰罗尼亚,当某条法规与公众意见相左时,就会受到严厉的抨击。加泰罗尼亚人这种对法律的深厚情感至少可以追溯到公元9世纪。在那个时代的欧洲,西罗马帝国的灭亡及其他法律体系的到来,破坏了人民和法律之间的关系。法律被简单地认为是较高社会阶层所下达的命令,因此,法律也被认为是诡诈和多变的。然而,在加泰罗尼亚却发生了独树一帜的一幕,它解释了为什么加泰罗尼亚人同时有着令人着迷却又咄咄逼人的性格特点:加泰罗尼亚保留了伊斯巴尼亚哥特法律体系,使法律、权利和公正的概念得到了延续。那时的加泰罗尼亚人就开始对法律文件表现出极大的尊重,任何事件都会被记录在案,记录文书要签字甚至是盖章,人们也非常尊重这种法律程序。公元9世纪的加泰罗尼亚人还非常热衷于日常事务的管理,这令人震惊。当加洛林王朝乱作一团时,那些最能求助于书面法令、最急于认可已执行法规的人就是加泰罗尼亚的伯爵和主教们。巴塞罗那的附属地区也是一样:自由人需要有一份文件来证明法令的合法性,或是保障其对所获得的土地的所有权,这在那时的欧洲是绝无仅有的。因这种对法律的执念而产生的最让巴塞罗那人引以为傲的成果,就是巴塞罗那公证文书历史档案馆。它是世界上最大的档案馆之一,也是我们了解历史的主要信息来源之一,因为如果巴塞罗那人喜欢某样东西,他们就会去做公证,至少在14世纪到20世纪都是这样。

不管怎样,还是先让我们回到法兰克人对巴塞罗那置之不理的话题。威弗雷多面对这样的情况并没有起兵叛乱,这或是因为叛乱不是他的处事方式,或是因为他并没有太多的时间来筹划这件事。因为在他的统治辖区,土地的管理变得越来越复杂,法律机器也变得越来越沉重。此外,殖民进程的推动也依然需要军事和宗教的支持,而这些都需要耗费大量的精力。

随着时间的推移,威弗雷多把他的领地扩展到现在加泰罗尼亚的中部地区,这多亏了他所采用的殖民与征服相结合的策略。威弗雷多获得了成功,但这让穆斯林感觉受到了威胁,虽然威弗雷多只是在无人问津之地进行扩张,也并未劫掠任何一个村庄。公元883年左右,穆斯林政权决定在莱里达、巴拉格尔和蒙宗修建防御工事,而这被威弗雷多拿来当成发动战争的借口。他决定要包围莱里达,如果可能的话还要占领这座城市,但威弗雷多的军事行动受到了严重打击,穆斯林奋起反击,几乎全面歼敌。虽然威弗雷多成功逃脱,但从那时起,他就一直处于防御状态。几年之后,也就是在公元897年,安达卢斯人洗劫了威弗雷多领地的内陆地区,威弗雷多的军队与他们在阿乌拉城堡(具体位置不详)遭遇,威弗雷多惨败并受重伤,几天之后便与世长辞。这次失败,给巴塞罗那造成了严重的影响,似乎连巴塞罗那的居民都逃出了城,但关于这一点,我们并没有明确的信息来源。不管怎样,即便是穆斯林逼迫巴塞罗那人归降,他们也并没有在城里留下。

  从加洛林帝国建立伯爵体制开始,威弗雷多去世第一次没有造成权位空设。威弗雷多统治巴塞罗那二十七年,在这期间,加洛林帝国更换了五位皇帝。那些年里,威弗雷多其实既不能相信来自宫廷的任何命令,也从来不期待宫廷能对他提供任何援助。因此,在他死后,他的儿子们很自然地就担负起了统治各个伯国的任务。博雷尔一世主持最为重要的巴塞罗那伯国,他的兄弟们负责其他伯国。从那时起,加泰罗尼亚地区各个伯国都开始采用继承制。无疑,统领加泰罗尼亚其他伯国的巴塞罗那人开始感觉与众不同。虽然那时那片土地还没有特定的名字,但生活在那里的人们已经开始称自己为加斯特兰斯人(castlans),意思是"生活在城堡庇护下的人们"。后来,从"castlans"这个词,又衍生出了"catalans"一词,意思是"加泰罗尼亚人";之后,又从catalans一词,衍生出了Catalunya,也就是"加泰罗尼亚"这个名称。

第六章
逐渐演变为首都的城市

19世纪一幅版画上的田间圣保罗修道院。
"毛人"威弗雷多或他儿子下令在巴塞罗那城墙之外修建了这座教堂。

巴塞罗那伯国

公元897年威弗雷多去世,他的儿子博雷尔继位巴塞罗那伯爵,这成为巴塞罗那历史以及整个加泰罗尼亚历史的重要转折点。"毛人"威弗雷多在任巴塞罗那伯爵时,坚决果断,统治方法也不同于前任。作为巴塞罗那伯爵,他不仅可以做自己想做的事,而且还可以独立运作。此外,他的重新垦殖政策不仅受到从北部山区南迁而来以寻求更好生活的农民的支持,也得到了意想不到的收获:新移民及对荒地的垦殖让加泰罗尼亚的各个伯国联系起来。当时,每个伯国面对的问题都一样,如暴力冲突、土地荒芜、需投入人力物力修建教堂和城堡,大家解决问题的方法也都差不多,因为大部分伯爵都是亲戚,他们常常协同合作。这些伯爵也都非常清楚,他们之中最强大的领导者和规则的制定者是巴塞罗那伯爵,而那时的巴塞罗那伯爵就是威弗雷多。

巴塞罗那的那个时期留下的遗迹很少。对此,人们做出了两种解释:或是因为当时修建的建筑比较少,所以留下来的就很少;或是因为加洛林帝国统治时期及威弗雷多在位时期的遗迹都不幸在后世被毁。原因可能是其中之一。例如,我们知道威弗雷多在城墙内的区域修建了一座宫殿,但现在却连一块石头都找不到;我们还知道他曾修建或修复过一些教堂,但这些教堂要么已经荡然无存,要么从其残存的部分已很难辨认当时到底建了什么,要么就是这些残垣断壁已很难和其他年代的建筑相区别了。总之,威弗雷多及其后代的政策就是不断地修建宗教及军事建筑。因为伯爵们都清楚地意识到,宗教和军队可以巩固并加强他们的统治。通过军队和宗教不仅可以实现对当地居民(很多人是新移民)的双重控制,还可以抵御来自穆斯林或匪徒的侵略。

这种双重控制,特别是军事上的控制,对于巴塞罗那来说其实并不是很有必要。因为巴塞罗那是整个伯国的首都,它不仅影响着比利牛斯山以南的所有伯国,甚至还影响着比利牛斯山以北的几个伯国,而且城里总有军队驻扎。然而,宗教问题就另当别论。现代风格的教堂很不一样,当时的人们非常喜欢这种风格。那时,罗马式教堂已经出现,它代表着一种新的解释人与上帝关系的模式。有可能是威弗雷多,也有可能是他的儿子博雷尔(具体是谁并没有确切的记载),下令以当时在垦殖区已经出现的新式建筑为标准修建一座新的修道院,而这种新式风格当时在巴塞罗那还没有出现过。这座修道院保存至今,我们还可以去参观,它就是田间圣保罗修道院。公元911年,博雷尔被葬在这里,但修道院修建的具体时间已无证可考。这座修道院很可能是建在另一座更古老的教堂基础之上。

田间圣保罗修道院被建在了城墙之外,因此,它的名字富有田园气息。这是一座被田野环绕的修道院,离城区不远。教堂被建在城墙外,这体现出一定的乐观主义精神,但从接下来几十年里所发生的事件来看,当初的选择一点都不明智。一直以来,田间圣保罗修道院都是被袭击的目标,这种情况持续到修道院最终被划在新城墙保护的区域之内方才终结。

田间圣保罗修道院位于通向蒙特惠奇山的路上。虽然我们没有详尽的信息,但可以想象,蒙特惠奇山就像其他任何一座离城市很近的山一样,应该是一个可以赶着养在城里的畜群去放牧的地方。虽然巴塞罗那是一座商业城市,是伯国的首都,也是附近各个伯国中最现代的城市,但这并不意味着它没有饲养家畜的习惯,虽然在今天的城市里,人们已经不再饲养家畜。

在罗马时代,对于城市里牲畜的放牧和饲养有着严格的规定,很可惜,这些规定都没有被记录下来。马尔托雷尔是巴塞罗那近旁的一个重要城市,它控制着进入略夫雷加特河峡道的入口,我们曾在那里发现过一个食物残渣的沉积层,其中就有西哥特及加洛林时代和人类共同生活的动物的骨骸。人们饲养和食用的动物主要有:山羊、绵羊、牛、兔子、鸡、鹅和鸽子。同时,人们也不排斥将猎获的驴、骡子、鹿摆上餐桌,甚至还有狗(但我们所发现的狗的骨骸并不多)。其实,在那个时期,只要是能动的,人们都吃。

巴塞罗那的情况应该也是一样。那个时期的建筑被保存下来的并不多,但我们在这些为数不多的遗迹中发现了饲养动物的空间,在伯爵的宫殿里就有一个这样的空间。实际上,现在的国王广场就是以前伯爵用来饲养马匹并供其仆人居住的地方。总之,在公元9至10世纪,巴塞罗那还算不上一个大都市,只是一个乡间城市,虽然发生了很大的变化,但依然保留着罗马时期的布局;同时,也有一些新建筑出现,但它们比以前的建筑更为朴素。例如,房子里没有炉灶,也没有烟囱,人们直接在地上、房间里或是贴着墙的地方生火做饭。此外,与以前相比,城里有了更多的葡萄园、果园和田地,这就意味着人口有所减少,或是人们群居在房子里。

在这个时期,巴塞罗那的市场也迁到了另一个地方。几个世纪以来,巴塞罗那的市场都在大广场上反复拆搭,大家应该还记得大广场差不多就在现今圣若梅广场所在的位置。公元9世纪时,市场被迁到了旧城堡边上,也可能是东大门或海之门附近。那里是奥古斯都大道和滨海大道的交汇处,也是商品进入巴塞罗那的主要入口,罗马时期也是一样。因此,市场的迁移是有意义的。此外,当市场从大广场上消失之后,当时依然保存完好的奥古斯都神庙应该显得更为壮观,因为和它相比,巴塞罗那城里的其他建筑都不具有观赏性。这座神庙在很长时间里都被称为"奇迹",可能是因为很久以前这里曾发生过什么奇迹,但到现在为止,我们连一个任何传奇故事都没有发现,也不知道到底发生过什么。

公元9世纪时,城墙的改造工程才开始。虽然在最近的两百年里,城墙已经显示出它的巨大作用,也一直保护着巴塞罗那城,但建造城墙的石头毕竟已经有600年的历史了,不仅尺寸变小了,就连使用方式与罗马时代相比也发生了变化。这并不是因为当时进攻或防守的武器发生了变化,火器的诞生至少要到五个世纪之后,它的出现迫使欧洲的城墙发生了变化。而当时的问题主要是对城墙的维护有所懈怠,贵族和政府机构也开始利用城墙做了一些前所未有的操作。例如,他们倚着城墙建造房子,这本来就已经妨碍了城市的防守,但他们甚至还对这些房子进行了扩建。这种利用城墙的方式一直持续了几个世纪,直到新城墙建成才停止。贵族们霸占了塔楼,把它们变成了高级住宅,自然,这些塔楼的外观也被改变,不再像以前那么令人生畏,却更加奢华。例如,有些窗户被拓宽,被加上了更为华丽的装饰。一段时间之后,城门上方的圆形塔楼就落入了巴塞罗那权贵的手中,也就是落入了伯爵和主教的手中。主教占用了朝着科利塞罗拉山及大海的两座塔楼,它们就在今天的诺瓦广场上,而其中的一座塔楼现在已经成了主教宫殿的一部分。伯爵占用了朝北和朝南的两座塔楼,后来它们分别被称为新城堡和旧城堡,但它们已经不复存在了。后来,这两座城堡变成了监狱。

巴塞罗那伯国可以远离加洛林帝国的中央政权,巴塞罗那伯爵的地位可以不断提升并最终成为其他伯爵的领导者,都是因为巴塞罗那有足够强大的力量和动力来行使伯国的权力。众所周知,从公元801年虔诚者路易占领巴塞罗那开始,这里的居民就开始享有一系列的特权,但对此我们至今都没有找到任何书面记载(如果真有记录存在的话)。大约在一个世纪之后,巴塞罗那伯爵贝伦格尔·拉蒙一世公布了这些特权,他并没有对这些特权做什么实质性的扩展。这些特权明确地指出巴塞罗那的自由人能做什么,不能做什么。权利和义务所涉及的领域并不广泛:巴塞罗那人可以成为自己所拥有物品的产权人;要服从伯爵的裁决;没有向伯国以外其他任何权力机构履行义务的责任。这些条款看似简单,其实则不然,因为这意味着,如果伯爵愿意依附于加洛林帝国,所有的巴塞罗那人都将成为加洛林帝国的臣民。此外,外界的任何人或是教会都不能强迫巴塞罗那人做任何事。历史学家、政策研究者甚至就连银行支行的领导都应该知道,权利的让与是无奈之举,因为对方完全有能力获得这些权利。总之,如果公元9至10世纪的巴塞罗那社会既不够稳固,也没有那么富足和强大的话,任何一个伯爵都不会让予它一丝特权。因此,这个时期的巴塞罗那已经感觉到了自己的与众不同,它比之前更加稳定、更加安全,它对自己的未来充满了信心,也正是这种信心让巴塞罗那变得比以前更加强大。

　　随着时间的推移,巴塞罗那城也在不断改变,不断地适应新时代的要求,城里的建筑也是如此。伯爵宫殿进行了改造。这座宫殿建在西哥特时代主座教堂的基础上,不仅功能有所增加,也应该更多地代表新崛起的政权。宫殿既修建了新的部分,也拆除了几个旧的部分。改建后,伯爵宫殿占据了城市西北部的大部分空间,这个区域和周围其他建筑构成了现今的国王广场。手工业者在伯爵宫殿周围落户,并在那里修建了厂房。在短短的几十年里,城市的西南部就成了犹太人的聚集区,那是让巴塞罗那的商业辉煌一时的重要区域,因为犹太人将东方市场里的商品带到了巴塞罗那。

同时,在巴塞罗那的城墙之外,人们不只是修建了田间圣保罗修道院这样的建筑。很多房屋出现在通往巴塞罗那的道路周围。这些房屋逐渐形成了小的聚集区,一些人便开始在这里定居。与那些可以受到城墙保护的城里人相比,住在城外的人拥有的生活资源较少。因此,城外某个居住区的居民们就利用向巴塞罗那送水的罗马水渠来盖房子。那里被人们称为"拱门镇",因为房子都是利用水渠的拱形结构修建的:人们先在拱门间垒起墙体,再以这面墙为基础加盖其他的墙体,直到建成一所房子为止。现今,在位于安赫尔门和拉耶达尼亚大道之间的三月八日广场上,我们还能看到一个嵌在一面墙里的拱门。然而,考古发掘表明拱门镇的历史实际上更复杂。考古学家们发现,虽然那些墙是在公元9至10世纪修建起来的,但在那个时期,人们并没有建成稳固的房子,当时的房子只能算是今天我们所说的简易房屋,很不牢靠。这些房子可能只是为了临时居住,也可能是用有限的材料搭建起来的,而人们真正利用罗马水渠拱门间的墙体来修建稳固的房屋,大概要等到12世纪。

那些年间,另一个在城墙附近发展起来的区域就是巴塞罗那的滨海区。当时的滨海区和现在大不一样,它有一条中轴线,开始于坐落在现今雷高米尔街的海之门,一直延伸到中世纪的港口,中间还经过一个非常重要的教堂。那个教堂被称为沙滩圣母圣殿,之后,它变成了海洋圣母圣殿。

这个新的区域被称为滨海新村,非常可惜的是,这个美丽的名字现在已经不再使用了。这应该是一个渔民聚集、气味浓郁的地区。这里有一大片房子沿海岸而建,它们充满了海的气息,有时气味刺鼻,有时是咸咸的味道,总之,这里味道浓烈。在较为现代的艾斯巴瑟利亚大街上,总设有鲜鱼输送站。鱼被直接从停靠在沙滩边的船上运来,前面提到的沙滩圣母圣殿名字中的"沙滩"指的就是这里。教堂就坐落在沙滩边,周围的居民靠海为生,他们主要是水手、渔民、商人、船体缝隙的填塞工等。伯爵们穿梭于这样的闹市之中,忙于瓦解加洛林帝国的政权。虽然我们手中掌握的史料很少,但这些仅有的资料向我们展现了这样的巴塞罗那:直到公元10世纪中期,它依然能让人想起古罗马时期及西哥特时期的巴塞罗那城,是一座用于抵御敌人入侵的防御性城市,是一台有着商业及城市发展目标的战争机器。公元10世纪的下半叶,特别是在接近公元1000年的时候,巴塞罗那已经成为一座中世纪都市,拥有繁荣的城市生活,各行各业的活动如火如荼,人们很少担心会有敌人兵临城下并对它发动进攻。

我们现在看来,公元10世纪的巴塞罗那曾呈现出某些令人震惊的场景。曾有两条河流经巴塞罗那,其中之一差不多流经现代的兰布拉大街,并在靠近海的地方形成了一片沼泽;而另一条河则从现今的洪克雷斯街注入,流经了现在的拉耶达尼亚大道。第一条河所形成的沼泽就像一个湖,而这条河也是第一条被巴塞罗那人称为"粪池"的河。而第二条河,当它流过罗马水渠之后,就被人们称为"粪水河"了。之所以会有这两个名字,并不是因为河水被什么奇怪的物质染成了棕褐色,而是因为巴塞罗那人把这两条河当成了露天的下水道。这种做法也并非一无是处。几十年后,原来"粪池"所在的地方变成了菜园,巴塞罗那人的粪便滋养了蔬菜的生长,而这些蔬菜又满足了城市居民对美食的需求。因此,心存感激的人们又再次将残余的食物丢进河里作为回馈。就第二条河而言,当它从蒙卡达山流下时,河水还是清澈见底的,但当它流经城市之后,就变成了臭水沟。这条河散发着浓烈的臭味,甚至就连那些生活在中世纪前期、鼻子不怎么灵敏的人们都会觉得恶心。最终,为了不让整个滨海新村都被臭气笼罩,人们不得不将这条河改道。

巴塞罗那被毁的那一年

　　代代相传的巴塞罗那伯爵们组织和监管着城市的生活，特别是在那些承认他们统治的城市。然而，我们不能忘了那些撒拉逊人。我们正处在一个时期的开始，在这个时期，那些和伯爵们争夺土地的安达卢斯人已经逐渐从偶尔的对手变成了敌人，这主要是因为他们的宗教和习俗。基督徒们反抗伊斯兰教，因为他们认为信奉伊斯兰教是敌人最为明显的身份标志。大约在11世纪末，特别是从12世纪开始，抗击安达卢斯穆斯林的战争开始转变成抗击伊斯兰教的战争。最初，安达卢斯的穆斯林军队和伯爵们的军队持续发生冲突，双方不断采取报复行动。有时，穆斯林对巴塞罗那、赫罗纳和贝萨卢伯国发动毁灭性的入侵，而这些伯国已经开始联合起来像一个伯国那样运作。有时，基督徒或者是巴塞罗那伯爵也会出兵袭击安达卢斯穆斯林控制的地区。不论是对于哈里发，还是对于加洛林帝国而言，对边境地区的控制和支援都日渐力不从心，不像控制离权力中心更近的地区那么容易。例如，公元935年夏，巴塞罗那伯国正值威弗雷多的小儿子苏尼阿里奥一世统治，科尔多瓦的哈里发阿卜杜拉赫曼三世派出了一支由四十艘战船组成的舰队，袭击加泰罗尼亚从安普尔丹到马雷斯梅之间的海岸地区。第二年，苏尼阿里奥袭击莱里达作为回击，在穆斯林的领地造成大量死伤。不久之后，也就是在公元940年6月，哈里发派一位名叫哈斯迪·伊本·伊萨克的大臣前往巴塞罗那，向巴塞罗那伯爵提出了停战的要求，但与此同时，他也派出了一支舰队出其不意地从海上威胁巴塞罗那。最终，穆斯林得到了他们所期待的结果，双方达成了协议，而这个协议同样也适用于普罗旺斯伯国和卡尔卡松子爵国。当然，这个协议对于巴塞罗那也有着积极的意义：它带来了和平及与安达卢斯地区自由通商的可能性。然而，苏尼阿里奥不仅极力避免和哈里发国的敌人联合，还打破了和潘普洛纳国王联姻的传统。

停战及巴塞罗那伯爵实质上臣服于科尔多瓦哈里发政权的状态一直维持了二十年，直到公元961年阿卜杜拉赫曼三世去世，那时巴塞罗那伯爵是博雷尔二世。博雷尔伯爵利用新的哈里发刚刚继位这个敏感的时期，联合莱昂及纳瓦拉国王和卡斯蒂利亚伯爵来打击安达卢斯的穆斯林。新继位的哈里发哈克汗二世果断派兵出击，以迅雷不及掩耳之速击溃了基督教王国的联军。巴塞罗那伯爵的行为激怒了哈克汗二世，公元965年，哈克汗二世出兵巴塞罗那，目的是要将这座城市洗劫一空。博雷尔吸取了教训，次年，他派出一位使者前往科尔多瓦，向哈里发低头，但没有理会对方提出的拆除边境防御工事的要求。在接下来的几年里，哈里发国所采取的政策逐渐使最初的冲突得以缓和。但哈克汗二世死后，他的家族通过密谋、暗杀等手段，将一位博学之士安插在哈里发体系的重要位置，这个人非常强硬，他就是阿尔曼索尔。他用了一些手段让自己没有被封为哈里发，却成为哈里发国最有权势者。从公元981年开始到1002年去世，阿尔曼索尔实际上一直掌控着科尔多瓦酋长国。在这段时间里，阿尔曼索尔除了用铁腕政策控制他的领地，还下令对基督教王国发动了五十二次军事袭击。实际上，他是为数不多的几位在实质上收复了几十年前丢失疆域的穆斯林领袖之一。

阿尔曼索尔发动的军事行动中有四次是针对巴塞罗那的。第一次军事行动发生在公元978年，是在阿尔曼索尔登上权力巅峰之前，而接下来的三次，一次比一次惨烈。公元982年，阿尔曼索尔袭击了赫罗纳；公元984年，他袭击了巴塞罗那周边地区；而公元985年，据几年之后的一份资料表明，巴塞罗那彻底被毁。阿尔曼索尔对巴塞罗那的袭击和劫掠，是直到1714年9月至11月之前这座城市所经历的所有军事打击中最为残酷和骇人听闻的。至少,那个时期的历史记载以及身临其境的人们都证实了这一点,巴塞罗那所受到的大规模破坏令人痛心。虽然也有同时代的记载弱化了巴塞罗那受破坏的程度,但实际上这座城市已是满目疮痍,千疮百孔,到处都留下了不可磨灭的印记。多年以来,这些破坏所带来的影响一直在巴塞罗那人的记忆中徘徊不散。

公元985年5月5日,阿尔曼索尔的军队从科尔多瓦出发,沿着海岸逼近巴塞罗那,博雷尔伯爵试图拦住他们的去路,但未能成功。附近的居民受到惊吓,像以前一样,他们都跑进有城墙保护的巴塞罗那城避难,城墙似乎给了大家安全感。然而,来自科尔多瓦的军队势不可挡:他们洗劫了位于巴塞罗那近郊的圣库加特及圣佩德罗修女修道院,并对附近的居民进行屠杀。穆斯林军队自7月1日起开始包围巴塞罗那,7月6日便一举攻下。穆斯林带来了多门大炮,其中一门似乎击中了巴塞罗那的一个城门,致使巴塞罗那防守崩溃。此次洗劫异常野蛮,城市的大部分区域都遭到毁坏。幸存者被俘为奴隶,被运到科尔多瓦,其中支付不起赎金的人只能在极为艰苦的环境中度过余生。

阿尔曼索尔对巴塞罗那的洗劫酿成了巨大的悲剧,同时也揭露了一个事实:博雷尔只会逞匹夫之勇,但没有政治家的谋略。多年以来,博雷尔都试图削弱科尔多瓦王国的力量,却从未取得明显成效,他很清楚,加洛林帝国这个理论上的宗主国能给予他的支援少之又少。然而,阿尔曼索尔对巴塞罗那的袭击却完全封死了博雷尔的政治道路,他不得不正式向加洛林帝国请求支援。几个月过后,博雷尔向法兰克国王重新递交了效忠誓词,也就是说,他打消了那些半独立性质的念头,想重新回到加洛林帝国的庇护之下。然而,他的效忠誓词并没有得到回应:无论是洛泰尔国王还是他的继承者们(如英年早逝的路易五世和卡佩王朝的雨果·卡佩),都没有给予他任何形式的援助。

由此可见,伯国的独立就是法兰克国王对其置之不理的结果。虽然独立并不是以史诗般的方式来实现的,但这种新的独立状态不仅在伯爵们和当地人民眼中越来越明显,在周围的基督教王国看来也是一样。其实,法兰克国王们对其南部伯国的遗忘更多是因为力不从心、鞭长莫及,而不是因为它的政治决策。然而,巴塞罗那伯国的民众并没有对这种独立的状态感到欢欣鼓舞,那个时代的任何史料都没有体现出一丝民众对独立的感觉,这可能是因为独立是一个由威弗雷多伯爵开始的、自然而然且不可阻挡的过程。

巴塞罗那兰迪亚或加泰罗尼亚

就这样,公元10世纪末期,巴塞罗那伯国连同它的附属地区及盟友就独立了。然而,他们原来是谁?又变成了谁?他们是西哥特人、哥特人、伊斯巴尼亚罗马人、法兰克人或是其他什么民族吗?现在我们终于知道答案了,他们是加泰罗尼亚人,虽然没有任何文献记载那时他们已经这样称呼自己。虽然在这片土地上对集体身份的认定一直困难重重,当地人也不关心这个问题,但他们却清楚地知道自己不属于哪个群体:他们既不是穆斯林,也不是犹太人,虽然这里有很多穆斯林和犹太人从表面上看跟基督徒没有分别;他们也不是法兰克人,尽管不久之前法兰克人还控制着这片土地,伯爵也是由加洛林帝国任命的;他们也不是伊斯巴亚罗马人,虽然这些人的法律、习俗、特别是罗马式的城市规划依然得以沿用;他们也不是西哥特人,尽管统治阶层的一部分人出身于西哥特王国,很多那个时代的法律和习俗依然存在。人们已经不再认为巴塞罗那伯国是法兰克王国的一部分。在公元10世纪中期的文献中曾记载,伯国的书记员曾用一种非常有意义的方式来指示时间:"法兰克王洛泰尔统治国家,而耶稣基督主宰着我们"。或者说,虽然法兰克国王统治帝国,但并没有统治南部这些不久之后构成加泰罗尼亚的伯国。

在很长一段时间里,人们都认为"Catalunya"(加泰罗尼亚)这个词来自"castlà",是城堡统治者的意思。其实,到现在为止,这种观点也依然存在。人们认为从"castlans"一词派生出"catalans"(加泰罗尼亚人),又从"catalans"一词衍生出了"Catalunya"。"Catalunya"可能和用来命名卡斯蒂利亚王国的"Castillo"是同根词,虽然目前这种说法还有待确认。现在,很多历史学家和语言学家对"Catalunya"一词的词源意见存在分歧。有人坚持认为"Catalunya"这个词源自加洛林人创造的词汇 Ghotlàndia 或 Gòtia(哥特亚),但大部分语言学家都认为"Catalunya"和这两个词之间存在联系的可能性不大。一位研究阿拉伯语言文化的学者在一份 11 世纪的文献中发现人们将一个地区称为"Talunya",而从"Talunya"到"Catalunya"只差两个字母,但这只是最近刚出现的一种猜测,尚待证实。

还有另外一种说法更令人难以置信,但它却是一个非常美丽的传说。这种说法认为"Catalunya"一词来自一位名叫奥特赫尔·加泰罗(Otger Cataló)的英雄的姓氏。据说,8 世纪初,穆斯林曾发动过一次袭击,而这位英雄是当时唯一幸存的基督徒骑士。他身受重伤,藏身于比利牛斯山,由他的猎狗照顾。后来,他在其他贵族的帮助下,一路南下,解放了受穆斯林控制的地区。在一次深入罗萨斯的军事行动中,他又一次身负重伤,这次他没能逃过劫难,悲壮成仁。奥特赫尔的追随者们为了向他的献身精神致敬,就用他的姓来称呼自己,并把他们生活的那片土地称为加泰罗尼亚。这个具有传奇色彩的故事是在 15 世纪出现的,后来一直被广泛流传,直到 19 世纪,浪漫主义者再次提起这个故事,并赋予了它一定的可信度。

其实,那时无论是巴塞罗那伯国的居民,还是生活在其他伯国的人们,对"Catalunya"这个词根本没有概念,很可能那个时候这个词还没有诞生。然而,这个自我命名的过程却已经开始了。人们有理由问为什么这片土地最终没有像城市一样被称为巴塞罗那,或是用巴塞罗那的派生词来命名,如巴塞罗尼亚国或是巴塞罗那兰迪亚(Barcelonalàndia),诸如此类的名字。历史上有很多这样的例子,当一些地方的首都在整个国家中有很重要的地位时,便以首都的名字来命名整个国家。对于加泰罗尼亚而言,它在巴塞罗那伯爵的统治下获得了独立,巴塞罗那伯爵又是这个地区最大且最重要的伯国的领袖,作为首都的巴塞罗那无疑是这个地区最为重要的城市,完全可以用它的名字来命名这个地区。然而,最终结果并非如此,但没有这样命名也意义重大,因为这表明构成加泰罗尼亚的不同伯国都具有自身独特的经济和社会地位。这些伯国都有其自身存在的意义,它们可能从来都不会接受生活在一个以某个地区名称来命名的国家,因为这样的名字凸显了一个地区凌驾于其他地区之上的霸权地位。

此外,在公元9至10世纪,甚至一直到了11世纪,城市都没有重要到可以用它的名字来命名国家的地步。伯爵们的国家正在成长,它强劲的力量已经扩展到了一个广阔的地带,现今我们称之为中加泰罗尼亚,而这个地区也吸收了这个刚刚兴起国家的一大部分力量。重新垦殖、殖民、与安达卢斯的穆斯林及其他势力对抗、领主间的斗争、对法兰克国王的畏惧与怨恨,等等,这些都是当时整个加泰罗尼亚地区要共同面对的问题,也是伯爵及其他统治阶层真正关心的问题。巴塞罗那固然重要,但巴塞罗那的伯爵们甚至连巴塞罗那的居民们脑海中都没有这个概念。虽然巴塞罗那是很重要的政治及宗教中心,但它还没有重要到可以决定这个刚刚崛起的国家的政治和名字的地步。

第六章 逐渐演变为首都的城市

独立早期

巴塞罗那城很快开始朝特定的方向发展。事实上,公元985年的洗劫给它带来的影响绝不仅限于城市的破坏。博雷尔伯爵和他的继承者都意识到他们的确在独自守望这片土地,不管好与坏,都只能自己承担起这份责任。他们不但知道不能期待北边邻居的任何援助,也很清楚南边的邻居让他们消耗不少。从那时起,在巴塞罗那伯爵领导下的各个伯国组成的联盟不得不放眼于它周边的地区,适时地为获得更好的生存条件或是可能的地域扩张做出抉择。在遭受洗劫之后,巴塞罗那已经不堪一击,算上郊区在内,人口仅剩1 500人左右,比现在扩展区一个街区的人口都要少。虽然巴塞罗那已经千疮百孔,但当时并不是它舔舐伤口的时候,它必须要变得强大并走出困境。伯国内的统治阶层(伯爵及主教)和市民都决定要重新修缮城墙。与此同时,某些在一段时间前重新开展商业活动的飞地也重现繁荣,例如,建立在蒙特惠奇山脚下的致力于海上贸易的区域,这是一小片建筑物的聚集区,公元前3世纪罗马共和国时期的古商业办事处应该就设在这里。

在公元985年到1010年之间,加泰罗尼亚人和科尔多瓦哈里发国的关系经历了新的转折。安达卢斯的穆斯林可能依然会进犯巴塞罗那伯爵的土地,但不管怎样,都没有攻入城中。然而,巴塞罗那伯国和安达卢斯的商贸关系却有所发展,虽然这听起来有点不符常理。但其实这种与敌人通商的做法一点也不奇怪,这在今天也很平常。第一次世界大战期间,英国和德国的贸易相比战前有所增加,这主要是通过斯堪的纳维亚半岛的国家和荷兰而实现的,所有人都觉得这很正常。在阿尔曼索尔洗劫巴塞罗那之后,巴塞罗那伯国和安达卢斯地区又开始通商。尽管没有证据及文字记载证明此事,但从安达卢斯人的角度思考,他们也应该希望恢复和巴塞罗那伯国的贸易往来。这样做的原因可以引用 19 世纪的一句名言来说明,因为"生意就是生意",或者就像 20 世纪人们所说:"比塞塔就是比塞塔,谁都不会和钱过不去"。很可能大量巴塞罗那生产的产品从这里被运出,通过陆路或水路在安达卢斯的城市停靠,特别是巴伦西亚和卡塔赫纳。实际上,有间接的证据可以证明巴塞罗那和安达卢斯地区之间的商品流通。那个时代的文献中曾提到过曼古索。曼古索是一种在基督徒区域使用的金币,特别是在巴塞罗那地区。这并不是新鲜事,它只是对科尔多瓦使用的第纳尔的一种模仿,但比第纳尔的价值更高。虽然有很多巴塞罗那的文献中都提到了曼古索这种货币,但人们一枚都没有发现过。相反,人们却发现了很多第纳尔。这又怎么解释呢?原因很简单:在基督徒势力范围内流通的曼古索都到了科尔多瓦,与此同时,用来支付巴塞罗那货物的第纳尔都被巴塞罗那伯爵及一小撮贵族所囤积。

在巴塞罗那伯国独立的最初几年里,境况肯定是非常艰难的。与安达卢斯地区的争端依旧不断发生,边境城市一直有军队驻扎,时刻准备反击。例如,1002 年,巴塞罗那伯国的伯爵们试图征服拉里达,也就是现今的莱里达。这次进攻虽然取得了一定的成效,但穆斯林的反攻最终击退了基督徒的军队。穆斯林士兵的统帅阿卜杜勒-马利克是阿尔曼索尔的儿子。他领兵深入基督徒的领地,抓捕了很多战俘。很多在边境定居的移民被俘,并被当成奴隶买卖,而当时的巴塞罗那伯爵拉蒙·博雷尔一世,也就是博雷尔二世的儿子,派使者前往科尔多瓦,但无功而返。

然而,哈里发王国马上也要经历一次危机,而这次危机也导致了哈里发国的逐步解体。几十年之后,哈里发国崩溃,一系列被称为"泰法"(taifas)的小王国形成。哈里发王国的覆灭是一个繁荣、稳定的社会由于内部利益集团的斗争而解体的典型例子,这些利益集团为了自身能获得更多的财富而争斗不断。在哈里发王国存在的最后阶段,科尔多瓦的辉煌已举世闻名。哈里发在离科尔多瓦八公里的地方有一座无与伦比的宫殿,这座宫殿甚至都让法兰克国王感到羡慕,就更不要说处于困境的巴塞罗那伯爵了。当时,科尔多瓦的规模已经扩大并成为哈里发国的首都,它的城市规划和其他穆斯林大城市一样:蜿蜒狭窄的街道可以为安达卢斯炎热的夏日提供清凉的影子;房子都带有自己的院子,院子里铺着地砖,水从喷泉中流出。科尔多瓦的神奇在整个哈里发王国口口相传。它和基督徒所生活的满是跳蚤的城市及村镇截然不同,相比于科尔多瓦的辉煌,基督徒的生存环境非常艰苦。那时,科尔多瓦哈里发国获得了极高的声望。虽然它所实行的宗教自由政策对基督徒很有利,但实际上哈里发国只有五分之一的人口不是穆斯林。公元10世纪时,自愿皈依伊斯兰教的人数激增。当然,不仅仅是宗教,科学和艺术在哈里发的统治下也繁荣起来,下面的数据很重要:公元8世纪时,当穆斯林来到伊比利亚半岛时,安达卢斯地区是奴隶的输出地。然而,到了公元10世纪,科尔多瓦人就已经开始从整个欧洲进口奴隶。犹太商人是贩卖奴隶的专家,他们先从整个欧洲大陆购买奴隶;然后,在不同的地方把奴隶聚集起来进行挑选;之后再通过巴塞罗那伯国把他们运往科尔多瓦。

一对年轻却野心勃勃的夫妇:
拉蒙·博雷尔和卡尔卡松的艾尔梅森达

与科尔多瓦王国的繁荣相比,巴塞罗那及伯国领地内的其他城镇是灰暗、脏乱和贫穷的。然而,公元1000年左右,双方的情况开始发生转变。哈里发王国内部的纷争终于演变成内战,而在巴塞罗那伯国却出现了拉蒙·博雷尔一世和艾尔梅森达这对夫妻。拉蒙·博雷尔是完全脱离法兰克王国而独立统治巴塞罗那伯国的第一位伯爵。拉蒙·博雷尔一世就已经是位很有趣的人物了，而他的妻子艾尔梅森达，也就是卡尔卡松伯爵的女儿，更是有过之而无不及。艾尔梅森达在整个欧洲甚至可能在全世界都是个特例，她掌控或者说她至少试图掌控巴塞罗那伯国及其附属伯国或盟国的政局超过七十年，也正是她在加泰罗尼亚建立起了封建体制。她的丈夫拉蒙·博雷尔一世是第一位脱离法兰克王而完全独立履行职责的伯爵，这和控制其他伯国和贵族势力范围的法兰克人相比，是大不相同的，因为在其他地方，例如，在佛兰德和安茹，尽管贵族们可以为所欲为，但法兰克王依然具有威慑作用。通常，法兰克领主们都有野心要巩固和法兰克王国的联盟，而加泰罗尼亚的伯爵们在政治上却显得没那么重要，因为他们不仅远离权力中心，还要面对非常强大的敌人，这已经让他们自顾不暇，甚至都不希望再卷入这持续了几个世纪的权谋游戏。拉蒙·博雷尔和艾尔梅森达这对年轻却野心勃勃的夫妇（特别是妻子）下定决心：为新的荣耀而战不应再是伯国发展的动力。此外，伯爵夫妇及贵族们的想法都和拉蒙·博雷尔的父亲博雷尔二世截然不同。

时代在全方位地改变，作战方式也一样。贵族们必须成为职业的战士，将暴力变成他们的生活方式，并以自罗马时代以来前所未有的高效方式来利用这种暴力。当时，武器装备的质量有所提高，它再也不是自由人所特有的，而变成了贵族的专利，因为他们是唯一可以支付得起费用的人。在这些战斗装备之中，最为重要的就是马。马在新石器时代就成为家养动物，人们先用它来运输，后来又用它来打仗。在若干个世纪里，罗马人都把骑兵当成辅助军队。然而，在古罗马时期，马在战争中的使用仅限于某些特定目标的实现，而这些目标在中世纪的战争中已经发生改变。首先，在古罗马时期，人们还没有通过基因选择的方式来培育强壮的战马，而战马如果被好好饲养的话，可以在攻击时持续奔跑并保持镇定。其次,在古罗马时期,骑士们需要在马背上进行投掷,这限制了他们在骑马时的灵活性。然而,中世纪时期,新的马具已经开始使用,如马镫、缰绳、马鞍,等等。此外,盔甲、锻造精良的剑等武器也开始使用。中世纪的骑士拥有充足的时间和资源来进行良好的训练,这让他们在战场上变得无坚不摧。

养活一匹战马,给它配置好所有参战所需的马具,再加上骑士自己的利器及防守的武器,需要花费很多钱。这么昂贵的费用,只有某些富人才可以承受得起,而在那个时代,也可能在每个时代都一样,能获得财富的最好方法就是压榨弱势群体。此外,在与穆斯林的安达卢斯边境上建立起的城堡和防御工事的保护下,最好的致富方法已经不是参加危险系数较高的进犯敌境,而是控制大量农民并压榨他们,将他们桎梏在土地上。然而,很多领主都在使用的这种剥削体制让社会的运转变得无序而混乱。为了解决这样的问题,领主等级制度就产生了。处在塔尖的领主从他控制的农民及他下层的贵族获得资源;处在第二等级的贵族,从第三等级的贵族和农民获取资源;而处在第三等级的贵族则主要通过剥削他控制的农民和对敌境发动进攻而获利。这种体制被称为封建制度,而加泰罗尼亚则成为让这种剥削弱小的体系制度化的先锋之一,这也是一件让所有加泰罗尼亚人感到羞愧难当的事。

封建体制是在拉蒙·博雷尔一世和艾尔梅森达的手中开始运行的,并在接下来的几十年里得到了巩固。这种体制完全改变了伯国的社会状况。毫无疑问,这种改变在一些小村庄里比在首都巴塞罗那体现得更为明显,而这些村庄要不就是因为城堡而产生的,要不就是受到了城堡的威胁。但不管怎样,什么理由都无法阻止封建体制渗透到伯国的各个角落。虽然在这个阶段我们说宫廷还为时过早,但艾尔梅森达的出现使得宫殿和仆役都变得更为精致和讲究了,因为她来自比利牛斯山北部的一个贵族家庭,与那些粗俗不堪的巴塞罗那伯爵相比,她的家族有着更为悠久的贵族传统。

从1010年开始,拉蒙·博雷尔向穆斯林发动进攻。为了延续他父亲的事业,他不得不对处在边境地区的贵族做出让步,以拉拢他们阻止撒拉逊人的入侵。那时,撒拉逊人已经多次进入巴塞罗那伯国的领地并造成了极大的破坏。但安达卢斯地区发生的内战却给了巴塞罗那伯爵一个翻身的机会。拉蒙·博雷尔一世已经准备好要参与南部的战事,而穆斯林也为其提供了便利条件。从很久以前开始,当科尔多瓦酋长国爆发内战时,反对派就招募年轻的基督徒雇佣兵。后来,他们又开始招募边境地区等级较低的贵族,因为他们手中会握有小股武装力量。这样看来,反对派想到雇佣伯爵和他的军队只是时间问题。1010年,这样的事真的发生了。拉蒙·博雷尔与乌尔赫尔的赫尔梅内希尔多一世被召集到托尔托萨,他们在那里与瓦蒂赫会面,此人是倭马亚贵族穆罕默德二世马赫迪的支持者。巴塞罗那伯爵和乌尔赫尔伯爵达成一致,协助瓦蒂赫,而作为交换条件,瓦蒂赫需要支付他们一笔费用。贝萨卢伯爵也参加了此次行动。

虽然这次军事行动伤亡不少,特别是乌尔赫尔伯爵的军队和巴塞罗那主教的军队都遭受了很大的损失,但巴塞罗那伯爵却收获了丰厚的经济利益,这对伯国非常重要。五年后,同样的情况又再次发生。1017年,巴塞罗那伯爵又组织了一次新的军事远征,这次远征比第一次更为重要。在拉蒙·博雷尔的领导下,远征军到达了科尔多瓦并将其攻陷。然而,不久之后,情况开始变得不利于加泰罗尼亚人,他们只能仓皇逃走。但不管怎样,他们都带着极为丰厚的战利品回到巴塞罗那。总之,从科尔多瓦返回的拉蒙·博雷尔登上了荣誉之巅,但也就在同一年,他不得不去抵御穆斯林对萨拉戈萨的袭击,不幸的是,他最终在战斗中丧生。

贝伦格尔·拉蒙一世与艾尔梅森达的摄政

新伯爵贝伦格尔·拉蒙一世继位时只有十四岁。虽然他既不是第一个也不是最后一个在这么小的年纪就继位的人，但他的母亲艾尔梅森达·德·卡尔卡松阻止了他成为伯国的统治者。最终，强势的伯爵夫人成为摄政者，但这遭到很大一部分贵族的反对，因为他们已经在算计可以从一个弱小的伯爵身上所获得的好处。艾尔梅森达身边都是一些小贵族、主教和修道院院长（其中一位非常优秀的修道院院长就是奥利瓦院长），她甚至还向一名海盗求助，将其招安并让他定居在巴塞罗那，此人就是罗赫尔·德·托斯尼。由于艾尔梅森达身边文臣少，武将多，她采用强有力的铁腕政策来治理伯国。她执意要掌控政权，这导致她最终与自己的儿子针锋相对。

中世纪时期，应该还没有"成年"这一说法。例如，贵族们在其身体条件允许时，就可以上战场，一般也就是在十四岁左右。这就解释了为什么在战斗中一些骑兵团会非常盲目地发动冲锋，更准确地说，是在时机还不成熟的时候就发动冲锋。然而，如果一个人在十四岁的年纪就已经可以上战场去冲锋陷阵，他当然也可以领导一个国家。贝伦格尔·拉蒙一世很清楚这一点，但拥有一位像艾尔梅森达这样的母亲，想摆脱她的束缚就没那么容易了。年轻的贝伦格尔·拉蒙一世得到一部分贵族的支持，当他满十九岁之后，艾尔梅森达做出了让步。当时，赫罗纳主教佩德罗·德·卡尔卡松从中协调，母子双方达成协议，伯爵夫人献上三十座城堡作为她履行承诺的保证。

虽然签订协议的目的是为了避免母子之间爆发战争，而这也得到了不同派别贵族的支持，但这些协议也削弱了本已风雨飘摇的巴塞罗那伯国的力量。贝伦格尔·拉蒙一世是巴塞罗那伯爵家族中最软弱的伯爵之一，在他短暂的一生中，一直都在让步，他不得不向自己要面对的所有人让步：要对他的母亲和她母亲的盟友让步，要对他自己的支持者让步，要对临近的穆斯林泰法国让步，特别是莱里达和萨拉戈萨泰法国。不仅伯爵的权威受到质疑，贵族对自己领地的控制也日渐加强。贵族之间的争斗还在继续，他们会根据自己的利益需要，去攻击或联合撒拉逊人。他们任意妄为，不服从伯爵的管治。显然，这些行为所带来的后果都要由贝伦格尔·拉蒙一世来承担，但付出最多代价的却是那些移民到旧加泰罗尼亚地区进行垦殖的农民。虽然他们已经获得了人身自由，但又被迫陷入农奴或半奴隶的境遇中，被各种义务压得喘不过气来，只能在极为恶劣的条件下求生存，任由领主摆布，并在很大程度上依赖于收成。

贝伦格尔·拉蒙一世优柔寡断、生性软弱。他主张和平，但这并不符合边境地区大部分贵族的利益，他们都期望长久地保持战争状态，这样才能为持续不断并已经普遍化的暴力正名。同时，他们也能因战争所造成的紧张局势，通过暴力手段来控制农民。而艾尔梅森达在某种程度上要比她的儿子更善于审时度势，她已经意识到了这一点，但作为女人，她又不能把自己的想法强加于人。贝伦格尔·拉蒙一世年纪轻轻就去世了，他所留下的遗嘱让局势变得更为复杂。依照巴塞罗那伯爵家族的传统，他将伯国分给了自己的三个儿子。大儿子拉蒙·贝伦格尔一世分得了最大的一块土地：巴塞罗那伯国和赫罗纳伯国；二儿子桑丘获得了伯国南部边境地区的贝内德斯；小儿子吉列尔莫得到了奥索纳伯国。但因当时这三个孩子都还年幼，所以国家的执政权及控制权又重新落回祖母艾尔梅森达手上。艾尔梅森达故技重施。她拉拢了很多有威望的人，由他们来帮助她治理伯国。

周旋于祖母及女人之间的拉蒙·贝伦格尔一世

拉蒙·贝伦格尔一世表现得比他父亲更有性格,虽然他统治初期并不顺利。前伯爵的遗嘱消减了他所拥有的疆土,特别是在南部地区,因为在那儿设立了一个新的伯国——贝内德斯伯国——而那里的贵族可能又是所有伯国的贵族中最好战的。在那个年代,贵族必须上阵杀敌,他们形成了主战派,今天我们可能会称之为"鹰派"。相反,拉蒙·贝伦格尔一世主张与穆斯林保持和平,并希望尽量减少封建领主之间的纷争。他这样做并不是因为仁慈,而完全是因为利益的驱使,但对这一点我们并未找到任何明确的文字记载。伯爵们的资助主要来自巴塞罗那的商人,商人们是不愿意打仗的。当时,商人的力量已经得到巩固,并最终形成了一股到现在还影响深远的势力。虽然战争并不一定意味着会有利益上的损失,但在战争期间不仅经常会有战舰受损或是远征军人的伤亡,也会让订货与发货的时间推迟。除了商人们对伯爵施加的压力之外,还有另外一个原因让他主张和平:随着时间的推移,伯爵们已经让安达卢斯地区的一些城市向他们纳贡来维持和平状态。如果战争爆发,他们就不得不和这些税款及收益说再见了。

然而,贝内德斯伯国贵族的利益和拉蒙·贝伦格尔一世及艾尔梅森达完全相反。边境地区的战争可以让他们不用理会巴塞罗那伯爵的命令,甚至还可以以战争需要为借口而拒绝交纳税款。此外,贝内德斯伯国并不征收贡品,如果他们想从安达卢斯人身上获得财富的话,唯一方法就是大肆劫掠。因此,对于他们而言,和平并不是一桩好买卖。

虽然情况似乎有些复杂,但伯国却在这样的环境中坚持了很长的时间。有时,一派人赢了,有时,另一派人获胜,但如果所有人都有所让步,什么都不会发生。然而,游走在这样一条松弛的弦上会带来问题。当贝内德斯伯国的军事领袖米尔·赫利贝尔特子爵出现时,问题就来了:他开始领导贝内德斯人对抗巴塞罗那伯爵。赫利贝尔特子爵脾气暴躁,易怒好斗,他无法忍受任何与自己意见相左的人。

赫利贝尔特子爵最初对抗的目标是巴塞罗那伯爵的二弟桑丘·贝伦格尔。我们应该还记得,桑丘在他父亲死时,得到了贝内德斯伯国。桑丘曾在一场涉及一个湖泊捕鱼权的官司中站在了圣库加特修道院院长一边。这让米尔·赫利贝尔特怒火中烧,他在没有知会任何人的情况下,就自称为奥莱尔多拉亲王,奥莱尔多拉是他控制之下的最重要的城堡之一,虽然这座防御工事如今已成废墟,但依然令人敬畏。从那时起,米尔·赫利贝尔特就在贝内德斯伯国贵族的支持下,反对巴塞罗那伯爵为贝内德斯伯国农民颁发特许证来免除他们的税款,他坚持认为废除贝内德斯居民和领主之间的从属关系是不可容忍的。

冲突不断升级,最终一直闹到了巴塞罗那。奥莱尔多拉亲王的家族在巴塞罗那享有很高的声望,吉斯拉贝尔特主教及他的侄子兼教子、巴塞罗那子爵乌达拉尔多二世都是米尔的表兄。位于水渠附近的旧城堡、位于蒙特惠奇山的港口城堡以及在诺瓦广场的主教城堡都是主教和子爵的财产。一次重要的事件就发生在主教城堡:1044年的一天,有人开始向伯爵宫殿投掷石块。石块是从城墙上原来的塔楼里掷出的,而这些塔楼当时已经是主教的府邸。这个事件引发了轰动,而巴塞罗那城爆发动乱的倾向也越来越明显。维克主教、修道院院长奥利瓦不得不介入,他很有威望,裁决由他来主持。吉斯拉贝尔特主教发誓他和动乱毫无关系,但这并不是真的,他被迫让出主教城堡,并还清了他欠伯爵的举办主教就职仪式的费用。乌达拉尔多一方则不得不让出旧城堡并支付了 200 盎司的黄金。此外，所有投掷石块的人都被交付伯爵的司法机构处置。

既然米尔·赫利贝尔特出身于这样的家庭，那么他挑战拉蒙·贝伦格尔一世的权威就一点也不奇怪，因为他认为自己拥有足够强大的靠山。不仅如此，他还拥有拉蒙·贝伦格尔一世祖母艾尔梅森达的支持，她总是喜欢采用暴力流血的方式来解决问题并激怒家人。但拉蒙·贝伦格尔却表现得非常机智，在双方武力僵持了一段时间之后，他利用自己的力量占上风之时提出要签署协议：他将会购买一些反叛贵族的城堡并保证他们对农民的控制，但贵族们必须满足他的三个条件：所有贵族，无一例外，都要宣誓效忠于他；当他需要军事援助时，贵族们必须伸出援手；所有贵族控制的城市大门都必须向伯爵打开。满足这三个条件不但让贵族的权力和地位有所保障，同时也让伯爵及其政体得到了显著的巩固。

然而，伯爵私生活中的一个事件却让在签订封建制协议之后地位本已稳固的伯爵受到了质疑。1052 年，拉蒙·贝伦格尔一世通过陆路前往罗马拜访教宗，他此行的目的是要建立一个独立于法兰克教会的加泰罗尼亚教会。11 世纪时，这样的长途旅行并不容易，不管伯爵是多么重要的人物，他都不会带太多随行人员。伯爵和他为数不多的随从们途径纳博讷城堡，那里的统治者是托洛萨的邦瑟伯爵和他的妻子艾尔莫蒂丝·德·拉·马尔卡。那个年代的城堡并不像迪斯尼的城堡那么奢华，一般都很小，也很简朴，舒适度也不高。整个纳博讷城堡只有一张床，为了款待客人，邦瑟伯爵就用自己的床来招待巴塞罗那伯爵。随行人员都睡在有壁炉的大厅的地板上。但托洛萨伯爵夫妇睡在哪里呢？当然，他们也睡在这张床上，和拉蒙·贝伦格尔一起。

虽然我们不知道那天晚上和接下来几天的晚上都发生了什么，但拉蒙·贝伦格尔的罗马之行确实非常短暂，因为他急于返回巴塞罗那。在回程中,他又借宿于纳博讷城堡,而善良的托洛萨伯爵又用同样的方式招待了他。于是,他在那待了一阵子,而这段时间足以让艾尔莫蒂丝怀上他的孩子。然而,这个本来很不光彩的丑闻却在拉蒙·贝伦格尔密谋将艾尔莫蒂丝抢到巴塞罗那之后变成了一个充满激情的爱情故事。当拉蒙·贝伦格尔回到巴塞罗那后,就立刻休掉了刚刚与他结婚一年的妻子,并委托巴塞罗那犹太区的犹太人来策划这次抢亲行动,而且此次行动是在穆斯林船只的帮助下完成的。几天之后,当艾尔莫蒂丝到达巴塞罗那时,她当着众人的面直接投入了拉蒙·贝伦格尔的怀抱。

这是相当大的丑闻。如果现在发生类似的事情,娱乐杂志至少能靠这样的新闻活二十年。托洛萨的邦瑟伯爵立刻休掉了妻子,他完全有理由这么做,因为九个月之后一对双胞胎便降生了,他们分别以拉蒙·贝伦格尔和贝伦格尔·拉蒙的名字受洗。大儿子长着一头浓密的金黄色头发,被人们称为"亚麻头发"。

可以想象,被巴塞罗那伯爵休掉的妻子布兰卡·德·纳博讷也非常不满。布兰卡是艾尔梅森达的亲信,她之所以会嫁给伯爵,是因为艾尔梅森达向伯爵承诺,只要他娶布兰卡为妻,她就会帮伯爵剿灭贵族的叛乱。艾尔梅森达建议布兰卡去拜见教宗,教宗得知此事之后勃然大怒。巴塞罗那伯爵居然做出如此不知廉耻之事!他本是赴罗马请求教宗的援助,却在途中让一位已婚的伯爵夫人怀上了他的孩子,而且居然还把这位夫人掳走了,这种行为生生破坏了两桩合法的婚姻!教宗重复了三次要革除拉蒙·贝伦格尔的教籍,终止巴塞罗那伯国与教廷的封建附庸关系。

米尔·赫利贝尔特立刻抓住机会重新起兵叛乱。艾尔梅森达也卷土重来,她组织了一次联合军事行动来对抗自己的孙子。但当拉蒙·贝伦格尔即将陷入绝境之时,情况却开始朝好的方向发展。艾尔梅森达突然意识到，如果继续与孙子为敌并将他推翻的话，巴塞罗那伯爵家族就会有灭亡的危险。如果她还想让家族的某个成员继续统治伯国，就必须支持拉蒙·贝伦格尔。她也确实这么做了。她动用了自己所有的人脉来让教宗撤销革除拉蒙·贝伦格尔教籍的命令，但代价是让巴塞罗那伯国成为教宗的属地。最后，米尔·赫利贝尔特也被击败，被迫流放托尔托萨。几年之后，他在那里的一场战争中丧生，似乎战死沙场就是他的宿命。

从"亚麻头发"到拉蒙·贝伦格尔三世大帝

艾尔梅森达于1058年去世，拉蒙·贝伦格尔终于可以安心执政，不再畏惧她祖母的存在。他不仅利用这个机会将与撒拉逊人的边境又向南推进了一些，还建立了伯国的第一个统治机构，加强了对农民和贵族控制，从而使自己的封建统治得到巩固。然而，在他统治的末期，局势并不轻松。他的长子佩德罗·拉蒙被选为继承人，这是他和第一位妻子布兰卡·德·纳博讷的儿子，但由艾尔莫蒂丝抚养长大。事实上，艾尔莫蒂丝一直致力于将佩德罗培养成为一代君主。但年轻的佩德罗·拉蒙并不信任他的继母，他深信艾尔莫蒂丝在设计阴谋，目的是让她亲生的双胞胎继位。1051年，佩德罗勒死了艾尔莫蒂丝，这让他的父亲彻底崩溃，拉蒙·贝伦格尔将儿子流放并剥夺了他的一切权利。这样一来，王位的继承者不得不从双胞胎中选出。双胞胎中的老大就是"亚麻头发"。拉蒙·贝伦格尔一世于1076年去世，他曾在遗嘱表明中希望双胞胎共同执政，但要以"亚麻头发"为主。然而，这个决定不但没有让两兄弟满意，还让他们之间的关系恶化。教宗不得不派出一位代表来进行调解，并明确了两人各自拥有的权力及财产。

在之后的六年里,"亚麻头发"以拉蒙·贝伦格尔二世的名义独自统治着伯国。然而,1082年12月5日,拉蒙·贝伦格尔二世从赫罗纳返回巴塞罗那时,途经一片偏僻的密林,在那里受到一伙强盗的袭击,丢掉了性命。当然,这只是他几个随从的说法,在那个时代,没有人相信这种说法。民间传言是他的弟弟贝伦格尔·拉蒙设计杀害了哥哥。当然,也可能是伯爵的某个随从被他的弟弟买通而将其杀害。因此,弟弟贝伦格尔·拉蒙二世又被称为"弑兄者",想必历史上很少有人会愿意把这个绰号拿出来炫耀,它根本就是一个沉重的负担。

"亚麻头发"留下一个儿子,也就是另一个拉蒙·贝伦格尔,也被称为拉蒙·贝伦格尔三世。当时,很多贵族都不相信,在贝伦格尔·拉蒙的监护下,这个孩子能够继承伯爵的位子。为了对这个孩子负责,他们成立了一个反对"弑兄者"的党派。但由于贵族们的手腕太过笨拙,最终导致局势失控。他们中的一部分人试图让卡斯蒂利亚国王成为孩子的监护人,如果这样做,巴塞罗那伯国及加泰罗尼亚的其他伯国就都会落入外来王朝的手中。最终,贵族们和弑兄者达成一致:贝伦格尔·拉蒙二世成为巴塞罗那伯爵,如果他没有子嗣的话,在他死后将由其侄子继位,这也就是将来的拉蒙·贝伦格尔三世。

然而,贝伦格尔·拉蒙在位期间一直都活在"弑兄者"的阴影之下。在几次入侵穆斯林领地之后,他不仅被彻底击溃,还曾被受雇于萨拉戈萨酋长国的卡斯蒂利亚人罗德里戈·迪亚兹·德·维瓦尔两次活捉。罗德里戈·迪亚兹·德·维瓦尔也就是著名的熙德。贝伦格尔·拉蒙的失败和用来救他的大量赎金进一步激起了反对派贵族和主教的不满。在这个时候,教宗做出让步,加泰罗尼亚教会不再依附于纳博讷,而划归新的塔拉戈纳主教辖区,但这并没有让巴塞罗那伯爵的情况有所好转,因为这个协议的执行拖了很多年才得以进行。贵族们的压力最终让拉蒙·贝伦格尔三世恢复自由,并继位巴塞罗那伯爵。失败的贝伦格尔·拉蒙依然受到很多指控,他不得不在卡斯蒂利亚宫廷举行的一次骑士决斗中为自己正名,但最终决斗失败。他没能如愿以偿,因为在那个年代,决斗也是证明骑士清白的一种方式。贝伦格尔·拉蒙心灰意冷,追随第一支十字军去了耶路撒冷。后来,他很可能因某种疾病死在了那里。

在拉蒙·贝伦格尔三世的统治下,巴塞罗那伯国向前跨越了一大步,由他祖父开创的封建制度在他的手中开始结出了果实。而自从艾尔莫蒂丝被杀之后,巴塞罗那伯爵家族所经历的漫长的危机时代也随之结束。新伯爵是一位实用主义者,他已经厌倦了和穆斯林之间索然无味的战争,这些战争极大地分散了他对伯国内部事务的注意力,而这些事务往往更迫切地需要得到解决。那时,拉蒙·贝伦格尔三世统治的疆域面积已经十分辽阔。此外,技术的发展也让比以前更有野心的商业政策得以实施。当时,在利古里亚海及第勒尼安海沿岸的意大利城市及地中海上一些较大的岛屿,一种强度更高的商业发展模式已经出现,巴塞罗那的商人当然不愿意失去这样的机会。与继续和穆斯林做生意相比,巴塞罗那的商业资产阶级更看好通过海路向北部及东部扩展贸易,当与穆斯林通商变得越来越复杂的时候,更是如此。因为以当时基督教徒的世界观来看,穆斯林已经从"难相处的邻居"变成了"拥有令人无法容忍的宗教信仰的人",这也让基督徒和穆斯林之间的商业往来越来越艰难。

拉蒙·贝伦格尔三世大展拳脚,最终让巴塞罗那伯国的霸主地位得以确立。他先是通过嫁女儿联姻的方式来争夺遗产,吞并了贝萨卢和塞尔丹亚伯国;之后,他又通过一次纷争得到了安普里亚斯的大部分土地。几年以后,拉蒙·贝伦格尔三世就让巴塞罗那伯国的疆域面积翻了一番。到那时为止,巴塞罗那伯爵已经成为一片稳固疆土的君主,而其他的伯国都是他的附庸,这已是一个无可争辩的事实。也正是在这个时候,人们开始提及加泰罗尼亚。

拉蒙·贝伦格尔三世被称为"大帝"是当之无愧的。他的统治结束于1131年,他留给后人一个强大的国家,而这个国家立足于一座稳固、繁荣、积极进取、不断发展的城市——巴塞罗那。而巴塞罗那的商人,在条件允许的时候,也开始在加泰罗尼亚舰队的保护下往来于地中海。当拉蒙·贝伦格尔三世的儿子拉蒙·贝伦格尔四世继位时,巴塞罗那城已具备了一个国家首都的样子,而巴塞罗那伯国也到了该变成王国的时候。在这种情况下,新伯爵将目光放在了一个正深陷巨大困境的王国身上,这个王国就是阿拉贡王国。

第七章
大 飞 跃

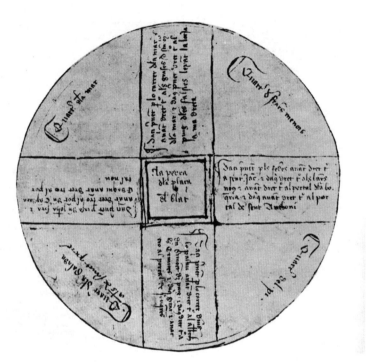

位于旧布拉特广场的圆形石盘,这个广场在中世纪后期被认为是巴塞罗那的中心。石盘上刻着城市的四个区,这是巴塞罗那最古老的平面图。

平常日子

一个生活在12世纪60年代的巴塞罗那人,每天都会很忙碌,日常生活中充满了几年前还不存在的新奇事物。住在巴塞罗那城墙之内的人们,已经不再害怕安达卢斯人的劫掠,他们生活节奏紧凑,邻里之间鳞次栉比,拥挤异常。和我们所想象的中世纪情况刚好相反,那时房子之间的墙壁很薄,邻里之间发出的任何响动都能被听得一清二楚:争执吵闹、打情骂俏、窃窃私语、锅碗瓢盆,等等。所有的声音都可以穿墙而过,有时甚至就连对面房子里发出的声响也会被听到。中世纪时期,相对的两所房子近得几乎伸手可及,有时它们之间仅有两三米的距离。中世纪的城市居民们往往都有一种独特的消遣方式,在巴塞罗那,人们喜欢凭窗而望,也就是探身窗外待上一会儿,观察或窥探一下街上发生的事情,有时甚至还参与其中。他们会向邻居或路人打听消息,跟他们一起对所发生的事情发表评论,同时,也呼吸着从楼下升起的不太好闻的味道……

一个生活在中世纪的巴塞罗那人出门会遇到很多熟人,因为城市太小了,每年都会和所有的市民遇到很多次。但也还是会有很多陌生人,这些人可能是来自普罗旺斯、热那亚、撒丁岛、西西里岛、那不勒斯的水手,在某些年代,可能还有从穆斯林控制的地区及伊比利亚半岛其他地区来的人,他们可能是柏柏尔人或埃及人,等等。令人感到奇怪的是,外来人口中也不乏诺曼底人、布列塔尼人、撒克逊人和奴隶。这些人可能是来拜见伯爵的领主所带来的随行卫兵,也可能是来求主教办事的神职人员。同时,来到巴塞罗那的还有乞丐、罗锅儿等因疾病影响身体畸形的男男女女和孩子们,他们靠人施舍生存。通常,这些人都会被赶出城,睡在城墙之外的地方,这样他们就不会经常被看到,也就没有任何的存在感。

在一个巴塞罗那人的生活中,当他结束了自己的日常事务,很可能每天都会投入一小会儿时间到一项巴塞罗那人最喜爱的活动中去,那就是做生意。如果人们需要借钱或是要进行珠宝交易,就去城市西南部的犹太区,它位于主教宫殿旁边,在比斯巴尔门与新城堡之间。当时犹太人的数量并不多,他们的境况也越来越糟,特别是从1391年爆发了巴塞罗那史无前例的反犹太人动乱之后。

然而,如果一个生活在12世纪的巴塞罗那人对商业活动不感兴趣的话,他很可能会出城,去城外的某个郊区,那里有仓库、小船坞、露天港口,等等。就连城郊都是一幅人声鼎沸的样子,巴塞罗那城内的拥挤程度可想而知。在城市周围的不同区域之间,开始出现果园,果树也成长起来,特别是在那片将巴塞罗那城和蒂比达博山分开的平原上,那里有激流、小溪和泉水流过。这片平原也是巴塞罗那人休闲娱乐的场所之一,天气好的时候,巴塞罗那人经常来这里散步。同时,普通人在出城时,也会带些食物,在巴塞罗那附近的众多小溪边上野餐或享用午后点心。

城墙之内的城市生活和我们所想象的完全不同。很多房子都有一个储存小麦的仓库,因为至少到14世纪,城里任何地方都可以打麦子。家养动物已经很普遍,城里主要有猪、鸡、山羊和绵羊。但巴塞罗那的马很少,因为这里的街道狭窄,马和行人不能同时通过。然而,城里那些有头有脸的人,也就是那些服务于伯爵或主教的官员,马、驴和骡子是他们主要的交通工具,这些人在城里出行可是从来都不下坐骑的。

"委员会"的出现使一切秩序井然

以21世纪的眼光看,那个时期的巴塞罗那是一座混乱的城市。但对于那时的人来说,他们根本不会意识到这一点。对于他们而言,一切都井然有序,并以自然的方式发展着。在整个中世纪时期(事实上到现在也是这样),巴塞罗那的统治机构陆续制定了几百条准则和规范来将居民的日常生活引入正轨。但从罗马时代建城开始,城市统治机构的组织形式已经发生了很大的改变,虽然这种改变不是以渐进、和谐的方式进行的。在西哥特人、穆斯林和加洛林人统治时期,巴塞罗那更多是被当成军事要塞,而不是城市。不管是国王、瓦利还是伯爵,总有一种权力来统治城市,而这种统治通常又都隶属于另一个遥远的上层利益中心。然而,从12世纪开始,一种管理城市内部事物的特殊机制逐渐确立。那时,一些"德高望重"的人物形象开始出现,这些人主要是行业领袖、雇主、东家及名门望族的族长,这些人受到伯爵授予巴塞罗那人的特权保护。这些德高望重者通过一种"委员会"的机制组织联系起来。当时,委员会的含义和现在截然不同。在12世纪,虽然委员会成为巴塞罗那的行政管理机构,但它并不是一种官方的组织机构,而是伯爵权力的自然演变。随着伯国的统治变得越来越复杂,为了不阻碍社会的发展,伯爵权力不得不被下放。

在12世纪的很长一段时间里,伯国发生了飞跃性的发展,伯爵待在巴塞罗那的时间越来越少,他需要有人来帮他治理城市。最初,这个责任落在了子爵身上,但这导致子爵的权力越来越大,子爵渐渐地就希望巴塞罗那能脱离伯爵的控制。于是,12世纪初,另一种身份出现,即地方长官或行政长官,但这并没有解决问题,因为如果要控制城市,就需要获得更大的权力,而这往往会造成职权的滥用及对民众的压榨。这种新的与民众对抗的力量引发民怨,伯爵们不得不设立了第三种身份,在这个位置上的人不一定必须是贵族,只需要是忠诚的官员。这个新的官职被称为市长或领地总管,这种身份被首次提及是在1144年。之前的地方长官变成了地方法官,这使得民众的情绪稍稍得到了安抚。

组成委员会的这些"杰出人士"有时也被称为"顾问",而委员会不仅仅行使伯爵认可的权力,也慢慢地尝试去规范与伯爵制定的法令无直接关系的其他事物,特别是经济方面的事务。委员会差不多是巴塞罗那的第一个自治机构,它试图对商品怎样进入城市、怎样出售和存放进行管理。我们不要忘了,这些现象都发生在贵族阶层(包括宗教人士)已经完全以他们的方式消化了封建体制的时期。虽然封建体制强调的是一种附庸与忠诚的关系,但同时也赋予了地方当权者在自己领地内极高的统治权。

巴塞罗那的这些"杰出人士",不论是否属于贵族阶层,都希望自己的决定可以凌驾于其他权力的意志之上,特别是凌驾于巴塞罗那的伯爵及主教之上。正因为如此,伯爵不遗余力地支持委员会,这不足为怪,因为只有这样,他才能获得巴塞罗那最为富有的商人的支持,只有这样,他才能支配一定的经济资源,并可以在远离巴塞罗那的情况下保证自己政策的执行。

对外政策

不论是巴塞罗那城、巴塞罗那伯国,还是其他正在逐步形成的加泰罗尼亚的地区,它们的对外政策都发生了彻底的改变。这种改变为提升巴塞罗那的国际形象提供了有利的条件。这种改变是一系列巧合、机遇及才智共同作用的结果,而这些因素的结合方式最初让人难以预料。

我们分头来说。首先,我们先说距离巴塞罗那西部三百多公里的阿拉贡王国。虽然阿拉贡获得独立的方式和加泰罗尼亚的几个伯国完全不同,但结果却出奇相似。无疑,阿拉贡所面对的敌人比加泰罗尼亚人所面对的要更为强大。那个时期的加泰罗尼亚组织结构松散,巴塞罗那伯爵领导着一些半独立的小伯国,但辩证地讲,这反而让加泰罗尼亚比阿拉贡更难被击溃。虽然阿拉贡王国从七十多年前就控制着一个非常强大的附属国——纳瓦拉,但同时它也处在强有力的奥克人及另一个后来居上的强国卡斯蒂利亚之间。此外,它的东部还有拥有主权及特殊统治机构的加泰罗尼亚。

1134年,阿拉贡国王"斗士"阿方索一世去世,他并未留下继承人。当时,巴塞罗那伯国的伯爵拉蒙·贝伦格尔四世刚刚继位三年。阿方索一世死前不怀好意地留下了一份荒诞的遗嘱,将他的王国留给了圣殿骑士团、医院骑士团和圣墓骑士团,这引起了阿拉贡贵族的反对,而纳瓦拉也决定要脱离阿拉贡的控制,任命自己的王。

于是,阿拉贡人决定采取措施来扭转局势,他们任命阿方索的弟弟"修道士"拉米罗二世为国王,拉米罗当时刚刚当选主教,他既没想过要结婚,也没想过要传宗接代。然而,卡斯蒂利亚人利用时局动荡,入侵阿拉贡并占领了萨拉戈萨。不久之后,纳瓦拉、卡斯蒂利亚联合起来反对拉米罗二世,甚至连教宗国也加入。拉米罗二世被迫出逃加泰罗尼亚,在那里,他和巴塞罗那伯爵拉蒙·贝伦格尔四世成为朋友。拉米罗二世采纳了拉蒙·贝伦格尔的建议,回到阿拉贡,最终在其他城市和雇佣军的帮助下,击败了敌人。他虽然取得了胜利,但时局依然动荡,如果想保持国家的稳定,他就必须结婚并拥有自己的后

第七章 大飞跃

代。他娶了年轻的伊内丝·德·阿基坦,很快他们便有了一个女儿——佩德罗尼拉公主。公主成为至关重要的人物:谁和她结婚,谁就将得到阿拉贡王国。

在考量了几位求婚者之后,拉米罗国王选择了卡斯蒂利亚的继承人来做他的女婿。然而,这个决定遭到阿拉贡贵族的反对,因为他们对之前卡斯蒂利亚占领阿拉贡耿耿于怀,同时,他们深信卡斯蒂利亚的君主们比他们的国王更为专制。于是,他们将目光投向了位于他们东边的邻居——加泰罗尼亚——已在那里扎根的封建体制比任何一个王国都更能保证贵族获得更多的自主权。此外,因贵族享有很大的权力,作为最高统治者的伯爵也常常不得不与小贵族们签订协议。因此,对于阿拉贡贵族来说,让佩德罗尼拉嫁给巴塞罗那伯爵或是他的继承人,这个选择变得颇富吸引力。而对于拉米罗二世而言,一方面,贵族的反对给了他极大的压力;另一方面,他和拉蒙·贝伦格尔四世也一直保持着良好的私交;其次,拉米罗可能也并没有忽视这样的事实:拉蒙·贝伦格尔四世是伯爵而不是国王,这样,阿拉贡就不会被新的王国吞并。于是,1137年8月11日,拉米罗就将他年仅一岁的女儿交给了当时二十岁的拉蒙·贝伦格尔四世。结婚协议是这么写的:

> 朕,拉米罗,蒙上帝垂青,成为阿拉贡王国之王,现将女儿交付于汝——拉蒙,巴塞罗那伯爵及侯爵——为妻,并奉上整个阿拉贡王国。望汝能像朕父桑乔及朕的兄长佩德罗和阿方索一样统治这个国家并保留它的习俗。朕郑重地将阿拉贡王国所有子民托付于汝,并发誓他们将效忠于汝。

可以看出,婚约的签订是庄严而郑重的。在经过几次法律协商之后,最终的结果是:拉蒙·贝伦格尔成为阿拉贡王室成员,佩德罗尼拉将在成年后(十三岁之后)嫁给拉蒙·贝伦格尔。同时,巴塞罗那伯爵将成为阿拉贡的摄政亲王,他的后代拥有阿拉贡国王和巴塞罗那伯爵的双重头衔。

最终,这份协议得以执行。为了让其生效,"修道士"拉米罗国王和妻子分开后便隐退于一间修道院。就这样,被后世称为阿拉贡联合王国的政权就诞生了。它的疆域起于与纳瓦拉的交界处,顺着埃布罗河的流向,一直延伸到地中海,但埃布罗河南段流经的地区除外,那里依然处在穆斯林的控制之下。

阿拉贡联合王国

一个世纪后,伯纳德·德斯克洛特在他所撰写的史书《阿拉贡国王佩德罗及其先祖之书》中,以更为诗意的方式记载了巴塞罗那伯爵的宫廷总管吉列姆·拉蒙回去后是怎样转述阿拉贡人抛出橄榄枝的那一时刻的:

> 陛下,阿拉贡的富翁们让我转告您,他们真诚的认为您是世界上最正直、最勇敢、最有征服力的人。因此,他们向您献上阿拉贡王国并将公主嫁与您为妻,恳求您成为他们的主人和他们的王。

谁能拒绝如此美妙和用词如此考究的提议呢?

阿拉贡联合王国的诞生对于巴塞罗那来说是个极好的消息。虽然出现了另一个很有吸引力的城市萨拉戈萨,但巴塞罗那伯国的实力、军事力量和商业发展都对新王国政策的制定有了更大的影响力。同时,巴塞罗那伯爵家族控制疆域的扩大也无疑使伯国的重要港口变成了阿拉贡王国的重要港口。所有来自海外或运往海外的商品都要通过巴塞罗那,这既让巴塞罗那的服务业得到了发展,也让相当一部分居民开始投身商业活动。巴塞罗那开始和其他的意大利海岸城市竞争。当时，这些意大利城市都在远离城区的地方建立城邦。与这些城市相比，巴塞罗那还有一个优势：它所控制的地域比那些意大利城市更为广阔，而这广阔的疆域为它提供了更多的产品和更为丰富的人力资源。

然而，在巴塞罗那，商业的发展只是一个方面而已，另一种现象的出现不仅拓宽了巴塞罗那的疆域，也增强了它的力量并提升了它的威望。这种现象扩展到整个欧洲，并以非常特别的方式出现在伊比利亚半岛。那时，封建制度已在整个欧洲扎根，邻国之间的争端频繁发生，欧洲的中心地区变得动荡不安，这给城市的发展造成了巨大影响。欧洲处在一种混战的状态，所有国家都卷入了战争，任何一片土地都可能成为被攻击的对象，也可能成为发动攻击的基地。1095年，为了减少欧洲各国之间的冲突，教宗乌尔班二世建立了一种战争机制，将战争输出到距离遥远的、需要收回的圣地，这就是十字军东征。在伊比利亚半岛，要缓解紧张局势，并不用远征。因为虽然这里基督教贵族们之间的武装斗争仍在继续，但他们也能随时对其邻居穆斯林展开军事行动，去收回圣地。

新加泰罗尼亚

就是在那些年里，"光复运动"这个词开始出现，尽管这种提法根本没有任何道理。四个世纪以前，穆斯林就来到伊比利亚半岛，大部分半岛居民都可以和他们和谐相处，彼此融合。虽然基督徒和穆斯林之间的关系并非一直都很融洽，但也绝不能说宗教是引发双方冲突的主要原因。然而，到12世纪中期，随着封建制度得以巩固，形势开始发生了变化。以前的科尔多瓦哈里发王国不复存在，这很大程度上是因其内部争斗所致,王国分裂成多个实力平平的小国,而大部分小王国都不具备以前科尔多瓦王国中央政权曾拥有的强大凝聚力,只能自食其力,量力而为。这种实力上的巨大差距让基督教的骑士们有机可乘。那时的骑士早就变成了职业战士。除了某些特殊情况,他们训练的主要目标就是为使用暴力而做好准备,这些训练让他们在战斗时变成了令人畏惧的对手;而穆斯林军队则刚好相反,他们不仅没有经过那么专业化的训练,而且力量薄弱。

拉蒙·贝伦格尔四世拓展了阿拉贡王国的边界,他一方面利用武力和外交手腕不断侵蚀卡斯蒂利亚,一方面在加泰罗尼亚不断发动征服战争。就在这个时期,开辟之后被称为新加泰罗尼亚地区的进程马上就要开始。新加泰罗尼亚包括从略夫雷加特河谷到将其与阿诺亚河谷及塞格雷河谷分开的山脉之间的区域。总体上讲,这片土地比巴塞罗那伯国的土地更为荒凉,这里主要有坚固的要塞和一些重要的城市,埃布罗河及其支流塞格雷河流经这里。在拉蒙·贝伦格尔四世父亲统治的时代,加泰罗尼亚人不仅攻占了莱里达北部的巴拉格尔,甚至还占领了莱里达几年的时间。此时对于阿拉贡亲王来说,已经到了要实施大规模军事进攻的时候,他的第一个重要目标就是位于埃布罗河入海口的托尔托萨。

1148年,阿拉贡亲王、巴塞罗那伯爵拉蒙·贝伦格尔四世组建了一支传奇的军队去征服托尔托萨,这简直和几十年后征服马洛卡的军事远征如出一辙。首先,伯爵和热那亚共和国达成一致,热那亚的战舰帮助伯爵进入阿尔梅里亚。接下来,他们返回巴塞罗那,集结进攻的军队。除了热那亚人,很多巴塞罗那人为了获得战利品也报名参加远征。此外,纳博讷埃芒加德子爵夫人的拥护者、蒙彼利埃的吉列尔莫的队伍、诺曼底和英格兰的小贵族、修道院院长和他们的武装力量、比萨的雇佣军、一些阿拉贡骑士,甚至巴雅尔斯伯爵阿尔纳尔·米尔·德·道斯特的军队都加入了这支队伍。

1148年6月29日，满载士兵的舰队驶向托尔托萨。与此同时，一支人数众多的军队也从巴塞罗那出发，通过陆路朝托尔托萨进发——之所以从巴塞罗那出发，是因为沿线可能遇到的抵抗较少。我们应该记得，那个时期的塔拉戈纳实际上是一座半被遗弃的废墟。据热那亚的史书记载，围城战打得非常艰苦，在那年的最后一天，塔拉戈纳终于被攻破。巴塞罗那伯爵与圣殿骑士团签订协议，托尔托萨将在几年之后归其所有，同时，他也让与圣殿骑士团很多的权益。托尔托萨被攻陷之后，巴塞罗那受穆斯林入侵的危险就消失了。穆斯林所造成的威胁在很多年里都让巴塞罗那人担惊受怕，这种威胁解除之后，对于巴塞罗那人而言，他们的未来一片光明，充满希望。在托尔托萨被攻陷的一年之后，莱里达也被攻陷，这也是加泰罗尼亚骑士唯一参与过的军事行动。之后，梅基嫩萨也被攻陷，它是控制塞格雷河汇入埃布罗河的重要飞地。

第一轮扩张凸显了在拉蒙·贝伦格尔四世统治下的阿拉贡王国及巴塞罗那伯国联合发展的决心。当时的阿拉贡王国在一些贵族家庭的控制之下，他们的资本主要来自农业及对乡村农民的剥削，而巴塞罗那伯国以及它领导下的其他加泰罗尼亚地区的小伯国都以巴塞罗那为中心，而从那里已经发展起一股经济力量，它与支撑阿拉贡王国大部分地区经济发展的力量截然不同。虽然加泰罗尼亚强硬的封建体制能存活下来的关键就在于对土地和农民的控制及对附属领地和当地居民的掠夺，但在巴塞罗那，情况却并非完全如此。虽然这里也存在着一股封建势力控制着城市周边由奴隶耕种的土地，但巴塞罗那经济发展的真正动力来自商业和制造业。一个从事贸易的市民群体很快就在巴塞罗那成长起来，而他们的主要业务就是今天我们所说的"对外贸易"，他们以海洋作为拓展业务的主要途径。而这批商人对新市场、新原材料的需求也让他们成为阿拉贡王国发展的重要动力。当时，巴塞罗那的资产阶级虽然在经济上还没有占据那么重要的地位，但却成为伯爵-国王制定对外政策的主要推广者之一。随着时间的推移，巴塞罗那的商人成了唯一被称为巴塞罗那"公民"的人（或是"忠诚公民"）——当时就是这么称呼他们的。这些"忠诚公民"既不能是贵族，也不能是教士，他们必须住在城里，拥有自己的住所。因此，与家人同住的孩子或被雇佣的人并不属于这个阶层。女性最多被认为是巴塞罗那的"居民"，但绝对不会被当成"公民"，因为这些忠诚公民将成为构成巴塞罗那政治机构的主要力量。随着时间的推移，这些"忠诚公民"搬到了巴塞罗那城外的一些城镇中居住，出于各种不同的原因，他们把这些地方想象成是巴塞罗那的街道。看来，这些"忠诚公民"是想带着他们的特权和义务活在自己创造出来的虚幻世界中。

游客视角下的巴塞罗那

1166年，一位来自纳瓦拉图德拉的犹太人本雅明离开家乡，进行了一次长途旅行。几年之后，他到达了东方。当他回到纳瓦拉王国时，曾撰写了一部旅行回忆录，其中详细记录了他在所到之处的见闻。因为他要去东方，所以在塔拉戈纳停留一段时间之后，他应该路过了巴塞罗那。想必本雅明很想去巴塞罗那看看，根据他的讲述，他用了两天的时间来赶路。在他看来，巴塞罗那虽然不大，但却是一座非常美丽的海滨城市。他还去了犹太人聚集区，拜会了一些犹太教的拉比，其中就有亚伯拉罕·哈斯戴[1]。他也曾在城市里漫步，巴塞罗那的国际化令他感到惊奇，他见到了不同遥远国度的商人及商品，他们来

---

[1] 12或13世纪生活在巴塞罗那的著名犹太翻译家、诗人，曾将大量阿拉伯文写成的文学、科学、哲学著作译成希伯来语。——译注

自希腊、比萨、热那亚、西西里、亚历山大、巴勒斯坦和非洲地中海沿岸的所有地区。不过，关于巴塞罗那城，本雅明没有再提及更多的事情，他停留的时间太过短暂。但不管怎样，我们看到，当时的巴塞罗那非常国际化！

在巴塞罗那，外国商人可以自由活动并住在他们想住的地方，这让本雅明感到非常吃惊，而这一点也不奇怪，因为这可能和他以往的经历不太一样。在阿拉贡和卡斯蒂利亚，外国商人通常都聚集在特定的区域，不与当地居民混住。而巴塞罗那的犹太人也是这么做的，或出于自己的喜好，或是因为宗教的原因，他们居住在城内某个特定的区域。此外，在其伯爵-国王的默许下，巴塞罗那还拥有自己的法律规范，这也一定会让本雅明再次感到吃惊。在12世纪及13世纪初期，巴塞罗那对一系列传统法规进行了汇编，从而形成了一套约束巴塞罗那及整个伯国的法律体系。这套法律汇编就是《巴塞罗那习俗法》，其中包括诸如对外贸所征收的税款、领主可以征用未留遗嘱死者三分之一财产的法规。在这部法典中，甚至还定义了什么样的人可以称为贵族，例如，贵族就是"每天吃小麦面包的人"。也可以说，这部法典实际上规范着社会生活的各个方面。这部法典被使用了很长一段时间，直到1715年《新基本法》颁布，它也没有被完全废除，尽管那时大部分法规都已经过时了。虽然《习俗法》正式颁布是在12世纪初，但其中收录的法规从很久之前就已经在约束并影响着所有人，当然也包括犹太人。

从巴塞罗那城诞生开始，犹太人就聚集在城墙东南的区域，也就是在现今的主教宫后方的区域。主教宫利用了城门上的两个圆形塔楼，今天我还依然可以看到。然而，本雅明所提到的外国商人那时应该还不习惯进入到城里的那个位置，他们通常只是利用滨海新村的设施，那是一个水手聚集的区域，人们在那里不停地建造仓库和厂房，就像在其他郊区一样。仓库和厂房的不断增长占用了很大的空间,人们慢慢就开始紧贴着城墙外侧盖房子,这严重影响了城墙的防御功能。此外,人们也慢慢地感觉到城墙变得越来越矮小,而城市的活力早就延伸到城墙之外了。从这时起,人们意识到,有必要对防御工事进行扩建了。到12世纪末期,原来的城墙已经拥有800年的历史了。

城墙内外

不管怎样,建造新的城墙是一项非常重要的事情,需要深思熟虑。城墙的作用不仅仅是划定防御范围,它也可以用来标记财政控制的区域。当时,诞生于城墙之外的村镇及郊区显然都已成为巴塞罗那城市构架的一部分,但一切发生在城墙之外的商业及公民活动都不受巴塞罗那政权的控制,不需要向巴塞罗那市政缴纳税款。为了解决这个问题,委员会在城墙以外划定了一些区域,建起了一些"门",所有想进入巴塞罗那的人都必须通过这些门。门会以某种方式关闭,门内区域会设置关税管理机构。从这些门通过的人都知道他们运进或运出城的商品受到监控,并需要缴纳一定的费用。这不禁让人联想到这些门不只是简单的一个栅栏或是士兵的栖身之处。不管怎样,到现在为止,我们都没有发现过任何"门"的遗迹,但我们知道它们的名字,至少知道一些,它们通常都和现在巴塞罗那的一些地名保持一致。例如,波盖利亚门、造船厂门、波恩街门,还有坎普德拉桥门和莫兰达井门,这两个门的位置最不确定。自从出现了这些收税的门,城外的村镇及郊区就自然而然地被纳入了城市规划之中。如果说之前得到发展的郊区都在通向巴塞罗那的道路周围,那么现今在远离这些主要道路的地区,街道和建筑物也开始增多。随着时间的推移,这些临时设置的门就划出了一片新的城市空间,在几年后,新的城墙就把这些空间都划入了城市的范围之内。如果说之前人们认为生活在城墙之内是一种特权,或者说居住在城墙之外会让自己处于劣势的话,到了13世纪,这种观念就改变了。在城里的某些区域,例如犹太区,居民的拥挤程度已经达到无法忍受的程度。虽然犹太人受到种种限制,也由于文化及现实的原因倾向于聚居在一起,但他们也开始在城外离城墙不远的地方修建房屋。犹太人在城外占据的区域后来被称为小犹太区,就在松树圣母圣殿的西边。这也是现今在巴塞罗那可以时不时地发现犹太人遗迹的地区之一。

工厂在全城的不断扩张加剧了城墙之内人口增长对空间需求所产生的压力。12世纪,工厂的数量急剧增加。有文献记载,一些工厂建在城墙之内较为中心的区域;另一些工厂建于城外的市场(也就是今天巴塞罗那现代文化中心的所在地)旁边,位于新浴室街,刚好在城墙外侧;还有一些工厂建在海洋圣母圣殿广场上。这些工厂生产各种各样的商品,很多都用于巴塞罗那内部消费,但也有一些会被运送到伯国的其他地区,甚至用于出口。还有文献曾记载了在巴塞罗那所出现的各种不同的职业:编筐篮的手工业者、马嚼子制造者、磨坊工人、面包师、鞋匠、铁匠,等等。除此之外,城里还有很多和纺织品及皮革相关的工厂。

自然,这些工匠就变成了城市发展的主要动力,他们的力量有时甚至会让伯爵及贵族都感到震惊。这些工匠作为企业主,总是蠢蠢欲动,他们很快就体现出巴塞罗那中产阶级至今还保有的一个特点:他们愿意尽一切努力来维护自己的权利并保护自己的财产。这些工匠就像现在的工薪阶层或小商人一样,虽然算不上是伟大的革命者,但一旦认为自己所维护的利益是合理的,便会毫不犹豫地采取一切措施。手工业者和商人绝不允许有人滥征税收或肆意限制他们的权利。通常,他们除了会表达自己的不满之外,还会使用一种非常加泰罗尼亚的方式来解决问题，那就是付钱。例如，1025年，巴塞罗那人在交付了伯爵一大笔钱之后，被免除了放牧税。同样，1163年，巴塞罗那人在伯爵-国王"贞洁者"阿方索面前表示不满之后，《习俗法》中最过分的法规都没有对巴塞罗那人实施。然而，当时绝对不是处于一种革命的紧张状态，因为这些手工业者和工匠的目的根本不是要质疑封建体制，而是要形成公民精英阶层，增加自己的特权，从而保证自己的利益不受侵犯。从整体上讲，他们做到了。

巴塞罗那商人

投身于海上贸易的巴塞罗那商人非常值得一提。当时，巴塞罗那的海上贸易已经扩展到整个地中海，成为阿拉贡王国重要的利益来源。当时，不管是伯爵-国王、贵族还是教士阶层，都拥有一种扩张及殖民的世界观，因为征服新的土地可以提升其在封建体制中的威望和权力。如果在这些被征服的土地上能到处都是耕作的奴隶，或是可以让当时差不多已是自由身的农民去垦殖，那就更好了。虽然当时阿拉贡王国在土地上自然而然的扩张过程已经开始，但是这个过程非常缓慢并困难重重，因为王国的北部有奥克人和法国人这样强大的敌人，限制了其向北扩张的可能性。通常，伯爵-国王都试图通过联姻政策来确保这些地区不对自己构成威胁，但仅仅这样做是不够的。西部的纳瓦拉和埃布罗河源头地区的情况也很复杂，到处都是和比利牛斯山两侧的政权都有利益关系或联盟的游击队，而再往南一点就是刚刚崛起的卡斯蒂利亚王国，那里人口密集且拥有大量的羊群，这都让卡斯蒂利亚王国及其城市变得非常强大，因为羊毛在中世纪时期是价值最高的产品之一。半岛南部还有穆斯林的泰法国和他们摇摆不定的联盟。虽然阿拉贡王国急切地需要扩张，但它的地形并没有为此提供有利条件,它只有在海岸地区有一条一直延伸到穆尔西亚的狭窄地带,当到了穆尔西亚之后,土地才又变得开阔。鉴于这样的情况,扩张只能通过海上进行。因此,阿拉贡王国政权开始用战舰来武装自己。

虽然巴塞罗那商人是非常赞同阿拉贡王国的扩张计划的,但他们的经验告诉自己应该就近寻找更容易获得的利益。出于这样的想法,再加上考虑到当时周边的局势很不稳定,巴塞罗那商人开始投资建造运输商品的船只。阿拉贡王国的扩张通常都是沿着商人们规划的线路进行的。12世纪,加泰罗尼亚的船队表现得相对谨慎。大部分船只都只到达罗讷河的入海处,在那里和沿着河谷而下、运送佛兰德布料的船只交换货物。但也有些胆大的商人敢去开拓不太安全的新航线。第一条长途的海上路线连接了巴塞罗那和非洲城市休达,航线沿海岸展开,途经托尔托萨、巴伦西亚和阿尔梅里亚,那时的巴伦西亚和阿尔梅里亚还在穆斯林的控制之中。人们还可以通过另外一条航线乘坐不是很大的船只到达马洛卡,从那里再前往阿尔及利亚的贝贾亚。从非洲内陆地区运出的附加价值极高的商品都在那里汇集:黄金、象牙、皮毛、羽毛、其他贵金属,等等。这些物品都通过巴塞罗那被输送到欧洲各地。很快,拥有更大船只或是能在一次远航中同时驾驭几艘船只的商人开始驶向更远的地方。这就是东方航线,它途经埃及的亚历山大、基督教王国耶路撒冷、阿卡的圣胡安、爱奥尼亚的港口和君士坦丁堡,而君士坦丁堡被认为是当时世界上最具有传奇色彩的城市(和它一样享有盛名的还有当时的大马士革、巴格达及北京)。最终,加泰罗尼亚人和热那亚人、威尼斯人及普罗旺斯人一样,也在君士坦丁堡建立了自己的商业领地,但当1453年奥斯曼人占领这座城市时,他们的领地被夷为平地,居住在那里的巴塞罗那人也惨遭杀害。

商人和船主成为巴塞罗那发展及提升其在地中海威望的主要力量。巴塞罗那租用船只的方法一点都不符合封建体制的思维模式,它更接近资本主义模式,而这种方式在罗马法中曾有记录。巴塞罗那商人的对手热那亚人也采用了同样的方式。商船归两个或多个船只筹备者所组成的会社所有。通常,均摊费用的合伙人被称为共有人,他们不仅仅是投资者,也直接参与船只的管理,既共同承担风险,也共同分享航程带来的利益。所有的合伙人都一起出海,共同掌控从水手的聘用到商品买卖的整个过程,而这些合伙人实际上就构成了现在我们所说的董事会。合伙人承担商贸任务并受到其他参与者的监督,他们必须保证航行能让所有人受益。这些商业公司的兴趣又促进了其他行业的发展。除了装配船只、准备航行、购买商品和粮食,出发前,出海的人还要给家人准备足够的钱和食物,保证家人的生活可以维持到他们返航(当然,如果可以返航的话),而这一切都需要很多钱。筹集资金的最好办法就是从巴塞罗那的富有家庭获得贷款。放贷人将一定份额的钱分给每位合伙人,或是给他们其中一人,担保通常是船只本身、房子或土地。作为酬劳,放贷人可以获得合伙人收益的一部分,通常是收益的一半。随着时间的推移,这种最初很简单的资金运作机制逐渐得到完善,15世纪初,现今"兑换中心"的前身出现,这是历史上最早的银行机构之一。

我们找到了那个时代的大量文献,其中大部分文献都是用拉丁语写成的,也有一些是用另一种语言写成,这种语言已经不是通俗拉丁语,而是被称为加泰罗尼亚语的语言。这种语言成为整个伯国及一大部分被征服的土地所使用的通用语言,它有不同的变体,也产生了不同的影响。加泰罗尼亚语不仅和也是在那个时期形成的奥克语很像,和阿拉贡语也很像。实际上,在拥有巴塞罗那伯爵、阿拉贡王国国王、蒙彼利埃领主等多个头衔的统治者直接或间接控制的领地内,使用的都是这种语言。

在这片土地上,人们使用同一种语言,拥有一部使用范围广泛的

《习俗法》,有共同的利益、同样的看世界的方式,甚至还使用着同样的货币——巴塞罗那币。在12世纪末的文献中,当提到"贞洁者"阿方索统治下的整个伯国时,已经出现了"加泰鲁尼亚"(Catalonia)的字眼。虽然称其为"国家"还有些超前("国家"的概念是很久之后才产生的),但事实上这个在12世纪逐渐形成的领地已经具备了很多国家的特点,其中最为明显的特征就是它拥有自己的首都——巴塞罗那。这是一个不容争辩的事实。巴塞罗那是整个领地内最大的城市,巴塞罗那人民对待日常生活的态度决定了整个国家的发展方向。

13世纪的开始充满了希望。新国王"天主教徒"佩德罗①刚刚于四年前继位,他是一位非常有决断力的君主,比起他父亲"贞洁者"(或是"诗人")阿方索二世,他更像他的祖父拉蒙·贝伦格尔四世。果然不出所料,他的决心和野心震撼了整个阿拉贡王国和这个国家中最珍贵的珍宝——巴塞罗那。佩德罗统治时期,国家在政治上已经非常强大,这归功于他祖辈几代人不懈的努力。到了13世纪初,贵族阶层已明显屈从于伯爵-国王的意志,所以佩德罗要面对的唯一的问题就是国库的空虚。那个时期,封建体制在加泰罗尼亚已极为稳固(现在有很多来自世界各地研究封建体制的学者都在加泰罗尼亚研究那个时期的文献,因为那里是遭受封建体制束缚的最为典型的实例之一),这就意味着不管贵族对伯爵-国王有多么忠诚,只要无利可图,他们连一分钱都不会交出来。因此,佩德罗便和巴塞罗那伯爵家族的所有国王一样,被迫不停出行,因为他知道他所拥有的一项特权就是:当他出访一个要塞时,这个地方的领主就有义务供养他和他的朝廷。

伯国中最有钱或是收益最好的人通常是巴塞罗那的商人和手工业者,他们也逐渐意识到自己在国王眼中的重要性。商人们很善于钻

---

① "天主教徒"佩德罗是阿拉贡王国的佩德罗二世及巴塞罗那伯爵佩德罗一世。——译注

营,他们的行为既体现出了自己的价值,又不会过分令人生厌。当免除伯爵的一项债务可以保证他们获得某种豁免权或商业利润时,他们便会那么做。佩德罗已习惯与贵族及巴塞罗那人进行协议,从那个时候开始,这种与公民达成协议的传统一直延续到18世纪加泰罗尼亚法律、法规被废除。这种协议的传统被称为"协约主义",是19世纪下半叶加泰罗尼亚主义者以及20世纪很多政治家及实业家所信奉的信条之一。然而,到了19至20世纪,协议的对象就已经不再是加泰罗尼亚伯爵-国王,而变成了代表中央政权的"马德里"。对于加泰罗尼亚人来说,"马德里"成了一个既模糊又具体的概念,它已经不是一座坐落于伊比利亚半岛中心的城市,而是一个神话般的存在,是吞下自己孩子的克洛诺斯、点石成金的万能之神迈达斯和印度教中需要鲜血祭祀的时母的结合体,而加泰罗尼亚的精英阶层至少与这个怪物抗争了150年。协议,协议,必须要进行协议。想获得一些东西,就必须要在另一些方面做出让步。很多研究那个时期的历史学家都认为,我们对这种协议方式的理解根本就是一种误解,至少从历史的角度看是这样的。不管是佩德罗二世、他的儿子海梅一世,还是理论上最支持协约主义的佩德罗三世,都不是本着尊重及交换的态度来和贵族、教士阶层及市民进行协议的,而是只有当他们明白妥协比让对方头破血流可以获得更多的利益时,他们才会这样做。只有当他们感受到了架在脖子上的尖刀的寒气时,他们才会让步。中世纪的巴塞罗那人很清楚这一点,而事实上他们从国王那里获得的大部分特权都是因为国王们别无选择,只能让步。这也解释了为什么努曼西亚人会对围城及17至18世纪的暴力进行坚决的反抗。很快我们就会讲到这些。

根据其父亲的遗嘱,佩德罗二世成为加泰罗尼亚的伯爵和阿拉贡的国王,但当时普罗旺斯并不在他的控制之下,而在他兄弟阿方索手中。佩德罗二世觊觎这片土地已久,这主要是因为那个时代所特有的附庸关系极为复杂,总是将两兄弟紧密联系在一起,但显然佩德罗才是掌控一切的那个人。

为了保证王国在北部的利益,1204年6月,佩德罗和蒙彼利埃城的继承人玛丽亚结婚。但这桩为了利益而结合的婚姻并没有得到好的结果,不久之后,佩德罗就厌倦了玛丽亚。一些文献曾暗示,来自蒙彼利埃的玛丽亚仅仅是一位拜占庭公主的女儿,她并不是很讨人喜欢;另一些记载中则提到佩德罗国王经常更换床伴,对这位执着于宗教的女人没有多少兴趣。不管实际情况怎样,佩德罗一世决定休掉玛丽亚。

佩德罗二世因和玛丽亚的结合而得到蒙彼利埃城,当他得到这座城市之后,立刻就想故技重施。他认为已经是时候和另一位有丰厚嫁妆的贵族女性结婚。这次他要的是一个王国:耶路撒冷王国。因十字军东征的原因,那时的耶路撒冷王国处在基督徒的控制之下。虽然当时的耶路撒冷王国已经非常弱小,甚至连圣城耶路撒冷都失去了①,但它毕竟是海外的一个王国,另外,获得这个王国之后,可以得到在整个基督教世界都很有威望的头衔。佩德罗二世向年轻的耶路撒冷女王求婚,并口头承诺了两个条件:第一,他会与蒙彼利埃城的玛丽亚离婚;第二,他会在1207年的复活节前到达耶路撒冷王国。然而,教宗英诺森三世并不像他的名字那样天真,他阻止了佩德罗二世的这步棋,婚礼最终没能实现。

离婚失败,佩德罗二世对王后玛丽亚更为厌倦。当然这对国王的生理需求并没有什么影响,他可以通过不同类型的情人来解决问题,但对于王室血脉的延续而言,这种情况确实令人担忧。因此,王后和一些贵族合谋设了一个圈套。德斯克洛对这件事进行了最为生动

---

① 当时的耶路撒冷王国实质上已经是位于叙利亚海岸的阿克王国,它已经失去了圣城耶路撒冷。——译注

的描述，他曾著有《阿拉贡国王佩德罗及他的先辈们》一书，是加泰罗尼亚四大编年史中最古老的一部，大约写成于13世纪末期。在这部书中，他这样记录了这件事：

事情发生在国王佩德罗一世住在蒙彼利埃城附近的一个城堡期间，他常常在那里和他的一个情人约会，这位女士身份高贵、面容姣好，深得佩德罗喜爱，她是通过一位谋臣（他的名字好像叫吉列姆·阿尔卡拉）引荐给佩德罗的，这位谋臣为人老实、忠诚，在这类事情上非常谨慎。

来自蒙彼利埃的王后玛丽亚因丈夫对她的厌恶，已经很久没有和他同房。当她得知这个消息，就召见了国王的总管。当总管来到她面前时，王后对他说："朋友，欢迎阁下的到来。我派人去传唤阁下是因为我知道阁下是一位好人，忠诚可信。因此，我请求阁下帮我完成下面我说的这件事。正如阁下所知，我的丈夫不愿意和我同房，这令我非常痛苦，也正因为如此，我至今都没有怀上他的孩子，也就是蒙彼利埃城的继承人。我知道国王时不时会在城堡和一个女人约会，而阁下是他所信任的人，我请求阁下，当准备带她去见国王时，请先偷偷地来找我，把我当成她带进房间，让我能躺在国王的床上。所有一切必须在黑暗中进行，为了能说服国王，阁下要告诉他这是应那位女士的要求，因为她不想被别人认出。我深信上帝，我知道这一晚我们将会孕育一个孩子，他是对整个王国的祝福，将成为王国的骄傲。"

"王后陛下，"总管对王后说，"我愿意听命于您，愿意为您效劳，特别是在关系着您荣誉和利益的事情上。陛下请放心，虽然我害怕国王震怒，但您刚才所说的话，连一个字都不会有人知道。""我的朋友，"王后说，"阁下不要害怕，因为我

第七章 大飞跃

将要做的事情会让阁下拥有您以前从未有过的荣耀。"

"非常感谢,皇后陛下!"总管说道,"您知道我将会按照您的命令去做,我们不能再耽搁时间了。您快去准备,因为今晚国王要我将那个女人带进城堡。我会来找您,把您悄悄领进城堡。之后,我会把您带进房间,您自然知道要怎么做。""我的朋友,"王后说,"您说的话让我感到欣慰。您快走吧,好好想想怎样完成这件事,今晚来找我。"总管和王后告别后离开。

那天晚上,国王让他的总管去找那个女人来过夜。"陛下,"总管说,"首先我要告知这位女士的要求。她恳请不要让任何人看到她,不论男女,连侍女也不行。""尽一切可能去满足她的要求。"国王对总管说,"她的期望就是我的期望。"随后,这位忠诚的总管就去找了王后,王后在一位侍女和两位骑士的陪同下被带进了城堡中国王的房间。王后脱去衣服,钻进了国王的床铺。当然,随后,她便下令熄灭了所有的蜡烛。

黑暗之中,国王直奔主题,而最终——哈利路亚!——王后居然怀孕了。国王不仅一举命中,还让王后怀上男孩,后继有人也让因佩德罗的轻浮变得前途黯淡的加泰罗尼亚王国有了些许的希望。随着时间的推移,这个孩子成为海梅一世,他一生都有着严重的恋母情结,但如果我们知道他的母亲是如何受孕成功的,对此就不足为奇了。后来,佩德罗二世英年早逝,有迹象表明,他的儿子直到他去世,都不肯原谅他。

佩德罗二世认为自己非常强大,虽然王国在经济上很拮据,但他认为这是再正常不过的事。当然,他也足够聪明(也可以说,他是因极度绝望而急中生智),想出了极具创意的方法来"点石成金"。他所采取的某些措施直接影响了巴塞罗那。本来一直都是由贵族吉列姆·德·梅迪奥纳及其家族负责向巴塞罗那人征收赋税,为了改进这种机制并创造更多的附加价值,佩德罗二世重新整编了巴塞罗那最繁华的滨海区。他将商业活动都聚集到一起,增加了它们的产值,而当时的那些商业活动已经远远超出了海上贸易的范围;他还将和人们日常消费息息相关的小商品交易分散到滨海新村之外的三个市场:布料市场、鱼类市场和肉类市场。此外,在经济扩张时期,佩德罗二世同样要依赖强大的财政支持才能推动经济的发展。他曾对三位主要的财政支持者做出过重要的承诺:贝雷·蒙内特尔,王室贷款的主要提供者之一,他获得特许,可对蒙特惠奇山与大海之间的土地进行城市化建设;贝尔纳特·西蒙获得同样的特许,可对卡喀雷尔和新建船坞之间的土地进行城市化建设,但条件是他必须修建一条足够宽敞的大街,可以将蒙特惠奇山的石头运送到巴塞罗那(我们已经猜到,这条街就是后来的安普勒大街,即宽阔的大街的意思);最后,还有吉列姆·杜尔福特,他是国王的财务总管,很可能也是国王财政政策的制定者,他得到了皇家市场和略夫雷加特河之间的土地,而那时的皇家市场是官方指定的外国商人居住的地方。

佩德罗二世,好战的国王

伯爵-国王佩德罗二世也是一位国际化的人物。当他的亲戚卡斯蒂利亚国王阿方索八世组织抗击阿里莫哈德王朝的十字军远征时,佩德罗二世带领一支由加泰罗尼亚和阿拉贡骑士及步兵组成的强大队伍加入。1212年7月,基督徒军队和阿里莫哈德王朝有史以来庞大的军队在现今安达卢西亚的乌韦达相遇。佩德罗率领加泰罗尼亚骑兵发动了一场重要的战役:他们袭击了强大的穆斯林军队的侧后方。当时,穆斯林军队正拼尽全力抵抗卡斯蒂利亚人及其联军在侧翼的进攻,佩德罗的军队在其侧后方撕开了一个缺口,直接导致了穆斯林的失败。

这场战役被称为托洛萨洼地会战,所有参加了这次战役的基督徒战士都获得了很高的荣誉。可能也正是因为如此,佩德罗又加紧发动对另一已经拉开的阵线的进攻,也就是对欧西坦尼亚十字军的进攻。这支十字军与那些在安达卢斯这样的圣地作战的十字军截然不同,它是一支由基督徒组成的针对基督徒的队伍。

很早以前,和教宗国有紧密联合的法国人就觊觎欧西坦尼亚地区,佩德罗也是如此,这是让他对托洛萨伯爵又爱又恨的原因。被称为拉蒙六世的托洛萨伯爵确认法国人伪装成十字军来袭击他之后,就投靠了巴塞罗那伯爵。法国人及教宗国开战的借口是托洛萨伯爵接纳了卡特里派或阿尔比派(因法国南部的阿尔比城而得名)的教徒,因为教廷认为这些人都是异教徒。然而,卡特里派虽然并不是非常正统的基督教派,但也没有过多偏离教宗国提出的教义,也没有过多改变宗教仪式进行的流程。

欧西坦尼亚十字军由西蒙·德·孟福特率领,他们采用了焦土政策。他们不光焚烧土地,还烧死了卡特里派的教徒,只要他们遇到卡特里派的人,就将其付之一炬。1211年,为了避免十字军和加泰罗尼亚及阿拉贡联军之间的冲突,佩德罗将自己三岁的长子海梅交给了他的敌人西蒙·德·孟福特。从理论上讲,佩德罗这么做,是为之后海梅与西蒙的女儿阿米希亚联姻做准备。佩德罗想以此来表明他是一个虔诚的天主教徒,尽管他对阿尔比派没有好感,但也不想将已经成为他附属地的托洛萨的居民赶尽杀绝。海梅一直都不能原谅他的父亲将其从母亲的怀抱夺走,交给自己的敌人。1213年,佩德罗在托洛萨附近的米雷与欧西坦尼亚十字军对阵,不幸在战斗中丧生。在

《海梅一世编年史》一书中，作者对海梅的所作所为进行了非常生动的描述，这可以满足不止一位喜欢历史的精神分析家的好奇心：

> 战役发生那天，佩德罗一直和一个女人在一起鬼混（后来，我们从负责他饮食的仆人那里听说，很多人也都亲眼看到），甚至在弥撒结尾要读福音时，他都还站不起来，只能坐在自己的位置上听。战争开始之前，西蒙·德·孟福特曾抛给他一个协议，想从中获利，但朕的父亲并没有接受这个协议。……国王的支持者们不懂如何指挥战争，也不能团结一致，每位大贵族都各自为政，进攻毫无章法。就这样，由于组织混乱，加之罪孽深重，他们最终战败，而朕的父亲也在战争中丧生。

显然，佩德罗并非死于不懂战略战术，他一生的经历足以证明这一点。他的死是因为他打破了骑士们在战前不能淫乱的誓言，他一直和他的一个情人或是一个尾随军队而来的妓女混在一起。此外，还有一点海梅没有描述得很清楚，佩德罗很可能是醉醺醺地参加了出征前的弥撒，或者说，至少在参加弥撒时，佩德罗因情事而筋疲力尽，他既亵渎了弥撒，也犯了骑士的大忌。

海梅国王

《海梅一世编年史》是由国王海梅口述，别人整理而成，从此书中可以推测出他应该非常尊重在不久后的一次围城战中丧生的西蒙·德·孟福特。西蒙·德·孟福特很可能对海梅不薄，海梅对他的尊重也远胜过对他的父亲，因为他的父亲佩德罗从未对他表露出一丝的喜爱。佩德罗死后，海梅的处境变得非常复杂：他成了一位在杀父仇人手上的丧国之君;孤身一人,没有母亲的陪伴,等等。那时,阿拉贡王国马上就要落入教廷之手,因为当年佩德罗为了提升他的国际地位,已让阿拉贡王国依附于教廷。因此,非常反感卡特里派的孟福特就将还是孩子的海梅交给蒙松城堡的圣殿骑士来教育。蒙松这个地方虽然离加泰罗尼亚很近,但属于阿拉贡王国。

  海梅十七岁时才开始接触真实的世界,他发现在阿拉贡王国,每个人都我行我素。阿拉贡的贵族们非常依恋自己的土地,不愿再去冒险,他们要求通过埃布罗河来寻找出海口,但海梅却不愿意放弃由他曾祖父拉蒙·贝伦格尔四世所开创的征服大业。加泰罗尼亚贵族也不重视他的存在,因为近年来他们已经习惯任意妄为,一点也不担心会受到那个被半囚禁在蒙松的孩子的约束。对于海梅而言,第三种不和谐的力量就是巴塞罗那,海梅童年时期,那里动荡不安。因为多年来伯爵-国王一直缺席,小贵族、主教甚至是伯爵宫殿里的官员都为所欲为。在这样的环境中,城里的精英层和一直很脆弱的犹太人都处在无人庇护的状态,尽管如此,他们依然做到了免受那些利用国王的柔弱而贪得无厌者的侵害。海梅一世二十二岁时,就不得不面对不停发动叛乱的贵族、贵族之间无休止的斗争甚至是贵族在战场上对他的背叛。在那个艰难的时期,唯一支持海梅一世的就是加泰罗尼亚各个城市的资产阶级,特别是巴塞罗那的资产阶级。1228年,海梅终于找到了能解决他和贵族之间所有问题的方法;让贵族们憧憬着一项能给他们带来巨大利益的丰功伟绩——去征服马洛卡王国。

征服马洛卡王国

  对于巴塞罗那商人而言,马洛卡王国就像是鞋里的石头。虽然他们的船在马洛卡的港口受到了礼遇,但也常有海盗的船只从岛上驶出，给加泰罗尼亚的船只造成巨大的损失。一个世纪前，阿拉贡王国的战舰就试图打击海盗，但收效甚微，那时的战舰基本上都是大帆船。唯一消灭海盗的方法就是铲除他们的基地，而更好的方法就是让他们的基地归属于加泰罗尼亚。因此，1229年，海梅在巴塞罗那的旧伯爵宫殿召开了一次议会会议，与贵族、教廷及各个城市里的精英阶层讨论如何在财政上支持攻打马洛卡的军事远征以及征服之后如何分割土地和马洛卡穆斯林的财富。

征服马洛卡并非易事。首先，阿拉贡人不愿意参与，因为他们认为征服马洛卡对于他们而言解决不了任何问题。其次，加泰罗尼亚贵族都私欲膨胀，特别是当大贵族家庭都派年轻的继承人出征时，两个贵族之间争斗很常见，而想让他们联合起来对付共同的敌人却很难。当然，还有一个很简单的原因：敌人很强大。

马洛卡人防御总能取得成功的几个因素主要有：被加泰罗尼亚人称为"马洛卡城"的王国首都的城墙；岛北部复杂的山地地形，特拉蒙塔纳山脉为防御提供了很好的条件；马洛卡的全部居民都是穆斯林，他们扎根岛上。然而，马洛卡是一个岛，这就意味着它并不是一个容易逃脱的地方。当马洛卡人受到攻击时，大家都很清楚，不能逃亡，只能死守。在海梅发动密集及血腥进攻的三年里，马洛卡人也都是这么做的。战争结束后，海梅下令颁布《分配薄》，公布了如何将马洛卡岛分配给参与征服战争者，规定了每个人所享有的权利及特权，也说明了土地及财富该归谁所有。

征服马洛卡岛期间，征服者对穆斯林展开了大规模的屠杀，这导致了不久之后封建领主们必须要面对由谁来耕种土地的问题。为此，他们为加泰罗尼亚农民殖民岛上大开方便之门，有很多人从安普尔丹移民过来，这对形成岛上居民所说的带有独特口音的加泰罗尼亚语起到了至关重要的作用。然而，这些农民并没有分散到马洛卡岛的各个地方。海梅和他的顾问们对马洛卡岛的首都有着非常不一样的计划,他们想在那里新建一座巴塞罗那城,而他们差一点就达成了这个愿望。他们将马洛卡变成了商业中心,把它变成了巴塞罗那及全国航海者东方航线的起点。征服马洛卡岛的意义重大,海梅甚至想给马洛卡岛重新命名,称其为"海上加泰罗尼亚",但最终这个岛还是保留了我们现在所熟知的名字:马洛卡。

巴塞罗那,加泰罗尼亚的首都

米雷之战[①]惨败后,虽然阿拉贡王国的力量撤出了北部地区,但对马洛卡的征服又给它注入了新的动力,特别是对巴塞罗那,它已经成为西起纳瓦拉边境、向东延伸至地中海内部的这一地区的首都。

阿拉贡联合王国的组织结构有着一些与众不同的特点:它由今天我们称之为盟国的阿拉贡和加泰罗尼亚及一个被加泰罗尼亚人征服的海岛马洛卡岛组成。除此之外,还有一个因素让这个国家的结构变得更为复杂。构成阿拉贡联合王国的主体部分,也就是最富有的部分——加泰罗尼亚——实行的是非常严格的封建体制。这种体制建立在人与土地的依存关系上,这就要求各个地区要长期拥有一致的政策并达成共识,保证必要人员之间的协同合作。但这很难实现,因为加泰罗尼亚一些较为突出的城市都只对自己的事务负责。虽然它们无法逃脱封建体制的束缚(这是绝对不可能的),但也会在自己的地域范围体现出鲜明的个性,巴塞罗那更是首当其冲。就是在那个时期,巴塞罗那开始以"领袖及统治者家族的所在地"而闻名,也就是说,它成为加泰罗尼亚的首都。

---

① 指上文提到的佩德罗二世与欧西坦尼亚十字军之间的战争。——译注

征服巴伦西亚

征服马洛卡之后，下一个目标就是巴伦西亚王国。如果说征服马洛卡岛只是阿拉贡王国国王、贵族及巴塞罗那资产阶级之间协定的结果，并没有引起阿拉贡贵族和莱里达城精英阶层的兴趣，那么对巴伦西亚的征服则是阿拉贡贵族的野心、嫉妒加上加泰罗尼亚贵族的贪婪所致。阿拉贡的大家族很晚才意识到征服马洛卡可以打开国际市场，而他们却因没有认真思考就失去这样的机会。他们想获得出海口的想法是可以理解的，但显然加泰罗尼亚的伯爵们（国王也是其中之一）并不会赠与他们一段海岸来限制自己未来的扩张。出于这个原因，一些阿拉贡贵族在没有得到国王允许的情况下，趁巴伦西亚穆斯林王国不备，擅自出兵占领了一小段海岸。虽然最初他们的行动进展得并不顺利，但引起了国王和加泰罗尼亚贵族的不安：如果阿拉贡人自己达成了目的，他们就不能分享胜利的果实。因此，他们才对出征有了兴趣。

相对于马洛卡而言，巴塞罗那人并不看好对巴伦西亚的征服，因为巴伦西亚国王不仅向巴塞罗那伯爵－国王缴纳大量赋税，还允许加泰罗尼亚的航海者在其海岸进行贸易。因此，征服这片土地、中止他们之间的协议并没有什么实际的好处。此外，在对马洛卡的征服和殖民过程中，巴塞罗那人已经得到了很多资源，重新去冒险，看上去并不是一桩好买卖。征服马洛卡时，很多贵族是屈从于国王及巴塞罗那资产阶级的意愿，但对于征服巴伦西亚而言，情况刚好相反。征服巴伦西亚的战争持续了十六年之久，战争给双方都带来了灾难性的后果，特别是对撒拉逊人而言。吸取了马洛卡之战中的教训，这次基督徒们没有对穆斯林进行大规模的屠杀，他们被当成奴隶征用。马洛卡被征服之后,征服者的残暴行径导致当地人口急剧减少,这给耕种带来了很大的困难。封建制度更多是建立在对农民的剥削而不是对土地的控制上,没有了农民,土地也会变得荒芜。

在被征服的巴伦西亚王国内陆地区,也就是离阿拉贡最近的地区,由阿拉贡农民重新垦殖,而在海岸及巴伦西亚城则由加泰罗尼亚农民和商人进行垦殖。因此,在巴伦西亚内陆地区,人们讲阿拉贡方言,而在海岸地区,则讲加泰罗尼亚语。虽然阿拉贡贵族获得了一个出海口,但这和他们原来所期待的并不一样。新的巴伦西亚王国是结合了加泰罗尼亚及阿拉贡的利益而建立起来的,没能完全满足任何一方的需求,这和马洛卡王国不一样,它显然主要满足了加泰罗尼亚的利益需求。这对未来的局势起到了至关重要的作用,这也是为什么阿拉贡、加泰罗尼亚及巴伦西亚对整个王国的决策都起着至关重要的作用,而马洛卡却没有那么重要的原因。

不管怎样,在征服了马洛卡和巴伦西亚之后,阿拉贡王国就变成了地中海的第一强国,而在那个时代,这也意味着,从某种程度上讲,阿拉贡王国已经跻身世界强国之列。统治这样的一个国家,并非易事,即便它的统治者是海梅一世这样有决断力的人。这个国家疆域辽阔,一些地区甚至还被海分割开来,每个地区臣服于阿拉贡王国的程度不同,享有不同的特权,讲不同的语言。面对这种局面,海梅别无选择,他只能支持那些对自己用处最大的地区,其中,巴塞罗那最为突出。

百人市政会

巴塞罗那较为轻松地渡过了地域扩张的阶段,至少对于小康阶层是这样的。我们知道,通常当权者在经济发展上取得成就时,民众的生活水平并不一定会有所提高，而往往会适得其反。不管怎样，为了满足已成为商业中心和准工业中心的巴塞罗那发展需要，城市已经变得越来越复杂。例如，将水从蒙卡达运送到巴塞罗那的伯爵水渠，这个庞然大物就很难管理。水渠边上竖起了为不同行业服务的风车，从粮食加工到布料生产，一样不差。甚至还有一个风车专门为农具作坊提供动力，这个作坊主要为巴塞罗那平原上的农民制造并修理农具。我们知道，水一旦用于工业生产，就会影响它作为饮用水的质量，而当水进城之后，情况就变得更加复杂，水渠变成了废水渠。因此，认真治理水渠很有必要。然而，水渠的问题仅仅是当时所要面对的诸多问题之一，从税收的管理到城市空间的合理利用，还有对已破败不堪的城墙的维护问题，等等，问题数不胜数。

我们之前曾提到过，巴塞罗那城里德高望重的人组成了被称为委员会的机构，虽然它在政治体制中的角色并不明确，但已经在城市的治理上占有了自己的一席之地。不过，当时管理城市的权力还在行政长官和地方总管的控制之下，他们都由巴塞罗那伯爵直接指派，因此，委员会在做决定时并没有很大的自主权。在发动对马洛卡和巴伦西亚的征服战争时，海梅一世得到了巴塞罗那有权势的大家族及大部分民众的支持。因此，他决定授予巴塞罗那人民一项特权：1249年，他成立了一个由四位顾问组成的市政会（这四人分别为卡尔色兰·德·拉瑟拉、哈乌梅·赫拉尔特、贝伦格尔·杜尔福特和阿尔纳乌·德·萨纳乌哈），市政会的职责在于为巴塞罗那的皇家代表（即行政长官和地方总管）出谋划策，并与他们进行合作。几年之后，这种最初作用甚微的机构通过不断地改革并增加自己的特权，变成了一个全新的机构：百人市政会。也就是说，市政会由来自社会各个自由阶层的一百名代表组成，他们通过一个由五名代表构成的理事会来管理巴塞罗那的事务。百人市政会是加泰罗尼亚一个一直保留到近现代的、最为开放的人民代表机构，它比加泰罗尼亚议会或是加泰罗尼亚政府存在的时间要长得多，在长达几个世纪的时间里都是加泰罗尼亚统治集团权力的代表。

然而，百人市政会一直都没有真正的权力，这种状况直到它拥有了自己的财政收入、能够收税并按照自己认为合适的方式来分配税收后才有所改变。当时，或在更早以前，伯爵直接向市民征税，所有的巴塞罗那居民都有义务根据三种标准来交税：第一，根据贵族身份也就是贵族的等级征税；第二，根据一个人所拥有的牧场数量或所拥有的牲畜数量征税（此项税收只在新君主继位时征收）；第三，是更为常见的户头税，即根据一个人在城里所拥有的烟囱、灶或房子的数量征税。在百人市政会或是之前的委员会地位稳固之后，这种税收体制发生了一些改变。城市的执政者开始征收塔雅税，这是一种按住人的房子或灶火的数量来征收的税款，它首先用于缴纳伯爵的税费及支付给王室的补贴，剩下的部分就用于维护和改善城市设施。

有时，人们也需要针对某项具体的开销支付额外产生的税款。这类税费被称为"强制税"，这真是一个恰如其分的名字。其实，这个名字本应取代现在的"赋税"，但出于政治正确的考虑，王国并没有这么做。最有名的强制税可以追溯到1286年，那次征税是为了支付修建新城墙的费用。新城墙不仅比旧城墙长，还将郊区及在破败的罗马城墙外兴起的小镇都划入城市的范围。

新城墙

虽然新城墙的修建于13世纪末才开始，但当城门设立及海梅一世在马洛卡和巴伦西亚进行扩张时，巴塞罗那城里就已经开始大兴土木。海岸线自然地向前推移，而曾帮助国王进行军事远征的资产阶级也将靠海的村镇城市化。

这些靠海村镇的土地被再次划分为更小的单位，而其中绝大部分都落入了城里富人家族的手中。虽然这个区依然在很大程度上和海上贸易相关，但很多家族都在那儿建起了房子，开始定居在那里。布尔赫斯家族、迪尔福尔家族、普莱加曼斯家族、德·维克家族及马尔克特家族就是这样的例子。如果说这些家族住在城里时就已经有了摩擦，现在他们成了邻居，彼此之间的紧张局势更是到了一触即发的程度。这些家族经常为了各自的权利、土地的边界、对街道的不当使用等问题冲突不断。总之，任何一丁点小事都可以引发冲突。

1259年，海梅一世批准贝伦格尔·德·蒙特卡达可以拥有三个"alfòndecs"，这引发了这些家族之间的一场战争。"alfòndecs"一词来自阿拉伯语，是指为外国商人提供住宿的地方，后来从这个词又派生出一个更为现代的词汇"fonda"，是客栈的意思。这种客栈之所以重要，是因为它们不仅仅是一种旅馆，根据阿拉伯人的运营方式，它们还可以充当储存商品的仓库，商品的交易也经常在那里进行。如果说提供住宿或仓储服务本身就是一桩好买卖的话，那么能在自己家的院墙内进行货币及商品的交换，无疑是一个极好的扩展自己生意的机会，任何一个商人都不愿意错过。之前我们所提到的蒙特卡达家族并不是贵族蒙特卡达家的后人，后者的继承人在征服马洛卡岛时，死在了麦迪娜马尤卡（现今的帕尔马城）的城门口。虽然非贵族出身的蒙特卡达家族并没有那么强大，但他们在巴塞罗那也是声名显赫，这主要是因为其家族成员卓越的才能及贝伦格尔·德·蒙特卡达和国王海梅私交甚笃。

1258年岁初，巴塞罗那发生了一次很严重的冲突。一位在海边的里贝拉区投资的杰出人士贝尔纳特·马尔克特被乱石砸死，他家也遭到洗劫，被肆意破坏，最后还被烧毁。马尔克特很有钱，他在卡喀雷尔附近，也就是在村镇和蒙特惠奇山之间的地区，拥有一栋带果园和树林的房子，当然，这只是他的一处房产。这所房子原本是马尔克特的妻子艾莉森达·罗伊格和她姐姐艾尔梅森达打官司争夺的目标，因为这所房子是姐妹两人的父亲留下的遗产。姐妹俩儿都认为房子该归自己所有。想必贝尔纳特·马尔克特很有影响力，他参与了这件事。在打了几年官司之后，艾莉森达不仅顺利夺回了果园，果园还得到了卡喀雷尔市的大力扶持。而马尔克特不仅坐收妻子的收益，还成为里贝拉区几处房产及巴塞罗那城外一些耕地的主人。此外，他还拥有一艘大帆船，1242 年，这艘船在北非航行时被海盗所截获。总之，贝尔纳特·马尔克特实力雄厚。

贝尔纳特·马尔克特被砸死的惨案应该对当时的社会产生了很大的影响。虽然没有任何文献记载他被砸死的原因，但后果显而易见，我们可以总结以下几点：国王震怒，他拉出了一份长长的名单，开始对里贝拉区的名流及商人进行罚款，理由是他们没有采取任何措施来阻止谋杀案及对马尔克特房子的毁坏行为。在处以罚款的同时，国王还下令重组市政会，这时的市政会已从最初只拥有 4 名成员的组织发展成为拥有 200 人的庞大机构，但几年之后，它的成员数量又回到了 100 人，这一点我们在上文中曾经提到过。国王和他的调查人员最后得出结论：贝尔纳特·马尔克特的死既不是因街头冲突，也不是因债务问题或是普通家庭的争端，他是被在蓬勃发展的里贝拉区里有着更多利益的几个家族密谋杀害的。通过除掉贝尔纳特·马尔克特，他们不仅直接铲除了一个竞争对手，还提醒了他们的敌人：他们会尽其所能来维护自己的利益。其实，他们纯粹就是残暴的黑手党，虽然在那个时代还没有这个名字。通过观察 12 世纪发生在巴塞罗那敌对家族之间的冲突，我们就会明白为什么在加泰罗尼亚中世纪及现代的史学家中会流传着这样一个笑话：为什么现在的黑手党扎根于西西里和卡拉布里亚？可能是因为统治该地区很长时间的加泰罗尼亚家族教会了意大利人应该怎样解决生意上的纷争吧。

海商贸易事务所

海梅一世试图通过重组市政会来创建一种协商机构，从理论上讲，可以通过这种机构来调解这些家族间的冲突。虽然市政会的成员依然是巴塞罗那居民中的少数，但它已经吸纳了巴塞罗那各个阶层的代表，甚至也包括社会地位最为卑微的阶层，但穷人除外。这在那个年代，已经很不容易了。当然，可能对于现在而言，也是如此。这个机构运行良好，也给里贝拉区带来了和平，虽然紧张的气氛并没有消失。商人们已经疲于应对地中海上的战事，而内部矛盾也同样消耗了他们大量的精力。

到了13世纪50年代，加泰罗尼亚商人，特别是巴塞罗那商人，已经巩固了对整个地中海区域的控制，这个区域包括从加泰罗尼亚海岸到突尼斯和阿尔及利亚之间的区域，这在很大程度上要归功于对马洛卡岛的占领。对于"巩固"一词的理解，我们不应该仅仅停留在控制商贸路线上，还应包括通过武力或海盗活动来阻止他人参与这个地区的商贸活动。海梅一世很清楚这一点，他让他的战舰为加泰罗尼亚的商业活动提供保护。但他也深知外交的重要性，他于1253年及1258年分别在突尼斯和贝贾亚开设了两个皇家事务所。在13世纪结束前，加泰罗尼亚已经在地中海沿岸或临近的126个城市开设了海商贸易事务所，这些城市有：马拉加、蒙彼利埃、君士坦丁堡、威尼斯、贝鲁特、马耳他、阿卡、雅典等。这些海商贸易事务所将加泰罗尼亚商人凝聚在一起并为他们提供帮助。这种机构并不是我们今天所熟知的使馆，而是一种商贸代表处或是加泰罗尼亚商人协会。上文我们曾提到过的阿拉伯式客栈,已在整个地中海地区广泛使用,而这些客栈的一个主要特点就是:里面住的都是加泰罗尼亚商人。从 13 世纪末到 14 世纪,在受地中海贸易影响的市场中,最常听到的语言无疑就是加泰罗尼亚语。随着时间的推移,为了规范大规模的经济活动,加泰罗尼亚的商人们出台了一系列的法规,并将其汇编在《海商贸易事务所书》中,这可以算是一部商业法的汇编,它在几个世纪的时间里对地中海地区的贸易活动起着约束作用,而且这种约束力不仅仅是针对加泰罗尼亚商人。但最初构成这部法典的法规源自何处呢?它们起源于成立于里贝拉区的海贸商人及海事建筑者联盟,这个协会是因贝尔纳特·马尔克特被杀事件而建立的。一切都是这么顺理成章。

受到阿拉贡王国军事力量支持而频繁发生的商贸活动不可能让其他强国无动于衷。法兰克帝国的直接继承者——法国——那时已经是一个强大的国家,他们对加泰罗尼亚-阿拉贡的扩张虎视眈眈。在米雷一战阿拉贡战败之后,局势变得越来越紧张,特别是当加泰罗尼亚人看中了法国人也觊觎已久的地中海之后,法国人急切地想插手地中海的贸易。

最先出手干预的是法国国王最主要的靠山:教宗。当海梅一世决定和埃及建立商贸关系时,教宗禁止阿拉贡王国继续和穆斯林国家保持联系。如果不是因为经济利益太过重要而无人能忽视的话,这个决定将会给巴塞罗那的贸易带来致命的打击。为了给教宗台阶下,不用他收回这个错误的命令,商人们便杜撰了寻找圣徒及殉难者圣物的远征,这种由神圣事业驱使的远航足以使加泰罗尼亚半海盗性质的商船受到教宗的祝福。不久之后,巴塞罗那商人的贸易活动就沿几条主要路线展开,他们还在沿线建立了海商贸易事务所,这些事务所也起到了商贸法庭的作用。这些清晰的航线到现在依然让人印象深刻,人们会惊叹这些线路的组织方式,因为它们体现出了加泰罗尼亚商人的勇敢。第一条路线是传统路线,将巴塞罗那、马洛卡城、巴伦西亚和非洲北部连接起来;另一条路线被称为"西班牙人航线",它深入到格拉纳达王国的几个港口,有时还和第一条路线相连;还有拜占庭航线,可以到达君士坦丁堡,途中还连接了地中海上的各个岛屿,或者也可以先从突尼斯到亚历山大,之后再到达贝鲁特、法马古斯塔和君士坦丁堡;甚至还有一条可以到达布鲁日的大西洋航线,加泰罗尼亚商人沿线分销其他商人从东方带回的商品。虽然法国及佛兰德商人的路线也是如此,而且更为重要,但加泰罗尼亚商人的这些线路已经令人震惊。这样看来,是位于地中海一端的巴塞罗那成就了加泰罗尼亚商人在那个时期的核心地位,这是一个不争的事实。

"三只手"

随着商业的繁荣发展,巴塞罗那变成了一座大都市,它的重要性也日渐增加。随着资金的流入及城市建设的发展,移民不断涌入,权力也在这里聚集。然而,这种繁荣并不是以同样的方式影响着每一个人的。除了贵族阶层,巴塞罗那城里的普通民众们都被按照自己的购买力划分了等级。他们被冠以了一个非常奇怪的名字:"三只手"。

第一只手,被称为"大手",是指身份尊贵的市民,主要由高级资产阶级组成。他们是市政府中实际掌握权力的人,从理论上讲,这些人也是最有实力的商人的代表。随着时间的推移,他们的财富不再依靠商品交易,而更多依赖于对城里的小块土地及不动产、城外的大片田产的控制。此外,构成这第一只手的群体还包括有能力提供资金的人,也就是那些为国王和贵族提供贷款者,犹太人也从事此类活动,但他们却不能被划入尊贵市民这个阶层。这些尊贵市民后来成为了阿拉贡王国的外交使团、王国召开议会时的法律顾问甚至是军队最杰出的将军和海军司令。

第二个等级被称为"中手"，包括海洋行业的杰出人士、布料生产商及商人。虽然他们的重要程度还不及那些尊贵市民，但事实上，很多尊贵市民都出身于"中手"阶层，这是因为当他们积累了足够的财富或是在为伯爵-国王提供了某项服务后，国王认为已经可以提升他们的社会等级了。属于这个阶层的人往往受第一阶层人的庇护，他们并不渴望替代第一等级，只是期待成为他们中的一员。

"大手"和"中手"阶层的成员组成了市政府，而属于"小手"阶层的人虽然可以进入百人市政会，但不能成为理事会成员来领导城市的发展。然而，这样的限制并非十分严格。事实上，在1300年左右，一些书记员、受尊敬的艺术家等属于"小手"阶层的成员就成为理事会的成员，但属于"小手"阶层的大部分成员都不是艺术家，而是以手艺为生的手工业者。手工业往往以行会的形式组织起来，行会有着严格的规定，其成员间保持着团结协作的精神。属于一个行会，就要履行该行会相应的经济及社会义务，也意味着一个人的出生、成长、结婚、生子、衰老和死亡都在行会规定的约束和庇护之下进行，而行会也会按照规定保证它的成员衣食无忧。

我们可以看出，这所谓的"三只手"并不是封闭的社会等级。提升社会等级很常见，但有时也会有降级的情况发生。虽然钱是一个人属于某个阶层的明显标志，但它并不是唯一的决定因素，因为最重要的是要看一个人从事的是什么职业，跟他在自己的领域里有没有取得成绩无关。

巴塞罗那的犹太人

虽然我们上面提到的三个等级在购买能力上有着明显的区别,但我们应该记住,这三个等级都属于特权阶层。城里很多人绞尽脑汁地想成为三个等级中任何一个的成员。犹太人形成了组织周密的少数群体,他们虽然被边缘化,却也受到了一定的尊敬并享有某种特权。大部分居民看不起犹太人,试图跟他们保持距离,但当权者(特别是国王)还是相当重视这个群体的。从海梅一世的时代开始,遵照教宗国的指示,犹太人居住的区域被正式称为"卡尔"(Call)[①]。到16世纪末,据估计,在加泰罗尼亚共有12 000名犹太人,其中有4 000人在巴塞罗那。很多犹太人都以提供有息贷款为生,而从理论上讲,基督徒是被禁止做这种生意的。这种有息贷款让犹太人变成了众人唾弃的对象,不管能不能还得起贷款,人们都憎恨这些犹太人。其实,他们有点像今天的银行,被所有人憎恨。犹太人以团体的形式组织起来,这种团体被称为"阿尔哈玛"(aljama)。他们通过这种团体来主持公道,规划市民生活,团体还拥有犹太教堂和公墓。巴塞罗那还有一家肉店和一位犹太公证员专门为犹太人提供服务,这样的现象并不多见。巴塞罗那最有名的犹太人是所罗门·本·亚伯拉罕·伊本·阿德勒(1235—1310),他更被人熟知的名字是所罗门·阿德勒。他是一位奉行卡巴拉主义的拉比,从科尔多瓦到赫罗纳,所有的犹太人都很尊敬他。他用书信的方式为人们解答不同类型的疑问,幸运的是他的很多信件都被保存了下来。他通常都用生活中的常识来解答问题,回答浅显易懂,这在任何一个历史时期都不多见,也充分显示出他

[①] Call一词有人认为来自希伯来语中的kahal,是集会、团体的意思;也有人认为这个词来自拉丁语的callum,是街道的意思。第二种说法被更为广泛地接受。——译注

对《托拉经》及犹太教教义的深刻理解。

从理论上讲,犹太人应该以一种特定的方式来着装,以便人们可以从很远的地方将他们辨认出来:他们要穿一个圆形的斗篷,胸前要缝上一块黄布,布的中心位置为红色,很容易识别。实际上,犹太人通常都不这样穿戴,因为这让他们感觉受到了侮辱。为此,多明我会的修士曾发起了一系列的运动,还有一些法令也都要求巴塞罗那的犹太人必须以这样的方式着装。从海梅一世到胡安一世,国王们对待犹太人的方式一直在变化。从整体上讲,国王们对犹太人是采取保护态度的,但也会经常将他们弃之不顾,甚至是使用极为严酷的手段从他们身上诈取钱财。阿拉贡王国所有的阿尔哈玛都已经习惯用"破财消灾"的方式来平复当权者及他们的基督徒邻居的情绪。

乞丐

社会地位在犹太人之下的是乞丐。当然,这只是基督徒的看法。在那个时代的文献中并没有过多地提及乞丐这个群体,只有当提及某位有权有势的人物在某个地点施恩之时,他们才会顺带出现。正是因为圣克鲁斯医院(一个为穷人服务的机构)的记录,我们才可能对当时一大部分人的贫苦生活有所了解。当有人住进这间医院时,就会填写一张详细的病人情况记录表:他是谁、患有什么疾病以及拥有什么财产。维持这间医院的资金来源就是慈善捐赠及那些死去的病人留下的财产。然而,大多数病人唯一的财产就是他们所穿的衣服,而且还是一些破烂不堪的衣服……医院很难从这一大堆又脏又破的烂布中获利。在那个年代,不仅仅是穷人,很多人都只有一身衣服,每天都得穿着它,也就是说,同样的一身衣服穿来工作、睡觉、吃晚饭、娱乐、生孩子或是度过健康恢复期。当这身衣服变成了破布条,他们才去找另外一套可以替换的衣服。根据圣克鲁斯医院的记录,除了衣服,有时穷人们的物品中还有钵(一种有着多种用途的碗)、小块食物、小块奶酪、少量面包,偶尔还有人会有咸鱼或腌鱼。

贫穷是一种普遍的状况。很多人出生就是穷人,一辈子都很难摆脱这样的境况;也有人变成了穷人,特别是当一个人上了岁数或是成了伤残人士的时候。不管因何缘故,只要一个人不能工作,他绝对会沦为贫穷的"宠儿"。虽然那些靠手艺吃饭的家庭可以用他们的家庭收入来照顾家里的老人和病人,如那些属于"小手"阶层的家庭,但是这也仅限于巴塞罗那的一些特权人士。大多数残障人士、病人或是上了岁数的老人,最后都会死于营养不良。

奴 隶

比乞丐的社会地位更低的就只剩下奴隶了。他们基本上都是撒拉逊人或是在众多的陆海战事中被俘的撒拉逊人的子女。从整体上讲,巴塞罗那的奴隶都在富人家当佣人或是在城市里的某个作坊中做最底层的工人。虽然他们生活不易,但与之前的年代相比,倒也没有那么艰辛。如果主人曾在遗嘱中指出,在他死后,奴隶们可以恢复自由,当主人去世后,他们就会变为自由之身,这是一种很普遍的情况。奴隶们会接受主人给他们起的名字,还会得到一笔可以让他们在郊区的某个地方临时住下来的安家费。他们可以去郊区的作坊里工作或是在田里做些零工,也可以去巴塞罗那港口拉纤或是为船只装卸货物。如果情况不好,他们最终还是会加入穷人的大军,每天正午十二点赶往主座教堂旁边的受俸神父之家,在那里他们能得到少许食物和施舍。

征服西西里王国

　　海梅一世在位的时间很长，也取得了辉煌的成果，但他也做过一些至今依然引发争议的事情，例如，1258年，他与法国国王签订《科尔贝协议》，阿拉贡王国放弃向北扩张。20世纪20年代，法国历史学家皮埃尔·维拉尔第一次访问巴塞罗那时，曾去老城区的一家发廊理发，在等待时，他惊讶地听到了发生在理发师和一位顾客之间的争执：其中一人坚持认为海梅一世不仅是背信弃义之人，还是个胆小鬼，因为他放弃了继续向北扩张，而另一人则对这位中世纪国王赞赏有加，因为他给国家带来了和平与稳定。皮埃尔·维拉尔立刻就爱上了这个国家，因为这是一个连你去理发的时候都可以和人讨论13世纪国际条约的国家。除了放弃向北扩张，海梅一世的遗嘱也引发了很多的争议。他将阿拉贡王国的大部分领土（加泰罗尼亚、阿拉贡和巴伦西亚）都留给了他的大儿子佩德罗，把剩下的部分（马洛卡、罗塞略及塞尔丹亚伯国）留给了次子海梅。虽然海梅一世对疆土的分配已经让次子海梅变成了长子佩德罗的附庸，但巴塞罗那伯爵的继承人们从来没能认真领会国王的意图。事实上，七十年之后，马洛卡和其他伯国才重新听令于巴塞罗那伯爵，而这是通过惨烈的战争才得来的结果。

　　佩德罗三世，也被称为佩德罗大帝，是一位骁勇善战的国王。他曾毫不犹豫地绞死了起兵反叛他的同父异母兄弟，他也坚定不移地让他的王国在那个年代名震四方。是他下令修建皇家造船厂，即现今皇家造船厂的前身（在哥伦布纪念碑附近）。造船厂让加泰罗尼亚海军舰队在即将爆发的征服西西里的战争中起到决定性作用。

　　让西西里臣服于阿拉贡王国是需要技巧并非常大胆的一步棋，当然，在这个过程中，运气也起到了至关重要的作用。西西里的问题由来已久。曼弗雷迪·霍亨斯陶芬亲王因缘巧合获得了西西里的王位,他是神圣罗马帝国皇帝腓特烈二世的私生子,有德裔血统,但这遭到了教宗的反对。教宗及其忠实的支持者法国共同出兵围攻西西里王国。曼弗雷迪试图寻找一个盟友,所以他将女儿康斯坦莎嫁给了阿拉贡未来的国王佩德罗。但曼弗雷迪在一场战役中不幸丧生,教宗将西西里交给了法国王室的一支——安茹家族。法国人对西西里人异常粗暴,令当地人忍无可忍,揭竿而起。起义者们在著名的西西里晚祷中杀死了约4 000名法国人,这一幕在很多年后还被意大利作曲家朱塞佩·威尔第写进了歌剧里。西西里人凭自己的力量根本无法阻止法国人的反扑,于是,他们便向康斯坦莎女王的丈夫佩德罗三世求助。而佩德罗三世早对一切了如指掌,他已经在突尼斯海岸等着西西里人来向他求援,他带着一支强有力的舰队以迅雷不及掩耳之势出现,这支舰队是由加泰罗尼亚历史上最擅长航海的海军司令罗杰·德·尤利亚指挥的。虽然罗杰的战舰没有法军多,但舰队训练有素、机动灵活,最终击溃了法军。

大卫和歌利亚的战斗:
法国人的溃败

虽然法国人对突如其来的溃败感到很吃惊,但他们迅速反击,这很可能是因为他们从很早以前就做好了准备。法国人派主力军队穿过马洛卡管辖下的罗塞略伯国,他们在那里并没有遇到抵抗,之后便包围了赫罗纳。与此同时,一支法国舰队也驶向巴塞罗那。然而,罗杰·德·尤利亚在位于巴塞罗那北部的佛尔米戈斯群岛再次将法军击溃。300名法国水手被俘,他们被五花大绑,由加泰罗尼亚的战舰带走并处以死刑,而另外300名战俘则被施以剜眼之刑,罗杰·德·尤利亚司令还亲自执行了几例。加泰罗尼亚人只对一个人手下留情,他们留下了他一只眼睛,让他带路从陆路到达法国,这样更能让法国人闻风丧胆。无疑,这是一段振奋人心的历史。

与此同时,法国陆军由国王"勇敢者"腓力三世率领出征,但他们在赫罗纳城外染上了痢疾,这极大削弱了法军的战斗力。据史书记载,这种传染病是从圣人那喀索斯的墓中飞出的大量苍蝇所致。不管是因为苍蝇,还是因为法国士兵喝了被污染的水,结果就是他们不得不半路返回。然而,法军在帕尼撒尔山口(现今位于拉洪克拉边界地区)却与佩德罗大帝率领的加泰罗尼亚军队遭遇。加泰罗尼亚军队基本上是由突击、冲锋的士兵组成,这是一支曾在巴伦西亚王国南部山区战斗过的无坚不摧的部队,对残酷的战争习以为常。战士们对于已经在撤退的法国军队毫无怜悯之情,他们只对那些祈求佩德罗庇护的王公显贵留了活口,其中就有法国国王"勇敢者"腓力三世。

阿拉贡联合王国的军队,或更准确地说,是加泰罗尼亚的战士们,打败了法国国王,也就是说,一个差不多拥有25万人口的小国竟然消灭了一个可能拥有1300万人口的大国的军队,这令人难以置信。这次胜利在欧洲也同样令人震惊。佩德罗的胜利让阿拉贡王国获得了其历史上少有的国际威望。然而,当佩德罗回到帕尼撒尔山口,他突然感到身体不适,就退回到佩内德斯自由镇的城堡休息,最终他死在那里。同一年,法王"勇敢者"腓力三世在佩皮尼昂去世。

市民暴动

所有发生的一切都让巴塞罗那居民感到震惊。1285年3月,当赫罗纳被围、佩德罗三世和他的军队正赶往那里的时候,巴塞罗那爆发了一场暴动。虽然伯纳德·德斯克洛特所著的史书从国王及最有权势的社会阶层的利益出发讲述了这次事件，但他所提到的巴塞罗那曾脱离伯爵控制一段时间这个事实意义重大，它表明巴塞罗那城里的情况并不好。

暴乱的领头人是贝伦格尔·欧耶尔，但我们并不清楚他是干什么的。德斯克洛特别看不起这个人，他提到这个人出身卑劣，并暗示他是贫苦阶层中的一员。然而，我们只要扫一眼暴乱者的名单就会发现，所有参加暴动的人都是"三只手"的成员，也可以说，参加暴乱的人中并没有穷人。除了贝伦格尔·欧耶尔，名单上还有很多手工业者，如鞋匠德乌斯奥沃尔、工匠师傅瓜恩格尔、皮匠拉蒙·杜兰、马具制造者贝尔纳特·瓜斯奇、鞣皮革的阿尔巴斯塞特、纺织工阿瓦尔松。此外，名单上也不乏"大手"阶层的成员，如阿尔那乌·德兹索雷尔、佩雷·贝尔纳特、巴尔托梅乌·德斯普伊格、贝尔纳特·安德雷乌和吉列姆·马奎斯。

之所以发动暴乱，是想要免除巴塞罗那人欠高级神职人员及犹太人的债务。国王得知此事后，立刻决定转头回来镇压暴乱。当他们到达马尔托雷尔时，那600多名暴乱者中的大多数人都已经对胜利失去了信心，他们逃离了巴塞罗那。贝伦格尔·欧耶尔向国王传话，要求和国王谈判，并要向他表明暴乱的原因。佩德罗三世约他在王宫见面，贝伦格尔·欧耶尔丝毫没有怀疑就去赴约了。不出所料，他还没来得及和国王说话就被捕了，另外有七个人去打探欧耶尔的下落，也全部被捕。第二天，这八个暴乱者被吊死在蒙特惠奇山上的几棵橄榄树上。在去蒙特惠奇山的路上，国王亲自看着贝伦格尔·欧耶尔被一头骡子拖着走过大街小巷。当看到吊在树上的犯人们都不再挣扎时，佩德罗三世就去参加弥撒了。弥撒结束后，佩德罗三世便和他的宫廷官员们去参加了一个盛大的公共晚宴，以庆祝复活节的到来。无疑，晚宴给这有趣的一天画上了一个圆满的句号。在接下来的几天里，国王又下令逮捕了 200 多人，巴塞罗那经历了一段被恐怖笼罩的时期。佩德罗三世对镇压暴乱所做出的解释是：他认为贝伦格尔·欧耶尔及其同伙在他率军征讨法军时意图谋反。

未完工的城墙

　　法国的袭击、市民的暴乱、与贵族间摇摆不定的关系、同父异母兄弟之间的斗争……面对这样的局势，佩德罗大帝会有些偏执，也不足为怪。他所做出的反映是下令紧急为巴塞罗那修建新的城墙。城市新的外围防御体系很快就建了起来，但不够牢固，因为它是由树干、石头和木制的塔楼堆砌而成，难以正常抵御进攻。尽管这个防御体系笨拙且不够稳固，但却成了真正具有防御功能的新城墙的基础。二十五年前，也就是在 1260 年，海梅一世就曾下令修建城墙，以便划定城市的范围。新城墙所划定的城市面积是旧城官方认可面积的十倍，它试图将大部分宗教建筑及发展于古罗马城墙之外的大部分郊区都囊括进来。

　　佩德罗三世去世之后，修建城墙的工程仍在继续。然而，这样规模宏大的工程确实耗资巨大，而为修建城墙筹款的工作就落在了新百人市政会的肩上，市政会的自主性也有所提高，因为修建城墙及塔楼所需要的资金数目可观，可以调配这笔款项就意味着在他们实际操作中所做的决定既不受皇家官员的左右，也不能被国王本人废除。就这样，城墙的修建让巴塞罗那城的最高控制权落入了百人市政会的手中，这种状况一直持续到 1715 年。

　　没有人知道最后完工的城墙是什么样子，也没有人知道城墙是在什么时候完工的。凯旋门旁边的诺乌门上有一段铭文指出这个城门建成于1295年。虽然这段铭文并没有说明诺乌门到底是第一个还是最后一个建成的，但不管怎样，这个时间都表明工程延期了。现在我们可以确定的是城墙并没有完全合拢，因为还差海防线及其他的某个部分。也许有人会问，没有完工的城墙有什么用呢？答案就是：它的存在就是为了让人们不断地去揭发这种情况，并不断地给政府施加压力，以确保城墙可以在某天完工，谨此而已。然而，它的这个作用直到14世纪中期才发挥出来，换言之，城墙的修建直到1357年才又重新开始。

艰难光景

在"讲礼仪者"佩德罗四世统治时期，城墙的修建仍在继续。这位国王是一位高深莫测、文质彬彬、聪明过人、残忍固执的君主。在他的统治下，阿拉贡王国达到了极盛时期，它的疆域包括加泰罗尼亚、阿拉贡、巴伦西亚、马洛卡岛、梅诺卡岛、伊比萨岛、西西里岛、撒丁岛、杰尔巴岛（今属突尼斯）、那不勒斯、卡拉布里亚、雅典和伯罗奔尼撒。此外，阿拉贡王国的利益还深深植根于科西嘉岛、耶路撒冷王国和突尼斯，虽然这三个地区在名义上从来都没有归属过阿拉贡王国。为了能把疆域拓展到这种程度，佩德罗四世到处发动战争，这让王国最终被拖垮。他甚至还参与了卡斯蒂利亚王国的王位继承战争，为此他几乎搭上了整个王国。面对卡斯蒂利亚王国的不断骚扰，巴塞罗那决定让未完工的城墙封闭。经过多年的努力，特别是巴塞罗那人的付出，城墙终于渐渐连接起来。几年之后，城墙再次被扩建，拉瓦尔区、卡喀雷尔湖所在的地区以及城南位于刚建成的城墙和蒙特惠奇山麓之间的区域都被囊括进城市的范围。与之前相比，受到城墙保护的区域要大了很多，而这么广阔的地域要

第七章　大飞跃

用几个世纪的时间才能用新的建筑填满。

佩德罗四世统治的王国除了四处征战,还经历了很多的不幸。1333年被认为是一切不幸的开始。用"不幸"这个形容词来修饰一个具体的年份就已经让人预感不妙,更何况还是"不幸的开始",这就意味着自此之后,灾难接踵而至,但事实的确如此。在经历了两个粮食收成受到灾难性破坏的夏天之后,加泰罗尼亚地区被笼罩在饥饿之中。从理论上讲,将西西里岛纳入阿拉贡的版图有助于缓解饥荒,因为那里盛产小麦,但事实是人们无法从那里运送足够的小麦来养活饥饿的人群。巴塞罗那城里的五万人中有一万人死于饥饿,死亡人口占全部人口的五分之一。

黑死病

饥荒很可怕,但这仅仅是个开始。1347年,鞑靼人袭击了位于克里米亚的热那亚城市卡法①。一种可怕的疾病在围城的士兵中爆发,而这种病很快就传染给了被围在卡法城里的热那亚人。随后,一些人逃出了城,最终回到热那亚,他们又将这种病传染给了热那亚人。就这样,这种病在整个欧洲蔓延开来。

我们所说的这种病就是黑死病。1348年春,这种病也蔓延到了阿拉贡王国,不幸的是,这里还成为欧洲疫情最严重的地区。加泰罗尼亚地区40%至50%的人口死于这种疾病,但这个数据并不是疾病爆发初期的死亡人数,而是疾病蔓延期间及后来的几年里死亡人数的总和。5月初,黑死病通过船只抵达巴塞罗那,人们立刻就组织了游行来祈求上帝的帮助。据后来的文献记载,5月2日星期三,主座教堂、不

---

① 现今克里米亚半岛的城市费奥多西亚。——译注

同教区及修道院的很多神职人员都参加了游行,很多民众也一直跟随着游行的队伍,游行从主座教堂开始,到海洋圣母圣殿结束,途经波恩区、圣达弥盎门、诺乌门、圣佩雷区、圣安娜广场、费格拉-古古雷亚街、拱门街的面包房,最终返回到主座教堂,人们在那里为死者祈祷,这种游行在六月整整持续了一个月。当时,巴塞罗那百人市政会的四位理事和几乎全部成员都死于这种疾病。

据史书记载,在两个半月的时间里,百人市政会的五位理事中有四位死亡,只有罗梅乌·鲁尔活了下来,而其余85%的成员也死于黑死病,这让巴塞罗那实际上失去了市政管理层。不仅如此,来自葡萄牙的埃莉诺王后(佩德罗四世的第二任妻子)也死于黑死病。不管富人还是穷人、有地位的人还是渔民,不论男女老少,无人能逃脱黑死病的死亡威胁。在那恐怖的七八十天里,巴塞罗那城里五分之一的人口死于黑死病。

巴塞罗那的居民无法想象这种来自上天的惩罚,那时城市人口的增长已经到了不可遏制的状态。然而,受惩罚的原因应该从世俗生活中寻找。很快,人们就开始指责是犹太人传播了疾病,欧洲大部分地区都发生了类似的事情。虽然这种指责毫无根据,但一种假设越不合理,相信的人就会越多。在阿拉贡王国皇家事务处的文献中有一条这样的记录:"有些人被恶灵煽动,忘记了应对上帝心怀敬畏,他们闯进犹太区,不仅毁坏了很多房屋,还杀死了很多犹太人。"除了滥杀无辜,这些暴徒还借机销毁了他们向犹太人借贷的文书,这可真是"一举两得"。

从1348年开始,瘟疫就成为巴塞罗那的常客,这种情况一直延续到19世纪。瘟疫不仅仅是黑死病,这个名词包含了一系列历史学家无力辨认的疾病。根据目前我们知道的,除了黑死病,还有黄热病、天花、白喉、疟疾、伤寒热、痢疾、结核,等等。同时,我们也不要忘了,还有其他一些不能被划归流行病的疾病,如梅毒、寄生虫疾病、麻风病等,这些疾病也会在长时间内或是定期给城市带来灾难。

在有疫情传播的时期,和丧葬有关的风俗习惯都会被打破。通常,当有人去世时(如果死者有家及家人),尸体会在被装扮一番后停放在家里。"装扮"?是的,您没听错,是要把尸体装扮一番,尸体会被扮成穷人或富人,或表现出与事实不符的贫穷,或被穿上最华丽的衣服以便死者可以去另外一个世界。之后,人们会带着死者的尸体沿着城市的街道进行庄严的游行,直到埋葬尸体的地点。

如果死者是"三只手"的成员,很可能会被葬在自己的墓地或是所属行会的墓地,如果是这种情况,死者一般会被葬在教堂里或是教堂周围。如果不是"三只手"的成员,就会被葬在教堂周边不受侵犯的地区。这说明现在所有的老教堂周围都有墓穴。当游客坐在松树圣母圣殿旁的圣约瑟普·奥里奥尔广场平台上休息时,他们并不知道,在他们的脚下,埋葬着上千名巴塞罗那人的尸体,而这些尸体就在那个神圣的地方腐烂,他们之所以会被埋在那里,或是为了让他们的灵魂能获得更多的荣耀,或是为了显示他们所在行会对于重建巴塞罗那所做出的贡献。

然而,在瘟疫肆意的时期,这些习俗都改变了。通常,尸体会停放几日,如果是重要人物,停放的时间会更长。为了消除尸体所散发出来的臭味,人们还会在家里烧香草。但在瘟疫期间,尸体的停放就免了,死者会很快下葬,寿衣也会被烧掉。虽然游行并没有被取消,但通常也不会完全按照死者遗嘱的指示进行。在正常时期,那些有权势的人会雇佣盲人、孤儿、各种神父或残疾人来参加游行,而在瘟疫时期,除了孤儿,其他人都很难找到。除此之外,还有一件怪事发生:1326年,巴塞罗那百人市政会的成员们禁止女性参加葬礼,因为他们认为女性出席葬礼会降低葬礼的庄重感。然而,这是一条不可能被执行的规定，因为它不仅遭到了死者女性家属的反对，就连死者的女性邻居、朋友或是单纯爱管闲事的女人都不会同意。

海洋圣母圣殿

瘟疫的横行让人们对宗教更为虔诚。在一个当宗教已经成为人们日常生活组成部分的时代，不管它有多么不重要，当死亡经常出现在公众视野时，人们也会更加重视宗教，上帝及其象征（可能后者更为重要）的存在感就会增强。教会成为了大众性的机构，人们自发且充满热情地参加宗教活动。虽然人们可以说上帝在人间的使者（例如，神父、修士及不同阶层的神职人员）的坏话，甚至是反驳他们的意见，但对上帝、圣母、圣徒和殉道者非常尊敬。1329年，修建海洋圣母圣殿的工程开始，这座教堂后来成为巴塞罗那最重要的教堂之一。我们在上文中曾提到过，就在修建海洋圣母圣殿的同一个地方，原本有一个小教堂——沙滩圣母圣殿。之所以叫这个名字，是因为当时那里有一片海滩。随着时间的推移，人们逐渐从海洋手中夺回了更多的土地，那个区域也变成了巴塞罗那主要的商业飞地，小教堂不断被扩建，它名字中原来的"沙滩"也变成了"海洋"。然而，14世纪初期，这个蓬勃发展的区域需要拥有一个级别更高、容量更大的教堂。因此，人们开始筹钱建新教堂。

其实，修建新教堂并不是仅仅为了满足精神层面的需求，更重要的是因为这个区的社会名流和手工业者都对主座教堂的转变感到不适。主座教堂位于主教宫殿和王宫之间，处在今天我们可能称之为"专制集团"或是加泰罗尼亚相关权力部门的掌控之中。此外，主座教堂离里贝拉区很远。虽然现在我们感觉海洋圣母圣殿和主座教堂之间距离很近，正常走路也就需要十分钟左右，但在当时，巴塞罗那还是一座很小的城市，距离是用另一种方式来衡量的。这让里贝拉区富起来的"杰出人士"觉得自己不受重视，同时，他们还常常被其他同阶层的人看不起。因此，他们要出资修建一座大教堂。然而，不光是这些杰出人士想要修建一座可以与主座教堂相媲美的新教堂，普通人也希望如此。这样，他们就不用像在贵族和高级教士阶层面前那样倍感拘束，可以自在很多。

因此，修建海洋圣母圣殿的决定受到了大众的支持和里贝拉区杰出人士的资助。国王也意识到要让商人和"大手"阶层满意，因此，他非常支持这个计划，还赠予他们蒙特惠奇山的石材供其修建教堂。将石材从采石场运到教堂修建地的工作都是由里贝拉区的搬运工们免费完成的，他们日常所从事的工作就是商品的装卸和运输。今天，为了纪念他们并向他们为修建教堂所付出的巨大努力致敬，在教堂的门上，我们可以看到两个扛着石头的工人铜像，在连接主圣坛两端的雕带上也有同样的形象。

和圣家大教堂相比，海洋圣母圣殿的修建要快得多。教堂用了五十五年的时间就完工了，但 1379 年教堂曾发生过一次严重的火灾，这令"讲礼仪者"佩德罗四世大怒，因为他曾为修建这座教堂捐了一大笔钱。在教堂一个中殿的拱顶石上挂着佩德罗父亲阿方索四世的彩绘像，而这次大火也让它付之一炬。正如我们所知，佩德罗国王既没有耐心，也没有宽容的美德，他非常生气，下令要以最快的速度来修复拱顶石。但问题是拱顶石因火灾受损严重，修复它所需要的时间远远超过佩德罗的耐心能等待的时间。可能出于这个原因，人们便用了一个劣质的石膏像替代了被损毁的彩绘像。事实上，站在地面往上看，国王不可能看出区别。在几年之前进行的一次修复中，这个石膏像才终于被一个还原度很高的复制品替换了下来。朴素而又庄严的海洋圣母圣殿有着非常美妙的声学效果，很快，它就变成了巴塞罗那最受欢迎的教堂，只有松树圣母圣殿可以与之媲美。虽然最为重要的仪式依然在主座教堂举行，但巴塞罗那人更偏爱海洋圣母圣殿和松树圣母圣殿，因为在这两座教堂里，他们可以更靠近上帝，与上帝进行心灵的交流。

加泰罗尼亚议会

14世纪，巴塞罗那人需要上帝、圣母、圣徒、圣歌，甚至是被教会宣福之人及炼狱中灵魂的帮助，因为从1333年起，他们的日子就过得特别艰辛。当时，阿拉贡王国的扩张已经到达顶点。据说，在佩德罗四世统治时期，任何一条尾巴上没长着四条红线的鱼都别想在地中海里游，因为那四条红线象征着巴塞罗那伯爵旗帜上的四条红色缎带。虽然当时的阿拉贡王国是邦联制国家，拥有着复杂的从属等级框架，但伯爵-国王直接或间接的统治依然能一直延伸到雅典城，佩德罗大帝和他的继承者们也一直对拜占庭帝国野心勃勃，直到拜占庭帝国于1453年瓦解。虽然阿拉贡王国实力强大，但时代在改变，这种邦联体制越来越难维持下去。当然，加泰罗尼亚公国①连同巴塞罗那城都是阿拉贡王国的关键组成部分，是加泰罗尼亚人通过他们的天赋、野心、勇气和那么一点不可或缺的阴险及暴力建立起了那个鹤立于众的帝国。

佩德罗四世统治阿拉贡王国五十一年，即从1336年到1387年，他既让王国经历了辉煌，也让王国走向毁灭。在这段时间内，战争频发、

---

① 加泰罗尼亚公国是一个存在于14世纪至17世纪的政治实体，费利佩五世颁布《新基本法》后不再是独立的政治实体，它的地域范围包括现今西班牙的加泰罗尼亚大区和法国的东比利牛斯省（Fenolleda地区除外），在阿拉贡国王（巴塞罗那伯爵）的统治之下。加泰罗尼亚公国这个概念是阿拉贡国王佩德罗四世于1350年在佩皮尼昂宫廷议会上提出的，和上文中出现过的巴塞罗那伯国有所区别。巴塞罗那伯国可以说是加泰罗尼亚公国的前身。——译注

瘟疫多次蔓延、贵族及农民暴乱不断、家族间的争斗时有发生、领土纷争不断涌现,等等,有时甚至几种状况同时发生。佩德罗对待一切都采用铁腕政策,当然,他对自己也极为苛刻。据史书记载,他一生中只在三个场合流露出喜悦之情,这三个场合在他漫长的一生中的确不算多。但他的孩子们却一点也没有继承父亲阴郁的性格,很可能是因为这样严苛的人实在令人生厌。虽然佩德罗为人处世的方式给他带来了很多问题,但他产生的一些积极的影响至今还让我们大加赞赏——例如,他在1359年建立了加泰罗尼亚议会。

这个机构的诞生是出于帝国竭尽所能获取财富的需要。和欧洲其他的君主一样,伯爵-国王们也会在他们认为适当的时机和构成"三大议员团"(贵族、教士和普通人或资产阶级)的人会面,商讨权利和职责的问题,特别是关于贷款和税收的问题。在阿拉贡王国,特别是在加泰罗尼亚公国,议会就是协商的代名词。之前我们曾经讲过,加泰罗尼亚是欧洲封建体制植根最深的地区,贵族和教士阶层享有很大的权力,他们很少向国王做出让步。因此,伯爵-国王们经常要依靠城市里的普通民众,而要想获得民众的支持,他们就不得不让予民众权力。这就是为什么巴塞罗那能在阿拉贡王国中变得如此强大的原因,它的突出地位是其他城市无法比拟的,虽然很多城市如托尔托萨、佩皮尼昂、赫罗纳及莱里达也都享有一定的特权。议会成员传统的誓词意义重大,虽然现在保留下来的有几个版本,但最常用的版本是下面这一个:"我们如陛下一样重要,我们在陛下面前发誓,您不比我们更为优越,我们众人的价值胜于陛下,只有当陛下尊重我们的权利和法律时,我们才接受您成为我们的国王和君主,若陛下违背了这一点,我们将不接受您成为我们的国王。"这不仅仅是誓词,这几乎已经成为一种协议,通过这个协议,三大议员团的代表们明确表示,如果不是大家共同的意愿,国王什么都不能做。这种政治提议在1640

年的独立战争或收割者战争中起到了非常重要的作用。虽然在君主和三大议员团之间的协商是艰难和漫长的，但对于举办协商会议的城市而言，却是一桩好买卖，因为在长达几个月的时间里，几百名有钱人会住在城里，并在那里尽情消费。

1359年，在塞维利亚召开的议会令国王感到绝望。当时，不仅协商的时间延长，对卡斯蒂利亚的战争也进行得不顺利，撒丁岛的叛乱又是一场无休止的血战，整个王国看起来像要土崩瓦解了一般。国王急需用钱，他不得不做出更大的让步。最终，加泰罗尼亚议会成立，也就是说，一个代表王国议会的常设机构成立。这个机构完全独立于国王运行，有自己的预算，并在某些方面拥有自主决定权，特别是在税收方面，议会的决定不必再提交阿拉贡王国议会裁决。加泰罗尼亚议会的第一任主席是教士贝伦格尔·德·克鲁尔斯，而阿图尔·马斯则相当于是这个机构的第129任主席。

加泰罗尼亚议会设在巴塞罗那，最初的办公地点在一栋离海很近的建筑里，那里并不舒适，因为一下暴雨，海水就会上涨。1391年，犹太人肃清运动之后，很多房子都空了出来，加泰罗尼亚议会便在百人市政会办公地点附近找了一块地皮，之后，它便驻扎在那里，今天它依然还在同一个地方。虽然加泰罗尼亚议会最初只是一个负责收税的机构，但后来它和百人市政会都变成了可以代表加泰罗尼亚的权力机构。然而，我们要注意的是，虽然这两个机构可以代表加泰罗尼亚，特别是当国王不是本国人时，但这并不意味着它们一定是进步性的机构。在它们存在的历史中，不管是加泰罗尼亚议会，还是百人市政会，都更多代表的是专制集团的利益。但不管怎样，几个世纪之后，出于自身发展的需要，加泰罗尼亚的专制集团也越来越靠近普通民众，而大贵族阶层则逐渐融入到外来王朝的宫廷中，他们最终离开了这个自己已经看不透的国家。

"漫不经心"的胡安一世
和他的文人内阁首相

佩德罗四世死后,他的儿子胡安继承了王位。胡安一世体弱多病,多愁善感,听任第二任妻子维奥兰特·德·巴尔的摆布。他天生不适合统治国家,加泰罗尼亚人都称之为"漫不经心的人",因为他不理政事。他的身边有很多顾问,会替他对各种国家大事(或者说是对所有他们可以决定的事情)做出决定。这些顾问中最为突出的是胡安一世的秘书,也就相当于今天我们所说的内阁首相,他就是文人贝尔纳特·马特赫。他是一位伟大的中世纪加泰罗尼亚作家,口才极好,知识渊博,但他也善于钻营,曾在王后的默许下肆意操控国王。

1396年5月,国王胡安一世在赫罗纳附近的福伊克萨狩猎时不幸丧生,当时的具体情况不详。官方的说法是国王因坠马而摔死,但立刻有传闻说国王是因国家政治、经济状况不佳而引咎自杀,也有人说国王是被密谋杀害的,因为有人想让其他人取而代之。谋杀的第一大嫌疑犯就是贝尔纳特·马特赫,他甚至一度被关押起来,但后来又获释放。

1391年对犹太人的肃清运动

在胡安一世统治期间,针对犹太人的大骚乱爆发,而最严重的犹太人肃清运动就发生在巴塞罗那。1391年,巴塞罗那平民阶层的处境已经相当悲惨。在度过了饥荒、瘟疫和战争年代之后,巴塞罗那的穷人及今天我们所说的中产阶级的经济状况都急剧恶化。当然,发生暴动或是革命时,情况也会一样。面对这种状况,人们的不满情绪在阿拉贡王国的各个城市随处可以,不仅仅是在巴塞罗那。人类不总是以理性的方式做事,他们很快就开始寻找这些苦难的替罪羊。最终,他们选择了城里的犹太人社区。

出于自己的喜好或是自身生活的需要,犹太人一般都从事与借贷和珠宝相关的职业。因此,他们并不是很受欢迎。但人们讨厌犹太人的真正原因是:他们很奇怪,他们信奉一种能让人联想到基督教、但却不是基督教的宗教;他们穿着怪异,讲着一种不同的语言;犹太人之间的关系比和邻居的关系更为紧密,他们喜欢聚集在一个区域生活。在那个年代,宗教禁忌及信条有非常大的影响力,这也说明为什么犹太人最终会成为社会问题的替罪羔羊。

1391年7月9日,巴伦西亚首先爆发了袭击犹太人的事件,犹太人被逼改信基督教。8月2日,马洛卡城也发生了同样的事件。犹太人受袭的消息很快就传到了巴塞罗那。8月5日,一艘从马洛卡岛来的船停靠在巴塞罗那,同时,也带来了这些消息。里贝拉区本来就是一个水手、渔民、工匠聚集的区域,当天还有集市,城里来了很多农民,而犹太人受袭的消息就成为将要发生事件的导火索。更凑巧的是,当天城里还有很多全副武装的军人,他们都是应征入伍要去征服西西里岛的士兵。

这些水手、工匠及农民相互鼓动,混乱中,人群涌向位于现今圣若梅广场的大犹太区的大门,他们将大门烧毁并闯进了犹太区。被抓的犹太人被拖到教堂强行接受洗礼,而那些拒绝接受洗礼者则被杀害,还有一些犹太人成功逃走,藏身于新城堡之中。新城堡的塔楼位于大犹太区和小犹太区之间,最早的城墙就从这里经过。百人市政会及国王的军队镇压了骚乱并逮捕了几个领头作乱者。通常,一切罪责都会落在参与暴乱的外乡人身上。一些卡斯蒂利亚人被抓,他们很可能是水手或是搬运工,两天之后,他们被执行绞

第七章 大飞跃

刑，以儆效尤，那天是一个星期一。

与此同时，犹太人拒绝撤离为他们提供相对安全保护的新城堡，这主要是因为犹太区的门已被烧毁，他们的生命财产得不到任何保护。

两天之后，当被捕的卡斯蒂利亚人马上就要在柯尔斯广场（现今巴塞罗那历史博物馆的所在地）或是在布拉特广场（差不多就在现今若梅一世地铁站的出口处，市长监狱就坐落于现今安赫尔广场的一家旅馆和甜品店所在的位置）被绞死时，人们突然发动暴乱，他们袭击了看守犯人的守卫，释放了犯人。当几位市政官员赶到现场的时候，暴动者们高喊："强大的力量必将战胜弱小！""一切都见鬼去吧！国王和人民万岁！"接着，他们带着弩和其他武器冲向新城堡并将其包围。暴乱期间，他们还控制了主座教堂的钟楼，用钟声召集附近的农民加入暴乱的队伍。

受形势所迫，一天之后，犹太人打开了城堡的大门，3 000多人接受了洗礼，少数人接受了福音宣讲，300多人被杀，他们的尸体被丢弃在犹太区的井里。暴乱者们控制了巴塞罗那，废除了税收，烧毁了一切不利于他们的文书，也就是那些可以证明他们所欠债务及应尽义务的文件。

然而，不出所料，这次夺权运动并没有维持太久。一些暴动者给国王列了一个单子，上面写满他们的要求。虽然这些要求写在纸上看起来很合理，但基本上是以要阻止专制集团继续毫无节制地剥削民众为目的的。暴动者们有充分的理由相信，当权者利用对城市的控制在为自己谋取利益。他们要求降低百人市政会成员的薪水，要求降低一些赋税。这些改革必须在一个由50人组成的委员会的监督下进行，而这50人必须要代表巴塞罗那底层人民和中产阶级的利益。

最终，暴动者一无所获。1391年末，国王的使者拉蒙·阿雷曼伊·德·塞尔韦略带领200名骑士进入巴塞罗那。一周之后,他们就在诺瓦广场、布拉特广场和圣安娜广场搭设了绞首架。几周之后,国王的军队便开始逮捕、关押、审判及处决在夏天发动暴动的首领。这些人中有三十人被处死,八十七人被处以罚款,其中一部分是高额罚款,还有一些人被送上大帆船,而大多数在船上服役的人,超不过三年就会死去。

胡安一世利用这个机会大肆搜刮巴塞罗那的财富,他对不同的教区及滥用职权的市政会成员施以罚款。胡安一世和他的妻子维奥兰特·德·巴尔热衷于掠夺财富。在接下来的两年里,在一些腐败的王室顾问的帮助下,或者更确切地说,是在所有王室顾问的帮助下,国王和王后更是随便找借口来搜刮巴塞罗那人民的钱财。可以想象,巴塞罗那城里有多么群情激愤。

而犹太人呢?他们再也回不到从前了。在接下来的一年里,他们被禁止在犹太区安设大门。因此,他们的社区成为了开放的空间,处于一种不太安全的状态。很多犹太人都离开了巴塞罗那,但也有一些人依然坚守自己的信念。暴乱发生两年之后,也就是在马丁一世统治时期,巴塞罗那禁止重建犹太区,甚至还禁止犹太人领袖在城里连续停留十五天。

教宗和圣徒:国王的顾问

胡安一世没有子女,他的弟弟马丁成为他的继承者。富瓦伯爵受到他的岳母,也就是王后维奥兰特影响,也来争夺王位,但他最终在战场上被击溃,未能如愿。新王即位激起民众很大的希望。在胡安统治时期,马丁就显示出在作战方面的才能,他平息了西西里的叛乱,并让其子马丁和妻子西西里的玛丽亚成为西西里的执政者。马丁被称为

"仁慈者",但这并不是因为他具有仁慈的美德,而是因为他体型富态,看起来很仁慈的样子。很多年前,撒丁岛就爆发了无休止的战争,"仁慈者"马丁又奔赴撒丁岛。虽然加泰罗尼亚人基本上控制了撒丁岛上的三大城市——阿尔盖罗、卡利亚里和萨萨里,但其余的地方,虽然面积不大,却依然处在热那亚人支持的阿尔博雷亚的控制之下。

胡安一世去世时,马丁人在西西里岛,但他的妻子阿拉贡人玛丽亚·德·路娜在巴塞罗那。当富瓦的马特乌和王后维奥兰特的支持者一起攻打加泰罗尼亚时,新王后向各个城市的市民请求帮助,特别是巴塞罗那市民。正如我们上文中所提到的,胡安一世在位时,并不是一位励精图治的君主,他还曾试图限制市民的特权。马丁继位似乎意味着要重新使用巴塞罗那王室的传统政策,或者说,是要继续让阿拉贡王国以加泰罗尼亚的首都巴塞罗那为依托。但情况错综复杂,问题很难得到解决,因为那个时代正是天主教教会经历大分裂的时期。几十年前,迫于法国国王的压力,教宗们将教廷迁往阿维尼翁。这种做法令人无法忍受,它所得到的唯一的结果就是:自君士坦丁大帝以来,民众第一次与越来越世俗化的教会疏离。教廷的神父们因受不同势力的影响,也彻底分裂成了两派,一派支持将教廷迁回罗马并任命了自己的教宗,而另一派则支持教廷继续留在阿维尼翁,他们也任命了自己的教宗。在这场危机的最后阶段,甚至一度有三位教宗同时在位。任阿维尼翁教宗的本笃十三世是王后路娜家族的一员,马丁不能不支持他,但马丁很快就发现,本笃十三世就像一匹没有胜算的赛马。事实上,所有的红衣主教及国王都已经与本笃十三世分道扬镳,最后,他的身边就只剩下了马丁。本笃十三世逃往佩皮尼昂,之后,栖身于巴塞罗那,他在那里结识了很多人,而他所积攒的这些人脉在马丁继承王位之后便开始发挥了作用。

马丁已经逐渐修补好了由他哥哥所引发的灾难。1409年左右，撒丁岛的情况也有所好转。马丁的儿子、他的继承人小马丁作为海军司令充分展现了自己的军事领导才能，一举击败热那亚人，不幸的是，几天之后，年轻的小马丁就死于伤寒，未留下任何子嗣。情况令人绝望，父亲马丁一下子失去了他的合法继承人，他的妻子也在三年前去世，而他自己当时也已经五十岁了，在那个年代，这个年纪已经算得上高龄了。

在马丁的宫廷里有两位老谋深算的顾问：一位是支持天主教分裂的教宗本笃十三世，另一位是举世闻名的预言家，也就是未来的圣徒文森特·费雷尔。马丁想利用这两人的影响力，让他儿子在西西里所生的一个私生子成为自己的继承人，但由于马丁和罗马教宗之间关系不佳（因为本笃十三世在他身边），这个办法无法得到罗马教宗的祝福。于是，本笃十三世和文森特·费雷尔劝说马丁再次结婚，孕育一位新的继承人。最终确定的人选是王后的一名侍女，她是所有侍女中最漂亮的一位，名叫玛格丽特·德·普拉德斯。当时，这位侍女只有二十岁，却不得不嫁给一位过度肥胖、病痛缠身、对亡妻和爱子念念不忘的老人。

由于继承人的问题十分紧急，马丁立刻和玛格丽特开始造人行动，他期待年轻的王后能够尽快怀孕。然而，他们很快就遇到了一个问题：国王的肚子太大，这直接影响了两人的结合。国王的肚子大居然成了国家大事！但国王的顾问们绝不会轻易放弃，他们下令制造了一个别出心裁的物件儿，实际上是一个带皮带的机器，皮带可以将国王的身体吊在空中，在滑轮的帮助下，国王的身体逐渐下降，这样可以帮助国王和王后达成目的。但考虑到服侍国王带上器具的侍者以及他的顾问——教宗本笃十三世和未来的圣徒文森特·费雷尔——都要参与这发生在卧室中的私密之事，可想而知，这种方法很难奏效。

不管单纯是由于机械问题,还是国王身体的原因,对于任何一位五十多岁、身体并不那么健康的男士而言,在这种情形下,应该都很难正常行事。

不管怎样,大家很快就认清了现实:国王不可能让玛格丽特怀孕,必须要另想办法来指定一位新的继承者。最好的人选就是乌尔赫尔的海梅,因为他和马丁的血缘关系最近。几年前,他曾经参与管理阿拉贡王国,并在王国的执政集团中担任职务,但他的表现并不好,这主要是因为本笃十三世设计让海梅得罪了阿拉贡的贵族。当然也有亲缘关系较远的候选人出现,但马丁一直摇摆不定,直到大家都不想看到的事情发生:马丁病重。他退隐于巴亚东希亚修道院(位于现今的巴塞罗那当代文化中心和当代艺术博物馆所在的位置),在那里度过了痛苦、凄惨的弥留之际。看到国王的死期将近,但继承者问题还依然悬而未决,来自巴塞罗那的总顾问费兰·德·瓜尔贝斯、政府代表拉蒙·阿雷曼伊·德·塞尔韦略以及本笃十三世的亲信弗兰塞斯克·阿兰达走近了国王的病榻。瓜尔贝斯问国王:"陛下是否同意根据法律规定来确定您的王国及疆土的继承人?"马丁在回答了几次"是"之后,便撒手人寰。显然,用这样模棱两可的问题来问一位将死之人是毫无意义的,更何况国王当时只能用单音节词来作答,这也很可能是他死前的最后一声叹息。此外,在场的三人中有两人公开反对乌尔赫尔的海梅。从以上种种迹象不难推断出继承权问题必将引发争端。

卡斯佩协约

国王马丁死时,本笃十三世在文森特·费雷尔和王后维奥兰特·德·巴尔的帮助下操控政局,使乌尔赫尔的海梅远离王位。阿拉贡贵族的表现比加泰罗尼亚人更为老练,他们和王位的一位候选人安特克拉的费尔南多签订了协议,获得了一系列的利益和特权。安特克拉的费尔南多也被称为特拉斯塔马拉王朝的费尔南多,是卡斯蒂利亚的摄政者,也是欧洲最富有的人之一,他是一位既睿智又让人捉摸不透的人。

任何一个明智的人都知道,任命邻国的摄政者为阿拉贡王国的国王是不合适的,因为这样会将两个采用截然不同政策的王国放在一个家族的手上,更何况这两个国家不止一次兵戎相见,甚至在不久之前,两国之间还有冲突发生。此外,这两个国家在地中海及伊比利亚半岛南部都有利益冲突。一方面,卡斯蒂利亚想吞并阿拉贡和巴伦西亚部分领土的野心昭然若揭;另一方面,只要当加泰罗尼亚的国王们认为对他们有利时,就会毫不犹豫地干预卡斯蒂利亚的内政。然而,当时的情况是:本笃十三世需要获得特拉斯塔马拉家族的支持,才可能完全恢复其教宗的地位;选择费尔南多,阿拉贡贵族可以坐享其成,不仅可以获得资金和土地,还可以趁机报复加泰罗尼亚人,因为他们从很多年前就统治阿拉贡王国,却很少考虑阿拉贡人的利益;巴伦西亚人曾受到安特克拉军队雇佣军的侵略,感受过费尔南多的威力,因此,贵族们并不认同巴塞罗那王室的政策;马洛卡人则被通过外交手段剥夺了选择权;而加泰罗尼亚人分裂为统治集团和民众两个群体,前者唯利是图,谁出价高就支持谁,后者支持乌尔赫尔的海梅,因为他代表了巴塞罗那伯爵所创建的王朝的延续。

最终,本笃十三世使出了高超的手腕,几方达成一致:阿拉贡王国的三个主要组成部分——加泰罗尼亚、阿拉贡和巴伦西亚——每个地区各派三位代表去卡斯佩,他们将在那里从候选人中选出继承者。来自阿拉贡的代表一致支持费尔南多;以文森特·费雷尔为首的三个巴伦西亚人也同样支持费尔南多;而加泰罗尼亚人再次出现分歧:巴塞罗那百人市政会成员、本笃十三世的盟友贝尔纳特·德·瓜尔贝斯选择了费尔南多,而被本笃十三世任命为塔拉戈纳大主教的贝雷·萨卡利卡以及同属于本笃十三世顾问团的法学家贝雷·贝尔特兰却选择了乌尔赫尔的海梅。不得不说,受到本笃十三世关照的两人能做出这样的决定,是需要有很大的勇气的。

最终,特拉斯塔马拉家族的费尔南多当选为阿拉贡王国的国王,这结束了巴塞罗那王室对阿拉贡王国的统治。不管怎样,在历任伯爵及伯爵-国王的统治下,巴塞罗那有了很大的发展,已经成为地中海最强大的城市之一。此外,在巴塞罗那还诞生了两个欧洲并不多见的机构:一个是由不同身份的人构成的市政会,它代表的是巴塞罗那民众的利益;另一个是一种新的组织机构——加泰罗尼亚议会。虽然这个机构最初只是为了征收及管理税收,但后来慢慢演变成为加泰罗尼亚的统治机构。当然,这只是个开始,巴塞罗那人的聪明才智可以让人期待更多的奇迹发生。同时,我们也不应忘记,在这座城市里,新修建的城墙刚刚竣工,它将在未来担负起保护城市安全的任务。

然而,外来的几位国王既不了解加泰罗尼亚的风俗习惯,也不懂这里的语言,他们的到来打破民众的平静,让他们倍感不安,但不幸的是,民众所担忧的事情,在几年之后还是发生了。

第八章
发展的危机

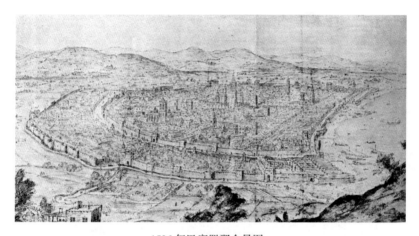

1536年巴塞罗那全景图。
佛兰德人安东·凡·温卡艾尔德(Anton Van Wyngaerde)所作。

百人市政会的法令

《卡斯佩协约》签订之后,从1412年开始,一个新的王朝——特拉斯塔马拉王朝——开始统治阿拉贡王国,但巴塞罗那资产阶级并没有明确表示是否支持这个新的王朝。当时的巴塞罗那资产阶级,除了贵族和教会所控制的势力范围,已经成为国王控制的各个领域内势头最为强劲的一股力量。然而,14世纪最后几十年里,瘟疫和反犹太人运动给巴塞罗那带来了巨大影响,使其内部局势变得越来越紧张。

虽然我们看到14世纪下半叶爆发各种骚乱,冲突也不断升级,但实际情况并不像我们想象的那么糟糕,巴塞罗那也是一样。在那些最为艰难的年代,虽然一切迹象表明巴塞罗那将会一蹶不振,或者说,至少在一段时间内无法重新振作起来,但它却一直保持自己特有的城市脉搏,正是这种脉搏让它获得了重生。巴塞罗那就像涅槃的凤凰,将来也是一样。它就像我们生活中可以见到的桧皮栎,这种树在被火烧毁软木之后,依然能重新活过来,因为它树干的心还活着。巴塞罗那的这种活力清晰地体现在百人市政会所制定的各种法规中。

巴塞罗那的政府官员很快就投入巨大热情和努力来管理城市日常生活的各个方面,有时,他们的热情甚至略显夸张。遵纪守法一直以来都是巴塞罗那人一个鲜明的特点。不管是巴塞罗那人,还是整体上的加泰罗尼亚人,都会抓住一切机会来展现他们履行法律规定的热情,特别是针对一些在小范围内约束人们行为的法规。自1715年加泰罗尼亚失去了自己的政治机构以后,巴塞罗那人在精神层面上就已经与一些重要的国家级法规[比如《宪法》(当然,是在西班牙有《宪法》的时候,因为西班牙并不是一直都有《宪法》)]渐行渐远。相反,他们却对一些地方性的、规范日常生活的法规表现出了浓厚的兴趣。在西班牙,巴塞罗那人被称为是"半个德国人",也就是说,人们认为巴塞罗那人比西班牙人更像欧洲人。大家之所以会有这样的想法,其中一个原因就是巴塞罗那人对法规的执着。我们举一个例子:公交车专用道在巴塞罗那和马德里同时启用,从一开始,巴塞罗那人就能自觉遵守出租车和公车专用道的使用规则,不需要通过罚款来约束人们的行为,而马德里的专用道就会经常被占用。大部分巴塞罗那市民都以这种自律而感到骄傲,虽然也有不少人对这种结合了普鲁士主义和无政府主义的行为方式表示不满。

百人市政会对市民日常生活的管理投入了极大的热情,它制定出各种各样的法规,既有一些在今天看来依然非常合理的规定,如规范公共水源使用的相关规定、在街上贩卖食品的相关规定等,也有一些让人感到莫名其妙甚至是惊讶的规定(如对女子衣着的规定)。1364年,百人市政会就曾颁布了下列法令:

> 所有裁缝和设计师、所有市民,不论其条件如何,都不能缝制、穿戴或让人缝制绣有巴塞罗那任何阶层人型图案的服饰,也不能在任何服饰上绣其他图案或装饰。若有人违反规定,每次将被处以100苏埃尔多的罚款。若无能力缴纳罚款,将被押入城堡监禁100天。
>
> 所有阶层的女性,不管是否为巴塞罗那人,不论在家或在外,在城里某处建筑内或街上,都不能穿饰有珍珠、金银或白鼬皮的袍子、斗篷、绸长衫等服装,不能佩戴珍珠、金银首

饰,不能穿有金线或丝线绣花的披风及其他服饰;可以用银链或不带金银叶的丝带来系斗篷,但不能佩戴珍珠及宝石饰品;不能穿露出金线、银线或丝线针脚的衣服,但这并不是说不能穿丝质或金线缝制的长衫,只要衣服上没有上面提到的被禁止使用的饰物即可;可以给长衫的袖子配金银纽扣,也可以穿羊毛纺制的羽纱服装。

若有人违反规定,每件衣服每次将被处以200苏埃尔多的罚金。若无能力缴纳罚款,将被押入城堡监禁200天。

但似乎这种要求女性着装朴实的规定并没有收到太大成效,因为在接下来几年,同一类型的规定还会不时出现,这说明人们并没有在意这类规定。

对女性着装简朴的要求不是只在巴塞罗那才有。我们可以想象,当时的巴塞罗那是一个人口众多、多姿多彩、喧嚣嘈杂的城市,虽然以现在的标准来衡量,它的卫生条件并不好,但当时的很多旅客都曾提到过巴塞罗那的整洁。14至15世纪,巴塞罗那人衣服的样式可能和他们的祖父母没有多少实质上的差别(很可能是一样的),但颜色更为多样化,即使以我们21世纪人的眼光来看,也会感到吃惊。要知道那是一个恐怖的年代,可怕、痛苦的死亡随处可见。可能也正因如此,巴塞罗那人和他们同时代的欧洲人都非常积极地面对生活。他们跳舞、聚会、激情澎湃……

当我们回顾过去的时候,总会觉得一些年代比中世纪或现代的初期更为有趣,如20世纪20年代。当然,这只是相对而言。那是一段非常紧凑的时光:日常生活中的各种形象、场景比以前更加鲜活,人类的繁衍也更加兴旺;教堂放弃了黑暗,开始找寻光明与欢乐;色彩明快的商店开始出现,展示着琳琅满目的商品。

巴塞罗那是一座喧闹的城市,特别是在太阳升起之后。对于我们这些生活在 21 世纪国际大都市里的人来说,很难想象中世纪封闭的城市中白天和夜晚有着怎样的天壤之别。当夜幕降临,监狱的钟声响起(这钟声也被称为"给盗贼的警示"),所有城门关闭,整个城市陷入黑暗之中。狭窄的街道没有光亮,夜间活动很少在公共道路上进行,一般都在房子或宫殿的私密空间中开展。当太阳升起,城门重新开启,城市里立刻变得人声鼎沸。那个年代最为常见的活动就是唱歌。人们放声高歌,通常有三样乐器来伴奏:短笛、长鼓和风笛。风笛是那个时代最流行的乐器。现在,风笛被认为是凯尔特文化的象征,但在很多个世纪以前,风笛是在欧洲不少地方(比如加泰罗尼亚)均颇为流行的乐器。

贝尔纳特·卡迪雷塔被人们称为巴塞罗那的传令官、报信人或是号手。1403 年,他为百人市政会宣读了下面这则关于噪音的公告:

> 现在,大家听好了:根据巴塞罗那市长、各位理事及权威人士的命令,为了避免引起不良影响和危险,从今往后,所有人都不得叫喊、唱歌或让别人大声喊叫,不能和别人一起在城里、城门口或某位女性家门口做上述事情,不能诽谤、谩骂及辱骂他人。不论是过路人还是市民,违规者每次将被处以 50 苏埃尔多的罚款,戴脚镣押入市长监狱 20 天。请大家严肃对待,如有违背,严惩不贷。

虽然在巴塞罗那的夜晚听到吵闹声是常有的事(如果您没有听到过,可以去问问恩典区和巴塞罗内塔区的居民),但闹夜①的习俗却已经在很多年前就消失了。然而,在 15 世纪,一些年经的小伙子们总会利用某个公众聚会出现在某人家里,要么为他引吭高歌,要么冲着他破口大骂。闹夜通常都会很不愉快地收场,因为人们的行为往往暗含

---

① "闹夜"是指年轻的小伙子们夜里在姑娘家门口嬉闹。——译注

挑衅或是对别人名誉的诋毁。但也有一些闹夜是友善的,或者说,最多是带有些许挖苦讽刺,在这种情况下,人们往往也会大度接受。

百人市政会还颁布法令禁止下列事件:

> 不论白天还是黑夜,任何人都不准在广场和其他地方燃放烟火,不准向窗户上投掷鸡蛋及其他任何有异味、能污染城市或弄脏衣服的物品。任何人都不准拔门上的门环、门闩及其他锁门用的物件,不准毁坏城市中的住房、厂房及其他公共或私人建筑。夜间,任何人都不能乔装或异装上街游荡。

就像这样,百人市政会还对其他很多事情都做出了规定……

同时,百人市政会也对买卖生意做了规定,特别是奴隶的买卖。1433年5月5日,我们的传令官贝尔纳特·卡迪雷塔在巴塞罗那的大街小巷和各个广场宣读了一条关于奴隶买卖的法令:不允许出售身体状态不好或生病的奴隶。如果你有生病的奴隶,必须要等到他病好,才能在市场上进行买卖,这很好理解。然而,有些病并不妨碍奴隶的买卖,只要告知买家便可。当被卖掉的奴隶在一年内表现出某些疾病的症状时,买方可以将其退回:

> 如奴隶有下列病症,卖方必须告知买方:头部病症,如癫狂症、痴呆、癫痫;胸部疾病,如吐血、哮喘;心脏疾病,如心悸;肾脏或膀胱疾病,如结石、尿血、痔疮、小便失禁;关节疾病,如坐骨神经痛、关节炎、手关节肿胀以及肢体其他关节的疼痛。

15世纪初期,巴塞罗那的奴隶数量大概超过2 000(其中不包括女人和孩子,因此奴隶的总数很可能在5 000左右)。巴塞罗那人口大概有30 000,这意味奴隶占人口比例的六分之一。此时的奴隶制虽然不像罗马或西哥特时期那么残酷,但也不能说它已经改变其不公平的本质。大多数奴隶是斯拉夫人或希腊人,也有很多撒拉逊人,情况和几个世纪前没有差别。在城外的奴隶,主要在田间劳作,而在城里的奴隶,通常都是给人做家务的。后者的生活相对容易,不同的主人家有不同的习俗,委派给他们的任务也不同。在罗马时代,有些奴隶是为教育服务的,这是在教士阶层曾保留的一种习惯,但在15世纪时,这个习惯已经不存在了。对于巴塞罗那的奴隶而言,最好的情况是可以成为贵族阶层或高级资产阶级的贴身佣人或侍女。当时,较为普遍的情况是:女士一般都会找女奴,而男性一般都习惯雇佣有人身自由的男性。

当然,主人和奴隶之间的关系并不总是一团和气。在一个体罚、断肢及死刑司空见惯的年代,通常处在社会最底层的奴隶就成为接受惩罚最多的人。15世纪中期,一群奴隶主曾给市政府写信,请求政府制定更为严酷的法律来管理奴隶,他们认为奴隶是犯罪、污秽及道德败坏的源头。真是恬不知耻!恰恰是这些人将奴隶强行带到巴塞罗那,强迫他们生活在极不安定的条件之下,肆意地虐待他们,结果这些人还倒打一耙,控诉奴隶所带来的罪恶……就像大家所看到的,双重道德标准并不是在当代才有的。还有一个例子也赤裸裸地体现出这种双重道德标准:女奴卖淫。女奴卖淫主要有两个原因,她们或是为了给自己赎身,也就是说,她们想摆脱奴隶的身份,需要向主人购买自由权;她们或受到主人的胁迫,被迫做妓女为主人赚钱。事实上,巴塞罗那的很大一部分妓女都是奴隶。虽然卖淫是非法生意,但市政府好像并没有严格追究,对此睁一只眼闭一只眼。在1414年7月7日颁布的一条法令中,百人市政会规定:对让女奴从事卖淫活动的奴隶主处以100苏埃尔多的罚款或100天的监禁;对做妓女的女奴处以30苏埃尔多的罚款或30天的监禁;如果是惯犯,则要在公共道路上加施鞭刑。

那个时候，妓女的社会地位和几十年前她们在大多数欧洲国家中的地位相同：表面上，她们被追捕并受到严重的歧视，但她们不仅存在于社会中，还出现在已婚及单身男性的身边。不管怎样，与现在生活在像巴塞罗那这样大都市中的妓女们相比，中世纪的妓女可见度高多了。近些年来，也就是在21世纪初期，妓女实际上已从公路转移到城市各个街区的公寓里，就像大家在报纸的广告上看到的一样。

15世纪初，人们的思维方式和现在大不一样。那个时代有一位很有名的作家，他的作品被广泛阅读（当时，也只是这么一说，因为在那个年代很少有人识字），他就是赫罗纳的方济各会修士弗兰塞斯克·艾伊西梅尼斯。他最重要的作品是《基督徒》。这部作品很长，不幸的是，他还没有完成就去世了。艾伊西梅尼斯原计划写十三卷，但他只完成了四卷。在这四卷书中，作者对很多主题进行了思考。因此，他的作品对于了解同时代人的思维方式有着重要的帮助。他的作品《女书》也很受欢迎，在书中，他思考了一些道德层面的问题，但他的目的在于教导女性服从男性及教会思想。由此可见，这本书丝毫不具备进步性。在这本书中，作者也提到了妓女，虽然他指责她们淫荡，但也承认她们存在的必要性："如果主要惩罚这种原罪，男人们就会有犯下更为严重的罪孽的风险，例如，通奸或违背天性的原罪，这会对公众造成更大的伤害。因此，主佯装不知这种罪孽，默许了它的存在。"也就是说，男人去找妓女总比去找其他已婚女人或同性更好。正如诸位所见，艾伊西梅尼斯针对与性相关的罪孽有着明确的排序。

艾伊西梅尼斯的这种思维模式在那个时代的巴塞罗那是被普遍认可的。例如，在某些特定的日子里，巴塞罗那市民会为城里的囚犯举行募捐，但募捐的目的并不是要为他们支付任何类型的保证金，也不是为了给他们提供可口的食物，而是为了给他们支付雇用妓女的费用。这些妓女主要负责减轻罪犯被囚禁的痛苦，或者是缓解某些等待死刑的犯人的痛苦。这相当于现代囚犯的"配偶探视"，只不过是以中世纪的思维模式进行的。

理论上讲，妓女活动场所仅限于特定的范围：妓院。巴塞罗那有两家比较重要的妓院，就在兰布拉大街的两侧。最古老的一家是比拉德坎斯妓院，在今天的常春藤街、三河床街、拉乌里克街和毕德雷街之间，也就是在皇家广场和圣米盖尔广场之间。另一家出现在拉巴尔区的城墙扩建之后，它规模更大也更为现代，在现在的卡尔梅街和作坊街之间，被人们称为"令人流连忘返的塔楼"。这两家妓院是巴塞罗那妓女集中的地方。妓女们不只在这些地方工作，她们也和自己的家人生活在这里。有时，她们还会和皮条客、看守及佣人一起分享空间。

百人市政会以及皇家机构曾针对妓女问题发布了一系列法令，这表明妓女问题是敏感话题，也经常在城里引发争论。法律规定，每个妓院都要有一个由百人市政会正式指派的男性来监控情况。这位被称为"总监察"的人不仅要负责监督妓院的收入和开销，也要保证妓院里不发生冲突。每项服务收费十四块钱，这并算不贵，而这些收入的一部分要作为税款去充实王国的金库。这就类似现在的烟草税，它对于政府的运营是不可或缺的，虽然在形式上要求尽量避免消费此类产品。征税之后所剩的收入，在妓院和妓女们之间分配，但我们并不清楚是以什么样的比例来分配的。妓女的活动也在私人的房子里进行，尽管表面上这是被禁止的。通常，有妓女活动的房子，窗台上会放一支点燃的蜡烛，房子的门也是虚掩着的。如果看到一所房子有这些特征，就表明这里有一到几个女性从事皮肉买卖。

根据市政府的规定，妓女的年龄应该在 12 岁到 20 岁之间。想想都觉得可怕，一个小姑娘从事这样的职业，或者确切地说，是被迫从事这样的职业。但我们应注意到，那个年代并没有"成年"的概念，在普通的家庭里，儿女们在11岁或12岁就要离开家，自食其力。无疑，穷苦的单身女性是无依无靠的，她们需要自己养活自己，通常，她们只能去做妓女。妓女的衣着应该要能清楚地表明她的身份。有些法规规定妓女应该穿白色的衣服并佩戴蓝色的腰带；而另一些法令又规定，她们不能穿大衣或不能穿带绣花的衣服。这些规定都是为了将妓女和良家妇女做明显的区分。

　　法规要多少就可以有多少，但在现实生活中，人们总是倾向于采用让自己感觉最舒服的方式或是被社会普遍认可的方式，在妓女问题上也是一样。我们找到了很多有文字记载的案例，资料表明，很多女性都在妓院之外的地方从业，在自己家里或在野外，她们也没有按照规定的方式穿着，还有人已经超过了法律规定的从业年龄。通常，妓女都是穷人，她们受到粗暴的对待，有时还会受到鞭打，她们得不到别人的尊重，受到社会的歧视。例如，每当圣周来临之际，她们就会被关在某个修道院里赎罪，不能上街。也有一些修道院是专门用来收容那些不想再做妓女的女性的，例如，在玛达肋纳街或在圣克鲁斯医院附近埃及人街的修道院。事实上，圣克鲁斯医院附近的这家修道院之前就是用来接纳那些不想做妓女也没有进修道院的女性的。那个时候，"埃及女人"这个词就是"改过自新的妓女"的同义词。埃及的玛丽亚是公元4世纪的圣徒（很可能是个传奇故事），公元4世纪是个产生圣徒的伟大时代。教会的说法是玛丽亚出生在埃及的某个地方，年轻时她受到无法抗拒的欲望驱使，去了亚历山大城，在那里过着荒淫无度的生活。事实上，她不是妓女，而是一位追求性自由的女性，或者说她执着于性体验。不管怎样，她都被传统而保守的社会嗤之以鼻。在埃及生活了几年之后，她去了耶路撒冷，在那儿，她继续之前的放荡生活。一天，当她想进入一座教堂时，一股隐形的力量将其拦住。那时，她突然意识到，这是因其罪恶行为所致。她决定要改头换面，变成

第八章　发展的危机

一位虔诚的女性。她退居荒漠,过着隐居的生活,孤独终老。毫无疑问,玛丽亚是一个典范,但也有人质疑,她人生的两个阶段到底哪一个是典范:糜烂的青年时期还是精神成熟时期?

巴塞罗那的妓女们通常都不是在这里出生的人。很多人来自卡斯蒂利亚,也有阿拉贡人、巴伦西亚人、加斯科尼人,当然还有加泰罗尼亚其他地区的人。这些女人倾向于在远离家乡的地方从事这种职业,因为没有人认识她们。在女奴中,斯拉夫女性的美貌最为有名,当然还有撒拉逊人,偶尔也有犹太人。

嫖客也不仅仅是巴塞罗那人。以14世纪城墙扩建为代表的巴塞罗那的改造,已经让这座城市变成了一流的商业中心,不仅吸引了大量的外来人口,也创造了巨大的商品货运量。要维持这样一座城市的运作,仅靠利用附近地区的资源已经不可能实现,这就像今天几乎所有的城市一样。当时,人们的饮食构成如下:粮食是人们饮食的基础,它不仅价格更为便宜,更便于运输和储存,还含有很高的热量;酒在那时也被当成一种食品,而不是饮料(所以,大人们慷慨地给小孩子们酒喝),它也是巴塞罗那人饮食的一部分;还有渔民提供的鱼;蔬菜和块茎类的植物(除了土豆,当时土豆还没有传入欧洲)也是巴塞罗那人餐桌上重要的组成部分。然而,更为重要的是要有一小块肉,虽然质量平平,油脂含量很高,还带软骨,但这是穷人唯一能享用得起的。因此,肉类贸易非常重要,它一直以来都是巴塞罗那人饮食的重要组成部分。

专供人们食用的鲜活动物被从很多地方运送到巴塞罗那,例如,大部分牛是从梅诺卡岛用船运来的,也有一部分是穿越比利牛斯山从法国运来的,还有来自阿拉贡地区的。羊基本上是从阿拉贡和巴伦西亚运来的,虽然部分阿拉贡的羊来自卡斯蒂利亚。活畜群的运输是一个大问题,因为当时的加泰罗尼亚仿佛进入19世纪的欧洲国家一样,有很多的内部边境。畜群要从哪里经过,当地的领主就想收取一定的费用或征用一定数量的牲畜,这让放牧者和百人市政会非常不满。于是,百人市政会经常会派武装力量护送牧群以避免此类事件发生。如果事态并没有发展到需要动武的地步,他们就和当地的领主谈判,以保证牧群可以免费通过。

然而,这些给巴塞罗那提供肉类的牧主及屠夫在牧群运输途中所体现出的那种防御的态度,到了要为城里居民准备及分配肉产品的时候,就变得不一样了。因为到达巴塞罗那的畜群并没有被宰杀,当屠夫在等待购买需求出现的时候,都会将牛、绵羊、山羊及猪带到巴塞罗那平原放牧。然而,那时的巴塞罗那平原并没有明确地被划在巴塞罗那的控制范围之内,而是在私人手上,也就是说,在那些控制着百人市政会的权威人士及忠诚市民的手中。因此,畜群一来到巴塞罗那郊外,屠夫和百人市政会的成员们就产生了利益冲突。市政会成员们甚至要到更远的地方去寻找牧场,但那些牧场显然都在某些贵族或是其他市政会理事的手中,这就会令他们卷入和第三方的冲突中,情况变得更加复杂。

除此之外,肉的销售也依然是个问题。大型动物的肉被分割成小块出售,而体型较小的动物则活着出售,由买家自己来宰杀。现在,我们在肉店买的肉看起来都不带血,干干净净(当然,我们可不是说那些超市里面包装好的肉)。但在一个还没有使用冰来保存食物的时代,腐烂的肉无疑刺激着人的感官。因此,市政府要求出售的肉必须干净且没有腐烂之处。大约在15世纪末期,如果肉已经有了味道,即使没有腐烂,也必须撤回,不能出售。因为当时的医学理论已经发生了改变,人们认为污染物不仅可以通过摄取的食物进入人的身体,也可以通过呼吸的不良空气进入体内。在某些地方,牲畜及禽类的出售让政府的工作变得非常复杂。例如,在圣油广场有各种摊位:卖肉的、卖奶酪的、卖灌肠的、卖活禽的、卖面包的,等等。市政会的成员们颁布了一系列的法规来阻止下列情况的发生:买母鸡和鹅的商贩不能将笼子放在卖面包的桌子上;卖面包的商贩不能将脚放在卖肉的桌子上,但他可以把脚放在自己的桌子上,这与他的鞋底是否干净无关。就像我们所看到的,这些法规的制定可能并不是为了维持卫生状况,而是为了保护私有财产。

1413年宫廷议会:协约主义的巩固

巴塞罗那是一座生机勃勃的城市,但以它为首都的阿拉贡王国却江河日下。多年以来,历史学家们一直在争论卡斯蒂利亚王朝的到来究竟是15世纪加泰罗尼亚走下坡路的原因还是结果。很可能两者兼有。为什么是结果呢?因为从佩德罗四世统治时期开始,阿拉贡王国及王位的危机就已在酝酿中,当时虽然王国的疆域得到了最大限度的扩张,却是以压榨这些土地上的物质、经济及人力资源为代价的。那为什么又会是原因呢?因为新王室实施的政策让本已异常严峻的局势雪上加霜。

《卡斯佩协议》的执行让很多阿拉贡王国的臣民感到不满,这其中主要是那些巴塞罗那的权威人士及忠诚市民。他们害怕特拉斯塔马拉王朝的新国王费尔南多一世违背阿拉贡王国和社会各阶层谈判、签订协议以达成一致来治理国家的传统,更害怕费尔南多一世会待在加泰罗尼亚公国。这主要是基于下列原因:费尔南多一世更为专制,这是典型的卡斯蒂利亚行事风格;卡斯蒂利亚与加泰罗尼亚的社会结构不尽相同;费尔南多一世对于土地所有权的奇怪逻辑不符合加泰罗尼亚的现实;卡斯蒂利亚人习以为常的商业发展模式和加泰罗尼亚人的模式完全不同,等等。与卡斯蒂利亚王国相比,阿拉贡王国的王权一直以来都受到更大的限制，但从当时几十年里整个欧洲的发展趋势来看，人们普遍认为卡斯蒂利亚王国的模式更为现代及实用。相反，加泰罗尼亚是一个封建主义深深扎根的社会，又以商业和海上贸易为主要经济来源，加泰罗尼亚人已经习惯了权力在一定程度上的分配。费尔南多一世是那个时代的一位伟大人物，他的孙子——"天主教徒"费尔南多二世①——和他一样精明能干。费尔南多一世是卡斯蒂利亚国王胡安一世的第二个儿子，是恩里克三世的弟弟。恩里克三世被称为"体弱者"，这已经很清楚地说明了他统治时期的状况。费尔南多是王室家族中最强大的一员，他从父亲那里继承了很多土地，而这些土地也是卡斯蒂利亚王国最富饶的地区。他的哥哥恩里克三世在二十七岁时就去世了，只留下了一个继承人，也就是未来的卡斯蒂利亚王国胡安二世，但实际上统治国家的一直都是费尔南多。一位久卧病榻的国王，一位年纪尚小的继承人，一位大权在握的兄弟，这种情况有些微妙。费尔南多本可以登上王位，但他出于对自己国家的忠诚并没有这么做。虽然费尔南多没有称王，但想让他放弃摄政权，并非易事。然而，他的侄子胡安二世慢慢长大，卡斯蒂利亚的局势也变得越来越紧张，多年前曾爆发的内战一触即发。就在这时，费尔南多突然发现了一条意想不到的出路：将阿拉贡王国据为己有。最初，这种希望还很渺茫，之后却变得越来越清晰。

《卡斯佩协议》一被承认，费尔南多便在他的儿子及继承人阿方索的陪同下赶往萨拉戈萨，在那里他得到了萨拉戈萨议会的认可。紧跟着，他们又从萨拉戈萨出发，前往加泰罗尼亚，那里是阿拉贡王国最有价值的地方，但也是对推选费尔南多为国王态度最为闪烁不定的地方。据说，费尔南多在他所带去的人数众多的卡斯蒂利亚军队支持

---

① 这里提到的费尔南多二世就是之后与卡斯蒂利亚的伊莎贝拉一世联姻而统一西班牙的君主。——译注

下,在很短的时间内就掌握了政权。他分配了官职、赐予了王室特权及奖赏,这样做就是为了稳固刚刚到手的王位,降低被赶下台的危险。其实,在那个时候,这样的危险几乎不存在。

乌尔赫尔的海梅虽拥有加泰罗尼亚公国各个阶层的支持,但还是以失败告终,因为他犯了一个自毁前程的错误。海梅受到他母亲和阿拉贡贵族安东·德·路娜的影响(后者也是教宗本笃十三世的亲戚和敌人),先向新国王宣誓效忠,随后便在加斯科尼人及布列塔尼人组成的雇佣兵和一些阿拉贡贵族的支持下起兵反叛。当时,议会正在圣卡特琳娜修道院召开,这个修道院所在的位置现在已经变成了一个以同样名字命名的市场。一切都发生得那么不合时宜,加泰罗尼亚议会别无选择,只能谴责海梅并支持新国王。而海梅却做出了最不明智的选择,他带兵驻守在巴拉格尔城,结果费尔南多一世和他的军队很快就包围了这座城市。最后,被称为"倒霉蛋"的海梅不得不束手就擒。几年之后,海梅离世,而从被捕到去世这段时间,他再也没有获得过自由。

这次胜利冲淡了安特克拉的费尔南多(费尔南多一世另一个被人们熟知的名字)对1413年在巴塞罗那召开的宫廷议会所产生的不愉快记忆。在卡斯蒂利亚,他已经习惯了唯我独尊,而在巴塞罗那,当他会见贵族、教士及资产阶级这三个阶层的代表时,他惊讶地发现,如果不经过协商,这些人并不十分情愿服从他的命令,甚至就连在《卡斯佩协议》中支持他的那些人,也要求签订协议并分享权力。这简直令人无法忍受!固执的费尔南多无法理解这一切。虽然加泰罗尼亚的主教、修道院院长、大贵族家庭、与贵族结亲者、披甲战士[①]、忠诚市民等不同群体之间都有利益冲突,而且他们之间的争斗从未间断过,但他

[①] "披甲战士"指中世纪中期到文艺复兴时期精通武艺、身着盔甲并骑马作战的战士。他可能是骑士或贵族,也可能是普通士兵。——译注

们唯一达成一致的事就是：费尔南多必须让步。虽然费尔南多是国王，但他的权力并不是神所授予的，而是他们所赋予的。这时，费尔南多开始意识到，将阿拉贡王国（特别是加泰罗尼亚公国）据为己有，可能并不是一桩好买卖，因为这里的人不仅高傲，喜欢讲条件，还对已经建立起来的王权不够尊重。

1413年宫廷议会使"协约主义"这种模式得以巩固。"协约主义"这个名词意味着协约双方的关系总在发生变化，时而紧张，时而缓和，而双方要有协议条件，是它的重要特征。从那时开始，在接下的六个世纪里，协约主义一直都是加泰罗尼亚的一个特色。然而，人们最常犯的错误就是认为协约主义是加泰罗尼亚与中央权力间唯一的联系纽带。我们这里提到的中央权力，既可以是卡斯蒂利亚王国政权，也可以西班牙政府，或者更为简单地说，就是专制权力。协约主义是一种构建世界的方法，如果我们进一步延伸的话，也可以说它是一种政治构想。它的出发点是：加泰罗尼亚人应该抓住时局所赋予弱者的机会来与当权者分一杯羹。然而，要实现这个目标，光靠智慧和文雅是不够的（大部分加泰罗尼亚人都认为他们天生如此），更要机敏和时刻保持清醒。第126任加泰罗尼亚政府主席佐迪·普约尔曾用比喻的方式提出过"一鸟在手（胜过百鸟在飞）"的政策。这个俗语很早就有，比普约尔的岁数大得多，原意是说要坚决果断地用最为简单的方式得到某样东西。但普约尔稍微改动了一下，他在解释"协约主义"在加泰罗尼亚政治中的意义时，赋予了这个谚语另外一层含义：当你和比你更为强大的一方谈判时，要尽可能得到一切你所能得到的东西，并要确保这些东西已经真正掌握在自己手中，不管东西是多是少。如果对方能接受你所提出的所有要求，当然最好，但显然这是不可能的。就加泰罗尼亚而言，它明显处于弱势，所以加泰罗尼亚人必须要据理力争、锱铢必较，得到一切中央权力可以提供给他们的东西。这

第八章 发展的危机

样,协约主义就变成了一种"乞怜"的政策,正如我们之前所说,这种政策成为最近几个世纪里加泰罗尼亚政治的主要特点之一。不管是在加泰罗尼亚还是在其他地方,往往是更接近中央权力的阶层在使用这种协约主义。值得一提的是,绝大部分加泰罗尼亚人,特别是巴塞罗那人,在面对当权者时,都表现出自己的骄傲和勇敢。虽然构成议会、政府及百人市政会的成员都是协约主义者,但到了性命攸关的重要历史时刻,他们还是会变得异常勇敢和坚定。

不管怎样,1413年的宫廷议会令加泰罗尼亚人收获颇丰。首先,从那时起,治理加泰罗尼亚的各种法规,不管是公共性质的(《加泰罗尼亚法》),还是更具地方特色的(《习俗法》),都以书面的形式确定下来。这使司法的稳定性得以加强,减少了君主专制国家随意解释法律条款的可能性。光是这一点,就已经是很大的进步了。除此之外,加泰罗尼亚议会(即加泰罗尼亚当局)也进行了深入的改革,它成为更强大且拥有更大自治权的机构,国王在任何情况下都不得干涉该机构的决定。放眼全世界,这都是不多见的。这个相对大众化的机构(我们马上就会看到,这里的"相对"一词比"大众化"一词的含义更为丰富)第一次自主管理大部分公共财政,自己做行政决定,自行选举其成员,国王无权发表意见。

以21世纪的眼光来看,由更贴近民众的阶层掌握政权,听起来不错,但我们不要自欺欺人,15世纪的情况完全不同,那是一个非常残酷的年代。加泰罗尼亚议会最多也只能代表20%的民众,而这个数字里还包含了处在较高社会阶层的女性。那些贵族及教士代表从费尔南多那里争取到的另一个让步就是要加强对佃农的控制。从那时起,农民们就更依赖于土地,而不是土地主所支付的酬劳。

这也成为三十年后直接引发内战的原因之一。在近五十年的时间里,由于瘟疫的影响及巴塞罗那王室最后几任国王引发的经济危机,很多农民已经销声匿迹,这让土地主们感到恐慌。加泰罗尼亚的农村到处都是被废弃的农庄,这些农庄被称为"荒芜的农庄",原因很简单,大部分农庄的居民都死了。这本来是一个重新开发利用土地的好机会,不幸的是,事情并没有朝这个方向发展。由于耕种土地的劳动力减少,贵族和教士们出租土地的收入也在减少,但他们却要获得和以前一样的收入,因此,应上交给土地主的钱不得不在更少的农民之间分摊。面对劳动力减少的情况,本应采用更为开明的政策,但在加泰罗尼亚,土地主对农民的压榨却不减反增。对此,我们不应感到太为惊讶。在我们生活的年代,也就是当21世纪初经济危机爆发时,也发生过同样的事情:富人变得比经济危机开始前更富,而穷人更穷,这和15世纪如出一辙。

费尔南多应该认为当他获得了宫廷议会的认可并打败了乌尔赫尔的海梅之后,就可以腾出时间来纠正他和加泰罗尼亚人之间新建立起来的关系。但事实上,他并没有时间做这件事,他的几位臣子很快就向他证明了这一点。自从费尔南多离开卡斯蒂利亚宫廷,他就一直住在巴塞罗那的皇宫里,他的行事风格和他在卡斯蒂利亚一样,一点都没有改变。他拒绝交税,因为在卡斯蒂利亚,君主和受君主庇护的人都可以免交税款。但在加泰罗尼亚,具体说是在巴塞罗那,事情完全不是这样。

1416年,费尔南多住在巴塞罗那,而此时百人市政会已经对他们的君主感到非常厌烦。我们知道,"仁慈者"马丁临终前所推行的几项政策之一就是改革税收。比如运输税,这种税起源于罗马统治时代,按规定出售1磅的商品要征收1第纳里乌斯的税(这不算多),但一般这种税只适用于肉类。

费尔南多的卡斯蒂利亚大臣们拒绝缴纳此税,他们这么做更多是为了维护他们的尊严,最重要的是费尔南多也支持他们。因此,百人市政会派理事霍安·菲维耶尔去索要税款。选择菲维耶尔去收税并不是出于偶然,他在近二十年的时间里一直都是巴塞罗那最有影响力的权威人士之一,和马丁一世保持着良好的私人关系,甚至还曾为费尔南多平复乌尔赫尔的海梅叛乱出谋划策。也就是说,他既不会被怀疑是特拉斯塔马拉王朝的反对者,也不会被怀疑是加泰罗尼亚统治集团中的内奸。菲维耶尔率领着代表团去拜见国王,并提醒他根据加泰罗尼亚的传统,他是按臣子意愿而被推选出的国王,应该遵守法律。这让国王非常生气。第二天,他动身要去萨拉戈萨时,居然公然无视百人市政会代表团的告别。根据二十年之后写成的一部史书记载,费尔南多一直走到城门口才转过身来,大声说:"巴塞罗那是朕的耻辱!"然而,费尔南多在去萨拉戈萨的路上因身体不适而暴毙。对于巴塞罗那人来说,这件事充分证明,不管是国王还是臣子,谁都不能不计后果地和巴塞罗那为敌。

这件事被人们世代相传。1931年,一位伟大的历史学家安东尼·洛韦拉·伊·毕尔赫利曾说过,这是加泰罗尼亚历史上所发生过的唯一震惊世界的事件。为了纪念菲维耶尔的勇气及其对加泰罗尼亚权利的维护,巴塞罗那还为他塑了一座雕像,这座雕像至今依然挺立在市政厅门前。巴塞罗那还将从圣若梅广场到兰布拉大街之间的那条街以菲维耶尔的名字命名(这条街现在叫费兰街)。在佛朗哥独裁时期,有些年,这条街曾恢复使用它原来的名字——费尔南多七世街。这位君主可是西班牙历史上最受人唾弃的国王之一。

正是因为巴塞罗那人以菲维耶尔及他的行为为荣,便有人对上述事件进行了深入的研究,结果正如大家所料,人们发现,在对此次事件的叙述中存在很多漏洞。那个时期百人市政会的记录已经遗失,人们只在当时留下的一份文件中(这很可能只是一个草稿)找到了关于此次事件的描述,但文件中提及并不是针对肉收税,而是针对鱼。此外,这份文书写于事发后的第二天,文中并没有过多关注所发生的事情,这很可能是因为在理事和国王之间发生了相当多的冲突,不仅限于税收问题。这次事件在后来的文献中也有记载,这不禁让人们想到,当时可能真的发生过什么事情,最重要的可能并不是百人市政会的控诉,而是为什么市政会委派菲维耶尔这样出色的人去解决问题。不管怎样,在新王朝建立的最初四年里,国王与加泰罗尼亚统治机构之间的关系就已经开始恶化,这种局面一直持续到1714年。虽然从现在的角度来看,在这三百年的时间里,两者之间的关系时好时坏,但从整体而言,国王与加泰罗尼亚统治机构交恶已成常态。

阿方索,文艺复兴时期的国王

在费尔南多英年早逝之后,他的长子阿方索五世继位。费尔南多统治的时间并不长,国家局势也阴晴不定。费尔南多和加泰罗尼亚贵族及巴塞罗那资产阶级间的冲突之所以不断升级,是因为费尔南多采用的财政和外交政策已经开始让陷入僵局的阿拉贡王国局势得以扭转。费尔南多非常清楚,地中海上的贸易是解决国家面临所有问题的关键。而巴伦西亚人早就明白了这一点,巴伦西亚城的蓬勃发展和巴塞罗那从胡安一世统治时期开始就表现出的乏力形成了鲜明对比。

现在,我们已经进入了文艺复兴的全盛时期。在这个时期,美学问题、世俗争论、诗歌、艺术、装饰等开始变得重要,这在很多个世纪以来还是第一次。人文主义者认为人与神的沟通不应仅仅通过内省来实现,也应该通过人歌颂神的作品来实现。虽然这看起来并不像是一个具有重要意义的观点,但我们仔细思考一下就会发现,这种观点描述了一个和以前截然不同的社会。所有深刻的社会变革都是一个漫长的过程,这个进入近代时期的过程同样非常缓慢,整个15世纪都被纳入了这个进程之中。

19世纪的历史学家将人类的历史划分成一系列并不十分精确的年代,一些重要历史事件发生的时间成为他们划分时代的参照物。依照这样的划分方法,自公元476年罗马帝国被蛮族所灭,我们就从古代进入到中世纪;近代要从1453年君士坦丁堡落入奥斯曼人手中算起;现代应该从1789年法国大革命开始算起。虽然人们认为这样的划分方法已经过时了,但很多大学依然按照这个标准来组建院系。此外,在讲解一个时代的时候,这样的划分也相对简单。对于巴塞罗那来说,或者从整体上讲,对于整个加泰罗尼亚而言,君士坦丁堡的陷落并没有将中世纪和近代区分开来。时代的变化是逐渐发生的,在所有的地方都一样,虽然到了15世纪,这种变化的节奏有所加快。新的卡斯蒂利亚王朝入主阿拉贡王国,动摇了加泰罗尼亚公国的构架,也同样撼动了巴塞罗那。在此之前,加泰罗尼亚的君王们差不多都是先将注意力放在巴塞罗那身上,之后是加泰罗尼亚,最后才是阿拉贡王国。然而,特拉斯塔马拉家族从来都没有忘记过自己是从何而来的,虽然他们也关心阿拉贡王国的利益,却总把重心放在卡斯蒂利亚王国,认为卡斯蒂利亚是比阿拉贡王国更为可口的大餐。

对于阿方索五世而言,他的统治开始得并不顺利,这对于行使加泰罗尼亚主权的国王们来说,已经成为一种传统。费尔南多于1416年去世,之后,阿方索主持的第一个公众仪式就是百人市政会的一次会议。在会上,阿方索不假思索地就用卡斯蒂利亚语和参会者们讲话,这让与会者震惊并感到失望,因为大多数人都不知道他在说什么。虽然阿方索的父亲也不会讲加泰罗尼亚语,但他很努力地讲这种语言,而且还有翻译提供帮助。然而,阿方索则认为,一国之君说哪种语言,臣子们就应该说哪种语言,要做改变的是臣子,而不是君主。除此之外,还有一个问题也早就让加泰罗尼亚人怨声载道:所有辅佐费尔南多的官员都是卡斯蒂利亚人，他们不懂也不想懂加泰罗尼亚语。虽然语言问题对于刚从卡斯蒂利亚过来且统治时间不长的费尔南多来说可以原谅，但到了阿方索统治时期，情况就不一样了。

　　阿方索是一位野心勃勃的年轻人。虽然费尔南多统治的时间不长，但在这段时间里，他凭借着与热那亚共和国的良好关系，成功解决了让最后几任巴塞罗那伯爵-国王头疼的撒丁岛和西西里岛的问题。热那亚人不再对撒丁岛人伸出援手，这为加泰罗尼亚人提供了便利。另一方面，费尔南多让他的次子胡安（大家不要小看这个男孩，接下来他要大展身手）迎娶了纳瓦拉王国的布兰卡，她是西西里国王小马丁的遗孀（小马丁是马丁一世和玛丽亚·德·路娜的长子），并将这夫妻二人以总督及总督夫人的身份派往西西里岛。此外，费尔南多还和埃及、菲兹（Fez）签订协议以减少他们对加泰罗尼亚船只的袭击。虽然只是达成一致，但也第一次让阿拉贡王国控制的地中海区域进入相对和平的状态。

　　我们可以看到，阿方索继位时，国际环境及国内局势已经处在相对稳定的状态。此外，就在费尔南多去世之前，阿方索还成功地让阿拉贡王国放弃对教宗本笃十三世的支持。这位教宗是《卡斯佩协议》最重要的发起者，后来，他被押往佩尼斯科拉要塞，在那儿度过余生。当时，阿拉贡王国是唯一承认本笃十三世教宗的王国，在世人看来，这极大地削弱了阿拉贡王国的力量。虽然阿方索在对外关系上得到了满足，但在内政方面却屡遭打击，特别是在加泰罗尼亚的问题上。可能这主要因为他过快地将目光放在了地中海上，而放弃了费尔南多曾明确表达过的愿望，即对卡斯蒂利亚采用干预政策。正如我们之前所说，卡斯蒂利亚要比阿拉贡更为富饶和强大，而特拉斯塔马拉家族也控制着卡斯蒂利亚的王室。费尔南多是在卡斯蒂利亚王国的支持下统治阿拉贡王国的，阿方索似乎注定也应以同样的方式行事。他一直

第八章　发展的危机

都认为自己是卡斯蒂利亚人，甚至在结婚时都选择了卡斯蒂利亚国王的妹妹、他的表妹玛丽亚做王后。当然，阿方索也有其他的个人追求，但这些追求不仅让他与卡斯蒂利亚王国、他的亲属及妻子日渐疏远，也让他远离了阿拉贡王国的各种纷争，特别是那些只会给他带来不快的加泰罗尼亚公国的冲突。阿方索还有其他的野心，但在他统治的初期，似乎连他自己都没有觉察。

两个政党：比卡与布斯卡

加泰罗尼亚上流社会的代表们感到君主越来越不重视他们，他们认为这主要是因为阿方索身边的朝臣们都是外来的，他们的思维方式和加泰罗尼亚的情况格格不入。同时，这些社会高级阶层的代表也觉得自己成了弃儿，因为他们与底层阶级渐行渐远（如果是因为曾经在某个时期走得很近的话）。底层阶级也正在发生着变化，这是从中世纪进入近代的主要征兆之一。国家的大部分地区是农村，在这些地区，农民们第一次自发地组织起来反对封建领主的肆意妄为。而在城市里，中产阶级和底层阶级都已经对专制统治忍无可忍。在巴塞罗那，这种情况具体体现在今天我们所说的"政党"的产生上。

其中一个政党是比卡党，它也是巴塞罗那最古老的政党。比卡党代表的是权威人士、忠诚市民和那些在商业及城市的行政管理上有相关利益的人，换句话说，这个政党代表的是那些真正控制巴塞罗那的人。这些人是操控政府机构的人，特别是百人市政会，也有加泰罗尼亚政府的成员。他们将自己的利益和民众的利益混为一谈，总是与国王、大贵族、教士发生冲突，因为他们所获得的权利并不是生来就有的；同时，他们还和社会底层有矛盾，底层的人们要求有更好的生活条件和更多的自由。比卡党人认为自己是加泰罗尼亚社会的支柱，或者说,是巴塞罗那社会的支柱。因此,他们称自己为"房梁"①,支撑起了整座城市。掌握这个派别的大家族一直都是菲维耶尔家族或瓜尔贝斯家族,人们通常用这两个家族来代指比卡这个党派,这也说明这两个家族是比卡党的核心力量。

在巴塞罗那,反对比卡党态度最为坚决的人是经济条件较差的忠诚市民、商人、手工业者及工匠。虽然这些人从来都没有成为一个派别,但随着时间的推移,他们形成了一个政党,之后又瓦解,这个政党被称为"布斯卡"。布斯卡这个词是碎木屑的意思,这是一种讽刺的说法:既然统治阶层认为他们是支撑社会的大梁,那么处在最底端的阶层就是梁上的碎木屑。很明显,这是在嘲讽巴塞罗那统治阶层的大吹大擂和得意忘形。此外,布斯卡党的成员还常说,如果大梁上掉下太多的木屑,总有一天,大梁会垮掉。

在正常情况下,布斯卡党成事的可能性很小,因为比卡党掌握着巴塞罗那的实权。然而,当时的情况并不正常。首先,来自有着专制传统的卡斯蒂利亚的阿方索五世,他所享有的权力在加泰罗尼亚受到了限制,不得不通过协议来解决一切问题。其次,几十年来爆发的人口危机已经削弱了他所控制的阿拉贡王国的力量,特别是加泰罗尼亚公国和巴塞罗那的力量。另一方面,被欧洲最为残酷的封建体制统治了近三个世纪的民众阶层开始有了一丝觉醒,佃农和底层人民厌倦了统治阶层对他们胡作非为,中产阶级也通过商业和更为专业化的职业得以巩固并走向强大。与慢慢开始退出历史舞台的中世纪社会相比,专业化职业的出现恰恰是新时代的特点。

阿方索也和其他所有的国王一样,需要大量金钱。当时,一些专业的谄媚者已经开始称阿方索为"大帝"了(一般都是在君主去世后才

---

① 比卡(biga,viga)在西语中是"梁"的意思。——译注

这么称呼)。虽然阿方索缺少毅力和恒心,但他还是以"大帝"的称号闻名于世。他不得不取悦于比卡党中的掌权者,因为他们是最有钱的人,但这些人的要求和他们与加泰罗尼亚贵族结盟的倾向又让国王看他们颇不顺眼。因此,阿方索想扶持布斯卡党,因为他们经常激怒比卡党,而且布斯卡党在需要采取措施反对比卡党掌权者这一点上跟国王的想法不谋而合。然而,这个捞不到太多油水的计划很快就让国王感到厌倦。他选择逃离令人厌烦的伊比利亚半岛,通过他的妻子——卡斯蒂利亚的玛丽亚(一位有牺牲和奉献精神的女性)——及被他任命为加泰罗尼亚总督的卡尔赛兰·德·雷克塞恩斯来远程遥控加泰罗尼亚。

卡尔赛兰·德·雷克塞恩斯是一位有意思的人物。他是雷克塞恩斯家族的创建者,这是一个贵族家庭,在几代人之后,它被纳入了伊斯巴尼亚王国[①]的一个大贵族家庭,即梅迪纳·西多尼亚家族。卡尔赛兰能脱颖而出是因为他属于国王身边的高级官员。他的准则是国王的利益高于一切,作为奖赏,阿方索授予他很多头衔、官职和特权。1432年,卡尔赛兰被任命为加泰罗尼亚的总统领,也就是这里的行政首长。从某种意义上说,这是一个相当重要的职位。卡尔赛兰表现也很出色,因为他不仅很快就开始对付巴塞罗那的专制集团,还迅速找到了盟友,即巴塞罗那的手工业者和商人。两派之间展开了激烈的斗争。1435年,忠诚市民们将卡尔赛兰捕获,但不久之后就把他放了,条件是他答应离开巴塞罗那。卡尔赛兰在梅诺卡岛待了几年之后,带着报复的心态重新回到巴塞罗那。他在总督身边工作,不仅继续与手工

---

① 这里出现的"伊斯巴尼亚王国"(Monarquía Hispánica)是指"天主教双王"将摩尔人赶出伊比利亚半岛之后建立的统一的王国联合体。目前,通常都会把"Monarquía Hispánica"直接译为"西班牙王国",但其实它和后来的西班牙王国有一定的区别。本书作者在第十章中也曾强调,在费利佩五世颁布《新基本法》,废除了其他王国的地方法规及行政机构,全国统一使用卡斯蒂利亚的法律和政治体制之后,伊斯巴尼亚王国才正式被称为西班牙王国。为了便于区分,本书中我们将"Monarquía Hispánica"译为"伊斯巴尼亚王国"。——译注

业者和工匠（书记员、外科医生、药剂师、制蜡工等）结盟，还处处与控制百人市政会的专制集团对着干。

1449年，卡尔赛兰与他的朋友、巴塞罗那商人德斯托伦特父子进行了一系列的会晤之后，得出了一个结论：唯一可以终结比卡党在百人市政会中专权统治的方法，就是不断地组织、凝聚力量并获得国王的支持，虽然这种支持并不是直接的。然而，三年过去了，卡尔赛兰的这个愿望依然没有达成。因为就连国王本人都不清楚帮助这些出身于非精英层的民众会不会有用，虽然这么做是为了遏制自己的敌人。但每当国家财政征税，巴塞罗那市政府总是百般推脱，此外，人们对百人市政会腐败问题的控诉越来越多，这让阿方索改变了主意。1452年，巴塞罗那三阶层及人民工会成立，布斯卡党就是以此机构为基础发展起来的。这个工会和已经成立的农民工会是平行机构，由100多名商人、艺术家和手工业者构成，这些人代表了巴塞罗那大部分行业的从业者。它的目标是让"中手"及"小手"阶层都对这个组织有认同感。如果15世纪的巴塞罗那建立了民主体制的话，毫无疑问，工会（也就是布斯卡党）将会赢得选举。可惜的是，在几个世纪前，民主就已经被遗忘，它的重新建立还需要几个世纪的时间。想要让比卡党倒台，必须做出坚定果断的决定。首先，卡尔赛兰·德·雷克塞恩斯被任命为行政首长，这遭到巴塞罗那专制集团的强烈反对，因为他们知道卡尔赛兰是自己的敌人。行政首长的职位非常重要，相当于拥有很大权力的总督，因为国王阿方索基本不在加泰罗尼亚，他最多是来缓和一下行政首长几个月前所做决定引发的危机。坐上行政首长的位置最终为卡尔赛兰的盟友控制百人市政会扫清了障碍。在最先举行的百人市政会理事会五位理事（也就是真正控制着市政权的人）的换届选举（通常都是被操控的）中，卡尔赛兰出手干预并肆无忌惮地将市政权力授予了受他庇护的人。比卡党人认为这是政变，可能他们是有一定道理的。当布斯卡党人将市政权力握在手中之后,就开始快速实施一系列非常激进的改革措施:从那时开始,百人市政会成员的选举将同时在四个阶层中进行,而不是主要在权威人士及忠诚市民中展开;同时,他们还决定理事会的理事也应该以各阶层对等的方式选出:两位忠诚市民、一位商人、一位工匠和一位手工业者。最后的这项决定后来因1455年出台的一项皇家特权而被终止。

然而,布斯卡党人应该是错误地估计了自己的实力。他们被胜利冲昏了头脑,推出了几项与巴塞罗那的情况极不相符的政策,那是几项非常现代也非常大胆的政策,甚至可以说太过大胆了。布斯卡党人强行让货币贬值,加强地方保护主义以限制比加泰罗尼亚军队更便宜但战斗力更强的佛兰德军队进入。这让阿拉贡王国的很多地区都受到严重影响,这些地区都跑到国王面前去控诉。起初,货币贬值很受欢迎,特别是受到巴塞罗那穷人阶层的欢迎,因为他们发现,一夜之间,1克鲁萨多从可以兑换15个迪内罗变成可以兑换18个迪内罗。所有人都认为自己变得更为富有了。直到物价飞涨,他们才意识到,这样的变化实际上让他们变得更加贫穷。

这两项政策受到了比卡党人的指责,而当时的比卡党人控制着加泰罗尼亚政府。这是加泰罗尼亚政府和巴塞罗那市政会的首次交锋,也是加泰罗尼亚历史上的一次经典事件。虽然巴塞罗那是加泰罗尼亚发展的原动力和灵魂所在,但它并不能代表整个加泰罗尼亚。市政会维护的是巴塞罗那的利益,市政会成员们坚信,凡事只要对巴塞罗那有利,就会对整个加泰罗尼亚有利。相反,加泰罗尼亚政府则倾向于从更为全面的视角出发,他们认为只有对加泰罗尼亚有利的事才能对巴塞罗那有利。然而,一段时间之后,布斯卡党人被各个行业所抛弃,因为人们发现布斯卡党人的改革其实只对商人有利。布斯卡和比卡两党之争的结局并不好,而且这两党间的斗争还发生在王朝冲突爆发期间。让我们先来看看发生了什么，之后，再回到这两个政党之间的斗争。

王朝冲突

当时，那不勒斯已经在阿拉贡王国的控制之下，而阿方索就待在那不勒斯。那不勒斯是一座异彩纷呈的城市，也是地中海沿岸最重要的城市，除了巴黎，它可能算得上是当时欧洲最重要的城市。那时的巴塞罗那拥有35 000人，而那不勒斯人口达到150 000人。当时处在文艺复兴的极盛阶段，阿方索的宫廷吸引了一批杰出的艺术家和人文主义者，他们都是最优秀的人才。一天，阿方索在那不勒斯城的街头散步，看到一位楚楚动人的女孩走过，她是卢克蕾西娅·德·阿拉戈诺，十八岁，有着波提切利笔下女性的姣好面容。卢克蕾西娅是那不勒斯一个小贵族家庭的女儿，三十二岁的国王阿方索对她一见钟情。国王邀请卢克蕾西娅到王宫做客，他真诚地爱着这个女孩，并不想引诱她，而是希望随着时间的推移，她可以自然而然地爱上自己。不管怎样，在那不勒斯，阿方索有卢克蕾西娅和其他情人相伴左右，这座城市又给了他世界中心的感觉，而从加泰罗尼亚传来的消息则如此令人生厌。因此，阿方索决定再也不回去了。阿方索和王后卡斯蒂利亚的玛丽亚没有孩子，考虑到他们两地分居，有孩子的可能性也不大，阿拉贡王国很快就把目光投向了阿方索弟弟胡安，好像他命中注定要成为这片土地的继承人。1458年，阿方索去世，这让他的臣子们都松了一口气。他们已经受够了这位远在他乡、过着奢靡生活且对他们不闻不问的君主。加泰罗尼亚政府的书记员曾说过，地狱是最适合已故的国王及他的王后去的地方。

阿方索虽有些轻浮，但还算温文尔雅，而胡安却与哥哥截然相反,他阴暗残忍、野心勃勃、粗鲁暴力,像他这样的人,也是世间少有。胡安二世是四个王国的统治者:西西里总督、卡斯蒂利亚王国摄政者、纳瓦拉王国女王的丈夫、阿拉贡王国的国王。他不仅让内战在这四个王国之间爆发,还挑起了加泰罗尼亚的内战。胡安本想成为卡斯蒂利亚的国王,但他的专制让反对他的人组成了一个政党,而这个政党的领袖正是他的几个弟弟,胡安最终被他们赶走。胡安的妻子为纳瓦拉王国的女王布兰卡,他又动了接管纳瓦拉王国王位的念头,但布兰卡女王在遗嘱中将王位传给了她和胡安的儿子卡洛斯·德·维亚纳,并指定她的丈夫摄政。然而,当时卡斯蒂利亚王国正试图吞并纳瓦拉王国,便开始对此进行干预。为了保住自己的王位,卡洛斯和卡斯蒂利亚人联合,而胡安则在纳瓦拉王国内部寻找盟友。最终,卡洛斯失败,出逃西西里岛,胡安仍然不遗余力地追讨卡洛斯的支持者。就这样,父子之间结下了深仇大恨。

在阿方索统治的最后几年里,他一直都不在阿拉贡王国。于是,他任命胡安为总督,代他处理政务。胡安就在那个时候娶了卡斯蒂利亚的贵族胡安娜·恩里克斯。他们俩的儿子就是后来的天主教国王费尔南多。

胡安担任总督时,加泰罗尼亚的很多人都对他恨之入骨,特别是巴塞罗那的统治集团。1460年于莱里达召开的宫廷议会是胡安成为国王后主持的第一次议会,他召来了自己的长子卡洛斯,想在公众面前跟儿子和解。然而,胡安却突然改变了想法,决定将儿子囚禁起来,这引发了轩然大波。全体议员都认为胡安的行为违背了习俗法和阿拉贡王国的法规,向国王提出抗议。于是,胡安二世解散了议会,但议会却做了一个史无前例的决定:它授权加泰罗尼亚政府全权行使其权力,而加泰罗尼亚政府应该也得到了巴塞罗那市政府的支持。因为控制市政府的布斯卡党人并没有充分意识到,议会的这一举措意味着将所有的权力都移交到他们的敌人比卡党人手中,而从理论上讲,议会的权力甚至比国王的权力还大。布斯卡党人还在不停地给胡安二世施压,要求他释放卡洛斯。卡洛斯受到人民的爱戴,因为他看起来和他的父亲以及他去世的伯父完全不是一路人。

胡安二世大为震惊,他不得不释放了自己的儿子,同意通过协商的方式进行政治改革。而卡洛斯亲王和他的随行人员则前往巴塞罗那,他们在那儿受到了民众的热烈欢迎。加泰罗尼亚政府强迫胡安二世签署了一份协议,根据此协议,未经加泰罗尼亚政府许可,胡安二世不得进入加泰罗尼亚。协议还规定,从那时起,由卡洛斯亲王来行使加泰罗尼亚的全部权力。这时,布斯卡党人开始担心了。他们兴高采烈地开局的政治游戏现在变得对他们非常不利,因为所有的王权都回到了巴塞罗那专制集团比卡党人手中。比卡党人是卡洛斯亲王最坚定的捍卫者,而巴塞罗那的底层人民也被卡洛斯·维亚纳所迷惑,站在了权威人士及忠诚市民一边。然而,三个月之后,卡洛斯却在巴塞罗那意外去世。民间传说卡洛斯是位圣人,是上帝把他召回身边。因此,人们给了他"加泰罗尼亚的圣卡洛斯"的称号。但卡洛斯的死似乎并没有让胡安二世掉一滴眼泪,他很快想出了一个办法。因为受到协议的限制,胡安本人不能进入加泰罗尼亚,所以他派自己九岁的次子费尔南多作为总督前往加泰罗尼亚,费尔南多的母亲胡安娜·恩里克斯作为督管也一同前往。胡安娜王后非常强硬,她试图获得控制市政府的布斯卡党人的支持,以消灭控制加泰罗尼亚政府的比卡党人。1462年的2月24日(圣玛弟亚日),巴塞罗那三阶层与人民工会根据王后的指示,提出中止与加泰罗尼亚政府签署的协议。他们要让胡安二世回到巴塞罗那执政,同时也请求王后留下,因为当时胡安娜王后已经宣布,因巴塞罗那氛围太差,她要带王子去赫罗纳。

布斯卡党人的提议引起了众怒,而比卡党人则利用民众的愤怒将布斯卡人的力量从所有的权力机构中连根拔起。不久之后,他们还逮捕了布斯卡党的主要领导人,而王后和他的儿子则逃往赫罗纳。

比卡党人的反扑是非常残酷的。加泰罗尼亚政府的士兵将布斯卡党人的主要领导人从家中逮捕,带到位于安赫尔广场的监狱。在监狱里,被捕的人受到严刑拷打,其中两位主要代表人物彼得·德斯托伦特和弗兰塞斯克·巴亚雷斯被绞死。他们的尸体被扔在国王广场上示众,以儆效尤。布斯卡党的其他成员在被施以酷刑之后也被吊起来示众。

在两党斗争的同时,加泰罗尼亚还发生了佃农起义,这直接导致了加泰罗尼亚内战的爆发。在这次内战中,战争双方的结盟方式都非同寻常,这也是战争结束后这些联盟立刻分化的原因。战争的一方由国王、部分贵族和官员、布斯卡党人、巴塞罗那的小商人及佃农组成;另一方由加泰罗尼亚大部分贵族、巴塞罗那统治集团及城市平民组成。内战持续了两年之久,期间巴塞罗那城曾几度被围,但都未被攻破。最终,加泰罗尼亚的专制集团失去了阵地,这主要是因为他们在选择盟友方面表现得太过笨拙。首先,他们将加泰罗尼亚的王位献给了卡斯蒂利亚的恩里克四世,而恩里克四世很快就发现这个王位一点用都没有,拒绝接受。之后,他们又将王位献给了法国人雷纳多·德·安茹,这又是一个极大的错误,因为民众发现专制集团选择结盟的两个国家都曾多次出兵侵犯加泰罗尼亚。1472年,战争双方在佩德拉尔贝斯修道院签订了《佩德拉尔贝斯协议》(这个修道院现在还可以参观)。然而,这个协议却以一种尴尬的方式结束了战争。虽然协议承认胡安二世取得了胜利,但从协议内容来看,签订协议的双方实际上是国王和巴塞罗那的统治集团,而一直支持国王的民众阶层却被边缘化了。

战争给巴塞罗那乃至整个加泰罗尼亚都造成了极大的破坏。巴塞罗那的商业一蹶不振,而巴伦西亚开始接管巴塞罗那的国际航线。直到后来新国王费尔南多推行商业保护主义政策,巴塞罗那的经济才起死回生。

波恩区里的骑士世界

虽然爆发了战争,但生活还要继续,即使是在混乱的战争年代也是一样。15世纪,人们已经开始使用火器,主要是射程近、精准度较低的大炮。同样,15世纪也是骑士对决和比赛的高峰期,而当时的骑士阶层其实正在走向终结,随之而去的还有他们的世界观。巴塞罗那也有很多的对决和比赛,甚至那里还有一个广场是专门用来进行此类赛事的,那就是波恩广场,它是巴塞罗那最重要的广场之一。在古加泰罗尼亚语中"bornejar"是比赛或参加比赛的意思,波恩广场①就是专门为此而建的,它的外形很有特色,既像大道又像广场,其实,它并不是大道,因为它没有倾斜度。虽然波恩广场已经很久没有过对决了,但1455年在那里发生的对决却是骑士历史上最为出色的对决之一。

此次对决的发起人是卡斯特波的卡斯东二世,他同时还是富瓦的卡斯东四世及贝阿恩的卡斯东九世。他也是胡安二世的女婿、卡洛斯亲王的姐夫,总之,他是一位身份显赫的贵族。他娶了胡安二世及纳瓦拉女王布兰卡的女儿蕾奥诺尔为妻。他不仅年轻有为,据史书记载,还是一位伟大的骑士。1455年11月10日,为了与和他联姻的家族会面,卡斯东进入了巴塞罗那城。两天后,他让人在波恩广场上种了一棵结满苹果的树,而这些苹果非常特别,是用金子制成的。当天,巴塞罗那的传令官们公布了卡斯东发起的对决:"一位人称金苹果

---

① 波恩在加泰罗尼亚语中为Born,来自上文提到的古加泰罗尼亚语bornejar。——译注

松树骑士的先生,极富冒险精神,他是秘密森林夫人的爱慕者,出于对这位夫人的爱,他将为她一路披荆斩棘、奋力一搏,若有人被他打败,请务必在秘密森林夫人面前表明自己是被金苹果松树骑士降伏的。"虽然这个挑战被描述得充满了神秘感,实际上极为简单。具体而言就是以树上的金苹果为争夺的目标,看谁能赢得比赛。显然,这次挑战并没有给聚集在巴塞罗那的骑士及巴塞罗那人带来意外的惊喜,因为他们早就知道比赛要怎样进行。那时,波恩广场的形状和现在相同,而不同的是现在广场与海洋圣母圣殿相对、朝着商业广场的一侧是开放的,而那时这一侧却被几幢建筑物围了起来。我们还应该注意到,在那个时代,巴塞罗那的建筑没有阳台,房子与外界连通的地方只有窗户,或者最多是落地窗。因此,那时波恩广场的封闭感要比现在强得多。广场的四周设置了看台,阿拉贡国王胡安、他的妻子纳瓦拉女王布兰卡、他们的女儿(富瓦伯爵卡斯东的妻子蕾奥诺尔)、很多骑士及穿着华丽的贵族女性都坐在主看台上。周围房子的窗户里和屋顶上挤满了兴奋的观众。当天上午九点整,挑战者身穿当时最引人注目的盔甲(所谓的白色盔甲,它代表着那个时代最高的工艺制作水平)亮相。他的战马也披上了华丽的黄白相间的天鹅绒马披,身上还点缀着小小的金苹果,马一动,它身上的金苹果便会叮当作响,马的头部还佩戴金银镶嵌工艺制成的羽冠。六位身穿白色缎袍的侍者和十二位手持长矛的骑士及随从紧随其后。在挑战者前面开路的有传令官、号手和两个摩尔人。为了这次活动,卡斯东还特意让人在他的盾牌上画了一棵金苹果松树。

比赛的发起人卡斯东率先出场。他的对手很可能是一位来自埃斯布尔戈的骑士,埃斯布尔戈位于纳瓦拉王国比利牛斯山以北的地区。这位骑士冲破了卡斯东的防线,刺到了他的盾牌,但卡斯东技艺高超,他将对手的护臂铠甲挑下,赢得了胜利。比赛进行了三天,卡斯东曾与下列骑士对阵:格拉乌·德斯普拉、梅纳乌特·德·古艾里、马蒂·贝内特·德·托雷利亚斯(拉罗卡的领主)、贝尔纳特·德·卡夫雷拉(莫迪卡伯爵)、格拉乌·埃斯佩斯以及霍安·德·卡斯特尔。最后,比赛的组织者卡斯东大获全胜,载誉而归。虽然我们不清楚输掉比赛的骑士们要上交财物的份额是多少,但如果说这个比赛只是为了卡斯东的荣耀而上演的一出戏,也不太符合逻辑。在那个年代,骑士比赛或比武是非常严肃的事情,关乎所有竞赛者的荣誉。输赢并不重要,关键是要尊重骑士对决的规则。一场舞弊的比赛会让卡斯东及其家族的声誉蒙羞。但即便是其他骑士给卡斯东捧场,也是人之常情,可以理解,毕竟卡斯东为了比武投入了大量的财富。他一人支付了所有的比赛费用,总额高达 30 000 弗罗林,这是相当可观的一笔钱。为了让大家有个概念,让我们来做个比较:一组做工精致、可以覆盖教堂一整面墙的祭坛装饰大概才花费 2 000 弗罗林。这笔钱数额巨大,为了结清款项,卡斯东遇到了今天我们所说的结算问题。起初,他想征缴富瓦子爵的收益,但没能成功。最终,他只能卖掉自己家族最珍贵的宝贝,那是一个镶嵌着宝石的金十字架。后来,这个十字架被存放在蒙塞拉特修道院内。

圣克鲁斯医院

骑士间决斗的铺张和排场完全是一种炫耀,这与充斥于巴塞罗那大街小巷的穷人及弱势群体形成了鲜明对比。这些穷人在记载骑士比武的史书和骑士小说里从未出现过,即便是出现,也只是构成背景的一部分。15 世纪,穷人和弱势人群的数量众多。在危机年代,巴塞罗那 80% 的人口都是穷人和弱势群体。在金苹果松树比武之后不久,巴塞罗那就经历了一次严重的危机。

第八章 发展的危机

穷人分为两类。一类是"受基督庇护"的穷人,是指获准在街上或是教堂门口乞讨的乞丐,他们被人看不起,几乎被当成是罪犯,现在也依然如此。这些穷人在城里露宿街头或是住在某个城门洞里。另一类是羞于当众乞讨的穷人,他们可以勉强维持生计,通常有属于自己的房子。很多这样的穷人都有家人要养,这就意味着家里的老人和孩子都得一起忍受这样的贫穷。这类人中有丈夫死后无依无靠的寡妇、拥有很少生活资源的病人、因残疾不能继续工作的人、没有家人或被子女遗弃的老人,等等。通常,这些人所属的教友会或教区会去了解他们的境况,并用教友的捐赠和施舍来帮助他们。

生病和残疾也让一些人成为弱势群体的一部分。在 15 世纪的欧洲,人们看待疾病的方式和今天截然不同。现在我们认为不太健康的方面,那个年代的人们可能不这么认为,反之依然。麻风病人的例子就很有代表性。自古以来,麻风病就被认为是一种非常可怕的病,但其实它的传染性并不像过去人们想的那么强。但不管怎样,这种病到了晚期,在患病人身上产生的作用是毁灭性的,让人触目惊心。在巴塞罗那的城墙经历第二次、第三次修缮之前,麻风病人只能在城市周围的郊区活动,但当城墙扩建之后,他们就被纳入到城市范围之中。当时,人们认为这种病容易传染,所以麻风病人被极端边缘化。除此之外,他们还要像盲人、瘸子或是被处以削刑的犯人一样忍饥挨饿。16 世纪时,砍掉犯人的一只或两只手是司空见惯的处罚手段。如果一个人被处以这样的刑罚,他除了要失去自己的肢体,还会陷入贫困之中。在大多数情况下,这些人唯一的出路就是以乞讨为生,但其中也有部分人会组成教友会或互救社团来维持生计。例如,盲人们就建立了一个势力强大的教友会,他们的成员集中在安赫尔门附近乞求施舍,实际上,他们已经垄断了那个地区。因此,安赫尔门也被称为"瞎子之门"。

在很长一段时间里,生病的人只有两种选择:要么战胜疾病,要么病死街头。现在,世界上还有很多城市依然如此。从罗马时代开始,就有一些房屋为生病的人提供栖身之地,后来,这些房屋就变成了医院。医院"hospital"这个词来自拉丁语的"hospes",和旅店"hotal"的词根相同。这并不是巧合,因为在长达几个世纪的时间里,"医院"和"旅店"这两个概念是混用的。中世纪的医院也是临时为无家可归的人们提供住处的地方。病人和住宿者混居在一起,而这两类人有一个共同的特点:贫穷。事实上,那时医院的职责就是接收病人,而不是治愈他们,因为病人能否病愈通常无法控制。医院的工作主要有:做慈善活动、分发食品和衣服、给需要的人提供过夜的地方。通常,医院都能善待那些住宿的人,不仅给他们提供食物,让他们洗澡,还给他们一个温暖的地方睡觉,这就已经很不错了,更何况很多病人还恢复了健康。医院主要接收穷人,有时也会收留一些路过的生病的商人。赶上流行病爆发的时期,医院就成了收容中心,而病人与住宿者混居的情况却在无意之中扩大了疾病的传染。

在那个年代的巴塞罗那诞生了一家至今依然存在的机构,这家机构已经变成一个世界性的典范,它就是圣克鲁斯医院,现在的名字是圣克鲁斯及圣保罗医院。14世纪,巴塞罗那城内外已经有了六家小医院。这些医院靠一些富有家族的施舍和捐赠来维持,但它们的容量非常有限。

1401年,人们做了一个明智的决定:把这几间小医院汇成一间并为它修建一幢宏伟的建筑,以便建立一套更为现代和有效的救助系统。后来,人们选择在这六家医院中一家所在的位置修建了一幢壮观的大楼,工程用了将近五十年才结束。现今,这座大楼已经不再是医院,但还可以进去参观,大楼的一部分被加泰罗尼亚图书馆、一个小的社区图书馆和一家艺术学校占用;它后期建筑的一部分是现在的加泰罗尼亚研究院,另一部分是加泰罗尼亚皇家医学院,医学解剖研究就在这里进行。圣克鲁斯医院大楼是一座宏伟的哥特式建筑,它的建成主要依靠国王的捐赠——国王捐赠了建设巴塞罗那皇家造船厂剩下的砖石。其实,只要我们仔细观察一下圣克鲁斯医院和皇家造船厂这两栋同时代的建筑,就可以发现它们身上蕴含着同样的建筑哲学——它们都拥有非常宽敞的大殿,这样的空间既可以用来造船,也可以用来收容病人。

圣克鲁斯医院记录了住在这里的病人的情况。这些记录被保存于加泰罗尼亚图书馆和医院的档案馆中。在这些记录中,我们可以看到病人的姓名、职业、家庭住址、家庭条件、住院的原因、所穿的衣服、在住院前后所拥有的财产、出院或去世的日期。这些记录非常完整,吸引了很多历史学家的注意,这些记录为我们打开了一扇通往未知世界的大门,这个世界是属于普通人的世界,通常很少出现在官方的历史记录中。例如,那些关于衣服的记录,可以让我们对几个世纪以来巴塞罗那的普通人怎样着装有所了解;从记录中我们还可以看到战争中有多少人伤亡、在特定的时期巴塞罗那有多少个军团驻扎。

当时,一个人住院之后,是不需要缴纳任何费用的,他的一切花销都依靠慈善捐赠。但如果病人去世,医院就会将他的衣服收回,以备不时之需。在那个时代,衣服并不算是财产,对于穷人而言,医院很可能还要为他们提供新的衣服,因为他入院时所穿的衣服可能因卫生问题而被焚烧,也可能他们的衣服已成了破布条。这些病人们所得到的新衣服,可想而知,就是那些经过蒸煮消毒的去世病人的衣服。医院还为病人提供热的肉汤,因为当时人们认为这样的汤有治疗的功效。

医院最有意义的工作之一就是收容被遗弃的孩子。在那个时代,孤儿随处可见,他们主要来自没有生活来源的家庭、被抛弃的母亲、修女,等等,总之,抛弃刚出生的孩子的原因多种多样。医院收留这些孩子并给予他们平等的对待,没有任何歧视,不管他们是男孩还是女孩,不管他们是出于什么原因失去家庭,不管他们是否是奴隶的孩子,不管他们知不知道自己父母的下落,也不管他们是不是巴塞罗那人。最初,这些孩子会在医院待上一阵子,之后,他们会被送出去,一般会被送到远离巴塞罗那的地方,由雇来的乳母负责照顾或喂养。通常,医院的官员会去巡视,他们负责检查这些乳母职责履行的情况。通过医院的记录中,我们还发现,其中一些乳母对自己负责的孩子非常有爱心,尽管她们照顾新生儿是为了赚钱。例如,根据医院的官方记录,有一个叫拉法尔的孩子,喂养他的是巴塞罗那铸币人巴尔托梅乌·塞尔韦拉的女奴,她对这个孩子简直就像是对待国王的孩子一样。不幸的是,1413 年,这个孩子死在了铸币人的家里。如果保姆不好好对待她所负责的孩子,不仅她的照顾权会被撤销,她也得不到相应的工钱。

这些孩子长大之后,男孩会被安排进入作坊去学习一种手艺,女孩可能会被送去当仆人。同时,医院也会给女孩们提供一些嫁妆,方便她们嫁人。虽然医院这么做似乎有些保守,但对于那个时代而言,已经非常了不起了。我们在欧洲甚至全世界都找不到像圣克鲁斯医院这样可以高效解决孤儿问题的机构。然而,这并不意味着儿童的死亡率不高。实际上,在被抛弃的孩子中,只有一半可以活过一岁,这已经是最好的情况了,即便从整体上讲,他们都获得了很好的照顾。那个年代,虽然人们对死亡习以为常,但没人能对此毫不动容。1436 年 5 月 17 日,一个名叫伊莎贝拉的五个月女婴裹着破烂的衣衫被遗弃在医院门口,医院将女婴交给了马塔德佩拉的艾乌弗拉斯娜·赫内斯塔尔。不幸的是,不久之后,孩子就死了。这个教区的负责人曾写信给医院解释孩子离世的情况。看起来,孩子受到了很好的照顾。6 月 13 日晚上,孩子被放在床上睡觉,几个小时后,艾乌弗拉斯娜哭喊着叫醒了全家,她发现孩子死了。据神父说,孩子的死让艾乌弗拉斯娜全家人都感到非常难过。

正如上文提到的,孩子死去的可能性总会有,但当孩子被遗弃在远离巴塞罗那的地方时,情况会更糟。如果孩子被遗弃在医院门口,很快会有人安排,但如果孩子被遗弃在离巴塞罗那很远的地方,将他送到城里的过程有时也会导致死亡。当时,人们一般都是这么做的:如果有人将孩子遗弃在加泰罗尼亚某个村镇的教堂门口,这个地区的负责人要去调查有没有人计划去巴塞罗那。如果没有人去的话,他就把这个孩子交给某个朝着巴塞罗那方向去的人,他负责将孩子交给下一个区的负责人,这位负责人再以同样的方式接力,直到最后孩子被送到医院。

很多被遗弃的孩子身上没有任何可以指明身份的信息,但偶尔也会有孩子带着一些书面材料,例如,他的名字、是否有受洗,有时还会说明抛弃孩子的原因,这也并不奇怪。此外,还有很多孩子会带着某些物件,如半块被掰开的小牌子、一条彩色的带子或是一条披肩,等等,方便之后被找回,这更让人感动。虽然这样的情况并不常见,但一段时间之后,有些孩子的父母或亲戚会重新出现,通过这些物件来和他们相认。如果有人想这么做,医院会要求他支付医院照顾孩子所花费的全部开销,这无疑也让很多想认回孩子的人望而却步。

"天主教徒"费尔南多二世

15世纪出现的圣克鲁斯医院所作的慈善事业与巴塞罗那的政治、经济现实形成了鲜明的对比。上文我们曾经提到过,巴塞罗那刚刚走出内战的阴霾,各阶层之间的残酷斗争已经导致死伤无数,与其他国家的贸易发展也举步维艰,但不管怎样,生活还要继续。1479年,年轻的费尔南多登上王位,他就是后来被人们称为"天主教徒"的费尔南多二世。十年前,他和卡斯蒂利亚的伊莎贝拉结婚,费尔南多继位时,伊莎贝拉已经是卡斯蒂利亚的女王,这也是费尔南多二世父亲胡安二世担心的问题之一。卡斯蒂利亚与阿拉贡两国之间力量悬殊,费尔南多成为卡斯蒂利亚女王的丈夫对阿拉贡没什么好处。与阿拉贡相比,卡斯蒂利亚人口更多,羊毛和肉类的产量更为丰富,拥有森林并和欧洲北部保持着良好的贸易关系。虽然卡斯蒂利亚也经历了一个世纪的动荡,但它的内战并不像加泰罗尼亚内战那样造成了毁灭性的影响。此外,在内战中,费尔南多二世还利用自己灵活的手段帮助伊莎贝拉获得了王位。

卡斯蒂利亚的联姻政策与阿拉贡不谋而合,因为他们同属于特拉斯塔马拉家族,但显然统治阿拉贡的特拉斯塔马拉家族对卡斯蒂利亚同族人的支持更为积极。然而,如果说有些地区对这种王朝的联合不感兴趣的话,首当其冲的便是加泰罗尼亚公国,之后便是巴伦西亚王国。但胡安二世、他的妻子胡安娜·恩里克斯以及新国王费尔南多二世并不这么认为。在某种程度上讲,这也是可以理解的。

费尔南多登上王位给人们带来了憧憬,而实际上当时任何人替代臭名昭著的胡安二世都会受到欢迎。费尔南多是加泰罗尼亚历史上毁誉参半的国王之一,虽然他有显赫的功绩,却也犯下了给国家带来巨大伤害的不可原谅的错误,而这些错误造成的后果,从某种程度上讲,影响至今。虽然费尔南多聪明睿智,但他野心勃勃,树敌无数。他意志坚定,目标明确,如果有人和他背道而驰,难免会变成他的敌人。成为卡斯蒂利亚女王的丈夫让他大权在握,因为在那个年代,人们认为女性应屈从于男性,不管她有多强大,都要承受巨大的压力,卡斯蒂利亚的伊莎贝拉也不例外。虽然伊莎贝拉并不是一个软弱的人,但她

第八章 发展的危机

的丈夫聪明果敢,碍于自己女性的身份,她不得不让费尔南多掌握了国家的部分政治权力,特别是在对外政策方面。这对后来被人们称为"天主教双王"的夫妻有一个目标:要让在他们统治下的所有王国达成某种统一。但这里所说的"统一"和我们现在理解的并不一样,也不是普遍意义上的统一。他们想要创建一种王朝的统一(他们也确实做到了),也就是说,由特拉斯塔马拉家族的唯一君主来统治属于他们的所有王国,并管理他们所拥有的全部领土,但每个王国仍可以保有自己的法律和习俗,但这并不意味着不需要在各个王国建立一系列相同的法律框架来为君主及其继承者服务,并协调各个王国之间的关系,而这些法律所拥有的权力及权限范围往往会成为引发争执的焦点。阿拉贡王国就很在意这个问题,具体来说,是加泰罗尼亚公国很在意这个问题,它自己的各种法规就足以成为建立所谓的"伊斯巴尼亚王国"的绊脚石。

"天主教双王"统治的伊斯巴尼亚王国被国际社会公认是一个由多个王国组合而成的实体国家,虽然构成伊斯巴尼亚王国的每个小王国都拥有自己的政策,但这些政策的制定是以所有王国结成的联盟为基础的,这些王国都在伊莎贝拉和费尔南多的统治之下。国际社会还认为伊斯巴尼亚王国是一个稳固、长久的联盟。如果有人想袭击阿拉贡,他就只能袭击阿拉贡,不能同时袭击卡斯蒂利亚,但进攻方应该清楚,阿拉贡将会在卡斯蒂利亚的帮助下进行还击,而当有人想攻打卡斯蒂利亚时,也是一样。这种模式让法国非常不满,因为它经常与阿拉贡为敌,在伊斯巴尼亚王国形成之前,它根本不用顾忌卡斯蒂利亚的存在。我们可以说,当时费尔南多和伊莎贝拉夫妇还没有真正建立起一个统一的国家,而西班牙统一国家的建立,要到18世纪初,也就是在王位继承战争后,加泰罗尼亚、阿拉贡、巴伦西亚和其他岛国的独立国家地位被废除之时。然而,事实上,从伊斯巴尼亚王国建立,不管它与一个真正统一的国家有多大差异,在国际范围内,它都被当成是一个不可分割的整体。

显然,年轻的费尔南多二世很清楚这一点。不管是出于自己的偏好,还是出于义务,他都是特拉斯塔马拉王朝更习惯使用协约主义政策的君主,而这种协约主义正是典型加泰罗尼亚风格的体现。1480年,也就是费尔南多刚刚开始执政之后,他便在巴塞罗那召开了宫廷议会。这次议会的召开是以结束内战所带来的创伤为名,但实际上并没有达到预期的效果。虽然伊斯巴尼亚王国的支持者获得了胜利,但也让之前形成的各种联盟破裂。事实上,从国王及他的某些盟友(其中有一部分是佃农主)的角度来看,这只是一次微不足道的胜利,而对于加泰罗尼亚的专制集团来说,这却是一次"甜蜜"的失败,真正被打垮的是加泰罗尼亚政府中的好战派和大多数佃农。

即便是取得了微弱的胜利,也要为对方提供补偿。从一个半世纪之前开始,加泰罗尼亚想要的一直都是为当地的统治机构争取更多的权力,而他们所获得的权力往往要比王国收回的权力更多。1480年,议会通过了所谓的《守法宪章》,根据该宪章,所有的政府机构(包括伊斯巴尼亚王国的统治机构,重点在此)都要遵守法律,当然也包括遵守加泰罗尼亚的法律并尊重加泰罗尼亚的权利。宪章以一个非常精彩的句子开始:"如果朕及朕的官员制定了法规而不去执行的话,法律的制定就没有多大的意义。"其实,这句话产生的背景更为关键,它将执行法律的最终决定权交给了加泰罗尼亚的两大机构——加泰罗尼亚政府和皇家听政庭。连君主们都要遵从法律,这在那个绝对君主制统治欧洲的时代是令人难以置信的。

第八章 发展的危机

佃农阶层：一次失败的弑君尝试

1480年的宫廷议会并没有解决佃农的问题。对农民的肆意压榨并没有停止，也就是说，中世纪的那些对农民滥用的法规并没有被完全废除，仅仅是有某些法规被弱化，而另一些被停用而已。不满的情绪不断增长，几年之内，这种情绪再次挑起了内战，而这一次则引发了佃农的反抗。1486年，费尔南多二世与农民达成一致，签署了著名的《瓜达卢佩裁决》。根据该裁决，每个农场的农民只要向领主支付60苏埃尔多，即可以提出解除义务。从整体上讲，这个裁决解决了问题，也为农民获得自由开辟了一条道路，这在当时的欧洲都是绝无仅有的。然而，60苏埃尔多不是一笔小数目，很多农民根本无力支付。

1492年12月7日，由这个裁决引发的怨恨几乎让费尔南多命丧黄泉。当时，费尔南多和伊莎贝拉在巴塞罗那接见克里斯托弗·哥伦布（下面我们还会继续谈及）。费尔南多利用他在巴塞罗那的空当主持了一次皇家听政廷的会议。中午大约十二点三刻，他结束了在迪内尔厅举行的会议，沿着朝向国王广场的楼梯走下。一位对国王心怀怨恨的佃农，整个上午都藏在圣母玛丽亚的小礼拜堂里，当他看到费尔南多下楼时，便从礼拜堂里冲出来，拿出一把匕首，将它刺在了费尔南多的脖子上。按理说，费尔南多所受的伤应该是致命的，但他运气很好，因为他脖子上带着金羊毛骑士团勋章，这种勋章配有宽大的金链作装饰。金链的滑动改变了匕首所刺的位置，匕首落在了费尔南多的肩膀上，这可比刺在脖子上风险小多了。流血不止的费尔南多被带进了宫殿，开始的时候，他认为自己伤得很重，可能会丢掉性命，但事实上他只是受了轻伤而已。费尔南多在事件发生的当天就给阿拉贡总督写了一封信，向他讲述了这件事：

> 今天是十二月七日,星期五,朕一边和一位这里的官员讲话,一边走出巴塞罗那皇家听政廷。一个男人突然从背后扑来,也不知道他是否认识朕,他向朕刺了一刀,擦伤了朕的脖子。据说,这个人同与朕说话的人有仇。感谢上帝及荣光无限的圣母玛丽亚,朕很好,并无大碍。愿上帝保佑,朕能尽快恢复如初。整个巴塞罗那都为此感到愤怒及震惊,这也令朕感受到这里的人民对朕的忠诚、爱戴和拥护。凶手已被缉拿归案,他将得到应有的惩罚。

根据国王的描述,这次袭击是个误会,其实误会的人应该是费尔南多,因为这个名叫霍安·德·坎亚马尔斯的农民想杀的人的确是国王本人。

审判并处死这位可怜的霍安·德·坎亚马尔斯的场景令人毛骨悚然。一位生活在事件发生年代的历史学家贝雷·米盖尔·卡尔博内尔曾这样描述坎亚马尔斯所受的刑罚:

> 他们扒光了这个头脑发热的疯子的衣服,把他关在木制的囚笼里。坎亚马尔斯被牢牢地绑在一根杆子上,就好像是被钉在十字架上一样。关有凶犯的笼子被车拉着走过下列地方:首先,经过的是事发地国王广场,为了增加犯人的痛苦,他在那里被活活地砍掉一只手和一段胳膊;之后,车拖着笼子通过圣体游行所走的街道。当车到一条街停下时,犯人就会被挖掉一只眼,当车到了下一条街时,他的另一只眼被挖掉,另一只手被砍掉。当车再到了下一条街,他的另一只胳膊也被砍掉……犯人就这样被慢慢肢解,一会儿被砍掉胳膊,一会儿被砍掉脚,直到最后被砍掉脑袋。就这样,犯人被处决,他受尽了折磨,没有受到一分仁慈的对待。犯人一动不动,无法辩白,就像一块石头一样。年轻人们乱哄哄地围

着囚车,从诺乌门出城。一出城,人们便用石头砸犯人的尸体,之后将囚车点燃,囚车连同犯人尸体的碎块很快就被烧成灰烬。

虽然坎亚马尔斯所受的惩罚比往常更为残忍,但这和在巴塞罗那所执行的其他刑罚并没有太大的差别。这种逐步将犯人肢解、直到剩下残躯的行刑方式在巴塞罗那很常见,这也是巴塞罗那所特有的一种刑罚。坎亚马尔斯的游街方式被称为"游百街",人们对此早就习以为常;犯人被车拉着或被骡子驮着,在游街的过程中,犯人在所路过的街角受刑。最常见的刑罚是鞭刑,这种刑罚不一定会要犯人的命,但通常犯人在挨过鞭子后都会被吊在某个城门上示众。对于此类刑罚,民众会带着些许兴奋参与其中。在史书的记载中,我们很少看到有人觉得此类刑罚恐惧,也很少有人怜悯受刑人,因为实际情况恰好相反。由此可见,当时的民众并不同情犯人,很少站在受刑人一边。

宗教裁判所

不管怎样,坎亚马尔斯所受的刑罚和他的死好像都被巴塞罗那人欣然接受。佃农的暴乱已经平息,虽然内战的记忆是痛苦的,但它也在慢慢地褪去,王国也采取了一系列的措施来恢复秩序,以保证巴塞罗那的经济发展。费尔南多提出由加泰罗尼亚的商船独享与西西里岛和撒丁岛的贸易,并对从海外进口布料征收一系列的关税。这些保护主义的措施重新让深陷战争及经济危机几十年的商人们有了一丝喘息的机会。

虽然费尔南多在很多方面都颇受欢迎,但也总有不尽人意的地方。他所采取的某些措施不但巴塞罗那人不喜欢,加泰罗尼亚人也不欢迎。例如,他最早采取的一项重要措施就是在卡斯蒂利亚建立宗教裁判所,这是教会以前设置的一个机构,它深深植根于基督信仰的各个方面,它的作用就是迫害那些与基督教义背道而驰的人。宗教裁判所并不直接给异教徒定罪,这往往由政府来进行操作。在加泰罗尼亚和整个阿拉贡王国,宗教裁判所的严酷程度主要取决于当地宗教法庭的法官,而从整体上讲,这个地区的法官执行力度并不太强。但在卡斯蒂利亚,情况截然相反。伊莎贝拉和费尔南多对这个机构进行了改革,把它变成一个令人生畏的特殊工具。卡斯蒂利亚的宗教裁判所会在审讯中系统地使用残酷的刑罚。此外,它等级森严,权力高度集中。宗教裁判所和王国的利益完全一致,因此,宗教压制和王国的政策很快就结合起来。对于费尔南多而言,这是一个非常好的方法,这样他能够违背协议主义,因为他可以借口说宗教裁判所不是国家机构,而属于教会,因此,他不便阻止它的行动。卡斯蒂利亚的宗教裁判所变成了王国最高效、最恐怖的权力机构,这种状况一直持续到17世纪末波旁王室入主西班牙。除了对政治及经济的控制,卡斯蒂利亚的宗教裁判所还在职能及司法管辖范围的问题上经常与加泰罗尼亚的地方机构产生分歧。宗教法庭的法官们无视法规,特别是那些经济和财政类的法规,这使他们遭到公众的怨恨。

宗教裁判所实施的政策之一就是迫害那些放弃了自己的信仰而皈依基督信仰的犹太人。这些人在各处都受到仇视,而这种仇视代代相传,如果某人的祖先是犹太人,那么这个家族就会永远被烙上犹太人的记号。在1391年的排犹运动之后,留在加泰罗尼亚的犹太人已经相对较少,但很多皈依基督信仰的犹太人依然在这里生活,他们成为经济发展的支撑力量。而在巴塞罗那,这种情况尤为突出。这些犹太人中有很多都在经商或是从事金融行业,他们已经完全融入到巴塞罗那的权力机构之中。然而,1492年,当格拉纳达刚刚被攻陷不久,"天主教双王"就下令在卡斯蒂利亚和阿拉贡驱逐犹太人。大约

150 000不愿意皈依基督信仰、经常受欺负的犹太人两手空空地离开。小部分留在加泰罗尼亚的犹太人及大量曾留在阿拉贡、巴伦西亚的犹太人都从巴塞罗那港出发,前往那不勒斯(1530年,那不勒斯也开始驱逐犹太人)、威尼斯和奥斯曼帝国。最终,他们在土耳其定居下来。

发现美洲所带来的影响

在费尔南多统治时期发生的另外一件大事,就是美洲的发现,而这个发现给巴塞罗那的未来带来了巨大的负面影响。众所周知,在费尔南多的倡议下,卡斯蒂利亚雇佣了三条帆船,它们本来是为了寻找能获得东方香料的更短路线,却在1492年10月无意间发现了美洲。实际上,雇佣船只的费用是由加泰罗尼亚皈依基督信仰的犹太人支付的。克里斯托弗·哥伦布带领着船队和来自地中海及大西洋的船员开始了航行。当船只返回时,"天主教双王"对此次发现的价值进行了评估,决定建立开发新世界的机构。而由卡斯蒂利亚来开发新市场恰恰是费尔南多的决定,并非伊莎贝拉女王的主意。当时,地中海上的贸易还控制在阿拉贡王国的手中。美洲的发现不仅标志着地中海在世界上的重要性有所减弱,也意味着地中海航线的霸权地位将被大西洋航线取代。如果我们注意到这一点,就不难理解费尔南多所做的这个决定带来的后果。

近些年来,人们对这个给加泰罗尼亚的利益带来极大损害的决定进行了深入思考,有人认为费尔南多做出这样的决定是因为一系列见不得光的阴谋。这样的观点是以某些与克里斯托弗·哥伦布出身相关的信息为出发点的,但这些信息至今尚无定论。在很长的一段时间里,人们一直认为哥伦布是热那亚人,他自己也是这么说的,但这好像已经是可以被完全推翻的说法。哥伦布十分担心他的出身,这不禁让人产生联想，他会不会是犹太人（或许皈依了基督信仰）？同时，也有人认为他来自某个讲加泰罗尼亚语的地区，因为在他的记录中有大量加泰罗尼亚语词汇。他还多次提及加泰罗尼亚的文化典故。虽然我们手头掌握的资料很少，但在那个宗教迫害严重的年代，一个皈依基督信仰的犹太人想要隐瞒自己的出身是很正常的。但不管怎样，哥伦布是加泰罗尼亚人这件事并不足以解释为什么不让阿拉贡王国参与美洲的贸易，很可能另有原因。费尔南多从国家整体大局出发，在他统治下的王国之间分配任务是再正常不过的。此外，当哥伦布到达美洲时，神奇的美洲宝藏还并没有被发现，而地中海的贸易已经十分稳固。费尔南多采取这样的措施似乎既保护了卡斯蒂利亚，也不亏待加泰罗尼亚和巴伦西亚。然而，恰恰是他的这个决定给后两个地区造成了很大的伤害。此外，我们还应注意到，伊莎贝拉死后，费尔南多对卡斯蒂利亚的立场变得更为艰难，他甚至不能废除他妻子活着的时候所做的决定。

抽签选举

巴塞罗那政府所做的一项最为重要和最有意义的改革就是职位选举体制的变革。在此之前，不管是加泰罗尼亚政府还是百人市政会，职位的选举都是由成员共同投票完成的，这是一种在朋友中指定人选的方式。也就是说，当要替换成员时，其他人（可能也包括要被换下的人）一起决定由谁来接替这个位子。显然，裙带关系和任人唯亲在这种体制中起着主导作用。费尔南多二世采用了另外一种新的选举体制，即抽签选举。这个名词有点怪，字典上是这么解释的："这是一种选举程序，适合某个职位的候选人名字被放在小球里，这些小球被放在相应职位的袋子里，最早被'纯真之手'抽出的人将当选相应的职位。"这种选举程序并没有看起来风险那么大,因为国王及他的官员控制着谁可以参选。此外,在百人市政会成员的选举中,各个阶层有自己的袋子,这样就避免了市政府的权力落入一个阶层手中。这样的选举方式对于选择如此重要的职位看上去有点可笑,但事实上,整体而言,它的运行效果很好,并结束了专制集团中某些小团体对市政权力的垄断。这算不上是某种类型的革命,因为基本上巴塞罗那的专制集团继续把控着市政府,但已经不总是同一批人或者同样的几个家族来领导市政府了。

这种选举程序以下面的方式运作:首先,国王发布候选人名册,每个名字被写在一小条羊皮纸上,放进一个蜡制的小球里。之后,小球会被放进不同的口袋中,交由"纯真之手"来抽出人选。通常,"纯真之手"是指一个七岁以下孩子的手。显然,被选上的人将会在王室中产生影响,因为重要的是名单上要有那些能向国王施压的团体所感兴趣的人。然而,在大多数情况下,并不是由国王直接选择候选人,而是由他朝廷中的某位大臣来做这件事。因此,这位大臣的影响力就会提高,他所采用的政策也会变得比以前更为重要。

费尔南多二世弄权于股掌之间,这让他成为同时代作家尼科洛·马基雅维利写作的灵感来源之一,他最为有名的作品之一就是《君主论》。马基雅维利从1513年开始写这本书,那时的费尔南多已晚年垂暮。这本书主要记录了这位天主教国王及其他同时代杰出的政治家和军事家(例如,切萨雷·波吉亚,他的家族被意大利人称为"加泰罗尼亚人")。《君主论》于1532年出版,费尔南多并未能看到这本书问世。这本书值得一读,可以让我们了解费尔南多二世的行事风格。

虽然费尔南多二世并非处处料事如神,但也称得上是神机妙算。当卡斯蒂利亚的伊莎贝拉女王去世之后,他就被孤立了。新的女王是他和伊莎贝拉的女儿胡安娜。胡安娜从小就美貌出众,才智过人。遵循王朝传统的联姻政策，胡安娜嫁给了哈布斯堡家族的费利佩，这么做的目的是为了能让伊斯巴尼亚王国插手法国事务，那时的法国已成为欧洲经常与伊斯巴尼亚王国对抗的力量。但出乎意料的是胡安娜竟然深深地爱上了被称为"美男子"的费利佩，她对费利佩疯狂的爱恋让费利佩很快就厌倦了她。不管怎样，胡安娜和费利佩生了一个儿子，那就是卡洛斯。然而，胡安娜由于丈夫的不忠（作为女王，她本不应该太在意这样的事情，因为这在各个王国都是家常便饭）而越来越痛苦，她回到卡斯蒂利亚之后就疯了。她的丈夫也跟着她回来，而伊莎贝拉女王恰好也在那时去世。显然，女王应该是胡安娜，但考虑到她当时的精神状态，胡安娜、费利佩和费尔南多二世三人达成协议，由三人来共同执政。但费利佩在卡斯蒂利亚上层贵族的支持下耍了些手段，这差一点挑起了与费尔南多支持者对抗的内战。当时，费尔南多二世并没有清楚地意识到可能爆发的冲突将会产生的影响，他决定回到阿拉贡，而费利佩的支持者们却声称他们已经摆脱了那个"加泰罗尼亚老头"。

回到阿拉贡王国的费尔南多二世决定不将王国留给他那个忘恩负义的女婿，他又娶了另外一任妻子。他的第二任妻子来自富瓦伯国，是一位名叫赫尔玛娜的年轻女子，她是可以成为阿拉贡未来继承人母亲的合适人选。但恰好在这个时候，"美男子"费利佩意外身亡。传说是他在打完一场球之后，因喝了一杯凉水而死去的。如果真是这样的话，那很早以前就应该在世界性的网球比赛中禁止喝凉水了。那时，还流传着另一种说法，费利佩很可能是被费尔南多的支持者毒死的。然而，费利佩的死却让胡安娜彻底疯了，她拒绝将丈夫下葬，时刻守在尸体旁边，还不停地亲吻尸体，这样的状态一直持续了几个月。同时，她还拒绝洗澡、换衣服，她这样做可能是为了和她丈夫的尸体保有一样的味道吧。不管怎样，卡斯蒂利亚最终由费尔南多执政，他将胡安娜关进了一家修道院，同时，等待着他的外孙卡洛斯长大成人。费尔南多和赫尔玛娜有一个儿子，名叫胡安，是未来阿拉贡王国的继承人，但可惜这个孩子只活了一天。如果这个孩子没有死，伊斯巴尼亚王国的历史肯定会大不一样。

卡洛斯入主巴塞罗那

　　费尔南多在1511年放弃摄政并任命红衣主教西斯内罗斯为摄政官。虽然费尔南多已自觉年迈，但还在继续尝试和赫尔玛娜为阿拉贡孕育一个未来的继承人。这可以看出，费尔南多并未打算让他那位一半德国血统、有着"卡尔"这种少见名字的孙子同时继承卡斯蒂利亚王国和阿拉贡王国。费尔南多咨询了多位医生，试图找到某种能解决阻碍他让妻子受孕的方法。费尔南多患上的病很可能是今天我们所说的"勃起障碍"，这个问题（还有秃顶，虽然客观上讲不是大问题）已成为令世界上一半男性担心的问题。虽然解决到了一定年龄的男性身上这一问题的各种方法效果都差强人意（不管是神奇的、物理的还是化学的手段），但还是有很多人趋之若鹜。16世纪初，人们依然使用古希腊时期发明的一种药物：斑蝥素。这是从一种昆虫身体中提取的干燥物质，这种昆虫在卡斯蒂利亚被称为西班牙苍蝇，其实它长得完全不像苍蝇。斑蝥素有扩张血管的作用，就像现在的西地那非，但和西地那非不同的是，它也会带来一些可怕的副作用，如皮肤溃烂、起水泡及高风险的脑出血等。费尔南多很可能就是因斑蝥素导致的副作用而死的。1516年1月，费尔南多二世死于埃斯特雷马杜拉。

　　费尔南多在遗嘱中将卡斯蒂利亚王国和阿拉贡王国都留给了他的外孙——根特的卡洛斯或是哈布斯堡家族的卡洛斯，那时他已经是卡斯蒂利亚的摄政者了。从那时开始，统治伊斯巴尼亚的王朝更迭,不再是特拉斯塔马拉王朝,而变成了哈布斯堡王朝,而卡洛斯一世①马上将继承半个世界的疆域。他从外祖父费尔南多那里继承了加泰罗尼亚、阿拉贡、巴伦西亚、梅诺卡岛、西西里岛、撒丁岛、那不勒斯、杰尔巴岛和马耳他;他从外祖母伊莎贝拉那里继承了卡斯蒂利亚、纳瓦拉,特别是还有美洲的殖民地。此外,卡洛斯还从祖父母那里继承了低地国家、奥地利、勃艮第、弗拉芒、卢森堡、阿图瓦、弗朗什-孔泰,很可能还有某些被我们漏掉的疆域。卡洛斯统治的国家完全是一个帝国,而随着时间的推移,世人也认可了卡洛斯皇帝的称号。卡洛斯不得不习惯去统治这些辽阔的疆域,而不同地区往往还有着不同的法律和习俗。卡洛斯出生于根特,在低地国家被抚养长大,由他父亲的姑姑看管。对他而言,这不一定是件坏事。实际上,在卡洛斯人生很长的一段时间内,特别是年轻时期,他的身边环绕着来自勃艮第、奥地利及佛兰德的顾问,他们不仅对这种不同地域间的复杂性了如指掌,也知道怎样能更好地利用这些差异。然而,年轻的卡洛斯生活在一个有着迥异世界观的宫廷,而他的宫廷并没能和阿拉贡王国很好地结合。阿拉贡王国有着自己的法律和传统,这些都和托莱多宫廷的绝对君主制相左。此外,阿拉贡的社会结构也非常特别,这在以巴塞罗那为首都的加泰罗尼亚公国表现得尤为突出,巴塞罗那的商人和那些居住在卡斯蒂利亚城市里的人截然不同。那时,卡洛斯或是卡尔(他更喜欢人们这么称呼他)登基激化了这个问题,因为卡斯蒂利亚不仅要忍受阿拉贡独特的行事方式,还要将大量并不情愿被统一的分散疆土并入到帝国体系之中。

  统治这样辽阔的疆域并不容易,更何况卡洛斯继承这些王国的理由也有些牵强。他的母亲胡安娜虽然饱受精神疾病的折磨,但依然活

---

① 即查理五世(或卡尔五世)。本书从西班牙本国历史的角度来行文阐述,均以"卡洛斯一世"(或简称卡洛斯)指称。——译注

着。当卡洛斯接手了费尔南多留下的遗产（说真的，费尔南多很不情愿，他最初想让另一个孙子继承王位），他发现应该为能合法继承卡斯蒂利亚的遗产寻找一种解决方法。卡洛斯通过法律拟制的方式宣称由胡安娜和他共同执政，但实际上真正的执政者只有卡洛斯一人。在他登上王位三年之后，他去阿拉贡王国宣誓就职。在萨拉戈萨，诸事顺利。之后，他去了巴塞罗那，准备在那里向巴塞罗那议会宣誓，但他所遇到的情形和在萨拉戈萨截然不同。

新的君王准备进入巴塞罗那，让气氛变得非常紧张，因为这确实有些特别。从海梅一世开始，还没有哪位国王在来巴塞罗那宣誓继位之前从未到访过这座城市。因此，卡洛斯的到来是一件非同寻常的事。与此同时，新国王也激起了人们的期待，因为他很年轻、美名远扬、来自遥远的地方、完全不会说加泰罗尼亚语、只会说几句卡斯蒂利亚语，他还是第一位同时在卡斯蒂利亚和阿拉贡王国称王的人，等等。总之，很多事情都凑在了一起。对此，百人市政会在他到来前的几个月就曾明确表示：

> 如果巴塞罗那一直都有妥当对待每位国王的习俗，那我们就应更加精心地对待我们的国王陛下，因为他是至高无上的君主，他拥有最为辽阔的帝国，这是以往阿拉贡的国王们从未拥有过的。

国王和他的随行人员取道萨拉戈萨前往巴塞罗那，但他们并没有像往常一样直接进城，而是住进了距离巴塞罗那几公里的莫林斯-德雷伊的雷克塞恩斯宫，几年前天主教双王曾在这里留宿，后来克里斯托弗·哥伦布也曾住在这里。年轻的卡洛斯应该很喜欢这座宫殿，他在这里住了整整一年。雷克塞恩斯一家也住在宫殿里，他们是阿方索大帝所任命的行政长官卡尔赛兰·德·雷克塞恩斯的后代。这家人中有位名叫艾斯德法尼亚·德·雷克塞恩斯的女孩，相传她长着一头红色的头发，有着蓝色的眼睛和红润的脸颊。此外，她还是一位有修养的女性，谈吐大方得体。卡洛斯是不是喜欢这位姑娘，我们不得而知，但可以肯定的是，卡洛斯的一位卡斯蒂利亚助手非常喜欢这位姑娘，这位小伙子便是胡安·德·苏尼加。他比卡洛斯年长一些，是卡洛斯的挚友，后来在宫廷中拥有很大的权力。雷克塞恩斯家族曾帮助并支持特拉斯塔马拉家族登上加泰罗尼亚的王位，若能和卡洛斯最器重的顾问结亲，对于这样一个曾竭力在加泰罗尼亚为阿拉贡王国效力的家族来说，无疑是一个不错的机会。那时，苏尼加已是圣地亚哥门夫里利亚骑士团的团长，他也认为利用在这座坐落于略夫雷加特河畔的雷克塞恩斯宫停留的机会结下这门亲事，并没有什么不妥之处。

不管怎样，卡洛斯和他的随行人员不得不在莫林斯-德雷伊停留了更长的时间，因为虽然卡洛斯已经召开了议会，但还有一个法律问题让一些居心叵测的加泰罗尼亚议员不依不饶。因为卡洛斯并没有在议会上宣布胡安娜没有能力执政，因此，要接受卡洛斯的宣誓，就必须先接受胡安娜的宣誓，但那时胡安娜远在卡斯蒂利亚，饱受病痛折磨。国王的代表、议会代表和加泰罗尼亚政府代表就此问题展开了持续一周的争论，最后大家达成一致，决定使用拟制的方式。通过这种方式，大家认为女王胡安娜已经将联合执政权转交给她的儿子卡洛斯。

1519年2月14日，卡洛斯终于进入巴塞罗那。为了向国王致敬，巴塞罗那政府成员在路上按自己的等级列队迎接国王的到来。排在最前面的是巴塞罗那市政会的理事们，之后是各个阶层的代表。有一件事应该让卡洛斯倍感不快，以前的一项特权允许理事们不需要下马拜见国王，他们只需坐在马上微微向前倾下身子便可。进城之后，国王和他的随行人员便朝圣安东尼门走去（今天是圣安东尼市场）。那里也是巴塞罗那"立满十字架"的地方之一，因为那里是城里将被行刑的犯人遗体示众的地方之一。我们并未发现有历史记载表明当国王进入巴塞罗那时,正好有犯人的尸体被吊在圣安东尼门。

穿过城墙以里的圣安东尼门,卡洛斯朝着拉瓦尔区的巴亚东希亚修道院进发,一个多世纪前,"仁慈者"马丁就在那里去世。国王进城时,巴塞罗那礼炮响起,一直持续到国王到达修道院。这天晚上,为了欢迎国王的到来,人们不仅举行了大量庆祝活动,还点燃了很多篝火,自发地跳起舞来。国王走出修道院,在街上和广场上巡游。第二天一大早,巴塞罗那所有的政府官员盛装亮相,聚集在市政府,同时,到场的还有城市各行会的代表和大量的来自各阶层的巴塞罗那市民。这期间一直有加泰罗尼亚的小号、鼓和短笛在旁边奏乐,这场面着实让人印象深刻。中午时分,人们开始列队游行,走在前面的是游吟诗人和乐手,队伍一直到达圣安东尼门,国王及其随行人员在那里和他们汇合。卡洛斯对待迎接仪式的态度非常冷淡,他直到下午三点才在多位佛兰德及西班牙贵族的陪同下现身。那时,真正令人惊叹的仪式才正式开始。首先,城门打开,移交城市的钥匙。巴塞罗那《大事记》中曾记载,移交钥匙之后,由十二位演奏弦乐的音乐家再现了天堂景象:其中六位乐师身着白色衬衣,另外六位穿红色衬衣和法袍,手持巴塞罗那的徽章。这十二人都佩戴着天使的面具和翅膀。当卡洛斯通过城门时,一个载有四名身穿天使服饰的歌手、被装饰成天堂样子的升降台开始从城门上降下。最后,其中一位天使用拉丁文致辞,他将国王比喻成太阳。多么壮观的迎接仪式啊!

仪式一结束,游行就开始了。游行的队伍由一位托着剑的佛兰德助手引路,国王头顶华盖骑马跟在后面,紧随其后的是其他的助手和官员。随行队伍最后面是民众,人们挤满了街道,用掌声和快乐的叫喊声欢迎国王的队伍。卡洛斯在离巴塞罗那皇家造船厂不远的弗拉梅诺尔斯广场宣誓保证巴塞罗那的特权,并参加了各行各业人士组织的游行,游行人员排列顺序如下:筛工、水手、船工、商贩、织毯工、细木制桶匠、被褥缝制工、旅店老板、梳理工、捐客、铸剑师、农民、模具制造工、木匠、造船匠、羊毛织工、棉商、小百货店主、鞋匠、皮匠、亚麻织工、建房工匠、粗木桶匠、陶器工人、面包师、铁匠、制革工、马具制造者、金银匠、裁缝。所有人都带着他们所属行会的旗帜,其中很多人还带着乐队并进行了和自己工作相关的表演,铁匠们甚至还制作了一种可以从獠牙间喷火的龙的模型。

游行一结束,国王及随行人员便开始在城里巡视,最后他们来到市长监狱。据《大事记》记载:当时,国王和他的朝臣在一起,罪犯们听到人们称呼卡洛斯为国王,便开始不停呼喊"陛下仁慈"。国王希望能够释放那些无人起诉的犯人,也就是说,国王赦免了他们。之后,所有人一起来到主教宫,国王在那里亲吻真十字架①并做祈祷。最后,国王从主教宫返回到驻地。

让人印象深刻的欢迎仪式就这样结束了。不过,当国王因出席加泰罗尼亚议会而停留期间,城里还举行了其他类型的庆祝活动。卡洛斯在巴塞罗那期间接到了祖父马克西米连一世去世的消息,这意味着他成了神圣罗马帝国的皇帝。卡洛斯在巴塞罗那住了很长时间,留下了很多愉快的回忆。然而,卡洛斯的下半生略显懒散,在很长一段时间里,历史学家们都推测这是因为卡洛斯喜欢加泰罗尼亚胜过他辽阔帝国的其他领土。有一句话很讨加泰罗尼亚人的欢心,人们认为它出自卡洛斯之口:"比起罗马人的皇帝,我更愿意成为巴塞罗那伯爵。"但听起来这更像他周围的人杜撰出来的。这种说法不但没有得到加泰罗尼亚历史学家的支持,也没有得到英国和西班牙学者的认可。不管是好事还是坏事,近些年里,人们已经找到足够多的文献记载来反驳

---

① 真十字架,是基督教圣物之一,据说是钉死耶稣基督的十字架。——译注

这种观点。卡洛斯既没有厌弃巴塞罗那和加泰罗尼亚,也没有更偏爱这片土地。卡洛斯一生都在极力维护自己所拥有的头衔并竭尽全力地维持着因这些头衔而产生的巨额开支,这很容易说明他对加泰罗尼亚议会的态度。他对加泰罗尼亚的"爱"完全是为了得到资金和补贴来维持他的开支。如果爱是这样的,那可能爱得不那么深反而对加泰罗尼亚更好。

后来,卡洛斯曾两次回到加泰罗尼亚,但都没有像1519年那样停留太长时间。卡洛斯之所以对加泰罗尼亚感兴趣,主要是因为它重要的战略地位,在那个年代,加泰罗尼亚对于遏制或进攻法国有着重要的意义。除此之外,这里还是打击地中海武装力量(如土耳其海盗或私掠船只)的基地。

海　盗

16世纪及17世纪的大部分时间里,地中海上的海盗活动猖獗。虽然海盗和私掠船只之间有着根本区别,但从表面看两者很难区分。海盗是指那些驾驶或指挥船只依靠武力劫掠其他船只运输货物的人,他们甚至连水手都不放过。私掠也一样,但它和海盗有一个很大的不同点:私掠船并不是不加区分地袭击所有船只,他们只袭击和自己国家处在交战状态的敌国船只。因此,私掠者是私家士兵,而海盗就只是船上的强盗而已。任何一条在地中海上航行的船都可能成为上述两股力量攻击的目标,成为受害者。毫无疑问,巴塞罗那的船只就经常受到这样的威胁,但更为严重的威胁来自穆斯林的船只,其中既有来自安纳托利亚的奥斯曼人的船只,也有从北非巴巴利海岸港口出发的船只。自从1453年君士坦丁堡陷落和1522年罗得岛失守之后,装备精良的奥斯曼战舰就拥有了稳固的两大港口,这两个港口也成为他们打击基督徒在东地中海利益的基地。虽然当时奥斯曼的影响并没有那么大,但它的势力范围也达到了摩洛哥沿海地区,这就意味着土耳其人的快船和大帆船拥有补给的基地,他们的船只最多可以获得在加泰罗尼亚海岸航行两到三天的补给物资。

巴巴利和奥斯曼私掠船只的活动非常频繁。1519年,卡洛斯在巴塞罗那时,甚至还有机会亲眼目睹巴塞罗那海岸前的海盗行动。卡斯蒂利亚的史学家、来自圣克鲁斯的阿方索曾说过:"在巴塞罗那的海岸出现了12艘摩尔人的快船,指挥这些船的是一个名叫哈利梅森的土耳其人,对此,陛下既感到愤怒,也因没有任何快船和帆船迎战而感觉羞愧万分。"反击海盗往往不是件容易的事。通常,私掠船只的数量都不多,这些船往往谨慎地停靠在海岸沿线的几个点,伺机快速袭击船只或进入村落劫掠、抓捕战俘。他们惯用的据点之一就是贝索斯河的河口,也就是现今巴塞罗那的几个城市和圣阿德里亚-德贝索斯镇分界的区域。他们躲藏起来以便抓捕渔民或者袭击离开巴塞罗那的商船,有时他们也会袭击巴达洛纳、蒙特加特或马塔罗。巴塞罗那并不是受海盗活动影响最大的城市,这主要是因为它有坚固的城墙和炮兵的守护。但另外的一些村镇,如罗塞斯、帕拉莫斯或是卡达克斯都曾被海盗夷为平地。梅诺卡岛的休达德拉甚至失去了所有的居民,因为那里的居民在经历过奥斯曼海盗的劫掠后,不是被杀,就是被俘。

百人市政会深知海盗活动所造成的严重危害。因为卡洛斯还在巴塞罗那的时候就已经明确表示过要打击海盗,所以1520年有人向他提交了一个方案。巴塞罗那人希望卡洛斯可以进行一次海军远征,重新征服君士坦丁堡并统一已在卡洛斯一世势力范围内的原罗马帝国的疆域。百人市政会还把巴塞罗那贡献出来作为出征船队的集结点。可见,为了推动城市的发展,承办一些重要活动并不是20世纪才出现的发明创造。虽然卡洛斯一世似乎并没有认真对待巴塞罗那人的提议,但巴塞罗那港确实曾在多个场合被用来停靠船只,很多和帝国外交相关的重大活动也在这里举行。例如,1525 年,法国国王弗朗索瓦一世在帕维亚战役失败后,被关在了巴塞罗那。虽然弗朗索瓦一世只在巴塞罗那待了三天,但在这三天里巴塞罗那人都非常兴奋,因为有一位国王被俘,更何况还是法国国王,这可不是每天都有的事。几年之后,也就是在 1532 年,卡洛斯一世回到巴塞罗那来统领由热那亚人安德烈亚·多里亚指挥的一支舰队,不久前,这支舰队还曾受雇于法国国王。普鲁登西奥·德·桑多瓦尔曾在自己所著的一部史书中详尽地讲述了这次远征的几个方面,其中就提到了舰队在巴塞罗那的停留:

> 卡洛斯在巴塞罗那期间,非常认真地检查了舰队必要的准备工作,就好像他本人是一位特殊的舰长,或者说他不认为这些人是可以轻易信任的……城里挤满了人,既有贵族,也有普通人,街上已经没法走路:一些人来看这支英姿飒爽的舰队,一些人想跟着舰队离开……5 月 16 日星期天,卡洛斯在很多重要宫廷官员和骑士的陪同下进入了安德烈亚·多里亚号指挥舰。军事委员会规定,战舰上不能有女人、小孩及其他闲杂人等,只有参与作战的人才能进入。然而,这条规定并没有阻止士兵们将女人从一条船转移到另一条船。于是,最终随船到达突尼斯的士兵情人超过 4 000 人。看来没有任何规定可以战胜狡猾的诡计。

尽管史书上说其中很多女人是追随着军队从马拉加一路跟来的,但很可能有一些是随着巴塞罗那的战舰而来。这次从巴塞罗那出发的远征,在几个星期之内就召集了 30 000 名士兵和水手。

耶稣会

卡洛斯的帝国及他不断的征战对巴塞罗那产生了两种不同的影响：一方面，推动了巴塞罗那和卡斯蒂利亚及王国其他地区的贸易往来；另一方面，长期与法国及土耳其人保持交战状态不利于地中海上的贸易发展。此外，美洲的发现开始结出令人震惊的果实：美洲并不是像人们最初认为的那样是亚洲的一部分，而是一块或两块新的大陆。虽然最初从美洲来的商品或产品还很少，但获得这些产品的投入也相对较少。然而，在卡洛斯统治期间，情况发生了变化，白银和其他有价值的产品开始流通。卡斯蒂利亚突然发现他们的富有程度已经超出了想象，而阿拉贡王国虽因卡洛斯在欧洲的统治地位也经历了繁荣，但落后于卡斯蒂利亚。在阿拉贡王国中，不管是兴盛还是没落，加泰罗尼亚一直都是受影响最大的地区，而提到加泰罗尼亚，其实就相当于说巴塞罗那。

从某种意义上说，卡洛斯统治的最后二十年是非常伤感的。那时，他的儿子费利佩逐渐长大成人，而卡洛斯与这个儿子并不亲近，对他而言，这个儿子完全是多余的。费利佩是一个情绪不外露的人，对于宗教中那些阴郁、晦涩的方面非常执着。可以说，卡洛斯是文艺复兴风格，而费利佩则属于巴洛克风格。那些年间，卡洛斯逐渐走向自我封闭，而"国际形势"并未恢复平静，当时"国际形势"这个词通常是指两个国家间的战争。此外，路德教，也就是后来的新教，已经开始在国际形势中起到至关重要的作用，特别是在与卡洛斯和伊斯巴尼亚王国息息相关的德国。为数不多的试图寻求宗教解决方案的人都失败了，例如，鹿特丹的伊拉斯谟，而最初环绕在卡洛斯身边的伊拉斯谟主义者也都落入了宗教法庭之手。当伊拉斯谟收到加入卡洛斯的西班牙宫廷的邀请时,他用了一句拉丁语斩钉截铁地回绝:"我不喜欢伊斯巴尼亚。"伊斯巴尼亚王国开始遭到各种唾弃,因为它太过强大,太过奢华,又与彰显强制性、弱化精神性的教会联系过于紧密,而这样的教会恰恰是路德、加尔文及其他人想要摒弃的。

天主教教会和它最主要的支持者卡洛斯试图为政治问题寻求出路,他们一心想通过战争的方式来建立一个天主教帝国,但战争往往充满了不确定性。他们的战争计划最终通过耗时很长的特利腾大公会议确定下来。此次会议决定进行反对路德宗教改革的战争,而此次会议也迫使教会进行了彻底改革。虽然不能说耶稣会是特利腾大公会议产生的直接结果,但它的出现也指明了新时代发展的方向。耶稣会是一种与当时的宗教组织不一样的团体。耶稣会的成员们认为自己既是战士也是修士,但他们所指的"战士"和圣殿骑士或济贫会成员没有任何关系,他们是精神斗士,只有那些最出色的教士才会被接纳为耶稣会的成员。虽然入会法规后来才出现,但耶稣会成员都坚定地拥护"统治者信奉什么宗教,他的子民就应信奉什么宗教"这一信条。耶稣会成员盲目拥护的这一信条造成了恶劣影响,也成为引发三十年战争的部分原因。耶稣会成员并不是在为民众服务,他们一直在寻求精英层的支持。

耶稣会的创始人为巴斯克人伊格纳西奥·德·罗耀拉,他最初是战士,后因受伤而开始深刻反思人生,探索精神层面的追求。在这个反思阶段,伊格纳西奥先去了曼雷萨,之后又去了巴塞罗那。巴塞罗那让他倍感亲切,所以他就在那里建立第一个耶稣会。耶稣会的成员还宣誓听命于教宗并坚信他们的行动会受到教会的庇护。

在巴塞罗那,耶稣会成员的行事方式很快就给他们带来了麻烦。1552年,耶稣会的第一所教堂及基地建成,就在兰布拉大街和现今的画家福尔图尼街交口处,那里现在盖起了一座豪华酒店。如果不是因为当时教会对新教堂和老教堂之间的距离有明确的规定,就不会选择在这个地方修建这些建筑了。当时离新教堂的选址地最近的教堂是仅次于巴塞罗那主座教堂的松树圣母圣殿。

松树圣母圣殿一直都是巴塞罗那的中心。虽然除了主座教堂之外,能与之媲美的还有海洋圣母圣殿、圣徒霍斯特和帕斯托尔教堂,但松树圣母圣殿的管辖区域是巴塞罗那城墙之内人口最密集的地区,圣克鲁斯医院也在它的管辖区之内。正是因为如此,这所教堂所收到的捐款让它可以养活数量众多的神职人员。此外,它还有一个对于刚刚走出中世纪的巴塞罗那来说非常特殊的优势:松树圣母圣殿周围有大片的空地,因为这个教区是离十四世纪末消失的犹太区最近的一个教区。排犹运动之后,松树圣母圣殿就接管了这个区域,这里的安葬费对于教堂至关重要。在今天的巴塞罗那,除了现在的墓地,埋有最多尸体的地方很可能就是松树圣母圣殿附近的区域。

当松树圣母圣殿的人看到在兰布拉大街的另一边正在修建一座新教堂的时候,他们非常生气。他们丈量了距离,证实新教堂的选址离松树圣母圣殿不足140卡尼亚(1卡尼亚相当于1.5米),也就是说,这个距离不符合法律规定。耶稣会和松树圣母圣殿教区谈判,但后者并不打算让步,因为他们认为这个距离太短,不能在那里建新教堂。就在这个时候,耶稣会成员们求助于主教并向他出示了教宗直接授予他们的许可,表明他们可以在自己认为合适的地方修建教堂。主教站在了耶稣会一边,松树圣母圣殿并未得到他们期待的结果。如果不是因为教会是一个长寿且记忆力很好的机构(虽然它好像只是选择性地记住了一些事),这次事件就这样结束了。

16世纪末期,也就是在巴塞罗那第一所耶稣会教堂落成后的一个世纪,耶稣会想对教堂进行扩建。事实上,他们想建一座更大的新教堂,也就是白冷教堂(现今在兰布拉大街与卡门街交汇处还挺立着教

第八章 发展的危机

堂的立面,它还保持着原来的样子),这座教堂就在耶稣会第一座教堂往下走不远的地方。耶稣会丝毫不在意他们之前和松树圣母圣殿发生过的争端。然而,1680年春,也就是在第一次争端发生之后的128年,松树圣母圣殿再次抗议。如果耶稣会所建的第一座教堂相隔距离就不对的话,第二座教堂的距离怎么可能正确呢?显然,第二座教堂的距离更近。此外,教宗的许可只针对第一座教堂,并不针对第二座。虽然松树圣母圣殿方面可能是有道理的,但当事情上升到这样的高度,双方都会据理力争。

松树圣母圣殿的人动用了他们在百人市政会里的关系,实际上,他们说服了五位理事来阻止新教堂的修建。他们不仅想让工程停下,让耶稣会的人感到气馁,还想让耶稣会的人用很多年的时间来打官司而什么都建不成。显然,松树圣母圣殿的人并不知道对手的厉害。就在那天,也就是在接到禁令的前一天,耶稣会的人决定占用那些为了修建新教堂而要被推倒的房子。他们迅速行动,还叫来了一位公证员证明那些房子已经归他们所有。那些房子就这样落入了耶稣会手中。然而,松树圣母圣殿的教区神父立刻就知道了这件事,因为三个住在那里女人跑去告诉他,耶稣会的人粗暴地将她们赶了出来。这位教区神父、松树圣母圣殿的多位教士和一部分教民一致认为,既然事情已经发展到了这个地步,使用暴力也是合理的,他们应该尽一切可能将耶稣会的人从那些房子里赶走。然而,一位教士最终说服了其他人,他认为最好还是利用法律手段来解决这件事。当天晚上,在百人市政会的干预下,松树圣母圣殿方面就逼迫耶稣会为这些女人打开房门,让她们回家。但耶稣会非常老练,在政府官员赶来之前,他们就对这些女人进行了赔偿。因此,他们不用把房子还给这几个女人了,房子已经在耶稣会的名下。第二天下午,这次事件变得广为人知,一群狂热分子聚集在松树圣母圣殿门前,决定去攻击耶稣会并将耶稣会成员交给宗教裁判所处置,他们希望如同烧死异教徒一样烧死耶稣会的成员。

然而,最后什么都没有发生,"使用暴力"只不过是嘴上说说而已。几个月之后,城里分成了两个派别,有人支持松树圣母圣殿,有人支持耶稣会。但就像一句加泰罗尼亚谚语所说的那样:"只要给钱,圣佩德罗都会唱歌"。最终,耶稣会付给松树圣母圣殿教区一笔钱,事情就解决了。终于可以建新教堂了,而这座教堂也成为加泰罗尼亚巴洛克艺术的瑰宝。不幸的是,1936年7月中旬内战爆发时,它被付之一炬。

土耳其人的威胁和勒班陀海战

白冷教堂的修建所引发的争端对于我们了解那个年代的宗教事件有着重要意义。1571年,宗教的力量、国际形势和教宗圣庇护五世高超的外交手腕使地中海沿岸曾相互争斗的国家联合起来与奥斯曼帝国展开了一场规模巨大的海战。那时,奥斯曼帝国刚刚征服了塞浦路斯及东地中海威尼斯的一些领土。奥斯曼人所取得的胜利除了对威尼斯人及马耳他骑士团的骑士们产生了影响之外,并没有让欧洲的其他国家感到害怕。但如果一支土耳其舰队在塞浦路斯的法马古斯塔建立一个常驻基地的话,他们下一步的目标显然是西西里岛、梅诺卡岛和伊比利亚半岛。如果真是这样的话,将会有很多人陷入危险。

1571年10月7日,基督教国家的战舰和土耳其人的战舰在希腊小镇纳夫帕克托斯附近的勒班陀遭遇,一场史无前例的大规模海战爆发了,约二十万人在海上展开了长达数小时的激战。如果您想要对此次海战的规模有个概念,可以去参观陈列在巴塞罗那海洋博物馆的皇家大帆船"奥地利胡安"号的复制品,它是在巴塞罗那皇家造船厂建造的。在这场海战中,双方都伤亡惨重:八千多名基督徒、几万奥斯曼人丢掉了性命。我们很难精确地估计奥斯曼人的死伤数量,因为除了死在海上的那些人,还有一部分士兵和水手在希腊及威尼斯的海岸被当地人剿灭。

奥斯曼帝国的海军被全歼,土耳其人的威胁也好像永远地消失了,或者说,至少在一段时间内消失了。加泰罗尼亚人听到这个消息都很兴奋,这可能是他们在这样一个动荡的世纪里所听到的最令人振奋的消息了。10月31日,当消息一传到巴塞罗那,城里钟声齐鸣,以庆祝此次胜利。人们停止了日常事物,都走上街头向上帝感恩,他们跳舞、喝酒,享受着胜利的喜悦,大家都认为基督教王国所取得的胜利是不容置疑的。百人市政会举行了三天的庆祝活动及大量宗教仪式,巴塞罗那所有教堂都在诵读感恩诗,城里彩旗飘扬,一派喜庆。

勒班陀海战的胜利所带来的欢乐其实一直持续到上个世纪,特别是在宗教活动中。在巴塞罗那主座教堂的一个圣坛上,有一尊被钉在十字架上的耶稣像,耶稣的姿势有些奇怪,他的身体歪向一侧。民间坚持认为这尊耶稣像就是当年基督教国家联军旗舰上的那尊,这里所说的旗舰也就是那艘于1571年在造船厂建造的皇家大帆船。对于耶稣的姿势有两种说法:一种说法认为,当撒拉逊人的一枚炸弹快要击中他的时候,耶稣基督奇迹般地躲开了;另一种说法是,当战争开始时,人们把耶稣像抬到船舱里,耶稣奇迹般地用自己的身体堵住了船舱里一个进水的小孔。这两种说法还有个共同点:用来制作十字架及耶稣像的木头之所以是黑色的,是因为战争中的烟火把它给熏黑了。当然,这两种说法都不是真的,实际上,就连这尊耶稣像是从哪里来的都没人知道,人们一般认为它出自那个时代马德里的一位工匠之手,而这尊像是在16世纪末期才安放在主座教堂里的。

这尊基督像在很长一段时间里被藏在圣坛中,但在上个世纪20年代普里莫·德·里维拉和佛朗哥独裁统治时期,它曾被以一种特殊的方式使用。耶稣像经常被抬出并摆放在主座教堂广场上供人瞻仰,这样做是为了向取得史诗般胜利的军队致敬,因为普里莫·德·里维拉和佛朗哥独裁政府都将胜利都归功于军队。在耶稣受难日当天,很可能还会看到很多人靠近耶稣像,这些人基本上都是女人,她们会从耶稣的背部滑过打结的绳子,因为迷信认为这个动作再配合一连串的祈祷便可以让愿望实现。同时,人们还认为耶稣有增强男子性能力的神奇力量。因此,一些女人会走近耶稣像,把手放在耶稣的私密部位,这也是那个区域颜色变浅的原因所在。

城墙之内的 424 条街及最著名的安普勒大街

对勒班陀海战胜利的庆祝活动、各行各业的游行、战船的集结……这一切都重新让我们看到一个充满活力、节奏紧凑的巴塞罗那。然而,对于一个生活在 21 世纪的人来说,16 世纪末到 17 世纪初的巴塞罗那是令人生畏的,就像当时欧洲所有城市一样。然而,那时的游客并没有觉得它拥挤、丑陋及卫生条件不好。相反,对于他们而言,这座城市光芒四射、优雅美丽,就像海边一颗闪亮的珍珠。对于巴塞罗那我们能说些什么呢?一直以来,巴塞罗那人都认为他们的城市是大自然的神奇杰作,他们还将继续这样认为,而且一点儿都不觉得难为情。

1589 年,大学法学教授迪奥尼斯·赫罗尼·霍尔瓦曾记录过一段巴塞罗那的历史。他并没有大费周章,只不过是改写了赫罗尼·巴乌在差不多一个世纪前写的《巴希诺》。他也没有怎么改动其中他最喜欢的部分。我们不应指责霍尔瓦教授,因为过去重新使用古老的文本(也不是很古老)是很普遍的情况,没有人会因此感到羞愧。所有人都会认为这是一种很实用的做法,也是最自然的做法。霍尔瓦发现激发他灵感的那本书在某种程度上已经不能充分反映他生活的巴塞罗那。16世纪末,巴塞罗那的城墙以内共有424条街道。其中,最负盛名的一条街道,既不是人们以为的兰布拉大街,也不是波恩大街,而是安普勒大街,城里主要贵族的宫殿都在这条街上。

  以现在的眼光来看,安普勒大街会让人大吃一惊。怎么能把这么窄的街道叫做"宽"街呢?① 为了让我们真正感觉到这条街的"宽",有必要想一下它周围街道的"窄"。虽然不同的总督和市长重新建设城市的热情已经改变了安普勒大街周围的环境,但今天我们还是可以想到它当年的某种辉煌。16世纪末,当巴塞罗那人走过那些狭窄、阴暗和蜿蜒曲折的小路之后,到达安普勒大街会让他们有种豁然开朗的感觉。城里的那些重要人物都逃离了露天下水道兰布拉大街,在安普勒大街定居下来,这一点也不稀奇,因为在这里他们可以站在阳台(其中一些是城里最早的阳台)上看风景,这应该是件令人赏心悦目的事。与住在其他街上的人相比,住在安普勒大街的人要幸福多了。他们只需一瞥就能连路上的铺路石都看得一清二楚,他们也不需要过多抬高视线,便可以忽略前面房子里一家人的日常生活。

  16世纪,安普勒大街成了贵族们通行的主要干道。这条街的路面换了新的铺路石,据我们的历史学家霍尔瓦教授记载:"雨下得越大,路面就越干净。"1582年,路面上的大石板已经被去掉,因为安普勒大街作为一条相对较宽的街道,人们已经开始用它来赛马了。正是因为这里有这样高规格的比赛,卡尔多纳公爵、阿拉贡的恩里克王子或是索玛公爵都有府邸在这条街上。几年前,卡尔多纳的贝雷·佛尔克也住在这里,他曾任加泰罗尼亚政府主席和塔拉戈纳大主教。在门牌

---

① 安普勒在加泰罗尼亚语中为 Ample,是"宽"的意思。——译注

号为28号的卡尔多纳家的宫殿里,接待过两位君主:卡洛斯一世和法国国王弗朗索瓦一世。现在,这座宫殿完全没有了中世纪的痕迹。18世纪末期,也就是在霍尔瓦的书出版两个世纪之后,加泰罗尼亚总督、塞萨公爵推倒了原来那座中世纪的宫殿,重新建造了一座新古典主义风格的宫殿,内部平淡无奇,至今依然矗立在那里。

16世纪末,街道逐渐开始形成。当卡洛斯一世住在巴塞罗那的时候,他发现靠海的某条大街旁边缺了一段城墙。对于一个本性好战、又出生在到处是要塞的地方的人而言,一条没有城墙保护的街道,就像是一个人半裸着身子一样。因此,他下令在沿海地区修建一段城墙。这段城墙立刻就变成了巴塞罗那人散步的好去处,因为它在总是臭气熏天的兰布拉大街的外围,更何况当时真正能称得上"道路"的地方还很少,据说当时欧洲的其他城市也是一样。这段城墙是个看海的好地方,也是一个观察船只停靠的好地方。巴塞罗那的主要活动还和中世纪一样,依然是海上贸易。巴塞罗那的滨海区视野辽阔,是绝佳的观察海面动态的地方,进驻这个区域的仓储商和托运商可以最先知道哪种商品到达,这个优势至关重要。

疾病防治委员会

16世纪末,巴塞罗那和加泰罗尼亚公国的大部分地区都对阿拉贡王国的国王同时也是由不同小王国构成的伊斯巴尼亚王国的君主这件事持模棱两可的态度。在这些构成伊斯巴尼亚王国的小王国当中,卡斯蒂利亚最为重要,而那些在安普勒大街拥有宫殿的加泰罗尼亚贵族也和卡斯蒂利亚贵族日趋融合。伊斯巴尼亚王国内各小王国贵族间不断联姻带来的结果,便是在经过了一个世纪的王朝联合之后,阿拉贡及加泰罗尼亚的贵族头衔都落入了卡斯蒂利亚人手中。此外,欧洲已经进入了一个新时代,各国都更倾向于将以前巡回召开的宫廷议会固定在一个城市,这样才能让日渐膨胀的国家机制更容易协调。这种现象产生了几个方面的影响:一方面,这使得伊斯巴尼亚王国的权贵离开加泰罗尼亚公国的时间越来越长,他们对公国的需求了解得越来越少。这些贵族阶层的思维方式渐渐发生了转变,他们逐步接受了卡斯蒂利亚宫廷的态度,开始忧其所忧。另一方面,卡斯蒂利亚王国经济的繁荣也促进了巴塞罗那和卡斯蒂利亚的贸易往来,这让原来处境艰难的市场得到了振兴。加泰罗尼亚商人有了一个离自己更近的市场,而这个市场因来自新大陆的财富迅速丰盈起来。虽然巴塞罗那或加泰罗尼亚被禁止与美洲通商,但这个禁令并不是十分严格。载满来自美洲货物的商船经常从世界的另一端直接抵达巴塞罗那港。同时,还有葡萄牙及安达卢西亚的商船也会运载美洲的货物到达巴塞罗那,这些船会先在一些地方停靠,这为与阿拉贡王国间进行商品走私活动提供了便利。

相对良性发展的贸易有利于巴塞罗那的成长,那时这座城市的街道已经变得一天比一天拥挤。据波吉亚记载,16 世纪末,巴塞罗那有 10 000 住户。我们不应该仅从字面上来理解这个数字。住户就是家庭的意思,一般一个家庭平均由 4.5 个成员构成,也就是说,在那个时代的巴塞罗那应该有 45 000 人左右,情况并不算差。虽然巴塞罗那远不能和当时地中海沿岸的大城市、拥有 140 000 人口的那不勒斯相比,但 45 000 万已然是个不容忽视的数字。

然而,这种本身就很脆弱的繁荣还要不断地接受考验。对于一个生活在 16 世纪末的巴塞罗那人来说,能活着就已经是上天对他最大的恩赐了。1589 年,黑死病(淋巴腺鼠疫)侵袭了巴塞罗那。这场瘟疫一直从 1589 年 6 月持续到第二年的 2 月,历时 9 个月。在瘟疫结束后,巴塞罗那主教及市政会成员们做了较为准确的统计,在此次瘟疫爆发期间共有 10723 人死亡。在瘟疫发生的头三个月,他们并没有进行精确的统计,因为数字还在不断上升,大概会有另外两到三千人受到瘟疫的影响。总之,巴塞罗那有超过四分之一的人口死于这场瘟疫。松树圣母圣殿已经没有地方来安葬死去的人,它周围的广场地下躺满了被草草埋葬的尸体。但不管怎样,松树圣母圣殿的人都感到很骄傲,他们觉得自己受到了上帝的庇护,因为他们的六位神父无一受到鼠疫的惩罚。他们甚至还唱赞歌来感谢瘟疫只带走了其他教堂的神职人员,却绕过自己。史学家们还曾描述过一些令人毛骨悚然的场景:人们在因瘟疫死去的母亲身边发现了刚出生就死于饥渴的婴儿的尸体;大批巴塞罗那人因瘟疫背井离乡;巴塞罗那在与瘟疫斗争了 6 个月之后还要面对物资极度匮乏的境况。

虽然 1589 年袭击了巴塞罗那的是黑死病,但人们已经充分意识到,他们会因为呼吸了城里不健康的空气而死去。巴塞罗那曾以城里弥漫的臭味闻名,而这种臭味实际上直到 19 世纪中期城墙被推倒之后才消失。人们被限制在城墙以里的拥挤空间生活,城墙外围不允许建造房屋并不是个托词,因为由于 13 世纪城市的扩建,城里的空间绰绰有余,特别是在拉瓦尔区。可能"紧凑"是巴塞罗那一个特点,它总是让自己被填得很满。在那个年代,还没有公共厕所。如果当某人走在街上突然想方便的话,通常他会找一个相对偏僻的角落来解决。当时的下水系统分布范围也不广,大部分粪水都会流向家里的污水井。当这些井满了,粪水就会涌到街上,流进铺路石间的缝隙里,委婉地说,这些粪水起到了有机黏着材料的作用。此外,当时的巴塞罗那还到处都是车和马。居民们实在无法忍受的时候,他们就把这些污物堆在一个角落,期待某个挑粪施肥的人来把它们运走。除此之外,城里还有屠宰动物产生的血水、下水以及来自作坊的半工业垃圾。人们常说巴塞罗那最脏的地方是圣霍安河离海最近的区域,那里的河水和下

第八章　发展的危机

水道流出的污水混合在一起,还有旁边禽类市场扔出来的死动物以及其他废物。那个时候,如果巴塞罗那人有体积较大的家具、杂物要处理,他们通常会把这些东西带到某个教区的墓地,也就是今天城里一些最古老的教堂前面的广场上。如果活人用不着这些家具的话,死人或许可以用得上……

整座城市就是一个大粪场。从15世纪中期开始,巴塞罗那效仿地中海的其他城市,特别是意大利的一些城市,组建了疾病防治委员会。这个机构由权威人士组成,负责研究对抗疾病的措施。委员会既要决定在什么地方埋葬死于瘟疫的人,也要决定是否应阻止外乡人进入,因为他们可能是疾病的感染源。随着时间的推移,这个委员会就变成了巴塞罗那的卫生部门,它会针对实际生活制定一系列的卫生条例来预防疾病的发生。1553年瘟疫过后,这个委员会获得了更大的权力。百人市政会已经无法忍受巴塞罗那总受到瘟疫的影响,他们决定要着手治理。疾病防治委员会的成员(委员会也叫八人委员会,由八名成员构成)形成了一种"权力中的权力"。这是一种进步,法国两百多年后才发生类似的事情,那时由罗伯斯庇尔领导的公共安全委员会下令处决了他在法国大革命中的敌人。疾病防治委员会所采取的举措之一就是阻止穷人进城,特别是法国人。在那个年代,很多法国人,特别是加斯科尼人,为躲避宗教战争和贫困而逃到加泰罗尼亚公国。因此,他们很容易被认为是万恶之源,鼠疫的传播也成了他们的错。此外,穷人总是衣衫褴褛、污秽不堪,这让委员会成员认为他们是最恶劣的疾病携带者。

委员会享有很大的权力,这不仅是因为它是负责防治那些让巴塞罗那人闻风丧胆的疾病的机构,也因为它让某些成员可以通过腐败获取私利。1564年的疫情过后,委员会的两名成员——布料商若梅·罗斯和裁缝霍安·克雷斯毕——说服了其他六名成员,他们决定不再烧毁那些死者的衣服。这些衣服被存放在位于城墙之外的安赫尔修道院。他们认为这些衣服经过一段时间的通风、晾晒之后，就足以杀死残留的病菌。从理论上讲，卖掉衣服所得的收入应该流入巴塞罗那的金库，但不出所料，这些钱最终进入了若梅·罗斯和霍安·克雷斯毕两人的口袋。我们并不知道那些不幸买了旧衣服的穷人是否感染了疾病。

巴塞罗那：世界上最美丽的城市之一

尽管巴塞罗那处在这样的困境之中，对于巴塞罗那人和来这里的游客而言，生活依然有它的美妙之处。人们赞美巴塞罗那是一个辉煌的城市，我们可以在一些杰出人物或是拜访者留下的文字中证实这一点。其中之一就是米格尔·德·塞万提斯·萨维德拉，他曾在多部小说及其他作品中提到巴塞罗那。在《惩恶扬善短篇小说集》收录的《两姑娘》中，主人公们来到巴塞罗那，塞万提斯通过主人公之口对巴塞罗那做了这样的描述：

> 这座城市令她们仰慕。她们将这里看成是世界上最美城市中的花朵，是西班牙的珍宝，它不仅让远近的敌人都闻风丧胆，也是巴塞罗那人民所得到的珍贵礼物与快乐的源泉，它是外来人的庇护所、骑士的殿堂及忠诚的典范，它能满足人们对于一座富甲一方、错落有致、名声远扬的大城市的一切好奇心与期待。

巴塞罗那是世界上最美的城市，它是巴塞罗那人民得到的珍贵礼物与快乐的源泉、它热情好客、优美雅致……在塞万提斯的所有作品中，他都没有像这样夸奖过其他任何一个城市，但这还不是全部。在

《堂吉诃德》的第二部分,主人公在持盾随从桑丘·潘萨的陪同下拜访了巴塞罗那,他这样描述这座城市:

> 巴塞罗那是礼仪之都。它热情好客,好乐善施,它是勇士的故乡。它对侵犯者毫不留情,却对朋友以诚相待。它魅力四射、无与伦比。

不管怎样,虽然我们并没有直接的证据证明塞万提斯来过巴塞罗那,但也有一些线索可以间接说明这件事。似乎塞万提斯曾两度拜访巴塞罗那。第一次可能是在1569年,那时他二十二岁。塞万提斯住在马德里,他被指控伤害了一个名叫安东尼奥·德·司古拉的人。因此,他被判砍掉右手并流放他乡,两年之内不能再回到卡斯蒂利亚。预料到这一点,年轻的塞万提斯没有坐以待毙,他去了意大利。没人知道他的路线,但一般卡斯蒂利亚人都会从马德里出发,先到萨拉戈萨,再从那里去巴塞罗那乘船,现今,这条路线已被高速列车及高速公路所替代。我们对这种推测所产生的唯一疑问是:我们都知道年轻的塞万提斯逃亡的第一阶段是去了塞维利亚,显然这座城市离巴塞罗那并不近。不管怎样,在《堂吉诃德》之前的作品里,他曾多次提到和加泰罗尼亚相关的信息,其中大部分内容,如果不是亲眼所见,是很难知道的。

塞万提斯第二次访问巴塞罗那似乎更为明确,而正是这次停留让他将这座城市纳入了堂吉诃德的行程之中,这是在《堂吉诃德》的第二部分。1610年6月,塞万提斯六十二岁时(在那个年代已经算是高寿了),他至少在巴塞罗那待了一个月,但也可能整个夏天他都在那里度过。值得注意的是,当时作家的身体状态不佳,这和他之前的生活经历有关。1571年10月7日,他参加了勒班陀海战。当时,他是"侯爵夫人"号战舰上的一名战士,从火枪里发射出的一枚子弹切断了他左臂的一条神经,导致他左臂残疾。另外,根据他的描述,那时他的牙齿也掉得所剩无几。他还有视力问题。但毫无疑问的是,他曾有过更美好的时光。此外,在妻子和女儿的陪同下,他的巴塞罗那之行并不顺利。塞万提斯曾有些绝望地指出,《堂吉诃德》第一部分所带来的回报以及他到那时为止所写的东西都不足以维持他的生活。因为他以前曾在意大利待过,也曾在那儿留下过美好的回忆,所以当他得知雷默斯伯爵已经被任命为那不勒斯总督时,就想追随后者去意大利。如果他能作为文员或文人(或者不管是什么职位)加入总督宫廷,他和家人的生活就有了保障。

那不勒斯的远征军通常都是从巴塞罗那港口出发。加泰罗尼亚和那不勒斯王国都是阿拉贡王国的一部分,它们之间的关系源远流长。一个半世纪以前,国王费利佩三世的一位祖先,也就是阿拉贡王国的阿方索五世,本想征服那不勒斯,但没想到他到了那里后却对当地情有独钟,在那儿一待就是十六年,直到去世都没有再回到加泰罗尼亚。由此可见,那不勒斯和巴塞罗那之间的关系非常重要。战船和商船都在巴塞罗那港聚集,负责运送总督及他们的官员。在总督们出发前的几周里,那些在此短暂停留的贵族总会举办各种宴会和纪念仪式,商人买卖也变得热闹起来,巴塞罗那会变得跟平时很不一样。然而,改变巴塞罗那的还有来到这里的水手和军人,他们之间争吵、冲突不断,还会为了妓女争风吃醋,这些并不是无足轻重的小事。当雷默斯公爵要奔赴那不勒斯时,热那亚舰队的六艘帆船、佛罗伦萨舰队的两艘帆船和那不勒斯舰队的四艘帆船都在巴塞罗那集结。最后,这十二艘战舰浩浩荡荡地出发,还有数不清的民用船只随行。

塞万提斯想要参加远征,但首先他必须要克服第一个障碍:他的名声太大了。雷默斯公爵的秘书卢贝尔西奥·莱昂纳多·德·阿尔赫索拉是阿拉贡王国的史料编纂者,他和他的兄弟巴尔托洛梅·莱昂纳多一起,依仗着总督的保护,压制其他文人。卢贝尔西奥以善妒而

第八章 发展的危机

闻名,他既无法忍受贡戈拉,也不能忍受公爵的前任秘书洛佩·德·维加,这可能是因为文学因素所致。虽然并没有文字记载在此之前塞万提斯和卢贝尔西奥有过什么恩怨,但显然卢贝尔西奥兄弟(塞万提斯这么称呼他们)并不想让任何能对他们造成威胁的人出现在他们身边,不管这种威胁是在文学方面,还是在个人利益方面。因此,塞万提斯不可能通过总督的秘书卢贝尔西奥及其家族来获得去那不勒斯的船票。还有一种可能就是直接向雷默斯公爵提出请求,在他的宫廷谋个职位,但事情依然进展不顺。雷默斯公爵在马上就要出发前才到了巴塞罗那,也就是在1610年6月5日至10日之间。在那段时间里,他的日程满满当当。杰罗尼·普加德斯在他写的阿拉贡地方志中记录了公爵在这五天中所参加的(或者说是所忍受的,谁知道呢?)诸多庆祝活动和仪式,塞万提斯很可能根本没有机会接近他。

那么,既然公爵已经离开了,为什么塞万提斯还会继续留在巴塞罗那呢?我们也不知道原因,但他很可能真的这么做了。他在《堂吉诃德》和《两姑娘》中都曾描述过巴塞罗那的一些场景,而这些场景应该就是他6月底在巴塞罗那的所见所闻。例如,堂吉诃德和他的仆人在圣胡安夜抵达巴塞罗那。普加德斯所写的阿拉贡地方志中曾讲到,圣胡安夜的习俗是要从朝向大海的城墙堡垒向海上鸣炮,而停靠在港口的船只也会鸣炮回应,塞万提斯在《堂吉诃德》中也有一样的描述。此外,1610年7月底,水手们曾在巴塞罗那港口发生争执,而塞万提斯在《惩恶扬善短篇小说集》中也描述了这一幕。塞万提斯甚至有可能在巴塞罗那一直待到9月中旬,因为当时加泰罗尼亚政府的四艘帆船在巴塞罗那海岸附近捕获了几艘土耳其船只,而堂吉诃德却在旗舰里亲眼目睹了这一幕。我们可以说,塞万提斯不仅曾住在巴塞罗那,他还大量地记录了这座城市里所发生的事情。那么他在巴塞罗那停留期间住在哪儿呢?巴塞罗那人普遍认为他住在今天哥伦布大道2

号四层的一所公寓里。如您所料,我们确实没有任何证据来证明这是否属实,但这种说法有它的合理性:这座建筑建成于16世纪中叶,也就是在塞万提斯来巴塞罗那前的五十到七十年间。楼的立面挂着一个男人的头像,虽然人们觉得这很可能就是塞万提斯的头像,但可惜的是这并不是真的,因为在这个头像被挂上去的时候,见过塞万提斯的人都已经不在这个世界上了。然而,没有文字记载并不意味着他没有在那里住过。如果塞万提斯从四楼公寓的那扇窗户往外看,他会拥有瞭望塔般完美的视野。透过那扇窗,他可以轻而易举地观察那些他在《堂吉诃德》和《惩恶扬善短篇小说集》中描述的事件,这是无可争辩的事实。现在,这座建筑的一层已经是一家超市,而导游们还是会停在楼前为游客们讲述塞万提斯的一生。这座建筑四层那套公寓依然拥有开阔的视野,人们可以看到码头生机勃勃的热闹景象。在塞万提斯生活的那个年代,城墙可能会遮挡海洋的一部分,但这并不影响那时及四百年后的人们从那个窗口去感受巴塞罗那的灵魂。

第九章
关于灾难

17世纪中期,从海上看巴塞罗那全景。
法国地形学家、博利厄骑士塞巴斯迪恩·蓬托(Sébastien de Pontault)所作。

加泰罗尼亚总督辖区

整个16世纪,巴塞罗那的组织机构,或者说整个加泰罗尼亚的组织机构,从理论上讲都没有发生实质性的变化,还是相同的机构,具有类似功能。整个组织结构中只增加了一个新的职位,即总督,这对公民生活和国家的发展产生了重大影响。以前,具有相同功能的职位已经存在,只是名称不同而已。总督是指在君主缺席的情况下代其行使王权的高级官员。当一个国家领土面积辽阔、各地情况复杂多样时,这个职位是有其存在的意义的,因为除了以委派的方式进行管理之外,国王没有其他的方法。

随着卡洛斯一世继位,哈布斯堡王朝取代了特拉斯塔马拉王朝,总督制被广泛应用。加泰罗尼亚总督辖区的统治机构设在巴塞罗那,毗邻国王广场,靠近主座教堂和宗教裁判所。当时,加泰罗尼亚总督辖区的威望渐失,被视为总督们不太想去的地方,因为他们更愿意选择那些可以大权在握、高度自治及油水丰厚的地方,而这些在加泰罗尼亚都是不可能实现的,因为这里离卡斯蒂利亚太近,也离埃斯科里亚尔皇宫-修道院太近,因为从费利佩二世开始,宫廷便设在那里(虽然他还有其他更为舒适的宫殿);而且,加泰罗尼亚的土地不够富饶,总督们也不能从公共财政中捞到太多的油水。此外,加泰罗尼亚人喜欢在对其权利、法律章程和特权的解释上兜圈子,而巴塞罗那人尤以为甚,这个习惯并不好驾驭。因此,与一贯的任命总督机制相悖,被指派为加泰罗尼亚总督的人有时也会是当地在宫廷中有深厚根基者。对于这些人来说,在一定的地区作为君主的代表意味着他们可以组织或加强他们在就职前可能已经拥有的人际关系网。

尽管瘟疫、政治和社会冲突及战争使加泰罗尼亚公国在 14 世纪经历了衰败,但在卡洛斯一世掌权时,它发展成阿拉贡王国最强大的地区。虽然加泰罗尼亚历尽艰辛挺了过来,但现在它和巴塞罗那都是一个异常庞大的国家机体的一部分。跟那不勒斯一样,加泰罗尼亚虽然在阿拉贡王国仍享有不可撼动的地位,但现在的阿拉贡王国也不过只是庞大的伊斯巴尼亚王国的一个地区,而伊斯巴尼亚王国的利益范围囊括了从今天的荷兰到奥地利之间的区域,包括意大利的大部分地区、地中海岛屿、非洲北部、整个伊比利亚半岛、大西洋岛屿、美洲大陆大部分地区、菲律宾群岛以及亚洲和非洲的部分地区,特别是在葡萄牙也被纳入伊斯巴尼亚王国版图的时期,它的利益范围达到最大。无论巴塞罗那有多么重要,无论加泰罗尼亚有多么特别,无论阿拉贡王国起着多么至关重要的作用,它们在整个王国中的分量都是有限的,这在很多方面都有所体现。

17 世纪时,虽然巴塞罗那被认为是地中海最重要的城市和港口之一,游客也对这座城市赞不绝口,但如果我们认真研究一下相关的经济和人口资料,就不难发现,巴塞罗那当时的情况其实并不是很好。

这里的对外贸易曾遭受重创,贸易量也大幅缩减,这主要是由于以下几个原因造成的:奥斯曼帝国的威胁仍然存在,它与敌国法国结盟;加泰罗尼亚作为伊斯巴尼亚王国的一部分,不利于其商品的出口。此外,由于卡斯蒂利亚在很大程度上主导了国家的对外战略,它的政策向其传统的盟友倾斜,而其地中海上主要的盟友之一就是热那亚。自 14 世纪以来,热那亚就成为巴塞罗那的主要竞争对手。热那亚人和巴塞罗那人之间的敌意在各个方面都有所体现,这不足为怪。由于伊斯巴尼亚王国君主的纵容,热那亚人以其价格更为便宜的产品抢占了加泰罗尼亚人做生意的港口,更糟糕的是,他们的产品质量还更胜一筹。此外,加泰罗尼亚的总督们大部分都是卡斯蒂利亚人,他们始终维护君主的利益,慷慨地授予热那亚商人所谓的"通商许可",允许他们在加泰罗尼亚和巴塞罗那做生意,而不需要支付外来商人应缴纳的50%的关税。

另一方面,16世纪末,勒班陀海战结束后,人们就已经针对加泰罗尼亚海岸缺乏保护一事向政府提出了抗议。费利佩二世统治的国王可以慷慨大方地守卫威尼斯人手中的塞浦路斯或是去袭击突尼斯,却不愿意派战舰来保护巴利阿里群岛或巴塞罗那。1570年,费利佩二世甚至计划放弃梅诺卡岛,并将所有居民转移到巴塞罗那附近的地区。梅诺卡岛的咨议院代表、巴塞罗那百人市政会的理事及加泰罗尼亚议员一起抗议该提案,他们认为,真要这样做了,对巴塞罗那及整个加泰罗尼亚的经济来说,将是一场灾难。他们这么想不无道理。梅诺卡岛的例子意义重大,它让加泰罗尼亚商人意识到他们自13世纪以来在地中海获得的地位已有所下降或完全丧失。虽然某些商家的衰落是因基督徒和穆斯林之间的宗教冲突所致,这些冲突给地中海带来了灾难性破坏,但对于大多数商家而言,它们的衰落是因为热那亚人、马赛人和比萨人在贸易上所取得的成功。

法国移民

当时,整个加泰罗尼亚的局势都不稳定。在16世纪长达几十年的时间里,成千上万的人从北方而来,他们分别是加斯科尼人、富瓦人(欧西坦尼亚人)和法国人。大多数人是为了寻求更好的生活条件并逃离正在摧毁法国和欧西坦尼亚的接连不断的内战。当时的法国经历着动荡,随后便爆发了三十年战争。在这场战争中,既有家族和领土之争,也有天主教徒和新教徒之间的宗教冲突。宗教上的迫害和经济上的窘迫使得很多法国人在加泰罗尼亚定居,而这些人基本上都是男性,他们努力地想尽快融入加泰罗尼亚的生活,这主要是因为他们不但赌上了自己经济福利,还赌上了自己的性命。这一点也不夸张,他们确实赌上了性命,因为移民往往会成为替罪羊,指责外国人总比指责本国人来得容易。16世纪末,巴塞罗那20%的人口是法国移民,这让巴塞罗那百人市政会的成员们感到非常不安。

在1588年至1592年的瘟疫过后,巴塞罗那人开始寻找解决问题的方法。毋庸置疑的措施之一就是聘请医生。但问题出现了,医生供不应求,这不仅导致在特定地点工作的医生的薪金被抬高,也造成了非法行医和诈骗现象的出现。很多只掌握初步医学知识或对医学根本一窍不通的人都声称自己是医生。1589年,百人市政会聘请了一位名叫贝尔纳特·里卡尔迪亚的法国医生,他声称自己是治瘟疫的专家。他有三个助手,其中两个是加泰罗尼亚人,他们是霍安·德斯帕塞尔和霍安·德·萨特佩伊,还有一个加斯科尼人,名叫巴尔托梅乌·佛伊萨。这四个人开始用咒语和邪术医治病人。不出所料,病人的病不仅没治好,一些病人还被医死了。百人市政会认为是邪术害死了病人。最终,贝尔纳特被判处死刑,他将受到肢解刑罚。在判刑后的第二天,他要坐囚车游街,接受"走百街"的酷刑。在市政大街的市政府门前,他的一只手被砍下并烧掉;随后,囚车走到医院门口(可能是圣克鲁斯医院),在那儿,他的另一只手又被砍下烧掉;最后,在兰布拉大街的尽头,他被斩首。他的头被放在一个笼子里,挂在市政府的墙上示众,以警示公众:任何人都不能在巴塞罗那搞巫术行骗。他的助手们则寻求教会的帮助,企图逃脱死罪,但最终只是将死刑推迟几天执行而已。

贝尔纳特·里卡尔迪亚及其不幸的助手们因渎职而被处决,他们所受的刑罚极为严厉,这与同时期对巴塞罗那药剂师托马斯·费雷尔的判决形成了鲜明的对比。托马斯·费雷尔是因在制作所谓的"神奇解毒剂"时掺假而被判刑的。这种"神奇解毒剂"自罗马时代以来就应用在很多方面,这种药剂并没有固定的配方,每个药剂师都有自己的配制方法。如果说对一种本身就没有明确构成成分的药剂掺假,很难令人信服。最终,费雷尔被永久取消从业资格并被驱逐出城。要知道当时做假证会受到割舌的惩罚,如果我们以此为参考,就不难看出,对药剂师的惩罚并不算严厉。不管怎样,对巴塞罗那药剂师费雷尔的处理并没有像对法国人里卡尔迪亚那样残忍,这只是外国人成为替罪羊的一个例子。

通常情况下,法国移民都期待能结婚并建立一个家庭,但这个愿望却很难实现。我们从教区的记录中了解到,他们一般都只能娶经济条件糟糕的女人或相对岁数较大且没有嫁妆的寡妇。一般来说,婚姻能让他们把自己的姓氏变得更像加泰罗尼亚人的姓氏,例如,Bayle(巴伊雷)变成了Batlle(巴特耶),Puech(布艾茨)变成了Puig(布依格),Faure(法乌雷)变成了Fort(佛尔特),等等。如今,有很多加泰罗尼亚姓氏以"-au"结尾,例如 Colau 或 Pascau,或者以"-ac"结尾,如 Marsillac、Rexac 或 Albiac,这些姓氏都来自欧西坦尼亚。17世纪初,在一些城镇,如马塔罗,超过一半的居民都是法国人或欧西坦尼亚人。他们没有任何语言问题,因为欧西坦尼亚人讲的是一种"跟加泰罗尼亚语很相似的语言",德斯克洛特在他所著的史书中曾这么说过。欧西坦尼亚语或加斯科尼语与加泰罗尼亚语有着紧密的亲缘关系,这有利于移民快速掌握加泰罗尼亚语。

因此,从16世纪中叶到17世纪末,即便移民规模如此之大、持续时间如此之长，加泰罗尼亚政府从来没有对移民的语言问题发过愁。然而，让他们感到不安的是，这些移民将一些颠覆性的思想带入加泰罗尼亚，特别是新教的思想。虽然许多逃离战争的人都是天主教徒，但其中也有新教徒，而新教在当时是令人生畏的。卡洛斯一世是第一位反对新教的国王，他的儿子费利佩二世是狂热的天主教徒、疯狂的圣物爱好者，他也加入到反新教的运动之中。此外，反新教运动使组成伊斯巴尼亚王国的大部分国家都蒙上了阴郁的色彩，这与特利腾大公会议上产生的天主教教会想表现的巴洛克艺术风格截然不同。

巴洛克风格在西班牙的教堂上体现出繁复、沉重的风格，而在其他地方，特别是在中欧接近新教国家的地方，则体现出金碧辉煌及明快的风格（例如波希米亚风格），这是非常奇怪的现象。伊斯巴尼亚王国并不想以开放而令人信服的宗教政策来讨好新教徒，让他们重新皈依天主教，而是想要彻底摧毁新教，特别是那些信奉新教的人。反新教斗争主要是通过宗教裁判所进行，这和之前对付并击败犹太人的手段相同，当时对付摩尔人也是如此。巴塞罗那的宗教裁判法庭位于现在的圣伊华广场，在主座教堂和总督宫的对面，也就是现今巴塞罗那艺术和雕塑博物馆所在的位置。尽管宗教裁判所的法官们有目光敏锐、才思敏捷的美名，但他们通常是行事草率和头脑糊涂者，而且顽固不化。所有人都憎恨他们，这里说"所有"一点也不夸张，因为他们内部争权夺利的行为早已让他们臭名昭著。

面对这么多法国人的到来，宗教裁判所毫不留情地指控他们为异教徒并将他们逮捕，这并不奇怪。这种狂热的宗教迫害达到了荒谬的程度，给经济带来了极为不利的影响。1560年，百人市政会不得不提醒宗教裁判所，指控所有法国人为异教徒是没有任何意义的，因为他们中的大多数人是天主教徒。两年之后，所有法国人都被要求随身携带一份说明，以便解释是什么境遇驱使他们去工作的。应费利佩二世的要求,教会必须调查法国人是否是温良的基督徒,是否履行圣事,是否进行忏悔、祷告,等等。根据这些规定,1570年,巴塞罗那宗教裁判法院不断逮捕、审讯、判决和处罚法国人,最后连法国大使(不要忘了,当时法国是西班牙的最大的敌人)都忍不住在国王面前控诉法国移民在加泰罗尼亚所遭受的虐待。

宗教裁判所的法官和百人市政会的理事们经常意见相左,他们毫无顾忌地把理事们开除教籍,但理事们也并没有太在意。同时,百人市政会也毫不留情地以违反巴塞罗那法令为名控告宗教裁判所的使节们(也就是宗教裁判所大法官的下属)。这两股力量经常针锋相对,特别是在针对法国移民的问题上,因为移民是影响加泰罗尼亚经济的关键因素,具体来说是影响巴塞罗那港口经济的重要因素。港口需要劳动力来装卸货物,也需要有人在工厂和仓库里干活,这些劳动者中有很多人都是移民。当宗教裁判所的人在港口巡查的时候,所有人都必须藏起来,这严重影响了工作效率。此外,很多到达巴塞罗那的船只上的水手是新教徒、皈依天主教的犹太人或摩尔人。不管怎样,宗教裁判所想抓捕这些人,这遭到了商人的极力反对,因为这样做无疑阻止了外国商船的到来。

但宗教裁判所的法官们并不是完全孤立无援的。总督们总会以伊斯巴尼亚王国高级官员的身份来支持他们。1563年,比耶尔索自由镇侯爵、总督加西亚·阿尔瓦雷斯·德·托莱多·伊·毕门特尔-奥索立奥(一个令人印象深刻的名字),下达了一项支持宗教裁判所并针对法国移民的法令:

> 所有最近刚刚进入加泰罗尼亚公国和各个伯国的加斯科尼人以及其他的法国人都应该被认为是邪恶与堕落的,是信奉路德教及胡格诺教的嫌疑分子,是我们神圣的天主教信仰及基督信仰的敌人。

天啊！幸好大多数城市的政府官员都没有理会这条法令。

虽然移民中大多数都是好人，但总会有犯罪分子，他们往往是因为原来居住地区的贫困才移民的，这在任何移民过程中都是一样的（就像现在欧洲的移民潮一样）。16世纪，很多法国人成了强盗，这让他们的同胞处境更为艰难。1614年，何塞·塞拉诺修士就法国强盗一事写信给他的朋友阿尔玛桑侯爵、总督弗朗西斯科·乌尔塔多·德·门多萨·伊·卡德纳斯：

> 这是真事，千真万确。他们与异教徒为邻，与奇怪的人保持联系，没有人知道这个国家的人是否已经放弃了基督教及其信仰。但他们每天所犯的罪行预示着厄运和苦难的降临。因为在这些匪徒的队伍里，不需多想便可以断定，一些人是异教徒。

也就是说，何塞·塞拉诺认为盗匪作乱是异端邪说惹的祸。

一个暴力的社会：盗匪猖獗

在匪徒中有异教徒，也有法国人，虽然移民中有人参与盗匪作乱，但这个问题和移民没有直接关系。毫无疑问，那时的加泰罗尼亚是欧洲最危险的地区之一。在路上，到处都是不假思索就会开枪的匪徒，整个加泰罗尼亚地区枪支泛滥。

当时，许多行业都致力于生产一种被称为"燧石枪"的手枪，虽然这一发明可以致命，但它的生产却意义重大。比利牛斯山区一种锻造技术的完善使得钢的产量大幅增加，这种锻造法被称为加泰罗尼亚锻造法。通过这种锻造法所生产出来的铁比从外面运来的要便宜得多，这成为建立专门制造武器的小型金属工业的基础，这种工业生产出的明星产品就是燧石枪。它是一种短兵器,类似于火枪,更接近于现在的手枪,但枪管更长。这种枪的重要之处在于它的点火系统——通过一个摩擦燧石的钢轮来点火。当燧石受到摩擦时,产生的火花点燃火药,手枪就可以完成射击。实际上,这种枪的点火系统就和今天打火机的点火系统相同。燧石枪比火绳枪更为可靠,杀伤力也更强,它不需要提前点燃火绳,有利于快速射击。此外,燧石枪也像雷筒一样,枪管中可以填装任何东西,但最可靠、最常用的子弹是金属球或石头。虽然燧石枪并不是一个精准性很高的武器,但在近距离内开枪,还是会有很大的威力,所有人都清楚这一点。

在那些年里,低成本的燧石枪让加泰罗尼亚的暴力事件不断升级,而国王的缺席也引发了一种奇怪的现象。当时欧洲各国都处在君主专制政体的统治下,虽然君主们在全国各地有不同的宫殿,但他们还是习惯在某个地方定居,通常他们会住在某个城市并把那里变成统治国家的行政中心。官僚机构也开始膨胀,官员体制变得越来越重要,这在以前都是不存在的。然而,因为国家一切事务都要通过君主,所以如果你想拥有一定的权力,你就必须得到君主的青睐,而这只有你在他身边的时候才能实现。

被国王选为首都的城市对于那些围绕在君主及其官员(他们的权力也日渐增加)周围、不会放过任何可以抓住的一丝一毫权力和特权的贵族来说,重要性日益增加。相反,那些不接待君主、宫廷和官员的地方,影响力就会日渐下降。这就是当时在欧洲以及伊斯巴尼亚王国所发生的事情,这种城市间的差异以一种超乎寻常的速度被拉开。马德里本是埃斯科里亚尔附近的一个小镇,它不仅见证了围绕宫廷所开展的商业是怎样繁荣起来的,还接纳了为国家效力的官员在此定居。

相反,巴塞罗那和整个加泰罗尼亚见证的则是贵族们如何前往马德里,国王也很少在这里出现。最终,上层阶级从出生就支配的财富并没有流入加泰罗尼亚;税收、纳贡和收益也都落入了那些不住在加泰罗尼亚且已和卡斯蒂利亚贵族家庭联姻的加泰罗尼亚贵族手中。这导致了加泰罗尼亚的土地收益在两三代人的时间里都没有返回到该地区。巴塞罗那也不容易,因为总督所创造的商机与常驻在一个城市的宫廷是不具有可比性的。但幸运的是,巴塞罗那是与国王持续斗争了四百年的加泰罗尼亚公国的首都,不管出于什么目的,它都让国王不能恣意妄为,同时,它也学会了不对国王抱有太多期待。

此外,如果一个贵族的土地收益不好的话,他在加泰罗尼亚获得附加利润的机会也会减少。例如,教会里的大部分高级职位都由贵族把持,但加泰罗尼亚的主教们都效力于卡斯蒂利亚人,一个人要想获得修道院院长的职位极为困难,即便是得到了这个职位,它的薪水也不高。加泰罗尼亚政府能够提供的职位很少,这些职位的薪水也不高。事实上,这些职位是有获得丰厚私人收益的机会的(也就是说,通过腐败交易),但想获得这些职位很难。在总督管理体制中,只设有25个职位:13个城堡指挥官和12个内政职位(也就是文官,需要精通法律的人来担任)。

加泰罗尼亚的中小贵族也很难获得职位。即便他们在卡斯蒂利亚,在那里他们可以离国王很近,但依然很难立足,因为卡斯蒂利亚的贵族要确保好的职位留在他们自己手上。有同样问题的不仅仅是加泰罗尼亚,阿拉贡王国的其他部分也是一样,例如,曾在一段时间内从属于伊斯巴尼亚王国的葡萄牙王国、那不勒斯王国、弗朗什-孔泰伯国、弗拉芒,等等。所有这些国家的贵族都不得不屈从于卡斯蒂利亚贵族,如果他们自己的领地不够富裕,他们就只能对那些突如其来的贫困和经济问题逆来顺受。加泰罗尼亚人,就像葡萄牙人、米兰人、弗朗什-孔泰人或巴伦西亚人一样,都受够了卡斯蒂利亚人以及他们的做事方式。生活在16世纪中期的作家克里斯托弗·德斯普伊格,也

就是《杰出城市托尔托萨对话录》的作者,曾这样描述卡斯蒂利亚人:

> 最糟糕的是他们如此专断独行,他们只考虑自己的利益,很少为他人着想,就好像只有卡斯蒂利亚人是从天上来的,而其他人都是从地下冒出来的一样。

物美价廉的武器大量生产,大贵族离开,小贵族别无选择,只能死死抓着仅有的产出不高的土地,这就是当时加泰罗尼亚的情况。然而,这种情况随着两个帮派的迅速发展壮大而变得更为复杂,这两个帮派就是尼埃派和卡德尔派。这两个名字的起源可以追溯到13世纪的一场较量,这场较量发生在尼埃的领主托马斯·德·巴纽尔斯和比利牛斯地区德卡德尔家族的阿尔塞格尔领主们之间。当然,这只是众多冲突中的一次,这场领主之间的冲突不断升级,冤冤相报,无休无止。从16世纪到17世纪初,加泰罗尼亚公国中的每个人都和一派人或另一派人保持一定的关系,但当时这种关系并未上升到意识形态、阶级利益的高度,更不是为了维护某种意识形态和阶级利益。不管出于什么原因,如果一位领主和一个村镇宣称自己为尼埃派,与他们对立的领主和村镇肯定就会宣布自己是卡德尔派。

然而,新时代改变了社会各个阶层的状况,这比不同派系之间的冲突带来的影响更大。中世纪社会已经消亡,农民的情况已经有所改变。现在土地的所有者已经不再是贵族了,而是那些"富农",他们拥有土地并雇用其他农民来完成耕种任务。农民和城市(通常,巴塞罗那是这些城市的领头羊)里的商人及工匠已经可以平起平坐。随着富农的出现及对特殊雇佣方式的使用,农民无产阶级逐渐形成,有人身自由的贫农靠打零工过活,生活很不稳定。这也是为什么那个时期大部分匪徒都出自这部分人。

虽然我们不应忘记加泰罗尼亚人骨子里本身就有这种盗匪精神,但造成匪盗横行的原因主要有以下几点。那个年代卡斯蒂利亚最伟大的文学家之一——蒂尔所·德·莫利纳——曾这样描述加泰罗尼亚人：

> 在其他地方，一个人的荣誉（因为荣誉总是具有一定价值的）是外来的，是别人给的，只有加泰罗尼亚人会本能地自吹自擂；在那个地方，这种荣誉感一旦产生就永不消亡，它会一直陪伴着加泰罗尼亚人，从生到死，代代相传，而永恒的耻辱感也会深深地埋在加泰罗尼亚人的心里，除非可以报仇雪恨。没有比加泰罗尼亚对待友谊更为保守的国家，也没有比和加泰罗尼亚人和解更难的事，他们只会复仇，从不和解。不管贵族还是平民，农民还是官员，统统如此。

葡萄牙人弗兰斯西克·马努埃尔·德·梅洛也曾这样描述加泰罗尼亚人：

> 大部分加泰罗尼亚人都生性冷漠、少言寡语，他们似乎更喜欢讲自己的语言，言辞极为简洁。在受到侮辱的时候，他们表现出极大的愤怒，倾向于报复。他们很看重自己的名誉和自己所说的话，也很重视自己所享有的权利，加泰罗尼亚是构成伊斯巴尼亚王国的所有国家中最热爱自身权利的一个。加泰罗尼亚地形崎岖，恶劣的自然环境更是助长了他们复仇的热情，一点小事都可能引发可怕的后果：牢骚满腹的人或受到冒犯的人会离开村庄，去森林里生活，这些人不停地在路上游荡，不停地攻击别人；而另一些无所事事、蛮横无理的人则会追随第一类人。总之，这两类人都以污辱别人为生。如果有人质疑，他们通常会说自己只是在"干活"而已。这些人并不认为自己的行为是对别人的侮辱，因为以前被冒犯的人总能得到亲戚和朋友的帮助。还有些人出于

政治意图发展自己的帮派,让自己变得更加强大,可以在重大事件中发挥更为重要的作用,这正是尼埃派和卡德尔派一贯的目标。这两个派别给加泰罗尼亚带来的利与弊与米兰的教皇党人(归尔甫派)和德皇派(吉伯林派)类似。

可以看出,那时的加泰罗尼亚人骄傲自负、报复心强、野蛮粗暴。因此,盗匪活动猖獗也很正常,而这种"猖獗"主要体现在两个方面:一方面,构成团伙的人群经常躲在路边袭击行人或袭击有钱、有日常用品和食物的农庄或村民;另一方面,属于不同帮派的盗匪经常私下展开斗争,他们有时得到官方的默许,有时是因为官方也无力制止。虽然盗匪主要在乡村活动,但它的影响却无处不在,甚至影响了当时的整个社会。贵族们利用盗匪,而穷人们则和他们共同生活,或者说被迫和他们一起生活。贵族们通常在巴塞罗那都有住所,如果在某些街上既有尼埃派贵族的宅子又有卡德尔派贵族的府邸,情况就会变得更加复杂。

1626年宫廷议会

虽然巴塞罗那社会充满了暴力,但人们也充分意识到他们所拥有的权利。在《习俗法》中有一条赋予加泰罗尼亚人权利的法规在那个时期起到了关键作用。《习俗法》的第68条是大家所熟知的"保卫国王法则",这条法规是这样开始的:

> 国王不管出于任何原因被围困,或要进攻他的敌人,或某位国王或亲王即将到来时,都有必要受到保护。

从理论上讲,这条法规要求当君主受到侵犯的时候,加泰罗尼亚人必须去营救,但关键在于只有在保卫国家领土的战争爆发时此法规才生效。因此，我们可以推断出加泰罗尼亚人不是必须要去参加发生在加泰罗尼亚之外的战争。此外，他们也有权利一直保持武装状态，因为不知道什么时候敌人会发动袭击。"保卫国王法则"是每个加泰罗尼亚人都可以倒背如流、烂熟于心的一条法规。这条法规激怒了总督和国王本人，因为这让伊斯巴尼亚王国的权威受到了挑战。这意味着如果不是在非常特殊的环境中，不能强迫任何一个加泰罗尼亚人去参战。此外，如果连一个最不起眼的加泰罗尼亚人都有权利在腰上佩戴一两把燧石枪的话，真的很难强迫他们去参战。

1626年，宫廷议会在巴塞罗那召开。虽然议会是协调君王和巴塞罗那等级社会之间关系的机制，但它已经很少在加泰罗尼亚召开，这让贵族、教士阶层和资产阶级都倍感失望，因为他们失去了对话者，不仅如此，他们还认为总督所制定的法规以及他的统治方式在一天天地削减着大家的权利。宫廷议会已经有二十五年没在加泰罗尼亚召开，阿拉贡王国的费利佩三世或卡斯蒂利亚的费利佩四世，登基五年都不愿意屈尊来加泰罗尼亚宣誓就任国王。

来自社会各阶层的抱怨无穷无尽，人们的不满情绪也因出自马德里宫廷的政策被点燃。国王通过类似首相的官员来治理国家，当时担任这个职位的人是奥利瓦雷斯伯爵加斯帕尔·德·古兹曼，他是一位改革家，他已经深刻意识到支撑伊斯巴尼亚王国的国家框架开始出现了裂缝。当时，在大半个世界拥有领地的伊斯巴尼亚王国承受着巨大的压力，它不仅要面对强大的敌人，还要面对盘根错节的利益和宗教冲突。与奥利瓦雷斯同时代的弗朗西斯科·德·戈维多曾以极为讽刺的口吻描述了伊斯巴尼亚王国所遇到的经济问题：

> 它体面地出生于印度，
> 世界都伴它左右；
> 它死在西班牙，

葬在热那亚。
那个把它带在身边的人
虽然凶狠，
却是位美妙、
势力强大的绅士
他就是金钱先生。

　　大量从美洲（也就是诗中的印度）来的财富，主要是白银，都在卡斯蒂利亚被消耗殆尽。伊斯巴尼亚王国没有其他的办法，只能用看起来源源不断的贵金属去支付他们欠热那亚银行家和哈布斯堡巴瓦罗家族的债务。从美洲来的白银是伊斯巴尼亚王国赖以生存的财富，但它没有从中得到任何好处。很少有文学作品用如此现实的手法来描绘卡斯蒂利亚所存在的巨大的贫富差异。

　　然而，除了描绘这些存在于各个社会阶层之间的巨大差异，黄金时代的文学中还体现出那个时代的另外一个特点，这也是我们理解后来发生的一些影响巴塞罗那及加泰罗尼亚的历史事件之关键。"流浪汉"，这个词非常特别，人们用它定义了一种在那个时代流行于卡斯蒂利亚的文学体裁：流浪汉文学。这种文学主要讲述了那些靠行骗、做苦工或偶尔的小偷小摸为生的人是怎样艰难度日的。其实，这些人做上述事情就只是为了能有口饭吃。另一个经常出现在这类文学作品中的卡斯蒂利亚语词汇就是"发迹"，这个词是指通过依附权贵而获得一些机会来求生存、往上爬或不劳而获。

　　17世纪初的卡斯蒂利亚社会是病态的，在这个社会里充斥着穷困潦倒的小贵族，尽管他们处境艰难，但为了保持自己的骄傲，他们不出去工作；社会上还有很多人无所事事，靠耍小聪明、投机取巧为生；还有很多人去攀附统治阶层和大贵族来维持他们的社会地位和收入。卡斯蒂利亚社会各阶层都看到了当时社会的情况，所有人都只能眼睁睁地看着这偌大的帝国分崩离析,却什么都做不了。因此,在那个时代的一些大作家所创作的璀璨的文学作品中,或多或少都表现出对社会的批判,他们通过优秀的小说、戏剧和诗歌来反映社会现实。

相反,当时的高级官员中却很少做这么深入的社会分析,因为他们通常都是善于利用社会环境的既得利益者。不管怎样,伊斯巴尼亚王国的这种病态一直持续着,甚至连那些希望帝国能维持下去的人也不否认这个事实,奥利瓦雷斯伯爵就是其中之一。他很清楚,西班牙帝国会在不久的将来覆灭。

奥利瓦雷斯属于梅迪纳·西多尼亚家族一派,这个家族与莱尔马家族以及乌塞达的另一家族是对立关系。在17世纪的君主专制国家中,依附关系和派别的形成是政治运作的主要依托。从严格意义上讲,这种结盟既不是政党也不是相互对抗的家族,而是多少沾亲带故的集团以合作的方式相互保护,以免受同类集团侵犯的一种组织方式。哈布斯堡家族通常会利用这些相互冲突的利益关系达到对权力的制衡,以避免某个家族的势力过大。然而,费利佩四世却不是一个聪明人,从1622年开始,他便被奥利瓦雷斯所操控。在奥利瓦雷斯死后的五十年,人们发现了一份他于1625年写给国王的密报。虽然现在就这份密报的真实性及它是否出自奥利瓦雷斯之手还存在争议,但不管怎样,所有的历史学家都一致认为这份密报真实地反映了奥利瓦雷斯这位首相的想法。奥利瓦雷斯的密报如下:

> 对于陛下来说,现在最重要的事是要成为西班牙的国王:臣想说的是,陛下不能仅仅满足于成为葡萄牙、阿拉贡、巴伦西亚的国王和巴塞罗那伯爵,而是要暗自带着改变的决心,励精图治,仔细筹划,让这些构成伊斯巴尼亚王国的国家都和卡斯蒂利亚一样,让他们使用卡斯蒂利亚的法律。如果陛下能做到这一点,您将成为世界上最强大的君主。

奥利瓦雷斯并没有建议国王改革政治管理体制,也未建议他以不同的方式处理对外关系,而是将伊斯巴尼亚王国所遭受的诸多不幸归咎于卡斯蒂利亚之外的其他地区对自己法律的使用,因为这些法律往往比卡斯蒂利亚的法律更为自由和民主(当然,这里的"自由"和"民主"两个词所表达的含义和现在的意思还有一定区别)。他希望权力能够更为集中,希望其他的王国能更多地服从西班牙帝国,也希望西班牙帝国能加强对其他王国的控制。这个秘报中所体现的这种思想最终酿成了大祸。

奥利瓦雷斯新政的一个关键就是要构建整个国家的军事联盟。和同时代的其他君主专制国家一样,伊斯巴尼亚王国的开销主要集中在两个方面:一个方面是王国自身机构的运行,也就是骄奢放纵的生活和其他一切依附这种机制的活动所产生的开支;另一方面就是军队,特别是在战时。那个年代欧洲的君主都把战争当成家常便饭。军队是属于王朝的或和贵族紧密联系在一起。那时的"国是"与19世纪民族国家不同,它的制定只是为了捍卫环绕在王国周围的千头万绪的利益关系。这也说明人民对王朝所发动的大部分战争缺乏热情,这主要是因为当时还没有我们现在所说的"公众意见",但这个概念已经在慢慢形成。战争会消耗很多资源,如果进展顺利,获益的只会是参与战争的领主们。相反,如果仗打败了,资源则白白消耗。另外,有时虽然打了胜仗,庞大的军费开销也会让领主们入不敷出。

那个时候,伊斯巴尼亚王国的战争进展并不顺利。"三十年战争"刚刚开始,尽管和法国之间的冲突还没有爆发,叛乱及边境地区的问题一直困扰着西班牙。在弗拉芒地区,战争的氛围令人生畏,因为在这里正在酝酿着一场最终被称为"八十年战争"的持久冲突。西班牙军队主要由卡斯蒂利亚及意大利士兵组成,还有少数的日耳曼士兵。在步兵团里也有加泰罗尼亚和葡萄牙的士兵,但他们并不是被政府招募的,而是加入了服从私人决定的雇佣军。当然,我们不要忘了,那个时代的军队几乎都由雇佣军组成。假如一场战争在现今德国的土地上展开,一个军团几次改变阵营是很常见的事,这主要看谁付的钱多,或者是看谁愿意付钱。对于伊斯巴尼亚王国来说,维持这样的军队是相当麻烦的,而在阿拉贡王国,那里的人还使用自己的法律,他们可以不配合对其毫无益处的西班牙帝国的政策。奥利瓦雷斯认为最好的方法,就是强制阿拉贡王国下属各邦国及构成西班牙帝国的其他王国每年都提供一定数量的士兵,去参加西班牙帝国的战争。

1625年,费利佩四世在奥利瓦雷斯的陪同下,屈尊出访阿拉贡王国,他此行的目的是要让议会通过军事联盟的提案,并获取大量财政支持,以维持帝国的开销。虽然他们的提案在萨拉戈萨和巴伦西亚都遭到拒绝,但费利佩四世认为巴塞罗那是起着决定性作用的飞地,如果能让加泰罗尼亚议会屈服,其他地方就不攻自破。

不理会百人市政会和加泰罗尼亚政府洪水般抗议信的暗示,费利佩四世的宫廷依然决定在莱里达召开议会,这是一个让巴塞罗那人感到不舒服的地方,而且这么做也不符规矩。巴塞罗那的委员们提醒莱里达还有债务尚未还清,如果莱里达人坚持让议会在那里召开的话,巴塞罗那将要求它偿还债务。最终,奥利瓦雷斯让步了。巴塞罗那人热情高涨,纷纷走上街头庆祝,还在主座教堂做感恩弥撒,感谢圣母玛利亚和圣艾乌拉利娅的帮助让国王改变了主意。人们甚至还决定全城鸣炮来表达他们对重新在巴塞罗那召开议会的欣喜之情。然而,可能这并不是一件值得如此庆祝的事情。

议会最终在巴塞罗那召开,但议会的召开方式却激怒了费利佩四世宫廷的大臣们。虽然会议也按我们现在所说的"议程"进行,但当哪位来自三大议员团任何一个阶层的议员对某项决定持反对意见时,他就会站起来,向大家说明情况。如果其他来自同一议员团的议员都支持他,就应立刻通知另外两个议员团的议员,如果他们都达成一致,决定就不能执行,直到异议消除。

这一程序保证了各种细枝末节的问题都能在议会上得到处理,同时也迫使各方面达成广泛一致并通过各种操作来达成共识,而这往往是通过国王的让步来实现的,如果他希望讨论继续下去,就必须解决争议。在二十七年没有召开议会的情况下,不难想象大家的意见有多么针锋相对。此外,这种程序要求先解决争议,之后再听国王陈述他要处理的问题,其中就包括军事联盟和征收特殊税款的问题。

经过了一个月的僵持之后,奥利瓦雷斯已经失去了耐心,他想结束争执。国王发表了一个令人惊讶的讲话,他通知议会成员,议会应该在一个星期之内结束,原因是经过了这么长时间的谈判,一切都毫无进展,他的身体快要撑不住了。所有人都变得非常紧张:三大议员团的议员们感到很紧张,因为如果议会突然终止,很多政府法规和决定将被搁置,而要解决这些问题可能要再等上几十年的时间;国王和奥利瓦雷斯也很紧张,因为他们既没有在军事联合上达成目标,也没有得到他们想要的税收。

这种拉锯战又持续了一个多星期,但最终大家也没能达成一致。奥利瓦雷斯方面用尽一切手段:威逼利诱、收买人心、苦苦哀求、撤换官员,等等,但一切都是徒劳。加泰罗尼亚人坚持认为,如果不能平静地解决所有争议,就不能进入到军事联盟的问题。此外,加泰罗尼亚人非常清楚,国王的要求没有任何意义,因为加泰罗尼亚已经没有那么多年轻人,无法保证每年输送16 000人去参战,他们也不可能向国王交纳他想要的税款。他们是无论如何也不会同意的。

国王两手空空地离开了加泰罗尼亚。回到卡斯蒂利亚后,奥利瓦雷斯宣称已经找到了解决问题的办法,并称阿拉贡和巴伦西亚已经交纳了税款,只有加泰罗尼亚没有。卡斯蒂利亚的精英阶层开始把加泰罗尼亚当成敌人，把加泰罗尼亚人当成不愿意为伊斯巴尼亚王国付出努力的吝啬鬼。因此，几年之后，当加泰罗尼亚起义开始时，戈维多写了《明知不可为而为之的巴塞罗那叛乱》，这是一本征讨1640年起义的小册子：

> 加泰罗尼亚人是导致军事联盟政策流产的罪魁祸首。他们对国王任意妄为，"巴塞罗那伯爵"不只是一个头衔那么简单，而是赤裸裸的言语挑衅。他们把加泰罗尼亚公国的亲王当成赖以生存的身体和灵魂；就像亲王违背常理以其贪欲和恶习为乐一样，加泰罗尼亚人也驳斥了国王的合理要求。①

戈维多在监狱里写下了这段话，那时他已年迈且病痛缠身，早就失去了奥利瓦雷斯的友谊和国王的支持。很可能戈维多本人不这样认为，但他这么写是为了重新博得当权者的好感，因为他认为这些话反映了国王和首相的心声。

1626年议会的终止意味着加泰罗尼亚（以及巴塞罗那）和伊斯巴尼亚王国关系的恶化。1627年，伊斯巴尼亚王国与加泰罗尼亚之间的关系破裂。1632年，议会重新召开，这次议会是由国王的兄弟代国王主持的。结果，依然一无所获，议会再次被终止，一切问题都悬而未决。1640年，在蒙特布兰科，首相曾试图关闭没有结束的议会，但加泰罗尼亚战争的爆发使得这一尝试落空。

加泰罗尼亚战争

瘟疫惩罚了加泰罗尼亚。1629年，疫情来势汹汹，至少持续到

---

① 这段话讲的是当时加泰罗尼亚政府主席保·克拉里斯提出要让法王路易十三成为巴塞罗那伯爵，也就是加泰罗尼亚公国的亲王。——译注

1631年。同时,加泰罗尼亚还爆发了一场干旱,这导致1630年至1631年巴塞罗那的小麦产量急剧减少,售价涨到天文价格,这让普通平民陷入了饥荒。在加泰罗尼亚经受这些灾难之时,伊斯巴尼亚王国禁止加泰罗尼亚与法国和意大利进行贸易,这令巴塞罗那非常恼火,因为它是这一禁令的主要受害者。1635年,西班牙与法国之间的战争爆发,或者就像当时人们所说,这是一场在天主教国王和最虔诚的基督信仰国王之间爆发的战争,但战争其实与他们共同的宗教信仰毫无关系。

虽然当时西班牙已经被卷入欧洲的"三十年战争",但它并没有直接参与。西班牙主要以输送资金和雇佣兵的方式与天主教强国并肩作战。法国感到身处西班牙领地的包围之中,因此,当新教徒和天主教徒之间的战争爆发时,它选择支持新教徒,也就是支持瑞典等国,因为他们的主要敌人是奥地利及西班牙的哈布斯堡王朝。然而,瑞典大败,法国本土的新教徒也被消灭,法国人不得不加入战争。他们的兴趣主要集中在北部地区,也就是弗拉芒和弗朗什-孔泰伯国等地,但法国人在那里遇到了西班牙军队的顽强抵抗。

相反,南部的形势对法国更加有利,他们既可以袭击战略飞地,也可以在必要时撤退。南部有两个可以展开进攻的理想之地:在大西洋一侧,有比达索阿河的入海口,从这里可以相对容易地对洪达日比亚堡垒发动进攻。洪达日比亚是比斯开领地的一部分,比斯开是卡斯蒂利亚的盟友;在地中海一侧,有鲁西永的萨尔斯城堡,但这个城堡在一个世纪前被进行了现代化的改造,要想攻破它很难。这座城堡由卡斯蒂利亚和意大利军队守护,还有一点更为重要,萨尔斯城堡是这个区域主要防御系统中最重要的一个堡垒。

萨尔斯和洪达日比亚是位于西班牙与法国边境的两个主要要塞,但两者之间有很大的区别。洪达日比亚可以打开通向伊斯巴尼亚王国中心卡斯蒂利亚的通道,而萨尔斯则保护着加泰罗尼亚公国的北部,很难被攻破;攻破萨尔斯城堡之后,必须要穿过阿拉贡,才能达到卡斯蒂利亚。此时的卡斯蒂利亚王国就是伊斯巴尼亚王国的核心,从这个角度来讲,洪达日比亚是最后一个堡垒,而萨尔斯是一系列阻止通往卡斯蒂利亚防御工事中的第一个。因此,洪达日比亚堡垒更为重要。

1639年,西班牙人还在等着法国人像一年前那样袭击洪达日比亚,但是法国人学聪明了,他们直接攻占了萨尔斯堡垒。加泰罗尼亚总督圣科洛马伯爵达尔马乌·德·盖拉尔特处境艰难。由于他能调度支配的卡斯蒂利亚军队很少,他援引了《习俗法》中的"保卫国王法则",征用加泰罗尼亚年轻人去收复萨尔斯。他这么做是有道理的,这是一场防御性的战争,虽然加泰罗尼亚人民响应了他的号召,但极不情愿。这并不是因为他们不愿意去参加战争,而是因为在加泰罗尼亚,人们感觉西班牙士兵和法国士兵一样,都是敌人。这不是民族主义的问题,而是现实的反映。

从1626年起,卡斯蒂利亚在加泰罗尼亚公国的驻军人数就不断增加。当时没有军营,士兵住在民房里,而且普通居民必须养活他们。但是卡斯蒂利亚人与加泰罗尼亚人在习俗和法律的使用上有很大的区别。部队表现得好像并不是在盟友的领土,而是在被占领的土地上。双方的冲突不断增加,程度也越来越严重。农民本来就没有多少粮食,家里又被洗劫一空,孩子和老人受到虐待,女人遭到欺凌。在一些城镇,甚至连教堂也被洗劫一空。卡斯蒂利亚和那不勒斯的士兵不仅砍掉了橄榄树和果树当柴火烧,还将农民当奴隶使唤。1640年5月初,那不勒斯军队毁掉了安普尔丹的留达雷内斯,杀死了当地很多居民,并烧毁了教堂。西班牙军官不但不惩罚行凶的士兵,反而颠倒黑白,指责当地居民是罪魁祸首。这样的事件点燃了人们的情绪。

此外，在收复萨尔斯堡垒时，加泰罗尼亚士兵伤亡惨重，部队也受到流行病的严重影响。许多年轻人以近乎自杀的方式投入到战斗中，在收复萨尔斯堡垒前，加泰罗尼亚士兵死伤无数，血流成河。加泰罗尼亚公国的许多家庭都因此受到影响，但当军团的西班牙官员说加泰罗尼亚人是懦夫并将所有功劳都归于自己时，加泰罗尼亚政府感到义愤填膺。

那时，加泰罗尼亚统治阶级处于一种两难的境地。几十年间，加泰罗尼亚公国与伊斯巴尼亚王国的关系急剧恶化。这么多年来，国王的缺席已经让加泰罗尼亚形成了一个极为强硬的领导阶层，而这个阶层主要由未移居马德里的中小贵族和一个更为广泛的团体构成，这个团体有今天我们所说的自由职业者、律师、医生、商人，等等。这些人通常都有亲戚关系，他们掌握着加泰罗尼亚公国的实权，一些关键的职位也在他们中间传承，但如今他们走进了一个死胡同。

正如在加泰罗尼亚历史上多次发生的那样，虽然领导阶层坚信马德里宫廷的高层统治者会维持对加泰罗尼亚公国不利的政策，但表现得极为保守，因为加泰罗尼亚政府、百人市政会及加泰罗尼亚各个城市政府（类似于现在的市政厅）的很多成员都依赖他们通过权力获得的关系生存。如果他们表现出强烈的批判态度或者极为坚定的改革决心，就会有失去既得利益的危险。但时局多变，民众早就对权力的滥用深恶痛绝，不管怎样，他们随时都可能失去一切。

加泰罗尼亚政府主席保·克拉里斯

瘟疫、饥饿、当局的残暴统治、战争、军队的骄奢横溢……这是一个像鸡尾酒一样的炸弹，每层物质都可能将其引爆。然而，触发爆炸的原因通常并不是单一的。

1638年,加泰罗尼亚政府的三名议员通过抽签的方式产生。乌尔赫尔主座教堂的受俸神父保·克拉里斯被选为教会阶层的议员,同时,按照惯例,他也被任命为加泰罗尼亚政府主席。克拉里斯的自身条件出众且聪慧过人,毫无疑问,他是这个职位的最佳人选,而好的运气最终让他成为被选中的人。那年,抽签的口袋就像霍格沃茨的魔法帽一样,另外两位优秀的候选人也都当选。皇家议员落到了来自加泰罗尼亚的约瑟普·米盖尔·金塔纳身上。这个人的管理和组织能力极强,在随后马上要爆发的战争中,他将扮演决定性的角色。在抽取军事议员的人选时,被从口袋里取出的是弗兰塞斯克·德·塔玛利特的名字,他是巴塞罗那人,也是百人市政会的前成员。塔玛利特是一位勇敢的军人,精力充沛,是天生的领袖。他因在中央政府和总督圣科洛马伯爵面前表现得坚毅不屈而深受民众爱戴。1639年,就是他率领加泰罗尼亚军队收复了萨尔斯,他的表现起到了决定性的作用。在1640年的三圣节那天,萨尔斯堡垒沦陷,塔玛利特也于同月返回巴塞罗那。他到达巴塞罗那的场面非常壮观,街上举行了盛大的庆祝活动,人们为塔玛利特的军事领导才能欢呼喝彩。然而,塔玛利特从萨尔斯回到巴塞罗那时却怒气冲冲,因为他被卡斯蒂利亚军官卑鄙的行径激怒了。他与圣科洛马伯爵会面时得知不仅马德里宫廷的官员将加泰罗尼亚士兵称为懦夫,卡斯蒂利亚军队还将胜利的功劳据为己有,他当即与总督争执起来。

　　那个冬天已经非常艰苦,而西班牙军队的表现更是让人心寒。加泰罗尼亚就像一口沸腾的大锅,而巴塞罗那又给它添了一把柴。当总督宣布巴塞罗那的民众很快将要接待军队时,紧张局势进一步升级。到处都冲突不断,不是士兵杀了平民,就是百姓杀了士兵……虽然还没有爆发有组织的运动,但加泰罗尼亚的统治阶级已经变得躁动不安,内部也开始分化。有些人赞成发动起义以结束混乱,另一些人则希望安抚民心以防止冲突升级。3月18日下午,圣科洛马总督命令当时最令人憎恨的人物之一——皇家警察霍安·米盖尔·德·门德雷顿——逮捕军事议员弗兰塞斯克·德·塔玛利特和两名百人市政会的成员,理由是他们公开拒绝在巴塞罗那接待10 000名士兵。百人市政会和加泰罗尼亚政府立即抗议,因为根据加泰罗尼亚的法律,总督是不能逮捕议员和其他领导人的。总督打算将他们囚禁于佩皮尼昂并在那里对他们进行审判,但形势变得非常紧张,他甚至都不敢将他们从王室监狱中转移走。他本计划在局势稳定后再这么做,但最终也没能如愿。

在加泰罗尼亚公国内部,正规军队在与农民的战斗中已处于弱势,农民们组织起了武装民防队。军队开始撤回到巴塞罗那,沿途士兵们毁坏了许多房屋和村庄。5月21日,大约1200名士兵在贝索斯河旁边扎营,就在当天晚上,农民民防队袭击了军营,很多士兵被杀。士兵们惊慌失措,自乱阵脚,他们弹药用尽,疲惫不堪,仓皇逃往皇家船只停靠的码头。有些人最终得以逃脱,但其中很大一部分人都被武装民防队捕获并杀死。

面对这种情况,总督命令一支部队出去营救,但民防队将这支军队打得四处逃散,随后他们带着一个很显眼的被钉在十字架上的耶稣像进了巴塞罗那城。当民防队抵达监狱后,他们杀了警卫,救出了军事议员和百人市政会的成员。圣科洛马总督、所有法官及大部分皇家官员都逃到皇家造船厂避难,并在那里抵抗民防队的进攻。与此同时,议员和百人市政会的理事们巡视了整座城市,对农民进行安抚。最终,农民们冷静下来,撤离了巴塞罗那。

另一方面,总督则设法重组他在加泰罗尼亚所剩的部队。他召集了大约5 000步兵和500骑兵,在几艘运输船的帮助下,从海岸登陆并向罗萨斯开进,准备展开一场残酷的报复行动。

加泰罗尼亚并没有正式进入战争状态。加泰罗尼亚政府依然尊重总督的权力,但事态的发展却不受他们控制,没有人能不正视这个事实。当巴塞罗那受袭的消息传到宫廷时,奥利瓦雷斯伯爵开始调兵准备镇压,他认为这已称得上是暴动了。与此同时,加泰罗尼亚政府主席保·克拉里斯派大使前往法国与红衣主教利切利埃乌会面,期待达成保护加泰罗尼亚的协议。双方都开始备战。奥利瓦雷斯组织了一支 30 000 人的军队,这在当时已经是一支非常庞大的队伍了。他确信,对于他的军队而言,这将只是一次简单的行军而已,因为所有的据点都掌握在西班牙士兵手中,而加泰罗尼亚人却连训练有素的炮兵或骑兵都没有。这也是保·克拉里斯为什么向法国人请求武器和军队方面援助的原因。但不管怎样,战争此时仍然没有开始。

收割者战争

6 月 7 日是巴塞罗那的圣体节。城里除了要举行宗教庆典,还会有数百名受雇的散工会在城里聚集,他们之后要去加泰罗尼亚各地收割谷物,这已经成为一种传统。当时,城里的气氛非常紧张。大约有 500 名收割者和季节性工人涌入巴塞罗那,他们没有受到任何阻拦。为了不激起农民的愤怒,无论是总督还是百人市政会的理事,都决定大开城门,但他们却没有阻止西班牙军队在城里展开行动,这是一个极大的错误。一群卡斯蒂利亚士兵和几名收割者在安普勒大街上起了冲突,其中一名收割者受了伤(其他消息来源声称,这名收割者被杀),这成为点燃民众愤怒情绪的火苗。

这个消息立即被传开,涌入巴塞罗那的收割者和市民袭击了卡斯蒂利亚士兵,造成了大量的人员伤亡。圣科洛马伯爵和他的追随者再次逃到皇家造船厂避难,但这次起义者并未能攻入造船厂。圣科洛马伯爵和其中一些人成功逃离，他们朝蒙特惠奇山跑去。当时，山顶还没有现在的城堡，但已经有了一些防御工事，他们可以在那里避难。最终，起义者还是追上了逃亡的人，并将所有人杀死。加泰罗尼亚人已经杀了总督，他们没有回头路了。即使皇室赦免了他们，起义也不会结束，流血冲突将无法避免。如果说到上一刻为止，爆发的还只是一场起义，现在，起义已经演变成一场革命。在得知马德里正在调配一支庞大的军队来镇压的情况下，加泰罗尼亚人还杀死了总督，如果不抗争到底，这么做就太不值得的了。大多数加泰罗尼亚统治阶级都受到了惊吓，事态的发展完全脱离了轨道，火焰已被点燃，而这场大火足以烧死所有人。

加泰罗尼亚人开始在保·克拉里斯的领导下组织起来。但在这之前，加泰罗尼亚的统治阶层设下了一个计谋，但结果并不理想：大部分百人市政会的成员们仍保有与伊斯巴尼亚王国找到圆满解决问题方法的希望。解决的办法就是让奥利瓦雷斯伯爵下台，让他的敌人进入国王费利佩四世的亲信圈子，这个人必须是反对奥利瓦雷斯的。因为百人市政会的理事们知道，许多参与中央政权的家族都想让奥利瓦雷斯离开那个显赫的位置，因为他的政策除了在国内外制造敌人之外，别无他用。虽然这很难做到，但加泰罗尼亚起义有可能成为奥利瓦雷斯政治生涯的终结，并会导致宫廷内部权力制衡的改变。这种改变将赢得费利佩四世的原谅，并能稳固加泰罗尼亚公国与伊斯巴尼亚王国之间的现有关系。

但如果这还不够，是不是应该选择另一条路？或者采用更为大胆而彻底的解决方案呢？或者甚至要更进一步，去接近另一个欧洲大国（如法国），这能改善加泰罗尼亚统治阶级的现状吗？这正是保·克拉里斯和塔玛利特支持的方案，他们也不能放弃这个方案。然而，如果这样做，会带来不同的问题。在过去的十年中，加泰罗尼亚人一直与法国人作战,他们深知法国人的恶行一点都不亚于西班牙人。但不管这样做正确与否,他们认为,被称为最虔诚的基督信仰国王的法国国王,能够善待帮助他改朝换代并削弱其敌人费利佩四世力量的臣子。

实际上,这两个方案都是以让奥利瓦雷斯伯爵垮台、另一个家族上位为目标,不管是要统一整个伊斯巴尼亚王国的法律,还是要接近法国,这个上位的家族都不能以牺牲加泰罗尼亚的法律法规为代价。

1640年6月至7月间,加泰罗尼亚统治机构和伊斯巴尼亚王国政府机构交换了文书,加泰罗尼亚要求中央政府撤军,中央政府要求加泰罗尼亚恢复公共秩序。加泰罗尼亚政府让这些文书中的一部分在民众间流传,目的是为了获得民众的支持,让自己的论证更为有利。在这些外交活动紧锣密鼓推进的同时,印刷品也在疯狂出版,以非常中立的方式解释事态进程的宣传册在街上随处可见。尽管那时文盲率很高,仍有一大部分男性和相当数量的女性(虽然是少数)可以读书、写字。当时,一张传单的成本并不高,因为从很多年前开始巴塞罗那就已经有了自己的出版业。

保·克拉里斯决定找人撰写一篇文章,在文章里要巧妙地表明加泰罗尼亚人的理由。他把这项工作委托给了加斯帕尔·萨拉,此人是一位圣奥古斯丁教派的修士,文笔出众,一年前曾为加泰罗尼亚政府撰写过题为《令人赞颂的加泰罗尼亚英烈纪念日——英烈们因其丰功伟绩而永生》的官方发言。这个题目具有典型的巴洛克风格,而文章中的措辞更是证明了这一点。虽然今天这篇文章读起来有些拗口,但在当时,文章中的下列观点却让议员们十分高兴:据《圣经》记载,最初皈依基督信仰的人是那些将耶稣钉在十字架上的罗马士兵,而这些士兵是在塔拉科行省应征入伍的,因此,除了耶稣的门徒,这些士兵是历史上的第一批基督徒,这是板上钉钉的事实,而且再清楚不过的是,他们是加泰罗尼亚人,从这一点便可以推断出加泰罗尼亚是被上帝选中的地方。这个论证在今天看来有些可笑,但在那个时代却有它的作用。事实上,西班牙方面的使者在教宗面前也使用的是同样的事实,但得出了截然相反的结论:杀害了耶稣基督的人是加泰罗尼亚人,这刚好证明了加泰罗尼亚人邪恶的本性。不管这种观点有多么荒唐,这篇文章取悦了当时加泰罗尼亚的议员和政治家们。因此,在那个阴云密布的夏天,百人市政会又委托加斯帕尔·萨拉给费利佩国王写了一封信。

九月,一份名为《献给至高无上、仁慈的西班牙国王、印度(美洲)皇帝陛下费利佩大帝的天主教宣言》的小册子付梓。这是一篇暗藏玄机的文章。文中称加泰罗尼亚人热爱他们的国王,他们希望国王记得加泰罗尼亚悠久的历史、人文及地理风貌、加泰罗尼亚人的美德及对王国的忠诚,而这种忠诚正在经受着奥利瓦雷斯伯爵各种手段的残酷考验。因此,完满的局面是否能在加泰罗尼亚及整个伊斯巴尼亚王国重建,完全取决于国王。要实现这一点,只要强迫奥利瓦雷斯伯爵放弃他所实施的政策即可。在这个小册子里,作者还机智地提到了另一个细节:加泰罗尼亚是由路易十三的祖先查理曼建立的,因此法国有理由认为加泰罗尼亚是属于法国的领土。同时,作者还指出,任何一位想对加泰罗尼亚行使主权的君主都必须要以和人民签订的协议为基础,而根据协议,国王要遵守加泰罗尼亚的法律法规。如果国王做不到的话,加泰罗尼亚人民将不履行跟国王的约定,不接受他的统治,转而选择自己认为最为合适的统治方式。当然,这份《天主教宣言》中若干言论会让西班牙君主气恼,但这些内容却对法国国王颇具吸引力。

这份辞藻华丽的小册子在字里行间提醒费利佩国王,如果他不让步、不打发走奥利瓦雷斯并停止进攻加泰罗尼亚的领地,加泰罗尼亚政府将脱离伊斯巴尼亚王国,之后他们可能会选择归属法国。为了让这些信息能够明确地传递,百人市政会付出了巨大的努力,他们让巴塞罗那的印刷厂开足马力。一般而言,一本书会印 1 000 多册,而这个小册子印了 8 000 册。在那个年代,只有《圣经》的印刷数量超过这个数字。小册子还被翻译成法语、荷兰语和意大利语,但没有印制加泰罗尼亚语的版本,因为它主要是用于对外宣传。它的目的是说服欧洲强国,让他们认为加泰罗尼亚人的论证是合理的。这个想法是好的,但事态的发展让人措手不及,这让所有投入到宣传上的努力付诸东流。

西班牙军队的进入

1640 年秋,西班牙军队从加泰罗尼亚南部进入。利用托尔托萨仍然在西班牙军队手中的优势,一支实力雄厚、人数众多的西班牙军队向巴塞罗那挺进,这支部队由 23 000 名步兵、3 000 名骑兵和 24 门大炮构成。率领这支军队的是经验丰富的军官罗斯贝雷斯侯爵佩德罗·法哈多·德·苏尼加·雷克塞恩斯。虽然不是所有的军人都是老兵,但部分士兵拥有实战经验。这支军队中除了有卡斯蒂利亚士兵之外,还有由爱尔兰人、瓦隆人、意大利人和葡萄牙人构成的雇佣军。罗斯贝雷斯侯爵的计划很简单:沿着原来的奥古斯都大道前往巴塞罗那,击溃他们所认为的较弱的抵抗力量。与此同时,由于加泰罗尼亚的军队缺乏经验、状态不够稳定,加泰罗尼亚政府与法国达成协议,法国将作为他们的盟友参加即将开始的战争。

卡斯蒂利亚部队一路北上,行为粗暴。起初,因为法国人尚未到达,加泰罗尼亚人只能孤军奋战,但他们进行了比卡斯蒂利亚人的预想更为激烈的抵抗。西班牙军队则以在沿路血洗烧杀作为回应。最惨烈的例子是坎布里尔斯,在一次英勇的抵抗之后,600 名加泰罗尼亚人同意投降。当他们被解除武装之后,西班牙军队将他们全部杀死。西班牙军队绞死了政府官员,奸淫妇女并烧毁了房屋。他们对加泰罗尼亚人施以酷刑,当成叛徒处死,但并没有对法国人这么做,因为他们认为法国人本来就是敌人。不管怎样,这次军事远征对于西班牙军队来说并不是一次简单的行军。卡斯蒂利亚部队的焦土政策激怒了加泰罗尼亚人,他们奋力抵抗。加泰罗尼亚人给井水投毒,民防军杀死了投降的卡斯蒂利亚士兵;加泰罗尼亚人还烧毁田地,宰杀牲畜,让西班牙士兵在房子里找不到任何食物。

当法国援军一到,加泰罗尼亚政府就决定正面回击马尔托雷尔的敌人——马尔托雷尔是进入巴塞罗那的战略要地,历史上无数的战争和冲突都发生于此。马尔托雷尔坐落在略夫雷加特河的一个峡谷中,位于蒙塞拉特山的山坡之上,是一个拥有良好自然防御条件的地方。为了防守,法国和加泰罗尼亚的联军在这里部署了他们最精良的军队,大约有 8 000 人。而罗斯贝雷斯侯爵认为本方大军已经离他的目标巴塞罗那近在咫尺,不想停下前进的步伐。虽然罗斯贝雷斯的部队损失惨重,但最终还是击溃了法加联军。

一个疯子是如何赢得一场战役的,以及战争中的其他偶然因素

当时的情况令人绝望。加泰罗尼亚政府和百人市政会郑重宣布加泰罗尼亚不再是伊斯巴尼亚王国的一部分,而成为一个独立的共和国。但如果加泰罗尼亚想要法国这个唯一可以真正帮助它的国家更多地参与战争,就必须给法国一定的回报。加泰罗尼亚政府决定归属于法国,但法国人必须尊重加泰罗尼亚人的权利和法规,并保证加泰罗尼亚公国的公职完全掌握在加泰罗尼亚人手中。当加泰罗尼亚接

受了法国的统治之后,法国的路易十三就成为加泰罗尼亚的路易斯一世。在那个关键时刻,哪个王朝统治不重要,最为紧迫的问题是不能失去国家。那时,有30 000西班牙军队正在向巴塞罗那挺进,而加泰罗尼亚人和法国人的军队加起来一共才6 000多人。加泰罗尼亚人的目标是用抵抗来拖延时间,以等待更多法国军队的到来。而法国军队终于在几天后到达。西班牙军队的目标自然是尽快占领巴塞罗那,并在法国人到来之前巩固他们对那里的统治。因此,罗斯贝雷斯侯爵计划对守卫这座城市的两个防御工事进行快速正面进攻,这两大防御工事分别是:防守能力相对较弱的蒙特惠奇山,以及巴塞罗那的城墙。快攻能消灭加泰罗尼亚人的抵抗力量,虽然加泰罗尼亚人在抵抗中表现出了勇气,但同时也体现出他们缺乏实战经验。

罗斯贝雷斯侯爵的计划是有道理的,但他没有想到有两个因素彻底改变了一切。其中一个因素就是法国军队的干预,虽然他们的干预有限,却起到了决定性的作用。为数不多的几位法国军官有着丰富的作战经验,非常专业;法国派出的骑兵分队虽人数不多,但训练有素,战斗力很强。除了法国军队的支援外,加泰罗尼亚人的态度也起到了至关重要的作用。尽管加泰罗尼亚士兵整体上缺乏经验,但参加过其他战斗的志愿者们已经在巴塞罗那集结。巴塞罗那人战斗的决心异常坚定:要么赢得胜利,要么一无所有。几个月来,他们储备了大量弹药,虽然他们拥有的大炮数量不多,但如果考虑到当时大炮的质量,就可以看出大炮的数量并不是取得战争胜利的决定因素。巴塞罗那的守军很有先见之明,他们挖了一条战壕,将巴塞罗那与蒙特惠奇山的防御系统连接起来。通过这条战壕,两支防守的军队可以很方便地互相支援。

1641年1月26日上午,西班牙人对蒙特惠奇山和圣安东尼门同时发动了进攻。首先,他们向城墙开炮,与此同时,为了打守军个措手不及,两支西班牙小分队悄悄上山。山上的防御工事其实就是一条规模不大的战壕,几面形状不太规则的土墙和几个被草草加固过的墙角。西班牙军队到达后便对那里的守军发动了突袭,守军被打得四处逃窜。随后,来自冶金工人行会的志愿者们迎战西班牙军队,他们向袭击者开枪。志愿者们运气很好,打死了两名西班牙军官和很多士兵。为了对抗防御力量,西班牙人又派出了另外两支小分队,迫使志愿者撤退到防御工事内部。幸运女神再次站在了志愿者这边,他们一边撤退,一边开枪,出乎意料地打死了另外两名西班牙指挥官。然而,西班牙军队最终还是成功包围了防御工事,并发起了进攻。法国指挥官阿乌比格尼命人秘密地将几门大炮从巴塞罗那城墙运到蒙特惠奇山。这几门大炮从山上向敌人开火,再次阻止了敌人的进攻。

对于西班牙人而言,攻打巴塞罗那进行得并不顺利。罗斯贝雷斯将军的儿子圣豪尔赫公爵带领一支人数众多的骑兵前去阻断防御工事和巴塞罗那之间的联系。虽然明知双方实力悬殊,不可能击溃西班牙军队,一小队法国骑兵和一些加泰罗尼亚人依然出城迎战。圣豪尔赫公爵要求加大进攻力度,在没有接到命令的情况下,他调配 800 名骑兵来对付法加联军。加泰罗尼亚人撤退到防御阵线内,而法国的骑兵主力却出巴塞罗那城迎战西班牙人。圣豪尔赫公爵被包围了,但他手下的士兵数量更多,他决定全力一搏,从加泰罗尼亚防线撕开一个裂口。加泰罗尼亚人唯一能做的就是开枪,他们不仅射杀了骑兵,还当着罗斯贝雷斯侯爵的面杀死了他的儿子圣豪尔赫公爵,这让罗斯贝雷斯侯爵震惊不已。那一刻,罗斯贝雷斯将军崩溃了。

蒙特惠奇山方面,西班牙人继续进攻,加泰罗尼亚人也在一直抵抗,但由于弹药和水的储备马上将耗尽,这种对峙的局面不可能持续太久。加泰罗尼亚人决定派遣2 000名士兵从巴塞罗那出发前往蒙特惠奇山,同行的还有载着水、弹药和粮食的妇女。当看到巴塞罗那和蒙特惠奇山之间的联系并没有被切断时,西班牙人决定展开一次强有力的攻击,但幸运再次降临在巴塞罗那这边。在卡班耶斯长官的指挥下,一些志愿者离开了堡垒,藏进了山里。当西班牙出兵攻击时,志愿者开枪杀死了几名军官、侯爵的两个侄子和发动蒙特惠奇山进攻的指挥官的儿子。收到这个消息后,西班牙方面的将领们变得士气低落。那时是下午四点,对于西班牙一方而言,战事进展并不顺利,但优势依旧非常明显。然而,被力量更为薄弱的敌人战胜的感觉却让他们难以承受。

在一场枪战中,一位名叫霍恩·塔毕奥雷斯的巴塞罗那志愿者高呼"西班牙人逃跑了",其实这并不是真的。之后,一位名叫维尔赫斯的法国军官也跟着喊了一遍。四十名加泰罗尼亚志愿者手持刀剑,从战壕跳出,冲向西班牙军队的阵地。受到惊吓的西班牙进攻者转身撤离,大喊救命。这时,守卫蒙特惠奇山的加泰罗尼亚人和法国人冲出来追击西班牙军队。在短短几分钟的时间里,整个西班牙军队仓皇逃窜,而在后面紧追不舍的是要斩尽杀绝的法加联军。

蒙特惠奇山一战,加泰罗尼亚方取得了令人震惊的压倒性的胜利,这也让西班牙军队蒙受了前所未有的奇耻大辱。也许正是出于这个原因,1939年,西班牙内战即将结束时,法西斯军队放慢了向巴塞罗那迈进的步伐,这样做的目的是能在1月26日,也就是1641年这场惨败的纪念日当天进入巴塞罗那。这绝对不是巧合,因为后来西班牙军队的高级指挥官经常提到这一点。1641年,西班牙人的失败是惨烈的,这激起了他们强烈的复仇欲望,加泰罗尼亚政府主席保·克拉里斯便成了复仇的牺牲品。

保·克拉里斯中毒身亡

在蒙特惠奇山战役取得胜利的一个月后,保·克拉里斯就病倒了。一个星期以来,他全身肌肉疼痛难忍,身体感到极度疲倦,有时甚至四肢都动弹不得。他于2月27日痛苦地死去。据卡尔多纳公爵夫人(圣科洛马总督继任的遗孀,她在不久后也过世,是自然死亡)在写给罗斯贝雷斯侯爵的一封信中所言,保·克拉里斯在他生命的最后几个小时已经失去了说话的能力,不得不用手势来确认他的遗嘱有效。他身边的人随即怀疑保·克拉里斯是中毒身亡。几天前,他的秘书也出现了同样的症状,也已经去世。怎么可能有这样的巧合呢?

3月3日,也就是在克拉里斯过世四天之后,法国将军埃斯佩南男爵罗杰·德·博索斯特写信给他的同僚伯纳德·杜立石-贝桑松,也就是红衣主教黎塞留的侄子(黎塞留是法国人和加泰罗尼亚人之间达成初步协议的中间人),信中告知了保·克拉里斯的死讯,并指出一切迹象都表明克拉里斯是中毒而死。根据埃斯佩南男爵所描述的症状,保·克拉里斯的死亡很可能是由一种砷和草药的混合物引起的。这种透明、无色、无味的毒药常常被加入味道浓郁的食物(例如,巧克力或咖啡)。这种毒药有五到六滴就足以致命。此外,那时并没有办法检测一个人是否中了这种毒。这些证据让人很容易展开联想。克拉里斯的消失对他的敌人是非常有利的。此外,想在加泰罗尼亚政府内部安插一个内奸应该不算困难。以这样的方式消灭敌人在那个年代并不少见,当葡萄牙反叛西班牙时,卡斯蒂利亚人也是用同样的方法来对付葡萄牙的领袖们。

这里我们有必要提一下葡萄牙。1640年12月初,当葡萄牙人看到加泰罗尼亚的情况后,也决定开始反抗西班牙人的统治。当时,葡萄牙人也得到了法国的资助。那时,奥利瓦雷斯已经派军队去镇压加泰罗尼亚的起义,而他差一点就要让部队停下,半路返回,但他认为加泰罗尼亚起义会很容易被镇压下去,之后他就有时间转移部分军队去镇压葡萄牙的叛乱。然而,蒙特惠奇山战役的失败不得不让奥利瓦雷斯伯爵改变了计划。如果加泰罗尼亚的战争没有持续那么多年,葡萄牙可能要用更长的时间来脱离西班牙的统治,他们或许永远都不会实现这一目标。

战事不断被拉长,无休无止。西班牙人虽然遭受了很多挫折,却总能组建起新的军队开赴战场,而加泰罗尼亚人的力量则越来越薄弱。除此之外,他们落入了原来的盟友法国的控制,而法国这时成了加泰罗尼亚的新主人。法国人变得和卡斯蒂利亚人越来越像,当他们觉得对自己有利的时候,就会无视法律以及与加泰罗尼亚政府签订的协议。也就是说,他们甚至恶劣到了比卡斯蒂利亚人更令人发指的地步。

尽管如此,战争开始的时候,人们还是欣然接受现状,因为不管是统治阶级还是普通民众,都看到了一个能够积极改变加泰罗尼亚社会的机会,虽然这并不意味着每个人都对应该做出哪些改变持同样的观点。对于巴塞罗那的百人市政会而言,摆脱总督肆意专断的控制可以为这座城市提供更好的发展机会。而另一件非常重要且所有人意见一致的事情就是:取缔卡斯蒂利亚宗教裁判所这个荒唐、腐败且总是站在马德里一边的机构。然而,这并不意味着百人市政会或是上层阶级已经成为现今意义上的自由派。事实上,一旦摆脱了卡斯蒂利亚宗教裁判所的法官们,他们便重建了宗教裁判所,采用了较为温和的新法规,并委任了加泰罗尼亚自己的宗教裁判法官。虽然加泰罗尼亚教会也为革命提供了支持,但它并不是一定要进行体制改革并走向开放。加泰罗尼亚教会是欧洲唯一严格遵守特利腾大公会议所制定的规范的教会。这种"言听计从"使得加泰罗尼亚的教士们于战争的某些时刻在教宗面前享有话语权,而这让西班牙教会感到非常愤怒,他们认为这是一种背叛。

在下层阶级中,战争一开始也很受欢迎。圣克鲁斯医院有一扇大门朝向卡门大街,那扇门旁边的墙上一块石头刻有"奥利瓦雷斯滚蛋"的字样,这些文字应该是在圣血起义快要爆发的时候刻上去的。除此之外,农民、挑夫、工人以及没有权力的中产阶级都在战争中看到了扩大加泰罗尼亚法律赋予他们权利的机会。统治阶级的协约主义传统也植根于那些在加泰罗尼亚统治机构中几乎没有代表席位的阶层中,他们参加战争显然是为了将来能获得统治阶级更多的让步。

然而,凡是达到一定规模的战争都是令人痛苦的。毫无疑问,虽然法国人参战了,但遭受痛苦的还是加泰罗尼亚人,因为战争发生在他们的土地上。1642年,法国军队占领了加泰罗尼亚第二大城市佩皮尼昂,直到今天依然可以在这里看到法国人留下的痕迹。随着战争的推进,很多加泰罗尼亚人,具体地说,是一大部分巴塞罗那的领导阶层,全盘采纳了法国的政策。战争结束后,法国吞并了鲁西永和塞尔丹亚,那时,主要负责让这些地方臣服于法国并镇压爱国者反抗的人就是这些巴塞罗那人。当他们无法返回故乡时,就干脆让自己成为压迫者中的一员。加斯帕尔·萨拉本人也支持法国的政策,后来他成为圣库加特-德尔巴列斯修道院的院长,这是一个待遇优厚的职位,但后来他在为法国新政府工作时,死于佩皮尼昂。

苦难的一年

收割者战争结束于1652年,巴塞罗那又重新回到卡斯蒂利亚人手中。那时,巴塞罗那正处在其历史上最困难的时期之一。战争期间,这里的田地被毁,仅存的食物有限,很难分配。此外,1650年还发生了严重的干旱,这让情况变得更加复杂。长期的干旱导致严重缺水,小麦耕地流失,不能重新播种。为此,百人市政会(当时的巴塞罗那政府)全体成员都参加了祈雨游行。农民们则认为这一年是"大灾之年"。一点都不夸张地说,很多巴塞罗那人饿死在街头。一位名为乔纳·瓜尔迪亚的当地农民曾在账本上记录过:

> 我们所经历的饥饿是无法想象的。每磅面包要卖两个里阿尔,即便这样也买不到,因为面包都被囤积起来了。我们也不能到外面去卖小麦,这要冒很大的风险,因为一夸尔特拉①的小麦卖二十二磅的价格。无法想象,我们吃的主要是栎树果做的面包,其次是野草。所有人都食不果腹,脸上暗淡无光。

此外,权力的滥用以及法国军队的肆意妄为,使得很多外乡人都涌向巴塞罗那以寻求安身之处,这让饥荒变得更为严重。百人市政会因大量流落街头的人们而感到非常担心,圣克鲁斯医院也已人满为患。在这种情况下,1650年12月,瘟疫爆发,并整整持续了一年之久。巴塞罗那人糟糕的生存条件令死亡率迅速上升。虽然战争造成的大量人口迁移让我们很难统计巴塞罗那城里到底有多少人,但据估计,约有15%到25%的居民死于这场瘟疫。一位官员曾写到:

> 在很长的一段时间里,巴塞罗那城里有八到十辆车用来装载人们家里的尸体。有时候尸体被从窗户扔出,以便被堆放到车上,这些车被不同的送葬人引领。他们往往带着吉他、小鼓或其他乐器,想让乐声将这巨大的悲伤从人们的记忆中抹去,但这悲伤本身已足以使那不幸且看似微不足道的

---

① 旧时使用的谷物容积单位,大约相当于70升。——译注

生命终结。这些送葬人待在城市街道的各个角落,他们拦住运送尸体的车子,向居住在附近的人吆喝,问谁家里有要埋葬的死人。人们从一家抬出两具尸体,从另一家抬出四具,又从下一家抬出六具……这些尸体将车装满,然后被送去见耶稣。他们被埋在教堂附近的空地里。

送尸车及送葬的乐队都让人避之不及。

巴塞罗那本地人死在自己的家里,而过路人死在医院或街上。1633年,"慈善之家"在紧邻圣克鲁斯医院的地方建立起来。那里收留的人,所患的疾病主要是"贫穷",而这足以让人变得虚弱、衰竭。在瘟疫时期,巴塞罗那受到卡斯蒂利亚军队的围攻,时不时还会受到海上封锁,圣克鲁斯医院和慈善之家的死亡率飙升到正常时期的三倍。

虽然人们经历了诸多的不幸,但总要有消遣的时候。1651年1月,百人市政会下令逮捕一名学生。这名学生为了愚弄民众,制造恐慌,大喊自己感染了瘟疫,声称要自焚并已立好了遗嘱。此事震动了全城,人们叫来警察,迅速抓捕了这个学生。

然而,学生们的玩笑无法掩盖巴塞罗那所经历的痛苦。大多数的医生都逃走了,百人市政会不得不付给外面的医生很多钱,让他们来巴塞罗那工作。城里的很多修道士、神父和修女都不遗余力地救助病人,这也是为什么这个群体的死亡率如此之高的原因。当然,并不是所有的神职人员都能这么做,也有人曾就一些教区和修道院的自私行为提出申诉。那个时期的史书,要么是批评泛滥,要么就是为统治阶级对疫情的处理竭力辩护。通常,一个人拥有的金钱和特权越多,他能战胜瘟疫的机会就越大。富人可以更容易让自己远离危险,他们的身体更为强壮,他们的衣物和家庭环境的卫生状况要远远优于穷人,这都降低了他们被感染的机会,也让他们成为那些不幸的人所指责的对象。

战争给加泰罗尼亚社会带来了巨大的痛苦。《比利牛斯条约》的签订标志着战争正式结束，而这个条约也清楚地体现出谁是战争的胜者、谁又是败者。胜者是收回加泰罗尼亚的伊斯巴尼亚王国，以及吞并鲁西永、孔夫朗和塞尔丹亚大部分地区的法国。失败者则是加泰罗尼亚及其政府，他们受到了前所未有的压榨和最为严格的控制，几千人死亡，大面积的土地遭到破坏。

这场战争被人们称为收割者战争，但加泰罗尼亚的历史学家将其称为独立战争；相反，西班牙的历史学家则称其为收复战争。加泰罗尼亚在这次战争中的失败让费利佩四世开始审时度势。这场战争把奥利瓦雷斯推到了风口浪尖，他在国内外政策方面的接连失败让其陷入绝境。费利佩四世统治时期的伊斯巴尼亚王国已经开始走向衰落，虽然这令人难以置信，但这种衰落在接下来的几十年里却是一发而不可收。

战争也给西班牙统治阶层带来了痛苦。十年来，加泰罗尼亚脱离伊斯巴尼亚王国的独立运动会让卡斯蒂利亚人对加泰罗尼亚人产生一种不同以往的感觉，这和他们对西班牙帝国其他地区的感觉大不相同，虽然最终西班牙连这些地区都失去了。

在阿拉贡联合王国内部，阿拉贡地区正在经历一个非常紧凑且深入的被卡斯蒂利亚同化的过程。然而，其他地区的情况并非如此，这在某种程度上和加泰罗尼亚人的自负及不愿意被同化的态度有很大的关系。卡斯蒂利亚之所以能称霸世界，是因为它从不与顽于抵抗的人妥协，而加泰罗尼亚却从未在世界上扮演过如此重要的角色，尽管有一段时间它曾是地中海沿岸最重要的国家。因此，以卡斯蒂利亚人的思维方式是很难理解加泰罗尼亚人的，他们不明白为什么既然加泰罗尼亚没有强大到可以击败卡斯蒂利亚，却依然不愿意臣服于它，这太不切实际了。

虽然西班牙军队正式赢得了战争,但他们从一开始就很清楚,局势并不稳定。在针对巴塞罗那投降的谈判举行期间,阿拉贡事务委员会(一个处理阿拉贡王国事务、类似于"部"的机构,它理所当然被设在马德里并由卡斯蒂利亚贵族把持)指出了这唾手可得的胜利背后所存在的风险,这主要是因为他们不相信巴塞罗那人,认为巴塞罗那人总是表现得高人一等、自尊心极强,委员会断定这是所发生的一切不幸的根源。对加泰罗尼亚人要多加小心,在给予他们信任的同时,也不能忽视随时会出现的危险。

随着卡斯蒂利亚人的到来,在巴塞罗那被围困的最后一段时间,一种害怕会失去自己那些年所得财产的感觉在城里蔓延。因为由于瘟疫盛行,许多人将无人居住的房屋据为己有,也有人从法国人手里获得了房屋或财富。当卡斯蒂利亚人到来那一刻,那些最亲法的人也开始公开表示支持西班牙,而这一招非常奏效。但另一些人就没那么幸运,比如若梅·克拉瓦利亚,他是约瑟普·德·阿登(一位坚定的亲法军人)的秘书,人们发现,在巴塞罗那围城末期,他曾将约瑟普·德·阿登参会所得的信息秘传给西班牙人。最后,克拉瓦利亚被绞死,以此作为对间谍的警示。

饥饿、法国人的背叛及加泰罗尼亚人之间意见的分歧,促成了百人市政会最终提出协议投降,但费利佩四世的私生子、奥地利的胡安·何塞却不接受这种投降方式,他只接受无条件投降。当时,胡安·何塞已被他父亲任命为行政长官。最终,巴塞罗那无条件投降,胡安·何塞也给了它更为慷慨的回赠。虽然加泰罗尼亚的法律法规被保留下来,但它们的执行却受到了限制。从那时起,将由国王来决定哪些人可以通过抽签被选出,同时,以防万一,国王还保留了后期对选举的否决权。通过这样的控制,伊斯巴尼亚王国试图让加泰罗尼亚统治阶级听从马德里的指挥。此外,伊斯巴尼亚王国还计划在紧临巴塞罗那城的地方修建一座军事要塞(这里也是几十年后真正建起要塞的地方),但这需要巨大的开支。当时的巴塞罗那已是满目疮痍,惨状连中央政府都感到震惊。因此,要塞的修建计划最终没有被通过。

很多卡斯蒂利亚贵族对战争结束时局势的发展并不满意。虽然加泰罗尼亚于1659年失去了四分之一的领土,它的统治机构开始受到铁腕控制,人民必须要接待军队,半个加泰罗尼亚都已支离破碎、荒无人烟,但在卡斯蒂利亚贵族看来,这一切还远远不够。这就是为什么阿拉贡事务委员会将冲突的责任归咎于加泰罗尼亚人,或者说归咎于巴塞罗那人:"巴塞罗那是伊斯巴尼亚王国所有不幸的罪魁祸首,它最终也变得一无所有。"

在接下来的几年里,发生了很多似乎非常矛盾的事件。一方面,加泰罗尼亚人与法国和西班牙士兵的冲突仍在继续。法国对被吞并的原加泰罗尼亚领土的镇压是残酷无情的,这让人们义愤填膺,但更让人感到愤慨和羞耻的是,在执行镇压的人中,很大一部分并不是法国人,而是被法国同化的加泰罗尼亚人,主要是巴塞罗那人。经济困难仍在继续,西班牙人的态度也变得比以前更加傲慢。然而,在这些有着负面影响的事件发生的同时,城市和商业精神也在复兴,而巴塞罗那在这个方面一直都走在前列。

波恩区的巴塞罗那

我们之所以能够对17世纪末和18世纪初的巴塞罗那了如指掌,要归功于历史学家阿尔贝尔特·加西亚·埃斯普切,他一生致力于研究那个时期的巴塞罗那。抛开他那些令人不可辩驳的优点不谈,他还善于利用不同寻常的机会。这里所说的"不同寻常的机会",是指不为人知的旧城部分区域遗迹的出现。今天,在巴塞罗那,人们还可以参观一座美丽的建筑,它是由玻璃和金属结构搭建而成,从19世纪到20世纪的很长一段时间里,它一直都是巴塞罗那的中心市场,这就是波恩市场。当这样的一个市场存在于巴塞罗那市中心的居民区已不再有意义时,一个新的现代化市场便在港口和机场附近被建了起来。波恩市场多年来一直被当成一个废弃的市场,在那段时间里,人们想尽办法让它物尽其用。在20世纪80年代初,这个空架子已成为鸽子和燕子的避难所。这里还时不时举办一些级别不高的音乐表演。20世纪90年代,国家决定将这里作为省图书馆的选址。到那时为止,巴塞罗那省是西班牙唯一没有图书馆的省,因为中央政府从未在经济上给予支持。所以,这是个好消息。

然而,一些考古学家和历史学家提醒大家,在工程开始时,很可能会发现1700年的古城遗迹,但根本没人理会他们的意见。几年之前,在波恩市场下方建地下停车场时,有四块石头裸露出来,但工人们却凿毁了这些考古遗迹并用水泥将其覆盖。虽然历史学家们揭露了这些令人悲伤的事件,但民众并没有发出任何声音来拯救这些石头。当然,这一次也不会有什么不同,但让人意想不到的事情发生了。工人们挖开这里的地面时,当年那些建筑物、街道及日常用品的遗迹便显露出来,甚至还发现了1713年至1714年巴塞罗那被围期间使用的炮弹。波恩区曾是巴塞罗那最繁荣和最重要的区域,军队曾下令将这里推平以建造军事要塞。不过,波恩区的建筑物最终得以保存完全,是由于两个偶然的原因:首先,这些建筑位于一个开阔而未建设的区域。军方的想法是,如果有人从城里发动暴乱,这里就可以提供一个射击的空间;第二,相对于其他地方,波恩区是一个洼地。因此,房屋并没有被完全推倒,只是被用泥土覆盖了起来。由于这些原因,房屋和街道在大约被覆盖了三个世纪之后又再次出现。

然而,1700年巴塞罗那的重现并不仅仅因为这些石头。加西亚·

埃斯普切和他的同事们整天都待在巴塞罗那档案馆里埋头钻研。正如我们之前提到过的,这个档案馆保存了巴塞罗那公证员们留下的文件,这里是世界上存储资料最丰富的档案馆之一。一直到相对较近的时期,公证员都是巴塞罗那社会的中心人物。去公证处或请公证员来家里,对于社会各个有产阶层来说都是最正常不过的事。巴塞罗那公证员(稍后我们将看到某个例子)的记录非常详尽,由此我们可以知道不同时期巴塞罗那房屋里所有东西的细枝末节。我们可以知道房子里有多少把椅子,这些椅子都是什么样的,是否有破损或被修理过,是否一些椅子受损严重,或哪些椅子较少用到。除了椅子,文书中还提到了各种家具、厨房用具、瓷砖、衣服、珠宝或绘画,等等。在一些死者的财产清单中,公证员甚至记录了在房子里发现的食物和食物的状态,如被啃过的半块奶酪。所有这些文件对于历史学家来说很有价值,这让他们可以非常详细地了解在波恩市场地下发现的那些房屋当时是什么样子的。

我们所发现的那个时代巴塞罗那的遗址,向我们展示出一个充满活力的城市,它的社会生活紧凑而喧嚣,完全可以与当时欧洲的主要城市相媲美。18 世纪初,巴塞罗那大约生活着 40 000 有人身自由的居民和一定数量的奴隶。奴隶的数量并不像其他年代那么多,但奴隶的使用却成为很普遍的现象,例如,在修道院中,有很多奴隶从事着神职人员所不能胜任的更为繁重的工作,因为后者在忙着祷告。奴隶中有很多是摩尔人或深色皮肤的人,还有吉普赛人,他们很少被视为巴塞罗那的居民。

巴塞罗那人主要的工作之一,更准确地说,是巴塞罗那女人的主要工作之一,就是女仆。1714 年巴塞罗那被攻陷之后,据统计,城里共有 2 000 名女仆和大约 400 名男仆,如果我们以受到波旁王朝袭击后城里剩下的人口数量为参照,这个数量已经相当大了。巴塞罗那有超过1 500个家庭有佣人,这几乎占整个城市家庭数量的五分之一,这些家庭都是当时的富裕家庭。但通过人口普查和公证员的记录,我们可以了解到在许多中产阶级家里也有家政服务人员。女仆通常都是非常年轻的女孩,甚至可以说是小女孩,或者是岁数较大、丈夫死后无依无靠的寡妇,她们只能从女人可以做的为数不多的工作中选择其一。相反,男仆们都在更为富有的家庭里工作,通常一个富裕家庭里会有相当多的佣人。

　　随着时间的推移,巴塞罗那渐渐被分成了很多小区域,虽然这些区域比今天的街区要小得多,但它们也像现在一样或比现在还要特色鲜明。市中心所在的位置差不多是原来罗马时代的城墙围住的部分。那里主要是行政和宗教中心,住在那里的人很少。从那里往下一直到海边是商业区,这个区域与港口和工业活动关系密切,这些活动让伯爵水渠得到了充分的利用——水渠就像是流经巴塞罗那市内的一条河流。商业区是居民生活的中心,也是人口密度最高的地区:在占城市面积15%的土地上集中了城市里40%的人口。这里有着各种各样的商店,各种类型的商人都住在这个区。一些又窄又高的房子的地下室也变成了商店,今天巴塞罗那的大部分地区依然如此。街道就以那里主要从事的活动来命名(今天,这些名字大多都保留下来了):银器街(Argenteria)、玻璃制品街(Vidrieria)、餐具街(Dagueria)、镜子街(Mirallers)、制绳街(Corders)、铸剑街(Espaseria)、制毯街(Flassaders),等等。

　　巴塞罗那的另一个重要的区域是拉瓦尔区,它是在城墙第一次扩建时被划入城市区域之内的。圣克鲁斯医院大楼的所在地就是这个区的中心。这里有仓库、果园、水池及其他特殊用途的建筑,如妓院或棺材店。

　　当时,巴塞罗那与城外紧临城墙的地区保持着非常密切的关系,那里有许多房屋就像现在的第二住所,人们常常跑来避暑,这些房屋被称为"休闲别墅"。受到加泰罗尼亚人比较实际的观念的影响,这些地方很少仅供主人休闲娱乐。房子一般都会带有果园、牲口圈或作坊。萨尔瓦多家族的人是当时最重要的药剂师,他们在圣霍安德斯皮有一个植物园;同时,这个家族中也有世界闻名的科学家,他们在巴塞罗那最气派的安普勒大街开了一家药店,这家药店位于安普勒大街与福斯德里亚大街相交处的街角,药店前面是现在的邮局大楼,后面是传说中米格尔·德·塞万提斯曾住过的地方。这家药店不仅仅给病人开药方,它还有一个仓库,里面存有一些和自然历史相关的物品,这些物品我们今天可以在蒙特惠奇山的巴塞罗那植物研究院看到。除了仓库和药店以外,这座建筑还有一个供人消遣的花园,这个花园简直就是一个微缩版的圣霍安德斯皮植物园。萨尔瓦多家族与后来大英博物馆的创始人汉斯·斯隆,以及跻身于历史上最有名的植物学家行列的詹姆斯·佩蒂弗保持着学术上的交流。此外,萨尔瓦多家族还与法国、意大利和德国的植物学家互通信件。

现在的波恩大道当时被称为波恩广场,因为它的北侧,也就是正对着波恩市场的那一侧,不像今天这样是开放的。它的北侧被一些房屋给围了起来,这些房屋在1714年之后被拆除。波恩广场是巴塞罗那的主要广场,人们通常把它称为主广场。这个广场没有铺设地面,夏天的时候,广场上尘土飞扬,一下雨,它就变成了一个泥潭,但当时就是这个样子。黄昏时分,人们常常去那里散步、聊天,看看别人,也展示一下自己。宗教聚会和狂欢节的庆祝活动都在这里举行。同时,最重要的集市也在主广场拆了又搭,富人们都会来这里买东西。主广场还是政府机构举行仪式的地方,这里比加泰罗尼亚政府或巴塞罗那市政府前的那条街更合适,因为当时那里建起了圣若梅教堂,并没有留下太多的空间。

虽然波恩区的人口密度很高，但巴塞罗那依然到处都是果园和花园。在这些园子里种植了很多的蔬菜，既可供主人们食用，也可以在广场上出售。这些消遣的空间被称为"休闲果园"或"礼品果园"，它们是花园和果园的结合体。巴塞罗那种植最多的花就是郁金香，这种有着浓郁荷兰风情的花曾在1637年引发了历史上的第一次金融危机。当时，郁金香球茎价格疯涨，之后又直跌谷底，这让很多荷兰人的财富消失殆尽。也许是因为与荷兰的关系，或仅仅因为郁金香美丽、易于种植且颜色多样，巴塞罗那有很多郁金香，不仅种类丰富，名字也风情万种（例如：高贵的丑妇人、布鲁塞尔美人、优雅的弗朗西丝卡、极致美人、烟囱清洁女工或露易莎·娜布克）。

然而，巴塞罗那并非一切都井然有序，并非每个地方都风景如画。巴塞罗那人非常喜欢喧闹。在许多小酒馆里，人们可以品尝到各种不同风味的葡萄酒和烈酒。通常，这些酒馆也是地下妓院或是认识妓女的地方。这些小酒馆的名字都非常奇怪，例如，位于主座教堂旁的"地狱酒馆"，我们要知道主座教堂可是巴塞罗那人为登上天堂之旅做准备的地方。17世纪末，巴塞罗那开了很多这样的小酒馆，百人市政会想要对它们进行治理，因为以传统保守的观念来看，这些小酒馆是滋生不良生活习性的地方。例如，虽然在酒馆里可以随时买酒带走，但是在酒馆里或酒馆门前的街上喝酒（这是非常普遍的）的时间是受到限制的。酒馆通常都有第二扇门，对这扇门的控制往往比大门更为谨慎，只有某些顾客可以进出。这扇门在某些时间不能打开，目的是要限制酒馆的客人群体。一般来讲，这第二道"谨慎"之门，不仅适合那些喝酒的人，也适合所有那些把小酒馆置于其他用途的人，如赌徒或嫖客等。小酒馆里不允许提供热菜，因为这是客栈的特权。相反，在酒馆里可以吃冷盘，就像现在的很多酒吧一样。但似乎这条规定并没有被严格遵守，人们通常在小酒馆里也可以吃到沙丁鱼和猪肉。小酒馆非常受欢迎，一般生意都很好。如果一位业主或几位合伙人想开酒馆，他们往往会找人来为其操持生意。巴塞罗那的很多酒馆老板都来自米兰，这是一个奇怪的现象，比如，1718年，二十八位来自米兰的酒馆老板在引领着巴塞罗那的酒馆生意。

赌钱除了去小酒馆之外，还可以去其他专门从事这种活动的场所，那就是赌场。巴塞罗那到处都是赌场，但大多数赌场都集中在埃斯古德耶尔斯街周围和兰布拉大街城墙后的区域，另一个赌场集中的区域是从伯爵水渠到海边的区域。在赌场里并不是什么都能玩，一些赌场里只有球类游戏（一种介于网球和波板球之间的球类游戏），另一些赌场里只有木球穿环的游戏（类似于板球），还有一些赌场有某种桌球游戏，但几乎所有赌场都有桌上牌类游戏。牌类游戏需要用到纸牌，这在巴塞罗那很容易找到，因为这里有许多工厂都生产纸牌和其他赌博用的产品。17世纪时，巴塞罗那有四个家族控制了纸牌的生产，有几个家族甚至到18世纪在这个行业还依然处于主导地位，这些家族包括：贝尔特兰家族、克罗塞特家族、洛特索特索家族和卡尔米尼家族，后两个家族的纸牌生意仅维持了两代人。虽然纸牌的销售范围很广，也非常受欢迎，但它的销售是受到限制的。纸牌只能在得到市政府许可的商店内出售，这主要是因为纸牌生意需要缴纳特殊的税款。当然，理论上讲是这样的，实际情况是在很多地方都有纸牌出售，而这种买卖是以半地下的方式进行的。

巴塞罗那最重要的赌场是"母狮之家"，它所在的街道与赌场同名，这条街在圣米盖尔广场和现在的皇家广场之间，它旁边就是巴塞罗那最重要的妓院之一，也就是位于三河床街的妓院。在1666年的租赁合同中，加布里埃尔·卡瓦勒先生被允许住在"母狮之家"，并允许他向"那些来这里娱乐的绅士和其他人提供纸牌、蜡烛、桌椅及所有进行娱乐活动所需要的物品"。此外,合同还允许加布里埃尔·卡瓦勒"从这些绅士和其他人那里收取提供上述服务和游戏应得的报酬"。这家赌场开了很多年,赌场里为多种游戏开辟了空间,主要是桌球、纸牌和骰子游戏。"母狮之家"有一个种满橘子树的庭院,它成为有钱人来找乐子或找头等妓女的最佳地点。在1713年至1714年巴塞罗那被围期间,"母狮之家"像其他很多建筑一样被炸弹摧毁。几年后,赌场虽得以重建,但多次被波旁王朝关闭,因为他们知道这里是哈布斯堡家族支持者聚会的场所。

  对于一个如此喜欢小酒馆和赌博游戏的城市而言,在这里庆祝一些在整个欧洲都非常有名的节日就不足为奇了。当某位君主驾临时、当取得军事胜利时、当有某种宗教庆典举行时或瘟疫结束时,等等,巴塞罗那人民都会走上街头,政府也乐于让民众这样做。甚至在有些年里,巴塞罗那一半的时间都在过节。公共节日中不可或缺的元素之一就是夜晚的灯光,它会让城市在几个小时内大变样。百人市政会建议市民以在窗前摆放蜡烛的形式参与其中。据我们所知,整个城市里的人都是这么做的。这场景应该令人印象深刻,当时所有的史学家,无论是加泰罗尼亚人还是外国人,都对此感叹不已。他们都提到"被灯光点亮的城市",灯光将夜晚变成了白昼,这也是后来我们常用的一种表达方式。1677年,一位佚名诗人写了一首诗,诗中描述了为纪念奥地利的胡安而举行庆祝活动的盛况:

> 然而这里从不缺光亮,
> 人们也不知何为黑夜,
> 天地以光辉为衣裳,
> 交相辉映。
> 举着火把和灯笼的人群遥望这美景,
> 只有春夜才会出现的星星,

将一月的冬日变成了四月的春天，
整个城市成为火的奇幻世界，
成为火的海洋，
它像被点燃的特洛伊城，
像一座欲望的宫殿。
虽然雷声响起，
男女老少，
依然流连忘返，
在街上、广场和院子里，
继续享受这灯火辉煌。

除了灯光，人们还燃放爆竹，有时甚至鸣放礼炮，这是市民们非常喜欢的庆祝方式。爆竹在杂货店可以买到，杂货店是巴塞罗那最神奇的地方之一，因为这里不仅出售各种药物和烟花，还出售烟草、香料和糖果，我们之后还会再提到。

灯光、爆竹、烟花和音乐。巴塞罗那人是音乐的爱好者。在公共活动中音乐是不可或缺的，这里有各种各样的音乐，从小酒馆里最简单的叮叮作响的瓷杯(那时还没有使用玻璃杯)碰撞声，到最复杂的政府举行庄严仪式时演奏的乐曲。很多音乐家都是盲人，那时最流行的乐器是吉他。巴塞罗那生产大量的吉他，其中大部分都用于出口。1685年，一位名为贝雷·保·德松德伊格的银匠从木匠及吉他制造者弗兰塞斯克·伊斯特雷尔那里购买了至少76把吉他。德松德伊格是分次购买的，这表明他转销了这些吉他，很可能是把它们卖到了巴塞罗那之外的地方。

除了制造吉他之外，琴弦制造业也是巴塞罗那享有盛誉的手工业之一。这些琴弦是由制弦工匠生产的,他们通常都聚集在科尔德斯街①附近,现在还有一个工厂保留了下来,可以参观,这个工厂就在波恩市场。巴塞罗那制造的琴弦通过加的斯出口到整个欧洲和美洲,享誉世界。不过,琴弦制造业在国际上的成功也给巴塞罗那的工匠带来了一些问题,因为琴弦供不应求,而造成这个问题的原因不是生产能力低下,而是因为原料短缺,也就是说羊肠短缺,因为规模更大、更古老的棉布商行会需要羊肠来讨好屠夫,而由于羊肠的需求量大,屠夫们可以抬高价格。不管怎样,科尔德斯街的作坊都很小,它们只经手整个制弦过程的最后一道程序,而将肠子转化为琴弦的主要环节在一些工匠共有的厂房中进行,即羊肠处理厂,它位于伯爵水渠旁的柳利广场。最脏且味道最难闻的工序就在这里进行,因为这里靠近城墙,几乎没有什么居民,受影响的人会比较少。羊肠处理厂的出现是一个很大的进步,它即提高了琴弦的生产效率,又促成了其生产的标准化,而更为重要的是,这个羊肠处理厂是市政府构想的,不是琴弦的生产者们。1714年,巴塞罗那围城战失败之后,西班牙人摧毁了科尔德斯街和羊肠处理厂,在这里建起了休达德拉军事要塞。这对琴弦的制造商来说是一个非常沉重的打击,他们之后再也没有达到原有的出口水平。

  巴塞罗那吉他的数量很多。在很多人死后的财产清单中,我们发现,在巴塞罗那的大部分家庭中,即便是经济条件一般的家庭,也会有一把吉他。巴塞罗那的吉他主要有三种类型:小吉他、普通吉他(就像现在的吉他一样)及大吉它。吉他是一种很流行的乐器,单身的年轻男性常常带着它,穿梭于各种聚会。吉他总是伴随着节日歌曲和庆祝活动出现,因此它从未得到教会的认可,教会把吉他与道德败坏和堕落

---

① "科尔德斯"在加泰罗尼亚语中为corders,意思是"制弦人"。——译注

联系在一起。

教会不仅对吉他持否定态度,对于巴塞罗那社会而言,它要做的工作还有很多。在这个时期,巴塞罗那的主教们不仅下达了几条命令,还进行布道来谴责那些他们所认为的无法容忍的市民行为。在某些情况下,他们所做的可能并不是没有道理,例如,1673 年,巴塞罗那的宗教法规规定"在教堂里、游行中和祈祷时,男人不能与女人在一起,男性不得与女性交谈或提及亵渎之事,也不能做出任何不雅行为"。1681 年,主教禁止"在各种类型的教堂、避静处所、祈祷室和其他公共及私人的神圣之处吃午餐、零食及其他食物,也不允许在这些地方喝下午茶、饮料、巧克力以及其他任何类型的饮品"。而几年前,教会就已经禁止男性在教堂里和未婚及已婚女性接触、说话、做手势,禁止他们在教堂里偷看女性及向女性求爱,还禁止人们在洗礼及宗教节日的庆典中吃东西、聚在一起聊天或在教堂里不停闲逛。教会甚至还禁止巴塞罗那人带着盛有巧克力的杯子参加弥撒,禁止他们在与上帝交流时吃零食。

教会也不赞同学生的某些娱乐活动。起初,学生们是善意的,但慢慢的他们的行为开始变得有些野蛮。自 1558 年起,巴塞罗那综合大学就设在位于兰布拉大街坡上一座新落成的建筑中,也就是现在莫哈宫所在的位置,前面就是耶稣会白冷教堂。大学生一直(或许近年来少一些)是欢闹和骚动的源头之一。这让我们想起 13 世纪初巴黎大学学监菲利浦·德·格雷维亚的话:

> 以前,每位老师都独立授课,课程及争论会更多,求知的兴趣也更浓。现在却恰好相反,大学里有会议时,争论越来越少。一切都仓促了事,能学到的东西很少,学习所必需的时间都用于教师和学生之间的会议和讨论。年长的人将他们的会议用于辩论和起草新的章程,年轻人却在策划阴谋、

组织夜袭。

既然教师们无休止的会议和年轻人毫无意义聚会的传统都已经持续到21世纪,那么可以想象,在17世纪到18世纪,大学的情况也不会有多大的变化。

巴塞罗那的大学生有一种习俗,与学习无关的市民也可以参与。通常他们会在兰布拉大街集合,分成两组,展开橙子大战。但随着时间的推移,橙子大战发生了变化,攻击的目标不再是学生,而变成了大学负责人、市政府或教会高层人士。而更糟糕的是,有时,他们用的是橘子,有时,却可能是某种垃圾。这种娱乐活动也受到没有参与其中的观众的喜爱,但当投掷物变成粪便时,这种活动就开始变得令人生厌。情况慢慢变得更糟,投掷物从垃圾变成了石块。两派学生在大学门前(在兰布拉大街现在被叫做兰布拉大街大学段的地方)互掷石块变成了一种非常流行的活动,而市民们则下注赌哪边能赢。石头战可比橙子战要危险多了,一些参与者在混战中丧生。主教下令将参与石头战的人革除教籍,大学的领导层也极力驱逐主要的参与者。尽管如此,石头战的次数并未减少,这种习俗一直持续到战争在巴塞罗那爆发。那时,年轻学生好斗的冲动终于在其他的方面得到了疏解。

另一件令巴塞罗那居民特别是那些从卡斯蒂利亚回来的人感到惊讶的事,就是服装的变化。16世纪初,在卡洛斯一世统治时期,黑色已被引入宫廷。由于当时伊斯巴尼亚王国称霸欧洲,庄重威严的服装成为一种时尚。但是,正如我们所看到的,到了17世纪,伊斯巴尼亚王国开始走向衰落,另一种类型的服装也逐渐变得流行。当某位访客从马德里宫廷返回时,总会对那里已经完全过时的服饰发表相关评论。有人嘲笑那些衣服,说它们看上去很滑稽;也有人认为那里的人仍穿着一个世纪前的衣服,让人觉得很奇怪。当然,并不是每个人的穿衣风格都相同，朝廷官员和小村镇里的人穿着肯定是不一样的。但不管怎样，当时马德里人的服饰对于那个时代而言是很古怪的。

相反，巴塞罗那因与国外的商业往来及受到意大利和法国的影响，人们的穿衣风格发生了改变。当时纺织业已经成为非常重要行业，面料制造商必须了解商品销售地的流行趋势，不断改良他们的产品，以保证产品可以更符合欧洲人的喜好。巴塞罗那人见识过颜色鲜艳的服装，即便是统治阶级，只要有机会，他们就会穿上色彩亮丽的衣服，这种变化持续了整整一个世纪。此外，我们也不应忽视，在收割者战争发生的那些年，人们的穿衣方式就已经发生了变化。病人住进圣克鲁斯医院时，医院的记录就体现出了这种变化。

衣服的清洗也是跟着欧洲的潮流走的。按照今天的标准来看，当时的欧洲人并不太讲卫生。人们对身体的清洗甚至连我们今天做的十分之一都不到，但17世纪在服装卫生方面已经发生了重大变化。16世纪的许多规定中都拒绝用水来做个人卫生，因为人们认为水消除了身体可能有的防御层。这些规定认为指甲上的污垢或牙齿上的细菌层都是身体受到很好保护、可以免受微生物侵害的标志。幸运的是，这种观点已经发生了变化。但就服装而言，在卡斯蒂利亚，并没有发生太大的改变。这并不是因为卡斯蒂利亚人比其他欧洲人脏，而是因为深色衣服更容易掩盖污垢，即使衣服脏了，也不会让人看起来不舒服。法国或意大利样式的服装颜色较浅，而浅色衣服的缺点就是污渍很容易被看到，这就意味着要经常清洗。外衣更为厚重，清洗的次数较少，当条件允许时，人们就把它们挂在通风处晾晒并为其熏香。然而，内衣还是会经常洗，虽然不像现在洗的次数这么多，但也已经是很普遍的事。我们可以想到，那时上完厕所是用水或稻草清洁，而这往往是不够的。

历史上的第一次"世界大战"：
王位继承战争

巴塞罗那这个如此富裕、国际化、充满魅力的城市即将受到一个可怕的惩罚，而这个惩罚本不是它所应该承受的，这个打击将使它沉沦数十年。西班牙的王位继承战争即将爆发。从很久以前开始，人们就预感到伊斯巴尼亚王国将经历一个充满问题的时期。卡洛斯二世自1665年开始统治西班牙，当时他还不到四岁。他的臣民很快就开始称他为"着魔者"，因为他总是精神涣散，与现实世界格格不入。除其他疾病之外，国王似乎智力发育迟滞，也无法生育后代。教宗的使者、意大利人加雷阿茨索·马雷斯科迪曾在写给梵蒂冈的信中这样描述卡洛斯二世：

> 国王一点都不高，身材矮小，虽然身体上没有畸形，但面容丑陋；他脖子很长，脸也很长，并向上卷曲；他长着哈布斯堡家族典型的下唇，蓝绿色的眼睛不大，面部皮肤细腻；他金色的长发向后梳着，耳朵露在外面。不走路的时候，他总是蜷曲着身子，除非靠着墙、桌子或其他东西时，他才能挺直身子。他的身体和心智一样弱。他偶尔也会表现出他的智慧、记忆力或是某种活力，但不是现在；通常，他行动迟缓，态度冷漠，笨拙慵懒，看上去呆若木鸡。别人可以对他为所欲为，因为他毫无主意。

宫廷想尽办法让他孕育后代，但一切都是枉然。宫里的某些派别提出，找一个人来让王后怀孕，然后让这个私生子成为卡洛斯二世的儿子，但也有些大臣有其他的想法。也许，变革的时候到了，是时候为正在走向衰落的帝国注入新鲜的血液。他们研究了当时王子们的家谱，找出了几位在数年内可以接替卡洛斯二世的人选。其中最突出的两位，一是卡洛斯二世的侄孙——安茹的费利佩——他也是法国国王路易十四的孙子；二是卡洛斯大公，他是奥地利皇帝利奥波德一世的次子。除伊斯巴尼亚王国外，两人还都与当时欧洲两大主要权力中心有着亲缘关系。无论谁当了继承人，都会引发战争。最初，大臣们还想到了一个不会引起争端的人选，他就是毫无威胁的巴伐利亚王国的继承人。但不幸的是，被称为"巴伐利亚人"的何塞·费尔南多在继位前就去世了，同时，卡洛斯二世的健康状况也开始恶化。

虽然卡洛斯二世的父亲在遗嘱中曾明确禁止任何波旁王朝（如安茹的费利佩）的人继承西班牙的王位，但马德里宫廷的掌权派还是密谋让蒙在鼓里的卡洛斯二世宣布法国人费利佩为继承人。费利佩当选令所有人都不满意。奥地利当然不喜欢这个结果。肆意扩张的英国不满意，它突然将法国视为其在欧洲大陆的敌人。荷兰不满意，它当时与法国正处在交战状态。葡萄牙、巴伐利亚以及其他很多国家也都不满意。此外，虽然伊斯巴尼亚王国在欧洲甚至在世界上已经失去了霸主地位，但它仍然拥有许多领土，这些地区都是欧洲大陆最富有的地区，其中包括弗拉芒的一部分、米兰和那不勒斯，而更重要的是它对美洲的统治几乎没有受到任何影响，这让西班牙成为第一殖民强国和第一大贵金属生产国。

但与此同时，如此庞大的帝国也非常脆弱。从经济角度来看，它很难维持；从军事角度看，它无法防御。因此，卡洛斯二世还在世时，欧洲大国之间就已签署了多个条约，特别是在英国和法国之间，以方便它们未来在欧洲或是世界其他地区瓜分伊斯巴尼亚王国的领土。当卡洛斯二世任命费利佩为继承人的遗嘱被公之于众后，英法之间这个交织着纷繁复杂利益关系的瓜分计划就泡汤了。对于法国人来说,这是一个不容错过的诱人的机会。如果最终法国和西班牙在一个王朝的统治下,波旁王朝统治的王国将成为"世界王国"。这个概念是17世纪的政论家们提出的,成为世界王国就意味着将拥有全世界的王权。但对于其他国家而言,特别是对奥地利和英国来说,这自然是一场噩梦,不管怎样,他们都不能让这成为现实。无论如何,安茹的费利佩都不能成为伊斯巴尼亚王国的国王。

加泰罗尼亚人对于选择一位法国人当国王并不满意。自1635年以来,加泰罗尼亚与法国人和西班牙人之间,一直冲突不断。很多加泰罗尼亚人曾经在不同的时间内与两方都进行过战斗,但除个别场合外,一般他们都以失败告终。战争对土地造成了很大的破坏,法西军队的肆意妄为也令人感到绝望。除了巴塞罗那和其他一些商业城市(如马塔罗、坎布里尔斯或帕拉莫斯)的崛起,加泰罗尼亚的运气一直不佳。至少有三代加泰罗尼亚人生活在战争中,这意味着祖父母这一代人不得不支撑着战争,父母这一代人参与战争,儿女这一代人饱受战争之苦。因此,生活在当时巴塞罗那社会中的人们比参与过收割者战争的那一代人更了解战争所带来的后果。由于上述原因,西班牙王位由法国人来继承并不是一个好主意。当然,除此之外,还有重要的经济原因。

国际贸易在16世纪经历了衰退之后,已经得到恢复,英国和荷兰两个新兴贸易国家脱颖而出。这两个国家都有加泰罗尼亚人非常喜欢的特点:他们的法律保护贸易及个人的创新精神。此外,他们还有基于协商和阶级之间相互妥协的政治制度。难道这不让加泰罗尼亚人感到熟悉吗?这种宪政主义制度(我们不要搞混了,这并不是民主制度)与加泰罗尼亚人多年来所保持与捍卫的制度非常相似。事实上,加泰罗尼亚社会可能是世界上最具代表性的社会,因为巴塞罗那的任何一个自由人都有机会成为百人市政会的理事,拥有与城里最有权势的人一样的权力。这种现象非同寻常,但那些相信专制和自上而下单向政体的人一点都不喜欢这样的体制,因为他们认为没有一丝贵族血统的人不配也不该拥有这么大的权力。法国是荷兰和英国在欧洲大陆的劲敌,一位来自法国的君主自然不会促进与这两个国家的贸易或接触,因为那时荷兰和英国与1700年的加泰罗尼亚颇为相似。此外,法国的治国理念与复合君主国家的观念完全不同,虽然复合国家存在许多问题,但这也让伊斯巴尼亚王国的建立成为可能。

新国王阿拉贡的费利佩四世,即卡斯蒂利亚的费利佩五世(从一开始他就更倾向于用卡斯蒂利亚的封号)非常清楚,不论在欧洲国际阵线,还是在伊斯巴尼亚王国内部,他的地位都不稳固。然而,他的祖父——法国国王路易十四——有着丰富的治国经验,给自己的孙子配备了优秀的顾问。这些顾问建议费利佩五世要特别注意加泰罗尼亚人,因为他们可能会给他带来许多的麻烦。因此,费利佩五世登基之后就试图让加泰罗尼亚人满意,他宣誓尊重加泰罗尼亚人的权利,这在最初是一个好的征兆。他还允许加泰罗尼亚建立一种类似宪法法院的机构,从理论上讲,这将使加泰罗尼亚公国能够得到更为公正的治理。另外,还有一项政策算是锦上添花——加泰罗尼亚人第一次可以直接与美洲进行贸易。这是很大的进步,可惜的是,这项政策实质上并没有起到任何作用。

然而,新国王的卡斯蒂利亚官员的态度和紧张的国际局势决定了一切都会落空。波旁王朝的敌人之一英国看到有机会结束费利佩的统治并顺带打击法国,就在热那亚签署了一份国际协议。通过此协议,英国承诺,如果加泰罗尼亚支持哈布斯堡家族的王位候选人卡洛斯大公,英国将协助加泰罗尼亚保留其权利。那时,卡洛斯已被称为卡洛斯三世(阿拉贡王室的封号)。

王位继承战争在伊比利亚半岛和世界其他地区同时爆发。事实上，可以说这是历史上真正的第一次世界大战，因为它在各大洲展开：加拿大、加勒比海地区、印度、大西洋中部、太平洋地区、地中海、欧洲中心地区、欧洲北部及南部等。在西班牙，大多数卡斯蒂利亚人支持费利佩五世，而大部分阿拉贡王国的臣民（特别是加泰罗尼亚人），都选择支持卡洛斯三世。

实际上，王位继承战争的情况要复杂多。在整个伊斯巴尼亚王国中，有很多不同的声音。对于很多卡斯蒂利亚人来说，不管波旁家族的观念与此前哈布斯堡家族相比有多么激进，推翻一位法国国王并不容易。尽管如此，忠于哈布斯堡王朝的人依然为数不少，这让一大群卡斯蒂利亚人非常不满。抛开王朝问题不谈，选谁成为继承人，背后千头万绪。对于许多卡斯蒂利亚人来说，西班牙帝国的衰落是一个无法回避的事实。与法国联合意味着可以为西班牙注入新的活力，以帮助其远程威慑在美洲崭露头角的英国和荷兰。卡洛斯是奥地利皇帝利奥波德一世的儿子，选择他为国王，不会给西班牙在美洲的领地增添丝毫力量和安全感，而当时美洲可是西班牙财富的源泉。虽然支持卡洛斯可能会加强欧洲内部的联盟，但也会让英国和荷兰得到继续攻击美洲的机会，而西班牙（实际上是卡斯蒂利亚）只能孤军抵抗。这样看来，与一贯的敌人法国联盟，比跟几个世纪以来相同的盟友合作更为合适。

在加泰罗尼亚，这种两难的困境以不同的方式体现出来。加泰罗尼亚公国与伊斯巴尼亚王国统治机构有直接关系的派别是费利佩的支持者，这仅仅是因为宫廷做了这样的选择；另一些派别认为一个权力更为集中的国家能打开和美洲进行贸易的大门；也有一部分人只是因为与奥地利大公卡洛斯支持者存在敌对关系而选择支持费利佩。在王位继承战争进行期间，一些城市的立场只有结合它与相邻城市的敌对关系才能理解，这在19世纪的卡洛斯战争期间也是一样。

第九章 关于灾难

费利佩五世在处理和加泰罗尼亚统治机构的关系这件事上运气不佳。他在凡尔赛宫被宣布成为西班牙国王,并于1701年1月从伊伦进入西班牙领土。他一来到西班牙便开始任命官员。他任命的第一批官员中就有加泰罗尼亚的新总督——红衣主教路易斯·马努埃尔·费尔南德斯·德·波尔托卡雷洛-博卡内科拉·伊·莫斯柯索-奥索里奥。红衣主教本人对这个任命很不满意,因为这意味着他要被迫远离宫廷去一个情况复杂的地方;加泰罗尼亚人对这个任命也不满意,因为他们认为红衣主教虽然在马德里身居高位,但对加泰罗尼亚的习俗一无所知。加泰罗尼亚派出一个使团前往马德里商讨此事,这个使团由一位百人市政会的理事和一位加泰罗尼亚议员构成,但使者们却连接近国王的机会都没有。不久之后,国王费利佩五世写了一封信,他在信中命令加泰罗尼亚人接受总督,希望巴塞罗那作为加泰罗尼亚的表率,遵守他的命令。这封信是这样结尾的:"朕希望你们毫无异议(不接受反驳)地接受伯爵就职(如果你们还没有这样做的话),这是朕的意愿。"那时刚满十七岁的费利佩就已经表现出令加泰罗尼亚人深恶痛绝的专横态度。

使者们垂头丧气地回到巴塞罗那,而城里的氛围也非常压抑。费利佩认为这种局面是前总督在幕后操控所造成的,前总督是卡洛斯任命的德国人格奥尔格·冯·黑森-达姆施塔特。在加泰罗尼亚,人们称他为约尔迪·德·达姆施塔特或是约尔迪亲王,他受到了加泰罗尼亚人的爱戴。他此前有长期敌后作战的经验,还曾在加泰罗尼亚北部抗击过法国人。之后,他被任命为总督,直到被费利佩赶下台。约尔迪会讲加泰罗尼亚语,是巴塞罗那城内外许多杰出人士的密友。这些人都会在即将发生的事件中充当主要角色。

巴塞罗那宫廷议会

约尔迪亲王被赶下台之后就成为哈布斯堡派主要的秘密领袖,这个派别与波旁派或费利佩派针锋相对。1701年夏,虽然战争已经在欧洲大陆爆发,但并未波及加泰罗尼亚。当费利佩看到情况变得如此紧张时,在其祖父派给他的顾问的建议下,他决定采取一种有利于加泰罗尼亚人的姿态,以缓和这里一触即发的势态。他决定召开宫廷议会并宣布他的婚礼将在加泰罗尼亚举行,具体地点就在今天达利博物馆对面的教堂。这两个决定都寓意深刻且具有积极意义,但随后他所颁布的违背加泰罗尼亚法规和习俗法的法令,却大大抵消了这种积极的意义,例如,他在加泰罗尼亚大学任命卡斯蒂利亚的教授。

从1701年10月12日到次年1月14日,费利佩五世在小兄弟会修道院主持了巴塞罗那宫廷议会(这个修道院就在今天军事管理局的所在地,毗邻哥伦布雕像)。不出所料,议会召开期间冲突不断。当巴塞罗那的三大议员团与君主会面时,街上的紧张气氛加剧。在国王军队的保护下,法国商人开始将商品运进加泰罗尼亚,但他们却无需向当地政府交税。加泰罗尼亚官员则致力于检查和制裁那些受到费利佩五世保护而停在巴塞罗那港口的法国及热那亚的船只。双方经常剑拔弩张。

费利佩五世的宫廷和加泰罗尼亚政府间有很多冲突发生,上面提到的只是其中的一个例子。国王及其官员的滥用职权让他们对法制的无视变得越来越明显。加泰罗尼亚政府不断向费利佩五世的宫廷提出要求,当时宫廷的部分机构就设在巴塞罗那,加泰罗尼亚政府这样做的目的就是提醒宫廷,它正在践踏《守法章程》中的规定,这一章程是这样开始的:"若朕及朕的官员制定了法律而不去履行的话,法律的制定就没有多少意义。"这是在提醒国王,他不能凌驾于法律之上,也不能凌驾于与议会达成的协议之上。这让费利佩五世非常生气,因为这违背了他在凡尔赛宫廷从祖父路易十四和父亲那里学到的东西。最后,国王和三大议员团达成了一项临时协议,费利佩签署了法规,但几年后这些法规又被他坚决取缔了。

在接下来的几年里,费利佩五世的宫廷和加泰罗尼亚政府间的关系不但没有好转,反而越来越糟。总督遵从国王的命令,经常无视加泰罗尼亚的法律。但加泰罗尼亚人则遵从自身政府机构的意见,不断进行抗议、暗箱操作、提出要求并竭尽全力地证明他们才是加泰罗尼亚公国真正的统治者。当时的国际形势不容乐观,起初程度相对较轻的军事冲突已经全面升级并蔓延到整个欧洲大陆。海上战斗也已经打响,各国的船只开始相互攻击,试图摧毁对方。美洲方面,西班牙人和法国人最终也未能成功牵制英国、荷兰和葡萄牙的海上力量。半个世界都陷入了战争之中,而这所有的纷争都是为了西班牙王位的继承权。但交战双方都很强大,实力雄厚,双方都有充足的理由相信自己能够快速取得战争的胜利。

就在那时,约尔迪·德·达姆施塔特重新点燃了加泰罗尼亚发动起义反对波旁王朝的可能性。达姆施塔特一直与加泰罗尼亚的某些人保持着秘密联系,这些人都在17世纪末与他一起抗击过法国人,他们具备战争经验,资金充裕,还都对费利佩五世和其官员的行为感到义愤填膺。

不管怎样,费利佩任命了新的总督——梅尔加伯爵弗朗西斯科·安东尼奥·费尔南德斯·德·贝拉斯科·托瓦尔。就像历史上一再发生的戏码,贝拉斯科总督成为压倒骆驼的最后一根稻草,他让加泰罗尼亚人不得不起来反抗费利佩五世。贝拉斯科是一个粗鲁且不会妥协的家伙,他尽其所能地让加泰罗尼亚人明白是他在统治这里。肆意的拘捕、专横傲慢的态度、各种名目的罚款、铁腕的控制、粗暴的虐待……贝拉斯科的这些举动激起了人们的憎恨,许多本来不想卷入政治争端的巴塞罗那人都感到有必要起来反对新总督和他那些邪恶的卡斯蒂利亚及加泰罗尼亚奴仆们。贝拉斯科的这些追随者们被称为"百合派"(botiflers),这个奇怪的词源自对两个法语单词 beauté 及 fleur 的错误拼读——"beauté fleur"是百合花的另一种说法,百合花是波旁家族徽章上一直沿用的花。从那时起,"百合派"这个词就开始登上加泰罗尼亚政治舞台,当有人(政治家、实业家、运动员)表现出支持中央政府的政治路线时,就会被称为"百合派",因为这样称呼他们的人认为中央政府的政策是与加泰罗尼亚的利益相悖的。因此,在加泰罗尼亚说一个人是百合派,是对这个人最大的侮辱,相当于说他曾有过不可饶恕的背叛行为。

贝拉斯科穷凶极恶的政策为约尔迪亲王及其加泰罗尼亚盟友计划的实施提供了便利条件。贝拉斯科总督做了一些非常愚蠢的事情,例如,他关闭了质疑者学院,这是一个由贵族和权威人士组成的协会,成员们每隔十五天就会在位于蒙卡达街20号的保·伊格纳斯·德·达尔马瑟斯宫聚会(那里现在已经成了酒吧和为游客表演弗拉门戈的地方)。学院成员在集会中主要讨论(他们用卡斯蒂利亚语讨论,因为他们认为卡斯蒂利亚语是一种比加泰罗尼亚语更文雅的语言)文学、艺术、哲学,当然也少不了政治。学者们在发表意见时用半透明的手帕遮脸,目的是为了让自己能更自由地做出评论。

学院里聚集了费利佩五世的反对派。在该学院的三十名成员中,有十六人被当成是哈布斯堡派而受到迫害。1703年,总督决定通过一次针对加泰罗尼亚上层阶级的镇压行动来关闭这个学院,而这一举措成为触发反对费利佩派活动的关键因素。

1704年春，战争的轰鸣声响彻整个欧洲，约尔迪·德·达姆施塔特组建了一支小舰队，试图占领巴塞罗那。虽然他发动了突袭，但最终一无所获，因为他的计划不够周密：他计划带领自己的六十名士兵登陆，以此来激发巴塞罗那民众掀起反对贝拉斯科的起义，因为绝大多数巴塞罗那人都是反对总督及其手下的卡斯蒂利亚士兵和百合派的。此外，在几天的时间里，他将会得到追随他而来的舰队的支持，这支舰队中有1 600名船员。这些船员虽然没有受过地面作战的训练，但毕竟是一支人数众多的武装力量，约尔迪认为这就足够了。巴塞罗那人看到约尔迪亲王的旗帜时，纷纷行动起来，但这远远不够。贝拉斯科只需要从营房中调出驻军，就能镇压加泰罗尼亚人的骚乱。在一些重要的哈布斯堡派人士试图逃去投奔约尔迪亲王的同时，贝拉斯科也展开行动，将一些人关进了监狱，以免夜长梦多。最终，逃走的哈布斯堡派和约尔迪亲王坐船离开，而留在巴塞罗那的民众不得不继续忍受总督的胡作非为。

有趣的是，这些与达姆施塔特一起逃亡的巴塞罗那人于8月4日参与了占领直布罗陀的行动。350名加泰罗尼亚人在直布罗陀巨岩东部的一个小海湾登陆，这个海湾与直布罗陀城相对。加泰罗尼亚士兵在约尔迪亲王和巴塞特将军（巴塞特和比亚罗埃尔可能是王位继承战争中表现最突出的两位加泰罗尼亚将军）的率领下，在征服直布罗陀的行动中起到了决定性的作用。加泰罗尼亚人表现得非常勇敢，他们直接袭击了西班牙士兵的分遣队。由于他们表现出色，他们登陆的海湾被命名为加泰罗尼亚湾，而直布罗陀的加泰罗尼亚殖民地多年来一直地位举足轻重。这些加泰罗尼亚战士中有不少人曾多次参加守卫直布罗陀巨岩的战斗，但战争结束后，留在这里的主要是商人。

国王卡洛斯进入巴塞罗那

贝拉斯科在巴塞罗那的疯狂程度有增无减:逮捕、强占(如果不用"抢劫"这个词的话)、酷刑甚至是某种方式的处决。贝拉斯科总督的这些行径使巴塞罗那陷入恐怖气氛的笼罩之中。整个加泰罗尼亚公国的情况都变得令人无法忍受,而巴塞罗那的情况更糟,因为西班牙的主要部队就驻扎在那里。在这种情况下,反波旁王朝同盟认为在更靠近卡斯蒂利亚的地方拉开一条阵线可能更为合适,因为卡斯蒂利亚是费利佩权力的核心。虽然反波旁王朝同盟已经在葡萄牙拥有了一个基地,但他们未能攻破西班牙的防线。他们认为在阿拉贡王国展开的第二战线将会像楔子一样嵌入敌人内部,这能让他们赢得战争。英国人与加泰罗尼亚人联系密切,因为多年来这两个国家的商人之间保持着顺畅的贸易往来。英国人召来了一位加泰罗尼亚统治阶级的代表。他们在热那亚与真正的间谍头子米佛·克劳会面。1705年春,英国与加泰罗尼亚达成一致:加泰罗尼亚人承诺支持反对费利佩的联盟,并在加泰罗尼亚支持卡洛斯大公(当时他已经是卡洛斯三世);作为交换条件,卡洛斯三世宣誓承认加泰罗尼亚的法律。同时,英国承诺,不管卡洛斯最后是否赢得战争的胜利,都会保证加泰罗尼亚公国的存在。

一个月后,即1705年7月,卡洛斯率领一支庞大的舰队从里斯本出发,在巴伦西亚王国的巴塞特登陆,起义便从那里拉开了帷幕。随后,他们继续向巴塞罗那挺进,最终于八月末抵达。虽然费利佩的7 000士兵驻守在巴塞罗那,但军心不稳。起义在加泰罗尼亚的几个地方同时爆发,巴塞罗那人民表现出比以往任何时候都强大的战斗力,有几十名加泰罗尼亚志愿者武装起来参与攻城,但第一步是要削弱蒙特惠奇山的防御力量。9月14日，反波旁联军发动袭击，不幸的是约尔迪·德·达姆施塔特受伤并阵亡。不过，同一天，加泰罗尼亚将军巴克·德·罗达也成功攻破了敌人所有强有力的防御力量，反波旁联军最后于17日征服了蒙特惠奇山上的要塞。随后，他们便将大炮对准了城墙，开始射击。贝拉斯科认为抵抗已经毫无意义，为了保住性命，他在10月初投降，条件是要释放解除武装的驻军。反波旁联军接受了他的要求。

纳尔西斯·费利乌·德·拉本雅是一位非常有趣的人物，他被贝拉斯科总督囚禁了15个月。他描述了当时的情形以及哈布斯堡王室的卡洛斯三世是怎样进入巴塞罗那的：

> 11月7日，一个极为庄严的日子，这是人们期待已久的国王进入巴塞罗那的日子：国王忠诚的臣民们满心欢喜，这种喜悦之情无以言表。依照惯例，国王陛下在圣弗朗西斯科平原宣誓对海岛（这代表着这些海岛成为陛下拥有的领土不可分割的一部分）、鲁西永伯国、塞尔达尼亚、巴塞罗那伯国、雷诺斯享有主权，陛下还宣誓尊重巴塞罗那享有的某些特权并在主座教堂向教会宣誓。

第二天，巴塞罗那举行了宗教和世俗游行：

> 那天晚上，为期三天的庆祝活动在灯光和烟花的映照下拉开了帷幕，国王出席了在加泰罗尼亚政府举行的庆典，之后又以皇家宴会作为答谢，皇宫中乐声袅袅，所有贵族男女都出席了宴会。

虽然当时没有人能见到国王，但头几天的庆祝活动却让卡洛斯国王在巴塞罗那有了很强的存在感。巴塞罗那人民很高兴再次接纳一位国王和他的宫廷。此外，卡洛斯是一个腼腆而有教养的人，说话轻声细语,对待一切都非常认真。据说,这么轻声细语地说话是一种策略,这让他在回应所收到诸多要求时,可以不让自己陷于不义,以一种听不太清楚的方式说话是哈布斯堡王室历史上一直沿用的策略。卡洛斯在巴塞罗那度过了他生命中最美好的时光。他很年轻,又登上了王位(虽然原则上王位并不属于他),从整体上讲,应该说战争在朝着对他有利的方向发展。那个时候,他未来的妻子(那时他还不认识她)也来到了巴塞罗那,卡洛斯很爱他的妻子。新的巴塞罗那伯爵夫人①伊莎贝尔·克里斯蒂娜·德·布伦瑞克-沃尔芬比特尔于1708年7月25日抵达马塔罗,在巴塞罗那为将要举行的婚礼做准备的期间,她一直都住在马塔罗。伊莎贝尔·克里斯蒂娜样貌出众,国王只在画中见过她,便已觉得她美艳动人。除了拥有美丽的外表,伊莎贝尔·克里斯蒂娜还是一位聪慧过人且受过良好教育的女性。他们于8月1日在海洋圣母圣殿举行了盛大的婚礼,婚礼在美妙的乐曲中进行,还伴有游行活动。晚间,街上灯火通明,烟花绚烂。

赫奥瓦尼·赫梅利:
1708年的巴塞罗那及城里的歌剧表演

在国王和王后的宫廷中聚集了各种各样的人,其中就有一位非常特别的意大利人——赫奥瓦尼·弗朗西斯科·赫梅利·卡雷利。他是我们所知道的第一个环游世界的人,他的旅行就是靠搭乘在路上所遇到的交通工具而完成的。他将他非同寻常的旅行经历记录在一系列名为《环球行记》的书中。他在书中记录了很多离奇的事情,这让很多人都认为他在说谎。可能有时他的记录比较夸张,但总的来说,他

---

① 卡洛斯也承袭了当时的巴塞罗那伯爵头衔,所以称他的妻子为巴塞罗那伯爵夫人。——译注

的故事还是真实的。赫梅利之所以会去巴塞罗那,是因为他想在卡洛斯三世的新宫廷中谋得一个职位。他唯一的优点就是拥有超凡的口才。他无所不知,曾游历天下。此外,虽然他去巴塞罗那的时候已经上了年纪,但年轻时他还曾是一名美洲的征服者。赫梅利花了一年多的时间才获得了一个无足轻重的职位,但不管怎样,这让他可以维持自己的生活。与此同时,他也开始致力于写下他的所见所闻。其实,他一生都在这样做。他对1708年的巴塞罗那做了一个非常有趣的描述:

> 城市的形状并不规则,是五角形的,但每个角都不一样。城墙不是很高,但都建在一个堤坝上,要想在城墙上打开缺口,得花些功夫。然而,这座城市最难攻破的堡垒是当地人的团结和恒心,他们有着抵抗敌人攻击的坚定决心。

他一定想不到他的描述有多么准确,即将发生的事件将充分说明这一点。

赫梅利还见证了巴塞罗那音乐爱好者们永远记得的一件事:巴塞罗那的第一次歌剧表演。当时,歌剧还是一项新兴事物。作为新婚礼物,百人市政会向年轻的国王献上了全新的表演,他们委托专人将作曲家安东尼奥·卡尔达拉的《最美妙的名字》排成歌剧。这是一部典型的巴洛克风格独幕剧,时长两个小时,在皇宫旁的皇家剧院(那个地方就是现在洛加大楼的所在地)上演。国王和王后坐在扶手椅上观看表演,贵族则坐在长凳上观看。现今,在观看歌剧表演时,观众要保持安静,以此来表示对演员的尊重,而那时这种习惯并不存在,贵族们很可能得时不时站起来舒展一下腿脚,以缓解他们久坐板凳所引起的不适。赫梅利在他的书中对国王及王后大加赞美,因为他别无选择,他的收入依赖于王室。他还描写了宫廷生活,描写了国王和王后离开巴塞罗那去城外别院时的场景,描写了贵族们在那里狩猎并大摆宴席的场景。这位意大利旅行家并没有把巴塞罗那人说得太好,因为他觉得巴塞罗那人不够出众。确实,在史书中,巴塞罗那人从来都是平淡无奇的。

战争的终结

巴塞罗那人为了应对王位继承战争付出了相当大的努力。人们的日子开始变得艰难,从战场传来的消息越来越让人们感到失望和悲伤。不仅仅是因为死伤,还有战争带来的其他厄运以及这些厄运将会带来的影响。1707年4月25日,在巴伦西亚王国的南部爆发了阿尔曼萨战役。这是一场重要的战役,反法联军被布伦瑞克公爵领导的法西联军击败,这意味着在短时间内卡洛斯失去了巴伦西亚王国和阿拉贡王国。然而,战争失败所带来后果远不止如此。波旁王朝的军队在这些地区一路烧杀掳掠,巴伦西亚受到的破坏尤为严重,城市被波旁王朝的军队烧毁,城里的男人被绞死,女人遭到欺凌。费利佩五世很清楚要怎样对付阿拉贡王国:他针对构成阿拉贡联合王国的所有王国颁布了一个法令——《新基本法》。根据该法令,阿拉贡王国的所有法律、特权都被废除,阿拉贡王国必须使用卡斯蒂利亚的法律。如果加泰罗尼亚公国被攻破,这也将是它的下场。这不是一次单纯的失败,因为失败意味着波旁王朝的统治者在巴伦西亚实施的种族灭绝政策将会再次重演。本土语言被禁止使用、自治机构消失、档案被烧毁……费利佩五世还对巴伦西亚人强制实行一种军事体制。在这种体制的管理下,一个人哪怕是犯一丁点儿错误或是有任何的不当行为,都可能招来牢狱之灾,遭受酷刑,甚至被绞死。费利佩五世虽然对阿拉贡人也一样,但没有像对巴伦西亚人那般严酷。我们通过被俘士兵描述可以看到费利佩国王的所作所为。由于法国人没有直接受到费利佩五世指挥,所以他们的行为并没有西班牙军队那么肆无忌惮,而西班牙军队已经变成了受国王操控的嗜血掠夺者。

战争以一种复杂的方式推进。在伊比利亚半岛,法国和西班牙的军队压制了哈布斯堡家族的盟军,而在伊比利亚半岛以外的地方,情况刚好相反。在1708年至1709年间,哈布斯堡家族盟军在伊比利亚半岛控制的地区只剩下加泰罗尼亚公国的大部分地区、直布罗陀和葡萄牙,其余地区全部落入了波旁王朝手中。交战双方都到了筋疲力尽、难以为继的地步。法国完全卷入战争,它在三个阵线展开战斗:北部战线、意大利战线和西班牙战线。法国已经无力支撑。此外,多年来,干旱、霜冻和虫害摧毁了法国的田地。一直精力充沛的路易十四那时年逾七十岁,精力大不如前。

西班牙方面,费利佩五世虽然很年轻,却显现出一些曾困扰他父母的疾病征兆。根据当时的记载,国王性格忧郁。事实上,这种忧郁可能就是我们今天所说的躁郁症,这种病有时会让他率军出征(这也是为什么他被称为"亢奋者"),有时会让他把自己关在房间里,几天不和人说话。除了患有这种疾病,他性格复杂,当然这只是委婉的说法。他的第一任妻子——来自萨伏依的玛丽亚·露易莎——给他生了四个孩子。费利佩五世是忠诚的天主教徒,他坚决反对贵族家庭中常见的淫乱行为,坚持在婚后才能发生性行为。根据几名宫廷成员的回忆录记载,从他结婚那天起,一直到1714年2月王后去世,他们每天都行房事。多年来一直照顾他的法国医生奥诺雷·米切雷特说:"性行为掏空了他。他是最持之以恒的丈夫,无人能及,他总是在无休止地索求。"另一位法国医生雷米·雅各比说:"他的第一任妻子病得很严重,体液失衡①,经常全身被汗水浸湿,浑身溃烂。她一天也不能休息。

---

① 源自欧洲的"体液学说"。希腊人认为人体由血液、黏液、黄胆汁和黑胆汁四种液体组成。这四种液体平衡时,人体功能正常运行;而当体液失衡时,人就会生病。——译注

甚至在生病的时候,她也无法独自安睡。"玛丽亚·露易莎患有一种结核病,这导致她身体上长着令人作呕、疼痛难忍的脓疮。尽管如此,费利佩每天都要和她同房,不管她是否愿意,甚至在她去世的前一天也不例外。但不管怎样,费利佩五世在马德里非常受欢迎。

与费利佩五世相比,卡洛斯三世截然不同,他在加泰罗尼亚的首都巴塞罗那非常受欢迎。尽管他不是世界上最和蔼、最善言的人,但当情况危急时,他却能表现出自己的勇气,如1706年波旁王朝围攻巴塞罗那时,他便是这样。当时,费利佩的军队用了两个月的时间试图占领巴塞罗那。巴塞罗那有专门的护卫队守卫,虽然护卫队只是一支由各个行会组织的民兵队伍,但当英国舰队出现时,他们也成功地进行了防卫。卡洛斯三世并没有离开巴塞罗那,虽然这可能是那个年代再正常不过的一种习俗,但这让他成为一位极受欢迎和敬爱的国王。然而,他是一位传统意义上的国王,虽然巴塞罗那城被围,他的宫廷依然歌舞升平,尽管他看到人民在遭受苦难,也收到了军队在某些战役中失败及西法军队进行大规模屠杀的消息。然而,1711年,一件意想不到的事情发生了。他的哥哥、奥地利皇帝、年仅三十二岁的约瑟夫一世突然去世,而卡洛斯成为他的继承人。卡洛斯的身份在伊斯巴尼亚王国一直受到质疑,而这种质疑已经让世界经历了九年的战争,导致成千上万人死亡。卡洛斯呕心沥血地为获得一个正在走向衰落的王国的王位而战,却易如反掌地成了一个在欧洲已经相当稳固的帝国的皇帝。此外,卡洛斯是奥地利人,放弃西班牙的王位而回到自己更为熟悉的环境中,应该也在他权衡是否接受奥地利帝国的王位时起到了重要作用,虽然这并不是唯一的原因。

多年来,交战双方从未放弃会谈,都希望能够结束冲突,但一直没有达成协议。反法联军要么就向伊斯巴尼亚王国狮子大开口,要么就要和它同归于尽,他们确信最终能够赢得军事上的胜利。相反,路易十四认为拉长战争是一个很好的策略,因为这样可以留出时间,等待意想不到、可以扭转局势的事情发生。他是对的,因为在这期间发生了两件事:第一,奥地利皇帝去世;第二,英国保守党人上台,他们代表的是与法国有贸易往来的英国商界的利益。后者倒不是那么出人意料。

这两件事的发生促成了新一轮的谈判,而这轮谈判是在绝对保密的情况下进行的,谈判的结果便是《乌得勒支条约》的签订(事实上,这是由几个条约组成的),而从理论上讲,该条约结束了战争,在很大程度上缓解了参战双方的压力。英国除了获得了梅诺卡岛、直布罗陀以及其他地区之外,还获得了两项具有决定意义的权利,足以结束西班牙对美洲的垄断——其中一项权利,便是英国每年可以用一艘船只与西班牙殖民地进行贸易。这也导致了无耻的走私贸易和黑奴买卖许可证的出现,后者也类似于走私,但它的商品是非洲奴隶。其他的反法盟国基本上都瓜分到了领土,而法国获得了和平,费利佩五世则获得了西班牙王位。卡洛斯三世(那时已经是奥地利的查理六世)对这个条约提出了最为强烈的反对意见,因为他觉得这么做让自己背叛了加泰罗尼亚人。虽然《乌得勒支条约》要求费利佩保留加泰罗尼亚的政府机构和法律,但同时也规定反法联军必须撤离加泰罗尼亚。这样,加泰罗尼亚公国和巴塞罗那就得独自面对一个冷酷的敌人,其领土和国家完全可能在缺乏保障的情况下遭遇灭顶之灾。

当卡洛斯离开这座城市时,巴塞罗那人虽然担忧,但内心仍保持些许平静,因为王后留了下来。伊莎贝尔·克里斯蒂娜比她丈夫更聪明、更文雅。虽然她是女人,巴塞罗那人也很欣赏她。1713年,她最终离开巴塞罗那时,曾在一封私人信件中写道:"我永远无法像爱加泰罗尼亚人一样去爱另一个民族,我将永远爱他们。"伊莎贝尔·克里斯蒂娜于1750年在维也纳去世,她被埋葬于自己下令修建在维也纳嘉布遣会教堂中一座巴洛克风格的坟墓。在她坟墓前部最显眼的位置镶着一幅用青铜雕刻的巴塞罗那像。巴塞罗那是她挚爱的城市,而她也是巴塞罗那挚爱的人。

当王后在1713年3月离开后,哈布斯堡家族的盟友加速了撤离。他们的离开对加泰罗尼亚人来说是非常残酷的。一夜之间,英国人、荷兰人、葡萄牙人、奥地利人撤出了城市和各个据点,他们将城市的钥匙交给了已在城外等候的波旁王朝大军。当波旁王朝的军队进城时,他们保持了一贯的作风:奸淫掳掠。加泰罗尼亚人唱起了悲伤的歌曲:"英国人失信了,葡萄牙人已经签了协议,荷兰人也马上会签,而我们将会被吊死。"

巴塞罗那三大议员团委员会收到了卡洛斯国王的来信,他在信中表示对所发生的一切感到非常遗憾,但他也无能为力,不过他确信该条约将保证加泰罗尼亚人的安全,保证加泰罗尼亚政府机构的有效性。一个加泰罗尼亚的使团连同几位英国的领导人赶去会见法西军队的统帅波波利公爵,向他提出了两个要求。首先,他们要求在停战后,西班牙人必须保证尊重加泰罗尼亚、马洛卡岛和伊比萨岛的政府机构;第二,卡斯蒂利亚、阿拉贡和巴伦西亚难民的财产要返还到他们的原籍。波波利公爵的一位下属这样回复了英国人:"这是我们的事。"(换句话说就是"你们不要插手"。)他还说:"加泰罗尼亚人要明白,有我们在,他们是不会如愿的。如果他们坚持要这样做的话,只会对他们更加不利。"

显然,所有人都清楚,特别是对于反法盟国而言,《乌得勒支条约》中与加泰罗尼亚相关的条款不过是一纸空文。从那天开始,巴塞罗那出现了一种现象,这种现象一直持续到巴塞罗那沦陷那天:每天都有游行的队伍从波恩区出发,经过诺瓦广场和兰布拉大道,最后在博盖利亚市场门停下。人们在那里诵念《玫瑰经》,祈求圣母的庇护。如果这么快就开始向上天祈求,说明人们已经意识到事态发展有多么严峻。

加泰罗尼亚人的战争

王后离开之后,奥地利元帅圭多·冯·斯塔赫姆伯格想尽办法让加泰罗尼亚人接受投降,同时,他们也在与费利佩的人协商投降事宜。6月22日,反法同盟和波旁王朝在略夫雷加特河畔的奥斯皮塔莱特签署了秘密协议,进行了权力的交接。当时,加泰罗尼亚三大议员团委员会(也就是没有国王的加泰罗尼亚议会)已经察觉到事情不妙,于是,他们决定于同月30日在加泰罗尼亚政府大楼的圣约尔迪厅召开会议。事实上,这次会议的召开就相当于宣布加泰罗尼亚共和国成立,委员会将决定国家今后要怎么办,而不再理会皇室的愿望。因为议员们都很清楚,皇室已经不再拥有任何权力。会议召开期间,加泰罗尼亚的代表们不仅经过一轮又一轮的讨论,也看到了哈布斯堡家族的盟军如何撤离,如何被法军取代,就连元帅斯塔赫姆伯格本人也于7月9日秘密逃离。街上的人们议论纷纷。当代表们走出加泰罗尼亚政府大楼时,人们围了上来,想知道最新的消息。最初,三大议员团分别得出了不同的结论。教士阶层决定听从其他两个阶层的决定;军人阶层,也就是贵族阶层,选择投票决定加泰罗尼亚是要投降还是要继续抵抗(投降的选项以2票或3票的优势胜出,但因两种选择所获得的票数差别不大,他们决定继续讨论,之后再次投票)。与此同时,民众阶层也展开了充分的讨论。巴塞罗那的代表是最为坚定的抵抗派,但直到再次投票前,情况并不十分明朗。最终,78票赞成继续战争,45票赞成投降。民众阶层做出的决定最终让另外两个阶层选择继续抵抗。其实,应该说这是所有人共同的决定,少数群体并没有溜之大吉,而是尽全力支持大家投票的选择。就这样,所谓的加泰罗尼亚人的战争或加泰罗尼亚战争便拉开了帷幕。

  人们经常这样理解上文中提到的投票,就好像一群狂热分子说服了力量较弱的群体应该要继续作战,这样才能保证少数人可以维持自己的特权。这种理解是极为愚蠢的,从经济的角度上讲,当时的形势对巴塞罗那人民非常不利,但他们却是最坚定的抵抗派。加泰罗尼亚人并没有失去理智,但他们错在太过天真。他们寄希望于奥地利人会改变主意,因为他们已经和法国宣战,而卡洛斯又已是他们的皇帝。他们也寄希望于某一天英国人会改变主意,因为促成托利党上台的安妮女王身体状况不佳,她的堂兄汉诺威的乔治迟早会登上王位。乔治更崇尚自由主义,他是加泰罗尼亚人的朋友,也是法国人的敌人,他登上王位可能会对形势的发展产生巨大的影响。因此,加泰罗尼亚人,特别是巴塞罗那人,认为抗拒也许并不会持续太久。

  但不管怎样,从一开始,巴塞罗那人就准备对围城进行反击。7月25日,他们看到第一批波旁王朝的军队到达,军队来自马尔托雷尔。在接下来的几天里,加泰罗尼亚士兵和敌军之间发生了几次冲突,而敌军的数量不减反增。7月27日,波波利公爵派人传话:巴塞罗那人必须立即投降,"如果他们在两小时内不投降的话,所有人都会死在军刀之下。"巴塞罗那人当然不会投降,他们成立了一个由36名成员构成的政府,由拉法尔·卡萨诺瓦领导。从理论上讲,他并不是最合适的人选,在抽签选举的过程中,卡萨诺瓦也未能当选,但在他前面选出的两人因为害怕遭到报复而放弃这个职位,卡萨诺瓦才得到这个机会。他是一名熟悉诉讼、性格温和的律师,但他却不熟悉战争。然而,后来他的表现一直都令人敬佩,即便他的领导才能不及守卫巴塞罗那的安东尼奥·德·比亚罗埃尔将军。

  比亚罗埃尔是个特例。56年前,他因机缘巧合出生在巴塞罗那,因为他的父亲是一名军人,当时正好被派到这座城市,但他其实是典型的加利西亚人。他曾在波旁王朝的阵营作战,在战场上脱颖而出。由于被指控曾参与推翻费利佩五世的阴谋,他被革职,不得不开始流亡。当波旁王室濒临绝境时,比亚罗埃尔认为他有责任结束流亡生活,回来继续效忠波旁王室。费利佩表面上接受了请求,但他这么做其实是要让比亚罗埃尔放松警惕,以便将其抓获(很可能还想一杀了之)。当比亚罗埃尔将军得知此事,决定转投哈布斯堡家族阵营。也许是因为过去的密谋事件,比亚罗埃尔怕卡洛斯三世对他心存芥蒂,因此,他对卡洛斯三世无比忠诚。如果他留在巴塞罗那,那是因为卡洛斯三世命令他这样做,而不是因为他觉得从道义上讲他要对加泰罗尼亚人负责。

巴塞罗那城的攻守两方经常发生冲突。波波利公爵决定不按传统的策略攻入加泰罗尼亚人的防御工事。通常,攻城的一方都会用大炮向某段城墙开炮,以撕开一个缺口。当城墙倒塌时,会形成了一个天然的斜坡,士兵踩着斜坡就可以进入城内。不管出于什么原因,如果不能用大炮推倒小段城墙,就要尝试在城墙脚下挖沟埋炸药。城墙一被炸倒,突击部队就会从城墙的裂口进入城内,直到军队可以控制城门,让大部队进入。随后,从被攻破的防御工事占领城市或城堡就相对简单了。当然,理论上讲是这样,但在实践中,对于攻城者而言,并没有那么简单。

首先,随着时间的推移,城墙已经被不断加固,它的厚度和形状也发生了变化。城墙的墙面不像中世纪时期那样平直,墙体也比那时厚实了许多,并有了一定的倾斜度。这样的防御工事最大程度地弱化了敌人的火力,炮弹对以这样的标准建成的城墙几乎造不成任何伤害。此外,守军有很多方法来进行防御:他们可以不断加固城墙;可以监视是否有地方被埋了炸药;如果城墙被炸开了缺口,还可以制造一些致命的障碍来阻止敌人进入。除此之外，更为现代化的防御工事有一些特殊的设计，这会让攻破要塞变得更为艰难，它的外部有一种类似于城堡的设计，可以直接阻止攻城的军队进入。在这些小城堡和城墙之间是一些没有掩体遮挡的开阔空间，在这里士兵无法躲避来自城墙上的射击。此外，在一段城墙与另一段城墙的衔接处还修建了向前突出的碉堡，这样就可以从3至4个不同的角度来攻击进攻者。

通过上面的描述，我们可以看出，巴塞罗那的城墙已经过时了，大部分上面提到的先进设计，它都不具备。在上个世纪的几次围城之后，百人市政会虽然对城墙进行了修复，但并没有进行改造。巴塞罗那城墙的外围几乎都用土坯加固，这是有积极作用的，但城墙没有碉堡，而以前的那些堡垒又太过简陋，墙体也不像人们期望的那样坚固。虽然如此，巴塞罗那也还有一些优势，例如，有时可以从面向大海的那段城墙冲破敌人的封锁，装有粮食和弹药的船只会从马洛卡驶来，城里也有一些区域很难被攻破。但如果从总体上来评估巴塞罗那的优势和劣势，情况对巴塞罗那非常不利。因此，现实一点，可以预见，在4至5个月内，巴塞罗那一定会被征服。

然而，巴塞罗那却坚持了将近14个月，确切地说，是422天。这是一次震惊欧洲的非同寻常的抵抗，同时，这也是一次异常艰难的守城战。效力于费利佩五世的波波利公爵并没有系统地向城墙开炮，而是决定轰炸巴塞罗那。他想毁掉这座城市，想引起民众的恐慌并惩罚反叛的民众，他想让巴塞罗那人起来反抗并跪地求饶。他发射了大约30 000枚炮弹（一些消息来源称有50 000枚），这相当于向每个巴塞罗那人发射了一枚炮弹，轰炸让城市的大部分地区都变成了废墟。在以前的几次围城中，巴塞罗那人就有过被轰炸的经历，他们会以哪些房屋或街区已被炸过或是还没有受到破坏作为参照，在城里不断移动，躲避轰炸。有些家当的人通常会把自己的东西分别存放在城里几个不同的地方。这样的话,即便自己的房子被炸毁,也不会变得一无所有,至少可以留下部分家当。有几个这样的例子被记录在案,例如,寡妇玛丽亚·雅都卡租住在位于博纳伊雷街的外科医生霍安·马尔特拉斯的房子里(也就是现在波恩市场的屋檐下)。她把三箱衣服存放在海洋圣母圣殿,把一个装有更多衣服的篮筐存放在圣方济各教堂,把其他的物品都存放在朋友家里,因为朋友家在城里理论上讲较为安全的区域。雅都卡夫人是一位明智的女性,为了保护自己的财产,她将它们分开存放,因为她住的地方恰恰是受到敌军炸弹、燃烧弹和炮兵发射的炮弹袭击最严重的地方。

那时的巴塞罗那大概一共有5000座房屋,其中几百座房屋倒塌,更多的房屋受到了严重的毁坏,公共建筑也受损严重。那时的资料表明海洋圣母圣殿几乎被夷为平地,松树圣母圣殿教区成为废墟,圣卡特丽娜修道院、圣贝雷修女修道院和圣奥古斯汀修道院均被毁。

守卫巴塞罗那的士兵都听命于比亚罗埃尔将军,他们基本上是巴塞罗那城市护卫队的成员,大多数的军团都是按照行会组建的。商店店主、法律系的学生、银匠、陶器工人一起并肩战斗,同生死共存亡……在巴塞罗那人周围还聚集了想要为自由而战的外乡战士们,他们分别来自阿拉贡、巴伦西亚、卡斯蒂利亚、安达卢西亚、爱尔兰、那不勒斯、米兰、葡萄牙、加利西亚、法国、马洛卡岛、弗拉芒、匈牙利、阿斯图里亚斯、英格兰、穆尔西亚、鲁西永、埃斯特雷马杜拉、纳瓦拉、教宗国、比斯开-纳瓦拉、波希米亚、波兰、卢森堡、科西嘉岛、荷兰、奥地利、捷克、梅诺卡、萨克森、布鲁塞尔、加那利群岛、洛林、维也纳、瑞典、巴伐利亚、特伦特、别利亚、洛格罗尼奥、撒丁岛、安道尔……这些信息都来自圣克鲁斯医院,因为那里有伤员的记录,通过这些记录,我们可以了解很多关于守卫巴塞罗那的战士的情况。这是一支带有鲜明巴塞罗那风格的加泰罗尼亚军队,来自欧洲各地的勇士们都为其做出了贡献。"自由或死亡!要么我们自由地活着,否则宁愿去死!"这是激励战士们的口号。所有参加战斗的人都受到了这个口号的鼓舞,不管他来自哪里。虽然一开始每个人都为拥护卡洛斯为合法的国王而战,但实际上他们所参加的战斗与王朝的斗争几乎没什么关系。很多年前,战争的目的就已经不是为了让某个贵族家族获得伊斯巴尼亚王国的政权了(其实哪次民众战争也不是以此为目的)。现在,战斗的目的变成要为一种生活方式而战,不仅在加泰罗尼亚及阿拉贡王国的其他地区是这样,在其他构成伊斯巴尼亚王国的小王国也是如此,即便是在卡斯蒂利亚,亦不例外。为了这个目标,巴塞罗那的守城战持续了很久,这既令人钦佩,也让人感伤。巴塞罗那人民和所有外来的战士们一起奋起抵抗,最终让这次守城战成为世界上难得一见的壮举。

巴塞罗那人是英雄,他们还是非常特别的英雄,因为从巴塞罗那城被围的第一天到最后一天,他们都在尽其所能地保持日常生活的正常进行。在守城战进行期间,婚礼、洗礼、房屋销售、内务上的纠纷、各种类型商品销售合同的签订、货物延迟交付的投诉都在正常进行。在巴塞罗那被围的222天里,有关于针对上述所有事务的记录。当炸弹落在巴塞罗那时,男人们接连几个小时或接连几天都要在城墙上抗击攻城者,而女人们就帮助他们运送或制造弹药。敌人的进攻退去之后,巴塞罗那人还会继续请公证人来申请担保、偿还贷款或罗列死后财产清单,等等。对于巴塞罗那人而言,时刻处于被炸弹炸死、被火枪击中或被坍塌的房屋压死的危险之中,好像是世界上最平常的事。下面的几个例子可以帮我们理解巴塞罗那人面对危险时所选择的这种特殊的处事方式。

1713年8月,百合派逃离了巴塞罗那。他们的房屋都空了出来,人们决定对这些房屋进行清点,没收百合派的资产,以维持战争的开销。一大批公证员进入了这些废弃的房屋，他们详细地记录了看到的一切。多亏了这些清单，我们才能知道那些房子里都有什么，谁是波旁王朝的支持者以及他们的财产被用来做了什么。以贵金属为例，据我们所知，这些金属都被融掉，这令公证人们感到痛心疾首，他们立即指责统治者降低了这些金属的价值。10月5日，城里两位利欲熏心者——外科医生玛德乌·艾雷乌·伊·维拉尔塔和蜡烛商安东尼·玛亚奇斯——在科东内尔斯街的公证员弗兰塞斯克·费兰的见证下达成一致，他们准备与"仁慈圣母"号帆船的船主米盖尔·福斯特尔合作装备私掠船来对抗西班牙和法国船只。私掠是非常危险的，因为小帆船根本就不是西班牙和法国战舰的对手，但私掠也可能做成一桩好买卖。艾雷乌和玛亚奇斯其实还和另一艘小帆船联合，那艘船有一个相当长的名字——"圣父、圣子、圣灵三位一体、蓓阿塔·玛丽亚·德·罗萨里和圣安东尼·德·巴度阿"号。虽然我们不知道这两个人通过私掠最终得到了什么，但这两位商人很可能把巴塞罗那被围当成了一次赚钱良机。1713年11月4日，药商和糖果商行会（那时糖果也在药店出售）在圣方济各修道院的宽恕堂里召开了会议。他们处理了各种问题，其中有一个问题较为突出。药商和糖果商行会的成员和其他行会的成员一样，都要不定期地在城墙上服务，也就是说，要在城墙上放哨。因此，药商行会自己出资搭建了一个帐篷，以便其成员可以在里面休息、睡觉。而大家的抱怨是"当行会成员在帐篷里值守时，地面的寒气和潮气让他们很不舒服，这可能会让他们患上多种疾病。为了解决这个问题，最合适的方法就是在搭帐篷的区域全都铺上席子。"这是一个非常合理的要求，行会毫不犹豫地决定去购买席子。

偶尔也会有一些倒霉事发生。1713年10月，还未被波旁王朝占领的帕尔马城派骑士尼克拉斯·科东纳作为代表前往巴塞罗那，他将尽自己最大的努力来为巴塞罗那提供援助。自然，巴塞罗那人民张开双臂欢迎他的到来,所有富人家庭都邀请他去家里做客并请他喝巧克力。11月16日,他拜访了一位名为哈乌梅·希尔坤斯的有钱人。希尔坤斯的豪宅位于奥利维尔街与埃斯古德耶尔斯街相交处,房子有三个门厅和一个阳台。当科东纳和希尔坤斯站在阳台上时,不知何故,阳台突然塌了。科东纳当时就命丧黄泉,而五天后希尔坤斯也死了。这真是件倒霉事。

不管怎样,生活还要继续。药商和棉商行会也没有停止他们的日常活动。除其他工作外,行会还要负责审查那些想要加入行会者的入会资格。11月22日,他们在位于弗拉斯萨德尔斯街的贸易法庭首席成员哈乌梅·耶奥帕尔特的家中会面,审查萨尔瓦多·米罗·伊·安格里的入会资格,此人是一位已故行会成员的女婿。大家问了他几个问题来检测他是否了解各种香料、药物及糖的使用方法以及这几种物品的配合使用方法。经过审议,评审团认为米罗"技艺娴熟,有足够的能力胜任"。因此,评审团决定接受他为行会成员。据《巴塞罗那公报》的报道,那天,在攻城的波旁军队和守城士兵间曾有过交火。也就是说,在米罗接受评审期间,雨滴般密集的炮弹正在城里某些地方散落。

从1713年11月开始,饥荒便在巴塞罗那蔓延,幸好城里并不缺雪或冰,但这些雪和冰不在街上,而是在储冰井里。巴塞罗那人非常喜欢喝冷饮时那种惬意的感觉,如果谁能有一口井来存放从蒙特塞尼山或更远的地方运来的冰,他就可以做一桩好买卖。现在,我们在波恩市场里还可以看到一口属于当时荷兰领事的储冰井。

在巴塞罗那,虽然冷饮非常受欢迎,但最好的饮料不是水,而是葡萄酒。11月初,教会团体的修士们就连一点葡萄酒都没有了,这比没有吃的还更令他们伤心。马努埃尔·索雷尔修士在他的日记中记录,当时,他们只有水喝,吃的食物有:

第九章 关于灾难

定量的鳕鱼和腌牛肉,肉汤留着做埃斯古德雅汤①,但汤里却总是只有米而已。晚餐时,有鳕鱼、充足的优质面包,但晚上我们吃的生菜质量很差,连猫都不屑一顾。

来自莫雷利亚的巴伦西亚士兵约瑟普·卡马涅斯也有一本日记,他在日记里讲述了自己是如何度过巴塞罗那被围的那些日子的。卡马涅斯和他的朋友们不得不忍饥挨饿,但他们挨饿的程度远远超过修士们。例如,他记录了自己是怎样度过圣诞夜的:

1713年圣诞节的晚餐,我吃的是一片腌鳕鱼和一丁点儿沙拉,就没有其他的东西了。第二个节日来临时,我只吃了一点腌鳕鱼和半盘面条,晚餐是一条沙丁鱼和沙拉。而当第三个节日到来,那天下午一点一刻时,我还没有吃饭,有人叫我去吃饭,我吃了一条沙丁鱼和一点面条。食物的极度匮乏会让人生病,但我不得不忍受这种境况。

1714年2月底,情况进一步恶化。加泰罗尼亚境内的战争实际上仅限于游击战,虽然这种战斗形式一直让战争持续,但不利于在短期战胜敌人。此外,那些试图让反法联盟重返战场的加泰罗尼亚使者们最终并未达成他们的愿望。就在这个时候,比亚罗埃尔想出其不意地带领1 000名战士进行突围,趁着敌人还没反应过来,去袭击几个法国人或西班牙人的营地,好给围城军队重重一击。显然,在卡斯蒂利亚成长起来的比亚罗埃尔还不明白巴塞罗那政府机构的运作方式。百人市政会的拉法尔·卡萨诺瓦要求各行会选出将要参加此次行动的人。各行会开始了漫长的讨论过程。首先,要弄清楚大家是否同意这

---

① 埃斯古德雅汤是一种典型的加泰罗尼亚美食。汤会煮一种细长的丸子,丸子是用肉馅、火腿、搅拌过的鸡蛋、面包屑、大蒜、欧芹等做成。在入水煮之前,要先把丸子裹上面粉,放入煎锅,直到变成金黄色。煮熟后,把丸子切片,分给大家吃。汤里还会加入胡萝卜、萝卜、芹菜、葱等,有时还会加入其他配料,如鹰嘴豆、土豆、不同类型的肉和骨头等。——译注

个计划；然后，还需要讨论如何去做；最后，再确定有多少行会成员和哪些行会成员将代表行会去参加这次军事行动。4月22日，也就是比亚罗埃尔提出计划八周后，各行会终于商量出了结果。市政会商讨此次军事行动用了太长的时间，而比亚罗埃尔利用这段时间将计划告知卡洛斯三世，卡洛斯三世从维也纳给出了答复：保存实力比从巴塞罗那派出一部分守军去送死要更有意义。因此，千人军事行动被无限期搁置。

1714年3月，奥地利和法国之间签署了一项新的和平协议，即《拉施塔特和约》。该协议是《乌得勒支条约》的延伸，它的签订让数千名法国士兵和法国炮兵辎重队得到了解脱，他们应该不必再害怕会受到位于欧洲中心的神圣罗马帝国这个宿敌的反攻。那时，路易十四为他的孙子派出了一支新锐部队来镇压巴塞罗那人的叛乱。这支部队本身就非常优秀，更为重要的是贝里克公爵回到了伊比利亚半岛。贝里克是一名优秀的军人，他既不是天使，也不是嗜血的杀手，他只是在完成自己的工作，而众所周知，军人工作的特质就是要使用暴力。贝里克公爵的全名为詹姆斯·菲茨詹姆斯·斯图亚特，他是被推翻的英国国王詹姆斯二世和贵族阿拉贝拉·丘吉尔的私生子。他的后人都很厉害，比如温斯顿·丘吉尔。不管怎样，在他还年轻的时候，流亡生活就迫使他为法国国王效力，他最终成为法国举足轻重的人物之一，毫无疑问，他也是法国最好的将军。他被派去结束巴塞罗那的围城之战，就说明这场战事非同寻常。波波利公爵一直采用恐怖战术，但所获得的效果极差，而他的军队（基本上是西班牙人）士气也越来越低落。他们一直都无法进入那座仅靠四名装备很差的民兵守卫的城市。此外，正规部队经常遭受到游走于加泰罗尼亚全境的游击队及民防队的小规模袭击，西班牙人则采用恐怖政策进行报复。一位曾给西班牙军队造成重创的加泰罗尼亚军人巴克·德·罗达曾被他的一位朋友告发,已于前一年的夏天在维克被绞死。在绞刑台边,他表达了对自己祖国的热爱,他的话经过了适当的诗化及神化的改编后,被收录在民歌集中:

> 他们杀我不是因为我是叛徒,
> 也不是因为我是盗匪,
> 而是因为我想高声呐喊,
> 我的祖国万岁。

想要压制这种在当时的欧洲并不常见的情感,波波利公爵显然选错了方法,他所采用的恐怖野蛮的策略只能激发加泰罗尼亚人的抵抗热情。

然而,贝里克采用了不同的方法。他不排除镇压或使用恐怖政策,但他并不执着于此。他的目的是彻底结束那场正在让法国成为欧洲笑话的围城之战。正如今天那些关于处于战火之中的人们所经受苦难的报道让我们震惊和动容一样,当时的欧洲人对巴塞罗那人和加泰罗尼亚人也抱有同样的态度。反应最为强烈的是大不列颠(不久前,英国人开始这么称呼他们的国家),主要是因为这对于辉格党和托利党、自由派和保守派之间的政治较量颇具影响。1714 年出版了两本引发巨大反响的小册子:《加泰罗尼亚人的悲惨历史》和《关于加泰罗尼亚人案例的思考》。两本小册子都斥责并指控君主专制统治下的英国利用加泰罗尼亚人,怂恿他们反抗费利佩五世,之后自己却背信弃义,置加泰罗尼亚于危难而不顾。例如,第二本小册子曾这么说:

> 认为我们的大臣们是失职的国家荣誉的守护者是很可笑的;我们手中握有可按自身意愿强加条件的权力。我们会抛弃一个忠诚的民族吗?如果说他们有什么错的话,那就是和我们联合。难道他们的血不会成为我们冷酷无情的永恒

祭奠吗？当想到加泰罗尼亚人时，这会触动每一位慷慨的英国公民的心。虽然下面这句出自剧作家威廉·康格雷夫的话并不是针对英国人而说的，但在这个场合却完全适用："得到你想要的，当你不再需要他们的时候，就让他们见鬼去吧。"

英国是世界上公众舆论最具影响力的国家，这些小册子给英国人留下了深刻的印象。显然，英国改变了政策，决定出兵干预，至少是针对巴塞罗那的问题进行干预，这只是时间问题。这也是被围困的巴塞罗那人最大的愿望。如果他们能继续让敌人损失惨重，就像到目前为止他们所做的一样，之后，英国人又能出兵，那么强大的西法军队就会被击败，灰溜溜地逃走。而从那一刻起，一切都将成为可能。这不是幻想，不是海市蜃楼，是一种真实的可能，但它必须在接下来的几周内发生，因为巴塞罗那人已经到达了极限。

面对这种局面，指派贝里克这位法西阵营中最好的军事将领来结束巴塞罗那人民的抵抗，意义自不待言，因为当时确实情况紧急，可以说是十万火急！此外，路易十四从很早以前就已经开始怀疑他孙子的精神状态，他担心费利佩五世的残忍及对加泰罗尼亚人的偏执会激起以前反法同盟的反击，而这会拖垮法国。费利佩不停地给路易十四写信，他不断地告诉他的祖父，当攻陷巴塞罗那之后，会怎样处置巴塞罗那人。比亚罗埃尔本人也很清楚：如果法西军队还由波波利这个禽兽来指挥，巴塞罗那就有希望；但如果指挥官变成了贝里克，希望则变得非常渺茫。当波波利知道他即将被替换时，加大了对巴塞罗那的轰炸力度，而他这么做唯一的目标就是要摧毁这座城市，并在平民中造成更大伤亡。巴塞罗那人不得不放弃了兰布拉大街以东的区域，有500人因轰炸而遇难。

7月7日，当贝里克到达时，他再次下令包围巴塞罗那，并叫停了不分青红皂白的轰炸。首先,他进行了海上封锁,让从马洛卡岛出发将食物和武器运进巴塞罗那的船只都无法抵达。这对城内的抵抗造成了严重的打击,因为实际上这是巴塞罗那唯一的补给渠道。饥饿在巴塞罗那迅速蔓延,但无奈的巴塞罗那人仍一如既往,他们的日常生活照常进行,他们也还在履行着自己应尽的义务。公证员还在工作,印刷厂没有停工,工匠依然在建造、修复房屋,所有人都会时不时地去城墙上抵抗入侵者,或者去帮助那些冒着生命危险和敌人奋战的人。

贝里克采用了一种可以算得上"科学"的方法去攻打巴塞罗那。当时,法国拥有最好的军事工程师。17世纪时,一位军事天才塞巴斯蒂安·勒普雷斯特雷·德·沃邦建造并设计了为数众多的防御工事。而这些工程让人们改变了理解战争的方式。此外,他还研究了如何攻克自己修建及设计的防御工事,他不仅以书面的形式把这些方法都记录了下来,还将这些资料传授给后世几代法国军事工程师。贝里克虽然不是工程师,但他非常尊重沃邦和他的弟子们,所以他采用了沃邦的方法。

为了让一座城市屈服,必须要创造条件,让城里的人都意识到,除了投降之外别无选择。因此,要破坏城市的防御就必须让守城的士兵无法阻止敌人进入要塞内部。要做到这一点,凭当时的大炮是远远不够的。以当时大炮的威力而言,从远处向城墙开火是没有任何意义的,因为它们几乎不会对城墙构成任何威胁。必须要让大炮靠近城墙,瞄准精确的位置,充分发挥火炮的威力。波波利也向城墙开了炮,但大炮离城墙的距离太远,他选择在加泰罗尼亚的炮兵(是由马洛卡人指挥的)攻击不到的地方开炮。贝里克更为实际,凭经验他知道,一个遍地废墟的城市并不容易被征服,因为当攻击者进入时,瓦砾会对防御者起到保护作用。他的解决方案是将大炮靠近城墙,但要保证守城士兵向他的军队开火时伤不到他们,这要通过挖几条和城墙平行的战壕来实现。当第一条战壕挖好后,随即再挖第二条,当士兵越过了第二道战壕后,再挖第三条……就这样,当军人们一直到达一个不会受到攻击的位置后,他们就可以从那里近距离向城墙开炮并向步兵发动进攻,而不用穿越守城士兵的枪林弹雨。

这就是贝里克在巴塞罗那使用的进攻策略,他是从城市的北部开始实施这一方案的。那个区域基本上是由三个堡垒防卫:更靠近大海的圣贝雷堡垒、被很长的一段城墙分隔开的诺瓦门堡垒及整个城墙防御体系中最为重要的圣克拉拉堡垒。圣克拉拉堡垒和几乎在海边的雷万特堡垒是让巴塞罗那整个防御系统更为稳固的关键点。自收割者战争以来,人们就已经很清楚,如果发生袭击,很可能会在这个地方。这是巴塞罗那防御的一个关键区域,主要是地形的原因,这里可能会受到来自海上的轰炸,敌人也可能通过这里直接进入城市的中心。

贝里克将军正是下令在圣克拉拉堡垒开始挖平行战壕的,他还在这里集中炮火向城墙开炮。在短短的几个星期内,贝里克便在诺瓦门和雷万特堡垒之间的城墙上撕开了八个裂口,六个大的,两个小的。贝里克很满意。现在,他已经做好了一切准备。平行战壕让他能在靠近城墙的地方集中兵力;大炮摆放在有利位置,可以在攻击中起到辅助作用;而面对形势的转变,巴塞罗那人民肯定会士气低落。关于前两个方面,他是非常有道理的。然而,关于第三个方面,他完全错了。从理论上讲,8月12日是贝里克可能发动总攻的日子,在以前的任何一次守城战中,巴塞罗那人民都没有下过这么大的决心来进行抵抗。巴塞罗那人从一年前就开始抵抗,虽然很多人死了,但他们也看到了围困他们的敌人所发动的强大进攻是如何失败的。法国和西班牙士兵的尸体不断地在城墙前堆积。法西联军的逃兵也不断涌入巴塞罗那，这令人震惊,虽然加泰罗尼亚方面也有叛逃的人。

巴塞罗那的守军开始向外突围,他们破坏敌人攻城的工事,消灭敌人的工兵,这让那些迟早要攻入城内的士兵闻风丧胆。正常来讲,这样大胆的军事行动应该对守军有利,但实际情况却是,一个战士牺牲之后,根本没有人可以替代他。因此,守军所取得的这些小小的胜利其实并没有太大效果。很多次突围都是从圣克拉拉堡垒发起的(这个堡垒之所以叫这个名字,是因为它后面就是克莱尔修女修道院;在巴塞罗那被围期间,几十枚炮弹在这个修道院附近落下,导致它最终被摧毁)。7月23日,家在蒙卡达街的公证员弗兰塞斯克·博纳文图拉·托雷斯被修道院的六名修女请去。修女们和照顾她们的两名女佣即将做出一项可怕的决定。修道院院长、副院长和很多修女已经带走了修道院里所有值钱的东西。她们带走修道院的全部财产,除了安放在那里的两位圣徒的尸体。这两位圣徒是圣伊内丝和圣克拉拉,两人都来自阿西西,于1233年乘船抵达巴塞罗那,是她们在这里创建了这座修道院。修女们从石棺里取出了两位圣徒的尸体,并当着公证员的面放在木箱中。修女们带着木箱举行了游行,已经聚集在街上的人们跟随着游行的队伍。木箱被带到圣克拉拉教堂,那里的修道院院长把木箱藏了起来。

当时的形势令人绝望。大家的损失都在成倍的增加,虽然贝里克不是波波利,但他对加泰罗尼亚人民和士兵所采取的政策依然极度冷酷。然而,他并没有像波波利那样向民房开炮,因为他的目标是破坏防守,而杀害平民只会激发幸存者的反抗情绪。加泰罗尼亚人知道总攻马上就要到来。由于城墙的防御受到严重破坏,他们只能采取极端的措施。守城的人们修建了一条廊道,它相当于城墙后的一个掩体,被冲散的守军可以撤到廊道内继续抵抗,虽然这种抵抗已是强弩之末。为了建造这个掩体,必须要推倒一些建筑物,由于所有的男性都以某种方式参与到战争中,妇女、儿童和那些不能作战的人就负责完成这项工作,守城让民众都行动了起来。巴塞罗那的正规军伤亡惨重,只能在城里的那些没有战斗经验的人中招募新兵,让他们补充到各个行会组成的民兵护卫队。这些人的经验都来自于战争中可怕的生活经历,现在守城的重任落在了他们身上。战斗就这样一直坚持到最后。

显然,人们都认为主要的进攻将会发生在诺瓦门堡垒和圣克拉拉堡垒之间的那段被撕开了最大裂口的城墙。因此,守军就在那里安排了严密的防守,准备和敌军展开殊死搏斗。除了大家修建的掩体,推倒一些房屋也开辟出了一个广阔的空间,当攻城者通过这片空地时,城墙上的守军便可以将其消灭。也就是说,如果法西军队从这个最大的裂口进入城内,他们会从三个不同角度的受到袭击。贝里克知道他的军队士气不高,他担心具有决定意义的这场硬仗会让自己的军队一败涂地。因此,他设计了一个不同的进击计划。他将对诺瓦门堡垒和圣克拉拉堡垒同时发起进攻,如果有必要或有可能的话,还会在城墙最大裂口处再发动一次进攻。

在8月11日晚间,圣克拉拉堡垒的守军明确地感觉到那里将成为贝里克最终发动总攻的地方。数千名士兵通过战壕悄悄地逼近城墙,但步枪和剑的金属碰撞声暴露了一切。巴塞罗那守军还可以听到用锤子钉木制辅梯的声音,这些辅梯可以让士兵们更为便捷地爬上城墙的残垣断壁。天气很热,守军战士们都因食物的匮乏而营养不良。他们好像根本不可能抵抗马上就要发动的总攻。堡垒的状况也非常糟糕。虽然用来架设大炮的圣霍安塔楼仍然挺立着,但在经历了那么多次攻击后,它早已千疮百孔,大炮也被移除了。攻城的军队知道不可能完全隐藏战前的准备活动,于是,他们干脆整晚都发出虚假的信号,让守城士兵认为进攻随时可能开始。他们的目的就是要让守军时刻处于紧张状态,直至筋疲力尽。

随着 8 月 12 日黎明的第一缕阳光出现,总攻终于开始了。攻城的士兵大约有 16 000 人,超过围城军队总兵力的三分之一,而守城的前线士兵最多只有 1 200 人,而且他们的状态已经非常糟糕。也就是说,每个守城士兵要对抗超过 13 个敌军士兵。贝里克和他的指挥官们对这次攻城战志在必得。

15 个中队的掷弹兵开始从诺瓦门爬上城墙的废墟,这也是攻城军队中最具有威慑力也最强悍的一股力量。诺瓦门堡垒是由裁缝行会和陶器工匠行会来负责守护的,他们用枪林弹雨回击了这些掷弹兵。比亚罗埃尔已经下令将他仅存的四门大炮装满弹药,然后逐一发射(而不是同时发射),以保证对第一批敌军士兵进行低火力的攻击。此外,守军还从更远处的圣贝雷堡垒爬上倒塌的城墙向敌军射击。双方交战的结果就是横尸遍野。掷弹兵的尸体挡住了他们同伴的去路,贝里克的先头部队不得不停在那里,而恰好在这个位置,他们受到了来自各个方向的扫射。当掷弹兵陷入绝境时,比亚罗埃尔命令几百名民防队员在巴依萨上校和尼诺特上尉的带领下与敌军展开白刃战。巴塞罗那人配有红色领口和袖口的蓝色制服与法国掷弹兵的白色制服形成鲜明对比(恰巧现在巴萨俱乐部也是红蓝相间的队服,而皇家马德里俱乐部是白色队服)。突围让法军付出了惨重的代价,虽然一些掷弹兵试图抵抗,但大多数敌军都被消灭或逃走,而巴依萨和尼诺特也在突围中牺牲。

与此同时,对圣克拉拉堡垒发动的进攻也开始了。对诺瓦门发动进攻的大多数士兵是法国人,而对圣克拉拉堡垒发动进攻的第一波士兵是西班牙人。虽然第一轮进攻被击退,但西班牙人随后立即发动了第二轮更为猛烈的进攻,这让他们成功进入了堡垒。攻城的军队巩固了他们在整个防御工事前部所控制的第一个位置,虽然这还远远不够,但加泰罗尼亚人的炮火却很难伤到他们。这是一个非常好的位置,西班牙人可以从这里进行新一轮的攻击并冲破城市的防线。加泰罗尼亚士兵的死亡率非常高,堡垒里的守军更是伤亡惨重,指挥官约尔迪·德·巴斯蒂达中校在战斗中牺牲。虽然驻守圣克拉拉堡垒的巴塞罗那人得到了增援,但情况非常不稳定,而西班牙人也开始向进入堡垒的士兵派遣增援部队。如果再不做点什么,巴塞罗那就要失守了。

正在这时,一个由年轻的法学学生构成的军团突然出现。他们将玛丽亚·巴斯松兹教授当成他们的上级,而这位教授刚刚在保卫圣克拉拉堡垒的战斗中牺牲了。这些学生中有很多人来自加泰罗尼亚富裕家庭,他们都拿起枪加入战斗,对敌人展开了自杀式的攻击。他们与此次战役中战斗经验最丰富、战绩最辉煌的瑞士军团及王后军团的法国士兵遭遇。战斗进行得非常激烈,加泰罗尼亚一方伤亡惨重,但最令人难以置信的是,加泰罗尼亚学生军团居然消灭了敌人这两个强大的专业军团。受到学生们的鼓舞,仍然在堡垒里的加泰罗尼亚士兵跳出战壕,这让剩下的敌人四处逃窜,他们被刚刚看到的一切吓坏了。78名加泰罗尼亚战士在战斗中丧生,118人受伤,而波旁王朝军队的伤亡则超过900人。

这次进攻彻底失败了,贝里克非常失望。他无法理解为什么巴塞罗那民兵护卫队(他曾非常轻蔑地称之为"歹徒")能击败世界上最好的军队。12个榴弹兵中队,也就是贝里克的精锐部队,完全被击溃,对战斗已起不到任何作用。军官死伤严重,36名波旁王朝军官阵亡,这非比寻常。不过,贝里克深知,守军也遭受了重大损失,而他的军队人数众多,这足以让他可以坦然面对失败。几个小时后,他将重新发动进攻。比亚罗埃尔也正在等着贝里克的下一轮进攻,因为如果是他,他也会做同样的决定。虽然守军已经筋疲力尽,但他仍然加强了防守。妇女和孩子们再次发挥了重要的作用。这一次,贝里克将军想集中兵力攻击圣克拉拉堡垒,那里曾是最接近胜利的地方。而堡垒的防守力量非常薄弱:只有市政府军团剩下的少数士兵(正规军)和两个民兵中队(分别是福斯特尔斯中队和埃斯古德耶尔斯中队),总人数不超过170人,且大多数人都没有受过正规训练。

第一轮新的进攻发生在8月13日晚间10点。这次,打头阵的不是榴弹兵,而是胸部带有护甲的长矛手,他们用长矛来袭击躲在掩体后的守军。然而,就像前一天发生的那样,第一轮进击又被加泰罗尼亚人的火力化解了。跟在长矛手后的榴弹兵停在原地,这导致跟在他们后面的所有人都无法前进,只能聚集在已经倒塌的城墙脚下。加泰罗尼亚人利用这个机会制造了多次小规模的突袭,与攻城士兵展开近身肉搏,这一切都发生在黑暗的夜晚,而这黑暗时不时地被坠落的炮弹照亮。波旁王朝的军队在黑暗中又经历了一场噩梦,突然间,出现了一群衣衫褴褛、面目狰狞的人用刺刀攻击他们,之后便迅速消失。即便如此,一个半小时后,由木匠行会成员组成的小分队也全部阵亡。这支小分队的指挥官是马斯德乌,虽然他曾在1713年的投票中选择反对战争继续进行,但在整场守城战中,他都表现出令人敬佩的勇气。他和其他战士都被逼到走投无路,最后在那次突袭中丧生。

之后,波旁王朝的军队又发动了三次进击,但直到午夜时分,他们也只占领了众多街垒中的一个,而且付出了沉重的代价。加泰罗尼亚人派遣了只有150人构成的增援部队,并对敌人的进攻进行了还击。也就是说,守军竟然凭借势力如此单薄的军队向由上千人组成的正规军发动了攻击!加泰罗尼亚人的爆发再次成功地击溃了波旁王朝的军队,尽管代价不小。直到凌晨四点,加泰罗尼亚人才能再次发动这样疯狂的袭击,通常这样的袭击对双方来说都会带来灾难性的后果。而就在那时,意外发生了,加泰罗尼亚的一部分弹药储备发生爆炸,导致 70 名守军死亡。尽管发生了这样的灾难性事件,守城战也持续了一整夜。

比亚罗埃尔、卡萨诺瓦和贝尔维尔将军决定破釜沉舟。显然,在他们所发动的正面攻击中,不仅很多将士丧生,这些攻击也几乎没有获得任何效果。因此,剩下的为数不多的加泰罗尼亚军队悄悄离开城墙,躲在不显眼的地方,其实就是混在波旁王朝的军队当中。到了某个特定的时刻,守军便发动攻击,隐藏在敌人之中的战士也趁其不备发动突袭,这些战士主要是巴伦西亚人。那时,带来了 8 000 援军的波旁军队发现自己陷入了一个可怕的圈套里。他们受到来自四面八方的夹击,敌人从他们完全意想不到的地方出现,在他们全力自卫时,往往会听到背后同伴的惨叫声,大家只能慌乱地应对所发生的一切。对于波旁军队来说,这是一场灾难。如果可能的话,他们会选择逃走,但还是有数百人在这次袭击中丧生。

圣克拉拉堡垒守卫战的胜利令人震惊,但也让加泰罗尼亚的部队元气大伤。800 名士兵阵亡,900 人受伤。虽然波旁军队有超过 1 600 名士兵战死,但他们仍有补给的能力,加泰罗尼亚人则不行。鉴于此种情况,比亚罗埃尔认真考虑了怎样才能在接下来的袭击中活下来,他很清楚圣克拉拉堡垒战役奇迹般的胜利已经让加泰罗尼亚军队消耗殆尽。毫无疑问,下一次攻击必将是最后的决战。巴塞罗那城里已经没有男人了,从十四岁的孩子到无力抵抗的老人都在城墙上值守。城市的三分之一已被完全摧毁;另外三分之一受损严重;而最后的三分之一已无法容纳巴塞罗那居民并为其提供必要的服务了。因食物短缺或卫生条件糟糕而不幸死亡的人数成倍增加。巴塞罗那政府允许那些无力战斗的人离开,但贝里克却威胁说,只要他们出城,迎接他们的就是大炮。即便如此,一些被感动的西班牙、法国士兵将部分食物送给了那些试图跨越火线的儿童和老人。

9月3日,贝里克给被围困的人们送了一封信,要求他们投降,以避免在下次袭击中发生大规模的屠杀。虽然由卡萨诺瓦主持的战争委员会在故意拖延时间,但实际上他们已经决定不会投降。他想等一支从马洛卡出发的运送食品和弹药的船队设法绕过封锁,为巴塞罗那提供补给物资,这样,防御就能维持更长的时间。

9月5日,卡萨诺瓦通知了比亚罗埃尔战争委员会的决定:不会投降。比亚罗埃尔感觉很痛心。作为一名军人,他认为继续防守已毫无取胜的可能,他赞成投降。他认为巴塞罗那人民可以凭借他们在守城战中体现出的勇气和贝里克达成某种协议,这样做可以避免巴塞罗那遭到敌人的洗劫并被摧毁。因此,比亚罗埃尔提交了辞呈。他不想让自己成为这种毫无意义的自杀行为的帮凶。但不管怎样,他都会一直统领军队,直到马洛卡的护卫舰到达,这些战舰会带他到一个安全的地方。

最后的进攻已经一切准备就绪,但阴雨的天气让贝里克决定等待更为合适的时机到来。此外,增援部队已经赶到,现在,他大约拥有42 000名士兵,而巴塞罗那城里只剩下2 000来名加泰罗尼亚士兵。马洛卡的护卫舰终于到了巴塞罗那,比亚罗埃尔已经可以随时登船离开,但他仍然没走。他感到很紧张,因为加泰罗尼亚政府选择了一位非常特别的指挥官来接替他的工作,而这位指挥官非常清楚地反映出当时守城将士的精神状态,这个人就是巴塞罗那的守护神慈悲圣母。虽然比亚罗埃尔并不怀疑慈悲圣母在其他方面有着巨大的价值,但他确实不知道上帝的母亲是否能够带领加泰罗尼亚人获得战争的胜利。

9月11日凌晨5点前,波旁军队的所有大炮都向巴塞罗那开火。紧接着,大约10 000人冲向了城墙上所有被撕开的裂口。然而,抵御这些攻城士兵的只有大约600名筋疲力竭的守城者。很快,所有可以作战的力量都投入了战斗。在圣克拉拉修道院所处的区域,也就是圣克拉拉堡垒所在的区域,包括莱万特堡垒和海滩附近的风车所在的区域,大约有800名守军。近身的肉搏战将他们击败,最后只有300多人幸存。波旁王朝的军队进了城,起初他们只能沿着海边的城墙前进。中午时分,他们占领了城里的一个堡垒,但他们却不得不在那里停下来,因为他们遇到了市民的顽强抵抗,就连妇女、孩子和老人都团结一致抗击侵略者。从中线最大裂口处进攻的军队及从左侧进攻的部队也受到了类似的抵抗,结果非常相似:双方发生了激烈的战斗,都伤亡惨重,攻城的敌军未能深入城市,因为他们都被巴塞罗那人英勇无畏的抵抗拦截。早上7点,战斗停止。波旁军队伤亡惨重,不得不等待增援。

在这个时候,比亚罗埃尔已经没有耐心再等下去了,他离开家,来到卡萨诺瓦面前,告诉他:他想重新回去战斗。卡萨诺瓦将指挥权交给他,并要求他一定要把圣艾乌拉利娅的旗帜给带回来。这是一面红底的大旗,上面印有圣艾乌拉利娅的画像,两边是巴塞罗那的两个徽章:红黄条纹徽章和圣约尔迪盾牌。拿出这面旗帜是一种绝望之举,它是巴塞罗那人民所崇敬的具有重要象征意义的旗帜。比亚罗埃尔是一个天生的怀疑主义者,自认为对宗教的感召都是敬而远之,但在这种情况下,他却同意了。因为在那个时刻,任何能鼓舞守军士气的东西都应该试一试。卡萨诺瓦拿起大旗,前往洪克雷斯堡垒地区指挥一次反击。市中心的300名留守在圣奥古斯汀修道院的战士们已经做好准备,要去将波旁军队赶走。在右翼,比亚罗埃尔亲自带领着剩下的骑兵,准备在从波恩广场到伯爵水渠之间的区域展开攻击,那里正是今天波恩市场的所在地。所有人都悲壮地高喊"要么赢,要么死"。大家都拔出剑,加入最后的一次进攻。无论是在洪克雷斯地区还是在市中心,巴塞罗那人的进击都取得了成功,这让敌人完全陷入混乱之中,给他们带来了巨大的打击。而在右翼,战事进行得并没有那么顺利。骑兵受到了敌人枪林弹雨的洗礼,比亚罗埃尔和他的一位主要助手马尔蒂·苏比里亚受伤(300年后,苏比里亚成为阿尔贝尔特·桑切斯·毕略尔的小说《失败者》中的主角,在关于这些历史事件的著作中,这部小说最为著名),而在加泰罗尼亚骑兵发动的最后一次冲锋中,又有更多的人牺牲了。

虽然卡萨诺瓦不是战士出身,但他也亲自参加了洪克雷斯的战斗。能与百人市政会的首席理事并肩作战,又有圣艾乌拉利娅旗帜给予的精神鼓舞,守军斗志昂扬,最终赶走了敌人。他们甚至还冲出了城墙之外。在城墙外,守军遇到了更多波旁王朝军队的援军。在战斗中,卡萨诺瓦的一条腿受伤(他受伤的地点差不多就在今天他的纪念碑所在的位置),后来,他被疏散到圣克鲁斯医院。交战双方都筋疲力尽,士兵的尸体堆积如山,这让战斗变得更为困难。这时,在加泰罗尼亚的指挥官中出现了新的声音,他们认为现在是达成投降协议的好时机,但最终他们还是没能成功。巴塞罗那人抵抗的意志仍然十分坚定。

波旁王朝的军队再次发动大规模的进攻。由于加泰罗尼亚守军的力量已经几乎消耗殆尽,他们不得不改变策略,开始有秩序地撤退以避免肉搏战的发生。在这次撤退的过程中,巴塞罗那战士不断地向敌人射击,再次给波旁王朝的军队造成了不少伤亡。有时候,巴塞罗那士兵会假意投降,当看到自己已获得了敌人的信任后,再开始反击,这种方法也消灭了不少敌人。在左翼防线的洪克雷斯堡垒和诺瓦门堡垒之间,加泰罗尼亚人和法西联军一直在争夺圣贝雷堡垒,这个堡垒易手了11次之多。最终,加泰罗尼亚人不仅拿回了这个堡垒,也消灭了大量的敌人。

在这轮攻击开始10个小时后,巴塞罗那超过90%的地方依然掌握在守军手中。法国军队的指挥官们都非常沮丧,他们已经失去了

15%的战斗力量,甚至开始怀疑是否要继续作战,因为他们实在不知道,他们的敌人(也就是那些深不可测的巴塞罗那人)是否仍然有力量重新上演杀戮的场面。然而,被围困的巴塞罗那人情况更糟。位于海洋圣母圣殿旁边的桑树公墓已堆满了死于巴塞罗那保卫战的战士尸体。这个公墓变成了一个传奇,这里成为最坚定的加泰罗尼亚独立主义者集会的场所。桑树公墓之所以如此有名,要归功于19世纪的作家塞拉菲·皮塔拉的几句诗。他在诗中讲了一个关于一对祖孙的民间故事,他们曾在守城战中负责将死去士兵的尸体安放在坟墓里。有一天,他们遇到了一具特殊的尸体:死者是老人的儿子,男孩的父亲。但死者曾背叛过他的人民,他是百合派,因帮助波旁王朝的军队攻城而丧命。祖孙两人拒绝把他和其他守护巴塞罗那的英烈一起埋葬在坟墓中,因为:

> 在桑树公墓里,
> 从不埋葬叛徒;
> 即便是丢掉了旗帜,
> 棺木也会承载荣誉。

这首诗非常受欢迎。几年之后,为了让大家都记住这首诗,人们在墓地里设了一块牌子。这首诗的受欢迎程度,特别是上面提到的这几句,表明关于1714年守城战的记忆一直在巴塞罗那人脑海中盘旋不散,至今依然。

让我们还是先回到9月11日下午,也就是在巴塞罗那人遏制了波旁王朝军队进攻的那一刻。幸存的军人和政治家们聚在一起商量该怎么办。当时,比亚罗埃尔不在场,他躺在圣克鲁斯医院,但他还是让一名军官传达了自己的意见。比亚罗埃尔将军认为有两种选择:要么再做最后的努力,夺回诺瓦门和莱万特的堡垒,这可以赢得几个小时的时间来观察会有什么事情发生;要么就在此刻敌人力量最薄弱的时候提出投降,期待与敌人达成一致,以挽救巴塞罗那人民的生命和财产,避免让巴塞罗那遭受进一步的破坏。比亚罗埃尔也表明他更倾向于第二种选择,因为他不认为还有取胜的机会。经过漫长而谨慎的思考,巴塞罗那政府最终也只能向事实低头:有必要在还来得及的时候投降。

即便如此,贝里克也不想让步:要么无条件投降,要么继续进攻。贝里克将军和加泰罗尼亚派来的使者经过了漫长的谈判之后,终于达成一致:双方将签署一份尊重巴塞罗那人民的生命、财产及不再对城市进行破坏的投降协议,但后来贝里克没能签字,因为费利佩五世不允许他这么做。加泰罗尼亚人只能接受,因为他们认为有军队长官的话就已经足够了,他们别无选择。在这之后,巴塞罗那被占领,加泰罗尼亚的士兵被解除了武装。

在巴塞罗那的守城战中,加泰罗尼亚一方大概有7 000人阵亡,而波旁王朝军队的死亡人数则超过14 000人。这场战争的失败也使加泰罗尼亚失去了自己的权利及政府自治机构。1905年,历史学家萨尔瓦多·桑佩尔·米盖尔出版了一本书,题目为《加泰罗尼亚国的终结》,书中记录了1714年发生的历史事件。这是一个令人伤感的标题,但之后作者做了澄清:"死去的只是一个国家,一个政治机构,而不是一个民族。只要一个民族的语言活着,这个民族就活着。"其实,加泰罗尼亚国终结于1714年9月11日,虽然从形式上讲,它维持了更久的时间。无论是巴塞罗那,还是加泰罗尼亚,虽然都没有销声匿迹,但离真正的销声匿迹也差不了多少……

第十章
关于贸易

18 世纪版画,从海上看巴塞罗那全景。

发表于《巴塞罗那——位于地中海上的加泰罗尼亚公国首都》,巴黎。

1714年9月11日晚间,巴塞罗那陷入了死一般的沉寂。虽然巴塞罗那只有一小部分被波旁王朝的军队占领,但已和全城沦陷毫无差别,因为加泰罗尼亚士兵被彻底地击溃了。街上到处是交战双方死亡士兵的尸体,炸弹爆炸后,街上瓦砾遍地,很多地方还燃着大火。一些人穿梭在建筑物的残垣断壁间,试图找到自己某位失踪的亲人。百人市政会或加泰罗尼亚政府的成员传达了最新的信息:第二天,所有人都必须在自己的工作岗位上,即使工作的地方已经荡然无存。没有任何东西可以出售的商店也必须开门,因为他们必须向费利佩五世表明,虽然巴塞罗那被攻陷了,但它并未被击败;巴塞罗那仍然可以撑下去,它一定会恢复到那场该死的战争爆发之前的样子。一位参加过巴塞罗那围城战的百合派主要成员安东尼·德·阿洛斯曾说过:

> 百人市政会的理事们命令任何加泰罗尼亚人都不要谈论过去;工匠和妇女要像战前一样,在家门口工作;市民要将所有武器都交到皇家造船厂……当我们这些军官穿过街道时,所有市民的沉着与镇定让我们钦佩,不论男女,大家都一如既往地干着自己的活儿,好像他们从未以大无畏的精神抵抗了历时一年的封锁和四十多天围城战,好像他们从未抗击过西班牙和法国的强大军队……广场和街道上到处都是废墟,在那些被袭击过的地方,遍布着交战双方士兵的尸体。

第十章　关于贸易

反扑报复：
《新基本法》、地籍税及休达德拉城堡

在波旁王朝的军官之后到来的是五位重要的百合派人士，他们是卡斯蒂利亚议会及巴利亚多利德最高法庭的成员，都是贵族，不仅参与了巴塞罗那围城战，也曾残酷镇压过支持哈布斯堡家族的加泰罗尼亚人。这些百合派人士组成了一个新的皇家高级司法及行政委员会，这个委员会由一位关键人物主持，他担任最高领导人，此人便是何塞·巴蒂诺。在接下来的几年中，加泰罗尼亚人把对新体制的所有怨恨都集中在巴蒂诺身上，他成了继波旁王朝的费利佩之后，最令加泰罗尼亚人憎恨的人。巴蒂诺和百合派的弗兰塞斯克·阿梅特耶尔是《新基本法》的起草人。在巴塞罗那被占领的最初几天里，波旁王朝的军队并没有进行报复，他们只采用了最基本的安保措施：为了避免巴塞罗那人叛乱，城里到处都是波旁王朝的士兵，他们基本上都是法国人。然而，16日，巴蒂诺在市政厅召见了百人市政会理事、加泰罗尼亚议会的议员以及加泰罗尼亚的法官，命令他们交出所有自己掌管的印鉴。他们交出之后，巴蒂诺便向他们宣布，所有加泰罗尼亚的机构都被撤销。在场的百人市政会理事、巴塞罗那大学法学教授马努埃尔·马斯在他的日记中记录了当时发生的事，在结束这段叙述时，他写下这样几句令人悲伤的感言：

> 这就是围城战的结果，这就是我们所深爱的故乡巴塞罗那所经历的悲剧，如果这还不够悲哀，它的建筑被夷为平地，它独特的政体所享有的特权被剥夺殆尽，所有的一切都扭曲变形，则足以让这悲伤加剧……然而，如果巴塞罗那是因为其辉煌成就而成为一个独一无二的伟大城市，那么，您

不要感到吃惊,经历过极致辉煌的巴塞罗那,正在不知不觉中变得无人问津。它不幸陨落,只能将昔日的辉煌埋藏在自己的影子里!

不管怎样,加泰罗尼亚人与贝里克达成的投降协议起了作用,如前所述,巴塞罗那人的生命和财产得到了尊重(城里的财产受到保护,而城外的财产则被没收),战败的巴塞罗那人也可以自由地在城里活动,但这种状态只持续到9月19日贝里克的继任者莱德侯爵胡安·弗兰塞斯克·德·贝蒂抵达之时。莱德侯爵由费利佩五世直接任命,他奉命对巴塞罗那人民进行残酷的镇压。贝里克没有反对,但他想保住自己的声誉,不愿意自己下达逮捕令。

9月22日,第一份要抓捕的加泰罗尼亚人名单出炉:他们是所有军事将领和某位政治领导人。他们都被召集到莱德侯爵的住所,借口是要为他们办理出城许可的相关手续。在本应出现的25人中,只有19人现身或告知了他们的下落,而其他6人因担心发生不测而藏了起来。这19人被用武力制伏,甚至包括那些还带着伤的人,如安东尼·德·比亚罗埃尔。几天之后,被捕的人身背枷锁,被带出了城,当时在场的有部分王室成员及巴塞罗那民众。王室成员对此表示庆祝,而巴塞罗那民众不但悲痛万分,还觉得受到了极大的羞辱。在被带走的人中,一些人死了,一些人在很多年后才被释放。1726年,比亚罗埃尔被丢弃在拉科鲁尼亚监狱的门口,监狱之所以这样做,是为了避免他死在狱里。其他人的命运更为悲惨,如约瑟普·莫拉格斯将军,他在1713年投降后又重新开始抵抗,波旁王朝对此绝对不会原谅。他被带到巴塞罗那,曾试图逃跑,但未成功。最终,莫拉格斯将军被处以绞刑。行刑时,他光着脚,穿着悔过服——波旁王朝这样做,无非是为了更多地羞辱他。行刑之后,他的尸体惨遭肢解,头被装在笼子里,挂在巴塞罗那的海之门上。此后多年,他的遗孀一直都在请求领回丈夫的尸体，但当局直到 1727 年才批准。今天，在原来挂着莫拉格斯头颅的地方，我们可以看到一座纪念牌和一根悬挂着加泰罗尼亚旗帜的旗杆傲然矗立。

最终，加泰罗尼亚人和贝里克所达成的在生命、财产和权利三个方面的协议都没能实现，但在巴塞罗那被占领的最初几天，这个协议确实得到了履行，它避免了劫掠、杀戮及欺凌妇女的事件发生。之后，费利佩五世下令进行的残酷镇压持续不休，过了很多年，镇压才变得温和起来。当波旁王朝占领巴塞罗那之后，整个加泰罗尼亚，特别是巴塞罗那，就开始被中央政府"另眼相看"，而巴塞罗那的武装力量也被彻底解除。当费利佩五世指派的最高领导人何塞·巴蒂诺展开镇压行动时，他根本毫无原则可言，他的唯一目标就是要竭尽所能地削弱加泰罗尼亚叛乱分子的力量。

他采取的首批措施之一，是关闭巴塞罗那大学和加泰罗尼亚的其他六所大学。起初，他想在加泰罗尼亚全境取缔大学，但他找到了另一种方法：他奖励了塞加拉的塞尔韦拉，因为这座城市表现出对费利佩五世的极度忠诚。实际上，最近人们才发现，塞尔韦拉在王位继承战争期间并不是费利佩的拥护者，它支持的是哈布斯堡家族。然而，1713 年，当加泰罗尼亚的大部分地区已被占领时，塞尔韦拉却派了两名代表前往马德里宫廷，他们的任务就是向宫廷表明塞尔韦拉从一开始就是费利佩五世的支持者，但这完全是他们自己捏造的。这步棋走得很好，费利佩不仅放过了塞尔韦拉，甚至还考虑过奖励其某些海港的使用权，就像巴塞罗那对萨洛所拥有的权利一样。由此，加泰罗尼亚唯一的大学便落户塞尔韦拉。这一方面是为了奖励他们所谓的忠诚；另一方面也是因为这个城市位置偏僻，政府更容易控制叛逆性强的学生和老师。不管怎样，塞尔韦拉大学最终成了一场灾难。起初，教授是由新政府任命的，候选人在忠于费利佩五世的人群中产生,结果可想而知,这些教授都是一些愚钝之人。学生们厌恶这座城市,因为它非常小,在这里,他们没有什么有趣的事可做。此外,学校还制定了非常严格的纪律。更糟糕的是,虽然塞尔韦拉获得了被关闭的七所加泰罗尼亚大学的资金,但直到1740年,它才有了自己的校舍,也是从这一年开始,学校才有能力讲授它所开设的所有课程。在塞尔韦拉大学存在的那个世纪里,它的科学产出为零。尽管如此,一些杰出的科学家都曾拜访过那里。

巴蒂诺希望将加泰罗尼亚人牢牢地控制住,他以三种不同的方式展开工作:颁布《新基本法》,征收"地籍税",以及修建休达德拉城堡。

《新基本法》,是指一种"新基础"或"新结构",它与在巴伦西亚王国和阿拉贡王国所颁布的法令非常相似。概括而言,《新基本法》取缔了所有加泰罗尼亚自己的行政机构,并废除了加泰罗尼亚的大部分法律,以卡斯蒂利亚的行政机构和法律取而代之,就这样,卡斯蒂利亚的机构和法律在整个伊斯巴尼亚王国统一使用,不再是地区性的机构和法律。更重要的是,从那时起,伊斯巴尼亚王国被明确称为西班牙王国,而这两个名词之间也不再有任何关系。对行政机构的撤销和对法律的废除体现出一种在各个方面进行统一的愿望,但这是一种只对国王的绝对权力有利的统一。新的政治制度和哈布斯堡王朝统治卡斯蒂利亚时期也不一样,情况比那时要糟糕得多。所有的操作都必须得到批准,一切均在中央政府的控制之中,生活的方方面面皆受到当局的重视。当然,18世纪的君主专制和20世纪的极权主义国家有许多的共同之处。

此外,政府对加泰罗尼亚语的限制也非常严格。《新基本法》规定,在执行所有政府行政事务时都不得使用加泰罗尼亚语。起初,这条法令无法被执行,因为那时很少有人会说卡斯蒂利亚语,会书写者更是稀缺。新的波旁王朝征服者们不仅希望加泰罗尼亚语可以从行政事务中消失,也希望它从日常生活中消失。从这个层面上讲,卡斯蒂利亚委员会的法官于1716年1月29日向加泰罗尼亚地方法官发出的秘密指示意义重大:

> 然而,对于每个国家而言,它独特的语言似乎都体现着它的民族特性,要克服这一点,需要技巧,也需要时间,特别是当这个国家的人民像加泰罗尼亚人那样顽固不化、自命清高、疯狂地热爱自己国家的一切时,则需要更长的时间。为此,给出较为温和且具有隐蔽性的指令,似乎更为合适,这样可以在不知不觉中获得想要的效果。

不管怎样,最后这句话说到了点子上,但新政府是不会采用这个策略的。通常,他们的意图都非常明显,如下面的禁令:

> 学校里禁止使用加泰罗尼亚语课本,禁止说加泰罗尼亚语及用这种语言书写,基督教义的学习也应该通过卡斯蒂利亚语来完成。

最初,这些规定未被执行是因为缺乏训练有素的人员。例如,地籍税这种残酷的经济压榨方式最初就是用加泰罗尼亚语撰写的,因为人们不会写卡斯蒂利亚语。

地籍税是一种针对不动产所征收的税款,今天我们对此已习以为常。有些人想把这种税收看成是波旁王朝将所谓的具有现代性的东西引入加泰罗尼亚的一种表现。但事实并非如此,地籍税的征收让加泰罗尼亚人的税收在短期内翻了七倍,更何况当时整个加泰罗尼亚公国,特别是巴塞罗那,还处在百废待兴、经济无法在短期内恢复的时期。更糟糕的是,并非每个人支付的费用都是一样的。收税时,谁曾是费利佩的支持者或卡洛斯的支持者成为重要的衡量因素,而这一点在巴塞罗那体现得非常明显。对于坐落在某些街道的房屋来说,所征收的地籍税完全不成比例。例如,位于洪克雷斯街的房屋,居住在这里的主要是围城战期间阵亡战士们的遗孀,而位于蒙卡达街的房屋,则是巴塞罗那最好的房子,这些房子都被转到了百合派或是将在新政府中担任要职的卡斯蒂利亚高官名下,但政府只对洪克雷斯街的房屋征收了重税。地籍税对人民来说是个沉重的负担,坊间称之为"灾难"。对巴塞罗那人的经济惩罚也通过其他方式展开。从一开始,政府就强迫各个行会"捐款",并向教区征收重税,以报复那些在战争期间支持巴塞罗那人的宗教机构。

这些强加于民的政策以及战争所造成的破坏,让巴塞罗那的贫穷程度迅速达到了一个前所未有的水平。漫长的苦难年代让许多巴塞罗那人离开了这座城市,去外地谋生。同时,也有很多曾在加泰罗尼亚军队中战斗过的巴塞罗那年轻人加入了西班牙陆军或海军,虽然这似乎有些矛盾,但为了能挨过那些困难的日子,直到19世纪,这种现象一直非常普遍。另一种能挣些钱来支付地籍税和购买食物的方式,就是到波旁王朝在巴塞罗那开展的建筑工程中干活。

最后一项让巴塞罗那屈服的政策,是最为显而易见的,这项措施在接下来的几十年里都让来过巴塞罗那的人印象深刻,因为它时刻提醒着人们波旁王朝统治的专制与邪恶。1715年3月9日,即在《新基本法》颁布前十个月,费利佩下达了一项命令,他要修建一座堡垒来控制这座城市。自巴塞罗那沦陷已过去了将近六个月的时间,大部分加泰罗尼亚军人已经战死,巴塞罗那人也被解除了武装,很多守城军队的领导人被投入了监禁或流放。即便如此,波旁王朝仍然感到不安,他们担心巴塞罗那人民会再次起来反抗。出于这个原因,费利佩已命人在城内建造了多个小型堡垒(如作坊街的堡垒和皇家造船厂的堡垒),里面架设了很多门大炮,有士兵把守。然而,费利佩还是觉得不够——他想要一个真正的堡垒。费利佩将设计建造一座大型城堡的任务委托给负责设计围攻巴塞罗那的同一位工程师——佛兰德人霍利斯·普若斯普尔·冯·贝尔布姆。从城堡开始动工到修建完成,贝尔布姆只用了十年的时间(考虑到工程的规模,这个速度堪称令人难以置信)。如果按照第一稿的设计,外形类似星体的城堡要占据巴塞罗那近三分之一的面积。这个设计太过夸张,如果按它来施工的话,即便城堡建成,也将变得毫无用处,因为巨大的开支足以毁掉巴塞罗那,那样的话,即便城堡建好了,它也没有可监控的地方。最后,只能对第一版设计进行修改,将城堡向城外北部推移。

即便如此,巴塞罗那最繁华、人口最密集的五分之一的区域被拆除了。为了让大家有个概念,我们打个比方,假如现在我们决定建造一个堡垒,覆盖从加泰罗尼亚广场到对角线大道之间的区域,将占用或必须要推倒两个扩展区的建筑,这就是那个可怕的庞然大物要占用的土地面积。巴塞罗那已经被打垮,只剩下残垣断壁,而波旁王朝的统治者依然设计出如此强大的防御工事,直指城市中心。因为这是从设计之初城堡就应具备的功能——它耸立在那里,以保证巴塞罗那人不会再次对抗波旁王朝。出于这个原因,城堡中大多数防御系统的设计并不是针对城外的进攻,而是针对巴塞罗那城内,尽管从理论上讲,城外才是最有可能发动进攻的地方。巴塞罗那被南部的蒙特惠奇山和北部的城堡这两个巨大的炮兵阵地包围,几千名士兵时刻准备着冲出堡垒来镇压街头的运动。

城堡的修建是一件残酷的事,这不仅仅因为它破坏且覆盖了巴塞罗那最繁华的地区,阻碍了城市未来的扩张及延伸,还因为城堡的修建需要拆除一直延伸到波恩广场的800所房屋,而不久之后,波恩广场也变成了波恩大道。这种大规模的破坏让城堡前有了一片开阔地,政府的军队可以在这里向那些可能出现的进攻者或者说是巴塞罗那人开枪。可以说,在巴塞罗那的历史上,这座城堡唯一的作用就是镇压人民。在19世纪初的独立战争中，面对法国人的进攻，城堡在一枪未开的情况下就陷落了，这充分说明巴塞罗那的驻军并不是为了保护巴塞罗那，而是为了压制这座城市。

值得注意的是，城堡中的国王堡垒直指巴塞罗那市中心。在不同的时期，军官们一旦心血来潮，就会在这座防御工事的围墙内绞死或枪决巴塞罗那人，死在城堡里的人多达数百名，而这座城堡自然也成为巴塞罗那历史上最令人憎恨的建筑。在19世纪的大部分时间里，民众一直强烈要求将城堡拆除，因为大家想要彻底消除这座建筑给人们带来的恐惧。当城堡最终被拆除时，民众的喜悦之情难以言表。不过，城堡的几个部分仍然存在，其中之一就是军火库，多年以后，这里成为加泰罗尼亚议会的所在地。城堡是否存在并不是一个实用或不实用的问题（其实，这座城堡不管是当时还是现在都不切实际），但它却具有重要的象征意义。人们希望以之纪念加泰罗尼亚的浴火重生——它从过去走了出来，无论这段过去有多么可怕。

《新基本法》的颁布、地籍税的征收及城堡的修建是波旁王朝统治加泰罗尼亚及其首都巴塞罗那的三大支柱政策。在1714年之后的几年里，加泰罗尼亚地区曾多次发生叛乱，甚至还出现了几支非常强大的游击队，例如，活动在巴尔斯市周围的由卡拉斯克雷特领导的游击队。波旁王朝的反扑、贫困及对战争的厌倦情绪（从80年前开始，加泰罗尼亚就一直饱受战争之苦，很少有喘息的机会），让人们疲惫不堪，大家都情绪低落，只想着能活下来，而活着本身已经需要巨大的精神力量来支撑了。

这些游击队能获得的援助很少，而费利佩派又组建了一支新的部队，它在卡斯蒂利亚语中被称为"同乡军"。这支部队在巴尔斯或上坎波产生了巨大的影响，并获得了波旁王朝想要的效果。在巴尔斯，这些同乡军（也就是现在加泰罗尼亚自治警察的前身），由该市市长、百合派人士贝雷·安东·贝西阿那领导。他将这些年轻人演练成一支令人生畏的军队,在这方面,市长先生展现出特殊的天赋。这支军队在镇压那些他们怀疑可能会帮助游击队或支持哈布斯堡派的人士时毫不手软,他们确实做得很好。从1717年到1838年,贝西阿那家族一直把持着同乡军的领导权。毫无疑问,这创造了一项世界纪录。

黑暗年代

没过几年,巴塞罗那就陷入灾难和悲痛之中。很多人死了,一些人永远离开了这座城市。巴塞罗那到处都是寡妇,她们带着孩子,处境艰难,食不果腹。在这些黑暗的岁月中,两个阶层逐渐获得主导地位。由于巴塞罗那已经差不多变成一个大军营,这里的主要军事长官,也就是"军政官",逐渐成为举足轻重的人物。军政官其实或多或少行使的是市长的权力,巴塞罗那还效仿卡斯蒂利亚设立"市长"一职,取代了以前的地方行政长官和百人市政会理事。百人市政会被取消,变为市政府,成为巴塞罗那不同社会阶层的代表性机构。市长只能听令于军政官及其军事助理,他们才是实际上行使权力的人,这是不言而喻的事实。

因此,巴塞罗那守城战之后,这座城市最初发生的变化体现在军事方面,这不足为奇。在建造休达德拉城堡之前,军方就已经想要改造战斗期间受损的蒙特惠奇山城堡。当时,那个城堡只不过是一个完全过时的防御工事,用处不大。波旁王朝的军队想建造一座现代化的城堡,城堡内将配有九门大炮,可以向巴塞罗那城内开炮并具有较高的命中率,而这九门大炮已经在生产中。但当军方下定决心要建造休达德拉城堡时,修建蒙特惠奇山城堡的资金被分流,所以蒙特惠奇山的城堡直到18世纪末才修建完成,现在我们看到的城堡和当时样子差不多。这充分印证了军方修建防御工事的目的不是为了保护巴塞罗那，而是为了镇压巴塞罗那人民。从城堡开始修建前，一直到1936年开始的内战结束后，这一目的始终得到了充分的体现，也就是说，城堡在近200年的时间里就是用于镇压巴塞罗那人民的。出于这一目的，工程从一开始就禁止人们在城外的包布雷瑟克区建造超过两层高的房子，这个区域位于蒙特惠奇山和巴塞罗那城之间。之所以这样要求，是因为超过两层以上的房子会阻挡从蒙特惠奇山城堡射向巴塞罗那城的炮弹。大多数的炮弹并没有瞄准那些可能来自南部或出现在海上的敌人，而是像休达德拉城堡里的大炮一样瞄准了巴塞罗那城的中心。

另一项军事工程就是兰布拉大街的城市化改造，这更为令人惊讶。对于我们这些生活在21世纪的人来说，兰布拉是一条大道，一条非常特别的大道，不同于巴塞罗那的其他道路，也许它是世界上独一无二的大道。但让兰布拉成为一条道路，要归功于波旁王朝的军队。军方想要一条贯穿巴塞罗那东西的轴线，这条轴线要足够宽敞，可以让骑兵小队和火炮的前轮架顺利通过——他们认为这是限制巴塞罗那人的必要手段。因此，他们想要一条用石板铺设的宽阔道路，不受海梅一世时期中世纪城墙遗迹的阻碍和约束，因为这些遗迹在将拉瓦尔区纳入城区的那次城市扩建后依然还在城里。到那时为止，兰布拉大街还是一块堆积着垃圾的沙地，这些垃圾经常与沿着街道流下的雨水及污水混在一起，将该地区变成了巴塞罗那城内的一条分界线。这条线的一边是富人区、政治中心，教堂在那个区域，贸易活动也在那里进行；另一边是拉瓦尔区，所有的果园、服务场所（如圣克鲁斯医院）、妓院和很多接近工业化生产的厂房都集中于此。

尽管兰布拉大道的改造计划起草得相对较早，但直到1767年计划才开始正式执行，那时的兰布拉大道已经有了我们现在所看到的样子。当时,兰布拉大街在拉瓦尔区的部分非常空旷,还未被开发,人们便在那里建造了不同的宗教建筑,那里空间上的优势是未来的兰布拉大道的另一侧所不可比拟的。大道地势较低的部分比其他部分更宽,形状有些奇怪,这是因为在13世纪时,佩德罗大帝想要在此修建一座新的王宫。然而,这项工程最终没能实施,这倒为兰布拉大道提供了更多的空间。当时最重要的军事工程师佩德罗·马丁·塞尔梅纽被派来负责兰布拉大道的改造工程,他曾负责完成由他父亲开始建造的菲格雷斯的圣弗兰城堡。但改造要面对的最重要的问题,是兰布拉大道就是一条"名副其实"的泥泞路[①]。这不仅仅是铺设路面的问题,还必须要修建排水管道来将废水排干。即便这样做也不够,还必须将各个房屋的门面调整到一条直线上,以方便通行。最初的想法是在地势高的区域和地势低的区域之间画一条直线,但这意味着要推倒太多的建筑物,就连波旁军队都觉得有些过头了。解决方案是给房屋画定一条新的校准线,这也就是现在我们看到的,它保持了原来的蜿蜒曲折,这也成为兰布拉大道所特有的风格。现今,尽管游客众多,但巴塞罗那人还是能一眼看出它的特别之处。

虽然兰布拉大道最初是一项军事工程,但巴塞罗那人民希望将它变成大道的愿望让他们忘记了这条大道最初的功能。在兰布拉大道建成之前,巴塞罗那从来没有一条真正的大道。如果人们想散步,他们就要出城,在巴塞罗那周围的田野里逛逛。在巴塞罗那,这是第一次开辟出这样优雅而特别的空间。当时的兰布拉大街有一个特点,它四面都是封闭的,但现在已经不是这样了。毫无疑问,这条大街成为一个可以自由漫步并展示个人风采的理想场所,而成百上千的巴塞罗那人也是这么想的,他们很快就做出了自己的判断。

[①] "兰布拉"在加泰罗尼亚语中是rambla,有雨水沟、被洪水漫过的布满泥泞的道路之意。——译注

城市的变迁

在巴塞罗那被攻陷十年后，这座城市才开始发展。起初，这种成长是悄无声息的，后来，速度越来越快。成长的秘诀是双重的：一直以来让巴塞罗那与众不同的商业动力并没有完全消失，此外，它也得到了工业动力的支撑，全新的工业发展改变了巴塞罗那，或者更为确切地说，是改变了整个加泰罗尼亚。这种新动力产生的第一个影响是巴塞罗那城区需要更多的空间来修建住房。这种需要主要通过建造新房来取代战争期间倒塌或被推倒的房子，以及改造旧房并增加原有建筑的高度来满足。18 世纪初，巴塞罗那城里只有十分之一的房屋高度超过了三层，而到了 18 世纪末，十分之七的房子有五层，甚至更高。与此同时，战后非常低的住房价格也开始上涨，租房居住已成为一种常见的生活方式。

然而，很多人的生活条件艰苦异常，特别是在守城战之后，他们居住在只有几平方米且状态极差的房子里（这一方面由于战争中的轰炸，另一方面由于房屋很难得到修复）。1718 年，曾有人提议为所有失去家园者安排住处，特别是那些因建造休达德拉城堡而失去房子的人，但这个提议没有获得什么成效，因为很多人已经住到了自己拥有的其他房子里，或与亲戚共用一所房子。里贝拉区的大部分居民都搬到了拉瓦尔区的某些特定区域。但随着时间的推移，情况发生了变化。到 18 世纪中期，巴塞罗那已经能很好地进行自我调节并适应 1714 年沦陷所带来的后果。大约在沦陷后的 40 年，巴塞罗那的样貌终于有所改变。休达德拉城堡决定了巴塞罗那的城市面貌，因为它不仅覆盖了城里最具活力的区域，还封住了城市向北延伸的可能。总之，休达德拉城堡建在了巴塞罗那可以向外扩展的区域，虽然在战后初期，大量人口的流失和极弱的人口增长动力并没有让人们迫切地感受到城市扩张的需要，但城堡的存在确实阻碍了城市的发展。高度依赖于加泰罗尼亚内陆和海路的贸易活动也逐渐得到恢复，但因内陆地区发展受限，我们可以说，18世纪中期，巴塞罗那大部分的经济活动都是以海洋为中心的。

以我们现在的眼光来看，那时的巴塞罗那港根本算不上是港口。自14世纪以来，人们只是在海岸附近搭建了一些木制的建筑，为方便停靠巴塞罗那的船只装卸货物，但除此之外，几乎没有其他设施。沉入水中的巨石及玛伊安斯岛的存在（也就是现在加泰罗尼亚理工大学航海系及王宫广场的一部分所在的区域）使泥沙不断堆积，逐渐形成了一个半岛，也就是巴塞罗内塔，这个半岛在17世纪末就已经完全形成。捕鱼活动自然而然地集中在这个半岛上，人们还在这里修建了临时的简易房屋，充当海上贸易的临时仓库，或为渔民及码头工人提供短暂落脚的地方。

巴塞罗内塔这个位于城墙之外的荒凉之地，在巴塞罗那守城战期间，应该不是一个很好的栖身之地，当时的报纸并没有明确地指出战争期间这片沙地所发挥的作用。补给物资通过这片沙地——也就是未来的巴塞罗内塔——进入巴塞罗那。事实上，在围城期间，法西军队无法在该区域布设炮兵或开挖战壕，这很容易理解，因为这里的地质结构疏松。守城士兵利用伯爵水渠的弯度在此地用小船设置了街垒，就是这条古老的灌溉水渠将水从贝索斯河引入巴塞罗那平原。9月11日，大约只有30名没有坐骑的骑兵负责守卫这个街垒，而实际上这个街垒并未受到袭击。这一切都清楚地表明，不管是守城军队还是攻城军队都不太重视这片沙地。

正如我们在上文中所提到的，巴塞罗那的沦陷使许多巴塞罗那人和外乡人失去了家园，这让他们不得不在一些平时想不到的地方寻求庇护所(例如,巴塞罗内塔沙地)。这样,难民们临时占据了这片土地,而也正是因为如此,1718年10月3日,巴塞罗那军政官卡斯特尔·罗德里戈侯爵弗朗西斯科·皮奥·萨博亚·伊·莫拉根据《新基本法》授予他的权力,宣布建立海岸区。

这项计划已于三年前开始,负责人是冯·贝尔布姆将军,他正是围攻巴塞罗那时的军事工程师。虽然海岸区的设计方案没有保留下来,但通过对小块土地及房屋的描述,我们可以推断,设计图应该与40年后执行的方案非常相似。在最初的规划中,曾提到要修建一座教堂——确切地说,是一座小教堂——但并没有指明具体的修建地点。海岸区的地皮应优先让予原来居住在里贝拉区、在港口工作的水手或居民;其次,应考虑那些自己的房屋被拆毁的居民;最后,如果还有剩余的土地,要供应那些想建房出租的人。如果想获得地皮,你不但必须向政府提出申请,还要在公告发布起20日内说明自己的个人情况。这项措施并不太受欢迎,提出申请的人也不多。这主要因为巴塞罗那的人口因战争大幅减少,而里贝拉区的很大一部分有钱人也已经在罗巴多尔斯街附近找到了住处。因此,卡斯特尔·罗德里戈侯爵的计划收效甚微。

棉花加工业的发展、烈酒产量的提升、乌尔赫尔地区谷物的密集种植,以及1748年战后对英国及美洲贸易的繁荣,都让加泰罗尼亚的经济活动有所增长,而这种增长通常都会在巴塞罗那体现出来。经济的发展让首都巴塞罗那的人口显著增加,居民数量翻了一番。虽然空间的拥挤程度尚未达到一个世纪之后那种不可忍受的地步,但也必须要修建更多的住房了。

1753年5月12日的《巴塞罗那公报》解释了为什么对巴塞罗内塔进行城市化改造已经迫在眉睫:

(这主要是)为了缓解人口的显著增长给城市所造成的

压力,为了让港口的环境变得更加优美,为了给该地区数量增加的居民提供更多的便利,为了避免用木材及其他可燃材料搭建的简易房屋着火的风险,为了控制无序状态所引发的混乱。

1796年,军政官拉米纳侯爵米盖尔·达瓦罗斯·伊·斯毕诺拉开始规划建设巴塞罗内塔这个新区。虽然我们没有可靠的文字记录,但显然拉米纳侯爵曾在1718年的计划中寻找灵感,因为新旧计划之间有很多相似之处。拉米纳侯爵委托工程师队伍的总指挥胡安·马丁·塞尔梅纽来做初步规划。现在,我们并不十分清楚到底谁是巴塞罗内塔城市化改造工程的执行人,也不知道谁是港口圣米盖尔教堂的设计者,因为我们手中所掌握的资料模糊不清,但可以肯定的是,胡安·马丁和他的堂兄佩德罗·塞尔梅纽确实参与其中。然而,工程的执行者(也可能是所有工作的执行者,这一点我们不十分肯定)很可能是工程师弗兰塞斯克·巴雷德斯,虽然他并不像胡安·马丁兄弟那么优秀。

巴塞罗内塔区最初被设计为方形。每个街区都被划成边长为8.4米的正方形,盖有两层高的楼房,一般房子的第二层对着两条大街,街角处的房子可能会对着三条大街。房屋不能建得太高,因为不能阻挡休达德拉城堡的炮兵阵地针对可能出现在海上的目标采取军事行动。此外,在这里还建了两个广场、一座风格独特的教堂和一个别致的市场,建筑物都采用了红蓝相间的鲜亮色彩,这打破了巴塞罗内塔区单调的建筑风格。随着时间的推移,这个区变成了地中海乃至整个欧洲巴洛克风格的最佳范例,这主要因为同时期其他类似城市的规划都受到了破坏。

从巴塞罗内塔区的建设开工,到佛朗哥政权终结,各种不同的风俗习惯总是以某种方式在这个区共存,而经验表明,这些风俗通常并不太合拍,甚至今天依然如此。一方面,巴塞罗内塔区的居民一般都在附近工作,自从这个区建立以来,这里的居民基本没有向外流动。无论是17世纪中叶还是今天,在巴塞罗内塔区附近工作的人可能一直都住在这里。除此之外,巴塞罗内塔也一直是巴塞罗那渔民的聚集区,它已经取代了里贝拉区。巴塞罗内塔的建立使所有渔民和很大一部分在港口工作的工人在这里定居。除了捕鱼业和港口活动之外,工业活动也在这里进行,但近年来,由于旅游业的蓬勃发展,工业活动可能没有以前那么繁荣了。从19世纪下半叶开始,巴塞罗内塔变成了巴塞罗那的海滩,这里成为巴塞罗那人有史以来第一次享受大海的地方,虽然这片海一直以来都是他们触手可及的。

巴塞罗内塔的建设从一开始就是在军政官拉米纳侯爵的极力推动下进行的。在最初的计划中,他甚至要求在新区的中心修建一个广场和一座教堂,而教堂要供奉的人是圣米迦勒——这并非偶然,因为军政官本人就叫米迦勒,和圣徒同名。这位圣徒被称为"圣米迦勒——天使们的荣光王子",但最初人们其实称之为"港口的圣米迦勒"。奠基日定在1753年5月8日,因为那一天是天使长圣米迦勒出现在加尔加诺山上的日子。动工的前一天,备受尊敬的海洋圣母圣殿教区神父约瑟普·埃斯特瓦指明了所要建立的新教堂的确切位置。埃斯特瓦神父在所有工人和教士的陪同下从海洋圣母圣殿出发开始游行,游行的队伍带着有自己教区徽章的十字架。巴塞罗那主教恩马努埃尔·洛佩兹身穿主教法衣,在前一天游行队伍的陪同下,亲自埋下了奠基石。同时,巴塞罗那的贵族也出席了奠基仪式。奠基石的基座上摆放着一个装有圣物和金银钱币的铅盒,以及一个刻有拉丁文圣经铭文的水晶圆柱。随后,由主教主持仪式,教士和工人们在海洋圣母圣殿管风琴的伴奏下吟唱感恩颂。

为了遵从休达德拉城堡驻军的意愿,教堂盖得不算太高,因为军方不希望任何建筑物阻止他们监控抵达巴塞罗那港口的船只。为了弥补教堂不算宏伟的缺憾,在侯爵的推动下,教堂的立面修建得极为庄严,非常符合那个时代的特点。侯爵非常喜欢这座教堂,他决定死后要葬在这里。1767 年,侯爵去世后,他的遗体被送到巴塞罗内塔教堂,安放在一个巨大的石棺中。1936 年 7 月底,他的石棺成为守卫巴塞罗那的工人们摧毁的第一座坟墓。当时,整座教堂都被烧毁,甚至连教堂的钟都被丢进了距离教堂 100 米之外的海里,幸运的是大火并没有破坏教堂的构架。1940 年,人们顺利地将钟从海里捞了上来,把它重新安置在教堂的钟楼上。

虽然拉米纳侯爵推进了很多工程,但毫无疑问,巴塞罗内塔区是他最成功的作品。18 世纪中期,波旁王朝的开明君主专制已经全面实行。一个奇怪的家伙开始统治西班牙,他就是卡洛斯三世(这里指的是卡斯蒂利亚的卡洛斯三世,因为阿拉贡王室的封号已被完全废除,否则,他应是阿拉贡的卡洛斯四世)。他是费利佩五世的第三个儿子。他身份特殊,因为他的母亲是意大利人,他拥有一半意大利血统,但他的母亲一生都过着远离西班牙宫廷的生活。由于他的兄弟们死后都没有留下后代,王位就落到了他的手中。西班牙人认为卡洛斯三世是马德里最好的"市长",因为他投入了大量的精力将马德里打造成西班牙的首都。在他统治期间,放射状的道路网络开始形成,至今仍是这样。当时的法国,所有的道路都通向巴黎,卡洛斯三世想模仿法国,希望西班牙的所有道路都通向马德里。因此,他提升了通往首都道路的通行能力,无论是否有这个必要。为了推进改革并加强集权主义,卡洛斯三世主要依赖几位支持开明专制的大臣。

第一位大臣是意大利人埃斯吉拉切侯爵。和很多历史人物一样,这个人专断独行,唯王命是从,只要有国王的批准,其他事情一概不在他的考虑范围之内。马德里宫廷不会原谅他,因为朝臣们认为像埃斯吉拉切侯爵这样的外国人，不应拥有这么大的权力。几个贵族家庭密谋要将这位意大利人赶下台，最终他们成功了。当时，宫廷颁布了一项改变马德里穿衣风格的法令，虽然这条法令本身并不重要，但产生了"看得见"的效果。埃斯吉拉切试图在马德里推广更为现代的穿衣方式：人们身披较短的斗篷，头带三角帽，就像欧洲其他国家一样。这引起了民众的不安，他们受到了一定的蛊惑，走上街头抗议。抗议虽被镇压，却造成了大规模的屠杀，这最终让埃斯吉拉切侯爵落马。

1767年春天，埃斯吉拉切在马德里引发的骚动对西班牙的所有地区都产生了影响，巴塞罗那也不例外。几个星期后，很多巴塞罗那人走上街头抗议面包价格过高。然而，结果就像在马德里一样，抗议的人群受到了拉米纳侯爵军队的残酷镇压。这次镇压让拉米纳侯爵在巴塞罗那站稳了脚跟，事实上，他年轻时就曾作为军官参加过1714年的巴塞罗那围城战，那时他已经在巴塞罗那留下了自己的印记。可以看出，侯爵对巴塞罗那既爱又恨。他曾毫不迟疑地在巴塞罗那推行过一系列改善城市环境的措施（例如，夜间照明、给很多街道铺设路面、拓宽通往城门的道路等）。无论功过，拉米纳侯爵都在巴塞罗那的历史上占据了一席之地。

贾科莫·卡萨诺瓦在巴塞罗那

拉米纳侯爵的继任者是里克拉伯爵安伯罗西奥·富内斯·德·维雅尔潘多·伊·阿巴尔卡·德·伯雷阿，他也是卡洛斯三世未来的军务大臣。如果不是因为里克拉伯爵间接促成了威尼斯著名的情圣、作家、旅行家贾科莫·卡萨诺瓦访问巴塞罗那，他对巴塞罗那的历史就不会有重要的影响。卡萨诺瓦在巴塞罗那度过了一段值得回忆的时光。1768年,卡萨诺瓦已经成为一个大名鼎鼎的人物,他曾游历过半个欧洲,并结识了当时的一些杰出人士。尽管卡萨诺瓦声名狼藉,但他是一个非常具有现代精神的人,丝毫没有大男子主义;他崇尚自由,看重能传承文明的传统,拒绝接受掩饰虚伪的习俗。他从不与不喜欢他的女性交往,也从不背叛任何人的信任。当他犯了错,他承认错误并请求原谅,他嘲笑的第一个就是他自己。因此,这样一个文质彬彬、受过良好教育、潇洒帅气的人,走到哪里都会引人注意,但有时候也会给他招来难以对付的敌人。

卡萨诺瓦到法国之后不久就被迫离开,他突然想去马德里的宫廷试试,他觉得自己能够以赌为生,这在18世纪欧洲的骑士中是非常普遍的。马德里宫廷并没有给他太多的好处。宫廷生活是扭曲的,充满了阴谋(就在一年前,埃斯吉拉切中了当时的执政者阿兰达伯爵的诡计后下台)和虚伪。很快,他的敌人就出现了,环境开始对他不利。卡萨诺瓦决定前往马赛,或许之后还会去伊斯坦布尔,但最后并未成行。不管怎样,他已经身在西班牙,如果不得不离开的话,他决定从巴塞罗那离开。在去巴塞罗那之前,他先去了萨拉戈萨和巴伦西亚。他认为巴伦西亚是一个不受上帝眷顾的城市,虽然那里的人看起来不错,但城市布局混乱且卫生条件糟糕。在卡萨诺瓦准备离开巴伦西亚之前,他决定跟一位朋友去看斗牛,并和友人一起共度一个下午。根据卡萨诺瓦回忆录记载,他的座位所在看台的另一边,有一位非常漂亮的女士,衣着令人印象深刻。自然,这个女人引起了他的注意,而更令他惊讶的是,几分钟后,这位女士的仆人走到他身边,邀请他坐到女主人的旁边。原来那个女人和他一样也是威尼斯人,她的名字叫妮娜·贝尔贡兹,是歌手,也是演员。据卡萨诺瓦了解,妮娜·贝尔贡兹来到巴伦西亚的方式极为特别。其实,贝尔贡兹是加泰罗尼亚军政官里克拉伯爵的情人,她曾和伯爵住在一起。显然,这件事在巴塞罗那的统治阶层中引起了轰动,巴塞罗那主教约瑟普·克里蒙特曾和罗马教宗的使节抱怨此事,而教宗的使者又把这件事告诉了国王。为了掩盖丑闻并平息众怒,里克拉伯爵将妮娜·贝尔贡兹送到了巴伦西亚。尽管里克拉伯爵每天支付贝尔贡兹 50 苏埃尔多(不小的一笔财富!)的生活费,她依然觉得很无聊。当时,妮娜·贝尔贡兹 22 岁,她曾和一位舞者有过一段婚姻,"贝尔贡兹"就是她前夫的姓。她急切地想认识魅力不凡、谈吐幽默的男士。因此,卡萨诺瓦出现得很是时候。当天晚上,贝尔贡兹便邀请卡萨诺瓦去她家里吃晚饭,还提议卡萨诺瓦与她及另一位男士同床。卡萨诺瓦对此厌恶至极,拒绝了她,但贝尔贡兹依然坚持,至少,她要卡萨诺瓦留下来看她是如何与那个男人发生关系的。卡萨诺瓦还是留下了,但令他感到震惊的不是当时的场景,而是为什么像贝尔贡兹这样的女人要和那样愚蠢的男人发生关系。

不管怎样,第二天晚上,卡萨诺瓦和贝尔贡兹单独待在一起,他们发生了关系。贝尔贡兹告诉卡萨诺瓦,她之所以这么做,是为了让她正式的情人里克拉伯爵嫉妒。她已经给伯爵写信,请求伯爵同意她和卡萨诺瓦一起回到巴塞罗那。这个女人的手段令卡萨诺瓦大吃一惊,而更令他震惊的是,几天之后,贝尔贡兹收到了里克拉的回信,信中说克里蒙特主教已经不再反对,她可以在她的朋友卡萨诺瓦的陪同下回到巴塞罗那。

身无分文的卡萨诺瓦只能同意,他觉得如果能在巴塞罗那军政官的人际圈子里活动,他可能有机会参加几场牌局,那样就能赢些钱来继续他的旅程。他大概在 11 月 10 日抵达巴塞罗那,住在位于阿瑟斯街的圣玛丽亚客栈,这个客栈就在桑树墓地和海洋圣母圣殿的后面。卡萨诺瓦、贝尔贡兹及伯爵三人达成一致:贝尔贡兹白天和里克拉一起度过,卡萨诺瓦晚上去贝尔贡兹的住所陪她。然而,这种方法根本行不通,更不用说还是在像巴塞罗那这样的城市。几天之后,人们就会知道,军政官的情人也是新来的威尼斯人的情人。当时的巴塞罗那是一个相对较小的城市,街道狭窄,私人空间随处受人窥视,在这种情况下,是不可能守住秘密的。也许正是因为如此,一天早上,当卡萨诺瓦离开贝尔贡兹家时,两名持剑的刺客试图暗杀他。卡萨诺瓦除了是一个好情人、赌徒、作家、旅行家,还是一名优秀的剑客,片刻工夫,他就让这两名刺杀他的男子受了重伤,而他自己毫发无伤。虽然他一直都不确定刺客是谁派来的,但他总是怀疑幕后的指使者很可能是里克拉或是贝尔贡兹本人——或许贝尔贡兹想彻底解决问题。然而,事发几个小时后,士兵们便去旅馆逮捕了卡萨诺瓦,并把他带到休达德拉城堡。卡萨诺瓦被关在城堡最可怕的地方——圣霍安塔楼。

这座塔楼是圣克拉拉修道院唯一留下的部分,波旁王朝在修建休达德拉城堡时将它保留了下来,它就在今天湖的东岸。卡萨诺瓦就这样被捕,但没有受到任何明确的指控,他怀疑里克拉就是那个希望他遭遇不测的人,这并不是凭空猜测。无论事实是否如此,里克拉应该就是那个派遣刺客的人。但卡萨诺瓦也不是一无所有,他虽然没有钱,但有人脉。他立刻就和狱卒们成了朋友,这些狱卒给他弄来了床、桌椅和写作所必需的用品。他在圣霍安塔楼待了一个多月,借此机会完成了一部著作,其实,这部著作早已在他脑海中徘徊一段时间。当然,卡萨诺瓦也很幸运,当狱卒得知他是威尼斯人时,便告诉他有一名士兵也是威尼斯人。一天,那个威尼斯士兵出现了,他和卡萨诺瓦居然是老相识,他们俩是在华沙认识的。这名士兵可不是普通人,他叫塔迪尼,是一名眼科医生。当他们同在华沙时,塔迪尼曾向卡萨诺瓦展示过一种治疗白内障的新技术,即将透镜植入眼睛,这种技术至今仍在使用。塔迪尼也像卡萨诺瓦一样,游历欧洲,想靠自己的发明来发财。后来,他来到了巴塞罗那,他不但没能在那儿获得成功,钱还花完了。因此,他只能无奈地接受了自己所能找到的第一份工作,也就是当一名士兵。这位出色的眼科医生就这样被一项没有前途的工作给埋没了。

塔迪尼帮了卡萨诺瓦很大的忙,让他在监狱里待得舒心惬意。六周之后,卡萨诺瓦被告知,他将很快获得自由,条件是他必须在一周内离开加泰罗尼亚。卡萨诺瓦毫不犹豫,他一被释放就立刻离开。妮娜·贝尔贡兹继续和里克拉伯爵保持着情人关系,后来,她带着伯爵的钱去了意大利。多年后,卡萨诺瓦在博洛尼亚再次见到了贝尔贡兹,她在那里过着富裕的生活。

可能里克拉伯爵确实对贝尔贡兹充满热情,在这种热情的驱使下,里克拉伯爵以非常直接的方式参与了当时巴塞罗那仅有的一家剧院的事务。圣克鲁斯剧院是当时巴塞罗那唯一的剧院,从1579年到1833年,它都是巴塞罗那唯一获得演出许可的场所。剧院的收益成为圣克鲁斯医院的财政来源,因此,剧院和医院同名。当这项专营权被取消后,新的剧院才不断涌现。在新兴起的那些剧院中,第一家就是利塞奥大剧院,它也是最为突出的一家。随后,圣克鲁斯剧院改名为主剧院,现在,它仍然屹立于兰布拉大街的尽头。

其实,里克拉伯爵尚未跟贝尔贡兹在一起时就已经开始参与剧院的管理,但在认识了贝尔贡兹之后,他对剧院事务的干预就更为直接了。虽然我们没有证据证明,但里克拉伯爵可能想要为贝尔贡兹及她的姐姐、姐夫提供一个好地方,因为他们三个人都在与剧院相关的行当做事。当然,这并不是伯爵的唯一目标。

剧院拥有可以自主安排节目的特权。那些年里,剧院的经营者通常都非常明智,他们不会上演任何原则上不合时宜的节目,但里克拉伯爵对剧院的经营者享有这么大的自由却很不满意。另外,圣克鲁斯医院为了保证每年都能获得一定的资金来维持医院的运转,通常都会将剧院的使用权租给一位老板,而里克拉伯爵则希望医院每年只获得固定的资金。最终，他达成了自己的愿望。从那时开始，剧场支付医院的这笔钱就不再被认为是购买剧院经营特权的费用，而变得像是为了能够使用兰布拉大道尽头的圣克鲁斯剧院所交付的租金。就这样，剧院间接地被里克拉伯爵所控制。从那时起，伯爵不仅有权批准或撤销演出，他还控制了应投入到剧院或从剧院支出的资金，真可谓一举多得啊！

第一次工业革命开始

然而，巴塞罗那所经历的所有改变并非都是由于军事权力的干涉。据记载，1736年，印度布第一次在巴塞罗那生产，实业家哈辛特·埃斯特维·伊·克拉利阿就是促成这件事的人。印度布是一大新鲜事物，它成为后世所谓第一次工业革命开始最明显的标志。这种布是一种单面印花的棉布，色彩浓烈。这个名字的来由是因为这种技术源于印度。加泰罗尼亚自古以来就不是棉花的产地，这让我们很难理解为什么用棉花织成的棉布会在巴塞罗那进行印染。巴塞罗那纺织业的蓬勃发展是很多不同原因共同作用的结果。一方面，加泰罗尼亚在战后唯一可以大量出口又具有一定品质的产品就是烈酒。这种酒的价格比国际标准价格要低，抵达加泰罗尼亚海岸的那些准备将货船装满的英国及荷兰商人会买这种酒。在那个时期，并不是所有货物都用钱来结算，以物品交换的方式保证大家都可以维持生计也是一种很普遍的结算方法。外国商人常带两种产品来进行交换：鳕鱼干（这就是为什么加泰罗尼亚的美食秘方中拥有世界上最多种类的鳕鱼烹饪方法，但鳕鱼并不是地中海的特产）和印度布。这些布料很快就在加泰罗尼亚流行起来，因为人们从未见过用此种颜色和图案印染的布料。然而，开始生产这种布料的真正动力来自里昂丝绸业对法国政府所施加的压力。法国的丝绸商人都觉得这些印度布比他们的丝绸更便宜且质量更好,这让他们很担心。因此,他们给政府施加压力,要求停止在法国生产印度布。这对加泰罗尼亚人来说是一个千载难逢的好机会,他们明白,如果他们有棉花并掌握了这种生产技术,不仅可以占领国内市场,也可能将印度布出口到法国或其他更多的国家。

除了哈辛特·埃斯特维之外,巴塞罗那其他未来的实业家们也都开始生产印度布,但根本问题在于加泰罗尼亚的印度布无法与外国生产的同类产品竞争,因为不管从印染技术还是从所使用的染料上讲,加泰罗尼亚产的印度布质量都不高。哈辛特·埃斯特维和他的儿子霍安·保致力于解决这一问题,最后,他们终于找到了洗后不褪色的染料。不难想象,新的印度布大获成功,短短几年内,在巴塞罗那的大部分区域都可以看到太阳下晾晒着印染过的衣服。很快,那些晾晒衣服的地方就被称为"印度布草园"。然而,由于城市的内部空间有限,实业家们开始在城墙之外的某些区域晾晒衣服,特别是在拉瓦尔区。拉瓦尔区曾是巴塞罗那最荒凉的区域,有很多果园,但从那时开始,它逐渐向工业区转变。

这个飞速发展的过程让一些家庭富了起来,而这些家庭也成为城市重新发展的动力。其中一些新近发达的家族,如鲁尔家族,我们在19世纪后期的第二次工业革命中还会再次看到他们的身影,但也有一些家族却在发展的过程中慢慢销声匿迹。随着新型纺织品的出现,围绕着印度布展开的工业活动很快就变得多样化。对这次工业活动的推广做出重大贡献的人之一,是实业家埃拉斯梅·德·哥尼玛,他是巴塞罗那最富有的实业家,也是几十年来巴塞罗那最具影响力的人。

哥尼玛是莫亚人,但他们一家人于1754年就搬到了巴塞罗那,因为当时他的父亲在巴塞罗那的一家工厂做纺织工人。哥尼玛一家住在松树圣母圣殿附近。三年后,也就是当哥尼玛13岁时,他开始在马卡罗拉家位于工厂街22号的印度布工厂工作(这栋房子今天还在)。哥尼玛很聪明,他很快就在印度布的印染方面表现突出。此外,他不仅在没有任何人帮助的情况下自学了读写,还跟在工厂工作的几位技术人员学会了讲法语。哥尼玛被任命为工厂的技术总监时不满21岁。在纺织业蓬勃发展的过程中,哥尼玛与该行业另一位实业家的女儿伊莎贝尔·高尔的结合,让他的事业更上一层楼。1780年,在马卡罗拉家族和他岳父的支持下,哥尼玛通过了商业委员会的考试并开设了自己的工厂。三年后,哥尼玛开始在上列拉街附近的卡门街修建一家大型工厂,他自己居住的房子也建在那儿,直到去世,他都一直住在那里。这栋房子保存至今,虽然它的正面朴实无华,内部却富丽堂皇,哥尼玛就像其他加泰罗尼亚有钱人一样非常低调。然而,哥尼玛并不是一辈子都在隐藏他奢华的生活,他很愿意做慈善,偶尔也会邀请一些工人到自己的房子来参加聚会。他手下有很多工人,甚至一度达到2500人。这个数字可不小,任何一家位于巴塞罗那城内的工厂都没有达到这个规模。

哥尼玛在很多方面都成为领军人物:他是在制造布料方面最会创新的人,他利用自己会讲法语的优势去法国旅行,不仅学习了那里使用的新技术,还买到了最先进的机器。他还想出了纺织业的新式经营策略,例如,他购买了一条商船,将他的产品送往美洲,而他的货物在美洲卖得很好。这艘船正式的名字叫"圣伊拉斯谟号",但人们都称之为"巴塞罗那号"。这艘船通常往来于巴塞罗那、韦拉克鲁斯和哈瓦那之间。它载着印度布到达美洲,返航时再带回美洲的产品,之后,哥尼玛再将这些来自美洲的产品转售出去。18世纪到19世纪间,西班牙先后与英国、法国爆发战争,这让哥尼玛的生意大受影响。在拿破仑占领西班牙期间,哥尼玛这位商业大亨对待法国人的态度是相当暧昧的,甚至可以说是趋炎附势。因此,当战争结束后,很多人都希望政府能逮捕他并把他关进监狱,但是埃拉斯梅·德·哥尼玛太有钱了,影响力非同寻常。最终,他还是毫发无伤。后来,他因一次生产事故而去世,享年 75 岁。当时,工厂的锅炉发生了爆炸,这表明哥尼玛直到生命的最后一刻,还坚守在自己的岗位上。

巴塞罗那城里大型纺织工厂的出现也改变了巴塞罗那人对贫困的看法。苦难一直都存在,我们不要忘了,减轻苦难一直都是圣克鲁斯医院所关心的重要问题之一,这家医院是巴塞罗那主要的慈善机构。然而,18 世纪时,启蒙运动和工业革命改变了整个欧洲对穷人的看法。社会中最弱势的群体被分为两类:"无力自助的乞丐"和"懒惰的乞丐"。第一类人是指那些什么都做不了的穷人,他们可能是因为生病、残疾、年岁已高或太年轻而无法维持生计。对于这些人,要以某种方式给予帮助。另一类人是指那些身体健康且完全有体力干活,但什么都不做的穷人,因为他们发现靠别人的施舍生活比通过自己的努力要舒服得多。对这一类人,必须要进行再教育,必要时还应予以惩罚。

这种区分也迫使被称为"慈悲之家"的机构进行了现代化的改革。在此之前,这些机构既负责接待和照顾那些无力自助的乞丐,也负责教育和改造那些懒惰的乞丐,对于后者,还要引导他们去新的工厂工作。在巴塞罗那,这样的劳动力非常受实业家及行会的欢迎,他们不仅是廉价的劳动力(他们的工资比正规工人要低,而且工资也并不是直接付给他们,而是付给慈悲之家),还非常听话,因为对于他们而言,总有被体罚、被抛弃或领不到任何收入的可能。

1772 年,加泰罗尼亚下令大批抓捕穷人。这种针对穷人的突击行动一下就让慈悲之家达到饱和程度,那里聚集了各种各样的人,他们的生存条件极差。政府认为男女混住是一件令人无法容忍的事,于是,政府就将男性都送到了特兰托神学院,这主要是因为男性的数量要比女性少得多。在整个18世纪,贫穷对女性总是非常残忍,而这种残忍的程度还越来越高,这种现象在战前已经出现,而战争又催生了很多被遗弃的妇女、没有生活来源的寡妇、不受父母喜爱的女童,等等。虽然现今的慈悲之家已经变成了它所在区的市政办公室,但在其位于拉马耶雷斯街17号的入口处,至今仍可以看到两个用木盖遮住的圆孔,这是当时放置弃儿的地方,直到1931年,这两个圆孔还在使用。慈悲之家成了一个小规模的女性聚集地,它有着不同的部门:接管女性孤儿的部门,这些女孩将被送去做家务;女性寄住处,接纳各种穷困的妇女。慈悲之家里还有一个医务室和一个"离婚忏悔室",后者主要用于让那些申请婚姻无效的女性向教会反省。此外,慈悲之家里还有一个商店为生活在那里的妇女提供服务,她们可以在那里买到食物和葡萄酒,但商店里不卖烈酒。住在慈悲之家的女人们不能进入商店,她们只能通过一个窗口购买所需要的东西,但这个商店朝街的一面却是开放的,男女都可进入。慈悲之家里还有一个厨房、几间卧室和几个工作间。

慈悲之家接纳的女性都生活在一种半幽禁的状态。有时,这些女人是被自己的父母或丈夫送进去的,因为她们的家人出于某种原因要离开巴塞罗那,通常是要去当兵或要出远门做生意。负责照看慈悲之家的是三位一体教团的修女们,她们更希望自己负责照看的是年轻女性,因为一方面,年轻女孩更容易控制和管教;另一方面,纺织工厂也很愿意让这些女孩去做纺织女工。在很长一段时间里,慈悲之家还收容犯了罪的妇女。但从18世纪90年代开始,那里就不再接收女犯,因为当时西班牙不仅与英国开战,还与法国爆发了所谓的鲁西永战争,导致人民贫困的程度加剧,慈悲之家根本没有地方容纳那么多人。

穷苦的男性与女性不同，他们往往在接纳他们的慈善机构之外干的活比在机构之内多得多。虽然那些无法自食其力的人不用出去干活，但那些有能力养活自己的人会被派去做市政府派给他们的工作（通常是一些最令人嫌弃的工作，例如，清洁厕所或搬运死尸），或是应征加入海军或陆军。从1787年起，尸体搬运工的人数急速增加，因为政府下令将所有埋在教区墓地（位于教堂前或教堂旁边的广场）的尸体都移到城墙外新建的墓地去。事实上，1775年，由主教克里蒙特（就是曾迫害过贝尔贡兹和里克拉伯爵的那位主教）出资修建的新村墓地已经落成，这个墓地在一个多世纪的时间里一直都是巴塞罗那的主要墓地。

说完了穷人，我们再来看看富人。1773年，秘鲁总督曼努埃尔·阿马特（除了君主之外，这是西班牙帝国最为重要的职位）在兰布拉大街购置了一块地皮，他命人在那建造了一座宏伟的宫殿。在现今的巴塞罗那，人们用这位总督的名字命名了一条街道和一个地铁站。阿马特是一位非常古怪的人物。他是在18世纪西班牙帝国体制中官位最高的加泰罗尼亚人。显然，他善于利用手中的权力。总督是一份肥差，能当上总督就意味着为自己找到了一个可以填满腰包的大好机会。能不能搜刮到财富，主要取决于在哪里当总督。虽然18世纪的西班牙帝国已经明显在走下坡路了，但在波旁王朝统治时期，秘鲁总督辖区是一个大区，那里有波托西的银矿，是庞大的西班牙帝国主要资金来源之一。曼努埃尔·阿马特在智利待了几年之后，终于当上了总督，他在这个辖区投入了大量的精力。他不仅进一步加强对银矿的开采，还参与了汞矿的开采。汞这种物质非常重要，因为它可以将银与其他矿物及金属分开。阿马特和他的助手们很清楚这种"流动的白银"的价值。根据官方规定，银矿工人必须用有标记的银块来购买汞，银块做标记的目的是为了收税。然而，在实际购买时，如果工人们想得到工作所必需的汞，就要用官方未标记过的纯银来支付。阿马特所积累的巨额财富由此而来，这笔天文数字般的财富远远超出了其他西班牙总督的容忍程度。

但不管怎样，让阿马特闻名于世的并不是他的腐败，虽然后来腐败给他带来了很多麻烦，但真正让他出名的是他的一段情事。多年后，作曲家雅克·奥芬巴赫把这段情事写成了一部非常有趣的歌剧，这部歌剧的名字为《蓓丽乔蕾》。当阿马特快要60岁的时候，他成了20多岁的秘鲁歌手玛丽亚·米卡埃拉·维耶加斯的情人。人们常称这位女士为米吉塔·维耶加斯，她还有一个更为人熟知的名字——"蓓丽乔蕾"。若非发生在一位60多岁、身材臃肿、样貌丑陋、脾气古怪的总督和一位20多岁、年轻任性、魅力四射、大名鼎鼎的女歌手之间，这段感情没有丝毫特别之处。维耶加斯不甘屈居人后，总督疯狂地爱着她，满足她所有别出心裁的奇思异想：从晚上穿着睡衣追着她跑遍利马的大街小巷，到建造一座剧院来让她演出。阿马特在利马推进的部分城市改造都是为了取悦他的情人。然而，这一切都发生在一个到处都是极度虔诚的教徒的社会中，人们惊慌失措地看着一位总督成天跟在一个女演员后面，完全不顾及自己的颜面。过了几年，阿马特总督和他的情人有了几个孩子，但总督因名誉扫地，被召回西班牙。他一个人离开，将他的情人永远留在了利马。阿马特总督从未因行为放荡受到指控，他的敌人选择将他的腐败行为公之于众。

富可敌国的阿马特不仅想在巴塞罗那城里建造一座宫殿，还想在城郊建一座别院。他把贪污的赃款寄回巴塞罗那，开始找人为他建造这两座宫殿。城郊的宫殿坐落于恩典区，城里的宫殿则位于一个当时人们认为卫生条件糟糕的地方——兰布拉大街。选择住在这条街上令人感觉很奇怪，因为兰布拉大街有很长一段时间都处在施工状态，只要一下雨，脏水就不受控制地往下流，这个问题直到1798年才得到解决。巴塞罗那的贵族们从来都没有想过要离开安普勒大街或蒙卡达街而搬到兰布拉大街去居住,当时唯一这么做的人就是来自乌斯的马尔切家族。阿马特命人为他打造了一座富丽堂皇的宫殿。为了突显宫殿那些与巴塞罗那格格不入的特点,他坚持不让宫殿和其他建筑物保持在一条直线上。因此,这座宫殿就建在了兰布拉大街改造前的校准线上。这座宫殿被称为总督夫人宫,实际上,阿马特的两座宫殿最终都被冠上了"总督夫人"的名字。理由很简单,当阿马特回到西班牙时,宫殿还没有完工。当时,他有两件事需要操心:一是要娶费瓦耶尔家族一位循规蹈矩的姑娘为妻;二是要全身心地应对自己卷入的腐败案件的审理。那时的阿马特年事已高,耗费这么多精力着实让他吃不消。1782年,他刚搬进宫殿不久就去世了,而他的妻子一直住在宫殿里。因此,这两座建筑都被冠以总督夫人之名。

  1798年改造工程完成之前,兰布拉一直都不是一个适宜居住的地方,街上总是泥泞不堪、污水横流,直到它的中间部分被铺设了路面而变成道路之后,情况才得以改善。铺了路面之后,那里的地面就比以前高了许多,巴塞罗那人便开始称那里为"高台",这个叫法甚至还被收录进了庆祝圣体节圣像游行的民歌集中。由市政厅资助的巨人像游行在铺设了路面的区域进行,而从松树圣母圣殿出发的巨人像游行则在被当地人称为"小道"的行车道上进行。有一首在巴塞罗那乃至整个加泰罗尼亚相当知名的民歌这样唱到:

    松树圣母圣殿的巨人像
    正在跳舞,正在跳舞。
    松树圣母圣殿的圣像,
    正在小路上跳舞。
    市政府的巨人像,
    正在跳舞,正在跳舞。

第十章 关于贸易

> 市政府的巨人像，
> 正在高台上跳舞。

在兰布拉的"高台"上散步变得非常受欢迎，"高台"已经可以与当时海边城墙上正在修建的部分一争高下。此外，市政府还在兰布拉的"高台"上安置了石凳，种植了树木，人们可以坐在树阴下乘凉。巴塞罗那人总喜欢对城市的改造工程争论不休，多年来，他们一直这般与众不同。因此，巴塞罗那的任何改变都会引发公众的热烈议论。兰布拉的城市化改造就是一个例子，最近，人们还对米拉之家、荣耀广场的改造、现代主义风格建筑的立面、格拉西亚大道路面的铺设及奥林匹克体育场的重建品头论足。起初，兰布拉大街上种的是杨树，但18世纪的巴塞罗那人不喜欢这种树，后来，杨树就被白蜡树、杜鹃花和金合欢所取代。但争论没有停歇，持续了近60年，直到1859年，市政府才决定要种悬铃木。从那时开始，悬铃木就成为巴塞罗那街头最常见的树。

虽然阿马特总督大名远扬，但在18世纪末和19世纪初，巴塞罗那最有意思的人物是他的侄子马尔达男爵拉法尔·德·阿马特·伊·德·科尔达答·埃斯得。他出身于小贵族阶层，虽然极为保守，但精力充沛。他23岁时就突发奇想，要写一本游乐于俗世的日记，他想在日记中记录所有在他身边发生的事。直到他去世的前两年，他一直坚持写日记。1819年，马尔达男爵与世长辞，享年73岁。他的日记共有71卷，这对于研究那个时期的历史学家至关重要。男爵给这本体现出他顽皮性格及传统精神的著作起了一个恰如其分的名字——《裁缝的抽屉》——因为那"抽屉"里收纳着无数杂乱无序的小零碎，这些东西虽然没什么价值，但非常实用。马尔达男爵生活在乱世过后的和平时代，我们既可以说他是幸运的，也可以说他是不幸的，这要看你的出发点。他的日记没有私密的内容，因为他原本就想将自己写的东西读给那些每天下午来他的宫殿作客的朋友听。他的宫殿坐落于松树街,他在那里出生并度过了自己的一生。这座宫殿当时被称为坎科尔达答宫,后来改名为马尔达宫。现今,那里依然有以他的名字命名的长廊,从松树广场一直延伸到波尔塔费利萨广场。

马尔达是巴塞罗那的名人,他家财万贯,但不是靠实业发家,这主要因为他没有能力投资刚刚兴起的纺织业,此外,他也不认为投资纺织业是合适的选择。他经营的是贵族的传统生意,收益主要来自土地和农场的产出。那些有钱的实业家们虽没有贵族血统,却变得越来越重要,这让马尔达很不满意。他是政府及教会坚定的支持者(尽管他认为宗教裁判所已经变得越来越宽容),坚决反对社会运动、暴乱及破坏社会秩序的行为。虽然他的原则非常明确,但现实是无法改变的,当人们对政府的强权不满时,马尔达最终还是站在了手工业者和巴塞罗那普通人一边。自从1789年7月巴士底狱被攻陷之后,他就对法国人忍无可忍,更不用说当法国人砍了路易十六的脑袋时,他会怎么看法国人。独立战争开始后,马尔达完全陷入了两难之中。他憎恨法国人,这不是因为他们是法国人,而是因为他们是无神论者和自由主义者,但当他看到巴塞罗那政府中很多人因国王的命令而支持法国人时,他困惑极了。这一切对于马尔达这样恪守原则的人来说太过复杂。

马尔达男爵在日记里不仅讲述了各种各样的聚会和庆祝活动,还讲了权贵、名人的八卦,也说了资产阶级、穷人、其他贵族及所有他看不惯的人的坏话。除此之外,他在日记中还详细描述了他与美食之间的紧密关系,尤其是他和巧克力的故事。可可让他疯狂,他的确对可可上了瘾。马尔达男爵在太阳升起之前起床,之后,便让人为他准备一小瓷杯的巧克力,他会配一杯凉水喝下。起床后几个小时,等他梳洗完毕,换好衣服,他要再喝一杯巧克力,然后,他就会用整个上午来记录前一天发生的事情。晚餐前一小时,他还要再喝一杯巧克力。如果我们光用杯来计量的话,是不够精确的,他使用的小瓷杯的容量大概与一杯意式浓缩咖啡或是容积为125毫升的小杯差不多。我们上面提到的就是他平常的巧克力饮用情况,但他经常会由于不同的原因打破这个规律(例如,他在家里请客开茶话会时,而每周他都会开上几次)。我们看到,他饮用了大量的巧克力,很难说他到底喝了多少杯。此外,在任何宗教或世俗的庆祝活动中,男爵都会加大巧克力的剂量,他习惯将巧克力用水溶开,或用巧克力来蘸面包、饼干或炸排叉吃。他在写作的时候,只要他想,就会喝一杯巧克力;当他准备去参加婚礼或要乘车出门前,他要喝巧克力;当他口渴时,没有什么比巧克力更解渴;当他做完弥撒,喝巧克力;当他打哈欠时,喝巧克力;当他觉得无聊时,喝巧克力……

结果可想而知:男爵肥胖过度。然而,在他人生的最后几年里,他对巧克力的依赖有增无减,因为他的大部分牙齿都已经掉光,只能吃他并不太喜欢的流食,而这些食物通常都没有什么味道,巧克力则很好地弥补了这一缺陷。

马尔达男爵在《裁缝的抽屉》中平静地记录了那些年来所发生过的影响巴塞罗那的重大事件。例如,他讲了法国大革命的影响。革命导致了许多法国反对派的神父、宗教人士来到巴塞罗那,因为从1790年起,他们拒绝向《教士公民组织法》宣誓,这一法律要求神父服从革命的原则。起初,这些法国反对派人士在巴塞罗那这样的宗教社会受到了广泛的欢迎,但很快这些人就开始令巴塞罗那人感到失望。这些法国宗教人士非常自负,他们把自己受到的待遇当成是主人应尽的义务,不管巴塞罗那人对他们做了多少,他们都觉得不够。而让加泰罗尼亚人最为愤怒的事情之一,就是法国人除了法语之外不讲其他语言,最多会说几句西班牙语,但从来不讲加泰罗尼亚语。1793年的鲁西永战争爆发后,这些法国宗教人士对接纳了他们的巴塞罗那人的态度令人极为不悦。战争在比利牛斯山脉的两侧展开,这些神父抱怨加泰罗尼亚人没有做出足够的牺牲。马尔达男爵对此大为不满,他和其他人一样,都对这些狂妄自大的宗教人士非常失望。虽然在这些事件发生之前,马尔达男爵已经很不喜欢法国人了,但从那时起,他开始发自内心地憎恨法国人。可以想象,相当多的加泰罗尼亚人和巴塞罗那人都有同样的感受。

马尔达虽然非常保守,但这并不阻碍他发现驻守巴塞罗那的卡斯蒂利亚军队的粗鲁和野蛮。1808年,独立战争爆发,巴塞罗那的西班牙军队整体上表现怯懦,他们的行为愚蠢至极,令人费解。马尔达把这些都写在了他的日记上,从那一刻起,他不再使用他所特有的嘲讽语气,他的记录开始变得苦涩。巴塞罗那的情况令他痛心,他要求法国政府批准他去自己在维克的住所,即便他并不喜欢维克这个城市。虽然马尔达男爵经常感慨并希望重建宗教裁判所,但他还是觉得维克对宗教过于执着,这也是他不喜欢这座城市的原因。

在独立战争爆发前的几年里,巴塞罗那的情况是躁动不安的。当时的另一位重要人物是弗兰塞斯克·萨尔瓦·伊·坎皮略,他和马尔达住得很近,他的家就在贝特利特索尔街,现在那栋楼里还有一家巧克力店——如今,巴塞罗那城里的巧克力店已经所剩无几了。萨尔瓦非常优秀,是一位拥有大智慧的人,他是世界闻名的科学家,但现在几乎已经被人遗忘。他是第一个在报纸上做天气预报的人,那份报纸就是《巴塞罗那日报》,是欧洲大陆最古老的报纸。坎皮略还是一名医生,同时,也是物理学家、化学家、自然科学家和作家。他的一生丰富多彩,例如,他是将天花疫苗引进加泰罗尼亚的人之一,但令他真正名声大震的可能是他对用电来进行通信的研究。从几十年前开始,电就已经成为欧洲科学界的重要研究课题。正是这个原因,不久之后,《科学怪人》这部浪漫主义的科幻小说诞生了,因为有电作动力,小说中的怪物才有了生命。虽然对于很多科学家来说,电都是一个谜一样的存在,但对于实用主义者来说,电却是可以实际应用在很多方面的。萨尔瓦便是致力于研究如何将电力应用于通信。

1791年,萨尔瓦设计了一项电报实验,这让他在国际科学界赢得了众人敬仰。萨尔瓦想要测试铜线的导电性,如果铜线可以导电,就可以设计一种装置,让它通过铜线传输的电力来传递信息。他先发明了一种传输系统:44根铜线被铺设在巴塞罗那和马塔罗之间,22名男子在马塔罗待命,他们每人负责照看两条线路,每个人都被分配了不同的字母。当一个人注意到电流通过他负责监控的电线时,他就要记录下来。使用这种传输系统,或者说,是通过让一些服务人员感知电流,就可以发送能让人理解的消息。虽然这个系统的设计非常巧妙,但可能不太实用。因此,萨尔瓦又进一步完善了这个体系,他在位于贝特利特索尔街上的家里用其他物品进行了测试。萨尔瓦发现,当电流通过死青蛙的腿时,青蛙腿会发生收缩反应。因此,没有必要让人去感知电流,只需要将青蛙腿放在一定距离之外的地方就可以传递信息。当青蛙腿受电击而收缩时,就意味着字母表中的某个字母已被发送出去。萨尔瓦甚至还估测出间隔多久需要更换青蛙腿。最终,萨尔瓦得出结论:青蛙所需的费用不多,这种通讯设备经济实惠。

萨尔瓦赢得了崇高的声望。1798年,他应召在西班牙王室面前展示他的才华。卡洛斯四世的弟弟安东尼奥王子热衷于摆弄科技实验器具,他会定期召集最为著名的科学家来向他展示各自的发明。萨尔瓦经历了一次疲惫的旅行之后,终于抵达国王用于消夏的阿兰胡埃斯行宫,不幸的是,他惊讶地发现,另一名科学家——加那利人奥古斯丁·德·贝坦科特——已经在马德里和阿兰胡埃斯之间安装了电报线。萨尔瓦有些迷茫,不知道自己要展示什么。最后,他只能专注于研究那条已经安装好的线路并对其进行完善,他甚至还在王室面前展示了他完善后的成果。然而,一切都是徒劳。不过,安东尼奥王子给了他相应的补偿,他得到了可以在巴塞罗那开设医学院的皇家许可。我们曾在上文中提到,医学这一学科已经在塞尔韦拉大学被撤销,因此,萨尔瓦的阿兰胡埃斯之行并非不值一提,也不是毫无用处。虽然他没能发明电报,但他创造了很多个"第一":他是第一个乘坐热气球旅行的加泰罗尼亚人、第一个研究建造水下潜艇的加泰罗尼亚人、第一个测量经线的加泰罗尼亚人、第一个发明烹饪用电烤箱的加泰罗尼亚人、第一个创造高精度气压计的加泰罗尼亚人。萨尔瓦死后被葬在他家附近的松树圣母圣殿中央走道下。多年来,成千上万的巴塞罗那人和游客从他的墓碑上走过。

巴塞罗那的人口"爆炸"

不管是萨尔瓦·伊·坎皮略还是马尔达,他们都是巴塞罗那人口"爆炸"所产生的大军中的一员。到18世纪末,巴塞罗那的人口已经达到王位继承战争之前的三倍。大约有10万人住在城里,这对于占地面积相对狭小的巴塞罗那来说是一个巨大的数字。房屋占据的空间越来越大,棉花纺织业也在不断发展,巴塞罗那城里建起了约60家纱线和棉花纺织工厂。那时还没有高大的工业烟囱,因为机械化生产的时代尚未到来。然而,巴塞罗那和其他欧洲工业城市一样,资产阶级这个重要的群体已经形成,他们不仅有钱,还在不断地缩小着和那些几个世纪以来一直处于社会金字塔顶端的贵族的差距。对于贵族而言,这个迅速上升的新兴阶层既让他们害怕,又对他们有着巨大的吸引力。他们中的很多人都开始"沾染"上了资产阶级的习惯,而资产阶级中也有很多人获得了贵族头衔,这种现象在其他欧洲工业城市也一样。一个新的寡头集团正在为取代旧时荣耀做着准备。

从18世纪中期开始,加泰罗尼亚人已经可以合法地和美洲殖民地通商,最初只是部分通商,后来实现了全面通商。商船可以从加泰罗尼亚的港口出发,而不必再从加的斯启航。与新工业崛起息息相关的商业发展使很多加泰罗尼亚城市的生产和贸易呈螺旋式上升,这些城市中首当其冲的就是巴塞罗那,加泰罗尼亚的产品也远销到世界上的很多国家。然而,当时整个欧洲及其遍布全球的殖民地局势都动荡不安,这严重削弱了加泰罗尼亚出现的商业繁荣。

法国大革命成果的巩固是通过与邻国保持极为艰苦的战争而得来的,甚至连较远的邻国,如奥地利或俄罗斯,都受到了波及。这对于统治西班牙的波旁王朝来说是一场灾难。从费利佩五世开始,西班牙便与法国联盟,这构成了西班牙帝国外交政策的基础,当时的西班牙帝国已经处于极度衰弱的状态。西班牙一直领先的战舰规模已被英国超越,而法国的战舰也可以与之匹敌。西班牙水手的训练方法不够先进,更多依靠纪律而不是海上作战的技巧。因此,西班牙水手对帆船的操作往往不如英国人那么灵活,在海战中也更容易被击败。陆军的情况好不了多少,他们使用的是普鲁士的规范,对士兵极为严厉,而战略战术却已经过时。在拿破仑上台之前,法国人就开始研究如何改变那些老套的作战方式,因为老式战争通常是要以付出巨大的伤亡为代价的。此外,西班牙军官的选拔体制毫无效能可言,候选人的资历或是否拥有贵族血统是主要考量因素,而法国军官的选拔看重的是功绩。

虽然西班牙最初与英国、奥地利及其他欧洲国家结盟,共同打击新生的法兰西共和国,战争的结果却喜忧参半。他们虽然成功遏制了法国的扩张,但还谈不上真正击败敌人。西班牙军队(王朝军队)不仅因效率低下付出了惨痛的代价,玩忽职守或临阵脱逃的现象也很严重。加泰罗尼亚的年轻人则都带着收复鲁西永和塞尔达尼亚的幻想参军,但西班牙人的笨拙表现很快就让这种幻想破灭了。

然而,战争结束后,西班牙的政策又开始向法国看齐。表面上看,这是卡洛斯四世做出的决定,实际上操纵这件事的是两个不同寻常的人:王后帕尔马的玛丽亚·路易莎和她的情人曼努埃尔·戈多伊。戈多伊是西班牙当时实质上的首相,他曾做过皇家卫队的军士长,就是在那时,他俘获了王后的芳心。卡洛斯四世性格懦弱,他是不可能做出那样的决定的。然而,一段时间之后,人们就发现王后和她的情人并不善于经营国际关系,特别是在科西嘉的小个子将军拿破仑·波拿巴夺取了法国政权之后,他们完全不知该如何应对。1800年,也就是在鲁西永战争结束几年之后,西班牙便和法国签署了《圣伊尔德丰索条约》,西法两国再次结成同盟。实际上,通过这个条约,法国获得了西班牙在北美洲的殖民地,而交换条件是让玛丽亚·路易莎的一个侄子在伊特鲁里亚这个位于教皇国以北的新王国登上王位。之后,双方又在亚眠签署了另一条约,重新强调了法西联盟,虽然这次西班牙收回了梅诺卡岛,但西班牙帝国的政策却日渐掌控在法国人手中。

卡洛斯和玛丽亚·路易莎都没有意识到时代已经发生了变化,王子与公主联姻的政策已经不能保证国与国之间的联盟及王国的延续性。自路易十六被处决以来,没有哪一个王国是安全的,也没有任何统治者可以仅靠上帝的恩典而一直在位。玛丽亚·路易莎费尽心思让她的孩子们与两西西里王国的王子、公主联姻。双方最终商定两个婚礼同时举行,届时还将举行隆重的庆祝活动,伊特鲁里亚王室也将参加此次婚礼。婚礼在哪里举办呢?婚礼的举办地点就是那个位于马德里、那不勒斯和佛罗伦萨中间位置的城市——巴塞罗那。

在巴塞罗那举行的王室"集体"婚礼

1802年春,巴塞罗那被选为举行两西西里王国公主玛丽亚·安东尼亚·德·波旁和费尔南多七世,以及弗朗西斯科一世和玛丽亚·伊莎贝尔公主皇家婚礼的城市,但巴塞罗那政府对此一无所知。商业委员会的一名成员得知了这个消息,似乎女王的仆人是他的亲戚。当他获悉此事,就立刻向市政府报告,政府感到非常惊讶。军政官、市长、主教都向马德里询问这个消息是否属实,他们害怕这只是一个毫无意义的谣言。当他们得到确认并被告知王室将在9月11日(这个见鬼的日期!)抵达时,大家都开始忙了起来。这是个好消息,就像现在,如果某个城市要发生什么大事,虽然得投入大量的人力和财力,但从长远来看,这座城市能获得更多的利润并赢得更高的声望。然而,并不是每个人都这样看问题,马尔达男爵在他的《裁缝的抽屉》中写道:

> 关于我们的天主教国王及王后是否要来巴塞罗那的流言又起,人们都想知道他们来这里是不是因为尊贵的阿斯图里亚斯王子以及西班牙公主要在此举行婚礼,我不知道是否那不勒斯王国的国王也会来。如果是这样,当然欢迎。但事实是,我们根本没有举办庆祝活动的能力,因为灾难和战争,我们已经损失惨重。如果是在和平年代,很多人会感到欢欣鼓舞,但不是在这样动荡又拮据的年代。我们仅能掏得出的钱还要交给国王陛下,以缓解他因为与法国及英国的战争所陷入的窘境。更何况我们现在还处于停战或休战的状态,还没有实现和平,即便君主专制在法国复辟,有合法的君主登基,这种停战状态也不会长久;而如果法兰西共和国继续存在的话,我们就得时刻警惕战争再次发生。

然而,巴塞罗那政府却立即投入了工作:他们抓捕了罪犯,整修了会让车辆颠簸的不平整的道路,清理了街道和港口的水域;乞丐都被抓了起来,外国人也被赶走。政府所做的一切都是为了给王室留下一个好印象。此外,还有两个现在我们可以称之为"企业协会"的组织也开始投入工作。由商人构成的商业委员会是相当现代化的,而同业会及行会委员会则更为保守,参加这个组织的人主要是那些维持行会体系运作的巴塞罗那人。当时,行会已经被认为是影响商业发展的毒瘤,随着时代的发展,它显得过于死板和僵化。这两个协会交恶是可想而知的,而国王的到访让他们都有机会在政府和王室面前表现自己。两个协会分头行动,双方都小心翼翼地为婚礼庆祝活动做着准备,生怕对方知道自己的细节。

最终,王室于1802年9月11日早上通过海路抵达巴塞罗那,伊特鲁里亚王室为了参加庆祝活动也已抵达巴塞罗那,但两西西里王国的国王和王后并没有出现,因为当时的国际形势十分复杂,亲法军队威胁要入侵那不勒斯,在这个关键时刻,国王和王后不能离开。于是,他们送走了自己的两个孩子,即那不勒斯的玛丽亚·安东尼亚公主,她将嫁给未来的西班牙国王费尔南多七世;以及那不勒斯王储弗朗西斯科,他将迎娶波旁家族的玛丽亚·伊莎贝尔。这两对新人都是近亲,波旁王朝又失去了一次改良血统的机会。事实上,当玛丽亚·安东尼亚(她是在巴黎被斩首的奥地利的玛丽·安托瓦内特的侄女)看到波旁王朝的费尔南多时,她非常害怕。她给自己的母亲写了一封信,信里描述了她和费尔南多的第一次见面:

> 我下了车,看到了王子,我觉得我要昏倒了。好吧,事先看过了他难看至极的画像之后,可以说,他的真人比画像好看些,但他完全神志不清。我必须提醒王后陛下,圣泰奥多罗曾说过,费尔南多是一个优雅的男孩,有着高尚的品格,他

很有亲和力。如果一个人提前做好心理准备，那他受的伤害会小得多；但我却相信了圣泰奥多罗所说的，所以当我看到事实完全相反时，我感到震惊……不久之后，我们被带到了住处。我放声大哭，哭了一整夜。我不断地诅咒我同意这一切的那一天和那个骗了我的人。但事已至此，没有任何回旋的余地了。

那不勒斯王后玛丽亚·卡罗丽娜非常担心。在随后写给一位知己的信中，王后描述了她的女婿是什么样子：

女儿的丈夫面容丑陋、声音吓人，是一个十足的蠢货。

那不勒斯王子弗朗西斯科在见到他未来的妻子玛丽亚·伊莎贝尔公主时，也感到非常痛苦：

公主又矮又胖，总是无缘无故地傻笑。她只会讲西班牙语，头脑空空，无知至极。

玛丽亚·安东尼亚是这样描写她未来的嫂子的：

我上楼后遇到了一个身高不及我背部的圆球，她只有身子，几乎看不到腿。她还长着一个有黄疸病的矮子的脑袋。你可以想象到可怜的弗朗西斯科所受到的惊吓……

虽然这些评论并没有被传出去，但到场参加这两对新人婚礼的来宾不会对此没有察觉。不管怎样，9月11日巴塞罗那对王室的招待精彩绝伦。国王、王后和王室成员下船后被簇拥着穿过巴塞罗那的街道。他们从圣安东尼门入城，进到卡门大街，之后抵达兰布拉大街。所有的巴塞罗那人都走上街头，观看王室的随行队伍。为了迎接国王、王后及王室成员的到达，商业委员会特意在兰布拉大街的尽头建造了一座凯旋门。当队伍抵达安普勒大街时，行会委员会也展示了他

们为皇室成员所准备的惊喜。他们造了一辆寓意深刻且极为壮观的车。当时的史书是这样记载的:

> 行会的人出资造了一辆线条流畅、雕工精美的马车:整个车身都是金色的,用银色的布料装饰,马车的地板上还铺着金线织成的布料,上面放着洋红色的天鹅绒垫子。在前轮上方,有一只狗代表着巴塞罗那的忠诚,它嘴里含着一把钥匙,卧在巴塞罗那盾牌、赫拉克勒斯的大棒和涅墨亚狮皮之上,转过头看着车后方的狮子。狮子两爪之间有两个球,它象征着西班牙君主,新旧世界之王。

国王和王后都上了车,但惊喜还没有结束。当所有人都在等待着拉车的马出现时,行会成员身着自己最为考究的传统服饰站到了车前,随后,他们开始拉着车,以表达对君主的敬意。看到这一幕的人都无法相信:这是几个世纪以来在巴塞罗那所见到的最为奴颜媚骨的恭顺。不出所料,国王及王后非常满意那些把他们拉到王宫的巴塞罗那人所表现出的谄媚。

国王和王后、王储、王子、公主及各种贵族在巴塞罗那待了八周之久。卡洛斯四世非常喜欢狩猎,他经常去蒙特惠奇山和佩德拉尔韦斯区打猎,但每次收获平平,不过是一些石鸡和野兔而已。因此,他又开始捕鱼,在格拉维纳海军上将的陪伴下,他乘船出海去碰碰运气。王室在巴塞罗那停留期间,这里还举行了各种庆祝活动、弥撒、游行、戏剧表演、斗牛、音乐会,等等。国王及王室成员最有影响力的一次出行发生在1802年10月18日,他们去了卢比亚·阿尔喀纳斯侯爵位于郊外的一座庄园。庄园的别具匠心之处是它花园中的植物迷宫。现今,这座庄园已经成为奥尔塔区的公园,里面还保存着一块纪念此次出行的大理石石牌。

第十章 关于贸易

法国战争[1]

奢华的庆祝活动也无法掩盖欧洲动荡的国际局势。当西班牙王室在巴塞罗那举行婚礼时,英国已经向法国宣战。几个月后,西班牙的衰弱使它在即将称帝的拿破仑面前节节败退,并开始了一次灾难性的联盟。第二年,英国船只以半公开的形式不断骚扰西班牙商人,波旁王朝最终决定向英国宣战。1805年,法国和西班牙海军被英国海军在加的斯附近特拉法加角海域击败。特拉法加角海战的失败以及法国在乌尔姆和奥斯特利茨的陆路所取得的胜利,决定了之后几年里的战争走向:法国人控制欧洲大陆,而英国成为海上霸主。这种情况对于很大程度上依赖海上贸易的巴塞罗那非常不利。英国人又重新夺回了梅诺卡岛,他们的封锁削弱了加泰罗尼亚人的贸易。英国较少袭击西班牙的战舰,因为西班牙的战舰很少,几乎不敢离开卡塔赫纳的海军基地,而加泰罗尼亚商船则更容易成为英国攻击的目标。即便如此,巴塞罗那人也不恨英国人,因为他们是巴塞罗那商人多年的盟友。相反,巴塞罗那人却指责法国人,因为后者背信弃义、道德败坏,因为他们是共和党人、傲慢无理,或者仅仅因为他们是法国人,仅凭这一点,就能让任何亲眼目睹法国人多年来在加泰罗尼亚所作所为的当地人憎恨。

与此同时,西班牙王国也眼看就要灭亡。戈多伊对国王及王后的操控受到了全世界的指责。国王越来越愚钝,痴迷于收集及修理手表。他的儿子憎恨自己的父母,长期生活在一种愤怒的状态,据

---

[1] 这里的"法国战争"指的是西班牙独立战争(Guerra de la Independencia),在加泰罗尼亚被称为"法国战争"(Guerra del Francès),是拿破仑战争的主要部分之一,交战方为西班牙、葡萄牙、英国和拿破仑统治下的法兰西第一帝国。——译注

后世了解,部分原因在于他认为自己的生理需求没能得到满足。他的第一任妻子玛丽亚·安东尼亚死于结核病,之后,他再娶。费尔南多似乎精力旺盛,总让和他同床的女性受伤。除此之外,他还有口臭,身体不该长肉的地方却在不断地"膨胀",这一切都让他很不开心。在一次骚乱过后,卡洛斯四世让位给他的儿子费尔南多七世。非常有心计的拿破仑得知国王和他的继承人之间出现了分歧,便使了些手段。起初这些手段很有成效。拿破仑把卡洛斯四世及费尔南多七世全都召集到巴约纳。他先说服卡洛斯四世,如果有一天后者重新获得王位,应该把它交给一个新的继承人,那就是拿破仑的哥哥约瑟夫。随后,他又召见了费尔南多,威胁后者要将王位还给其父亲。费尔南多七世胆小怕事,受惊不浅,于是,他对拿破仑言听计从;而当卡洛斯四世拿回王位后,却立即将它交给了波拿巴家族。就这样,西班牙国王两度退位,准备开始他们奢侈的流亡生活。卡洛斯四世和费尔南多七世都认为他们永远不会回西班牙了。

有西班牙的王位在手,拿破仑想进一步攻占西班牙的主要据点。他借口要攻打英国的盟友葡萄牙,让法国军队进入伊比利亚半岛。1808年2月9日,在西班牙政府的默许下,属于东比利牛斯观察团部队的12 000至15 000名步兵和约1 500名骑兵通过拉洪克拉,穿越法国和西班牙的边界。这些士兵的水平参差不齐:虽然大多数人是新征入伍的意大利和法国士兵,但很多军官都是久经沙场的老兵。即便如此,意大利皇家卫队的轻步兵军团、胸甲骑兵中队及步行炮兵团也因其强劲的战斗力脱颖而出。这些军队的指挥官是纪尧姆·菲利贝尔·杜埃斯梅少将,他是曾参加过莱茵战役、第二次意大利战役(法国大革命时期)的老兵,在第二次意大利战役期间,他还参加了马伦戈战役。

杜埃斯梅下令向巴塞罗那挺进,并想以等待部队登船前往加的斯为借口占领巴塞罗那。他之所以用这个借口,是因为从理论上讲,他们应该从加的斯出发,自南部入侵葡萄牙,或者从那里占领英国控制的直布罗陀海峡。杜埃斯梅于2月12日抵达马塔罗,他在加泰罗尼亚公国盟友身份的掩护下,派遣一名信使将他已抵达的消息通知驻守在巴塞罗那的西班牙军政官。当时的军政官是埃斯珀莱特伯爵,他刚刚上任。或许是因为埃斯珀莱特刚刚上任,或者是因为他年岁已高,或者出于其他任何原因,他不知道要怎样恰如其分地回应杜埃斯梅的要求。在拿破仑大军进入西班牙不同军政官辖区的最初几周,情况普遍如此。埃斯珀莱特以使者传话这种官员间惯用的方式回应了杜埃斯梅:未经上级许可,他无法做出任何决定;即便他是军区军政官,也只能等待宫廷的答复。杜埃斯梅没有理会这个答复,或者说是完全忽略了这个答复,他让部队继续前进并决定强行进入巴塞罗那。埃斯珀莱特只能接受这个事实。他将法国军队安置在驻军的营房,而让巴塞罗那两个主要用于防御及控制城市的堡垒——蒙特惠奇山堡垒和休达德拉堡垒——仅供西班牙军队使用。

法国军队在抵达马塔罗后的第二天,也就是2月13日,便于早上第一时间出发前往巴塞罗那,下午3点左右,他们通过诺乌门进入巴塞罗那。那天,只有由杜埃斯梅将军及其副手意大利将军雷齐率领的法国师的一部分士兵进入了城内。随行的5 400人和1 800匹战马被安置在体育场军营、圣奥古斯汀军营和巴塞罗内塔的营房内。军官们都住在了私宅里,而杜埃斯梅则受到了巴塞罗那市政府首席执政官维莱利亚侯爵的接待,后者的家位于班伊斯诺乌斯街。

我们是怎么知道这一切的?这要归功于雷蒙·费雷尔。这位神奇的见证人将成为我们了解加泰罗尼亚独立战争期间所发生事件的关键人物，特别是在巴塞罗那被占领的六年里。雷蒙·费雷尔是奥拉托利会的圣费利佩内利教堂的神父，这赋予了他独特的性格特点，奥拉托利会成员都自成小团体，而每个团体彼此独立，他们均以圣费利佩内利为榜样，深深扎根于加泰罗尼亚。在那个试图让加泰罗尼亚语在宗教仪式中消失的年代，奥拉托利会的成员们一直坚持使用加泰罗尼亚语。另一方面，奥拉托利会的成员们（特别是巴塞罗那的成员），不断地寻求神父、世俗中人和修士（除了耶稣会成员和多明我会修士）之间永恒的宗教对话。这让他们特别容易卷入各种社会浪潮，并受到天主教中各个派系之变化的影响（这些派系是指通过神学院进行对话的派系）。对话是有限的，因为大家既不可能也没有意愿针对各种问题展开讨论。这种对话基本上就是大家一起祷告、做禁欲主义的修行、公开忏悔，等等。除了上述活动之外，巴塞罗那的奥拉托利会成员们还强调与主教教区的联系，并增加与其加泰罗尼亚特性的交流。

在这样的文化和宗教氛围中，奥拉托利会的一些神父因其在文学及历史上的造诣，脱颖而出。其中最重要的就是雷蒙·费雷尔神父，他在1808年2月13日下午亲眼目睹法国军队从诺乌门进入巴塞罗那。费雷尔知道拿破仑的军队出人意料地出现在巴塞罗那，也知道西班牙宫廷已经准许他们在巴塞罗那停留三天以等待船只的到来。当所有士兵进城之后，法国人做了一件令人惊讶的事：

> 杜埃斯梅将军命令整个师的士兵都停在王宫广场及滨海城墙一带，他又从这些地方的据点派守卫到巴塞罗那的各个城门，守卫城门的士兵要比驻守在广场的士兵人数更多，他还派卫兵主力部队去控制了休达德拉城堡。这些操作不禁让人生疑，更何况我们知道他们只是来巴塞罗那等待乘船去加的斯的。

第十章　关于贸易

法国人来了就不走了。

费雷尔的这段描述摘自他的作品《被占领的巴塞罗那——1808年2月13日到1814年5月28日法军占领巴塞罗那期间事件实录》。费雷尔并没有隐瞒他的宗教身份,在冲突发生期间,他已经被任命为圣胡斯特和巴斯托尔教堂教区的副主教,拥有皇家监狱和皇家造船厂的管辖权。他的身份为他了解法军占领巴塞罗那期间所发生事件的细节提供了极大的便利。费雷尔一直保有这种独特的视角,直到占领结束前几个月,他因被怀疑图谋不轨而遭到法国总督驱逐。他撰写长达七卷的《被占领的巴塞罗那》的方法,足以让我们相信其记录的真实性。费雷尔在序言中写道:

> ……为了保证我日记中所记录信息的真实性,我用下面的方法来记录:每天我都会在活页纸上写下值得记录的事情;在接下来的两天里,我会针对个别事件做调查和询问;第四天或第五天,我把内容展开并誊写在日记中。但我并不是说以这样的方式就不会出错,就不会张冠李戴或不自觉地重复某些事件(偶尔)……

关于巴塞罗那被占领的最后110天的情况,费雷尔也一直保持着这种真实的记录方式。虽然那时他已经离开巴塞罗那,但当他回来后,就开始向不同的见证者求证,以记录那段时间里所发生的事件。

费雷尔在神父和史学家的双重身份下忙碌地生活在拿破仑统治下的巴塞罗那。正是因为他以及其他更多从自身视角去描述历史的见证者,我们才可以了解当时巴塞罗那市民的惶恐及不安的情绪。18世纪,西班牙更加屈从于法国。1807年,《枫丹白露条约》签订,西班牙王国与法兰西帝国之间又一次结成联盟,但这并没有抹去鲁西永战争期间加泰罗尼亚领土遭受蹂躏的记忆。毫无疑问,法国及法国革命在加泰罗尼亚并不太受欢迎,而杜埃斯梅军队的到来引起了一种普遍的不安情绪。由于当时的情况并不明了,商业贸易停止,船只离开港口,工厂关闭。民众与拿破仑的士兵之间摩擦不断,特别是在巴塞罗内塔,那里驻有来自那不勒斯的士兵,他们劫掠成性。

关于占领加泰罗尼亚一事,杜埃斯梅将军曾写过不算太长的回忆录。后来,他担任了青年卫队的指挥官,在滑铁卢战役结束时,死于普鲁士轻骑兵之手。杜埃斯梅以第三人称的口吻讲述,这是当时很常用的一种写作方法。他的回忆录给我们提供了一种与费雷尔截然不同的视角,虽然他的描述在细节上有很多不够准确的地方。杜埃斯梅从未提过法国军队进入巴塞罗那是以要坐船前往安达卢西亚为借口的。据他所言,他接到的命令就是要占领这个城市,他确实也是这样做的,但埃斯珀莱特的配合的确出乎他的意料。不管怎样,埃斯珀莱特让拿破仑的士兵驻扎在蒙特惠奇山及休达德拉城堡两个主要防御工事之外,这令他相当不满:

> 为了避免影响军队安全的事件发生,杜埃斯梅将军本想让他的军队进入休达德拉城堡或蒙特惠奇山的防御工事。然而,埃斯珀莱特军政官让自己的大部分士兵进入了那两个防御工事,却将法国军队安排在城里的军营。法国军队分散在各个兵营,其中只有皇家造船厂这个小型堡垒最为安全,那里有四个营入驻。

在接下来的两周,巴塞罗那人与西班牙军队及拿破仑的士兵之间的关系异常紧张。杜埃斯梅曾指出:"我们的士兵无法安全地在城市中走动。"拿破仑军团的一名鼓手长被杜埃斯梅公开枪决,因为他用军刀砍死了两名商店店员。

根据费雷尔的说法,法国人只获得了在巴塞罗那逗留三天的许可,但他们没有任何要离开的意思。在2月29日星期一狂欢节到来时,情况出现了转机。

第十章 关于贸易

根据杜埃斯梅的说法,鉴于局势紧张,他写信给巴黎,要求获准军事占领巴塞罗那并取得控制权。28日,杜埃斯梅与他的副手雷齐将军会面,为夺取休达德拉堡垒及蒙特惠奇山堡垒做准备。就在那时,杜埃斯梅收到了他所等待的答复。法国战争部大臣费尔特雷公爵向他发出通告,转达了令人惴惴不安的拿破仑的评论:皇帝陛下本以为法国军队已经控制了巴塞罗那,而这居然还没有实现。

杜埃斯梅决定当天就采取行动。那天,他在埃斯布拉纳达大道检阅榴弹兵团(冲锋队),这条大道就从休达德拉城堡的门前通过,军队的所有士兵踩着鼓点突然进入城堡,就好像阅兵仪式仍在继续一样。不一会儿的工夫,法国人便控制了军营和防御工事,这让西班牙军队大吃一惊,措手不及。从那时起,虽然巴塞罗那名义上依然在西班牙的统治之下,但实际上杜埃斯梅已经掌控了那里的局势。

法国人对巴塞罗那的控制不能仅仅依靠拿破仑帝国的军队及随行的官员。拿破仑的意愿是要控制伊比利亚半岛,让他的哥哥约瑟夫成为统治半岛的君主,并将加泰罗尼亚并入到自己的帝国。出于这样的考虑,从一开始,杜埃斯梅将军和要塞的指挥官吉乌瑟普·雷齐将军就让一些不抵抗的巴塞罗那居民及官员为其服务。这些人中最突出的是拉蒙·卡萨诺瓦,他于1808年4月15日被任命为警察局长。

卡萨诺瓦当时52岁,是巴塞罗那的一位律师。他是新上任的亲拿破仑的执政官的岳父,当拿破仑军队入侵时,这名执政官还是一名商业代理人。当法国军队抵达巴塞罗那,卡萨诺瓦立即投靠了法国人,他这样做可能一方面是为了维持他奢靡的生活,另一方面是为了确保他能够承受他本人与一位上流社会女士交往时所产生的巨额开支。当杜埃斯梅将军强迫埃斯珀莱特成立一个警察团体,旨在防止和镇压反对法国的颠覆行为时,卡萨诺瓦于1808年7月30日被任命为警察局长。这位新上任的警察局长显示出他搜刮巴塞罗那人民钱财的非凡本事。他控制了护照的签发,设立了各种名目的罚款,为赌博等不易被容忍的活动提供许可证等,以便自己从中获利,而洗劫拿破仑反对者的住所更是让他收获颇丰。这样的掠夺使他每月可以固定获得一份数额惊人的收入,大概有 800 比塞塔。他还慷慨地跟法国军官分赃,特别是杜埃斯梅将军和雷齐将军。雷齐将军是卡萨诺瓦在任期间执行的多起镇压及劫掠活动的共犯。

虽然由卡萨诺瓦指挥的警察在许多方面表现笨拙,但在镇压反对者方面却发挥着至关重要的作用。从 5 月开始,当西班牙政府、法国军队和巴塞罗那人民之间本已艰难的关系破裂时,卡萨诺瓦和他的手下就变成了迫害和镇压巴塞罗那人民的非军事力量。5 月底,人们得知了马德里的消息并遭到了镇压,巴塞罗那局势失控。23 日,那些挂在街上的宣告卡洛斯四世和费尔南多七世在巴约纳退位的布告被撕毁。5 月 31 日,在城里冲突日益加剧的情况下,杜埃斯梅将军下令占领巴塞罗那尚未被法军控制的军事设施,这些设施具体是指位于海岸地区的造船厂、火药库和炮台。法国人的合作者埃斯珀莱特则组织所剩不多的士兵进行巡逻,维持城内秩序。

如果之前有人还被蒙在鼓里,那么现在法国人的意图已经很明显了。拿破仑军队在进入巴塞罗那几周后就控制了这座城市,并将法国法律强加于巴塞罗那人民。在很短的时间内,巴塞罗那被占领的一幕几乎在西班牙所有主要城市重复上演,而这种占领或多或少地遭到了当地官员和民众的反抗,并引发了不安。1808 年 5 月到 6 月间,暴动爆发,巴塞罗那进入了真正的战争状态。很多巴塞罗那人背井离乡,他们要逃离拿破仑士兵及其爪牙的掠夺和暴力。

整个西班牙的民众都自发组织起来,各地纷纷依托旧体制中残存的力量成立了委员会作为临时政府。那些反对法国侵略的民众也行动起来。这种局面的产生令两种人感到费解,特别是在加泰罗尼亚地区:对拿破仑一方而言,他们所遇到的来自西班牙军队及民众的抵抗远远超出了他们的预期,因为他们原本认为西班牙军队战斗力低下,而民众又是非武装力量;对于爱国者而言,其成员间不论在利益、愿望还是动机上都存在分歧,而这种分歧本应会在组织上造成一定程度的混乱,让成员彼此产生间隙,相互猜忌。

6月到7月期间,西班牙全国范围都发生了武装冲突。情况对法国人非常不利,他们遭受了几次重大的失败,例如,布鲁克战役的失败及1809年7月19日拜伦战役的失败,后者对于西班牙人而言非常重要,因为这是法国军队第一次在战场上被击溃。这次失败及在西班牙全境爆发的起义让法国人被迫撤退。面对这种越来越危险的局面,连国王约瑟夫都逃离了马德里。

在法国全面撤退时,加泰罗尼亚新的军政官上任了,他就是霍安·米盖尔·德·比维斯。比维斯并不是一个行事果断的人,他展开了一场笨拙的巴塞罗那围城战。虽然驻扎在巴塞罗那城里的法国军队人数一直都不算多,但想通过围城来消灭敌人并结束法军对巴塞罗那的占领,绝不可行,这主要因为城外有太多的法国士兵,他们可以轻易瓦解围城军队的进攻。因此,从一开始大家就明白,如果巴塞罗那人和爱国者想要收复巴塞罗那,城内的居民和外部的军队就必须里应外合。试图夺回巴塞罗那的三大主要密谋大体上都遵循了这一思路。费雷尔神父记录了巴塞罗那人民进行的大量抵抗,他们再也无法忍受法国当权者及其走狗的贪婪和残暴。8月,巴塞罗那商人及权贵们召开了会议,研究结束拿破仑统治的不同方案。然而,最初的密谋未能获得成功,这在很大程度上是因为城外爱国力量没有让城内居民相信他们会提供帮助。此外,正如费雷尔所说:

> 许多有身份的人(既有世俗人士,也有宗教人士)为了免受暴行的伤害而逃走。如果说离开是件令人伤心的事,那么

人们逃命时的装束却让人捧腹大笑。有人赶着驴;有人肩上扛着酒桶,假装要去买酒的样子;有人扮可怜,装成乞丐;有人穿着渔夫的衣服;还有人用粪便把自己弄得脏兮兮的;也不乏商人藏在大桶里。这就是当时的情况,所有人都知道外面有援军,但几乎没人信任他们。然而,并不是每个人都能逃走。

很多人选择离开,是因为他们害怕可能爆发的反对法国人的起义。

法国当局对最初的这次密谋几乎毫无察觉。法国虽然在军事方面进展得并不顺利,他们不仅经历了对赫罗纳发动的首轮进攻的失败,还经历了伊比利亚半岛战况的反转,即便如此,巴塞罗那也没能摆脱法国的控制。法军的回撤非常普遍,这致使拿破仑亲自率领他的帝国军团参战。他麾下45 000名士兵组成的精锐部队经过了11月30日的索莫谢拉战役后,最终在马德里重建了其兄长约瑟夫一世的宫廷。然而,对于加泰罗尼亚,帝国军团并不打算这么做。拿破仑向加泰罗尼亚派出了一个军团,也就第七军团,这明确地体现出他对加泰罗尼亚局势的重视。第七军团听令于将军洛朗·古维翁-圣西尔(几年后,他升为元帅)。此人有着卓越的军事才能,但对上级做不到毕恭毕敬。在军事方面,圣西尔的表现比杜埃斯梅更优秀。他曾多次击败有加泰罗尼亚士兵参加的西班牙小分队,特别是在卡德德乌和莫林斯-德雷伊,他巩固了帝国军队在巴塞罗那城里的战线。洛朗·古维翁-圣西尔在巴塞罗那的出现让杜埃斯梅和雷齐的专断独行受到了质疑,但这位未来的元帅很快便装作对此一无所知,他在大多数情况下都默许了杜埃斯梅和雷齐二人的做法。因此,对于巴塞罗那人而言,这位新任法国军事指挥的到来并不会带来什么实质性的变化。

圣西尔抵达巴塞罗那时,比维斯正在围城。警察识破了巴塞罗那人里应外合的意图,他们想放围城的西班牙军队进城。11月26日,西班牙人发动了一次攻城,但依然失败。第二天,由于害怕被当成合谋者而遭逮捕,部分市民逃走,但其中一些人不幸被抓。在被捕的印刷厂主列艾拉家中,士兵们发现了武器、弹药筒和印有费尔南多七世名字的帽徽,所有的东西都被没收。此外,他家的书籍、工具和家具也被清空。杜埃斯梅确信逃脱者中有两人是想出配合西班牙人进攻这个计谋的罪魁祸首。因此,他下令推倒了阿尔伯特律师家的房子。9月17日,圣西尔进入了巴塞罗那。这位未来的将军完全是从军事的角度看待巴塞罗那,他所采取的措施也都是以此为出发点的。警察及权力的干预依然存在,而这两个方面主要掌握在杜埃斯梅及他的副手吉乌瑟普·雷齐手中。

在1809年的头几个月里,特别是在1月的前两个星期,拿破仑出现在西班牙时,军事形势再次变得对法国人有利。拿破仑亲征成功击溃了自身实力已经相当疲弱的西班牙军队主力。另一方面,英国远征军也被击退,被迫从拉科鲁尼亚港逃走。即便如此,游击队依然在西班牙不同的地区活动。

在加泰罗尼亚,圣西尔的出现及约瑟夫·查布兰将军(众多已经来到巴塞罗那的将军中的一位)的军事行动让拿破仑控制了这片土地。这并不是一件容易的事,因为民防队活动频繁,而英国舰队又阻断了法军在海岸地区的通道。这就意味着法国人实际上只控制着他们脚下踩着的土地。因此,控制住他们已经占领的要塞就变成了法军的一个基本目标。法国人加强了对巴塞罗那的控制,因为他们深知这座城市的重要性,而爱国者也清楚这一点。虽然比维斯军政官遭遇了失败,但他最终将战斗逐步推进到巴塞罗那的周边地区,特别是在2月末到3月初这段时间。在这种情况下,一些巴塞罗那人计划让爱国者的军队出其不意地进城。

3月3日,费雷尔记录道:

今天已经从各个城门运进了大量的火药,这些火药都是要在收复巴塞罗那当天使用的,这一天已经不远了。自去年12月以来,我们所拥有及储存的火药都受潮了。越来越多的巴塞罗那年轻人秘密报名参加这个将要实施的神圣计划,但名单上的名字不再继续增加,万一事情败露,这样做不会牵连更多的人。感谢上帝,到目前为止,没有走漏一点风声。

第二天,费雷尔讲述了他们是如何从城外将储存在圣克鲁斯医院的武器运送进城的,这些武器都被藏在棺材里或是运送病人用的简易床铺中。当计划开始实施时,医院里康复的战士们将使用这些武器。

在夺城计划实施前,费雷尔一直都没有说明计划实施的具体步骤。行动即将开始之际,也就是在3月6日星期一,他才提供了一些细节。费雷尔描述了居住在海边的居民是如何在日落时离开自己的房子,因为他们希望那时离巴塞罗那很近的英国军舰可以向休达德拉城堡、圣卡洛斯堡垒、雅特尔纳和皇家造船厂开炮。夺城计划的策划者们最终说服了某个城门的一名守卫,他承诺会帮忙。大家通过各种奇特的方式将武器和火药运进城,例如,他们会利用转移一名即将分娩的妇女的机会运送物资。策划者们已经规划好西班牙军队在城外如何布阵,应该从内部袭击哪些城门以及从外部攻打哪些城门,英国舰队应扮演什么样的角色,等等。凌晨3点,他们要在马尔格拉特点燃一堆大型篝火,这是给实施封锁的英国舰队的第一个信号。看到信号后,英国战舰将开炮,这将是攻城开始的明确讯息。

然而,篝火一直没有点燃。一场突如其来的暴风雨让军队的指挥官们放弃了攻城的念头,因为风雨让部队的集结变得困难,也让英国舰队无法给予有效的支持。费雷尔是这样描述的:

昨晚，人们满心期待的计划最终没能实施，这是因为一场突如其来、势头强劲的西风使英国护卫舰不得不回到海上；而因为下雨，从马塔罗出发的加泰罗尼亚士兵和民防队未能抵达，也没有渡过贝索斯河，他们本应从那里开始行动。尽管策划者们已经非常谨慎地对待此次行动，他们一直都注意力高度集中地观察着战友是否发出了商定好的信号，但结果还是难以预料。然而，他们已经准确预想到镇压巴塞罗那的军队的残暴，因为军队的长官只想着某一天要给他们以严厉惩罚。

夺城计划以失败告终。事实上，失败并不是因为暴风雨，而是因为各部分力量之间缺少配合。这种混乱达到何种程度呢？霍安·克拉洛思上校手下的士兵甚至不知道信号并没有发出，他们攻击了安赫尔门，结果损失惨重。这次小规模的袭击惊动了城里的法国军队。而几百名策划者则有如热锅上的蚂蚁，备受煎熬，他们既不知道发生了什么，也不知道计划是否已经败露。许多计划的参与者很快逃离了巴塞罗那，而另一些人则把自己关在家里。

即便如此，城里并没有发生大规模的逮捕。虽然法国人可能已经推断出有某种密谋发生，但尚未意识到事态的严重性，他们对密谋者们笨拙的行动更是一无所知。接下来的几天里，在杜埃斯梅将军的授意下，拉蒙·卡萨诺瓦手下的警察拘捕并带走了大批巴塞罗那人，其中很多都是神父或修士。从一开始，杜埃斯梅就表现出一种对教士不满的情绪。当然，这让费雷尔神父感到非常害怕。

虽然政府的逮捕和猜疑并没有引发任何真正严厉的处罚，但法国人已经意识到很多巴塞罗那人想要把他们驱逐出去。政府感觉到紧张的证据之一，就是禁止人们在屋顶放风筝：

  公告宣布禁止在露台上放纸风筝，警告人们不要通过风筝来给英国人传递信号:任何时候都禁止在巴塞罗那房屋的屋顶上放纸制的风筝,以避免之前有过的危险重新出现。现在,这个禁令的颁布更有必要;因为有些胆大妄为者在风筝上绘制某些图案,企图向外面的敌人发出信号,特别是向英国人。虽然这样做没什么用,但可以看出,市民中有很多人图谋不轨。

我们不知道密谋夺城的人们想在什么时候以更为恰当的方式再次实施夺城计划。3月计划失败的原因在于巴塞罗那内部力量与外部军队之间缺乏协调,新计划的策划者本应充分意识这一点,然而,事实证明,他们并没有吸取此前的经验教训。虽然费雷尔在他的书中也将计划失败的原因归结于此,但问题很可能不仅仅出在内外力量缺乏沟通这个方面。无论如何,我们对1809年5月准备再次尝试夺城计划之前的讨论一无所知。人们很可能还是认为巴塞罗那内外力量之间缺乏协调是计划失败的主要原因。实际上,当时雷丁将军身患重病(后来,这种病真的要了他的命),高级委员会将指挥权暂时交给了高皮格尼将军。然而,委员会希望掌握指挥权的人是布莱克将军,他那时还无法抽身。面对委员会的不信任,高皮格尼几乎不太理会后者下达的命令,这可能是导致第二次计划失败的原因。

3月底,很多因秋天及3月初计划的失败而出逃的家庭又回到了巴塞罗那。法国当局并没有找他们的麻烦,可能是因为他们还不知道这些秘密计划的意义所在,甚至他们还不知道有这样的计划存在。法国人所采取的唯一预防措施就是在安赫尔门前方布下地雷。当然,这些工作都是秘密进行的,但碰巧一位密谋者参与其中。因此,大家都非常清楚,下一次进攻不能在这个区域进行。

洛朗·古维翁-圣西尔对治理巴塞罗那不感兴趣,他把心思都放在了严格部署军事行动上。他的主要目标是征服赫罗纳,这个城市阻碍了他拥有一条直接而安全地通往法国的供给线。此前,赫罗纳也曾抵抗过杜埃斯梅的进攻,这也成为圣西尔想要尽快征服赫罗纳的原因。圣西尔打算前往维克,他要在那里待上几周,目的是要让整个炮兵辎重队做好准备并筹集围攻赫罗纳所需的物资,他已经预料到此役将会非常复杂。然而,在离开巴塞罗那之前,他想显示一下自己的权威:他命令巴塞罗那的西班牙官员宣誓效忠约瑟夫国王。那些不得不去宣誓的政府官员所拥有的权力非常有限,他们希望可以表面上维持常态,但向君主宣誓有着重要的象征性意义。在巴塞罗那人看来,向约瑟夫一世宣誓就意味着那些原来波旁王朝的官员都变成了亲法的投敌分子。

4月7日,法院和市政府的成员被告知要在9日早上8点到皇家法庭大楼(现在的加泰罗尼亚政府宫)宣誓效忠约瑟夫一世。杜埃斯梅告诉他们,如果谁不去,就会丢掉职位。何塞·华金·奥尔蒂兹·伊·加尔维兹是受到威胁要去宣誓的官员之一,他写了一篇文章,非常生动地描述了这个事件。那些仍然留在巴塞罗那的波旁王朝官员不仅习惯于屈从于权力,更习惯于在人民和各个不同社会阶层面前充当权力的代表,但他们却发现自己的国王(或是国王们,卡洛斯四世和费尔南多七世)已经将权力移交给一个新的王朝和一位新的君主——约瑟夫一世。此外,如果之前人们都把从巴约纳传来的消息当真,那么王位的移交似乎是合法的,但民众都认为这是法国人为波旁王室设下的一个圈套,或者说法国人根本就是在撒谎。在圣西尔没有让情况激化之前,那些旧官员还能勉强维持,但如今要在公众面前宣誓,就是逼着他们表明立场,让他们表态是否愿意效忠新王朝。然而,当时拿破仑入侵的战争还在进行,大多数的民众都毫不犹豫地站在了爱国者一边。虽然这些官员面临左右为难的境地,而且法国在军事上存在不少问题,但在1809年春天,天平最终还是向拿破仑一方倾斜。1809年

4月,杜埃斯梅的铁腕政策及雷齐和警察局长卡萨诺瓦没收反抗者财产的腐败行为,让人们觉得控制巴塞罗那的这些人不过只是想临时占领这座城市。显然,一旦他们离开(毫无疑问,这迟早会发生),他们所建立的管理体系不会维持太久。

4月9日上午,我们前文提到这些方面,再加上更难权衡的个人因素,均影响了那些政府官员的抉择。大多数人愿意宣誓,但主持该仪式的杜埃斯梅将军却用法语告诉他们:

> 诸位已被撤职,请各自回家。诸位将被当成可疑分子而接受警察的监控……诸位也不能离开家,这样才能保证巴塞罗那人民的安宁。

杜埃斯梅将官员们软禁于各自家中,之前,他已经通知了圣西尔自己的处理方法。不久之后,圣西尔派来一名使者转达了他的意思,他要求实施更为严厉的惩罚:所有拒绝发誓者——总共有23位官员——必须被逮捕并送到蒙特惠奇山城堡去。

据费雷尔所说,逮捕巴塞罗那的重要人物在当地民众中引起了轰动。那些被法国人逮捕及软禁的官员,头上立刻显现出受人尊敬的光环。杜埃斯梅间接地批评了圣西尔将那些官员关押在蒙特惠奇山城堡的命令,他这么说不无道理:

> ……对所有加泰罗尼亚人来说,这样做就让他们成了加泰罗尼亚的殉道者和国家的英雄。

官员被关押的事件不仅让人们加快了尝试再次赶走法国人的准备工作,也促使越来越多的人参与其中。

其实,在这些被逮捕的官员中,没有一个人参与过以前反击拿破仑军队的计划。因此,客观地讲,他们不是可以效仿的榜样。然而,逮捕这些人,却让参与反法行动者数量不降反升。据费雷尔所言,参与人数可能超过6 000人,也有其他消息来源称,参加者人数超过24 000人,但这种说法不太可信,那时一个城市的人口大约也就12万左右。

3月17日,圣西尔率领大军前往维克,在巴塞罗那的法军人数减少,再者,留在这里的人主要是杜埃斯梅、雷齐和卡萨诺瓦,他们都不够机警,没有察觉3月的秘密行动,这些因素都让人们加快了新计划的筹备工作。在新的夺城计划中,人们不仅仅要通过武力控制某些城门,让加泰罗尼亚士兵和西班牙正规军队进入,还要买通两名军官,让几个小队的士兵无阻碍地进入巴塞罗那两大防御工事:蒙特惠奇山城堡和皇家造船厂。他们选中的这两位军官是意大利人,分别是驻守皇家造船厂的第五阵线上尉朱塞佩·普罗瓦纳和驻守蒙特惠奇山的上尉朱塞佩·多托里。普罗塔纳被指派负责征收巴塞罗那附近村镇的税收,据圣西尔所言,普罗塔纳到处惹是生非,也许这个名声源于1808年4月9日他参与的一次事件。当时,他和手下几名那不勒斯轻骑兵拒绝向埃斯珀莱特军政官问好,那个时候杜埃斯梅将军也在场。贿赂这两名军官可能会对行动有帮助。

这次秘密行动由六个人负责策划。后来,这六人中没有一人受到法国人的指控,这六人分别为:名义上的军需官约瑟普·弗兰塞斯克·莫尔那乌、彩票事务官员阿纳斯塔斯·霍威尔、代诉人布鲁·贝特鲁斯、被法国人辞退的后勤官安东尼·伯内特·伊·雷各森斯及木匠保·莫拉和约瑟普·福伊萨尔。休达德拉军队教堂的神父华金·坡也是此次秘密行动的主要领导人之一。莫尔那乌和霍威尔起草了一份类似合同的文件,让多托里上尉在上面签字。他保证将蒙特惠奇山的城堡移交给起义者,而在占领城堡24小时后,起义者将支付多托里上校70 000杜罗作为酬劳。皇家造船厂的情况则不太一样。两名受到华金·坡神父庇护的年轻人——22岁的皇家长期债券官员霍安·马萨那和交易所经纪人萨尔瓦多·奥莱特——负责寻找一名可以买通的官员。华金·坡在他的朋友、蒂内教派神父霍安·加利法的陪伴下,和两位年轻人谈了话。马萨那和奥莱特最终找到了普罗瓦纳上尉,半个城的人都知道他是一个动不动就跟人吵架或大打出手的人。这三个人之间关系紧密,几乎每天都碰面。在夺城行动失败之后,警察局长拉蒙·卡萨诺瓦撰写的报告中描述了他们的会面是怎样进行的。根据卡萨诺瓦的说法,马萨那和奥莱特刚跟普罗瓦纳联系,普罗瓦纳就立刻向他的上级查布兰将军汇报了情况。查布兰将军要求他把这件事报告给卡萨诺瓦。第一次会面时,马萨那和奥莱特只提出了一个整体的方案,并没有说明细节。第二次会面是在普罗瓦纳家中进行的,一个警察藏在他家里,听到了这次谈话的内容。据卡萨诺瓦所言,这个警察认出了马萨那和奥莱特。在那次会面中,马萨那和奥莱特给普罗瓦纳提供了更多具体的信息:作为酬劳,普罗瓦纳会收到 70 000 杜罗,或被任命为西班牙军队的上校,或移居英国。

与此同时,华金·坡和霍安·加利法继续传教并不断扩大参加夺城计划的人群。当暴动爆发时,他们想让几千人走上街头。充满浪漫主义热情的马萨那不仅和普罗瓦纳上尉谈好了条件,还把武器和弹药存放在他位于圣若梅面包屋的阁楼房间里。

费雷尔列出了相当多参与此次秘密行动者的名字,其中就有木匠拉蒙·马斯,这个人在接下来的行动中扮演了重要角色。费雷尔甚至肯定地说,一共有 6 602 人参与了这次秘密行动,但他并没有指出这个数字的出处。这次行动要让在巴塞罗那近郊的军队从圣安东尼门进入,因为之前我们说过,计划夺城的人们已经知道法国人在安赫尔门布了雷。同时,这次行动还会派人攻占主座教堂的塔楼并让钟声响起。然而,这样做会让法国人立即有所反应,因此,秘密行动的策划者们又想了另外一个办法:他们将使用一位名叫约瑟普·博纳文图拉的巴塞罗那农民制造的一种产品来释放浓密的烟雾,这种烟雾可让人窒息。当他们在一所房子里做实验时,有三个人差点因窒息而死。

与严密的战备工作同时进行的还有宣传工作。巴塞罗那的艺术家和印刷商合作印制了几千份含有费尔南多七世肖像及下列某些文字的宣传品:

我愿牺牲生命让费尔南多重登王位。
为了宗教、国王和祖国而战。
为费尔南多七世而战,要么胜利,要么战死。
费尔南多七世万岁!
费尔南多、祖国及宗教万岁!拿破仑该死!

准备工作仍在继续,但费雷尔直到5月6日才有了新的记录。他说,法国人试图逮捕一名夺城行动的参与者——律师霍安·费雷尔——但这个人非常幸运,躲过了警察的追捕。卡萨诺瓦认为霍安·费雷尔参与了某种秘密行动并非凭空猜测,但当时这个人已离开巴塞罗那,前往维拉弗兰卡去跟各个委员会的代表会面,以协调攻城事宜。不过,费雷尔的出逃并没有影响计划的进行。起义者集中的地点已经确定,其中最重要的集中处是圣克鲁斯医院。在慈善会成员的帮助下,医院会向在战争中负过伤但已康复的士兵提供武器;另一个集中处是奥古斯丁学院;还有圣安东尼门旁边的一所房子,那里聚集着水手和船体缝隙填塞工,他们负责刺杀守卫在圣安东尼门的拿破仑士兵,之后,在必要时打开这座城门;约瑟普·福伊克萨的房子;圣亚特瑟尔医院,那里大概有500人,他们配有步枪、军刀和两面鼓;约瑟普·马斯·卢比位于上拉阿尔塔街的仓库,这里也是主要地点之一,加利法神父和萨尔瓦多·奥莱特及其他人都在这里;园农博纳文图拉家;医院街;圣方洛各修道院,人们打算在这里绑架杜埃斯梅将军;施恩会修道院,索里亚军团的少尉何塞·纳瓦罗将负责在这里安置伤员;约瑟普·弗兰塞斯克·莫尔那乌的房子,这里紧挨着雷齐将军的住所;埃斯布拉纳达大道周边地区,那里有便于向离开休达德拉城堡的士兵射击;所有的城门边上,从那里可以开枪阻击拿破仑军队的士兵。除了上面提到的这些集合地,主座教堂的钟楼也是一个关键点,那里会有100名武装人员待命。

正如策划人所计划的那样,行动将于5月11日晚上12点开始,即在耶稣升天节期间进行。首先,多托里将为一队加泰罗尼亚士兵打开通往蒙特惠奇山城堡的道路。当这些加泰罗尼亚士兵进入城堡后,他们会杀死所有的法国人,但可能会对意大利人手下留情。当他们占领了城堡之后,将朝着巴塞罗那方向发出信号。在主座教堂塔楼上待命的人们看到信号之后,便会敲钟,通知所有的起义者开始行动。此外,英国护卫舰也将开炮,以摧毁巴塞罗那的主要防御工事,特别是休达德拉城堡。一旦圣安东尼门被攻破,驻扎在略夫雷加特河畔的部队将进入巴塞罗那并解放这座城市。

此外,起义者们还获得了意想不到的帮助。塔拉戈纳方济各会修道院院长巴尔迪里·德·桑博伊修士也间接参与了这次秘密行动。通常,他的工作就是把武器和粮食运进巴塞罗那,在一次出城时,他被逮捕并被带到蒙特惠奇山的监狱。然而,4月21日,他从那里逃走了。据他所言,"蒙特惠奇山城堡的交易早就定好了",这与费雷尔、卡萨诺瓦以及马萨那和奥莱特在审判时的说法并不一致。巴尔迪里修士说他去找了军政官高皮格尼侯爵安托万·马雷特,恳请后者进攻巴塞罗那,但高皮格尼粗暴地将他打发走了。4月28日,他说服了驻扎在巴塞罗那附近的霍安·克拉洛思、奥古斯丁·德·阿尔那乌达和胡安·塔龙几位上校。他们承诺,一旦收到来自巴塞罗那的信号,会向蒙特惠奇山发起进攻。5月8日,巴尔迪里修士抵达保毕赫尔营地,他告知驻扎在那里的军队,行动将在11日午夜时分准点开始。之后,巴尔迪里修士又请求高皮格尼调派 700 名战士去进攻城堡,但高皮格尼却只给了他 250 人,而且在这 250 人中,只有 50 人是老兵。这支队伍与民防队(由各个市镇组织的武装队伍,主要负责追踪罪犯或抗击敌人)一起慢悠悠地上了路,这都要怪阿尔那乌达上校,他毫不着急。可想而知,这批人到晚了,凌晨时分,他们被 500 多名法国士兵追得仓皇逃窜。在巴尔迪里修士撰写的关于行动失败的报告中指出,巴塞罗那的起义者(他们不在城里)伊格纳斯·雷赫斯、拉蒙·阿尔奎尔和布鲁·贝特鲁斯认为行动之所以失败,是由于高皮格尼的懒散。当时,只有霍安·克拉洛思和若梅·法特霍所带领的几个师准时到达了商定好的位置,而这几个师基本上是由加泰罗尼亚士兵和民防队构成。据雷赫斯、阿尔奎尔和贝特鲁斯三人所说,阿尔那乌达可能是导致计划失败的另一个原因。然而,高皮格尼给出的版本则截然不同,这完全在意料之中。对他而言,此次行动的意义仅限于分散当时围困赫罗纳的法国人的注意力。当他派出的军队到达蒙特惠奇山时,巴尔迪里修士承诺会准备的运输用车和攻打城堡所需的扶梯都没有到位,甚至就连巴尔迪里本人也没有露面。巴尔迪里直到 5 月 17 日才出现,高皮格尼不得不下令将他逮捕并送往托尔托萨修道院。

无论出于何种原因,实际情况是,1809 年 5 月 11 日晚上 12 点什么都没有发生。城里的每个人都做好了准备,已经各就各位,但他们却没有等到发自蒙特惠奇山城堡的任何信号。大约凌晨 3 点左右,大多数的起义者都意识到攻城因某种原因受到阻碍,他们便决定离开自己的岗位,分头回家。当天清晨城门打开时,大多数夺城计划的策划人都逃离了巴塞罗那。由于不知道失败是什么原因造成的,他们害怕被出卖,或者简单地说,害怕行动因某种不谨慎的举动而败露。

然而,法国人仍然不确定发生了什么。如果真像卡萨诺瓦在之后的审判中所说,他们已经发觉这一阴谋,那么在行动失败后的第二天,拿破仑军队的态度则令人费解:他们并没有去抓捕行动的主要负责人,也没有在巴塞罗那大规模地搜寻可能存放武器的地方,而只是派人在街上巡逻并逮捕那些他们觉得可疑的人。虽然法国人进行了几次搜查,但毫无章法。例如,他们决定进入主座教堂(我们要记得,这可是秘密行动进行的关键地点之一)搜查,但竟然没有发现藏在打开的墓穴里的武器。他们倒是在松树圣母圣殿发现了很多粮食,但最令他们恼火的是,教堂大钟上的钟舌已经准备好,钟声随时都会响起。

　　法国人的搜查和逮捕行动导致很多还留在巴塞罗那的起义者决定当晚不在家中留宿。可能因为受到华金·坡神父的鼓励,马萨那和奥莱特又一次与普罗瓦纳取得了联系。对这两个人来说,计划的失败并不会让他们受挫。如果能够控制那些防御工事,巴塞罗那一定能被解放。他们与普罗瓦纳会了面,但事情没有任何进展。马萨那和奥莱特于14日被捕,这不禁让人怀疑卡萨诺瓦那份说他从一开始就知道秘密行动的报告是假的。很可能直到马萨那和奥莱特与普罗瓦纳最后一次会面之前,卡萨诺瓦什么也不知道,而更合乎逻辑的解释是:普罗瓦纳因行动失败而非常害怕,在最后一刻,他表明曾跟马萨那和奥莱特有过接触,并假装他一直站在拿破仑帝国这一边。

　　不管怎样,漫无目标的逮捕和搜查在14日之后变得更有针对性。费雷尔认为这是因为普罗瓦纳的关系,但事实上这位意大利上校并不知道行动的细节。马萨那和奥莱特更可能是在受到胁迫或酷刑折磨之后向卡萨诺瓦的警察交代出大量细节的人。自从这两人被捕以后,很多起义者相继落网,一些藏有武器和粮食的地点也被发现。然而,警察虽然后来得知多托里上尉履行了他与起义者的协议——也就是说,他不仅按约定发出了信号,还为起义者打开了突破口——但从未去找过多托里的麻烦。警察不仅逮捕了一些起义者,还不遗余力地搜查教堂和宗教场所,每次他们都不会空手而归,至少能抓到一两个人。这样大规模的逮捕行动让巴塞罗那全城人心惶惶。17日,杜埃斯梅将军在自己家中召见了教会所有的高层人士,并训斥了他们。此外,将军还下令将其中3人转押到蒙特惠奇山的监狱。

仅24日一天,就有21人被逮捕。在接下来的几天里,搜查不仅更为频繁,而且通常都集中在几个起义者聚集的地方。这清楚地表明,在审讯中,士兵们得知了很多关于秘密行动的细节。他们后来还搜查了主座教堂、松树圣母圣殿、圣克鲁斯医院和其他地方。杜埃斯梅确信,整个密谋的背后肯定有教会的支持。他下令采取一系列措施来监视宗教活动:所有宗教场所都被指派了一名官员,以确保神父和神职人员只从事与宗教仪式相关的活动。此外,杜埃斯梅还下令所有的教堂要在下午6点关闭。

5月30日,巴塞罗那很多律师和知名人士都接到通知,他们要在对起义者的审判中担任保护人,也就是辩护人。最终,受审的人有18人,审判将于6月2日在休达德拉城堡进行。不管是辩护人,还是普通的巴塞罗那人,都非常清楚将会有一些人被执行死刑。法国人是不会对可能将他们驱逐出巴塞罗那并对他们造成很大伤亡的阴谋置若罔闻的。然而,5月11日晚集中运进城的大量武器尚未被缴获。这让一些仍未被逮捕的起义者考虑在审判期间采取武力行动,以解救囚犯。6月1日,他们通知了城外阿尔那乌达和克拉洛思的部队,让他们做好支援巴塞罗那人民反击的准备。

6月2日早上7点,审判开始。虽然审判没有公开进行,但在埃斯布拉纳达大道的人们还是知道了关于审判的零星信息。大约在下午4点左右,工人和木匠从休达德拉城堡出来,开始搭建木台,这清楚地表明将有一个或几个人会被处以死刑。当工人和木匠开始干活时,法国骑兵将在场的人驱散。6月3日凌晨,巴塞罗那人已经可以看到工人和木匠完工的作品。木匠们搭建了两个不同的绞刑架：一个绞刑架有椅子，用于坐着执行绞刑；另一个绞刑架较长，可以同时吊起几个不同的犯人。这意味着被判处死刑的人中一定有神父，因为他们可以坐着接受绞刑，这种方式更为人道。雷蒙·费雷尔作为圣胡斯特和帕斯托尔教堂教区的神父，他已经猜到会由他来为一些被判处死刑的人做最后的祷告。事实证明，他猜中了。上午8点半，有人通知他去休达德拉城堡给5位被判刑的人做临终关怀。根据神父的描述，这5人分别是：

1. 华金·坡博士，休达德拉教区神父，原籍维克，61岁。
2. 霍安·加利法神父，圣嘉耶当教区神父，原籍圣波伊-德柳萨内斯，36岁。
3. 何塞·纳瓦罗先生，索里亚步兵团中士，来自巴伦西亚王国的诺韦尔达，年龄在38岁至40岁之间。
4. 霍安·马萨那先生，巴塞罗那人，任职于巴塞罗那债券发行处，22或23岁。
5. 萨尔瓦多·奥莱特先生，交易所经纪人，巴塞罗那人，27岁。

费雷尔神父被带到休达德拉城堡圣霍安塔楼的第三层，被判死刑的人都在那里。费雷尔神父发现大家都很平静。几分钟后，圣若梅教堂的弗兰塞斯克·考雷尔神父也来了。马萨那是考雷尔神父的朋友，是他让人把这位神父叫来的。早上11点，费雷尔神父去海洋圣母圣殿取终傅包。在授完圣体之后，加利法神父开始唱感恩诗，他也是被判刑的人之一。所有人围成半圆跪下，听考雷尔神父的布道。大家交谈了一会儿之后，特派员贝尔纳特·德·拉斯卡萨斯出现在牢房里，他说因为有5人将被处决，但只有两个神父，所以他将会叫来更多的神父。因此，加利法神父求他能请一位蒂内教派的教务长过来。

第十章 关于贸易

拉斯卡萨斯离开后,狱卒给犯人们送来了肉汤。加利法神父是唯一喝了肉汤的人,其余的人碰都没碰。之后,大家开始忏悔。时间过得很慢,在他们仅剩的时间里,每个人都在全神贯注地倾听自己内心的声音,做心里最想做的事。马萨那写了一封信给他的兄弟哈辛特;奥莱特写信给他的父母和妹妹;纳瓦罗中士则在一张纸上写了:"如果我死了,那是为了捍卫宗教、费尔南多七世和我的祖国。"随后,他把这张纸交给了费雷尔神父。最后,所有在场的人开始祈祷。

大约下午4点钟左右,大批士兵上到塔楼来押囚犯。随行而来的还有两名刽子手,他们是安东尼奥·阿斯纳尔和安东尼奥·桑切斯。这两个人并不是职业刽子手,而是普通罪犯,他们只要执行这项任务,就能获得赦免。然而,刽子手是否专业与受刑人所要遭受的痛苦程度有很大的关系。首先上绞刑架的是华金·坡神父。绞刑的执行很不专业,神父遭受了巨大的痛苦,行刑的时间相当漫长。随后,加利法神父被处决,而华金·坡神父的尸体就在他的脚边,加利法神父甚至亲自告诉刽子手应该怎样做。之后,其他3名囚犯也被绞死。在处死马萨那时,刽子手未能估量好绳子的粗细,马萨那没有立即咽气。刽子手只好跳上他的身体,以便能更快地结束他的生命。

在执行死刑的同时,主座教堂的钟声响起。钟声不是太响亮,因为钟舌都被法国人撤掉了。钟之所以还能发出声音,是因为人们用锤子把它敲响的。不管怎样,巴塞罗那的每个地方都听到了钟声。当钟声响起时,很多年轻人冲上街头与法国人发生了混战,似乎有一些法国人被杀。而法军包围了主座教堂,要去抓那些敲钟者。敲钟的是四个年轻人,他们无路可逃。主座教堂的司事约瑟普·高尔将他们藏在管风琴的琴管中。然而,管风琴的琴管中只能容纳3人,剩下那个人无处藏身,而就在这时,法国人冲进了教堂。令人惊讶的是,那个无处藏身者竟然利用法国人进门的一瞬间夺门而逃,法国人没有抓到他。拿破仑的士兵搜查了整个教堂，却没有找到这些敲钟者。他们把教堂翻了个底朝天之后，留下了一些士兵看守并把教堂关闭。这些法国士兵还时不时地喊话说，如果敲钟人愿意投降，是不会对他们怎么样的。3天后，这几个人再也无法忍受，从藏匿的地方钻了出来。虽然之前法军曾向他们做出过承诺，但这3位年轻的工匠一出来就被逮捕并被带到休达德拉城堡。他们分别是拉蒙·马斯、朱利亚·波尔德特和贝雷·拉斯托特雷斯。

11日，人们得到消息，两名绞死5位起义者的刽子手已经逃离了巴塞罗那。后来，这两个人被驻守在塔拉戈纳附近的西班牙军队抓获，他们在那里接受审判并被处以死刑。他们被绞死，头和手也都被砍掉，以此来羞辱他们。26日星期一，3位年轻的工匠在主座教堂接受审判。27日，他们都被判处死刑。这次为他们做临终关怀的是海洋圣母圣殿的教区神父，费雷尔只是远远观望的一位见证人而已。早上6点钟，3位年轻的工匠被带上绞刑架，这里就是之前执行绞刑的地方。然而，这一次法国人并不打算让人围观，因为他们想避免3具尸体在绞刑架吊上几个小时所造成的压制的氛围。刽子手依然不是专业的，他们是休达德拉城堡的普通囚犯，这次行刑也同样令人痛心。尸体被吊在那里一整天，黄昏时分，尸体上的衣物被扒光，然后被埋在巴塞罗内塔的沙地里。几个星期前被处决5个人也埋在这里。

1815年，战争一结束，这几个人的尸体就被挖出来送到了主座教堂，人们在教堂回廊上的一个小礼拜堂为他们设立了专门的墓穴，直到现在，他们的尸体依然被埋在教堂里。人们称他们为"1809年的英雄"，并经常纪念他们。1884年，人们联名倡议，要为他们修建一座纪念碑，但是这项提议未被通过。1909年，为了纪念这几位英雄牺牲100周年，这个议题再次被提出，这次市政府出资，在主座教堂的一个小礼拜堂为他们重修了一个先贤公祠。在普里莫·德·里维拉将军

第十章　关于贸易

独裁统治期间,政府一直将发生在加泰罗尼亚的西班牙独立战争的一部分,作为加泰罗尼亚具有西班牙民族性最强有力的证明。例如,他们在菲格雷斯的圣弗兰城堡伪造了一个牢房,以谴责法国人对阿尔瓦雷斯·德·卡斯特罗将军所实施的酷刑。从这个意图出发,1809年的英雄们能够重新回到人们的视野中。市政厅的一位议员安德鲁·加里加·德·巴切斯买下了一所主座教堂回廊前的房子,随后,他将房子夷为平地,并将地皮捐给了巴塞罗那。1929年,这块地皮被建成了一个广场。后来,广场上建起了一座摆放着约瑟普·伊蒙纳雕刻的5位英雄铜像的纪念碑。实际上,广场刚落成时,那里什么都没有,纪念碑还没有完工,直到1941年,雕像才被安放到广场上,雕像的上方还配上了两个天使的浮雕。这座纪念碑的落成代表了佛朗哥主义与普里莫·德·里维拉独裁美学及象征观念的完美契合。①

法国人对起义的残酷的镇压给巴塞罗那人带来了痛苦的回忆。在这次行动失败之后,再未听说还有其他的秘密计划了。人们把这次行动称为"耶稣升天节计划",在那一天,本应爆发一场起义。结果,一切努力付诸东流。毫无收效的外部援助及侵略者的腐败和残暴都让民众士气低落。巴塞罗那的局势变得令人担忧,就连拿破仑本人都注意到了这一点。事实上,加泰罗尼亚的冲突严重影响了法国的利益,这倒不是因为法国人输了,而是因为他们未能击败敌人,这和输完全是两码事。圣西尔将军不是合适的人选,拿破仑换上了皮埃尔·奥热罗元帅,他经验丰富,总能在第一时间做出准确的判断。此外,他在镇压平民时所表现出的冷酷也让他名扬万里。虽然奥热罗元帅有这样的名声,但在对待加泰罗尼亚的问题上,他却尝试使用和解的策略。其实,我们对法国突然转变政策的原因了解得并不太清楚。一些历史

---

① 作者此处是指里维拉提倡的国家民族主义(英雄铜像)与佛朗哥推崇的国家天主教主义(天使浮雕)的完美结合。——译注

学家认为,这可能是奥热罗元帅的个人决定;而另一些历史学家认为,这纯粹是出于实用主义的考虑,他们试图以一种非常简单的方式来铲除内部敌人;还有一些历史学家认为,奥热罗是在为将加泰罗尼亚并入拿破仑帝国做准备。不管怎样,奥热罗获得了比他的前任更多的权力,实际上,他对巴塞罗那的控制已经完全不受约瑟夫一世的制约,他只需要服从身在远方的拿破仑的意志。奥热罗清理了那些最为腐败的法国及亲法官员,这些人中有很大一部分都集中在巴塞罗那。之后,他又让加泰罗尼亚语和卡斯蒂利亚语共同成为官方语言,允许《巴塞罗那日报》(他将之更名为《加泰罗尼亚及巴塞罗那政府日报》)用加泰罗尼亚语发行。他还允许政府机构悬挂法国国旗及加泰罗尼亚的横纹旗。这项决定令人惊讶,因为那时的加泰罗尼亚人并不认为横纹旗代表着爱国主义,因为它是加泰罗尼亚王国的象征,而加泰罗尼亚人更常用的旗帜是印有圣乔治十字架的白底旗帜,与英格兰的旗帜完全相同,巴塞罗那的徽章上也有两个这样的图案。但正是由于奥热罗元帅,横纹旗得到了推广,并最终成为加泰罗尼亚的官方旗帜。然而,奥热罗的任期仅维持了3个多月,因为拿破仑受到圣西尔和杜埃斯梅的影响,认为与敌人有如此紧密的合作并不是一件好事。

于是,麦克唐纳将军取代了奥热罗,比起是否能让加泰罗尼亚人高兴或安心,他更关心战争。随着麦克唐纳将军的到来,杜埃斯梅和拉蒙·卡萨诺瓦又重新成为巴塞罗那的主人,这主要是因为麦克唐纳将军在忙着攻打塔拉戈纳和托尔托萨。1812年岁初,麦克唐纳将军不顾约瑟夫国王的反对,决定将加泰罗尼亚并入拿破仑帝国。法国人做的第一件事就是结束了按辖区划分行政区划的体制,他们根据加泰罗尼亚的地形特点创立了四个区:以赫罗纳为首府的特尔区、以普伊格塞尔达为首府的塞格雷区、以莱里达为首府的埃布罗河林区、以巴塞罗那为首府的蒙特塞拉特区。虽然阿兰山谷地区被划分了出去,但东部阿拉贡境内讲加泰罗尼亚语的狭长地带和安道尔都被划入了加泰罗尼亚。然而，法国的统治非常不稳定，这不仅是因为他们在加泰罗尼亚各地都遇到了抵抗，还因为拿破仑帝国的诸多战事令法国兵力涣散，军队经常被调离这个地区。这就导致加泰罗尼亚实际被"并入"拿破仑帝国的只有特尔区。在接下来的一年半里，拿破仑帝国遭受重创。远征俄国让 50 万法国大军和盟国士兵命丧黄泉，这严重削弱了拿破仑的力量。1813 年，拿破仑在莱比锡战败，之后，潘多拉的盒子就被打开了。1814 年 4 月，拿破仑退位，虽然一年后他成功复辟，但滑铁卢一战的失败最终让他远离了权力。

独立战争在巴塞罗那留下了苦涩的味道。当拿破仑被推翻后，巴塞罗那成了最后一个飘扬着法国三色旗的重要城市，因为那些和平协议都把它给忘了。而他们自己的国王费尔南多七世（人们称之为"寄予厚望者"）都到了巴塞罗那的城墙边，却没有进城，这更让巴塞罗那人感到震惊、失望和困惑。因为国王忙着赶往巴伦西亚，军人们正在那儿等他，而后来正是这些军人，让当时较为自由的政体享有了太多的特权。事实上，很多独立战争中的英雄都被费尔南多的追随者关进了监狱或被处决。如果整个西班牙能就谁是其历史上最糟糕及最邪恶的国王达成普遍共识的话，毫无疑问，被选中的将会是这位被称为"背信者"费尔南多七世。在他统治期间，专制主义达到了相当高的程度，虽然加泰罗尼亚人已经见识过这一点，但卡斯蒂利亚人却还没有领教过。费尔南多七世的统治为刚刚开始的 19 世纪洒下了灾难的种子，影响着社会生活的方方面面。

第十一章
在动荡中觉醒

19世纪巴塞罗那全景图,发表于法国报纸《画报》,巴黎,1892年。

觉醒的巴塞罗那

西班牙独立战争于1814年结束,这次战争在加泰罗尼亚被称为"法国战争"。加泰罗尼亚及巴塞罗那遭受了这么多的苦难,人们期待从战争结束的那一刻起可以拥有长期的和平,这本来是件再自然不过的事。然而,人们的愿望并没有得到满足。在接下来的40年里,加泰罗尼亚爆发了4次内战,到处暴力横行,这主要都是因政治问题而引起。19世纪上半叶,局势动荡不安,而到了这个世纪的下半叶,情况也没有发生多大改变。拿破仑的入侵动摇了西班牙的社会结构。毫无疑问,这成为一个具有划时代意义的历史事件。1812年,《加的斯宪法》出台,而实际上这部宪法从未被执行过。虽然加泰罗尼亚代表也参与了这部宪法的编写,但他们在法规的实际撰写过程中没有起到任何作用。宪法虽然体现出很强的自由主义色彩,但也具有明显的中央集权倾向;虽然跟拿破仑统治下的法国划清了界限,但大量汲取了法国雅各宾派的思想。然而,法国统治下的西班牙,战争不断,社会机构解体,这让西班牙第一部宪法的实施成为泡影。

国王费尔南多七世于1814年3月回到西班牙。人们称他为"寄予厚望者",因为人们希望他能结束法国侵略者的野蛮暴政。然而,费尔南多的回归,对人民而言,却是刚出虎穴,又入龙潭。费尔南多是一位残暴执拗的君主,他下了大力气寻找潜在的反对派,然后下令将他们处决。在费尔南多看来，所有反对者都一样：只要反对他，就是他的敌人，而如果是敌人，就不应再多活一分钟。战争期间，费尔南多住着豪宅，成天无所事事，除了狩猎，就是吃喝玩乐。虽然他自己懦弱无耻，但回到西班牙后，他却斥责那些在他缺席时试图自主管理国家并通过颁布法律来规范公民行为的臣子们。很多人熬过了与法国人斗争的艰辛，却没有逃过被费尔南多绞死的厄运，而这仅仅是因为他们激怒了国王。费尔南多七世废除了《加的斯宪法》，只保留了其中对他有利的条款。因此，我们有充足的理由认定费尔南多七世是波旁王朝君主中最为专制的一个，甚至超过了费利佩五世。然而，时代已经发生了太大的改变，他无法再恣意妄为。

巴塞罗那在经历了1714年的灾难之后，已被极权打压了一个世纪，现在它终于醒过来了。在法国占领期间，巴塞罗那的人口减少了一半，但这种情况逐渐得到了改善。法国人离开巴塞罗那的那一天，也就是1814年5月28日，城里的人们欢呼雀跃。驻守在巴塞罗那附近的加泰罗尼亚非正规军主要领导人约瑟普·曼索带领他的部队从诺乌门进城，他们在人民的欢呼声中通过圣霍安大道到达休达德拉城堡。紧随其后的是正规军，他们进驻到城里主要的军营。据史书记载，那天的天气相当怪异，一阵飓风呼啸而来，营造出一种超乎寻常的氛围，那个年代的史书经常使用这样的手法来渲染气氛。一些亲法的通敌分子试图逃走，而那些想乘船逃离的人惊讶地发现，飓风把他们的船又吹回了港口。他们都在港口被抓，还有人被石头砸死；至于由法国人任命的主座教堂的受俸神父、普通神父、修士、警察官员，以及与法国统治相关的官员、贵族，也都被逮捕。

两天后，城里组织了一次由普通民众、宗教人士和军人参与的游行，以庆祝巴塞罗那正式脱离法国统治。一辆华丽的四轮马车上放着一幅复位的费尔南多七世的画像（我们可以想象，为了不影响巴塞罗那人民的热情,画像应该不太像他本人),一只狗趴在他的脚下,象征着加泰罗尼亚人的忠诚。在随行队伍中,还有一位身着盛装的女子,象征着巴塞罗那已将自己的心交给了费尔南多七世。

所有的一切都寓意深刻,但很不真实。不过,大部分巴塞罗那人确实对费尔南多的回归和结束法国的占领感到欢欣鼓舞,因为法国人的占领惨绝人寰,已经让巴塞罗那变得一贫如洗。但这种喜悦并没有持续太久,因为人民并不想在自由的问题上有所倒退,讽刺的是,他们想要守护的自由却是在法国人的桎梏下体验过的。巴塞罗那人民从内心里并未认可法国占领期间政府的合法性,这就让他们觉得杜埃斯梅、雷齐、卡萨诺瓦等人所作的决定离他们很遥远。这种情况持续了6年之久,在这段时间里,巴塞罗那人终于明白了一件事:在一定位置上的人并不一定值得尊敬。因此,当巴塞罗那要建立新政府时,已经把自己看成是公民而不是臣民的巴塞罗那人,希望能拥有一种与被占领时期截然不同的管理体制。正如他们几个世纪以来所做的那样,巴塞罗那人民想要参与政府的治理,并愿意为实现这一目标而战斗。此外,虽然《加的斯宪法》未能执行,也没有回应加泰罗尼亚人民多方面的诉求,但实际上它所体现出的自由主义思想是符合正处在上升期的资产阶级的利益的。毫无疑问,在西班牙的土地上,资产阶级密度最高的地区就是巴塞罗那。宪法已经象征性地为巴塞罗那的商人打开了大门,让他们可以冲破18世纪的各种束缚,将自己的产品销售到卡斯蒂利亚,而不必再受各种不公平的法律规定、根深蒂固的偏见或是道路通行条件的限制。巴塞罗那资产阶级也是加泰罗尼亚最活跃及最不安分的群体,自1714年守城战失败以来,他们比以前任何时候都更想翻开新的历史篇章。现在,他们选择的道路是要改变在西班牙行不通的方式,让自己在一个更为开放、自由、有着更贴近商人及实业家思维方式的国家中占据一席之地。后来,这种想要改造西班牙的尝试持续了近两个世纪。

然而,在资产阶级、商人、工人和职员身边,还有另一类公民开始对可以预见的变化感到非常担忧。与其他群体相比,这个群体颇为不同,因为它由各种各样的人组成,主要有贵族、地主、神父、农民,这些人都很怀念那个可能从未存在过的或是对每个人而言都不一样的过去。但这并不重要,不管怎样,这个过去似乎比现在更好,当然也比另一个群体想要创造的未来更好。法国的入侵也严重影响了他们,但他们想要的并不是改变,他们希望随着法国人一起消失的还有其他一切在他们看来和自己不一样的东西:无神论、官僚集团、分级的民事权力、事无巨细的规章制度、中央集权,等等。

19世纪,这两个基本上没有什么相似之处的群体都在不断变化,成为引发那个时代大规模军事及社会冲突的火药桶。巴塞罗那的领导权明显属于第一个群体:实业家、商人、工薪阶层和工人。虽然构成这个群体的成员都具有城市特征,并都是正在形成的新社会的主人,但在这个由不同阶层构成的群体内部也最容易发生激烈的冲突。这个群体中的上层阶级在选择盟友时毫无顾忌,只要他们觉得有必要,甚至可以与自己潜在的敌人联合(如贵族和农民),只为能击败领薪水的下层阶级。虽然工人、宗教人士和农民结成联盟并不常见,但在某些特定的时刻,他们也会联合起来保护自己免受那些只谈进步自由的自由主义者攻击。

除了这些社会冲突,还有一个因素会对加泰罗尼亚产生奇怪的影响,让它变得扭曲。在整个欧洲,区分自由派和保守派多少都是有意义的;然而,在加泰罗尼亚,保守的中央政府和奉行自由主义的地方之间的冲突(换句话说,就是马德里所想、所要和巴塞罗那及加泰罗尼亚其他地区所想、所要之间的区别和对立关系)只是19世纪各种冲突中的一种,而且它还在不断影响着其他冲突。由一个遥远的中央政府执行的强制性规定所引发的深层次矛盾,往往和社会冲突密不可分。

"让我们坚定不移地走立宪的道路,朕将身先士卒"

1814年8月,费尔南多将君主专制的政体强加于加泰罗尼亚已经是板上钉钉。新的军政官是坎波·萨格拉多侯爵,他领导着一个军事委员会,这个委员会最初所采取的行动之一就是恢复宗教裁判所。当时,巴塞罗那教区的主教是保·德·锡查尔,他在法国人占领期间就已担任这一职务,并一直尝试在新自由主义体制中求得生存。他曾参加过起草《加的斯宪法》的讨论,是反对宪法中那些最能体现自由主义思想的条例且要求立即恢复宗教裁判所的神职人员代表之一。我们可以看出,锡查尔主教的目标非常明确。为逃避自由派的报复,锡查尔曾度过了几年流亡生活,1824年,他终于回到了巴塞罗那。他很高兴,因为他认为局势有利于恢复正统,不料他却惊讶地发现,事情的发展并没有如他所愿(在生活中,也经常是这样)。他一到巴塞罗那就忧心忡忡地说:"习俗已被腐蚀,许多人认为福音中所提倡的良好的道德规范应该被废除。"锡查尔主教之所以会这么说,是因为他曾遇见过一些市民,他们不愿再忍受政府官员的夸夸其谈,因为这些毫无用处的大话只会让他们感到痛苦和失望。虽然那个时代的巴塞罗那还不是一个世俗社会,但人们对宗教人士和政府官员的尊重程度已经大幅下降。锡查尔主教还说过:"一次不幸的经历证明国王的敌人同样也是祭坛的敌人。"他这么说也有一定的道理(虽然只是从他的角度来看)。锡查尔主教认为,最简单的解决问题的办法就是让羊回到羊圈里:"人民会因牧羊人的看管及对法官的惧怕而逐渐改正他们的恶习。"

实际上,巴塞罗那人民的行为本身并没有扰乱社会秩序,但在那些君主专制政体下的官员眼中却不是这样。在法国人入侵之前,加泰罗尼亚商人已经怨声载道,他们不得不面对各种封建领主特权造成的障碍,不得不缴纳通过桥梁或道路的过路费、跨越内部边界所产生的关税以及教会所征收的什一税,还要和那些阻碍商品生产及流通的毫无道理可言的特权抗争。巴塞罗那是当时西班牙唯一的工业城市,上述问题给它带来了很大的麻烦,而在1814年君主专制开始实施后,情况进一步恶化。在独立战争结束前,很多工厂已经不得不停工,还有一些工厂需要通过贿赂法国人及他们的走狗才能继续维持正常运转。

然而,当时的情况稍显特别。整个欧洲(那时,拿破仑的滑铁卢惨败还未发生,也没人料到会有那样的结果,而且此役很快就结束了)正准备从持续了25年的毁灭性战争中恢复过来。当时欧洲主要的强国,甚至还包括波旁王朝复辟的法国,相约维也纳,共同规划一个走出法国大革命及拿破仑战争阴影的新欧洲。虽然这个新欧洲在社会习俗方面依然非常保守,但对贸易的态度却越来越开放。与其他国家相比,英国已经以一种更好的姿态走出战争的阴霾,它的战舰和商船数量已经是世界上所有舰队船只数量的两倍。这个新崛起的超级大国喜欢以不同以往的方式考虑商贸关系。由于英国拥有世界上最重要的工业生产和商业销售,它的主要目标是消除遏制出口的关税。也就是说,英国寻求的是自由贸易,特别是针对那些有极大优势做到这一点的国家。

巴塞罗那的实业家和资产阶级对于英国的新风尚非常向往,但同时他们也感到害怕。之所以会害怕,是因为投入努力去创建自己的实业并以信用为担保将产品出口,通常都不会获得好的结果。政府并不喜欢这种时刻和外国保持联系且伴随着引人猜忌的自由流通的工业发展。对于加泰罗尼亚的资产阶级来说,他们不得不接受建立一个受保护的新市场的解决方案,这个市场就是当时规模有限的西班牙市场。他们认为这种保护主义的政策只是国家想出来的一种促进加泰罗尼亚产业发展的策略,而这项政策迟早会变成自由贸易政策。但这样的设想是非常荒谬的,因为君主专制统治下的西班牙有着其他的考虑。

在巴塞罗那,军政官负责时刻监督市民。在1814年到1820年间,军官和教职人员密切监视着巴塞罗那民众的动向,就好像他们生性可疑一样,尽管如此,这里还是爆发了一次自由主义性质的军人起义。政府颁布了大量的法律规定,禁止巴塞罗那人发表自己的看法,因为政府害怕这会成为引发动乱的源头。1817年春,独立战争时期的巴塞罗那军政官路易斯·罗伯尔托·德·拉齐在弗兰塞斯克·米兰斯·德·博施将军的帮助下发动了一次起义,目的是要恢复1812年宪法。这个计划是在卡德斯伊斯拉克制定的,具体的方案是先让驻扎在马雷斯梅山的部队起义,之后部队从那里向巴塞罗那进发。巴塞罗那的驻军早就对政府感到不满,因为他们已经很长时间没有领到过军饷了。然而,在起义的军队向巴塞罗那挺进的过程中,锡查尔主教就提前将军饷发给了驻军。当时,巴塞罗那的咖啡馆里到处都是议论拉齐将军起义和准备帮助他的人。一些军官似乎也支持他。在圣佩德罗街的工厂里,已经有做好准备的工人和管理人员聚集,他们打算在拉齐将军出现在前往马塔罗的路上时,一起冲上街头去占领巴塞罗那。但拉齐得到的消息却不是这样:城里本来支持他的军人叛变了,很多士兵不敢违抗军令,起义计划失败了。拉齐感到自己孤立无援,只能选择投降。后来,他被押入休达德拉城堡。城里的行会、工人和小商人联名签署请愿书,要求军政官宽大处理,甚至还有少数军人试图密谋解救他。但因有人告密,政府知道了这些军人的意图,迅速组织了一个战争委员会,也没有向民众做出任何承诺。最终,拉齐被判处死刑。为了安抚民众的情绪,政府宣称拉齐将军被判幽禁在马洛卡岛的贝尔维尔城堡。所有人都相信了这个说法，就连拉齐本人也是这么认为的。因此，当他被转移到马洛卡岛上时，没有人采取任何行动。然而，几天之后，他就被枪杀在城堡前的战壕中。

当拉齐将军的死讯传来时，普通市民感到极为痛心和愤怒，富裕阶层则暗中窃喜，甚至有很多实业家也是一样，这些人不看好任何类型的起义，即便是某些起义在一定程度上会对他们有利。1817年4月，来自圣科洛马-德克拉尔特的玛丽亚·布鲁法乌曾从巴塞罗那写信给她的兄弟及合伙人约瑟普：

> 你告诉我们的拉齐和其他一干人等被捕的消息让我们高兴极了。这些穷光蛋们都疯了，他们只会挑起动乱。愿上帝在这样动荡的环境中保佑我们！

正如布鲁福兄妹所说，穷人们面临的问题越积越多。田地的收成减少，工业产品卖不出去，巴塞罗那遍地都是穷人。教堂门前乞讨的女人也越来越多，资产阶级和贵族不得不赶走她们才能进入教堂去履行他们的宗教义务。此外，西班牙在美洲的殖民地也爆发了革命，巴塞罗那的船只不能向那里运送加泰罗尼亚的产品，也不能从那里运回美洲的商品。因此，许多工厂开始大规模裁员，这让巴塞罗那的情况进一步恶化。

这种情况不仅仅出现在巴塞罗那。在西班牙的很多地方，灾难性的经济政策和专制主义者的野蛮态度都引起了民众的极大不满。1820年1月1日，又一次暴动爆发，人们已经数不清这是第几次了。拉法尔·雷戈将军策动即将前往美洲去镇压当地独立运动的士兵起义，并再次宣布恢复《加的斯宪法》。然而，他的军队却在不断缩水，因为最初在安达卢西亚还充满热情的士兵有很多都当了逃兵。3月时，雷戈将军手里只剩下50名士兵，这让他的起义变得荒唐可笑。但雷戈将军没有想到的是很多人受到了他的启发，西班牙全国各地很快便纷纷爆发军人起义,巴塞罗那的商人还贿赂了驻守在那里的军队,让他们加入了自由派的阵营。雷戈将军本已心灰意冷,决定放弃,但他没料到起义已在西班牙遍地开花。在他准备投降的前几天,国王费尔南多七世被迫向宪法宣誓。国王在宣誓时说的一句话足以让他的厚颜无耻被载入史册:"让我们坚定不移地走立宪的道路,朕将身先士卒。"

国王屈服的消息让巴塞罗那的大街小巷喜气洋洋,但也在城里的一些地方引发了极大的恐慌,其中就包括军政官居住的皇宫。所有人都聚集在皇宫广场要求恢复自己失去的权利,就连锡查尔主教在街上被人们撞见时,也不得不迎合大家。最后,卡斯塔纽斯将军手里拿着一本假宪法走出阳台,对这本"宪法"大喊万岁。此举虽然让他保住了性命,但没能保住他的职位。当天所发生的唯一暴力行动就是袭击主座教堂前的宗教裁判所(就是现在马雷斯博物馆所在地)。人群涌入宗教裁判所,释放了关押在那里的囚犯(当时仅有两人被关在那里),毁掉了档案馆中的很多文件,但也仅此而已。

起义胜利后建立的政权只维持了三年,被称为"自由三年"。新的政治体制只在巴塞罗那、雷乌斯这两大加泰罗尼亚城市受到欢迎,其他地区对此反响平平。面对混乱无序和接近崩溃的国家财政状况,自由主义者们制定了一项经济改革方案,然而,这项方案后来却让巴塞罗那的资产阶级感到十分困惑,虽然从原则上讲,他们是支持自由主义的。最初产生严重影响的措施之一,就是禁止进口外国谷物,以促进卡斯蒂利亚和阿拉贡地区谷物的销量。这项措施对加泰罗尼亚的影响相对较小,也受到了巴塞罗那人的欢迎,因为他们相信,这只是众多创造内部市场的措施中的第一项,而内部市场的创建能让加泰罗尼亚实业家更容易地向西班牙的其他地区出售产品。然而,事实并非如此。卡斯蒂利亚谷物和粮食是一回事,而加泰罗尼亚的丝线或机器设备却是另外一回事。1822年,加泰罗尼亚实业家代表向巴塞罗那省议会提出抗议并发起质问:"我们吃我们兄弟的谷物难道不是为了他们能消费我们的工业产品作为回报吗?"

新政府还赋予了民众一项能充分体现自由主义精神的经典权利——出版自由。这意味着人们可以不用理会教会及政府的禁书目录而出版任何内容的书籍。自印刷术传到伊比利亚半岛以来,巴塞罗那就是半岛上出版业最发达的城市,现在它又将见证这里的图书出版和销售如何飞速发展。当然,教会的高层肯定会反对出版自由,但巴塞罗那主教保·锡查尔却再次展现了他见风使舵的优秀才能。他在1820年3月15日一封致教民的信中不仅分析了宪法,还声称宪法完全可以与天主教相融合:"因此,亲爱的教民们,请放心,你们安心地生活吧,宪法不会威胁到我们圣洁的宗教和良好的习俗。不仅如此,它还能给每个西班牙人加上一条新的戒律,让每个人都成为一个好的基督徒。"然而,一年后,锡查尔认为这样趋炎附势不好,4月的一个晚上,他逃离了巴塞罗那,躲到一个离城区一个半小时路程的山间小屋里,这座山很可能是科利塞罗拉山或马雷斯梅山。他的冲动让自己付出了代价,他借口有头晕和头痛的毛病,辞去了巴塞罗那主教的职务。自由派希望罗马教宗的使者任命一位能真诚为宪政事业服务的主教,如菲利克斯·托雷斯·阿马特,但遭到了梵蒂冈的坚决反对。于是,教宗的使者便向锡查尔施压,让他重新考虑辞职一事。最后,锡查尔决定不辞职,但条件是他再也不踏上巴塞罗那的土地。事实上,他直到1824年才又重新回到巴塞罗那,那时,君主专制再次得到巩固。

在"自由三年"期间,我们可以感觉到一些在后来的卡洛斯战争中起决定性作用的因素已经出现:巴塞罗那的神父一般都是自由主义者(或者说,他们至少不反对自由主义),而生活在乡村的修士和神父通常都是顽固的原教旨主义者。同样的情况也发生在工人、公司职员和农民之间:一般来说,工人和职员都是自由主义者,而农民则和他们不同,往往更为保守。在"自由三年"期间我们所感受到的这种社会分化在几年后以非常暴力的形式展现出来:在城市里,工人们成为自由主义者或联邦主义的共和派,而在农村,很大一部分农民都是卡洛斯的支持者,同时,一些身份尊贵的自由主义者加入其中。那么资产阶级呢?从意识形态上讲,刚刚兴起的加泰罗尼亚资产阶级显然是自由主义者,但他们与中央政权的贵族和高级官员的联合往往让他们更接近保守派而不是变革派。然而,资产阶级和国家高级官员之间的联合非常脆弱,资产阶级内部某些派系的态度也更倾向于自由主义。

1821年,黄热病开始在巴塞罗那流行,真可谓雪上加霜。这种病毒性疾病通过蚊子的叮咬传播,死亡率高达百分之五十,是一种非常危险的疾病。虽然现在我们已经非常了解这种疾病,但在19世纪初,人们对它的传播过程尚不清楚,只知道它非常严重,容易和疟疾混淆。此外,这种病在当时的欧洲算是一种相对较新的疾病,它充满了更多的不确定性。医生们也分为两派,一派认为这种病会在人与人之间传染,是一种奇怪的疾病;另一派则认为,这种病不存在人传人的危险,它的病原是污水中的某种细菌。前者认为,采取治疗其他传染性疾病的常用措施(隔离、注意病人卫生、尸体处理等)就足以阻止它的传播。巴塞罗那的医疗机构都赞同第一类医生的看法。据说,一艘来自哈瓦那的船只带来了几个感染了黄热病的水手,他们又把这种病传染给了巴塞罗那人。只要使用常规的处理方法,一段时间之后,就可以将这种病在巴塞罗那连根拔起。也有少数医生认为这种病不具有传染性,理由主要有:他们坚持认为并没有证据证明在那艘来自古巴的船上有病患,而且哈瓦那的黄热病疫情是在该船离开后才爆发的;大多数患者都在伯爵水渠和梅尔丹萨尔水渠的末端或在港口附近生活或工作。这些医生指出,黄热病的致病原因纯粹是区域性的:下水道已经很长时间没有清理了,很少有水流过伯爵水渠,屠宰场和纺织厂的大量废物堆积在那里,堵住了下水道的入口,所以巴塞罗那城里再次污水横流。即便是这样,港口还依然在施工,而这些工程又让大部分水流受阻,导致了疾病的蔓延。政府根本不同意这个论点,执意要关闭城门,这使得死亡率飙升,因为巴塞罗那人无法远离感染的中心。几个星期后,政府又允许巴塞罗那人出城,疾病的情况才有所缓和。黄热病在巴塞罗那的各个角落都留下了不可磨灭的印记,因为它是到那时为止此类疾病所侵袭过的规模最大的城市,更何况当时这种病对欧洲人来说还很陌生。然而,法国人却以这种病可能再次爆发为借口,将自己的军队集结在加泰罗尼亚的边境地区。

事态的发展在加泰罗尼亚全境渐渐变得无法控制。1822年夏,爆发了一场极端保皇主义的农民暴动(保守派如此称呼这次暴动),动乱一直持续到1823年的春天,导致无数人丧生。信奉自由主义的巴塞罗那城市卫队毫不留情地对最为保守的神父和宗教人士进行镇压,官方称共有74人被处决(虽然这个数字令人怀疑),而在西班牙的其他地方,同样的镇压行动中一共才有10人被杀。很明显,这已经在朝着内战的方向发展了。

与此同时,各个欧洲大国结成了一种保守势力的国际联盟。在维也纳会议之后,欧洲较大的王国组成了所谓的神圣同盟,他们试图干预那些可能会被自由主义政府或是"被上帝厌恶"的民主政府控制的土地。然而,这实施起来并不容易,因为宣布将派遣一支军队到世界的另一边是一回事,而准备为此付出全部经济代价并牺牲士兵性命,则是另一回事。欧洲的君主们遇到的第一个重大事件,就是雷戈领导的军人起义和西班牙国王对《加的斯宪法》的宣誓。显然,费尔南多七世是被逼向自由主义者让步的,但造成这种局面的另一个原因,是当时似乎也没有人对加强西班牙的君主制感兴趣。此外,在美洲大陆，要求独立的土生白人和保皇党人之间的战争或是土生白人之间的战争遍地开花。但不管怎样，其他大国都在等着坐收渔利，这是显而易见的事实。如果独立主义者赢得了胜利，这些欧洲大国便可以与他们想要合作的人签订贸易协议，如果西班牙人重新夺回权力，独立主义者的力量便被削弱，他们会倾向于让出更大的贸易空间或领土。因此，欧洲大国并不急于出兵对西班牙进行干预。

然而，对于法国人而言，这样的权衡是远远不够的。路易十八是路易十六的弟弟，也是继拿破仑之后继位的法国君主，他成天提心吊胆地活着。他亲眼目睹了法国大革命是如何让他的家人、朋友和其他有身份者丢掉性命的。那时，只有拿破仑覆灭并和归顺波旁王朝的拿破仑旧部联合才能让他保住法国的王位。然而，白色恐怖依然笼罩着法国，在法国南部，情况尤为严重。白色恐怖是由极端保皇党人制造出来的，他们要对从1789年大革命到波旁王朝复辟以来他们所经受的苦难进行报复。他们执行快速处决，组织暴动武装队，袭击支持拿破仑的村镇，等等。当时，比利牛斯山以南的西班牙也在发生类似的事情。

路易十八和他的参谋部（基本上是由和拿破仑一起战斗过的元帅和将军们构成）决定有必要分散一下那些极端保皇党人的注意力，给予他们信任，并顺便处理掉一个在不久的将来会让人产生敌意的政府。那时，法国组织了一支专业的军队，里面有很多西班牙逃兵，以及进入加泰罗尼亚并藏身于菲格雷斯圣弗兰城堡的专制主义拥护者。之后，这支军队非常不情愿地与埃斯波斯·伊·米纳将军领导的士兵们交火。实际上，这是他们所遇到的唯一一次认真的抵抗。法国人缓慢挺进并占领了伊比利亚半岛，而西班牙的将军们则不做任何抵抗就加入了他们的阵营。当费尔南多七世以保证宪法有效而摆脱了那些宪制派的制约之后，立刻宣布实行更为彻底的君主专制。当国王不再与自由派绑在一起时,极端保皇党就开始疯狂报复。他们在整个西班牙境内对宪政主义者展开了疯狂血腥的镇压,这些人被当成兔子一样猎杀。雷戈被吊死在马德里的一个广场上,还有很多人被枪决或处以绞刑。甚至有些将军扬言,在杀戮结束之后,哪怕西班牙只剩下 100 万人(那时可能大约有 900 万人),只要这 100 万人都尊重国王和神圣的教会传统,那么,杀多少人都值得。

极端保皇党人

极端保皇党人变成了一种相当有组织的力量,获得不同人群的支持。一方面,他们受到了乡村教士的支持,这些教士认为自由主义者要夺走他们的财产和已经少得可怜的特权,所以他们还将大量的农民教化。除了这些乡村教士之外,其他很大一部分的教会人员(包括许多修士和大多数的主教及修道院院长)都支持极端主义者。其次,还有一大批参加过西班牙独立战争的军官,拿破仑战争之后,他们不仅变得无事可做,也没有得到自己想要的官方认可。此外,这个群体一直习惯被一些重要的贵族领导,这些贵族的等级有高有低,甚至不乏潦倒的贵族。当然,在这些阶层当中都有不少例外,如倾向自由主义的农民、神父、官员和贵族,他们不表态支持任何派别。

极端派或保皇派的形成对城市的社会构成造成了冲击。然而,这种冲击并不是在所有的城市都有。毫无疑问,巴塞罗那是反对保皇运动最为坚决的城市,之所以会这样,是因为它当时被法国军队占领,而这次和法国军队一起来的还有"圣路易的十万子民"①,这支分遣队受到了西班牙志愿者的支持,他们为捍卫旧政权而战。法国人排除万难

---

① 这是一支由西班牙志愿者参加的法国分遣队,他们于 1823 年在西班牙为捍卫费尔南多七世所代表的君主专制政权而战,结束了"自由三年"。——译注

才阻止了保皇派控制巴塞罗那,没有让他们将那里变成一座坟墓。巴塞罗那变成了一个各地逃亡自由主义者的避难所,但它并不是天堂,因为巴塞罗那设立了一种军事法庭,它可以在没有任何证据的情况下对嫌疑人进行审判,还可以对嫌疑人随意定罪,甚至是死罪。在马德里任职的查贝罗准将曾说过:"必须通过不断加强恐怖政策来拯救国家。"在巴塞罗那,法国人并没有让事态发展到这个地步,尽管西班牙专制政府对此表示反对。马洛卡人霍安·卡罗·伊·苏雷达军政官试图说服法国人,他的理由是:即使费尔南多七世迫于神圣同盟的压力而宣布要赦免自由主义者,但这并不适用于巴塞罗那,因为这个城市直到1823年11月才投降,当时费尔南多七世已经恢复君主专制一个多月。因此,就凭巴塞罗那人在那个月里依然选择做自由主义者,给每个巴塞罗那人定上任何罪名都不过分。然而,幸运的是,法国人并没有让步。

另一位对巴塞罗那没有重归君主专制而感到愤怒的人物,是受俸神父贝雷·霍安·阿维亚,他从西班牙独立战争时期开始就是保守派,奇怪的是,正是当时占领巴塞罗那的法国人让他回到巴塞罗那的。阿维亚致力于迫害所有在"自由三年"期间支持过自由主义政权的神职人员,他对自己教会的同仁施以酷刑时从不手软。即便这样,他对巴塞罗那城里的状况依然不满:

> 一切都仍然建立在宪法的基础之上,这体现在城市的公共、民事及财政管理的各个方面,任何人都可能认为我们的国王还在因未恢复君主专制而哀鸣,或者认为巴塞罗那不属于西班牙。

阿维亚跟马德里的几位大臣一直保持着密切的联系,还向这些大臣们报告他觉得哪些巴塞罗那人厌恶君主专制。在给皇家大臣弗朗西斯科·塔德奥·卡洛马德的一封信中,阿维亚曾这样描述巴塞罗那

人民:

> [巴塞罗那人民]已经被腐蚀且受到了蛊惑,这主要是因为一部分自由主义者,还有相当多比自由主义者更为堕落的来自加泰罗尼亚其他地区和外省的外乡人以及不少退役军官和士兵。当这些有害因素都聚集在巴塞罗那这个叛乱的中心时,期待公众安全得到巩固、歪风邪气能得到纠正、宗教以及国王会受到尊敬,这根本就是一种幻想。

阿维亚并不需要等太久,1827年岁末,法国人撤离了巴塞罗那,并把这里的民众留给了专制主义者。不管怎样,那时情况已经发生了改变。

国王费尔南多七世别无选择,只能接受实施若干措施。这些措施虽不能完全体现自由主义思想,没有走太远,但也不像某些人所希望的那样体现极端的保守主义思想。例如,他不再设立宗教裁判所,这个机构就这样不论功过地消失了。此外,虽然政府从未停止对自由派的迫害,但令它越来越担心的却是极端主义者一直以来的过激行为,还有多少自由主义者依然逍遥法外已经不是政府关注的重点。极端主义者的过激行为让神圣同盟开始担心自己在西班牙的行动,在其压力下,西班牙政府试图遏制并阻止那些最为激进的极端分子。

西班牙政府的这一行动刺激了在加泰罗尼亚活动的武装极端分子,他们对政府的恨意也越来越深,因此,这些武装分子所挑起的冲突也被人们称为"愤怒者的战争"。那时,这些极端主义者认为费迪南多七世已向自由主义势力屈服,这种情况令人担忧,因为当时国王还没有子嗣。如果他去世,继承人将是他的弟弟——波旁家族的卡洛斯·马里亚·伊西德罗。于是,这些"愤怒者"开始宣称国王应该是卡洛斯而不是费尔南多,因为在他们看来,卡洛斯能更坚定地捍卫他们眼中的正统。据当时的法国驻巴塞罗那领事所言,这些愤怒者大喊:"国王卡洛斯五世万岁！神圣的宗教裁判所万岁！法国人滚出去！"因此，人们便把这些活动在加泰罗尼亚的暴力团体称为"卡洛斯派"（也就是卡洛斯的支持者）。这些人可以毫不犹豫地杀害他们所认为的自由派人士。尽管如此，保皇党人还是支持卡洛斯，因为他们认为费尔南多已经被一群自由派的大臣挟持，但这根本不是实情，因为没有一位大臣是自由党人。

不管怎样，加泰罗尼亚的情况进一步恶化，最终演变成卡洛斯的追随者与费迪南多七世的支持者之间的战争。与此同时，自由主义者却悄然隐退，等着看这场战争如何收场。在战争爆发的头几个月里，战事主要是对村镇的袭击和遭受袭击之后的报复行动。虽然这场战争没有达到西班牙独立战争的残酷程度，但也让所有内部贸易都停了下来，因为运输道路变得极不安全，这无疑也影响了巴塞罗那。

巴塞罗那人虽然忧心忡忡地经历着战乱，但没有多少切身体会，直到新的军政官到达巴塞罗那，人们才充分意识到自 1827 年 9 月中旬以来所发生的事情。这位新军政官是一位古怪的人物，如果放在现在，他肯定会被诊断为精神病患者。他是法国人，在大革命期间逃离了法国，他曾与他的同胞为敌并最终加入了西班牙国籍。他就是查理·德·埃斯帕尼亚克，被人们称为西班牙伯爵。在他被任命为加泰罗尼亚军政官之后，费尔南多很快就从马德里到达加泰罗尼亚，进入塔拉戈纳之后，立刻前往曼雷萨。当保皇派看到国王没有被任何自由派大臣绑架时，他们感到困惑，开始放下武器。费尔南多也曾暗示，他会原谅所有人。至此，叛乱结束。

然而，国王却另有打算。他给西班牙伯爵下达了指示：在他离开后，立刻逮捕所有的叛乱者并将他们处决。西班牙伯爵则以其独特的方式执行了国王的命令：首先，他将囚犯枪决；随后，他将犯人的尸体吊起来，让每个人都可以看到，以此作为警示。

这次行刑只是初步向公众展示了一下西班牙伯爵是个什么样的人。他很快就因残暴被冠以"巴塞罗那老虎"的绰号。他不仅对敌人凶狠,对自己身边的人也同样如此。他是一位精神病患者,古怪、易怒,总是准备对他认为的敌人施以最严厉的惩罚。直到1832年,西班牙伯爵都一直担任军政官一职,在此期间,巴塞罗那被恐怖的气氛笼罩(而在他上任之前,巴塞罗那的氛围相对宽松)。西班牙伯爵有几个可怕的习惯:他喜欢身着盛装亲临刑场,并嘲笑那些即将死去的人所表现出来的恐惧;他会命人将罪犯吊起,然后穿梭于这些犯人抖动的腿间跳舞、唱歌;他经常将朗姆酒和烈酒混起来喝,这会让他变得更加暴躁,甚至失去理智;他对宗教极度虔诚,远远超出了那个时代的标准。当他去参加弥撒时,会戴上圣牌,手里还会拿着圣徒的神像不时地亲吻。在弥撒进行的整个过程中,他跪在地上,双臂交叉,眼神空洞。有时,他甚至会因为太过投入而全身颤抖。

除此之外,他下达了许多命令来解决一些令他困扰的问题:他命令女人们剪掉辫子,禁止农民戴加泰罗尼亚帽,命令男人们刮掉胡子,强迫工人戴念珠在工厂里祈祷,甚至下令把一些吵到他的孩子列入黑名单,等等。除了这些乖张的命令,他还建立了一种法庭来对所有被捕者征收巨额罚款,而这些人之所以被捕,不过是因为他们路过他眼前。除了罚款之外,他对犯人施以酷刑,这可以让那些可怜的受刑者揭发其他公民,然后官方再把这些公民逮捕。就这样,又开始新的一轮行刑、拘留和如天文数字一般的罚款,无休无止。很多巴塞罗那人被送去了非洲的监狱,大约50人在监狱中自杀,很多人都离开了巴塞罗那。总之,这是一场灾难。

与此同时,费尔南多继续统治着西班牙并容忍西班牙伯爵的粗暴行为。费尔南多三次丧偶,这次他又迎娶了自己的侄女——波旁家族的玛丽亚·克里斯蒂娜,她来自两西西里王国。王位继承问题变得更加严峻,拥有继承资格的卡洛斯·马里亚·伊西德罗日渐强大,他已经做好准备将西班牙王国扶上"正道",因为他认为西班牙变得太过自由化了。但令人惊讶的是,克里斯蒂娜居然怀孕了,她于 1830 年生下了一个女孩——伊莎贝尔。面对这种情况,如果还继续沿用费利佩五世所颁布的《萨利克继承法》,因为伊莎贝尔是女性,她是无法继承王位的。但当克里斯蒂娜怀孕后,费尔南多七世就颁布了《国事遗诏》,规定若国王没有男性继承人,女性也可以继承王位。不出所料,这项法令激怒了费尔南多的弟弟卡洛斯·马里亚·伊西德罗,因为它不仅阻止了他继承王位,也违背了波旁家族的传统。

费尔南多于 1832 年 9 月去世,死于突发性疾病,很可能是中风。据说,他的遗体在几个小时内就开始腐烂,这也被看成是他灵魂污秽的象征。费尔南多七世臭名昭著,他死后留给西班牙的是一片狼藉:在他统治期间,据估计,伊比利亚半岛有超过 50 万人死于暴力,在美洲殖民地有 100 万人。当时,西班牙在美洲的殖民地,除古巴和波多黎各之外,都已丧失殆尽。国家公共财政被挥霍一空,而费尔南多却在伦敦开了一个拥有 5 亿雷亚尔的账户,他后来的几位继承人也有同样的习惯。除此之外,他还将西班牙推向了将要持续七年之久的内战边缘。毫无疑问,费尔南多给西班牙留下了一个烂摊子。

皇家宪章

因伊莎贝尔只有三岁,还未成年,她的母亲克里斯蒂娜作为摄政者登上王位。克里斯蒂娜处于弱势,因为她的小叔子卡洛斯·马里亚·伊西德罗立即宣布《萨利克继承法》依然有效,他才是西班牙的新国王——卡洛斯五世。卡洛斯成功地笼络了那些依然支持他哥哥的力量,而克里斯蒂娜被迫投入了唯一愿意支持伊莎贝尔登上王位的自由派的怀抱。但这些自由派并不像撰写《加的斯宪法》的那些人一样行事果敢,他们更为温和,或者说他们更为实际,更会迎合形势。然而,不管怎样,他们都希望在这个奄奄一息、停滞不前、行之将死的国家进行改革。克里斯蒂娜先是任命了一名专制主义者弗朗西斯科·塞瓦·贝穆德斯为国务秘书,这样做既可以压制卡洛斯派的气焰,又不会吓跑这个派别中可能会支持她的人。克里斯蒂娜对自由派颁布了赦免令,但贝穆德斯对此政策百般阻挠,最终克里斯蒂娜只能罢免了他的职务,让弗朗西斯科·马丁内斯·德·拉·罗萨取而代之,此人是一个极为温和的自由派。在他执政期间,政府采取的一项最重要的举措就是颁布了一系列的大宪章,即"皇家宪章",政府想用它来取代1812年的《加的斯宪法》。皇家宪章规定工业生产自由,这对行会的一项重要特权和旧体制的基础造成了致命打击。从那时开始,实业家们可以自行调控生产,不必再受行会繁杂及僵化的规定约束。鉴于这种类型的工业实际上只存在于加泰罗尼亚,而其中大部分都在巴塞罗那,我们不难想象这条规定在巴塞罗那的受欢迎程度。

在西班牙独立战争结束及美洲市场关闭之后,工业生产得到迅速恢复。加泰罗尼亚的实业家们已经进行了令人印象深刻的技术革新,并力求适应市场发展的新趋势。印度印花布和机械化程度太低的纺纱渐渐被更现代的面料和棉质印花布取代。例如,巴塞罗那的纺织工业几乎全部使用"杰尼斯"纺织机,这是一种非常复杂的纺纱机,由纺织工人操作,而更为先进的型号还可以用水力为动力。那时的纺织机器仍未使用蒸汽为动力,但蒸汽时代马上就要开始了。蒸汽动力的使用彻底改变了整个工业。在英国、法国和即将独立的比利时,蒸汽驱动的机器已经开始使用,这些机器正在飞速地提升着工厂的生产力。1828年,约瑟普·博纳普拉塔和霍安·毕拉雷古特在萨连特开办了一家以水力为动力的全机械化纺织工厂。在"愤怒者的战争"期间,博纳普拉塔和另外一位实业家霍安·鲁尔认为待在加泰罗尼亚不安全,于是,他们前往英国寻求安宁,并学习当时每个人都在谈论的蒸汽机的运转原理。这次旅行收获颇丰,当他们回到加泰罗尼亚后,成立了"博纳普拉塔-毕拉雷古特-鲁尔-希亚公司",这家公司就在巴塞罗那工厂街离城墙最近的地方,它也是西班牙第一家使用蒸汽动力的工厂。这家公司大获成功,它不仅生产蒸汽机,还生产纺织品和纱线,为大约700人提供了工作机会(其中大多数工人都是生活在工厂附近的居民,生活条件艰苦,往往一家人都在工厂工作)。蒸汽机的出现引起了巴塞罗那失业工人极大的不满,他们将工作机会的减少和恶劣的工作条件归咎于这项新发明。此外,新机器以前所未有的速度和力量转动着齿轮,因此,也比以前使用人力或水力驱动时更频繁地引发事故。

新工厂正式的名字并没有多少人知道,大家都叫它"蒸汽工厂"。因为这家工厂,烟囱第一次在巴塞罗那立起,拉瓦尔区开始烟雾弥漫,在整个19世纪,人们对这样的巴塞罗那越来越习以为常。蒸汽工厂的出现让其他制造商也大为不满,因为这给了他们一个沉重的打击,毕竟大多数人仍然希望可以继续长期生产印度印花布,或是使用非蒸汽动力的机器来生产纺织品。然而,蒸汽工厂比其他公司产量更大,它所生产的产品价格也更为便宜。

一切都要返本还原

在工业发展的同时,第一次卡洛斯战争在西班牙爆发,军事冲突主要集中在三个地区:巴斯克和纳瓦拉、加泰罗尼亚及巴伦西亚、阿拉贡和加泰罗尼亚的交界地区。在冲突持续进行的七年中,在西班牙其他地区虽然也有战斗爆发,但基本上都集中在我们上面提到的三个地区,因为卡洛斯派在那几个地区有很好的根基,他们多少可以掌控与正规军或支持克里斯蒂娜的人所发生的冲突。卡洛斯派是保守派,这无可非议,但这仅仅是他们复杂特性的一个方面。他们也是虔诚的基督徒,对宗教有着近乎狂热的激情。他们还是自己口中所说的"传统"、法律及习俗的拥护者。总之,他们所支持的一切都来自过去,或者就像他们自己所说的,都来自"自然法",即民众通过君主或间接通过上帝"自然而然"得来的规范。这种思维方式让卡洛斯派第一次从《新基本法》出发,认真考虑重新修订加泰罗尼亚法律、法规中的大量条款。然而,我们不应认为卡洛斯派是想重建加泰罗尼亚所有的政治机构,并让加泰罗尼亚重新回到1715年以前的独立政体,虽然那时加泰罗尼亚依然在西班牙唯一君主的统治之下。不过,他们确实认为以前拥有法律("被赐予的特权",正如他们所说)的地方就应该恢复使用这些法律。过去总是让人感到踏实而美好。他们所看到的现实和那些自由派想实现的变革是不公平的,受到了邪恶思想的蛊惑。卡洛斯派的原则之一就是:"一切都要返本还原"。然而,卡洛斯派的这种"因循守旧"却极具革命性,虽然这听起来有些矛盾,但在卡洛斯五世的追随者看来完全顺理成章。

在加泰罗尼亚战线上,战争的规模有限,以突袭和恐怖的报复行动为主。1835年7月19日,一小队卡洛斯派残忍地杀害了五位雷乌斯城市民兵。据说,这支卡洛斯派游击队中的一两个修士把一位城市民兵钉在十字架上,并在他弥留之际剜出了他的双眼。消息传到巴塞罗那,人们被彻底激怒了。

巴塞罗那人民怒火中烧,正如我们将要看到的那样,这种愤怒不仅仅是针对雷乌斯的谋杀。单纯的巴塞罗那人民正在用自己的血肉之躯为战争做出牺牲,因为波旁王朝的军队对付自由派民兵比对待叛乱的卡洛斯派分子更为残暴。此外，卡洛斯派也很少被俘，因为他们的行为都极为残忍。不管怎样，巴塞罗那人都知道，在政府的默许下，一些卡洛斯派的特务在暗中行动。这些特务经常以被收留在某个修道院的修道士身份进行活动，而巴塞罗那拥有很多这样的修道院，它们几乎占用了巴塞罗那一半的土地。此外，重新工业化也导致了工人阶级和公司雇员生存条件的恶化。而且，那个夏天酷热难耐，在一个封闭城市的街道上感受尤为强烈。城里空气不流通，到处堆满了垃圾，污水四溢，老鼠猖獗。当火花溅起时，火势即刻燎原。

当人们得知雷乌斯事件后，火花很快被点燃。7月25日圣海梅日，也就是圣地亚哥使徒日，在托林斗牛场要举行斗牛表演，这个斗牛场就建在巴塞罗内塔的入口处。那天要杀死七头公牛，但从第一头公牛出场，我们就可以预见到那些付费入场的人是不会喜欢这次表演的。几头公牛瘦骨嶙峋，根本无法兴奋起来，还没人动它们的时候，它们就已经病怏怏地倒在了地上。斗牛士的技艺也不精湛，笨手笨脚，最后，观众被激怒了。在前四头可怜的公牛被杀死之后，第五头公牛出场了，观众们再也无法忍受，他们开始拆下看台上的椅子和板凳，扔向那些可怜的公牛。最后，公牛被砸死了。然而，观众的怒火并没有就此熄灭，他们将公牛绑起来，拖着它沿着海边的城墙向兰布拉大街走去。武装的民兵们也加入了游行的队伍。那段城墙沿线还有很多小酒馆，这更是让那些狂热分子情绪高涨。

最后，人们终于将公牛拖到了兰布拉大街，一把火烧了它。火势也让大家的情绪被点燃，很多暴乱分子手拿着松明火把，跑到附近的修道院，要烧掉它们。这让圣约瑟普修道院（现在的博盖利亚市场的所在地）、卡门街的"穿鞋的卡门教派"修道院、圣卡特丽娜市场的多明我教会修道院、医院街的奥古斯丁教派修道院及兰布拉大街的三位一体教团修道院（几年后，这里建起了利塞奥大剧院）都发生了猛烈的火灾。此外，暴乱还导致 16 人死亡。几天后，暴乱在整个加泰罗尼亚蔓延开来，更多的修道院受到劫掠并被烧毁，其中就包括波布雷特修道院，许多加泰罗尼亚国王的坟墓被挖开并遭到了毁坏。然而，政府对暴动没有做出任何反应，因为起初骚乱对他们有利，一群人袭击了修道院，这有助于对教会永久资产的回收。很快，这场动乱就开始被人们赞颂，一些相当优秀的诗句流传至今：

> 1835 年的圣地亚哥日，
> 托林斗牛场里，
> 闹出了大笑话。
> 七头公牛出场
> 个个儿状态糟糕：
> 那便是修道院被烧毁的理由。

当骚乱发生时，军政官马努埃尔·德·耶乌德尔恰好不在巴塞罗那。他回来之后发布了公告，结果完全适得其反。在这份公告中，他不仅威胁要对始作俑者施以酷刑，还自诩以一己之力阻止了暴动分子烧毁工厂，包括"蒸汽工厂"。这完全是一派胡言，在 25 日的骚乱中，没有一名士兵出现，当时城里的民兵也参加了暴乱，但这些对于耶乌德尔将军而言都不重要。他想要的是让巴塞罗那的资产阶级向专制政体靠近，虽然这个阶层对军队的行为非常不满，却总因工人的暴乱而受到惊吓。然而，耶乌德尔的公告恰恰起了相反的作用。

8 月 5 日，巴塞罗那人民开始在圣海梅广场附近聚集。众所周知，耶乌德尔的副手巴萨将军正在调集部队，打算惩罚巴塞罗那人，而巴塞罗那人那时也已经躁动不安，他们决定在被惩罚之前发动起义。他们朝着巴萨将军位于比拉德坎斯街下坡处的住所走去。将军在家里接见了他们，但谈话进行得并不顺利，因为这场谈话最终以将军被抛出窗外而告终。将军被摔死了。愤怒的巴塞罗那人做了几天前他们对公牛所做过的事：他们把将军的尸体绑起来，拖到兰布拉大街，在那里将尸体烧毁。在兰布拉大街，他们袭击了军队一个下属部门并将其烧毁。暴乱和斗争的氛围在接下来的几天里一直持续。当时，休达德拉城堡的士兵不多，大约只有350人，而参与暴乱的城市民兵至少也有4 000人。因此，军队按兵不动。此外，迫于民众的压力，军方还公开枪决了所有被关押的卡洛斯主义者，这似乎让民众非常高兴。然而，民众的情绪依然高涨。

8月12日，动乱仍在兰布拉大街继续，似乎有些人开始喊叫："去蒸汽工厂，去蒸汽工厂！"许多人举着常用的松明火把，沿着工厂街朝蒸汽工厂走去。躲在巨大的工厂里面的人们已经预感到要发生什么，他们关上了大门，但人群还是逼近了。工厂主雇用的法国技术人员用步枪从一扇窗户向袭击者开枪。然而，这轮射击并没有完全吓走这群人，他们最终成功进入工厂，不仅打死了法国人和所有反抗者，还烧毁了机器、仓库和整栋建筑。就这样，西班牙第一家以蒸汽为动力的工厂被毁掉了。

在那些疯狂的日子里，虽然对蒸汽工厂的破坏只不过是众多暴力事件中的一次，但它确实令人惊讶。因为在此之前，所有的袭击和破坏行为都是以神职人员或军人为目标，从未有工厂或其他工业设施遭到袭击，更别说是像蒸汽工厂那样被烧毁。这可能是因为很多工人（还有我们之前提到过的一些竞争对手）痛恨这些机器。不管怎样，政府对暴动者实施了报复。几天后，一些工人被绞死在被烧毁的工厂所留下的空地上，也就是现在的卡斯特拉广场与巴亚东希亚街相交的街角处。据政府所言，这些人就是烧毁工厂的人，但这根本就是一派胡言。

1835年的暴乱产生了巨大的影响，特别是蒸汽工厂被烧，给资产阶级造成了巨大的打击，他们又开始站到了权力的一边。从那时开始直到进入20世纪,资产阶级的一个重要特征便是与中央政权结盟。虽然中央政权在很多方面都是有害而无利,但在富人看来,中央政权是唯一可以维护社会秩序和保护他们特权的力量。事实上,即便是在那个时期,也有不这么圆滑地解读政治游戏的资产阶级,不幸的是,他们并不占主导地位。在19世纪的大部分时间里,巴塞罗那人民总会挺身而出,与滥用权力者斗争,这些抗争带有自由主义、进步主义或共和主义的特征,这与那些年在欧洲大部分地区发生的起义一样。

然而,令人感到奇怪的是,在发生这些冲突的同时,巴塞罗那的日常生活仍在继续。例如,1835年左右,巴塞罗那的咖啡馆数量激增。风格最为优雅的咖啡馆是坐落于王宫旁边的"三王"咖啡馆,它就在跨过马尔本塞特街连接王宫与海洋圣母圣殿的桥下,而最为精致的是位于兰布拉大街主剧院旁边的那家"卫兵"咖啡馆,后来改名为"金狮"。在它的对面,也就是兰布拉大街的另一边,是"蒂托"咖啡馆,"蒂托"很可能是店主的名字,客人用它来给这家店命名。在王宫广场,有"康斯坦希亚"咖啡馆,这里是城市民兵们经常聚会的地点。因此,这里也被看成激进分子的基地。当时,巴塞罗那最有名的咖啡馆是"新娘咖啡"(或称为"赛布里亚咖啡",它也以其主人的名字来命名的)。这家店位于兰布拉大街与剧院拱门相交处的街角,不仅是巴塞罗那名流聚会的地方,也是展开针锋相对的激烈政治讨论的地方。这里还是巴塞罗那共济会会员和其他进行地下活动的不同秘密团体指定的会面地点,但对此我们没有确凿的证据。这些秘密社团基本上都是为了建立自由主义政府而进行活动的,当然,也不乏更为大胆的社团,它们的目标是要建立联邦共和国。

面对政府和大实业家的操控,这些秘密社团无计可施。实业家们开始自发组织起来,成立了工厂委员会,最初是以非官方的形式,后来获得了官方的认可。实业家们既希望能有更自由、更有利于工业的发展政策,又希望能用强硬的手腕来控制革命派的工人。他们在担惊受怕的同时,也自认为是被上帝选中的人,成为一种"我想要"和"我不能"的奇妙组合体。没有工人,他们的工厂就得停工破产,为了获得他们认为合理的利益,这些实业家们只能去剥削那些工人。当然,工人们会对这种剥削感到不满,并会揭露他们所受到的不公正待遇。巴塞罗那人民,或者说那些工人及其他社会地位卑微的阶层,觉得自己受到了所有人——政府、卡洛斯派和企业家们——不公平的对待。因此,工人开始有一搭没一搭地谈论着要离开那个腐败的国家并建立一个新社会。其中很多人都提到要建立一个不一样的加泰罗尼亚,要建立一个没有那些可怕牵制的共和国。因此,工厂委员会印制了小册子来提醒工人们,告诉他们可能有颠覆份子试图说服他们"建立一个共和国,使加泰罗尼亚独立并脱离伊莎贝尔女王的统治;这些人还会向你们承诺很好的福利,承诺给你们加薪,甚至向你们承诺更多的东西"。根据这本小册子所言,如果加泰罗尼亚独立,它将陷入困境,因为所有的企业家都会逃走,而他们也会在国外失去信用。在那个时代,曾有人说过,其实企业家所担心的是加泰罗尼亚人对共和国高喊万岁,而不是对《宪法》高呼万岁。

这样的宣传果然奏效了。1836年岁初,城市民兵中最为温和的派别解除了他们同伴中那些激进者的武装。从那一刻起,暴动以失败告终,暴动者遭到了血腥的镇压。不仅在兰布拉大街有骑兵向暴动者开枪,政府还在马尔切宫门前集体处决了叛乱者(马尔切宫就在如今皇家造船厂地铁站的出口处)。

战争仍在进行的时候,自由派人士推出了一系列改革措施,但这些措施只求度过危机,而并非改善情况。随着战争的推进,自由派慢慢在西班牙政府中占据了一席之地,开始取代当时掌握政权的专制派(通常,双方是通过协商达成一致的)。摄政的克里斯蒂娜别无选择,只能让国家按照自由派设定的轨道运行,这主要因为其他强国所提供的不稳定的帮助在很大程度上取决于她对自由派的支持。

卡洛斯派获得了奥地利、俄国和其他一些小国的支持,而克里斯蒂娜却获得了英国、法国牵扯着自身利益的帮助。两派力量斗争期间,在位时间不长的首相胡安·阿尔瓦雷斯·门迪扎巴尔推出的一项措施最为引人注目。1836年春,门迪扎巴尔推出了两项法令,要求征用(用更精确的法律术语说应该是"没收")宗教团体和教会手中的非产出性财产。这个想法并不新鲜,自法国大革命以来,自由主义者就已表明,教会这种类型的财产给经济的发展造成了负担。为了解决这个问题,他们推出了征用和拍卖两种方案,希望通过这种方式将土地的所有权移交给了具有生产能力的阶层,让他们来创造财富和就业机会。从理论上讲,这个想法是完全正确的,但在西班牙,这样的解决方案不仅导致问题的性质发生了改变,也解决不了问题。这两项法令的执行者是门迪扎巴尔的继任者们,他们没能让所有可利用的土地转移到西班牙社会最有活力的阶层手中,而是将土地送给了支持克里斯蒂娜政权的地主和贵族。因此,没收土地最终使保守派统治阶级得到了巩固,却与经济自由主义的经典原则渐行渐远。

然而,在巴塞罗那,对教会土地的征用起到了非常重要的作用,它彻底改变了这座城市的风貌,这种变化甚至在今天我们仍然可以察觉。在1835年很多修道院被烧毁之后,城市中心地带留下了一些满是瓦砾的空地。从1835年到1844年间,有八座修道院被毁,其中一些具有极高的建筑价值。土地没收令使大部分闲置的土地为公共设施(学校、军营及文学院)、住房或私人设施的修建提供了场地。当时,巴塞罗那最大的改变有以下几处:在兰布拉大街上原来三位一体教团修道院的位置上,几年后建起了利塞奥大剧院;圣约瑟普修道院和赤脚加尔默罗会修道院的废墟被推倒,后来这里变成了波盖利亚市场,里面的小商贩们都有固定的摊位；圣马德罗纳修道院变成了国王广场；圣卡特琳娜修道院变成了圣卡特琳娜市场，等等。这些后来修建的建筑及公共场所直到今天依然是巴塞罗那的重要组成部分。虽然这些土地在被没收后并没有立即用来修建其他建筑，但建设的过程却实实在在地开始了。随着后来城墙的拆除和城市的扩建，修道院和宗教场所占用的空间不断减少，直至消失。

巴塞罗那——西班牙最大的城市，变革的风向标

1840年1月初，战争以卡洛斯派失败而告终，卡洛斯派越过边境逃往法国。曾支持卡洛斯派的西班牙伯爵，因生性残忍、行为古怪，早已劣迹斑斑，最终被自己的同僚处死。此外，战争给人民造成了很大的创伤，特别是在加泰罗尼亚内陆地区。巴塞罗那虽然也经历了骚乱和冲突，但这里受到的冲击要比其他地方小得多，于是大量的移民涌向巴塞罗那。巴塞罗那的人口不断增加，不过，在这里，人们很快就能在高速运转的工厂中找到工作。然而，受战争的冲击小，并不意味着巴塞罗那当时处在和平状态。

从镇压暴动者以及解散民兵那一刻起，也就是从1837年到战争结束，巴塞罗那一直处在德梅埃尔男爵的军事独裁统治下。军政官这种不受任何制约的专权在整个19世纪重复出现过几次，甚至在"省长"这种新职务出现之后，独裁统治依然没有结束。在两年半的时间里，军方试图维持这样一种秩序：城里的一举一动都要得到军方的许可，或者至少军方要掌握城里活动的动向，但要做到这一步并不容易。当时，巴塞罗那是西班牙最大的城市，约有50 000人口，这意味着城市生活的紧凑和活跃程度已经不再像旧体制统治下的西班牙其他城市那样。当时，巴塞罗那的情况如下：拥有大量的工业，对外贸易也具有

一定的影响力;统治者像占领者一样残暴冷酷,而资产阶级虽然在经济问题上有自由主义倾向,但在社会问题上胆小怕事、极为保守……这一切都让巴塞罗那处在一种躁动不安的状态。从1840年到1843年的三年中,西班牙所有的重要事件都发生在巴塞罗那,因为它是变革的风向标,而唯一能阻止变革或至少给这些变革重新定向的方法,就是打击巴塞罗那。

战争结束后,新《市政法》的出台成为触发矛盾的导火索。市政府是进步自由派唯一有希望获得代表席位的机构。虽然市长和副市长是由极少数的选民选出的(其中大多数人都是温和的自由派,可能今天我们应该称其为具有保守特征的自由派),但有时进步派也能获得比例极小的代表席位,而新《市政法》的出台让这仅有的机会都消失了。从那时起,大城市市政府的职位都由国王或摄政者(也就是克里斯蒂娜)任命,而小城市市政府的职位则由该省的政治领导人(省长的前身)任命。战争一结束,这项法规就成为保守派巩固权力的工具。进步派的领袖(之后我们将看到他到底有多进步)巴尔多梅罗·埃斯巴尔特洛将军指挥了战争的最后阶段,并最终击败了卡洛斯派。在这个过程中,他也表现出自己的残酷和傲慢,无论是对待敌人还是自己手下不遵守纪律的士兵,他都绝不手软。埃斯巴尔特洛下令枪决了很多人,此举可能引起了进步派的警惕。1840年6月14日,埃斯巴尔特洛将军率领胜利的大军进入巴塞罗那,受到了巴塞罗那人的欢迎,我们可以说,巴塞罗那人是伊比利亚半岛上最为向往进步和自由的人。巴塞罗那人安东尼·里博特曾在一首诗中描述了埃斯巴尔特洛将军进城的情景:

> 威风凛凛的骏马上,
> 坐着埃斯巴尔特洛将军。
> 欢乐的人群簇拥着他

进入巴塞罗那。
他胜利凯旋。
万人空巷,
掌声雷动。
人们向这位伟大的将军致敬。
是他
结束了战争。

从诗中可以看出,巴塞罗那人满心欢喜地迎接埃斯巴尔特洛的到来。摄政者克里斯蒂娜和她的女儿伊莎贝尔二世决定立刻前往巴塞罗那去与将军会面。因为克里斯蒂娜已经充分意识到,埃斯巴尔特洛凭借自己在军队中的威望及巴塞罗那实业家和人民对他的支持,有资本向她提出任何要求。克里斯蒂娜决定赶在他开口之前行动,她一到巴塞罗那就任命埃斯巴尔特洛为首相。克里斯蒂娜想牵制埃斯巴尔特洛,她笼络了城里的实业家及愿意追随她的人,但军队和人民都站在将军一边。时至7月,民兵走上街头声援埃斯巴尔特洛,将军阻止了他们的行动。几天后,资产阶级也想显示一下自己的力量,他们鼓动自己的支持者走上街头,骚乱发生了。诗人里博特对此做了下面的描述:

所有人都失去了理智。
有人被拧断了脖子,
绞架就是那残忍的凶器。
绞刑是典型的加泰罗尼亚刑罚。
幸亏冲突没有持续很久,
盲从慌乱的人群四散而逃。
英国布料做成的制服,
被撕成了碎片。

> 恐惧让双脚长上了翅膀，
>
> 人们像小兔子一样逃窜。

这样的动乱还在继续。第二天，进步派和保守派发生了交火，双方各有伤亡。埃斯巴尔特洛宣布戒严，克里斯蒂娜和伊莎贝尔也迅速逃往巴伦西亚。动乱在整个西班牙蔓延开来，9月，克里斯蒂娜带着七年来她从公共资金中攫取的巨额财富逃往法国。之后，埃斯巴尔特洛被任命为摄政者，进步派掌握了政权。即便如此，西班牙的情况并没有发生太大改变，这让巴塞罗那人民大吃一惊，同时也倍感失望。这是因为西班牙的工业产品，或者说是加泰罗尼亚的工业产品（这实际上也是西班牙仅有的工业产品）并没有得到保护，这既没有满足实业家们的要求，也不符合工人们的期待。当看到埃斯巴尔特洛摄政期间的行为时，人们更加沮丧，因为他开始赶走那些忠实的进步派政治家，换上了曾和他并肩作战的军人。任人唯亲和社团主义笼罩着当时的西班牙政府。

然而，巴塞罗那人对局势会发生转变仍保有一线希望。他们主动忽略了来自马德里的消息，自己做了决定，就好像他们能够摸透埃斯巴尔特洛的心思一样，这是加泰罗尼亚人一贯的做事风格。这个"好像"系列只是加泰罗尼亚政治上的众多具体实例之一：虽然我们都知道马德里完全不清楚状况，但我们采取行动时就好像马德里完全明白一样。不难想象，这种"好像"不但起不到任何作用，往往还会适得其反。然而，从中央政权的角度来看，当加泰罗尼亚人认真对待它所做出的承诺时，让它有种被辜负的感觉。因为任何一个熟知中央政府办事风格的人都应该知道，是不应该把它的承诺当真的。

12月31日，市政府举办了一场比赛以奖励那些就拆除城墙一事提出强有力论据的人。从很久以前开始，城墙问题就不断引发争议。当时，欧洲很多城市，特别是那些人口众多的城市，不是已经拆除了城墙,就是马上要拆除城墙,因为随着战争技术的发展,在大多数情况下,用城墙进行防御已经过时了。因此,到处都在拆城墙。然而,这些城墙中有很多都是中世纪或罗马时期的,这引发了一定的争议,人们觉得拆除古城墙会让城市失去自己的特点。不过,巴塞罗那人争论的焦点与众不同:拆除城墙只是为了拆除休达德拉城堡所迈出的第一步——休达德拉城堡是巴塞罗那乃至整个加泰罗尼亚历史上最令人憎恨的建筑。虽然城墙确实阻碍了城市的扩张和发展,但巴塞罗那停滞不前的真正原因是军方不希望它扩张。尽管休达德拉城堡里的大炮多年来疏于维护(随着大炮的改进,从蒙特惠奇山开炮更为实际),但堡垒中的士兵却是看守巴塞罗那人的"狱卒",他们既看守着确实被关在高墙之内的犯人,也监视着城里自由穿行的人们。

此外,还有一个问题让巴塞罗那人感到担忧:如果巴塞罗那想要成为西班牙的大城市,它就必须是一座宏伟的城市,像巴黎或伦敦那样,应该有宽阔的林荫大道、空旷的广场和花园、优美的大型建筑物,等等。但所有这一切在被城墙封死的巴塞罗那都是不可能实现的。巴塞罗那的野心并没有引起军人的关注,但引起了中央政府的极大担心,因为它无论如何都不希望巴塞罗那看起来像西班牙在欧洲大陆的首都。巴塞罗那可以成为工业发展的领军城市,因为这已经是无可否认的事实,但它要想在众多城市中脱颖而出,绝对不行,因为,下一步,它将成为西班牙的政治首都。

医生兼文人贝雷·菲利浦·蒙拉乌赢得了那场巴塞罗那市政府举行的比赛,他的参赛作品名为《将城墙推倒吧!——关于城墙拆除后巴塞罗那所能获得优势(特别是工业优势)的报告》。这份报告条理清晰,对于蒙拉乌这样的医生而言,如此成果实属不易。他在报告中指出:城墙不再具有军事价值,它让巴塞罗那人无法居住在健康的环境中,工业发展需要更多的空间,等等。虽然他没有说出什么新的内容，但对所有的问题都进行了充分的论证。蒙拉乌并不天真，他在报告中坦言，中央政府可能会反对。他认为，如果政府不允许拆除城墙的话，官员们可以留在城里，也就是城墙之内，但应允许其他人在巴塞罗那平原上再建一座新的城市。

城墙的拆除计划开始得正是时候，因为当时保守派试图在马德里发动政变，这让巴塞罗那的进步派有机会来推进他们的计划。然而，这一次，巴塞罗那再次"自以为是"地行动了，就好像马德里的进步派获得了胜利，他们便可以在巴塞罗那实施进步措施一样。事实并非如此。休达德拉城堡的拆除工作于1841年10月26日隆重开始。当时，安东尼奥·冯·哈伦军政官和他的部队正在纳瓦拉镇压叛乱分子。当他回到巴塞罗那之后，在埃斯巴尔特洛首相的支持下，他下令立即重建休达德拉城堡被拆除的部分，并借此机会解散了巴塞罗那市政府、加泰罗尼亚政府和城市民兵卫队，宣布全城戒严。当时，事情还没有发展到不可挽回的地步，休达德拉城堡只被拆掉了四面内墙而已。然而，就在这个时候，民兵发表了公开声明，力陈拆除城墙的合理性。他们在声明中表示已经决定拆除堡垒，"因为我们是自由的，我们是加泰罗尼亚人"。

拆除工程的中止使很多巴塞罗那人看清了事实，他们感到埃斯巴尔特洛背叛了他们。此外，巴塞罗那能够得到扩展的可能本已激起了人们的众多期待，但现在看来，这些期待都化为泡影。1842年，巴塞罗那城内共开设了23家以蒸汽为动力的新工厂，工业生产的烟囱不断地在拉瓦尔区竖立起来。然而，西班牙的其他地区却不看好巴塞罗那的繁荣，因为他们认为巴塞罗那工业的发展只能通过损害其他地区刚刚出现的工业的利益来实现。所有巴塞罗那人，不论是普通民众，还是实业家，都认为从巴塞罗那流出的税收支撑了整个西班牙的一大部分开销，但这个无可争辩的事实却没有对那些诋毁巴塞罗那的人产生任何影响。但不管怎样,巴塞罗那与西班牙的其他城市截然不同。工人阶级和资产阶级之间的紧张关系让他们组织起来,就像当时的英国、比利时、法国和德国几个州的情况一样。1840年,纺织者协会在巴塞罗那成立,这是西班牙的第一个工会,它拥有自己的会歌:

1840年,
协会成立,
它让穷人可以通过劳作
养活自己。
但有四类自私的家伙
认为不该成立这个组织,
他们妄图毁掉
我们的协会。
但正直善良、无所畏惧的人们
总能面对所有困难。
监狱和流放都吓不倒他们,
他们一直都坚守在协会的最前沿。
织工们只想安心工作,
得到应得的报酬,
永远不受欺骗。

当时,在巴塞罗那有组织的工人及中产阶级中间,"共和国"这个想法开始落地生根,但它还只是一个乌托邦式的概念,没有太多实际内容。阿布多·特拉得斯是"共和国"这一设想的伟大推动者。他是一个梦想家,虽然有些疯狂,但对人民的情感有着深入的了解。他在年轻的记者弗兰塞斯克·德·保拉·奎洛的帮助下写下了名为《钟》的诗句。后来,这些诗句被约瑟普·安瑟尔姆·克拉维谱了曲,变成了一首革命颂歌。特拉得斯在这些诗句中曾提到过短工和工人应交纳的一系列税款，其中就有进门税。当需要将某种商品运进巴塞罗那城门以内，就必须要交纳这种税。这项税收之所以令人憎恨，是因为它完全不合理，不仅让产品更加昂贵，也让收入微薄的人们更加穷困潦倒。因此，拒绝支付该项税款的倡议再次点燃了巴塞罗那动乱的火焰。

11月13日，一些工人想把酒运进入巴塞罗那，而守城的士兵以恶劣粗暴的方式对待了他们。亲眼目睹事情经过的巴塞罗那人冲了上去，与士兵发生了冲突，其中一名士兵被打死。不久之后，来了更多的官兵，他们逮捕了一些参与冲突的人。这本已让当时的气氛变得非常紧张，而当人们听到马丁·祖尔巴诺将军对他手下的军官放言："没有加泰罗尼亚，西班牙也不会受到丝毫影响"，大家的怒火被彻底点燃，因为这句话被人们理解为军队要把巴塞罗那夷为平地。我们今天能够了解这些事件，都是因为一位杰出的作家，一位热爱巴塞罗那的法国人。他就是法国领事斐迪南·德·雷赛布，多年后，正是他促成了苏伊士运河的开通。雷赛布就住在城墙外巴塞罗内塔的圣米盖尔教堂旁边，在将要发生的事件中，他通过自己的影响力，把很多巴塞罗那人从鬼门关给拉了回来。

巴塞罗那人起义反抗军队的粗暴行为，军人们连同军政官都被迫逃离。虽然一开始指挥战斗的是共和派，但由于备受欺辱的情绪普遍蔓延开来，所有的派别都加入到起义的队伍中。在15天的时间里，巴塞罗那人终于成为自己城市的主人，这也是自1714年9月之后的第一次。在此期间，巴塞罗那全城秩序井然，这是巴塞罗那人一贯的行事风格。马德里议会在马德里贴出了一张告示，声称在巴塞罗那"发生了令人惋惜的恐怖流血事件"，军方没有发现在他们周围隐藏着通过运输非法商品获利的恶棍和实业家。埃斯巴尔特洛下令从蒙特惠奇山开炮轰炸巴塞罗那以镇压起义。12月3日，冯·哈伦下令对巴塞罗那实施全面轰炸,早上和下午各一次。在巴塞罗那起义者投降之前,军队一共发射了1 042枚炮弹,有462座建筑物被摧毁,30多人死亡。如果不是雷赛布出面交涉,减轻了冯·哈伦将军想要施予起义者的可怕惩罚,死亡的人数会更多。因此,1895年,为了向雷赛布致敬,巴塞罗那将它最大的广场之一以他的名字命名,这个名字沿用至今。

轰炸还产生了一个"副作用",即埃斯巴尔特洛下台了。对一座城市进行无差别轰炸的野蛮行径让他付出了代价。1843年5月,霍安·普里姆将军和尤雷斯·米兰斯·德·博施将军在雷乌斯起兵反对埃斯巴尔特洛。虽然两位将军的起义具有进步性质,但它并不是导致埃斯巴尔特洛政府垮台的主要原因,埃斯巴尔特洛下台是因为在整个西班牙都不断有暴动和起义爆发。6月6日,巴塞罗那成立了革命委员会,该委员会的行动再次表现出它的"自以为是",让人感觉好像西班牙所爆发的所有起义都是为了声援巴塞罗那人民一样。显然,事实并非如此。委员会下达的第一个命令就是拆除巴塞罗那所有的防御工事,包括蒙特惠奇山城堡,它刚刚给巴塞罗那造成了巨大伤害。巴塞罗那人民深信这次是认真的,毕竟起义是从这里开始的。他们还张开双臂先后迎接了普里姆将军和塞拉诺将军,这两个人都赞成拆除工作。

当巴塞罗那开始行动后,马德里下达命令要求停止拆除工作。该命令引起了人们极大的愤慨,大家都觉得中央政府背叛了他们。巴塞罗那人民再次走上街头,当时的军事领导人只能逃到皇家造船厂避难。普里姆到达巴塞罗那接替了这一职位,人们都认为情况将会好转,但普里姆却要求民兵交出武器并做出让步,这激起了民众更大的愤怒。最终,普里姆不得不逃到皇家造船厂避难。与此同时,城市民兵也开始武装起义。这次起义被称为"食客起义"(la Jamància)——

"jamància"这个词源于罗姆语,指的是来自几个不同营队的志愿者们为了"吃饭"而加入暴动的队伍,也就是说,他们加入暴动是为了获得报酬。

在这15天的时间里,不时有战斗发生,但起义再次受到来自蒙特惠奇城堡和其他防御工事的镇压。这一次,军方一共向巴塞罗那投掷了约12 000枚炸弹。虽然我们不清楚具体的死亡人数,但至少有几百名巴塞罗那人在轰炸中丧生。巴塞罗那将受到轰炸和镇压的责任都归于胡安·普里姆,尽管在炮火袭击最猛烈的阶段,他并不在巴塞罗那。但不管怎样,虽然胡安·普里姆不是最后一位军事负责人,但巴塞罗那人认为他是当时政策的制定者,应该对巴塞罗那所受的袭击负责,巴塞罗那人永远都不会原谅他犯下的罪行。虽然普里姆从未明确表示是他下达了轰炸巴塞罗那的命令,但他一生都在尝试能让自己得到原谅。无论是在公共场合,还是在私人对话中,普里姆始终强调,他所做的一切都是从加泰罗尼亚和巴塞罗那的利益出发的。

连续两次的轰炸,使得从未信任巴塞罗那及其人民的中央政权大大提高了警惕。从1844年1月到1854年8月,加泰罗尼亚一直处于非常状态,这并不多见。西班牙的大部分军队和武器都被派往加泰罗尼亚,因为中央政府认为加泰罗尼亚和它的首都巴塞罗那是西班牙问题的主要爆发地。对此,巴塞罗那人以明确的态度转变予以回应。西班牙独立战争结束后,虽然巴塞罗那和加泰罗尼亚在几十年的时间里不断经历着冲突、起义、战争和镇压,但它们仍然选择参与建立一个新西班牙的计划。然而,在被称为"压抑十年"的镇压期过后,加泰罗尼亚人已经不想再参与这个计划。在之后的很多年里,他们想要的,是将他们认为落后、不公且低效的国家结构变革为现代和先进的国家结构。这个目标在相当长的时间里都没有改变。

"压抑十年"是巴塞罗那城市产生巨大改变的十年。面对无法拆除城墙的现实,巴塞罗那人开始向高处扩展,并充分利用他们所能利用的一切狭小空间。在拉瓦尔区,配有机器的工厂不仅占据了越来越多的地盘,也制造出了越来越多的烟雾、难闻的气味和废弃物,工人的住房也和厂房、仓库混杂在一起。

生产规模的扩大也使得对原材料的需求不断增加,而煤炭和棉花是主要的原料。港口也需要扩建。多年来,虽然港口一直都在施工,但仅限于一些不痛不痒的修复工作,直到19世纪的最后20年,这种情况才彻底改变。道路的情况也得到了改善,但通过公路运输某些货物,不仅速度太慢,成本也太高。大概在19世纪初,有一种运输方式已经在欧洲出现,大家一致认为它将成为未来主要的运输模式。这种方式速度更快,成本更低,性价比很高,既方便了货物的运输,又让人的出行变得更为舒适便捷。这种交通方式就是铁路运输。自1825年以来,它成为很多欧洲实业家的梦想。如果要在伊比利亚半岛的某个地区修建铁路,毫无疑问,应该选择加泰罗尼亚,因为这里是西班牙唯一有工业的地区。火车必须经过巴塞罗那,原因显而易见,因为这里是人员和货物运输至关重要的大都市。因此,只要有铁路连接,就可以盈利。然而,一列经过巴塞罗那的火车要去往哪里呢?从理论上讲,加泰罗尼亚的地形不容乐观。虽然任何一条铁路的修建都要克服很多令人头疼的问题,但大量的隧道无疑会提高整个计划的成本。这也是为什么人们决定在加泰罗尼亚修建的第一条铁路是从巴塞罗那到马塔罗的线路,它穿越了整个海岸的平原地区,这可以避免地势高低起伏带来的麻烦,因为靠当时的技术条件还无法解决这样的问题。除此之外,就像生活中发生的很多事情一样,人为因素也起着决定性作用,马塔罗这个距巴塞罗那25.5公里的城市之所以能成为第一条铁路线的目的地,是因为这个计划的主要推动者之一米盖尔·毕阿达就是马塔罗人。

毕阿达曾参与在古巴制造第一列西班牙火车的工作。当时，古巴还是西班牙王国的一个省。他对火车的制造充满热情，同时，他也很清楚地看到在他的家乡和巴塞罗那之间修建一条铁路可以成为一桩不错的买卖。他开始调查研究并招募人员参加这项计划。这听起来确实是个好方案：一条铁路线将这两个城市连接起来，不仅可以扩展巴塞罗那的工业，还可以将巴塞罗那与在马雷斯梅地区已经有所发展的纺织业联系起来。有了铁路，巴塞罗那的工业和居住空间一下子扩展到了25公里之外的地方。毕阿达进行了估算，这样一条铁路的成本不会超过500万比塞塔（这是一大笔钱），而年利润率能达到9%。这个估算的误差是比较小的，虽然最终这条铁路的花费比预估要高得多，但年利润率达到8.6%，这已经相当不错。有趣的是，这条铁路运送人员产生的收益要高于运输商品的收益，因为所有人都像疯了一样，想去感受一下在50分钟之内就能到达马塔罗的旅途。

建造铁路的工程师、所使用的机器以及所需要的一半资金都来自英国。由于多种原因，任务比预期要困难得多：英国的工程师们非常自负，他们根据英吉利海峡的建设标准估算了路面的承重能力，但没有考虑地中海沿岸的地质特点。结果，由于受到海浪的冲击，三分之二的路段都出现了下沉的现象；铁路要通过的170块土地的所有者也都在尽其所能地给铁路的修建制造障碍；夜间，还会有成群的破坏者对白天建造的部分进行破坏；当铁路建了一半的时候，西班牙政府又修改了特许权的条款；股东们曾两度试图撤资，等等。这是一项艰难和复杂的工程，它甚至让其伟大的推动者米盖尔·毕阿达付出了生命。毕阿达虽年事已高，却总会在晚间到施工现场监督检查，以防止这来之不易的铁路被那些不务正业的人破坏。然而，那时毕阿达的身体已经不那么强壮了，他患上了感冒，后来病情变得复杂起来，在项目完成的半年前，他便离开了人世。

第一条铁路的成功铺设并未掩盖巴塞罗那新建基础设施出现的严重问题。位于城墙之外、巴塞罗内塔和休达德拉城堡之间、弗兰萨火车站后方的车站根本无法正常运作。军方不得不让人在休达德拉城堡大炮的射击区内建造了一座奇特的建筑作为火车站使用。显然，休达德拉城堡已经毫无用处。不对，也不能这么说：它还时刻提醒着巴塞罗那人，谁才是这里真正的统治者。但对于深知这种象征意义的巴塞罗那人来说，他们不再害怕，军方也知道城堡失去了它的威慑作用。实际上，休达德拉城堡的威慑力从多年前就不是来自那些指向城市的大炮，而是来自那些操纵它们的士兵。甚至也可以说，就连这些士兵都没有吓倒刚刚遭受过轰炸洗礼的巴塞罗那人，他们心中潜伏的火焰依然没有熄灭。

由于没有足够的发展空间，巴塞罗那变得拥挤不堪。1846年，市政府不得不禁止在城里建造更多的蒸汽工厂。然而，实业家们并没有停下脚步，他们开始在城墙之外的区域建厂，特别是在附近的村镇（现在这些地区都被纳入了巴塞罗那市的范围之内），例如，圣徒镇、圣安德烈镇和圣马丁—德普罗旺萨斯镇。这些地方非常适合用来修建厂房，因为这里有足够的空间和丰富的水源，最重要的是，政府对这里的工厂管控没有像对城里那么严格。因此，很大一部分工业活动开始慢慢向郊区转移，虽然主要部分依然集中在巴塞罗那城内。

巴塞罗那三分之一的人口（大约50 000居民），构成了当时所谓的"零工阶层"。他们中间有工厂工人、小贩、底层居民以及所有经济条件不稳定者，他们都靠打零工过活，工作没有任何连续性。这种情况与欧洲各个工业城市工人阶级的情况大致相同，如曼彻斯特、伦敦、米兰、布鲁塞尔、里昂，等等。第二次工业革命使工人阶级的生活变得缺乏保障。他们日出而作，日落而息，每周只能休息一天，但得不到额外的补贴。全家人在同一家工厂工作的情况非常普遍。成年男子可以领到一天的全部工资,而妇女和儿童只能领到一半。此外,人们生活的基本需求也并没有得到满足,甚至没有足够的食物可以充饥。大多数人只能以汤或动物内脏为食,配以少量的面包和蔬菜。一个家庭中,父亲是体力消耗最大的人,也是唯一可以经常吃到肉的人。通常,这种肉类就是咸鱼。

这种情况是无法维持的,不仅仅是公平的问题,因为绝望的人们总是时刻准备着赌上自己的一切来改善生活条件。如果所有工人团结起来,就会引发骚乱、抗议和暴动;如果一部分工人被逼得走投无路,社会的犯罪率和暴力程度就会上升。很多有钱人,也可以说是一些有见识的有钱人,都赞成采取措施来结束这样的状况。他们提出的一些方案涉及工作安全,这在当时几乎是没人关心的问题;还有一些措施涉及改善工人的工作及生活条件。当时有这种社会关怀的人物之一,就是工程师伊迪芬斯·塞尔达。几年后,他将成为巴塞罗那历史上举足轻重的人物。

塔尔雷斯巡逻队及"热巧克力蘸饼干"

看似自由而实际上极为保守的新政体(只在某种措施上体现自由主义思想)让巴塞罗那人感到非常压抑。保守派只是想让新的寡头集团替代旧体制中的统治阶层而已,而这个新的寡头集团是由大地主(通常是贵族)和在新宫廷的庇护下成长起来的商人组成的。年轻的女王伊莎贝尔二世通过这种操作可直接受益,而在这段时间里,大量政府特许权的授予也让她个人的小金库充盈起来。在这样的行政机构统治下,巴塞罗那人只能默默地承受着一切,虽然当时政权已经不掌握在军人手中了。

不过,军人依然是构成这个半新不旧的统治阶层的一部分,但他们不像以前那样专断独行,会将自己控制民众的部分社会职能下放给一些忠于他们的民事官员。此外,他们还提议取缔那些曾带来麻烦的组织团体(例如,民兵卫队,他们在1842年和1843年的叛乱中都起到了重要作用)。1844年,民兵卫队被取缔,一种具有监察职能的半职业化的新团体"警卫队"诞生,这个团体就是巴塞罗那城市卫队的前身。数年来,警卫队的职员不仅起到了社区警察的作用,还充当了政治警察。他们的工作应该做得不太好,因为在1848年,首相拉蒙·马里亚·纳尔瓦埃斯将军发了一封秘密函件给巴塞罗那政府,要求加大被他称为"政治警察"的警卫队工作强度。他要求这些警察渗透到民主派和共和派的圈子里,监视他们的一举一动,并在必要时将其消灭,而当时警卫队已经拥有150名警员。警卫局设在巴塞罗那,警卫局局长为拉蒙·塞拉·伊·蒙克鲁斯。此人是巴塞罗那的房产主,靠走父亲的老路发了大财。他的父亲在拿破仑占领期间曾与法国人合作,通过将逃离巴塞罗那的人的财产据为己有而发了横财。塞拉·伊·蒙克鲁斯学会了他父亲的伎俩,在他所经历过的所有社会动荡时期,他都能做到让自己的财产只增不减。

这样奸诈的人物成了新的警察团体的负责人。塞拉·伊·蒙克鲁斯想出了一个主意,这个点子在很长一段时间里都成效不凡。他想要组织一支对巴塞罗那底层社会的情况了如指掌的警察队伍,以便控制底层民众,而唯一有能力做这件事的,就是那些罪犯。于是,塞拉·伊·蒙克鲁斯开始在罪犯中寻找新警察的合适人选。这时,在他面前出现了一个人,虽然这个人曾是小偷、杀人犯,还做过皮条客,但聪明过人,此人就是杰洛尼·塔尔雷斯。

塔尔雷斯帮助塞拉招募了30人,他们全都是游走于犯罪边缘或已经犯过罪的人,他们的任务是要在巴塞罗那重建保守的社会秩序。

这些人很快就被人们称为"塔尔雷斯巡逻队",他们主要的工作就是挫败政治会议、殴打反对派人士、对被捕者施以酷刑并杀害那些反对保守派政府的人。虽然他们身着便装行动,但所有人都认识且极为畏惧他们。作为对这些服务的回报,塔尔雷斯和他的下属们控制了一些巴塞罗那最兴旺的生意,例如,热巧克力店。

在巴塞罗那以及整个加泰罗尼亚地区有很多热巧克力店。尽管当时咖啡这种非酒精饮料已经开始取代热巧克力,但热巧克力仍然很受欢迎。热巧克力店往往占地面积很大且位于城市的中心位置。此外,这些店通常还会有很大的仓库,店里不仅有一个部分对公众开放,还有较小的餐厅,在那里可以喝下午茶,甚至是吃饭。这些热巧克力店都被塔尔雷斯的势力强行霸占了,或者说,是被塔尔雷斯巡逻队霸占了。虽然店的名字没变,甚至有时也还卖热巧克力,实际上它们已经变成了妓院。加泰罗尼亚语中的短语"去蘸饼干吃"可能由此而来,指的就是去妓院。毫无疑问,如果这种事发生在热巧克力店,这个表达在某种程度上还是很恰当的。

把妓院隐匿在热巧克力店里获得了巨大的利润。巴塞罗那的妓女比例也达到了有史以来的峰值。当时,巴塞罗那至少有 21 000 名妓女,而那个时期巴塞罗那的居民大约有 19 万人。因此,妓女的比例达到 11%。除了妓女,还有皮条客和其他以此为生的人。如果我们考虑到顾客群体,可以说,当时城里绝大多数健康的男性,都会时不时地光顾一家这样的店面,去吃热巧克力蘸饼干。

塔尔雷斯还控制了大多数的妓女和一大部分巴塞罗那的酒类生意。此外,未经他同意的或他不参与分赃的抢劫也无法实施。在很短的时间内,塔尔雷斯巡逻队成了巴塞罗那夜晚及白天大部分时间的主宰者。巡逻队逍遥法外的种种恶行让他们臭名昭著,按理说,这对于身为秘密警察的他们,似乎并不合适。然而,他们所获利润的一部分很可能进入了塞拉·伊·蒙克鲁斯的腰包,但我们对此并不确知。

塔尔雷斯在巴塞罗那建立的帝国,在1851年圣胡安节狂欢晚会举行的那个夜晚被撼动了。那天下午,塞拉·伊·蒙克鲁斯在他的办公室里接见了塔尔雷斯,他的办公室位于兰布拉大街未来的政府机构所在地。在那儿,他委派塔尔雷斯去刺杀弗兰塞斯克·德·保拉·奎洛。奎洛是记者,是我们之前提到过的共和派领袖之一,曾参加过此前十年里爆发的"骚乱"和"食客起义"。虽然奎洛当时只有27岁,但他已经成为共和派的领袖,这主要是因为阿布多·泰拉德斯被迫流亡。然而,对于共和派运动而言,泰拉德斯的被迫离开其实是一件好事,因为他的一意孤行收效不大。

奎洛完全是另一类人。他聪明睿智,逻辑缜密,口若悬河,有卓越的领导才能。他确定了其所属政党在将要进行的选举中所坚持的方向。奎洛对共和派的领导,让保守派政府开始担心共和党会变得更强大并获得更多的存在感。因此,政府将奎洛列入黑名单,但我们并不知道是谁命令塞拉·伊·蒙克鲁斯让他手下的暴徒去暗杀奎洛的。不管怎样,塞拉要求塔尔雷斯,所有参与暗杀的人都得非常谨慎,要将暗杀伪装成一场醉酒之后的争斗,因为这样的争斗在圣胡安节的狂欢晚会上屡见不鲜。为此,塞拉计划了很久,一个月前,他曾叫奎洛到他的办公室并提醒他,警察已经发现一群对他的领导不满的共和党人打算要暗杀他。这完全就是一派胡言。奎洛没有理会他的话,但也没有意识到塞拉的举动是想为日后的暗杀放出假线索。

圣胡安夜,奎洛和一些朋友在兰布拉大街上的一家咖啡店见面,这家咖啡店叫"幻镜"。这里是共和党人最喜欢的咖啡馆之一,因为它有以下几个优点:首先,"幻镜咖啡馆",顾名思义,这里到处都是镜子,可以观察到坐在所有桌上的人们并掌控他们的情况。此外,它有两个通往不同街道的出口,这为谨慎进出提供了便利。那天晚上,咖啡馆里非常热闹,因为圣胡安节的夜晚非常特别,巴塞罗那人会聚在一起吃晚餐,他们把桌子搬下楼,在街边摆好,和邻居们共享美食。此外,人们还会在重要的街角用家里的破旧家具点起巨大的篝火,虽然这是被禁止的,但这些篝火却让一年中夜晚最短的圣胡安节有了一种特殊的气氛。因流通不畅而浑浊的空气、篝火和户外晚餐散发出的气味及人们的狂欢,都让那天晚上的巴塞罗那处于一种异乎寻常的氛围中。

那些不想或不能去吃晚餐的人们会去休达德拉城堡战壕中的圣吉姆井,或去诺乌门后面的圣胡安大道。那里总会有一些小乐队在为舞动的人群伴奏;有吉普赛人看手相,预测未来;有巴伦西亚人提供巴丹杏仁露(那时,这还是一种稀有的饮品,几年后才在巴塞罗那流行开来);有很多卖甜点的小贩,等等。像现在一样,在这个令人迷醉的夜晚,很多情侣利用短暂的黑暗来温存亲热。巴塞罗那人通常会吃一种用松子或水果蜜饯点缀的饼,这种美食流传至今。那时还经常会用未剥皮的熟鸡蛋来做装饰,有点像复活节蛋糕,但现在这种习俗已经失传。

塔尔雷斯巡逻队的一些成员跟踪了奎洛和他的朋友们。这些跟踪者极为谨慎,甚至谨慎到在他们如此熟悉的巴塞罗那街头跟丢了目标,因为街坊们摆出来的桌子让步行穿过那些狭窄的街道变得非常困难。巡逻队的成员们接到命令,在诺乌门附近拦截奎洛,而且要确保他们的行动不被人察觉。他们认为,不管去哪一场舞会,奎洛都应该会通过诺乌门。但巡逻队员们扑空了,奎洛并没有出现。奎洛与他的一个朋友一起去另一个朋友家里吃果仁蜜饯饼了。过了很长时间,在巡逻队员们准备要离开的时候,奎洛才重新出现在街上。奎洛和他的朋友们经过圣贝雷水池,朝诺乌门的方向走去。这个水池是附近妇女用来洗衣服的地方,附近的地板很滑,因为到处都是洗衣服时掉下来的肥皂碎屑。然而,到了晚上,那里变成了一个僻静的地方,奎洛就是在那里遭到伏击的。一群人拦住了奎洛和他朋友的去路,这些人辱骂奎洛的一名同伴是同性恋,这样的辱骂在当时简直就是奇耻大辱。奎洛似乎阻止了他的朋友进行回击并开始后退,但对方却拦住了他们的去路。之后,嘈杂的打斗开始。在此期间,四名男子受伤,其中伤得最严重的就是奎洛,他被捅了七刀。几个小时后,奎洛死在他位于乌尼奥街的家中。

这次暗杀引起了民众极大的愤慨。官方消息称,因一群醉酒者斗殴,有人致死。巴塞罗那没有一个人相信官方的说法。所有人都心知肚明,是塔尔雷斯巡逻队杀死了奎洛,可能有很多目击者亲眼看到了事情的整个经过。奎洛的葬礼变成了一次政治游行。他的棺木用了几个小时的时间才被从乌尼奥街运送到博布雷诺乌墓地。据说,这是因为人们拦住了游行的队伍,往棺木上抛洒鲜花,并向政府表达抗议。

塔尔雷斯在执行暗杀时使用的拙劣伎俩很快为他招来了厄运。万般无奈之下,政府只能以荒谬的刑罚惩处了塔尔雷斯的一些手下。从那一刻起,巡逻队的队员和他们的家人不得不承受激怒民众的后果。这些警察的家人经常受到排挤和歧视。面对巴塞罗那人对他们所表现出来的抗拒和蔑视,警察变本加厉,行为更加粗暴,但这么做毫无用处。一年后,塞拉·伊·蒙克鲁斯想摆脱塔尔雷斯,便让塔尔雷斯因其在普雷米亚-德达尔特犯下的一桩谋杀案而被定罪。那次,他杀死的人是被人们称为"埃斯波利亚(上安普尔丹的一个城市)的金发小伙"的弗兰塞斯克·图贝尔。塔尔雷斯和他的两个同僚被送往休达监狱服刑,直到1859年至1860年非洲战争期间,他们才作为囚犯团的士兵离开监狱。后来,塔尔雷斯在1860年3月23日的瓦德拉斯战役中丧生,当时作战的双方是西班牙军队与摩洛哥的主力部队。

事实上,巡逻队的所有成员都未能善终。1854年7月14日,巴塞罗那的一次人民起义导致保守派政权垮台，进步派和莱奥波尔多·欧东内尔将军及巴尔多梅罗·埃斯巴尔特洛将军控制了政府。虽然这两位将军不是左翼分子，但至少他们拥有较为现代的世界观。起义的目标就是要处决这些巡逻队的成员。他们被公开用私刑处死，但因有士兵组织了营救行动，一些成员侥幸逃脱。

巴塞罗那人的娱乐：斗牛、热气球、戏剧

然而，在那个时代，并非所有事情都如此具有悲剧色彩。巴塞罗那人在寻找可以玩乐的地方。例如，托林斗牛场是最受人们喜爱的场所之一，正如我们之前所提到的，这个斗牛场在1835年火烧修道院事件中起了关键作用。它是巴塞罗那最大的露天斗牛场，在这里曾举行过当时最为精彩的一次斗牛表演。斗牛在加泰罗尼亚（不是在加泰罗尼亚的每个地区都有斗牛，但大部分地区流行）已经成为一种传统的习俗。巴塞罗那斗牛场的开放不仅大大地提高了斗牛的影响力，也将这种血腥的活动变成了当时最受欢迎的主流表演，直到19世纪末大众体育出现时，人们对斗牛的兴趣才开始减少。从20世纪初开始，斗牛在加泰罗尼亚慢慢衰败，这不仅因为人们对足球的喜爱日益增加，也因为政府越来越强调斗牛与西班牙民族性的联系，这也是加泰罗尼亚和巴塞罗那的广大民众对斗牛失去兴趣的原因之一。2012年，斗牛在加泰罗尼亚被禁止，虽然遭到了业界人士的反对，但不论在加泰罗尼亚议会，还是在民意调查中，这项禁令都获得了绝对多数的支持。

不管怎样，除斗牛之外，托林斗牛场还可以用来做很多其他的事情。1849年，在这里开始了一个很多年后依然能让巴塞罗那人记忆犹新的项目：一个热气球在这里升空。然而，人们对热气球的记忆持续

了那么多年，并不是因为这是热气球第一次在巴塞罗那升起（并非如此），而是因为由热气球所引发的事件。

在法国大革命爆发前不久，也就是在1783年6月4日，孟高飞兄弟在法国东部的阿诺奈首次向公众展示了热气球升空。从那之后，乘热气球一直是欧洲最受欢迎的娱乐活动之一。孟高飞兄弟的热气球起飞引起了轰动，在18世纪和19世纪之间，他们在整个欧洲进行了多次展示。通常会有几千人来现场观看，而那些登上热气球的特权阶层就会被看成勇敢且令人钦佩的人。英国画家约瑟普·玛罗德·威廉·特纳曾说过，自从他登上了热气球，他的绘画方式就发生了变化，很可能确实如此。不管怎样，热气球并不是安全性很高的装置，不久之后，就开始发生事故。有时，驾驶员及热气球上的乘客坠落，与地面撞击身亡；有时，热气球发生的事故或热气球与耸立的物体碰撞导致观众毙命。在拿破仑战争期间，人们曾尝试使用热气球来进行侦察，但收效甚微。战争结束后，热气球的展示又开始流行起来，但人们对它的兴趣却逐渐减弱了。

在热气球方面，巴塞罗那的运气并不好。驾驶员们很快就意识到，因受到城市状况及地形特点的影响，巴塞罗那的风向风势不利于热气球飞行。大多数来到巴塞罗那的热气球驾驶员都无法非常成功地完成飞行，因为热气球要么就飞向大海，要么就会撞上蒙特惠奇山或蒂比达博山。另外，一直以来，巴塞罗那风向多变，让本来就不容易的热气球操作变得更加复杂。这让巴塞罗那人感到非常困扰，他们无法相信，巴塞罗那这样美妙的城市居然不适合进行如此具有现代气息的活动。于是，每逢新驾驶员到达，人们都热情地欢迎他，并坚信之前所发生的事情都是因为驾驶员缺乏经验所致。但当尝试再次失败，人们就会感到更加失望。然而，1847年，当时最著名、最富有冒险精神的驾驶员弗朗西斯·阿尔班的到来，让人们感觉到之前的厄运似乎会有所改变。法国人弗朗西斯·阿尔班是飞行领域的先驱者之一,人们尊称他为阿尔班先生,就像当时报纸上的称呼一样。阿尔班举世闻名,被人们认为是最优秀、最勇敢、驾乘热气球爬升高度最大的驾驶员。1847年9月11日,他决定从托林斗牛场进行首次试飞。当时的一份报纸是这样描述的:

> 在热气球升空之前,先放飞了四个小气球:一个是普通的气球,一个是桶形的,一个是鱼形的,最后一个是人头形状的。这几个气球的升空预示着飞行将会很愉快地进行。驾驶员带着这样的信心,下令助手拉着气球绕斗牛场一周以寻找合适的飞行方向。在这期间,驾驶员开始激发观众的热情,他不仅对着他们朗诵诗句,表达他对巴塞罗那的感谢,还向在斗牛场各个角落的人们分发了大量的糖果。

阿尔班确实知道如何表演。热气球飞起来了,但没有像他所预期的那样朝大海的方向飞,而是转向了陆地。阿尔班已经承诺会给接他的船只丰厚的报酬,但他没想到热气球却朝相反的方向飞去。一个小时之后,热气球以惨烈的方式降落在贝索斯河畔的一块麦田里。当那里的人们看到热气球下降时,便跑去帮忙,因为他们认为,如果热气球降落到地面上,阿尔班也会给他们丰厚的奖励。一大群人冲向热气球,都声称是自己拯救了它,而实际上他们所做的唯一的事就是弄坏了热气球。一位说法语的年轻人艾乌达尔特·德·穆内最终将人群与可怜的阿尔班分开,他和阿尔班讲话,让后者平静下来。阿尔班想用钱来感谢穆内的照顾,但穆内家经营的是出租汽车和马车的生意,他并不需要阿尔班的钱,他想要的是在下一次飞行时,阿尔班能允许他同行。9月17日,他的愿望实现了,穆内成为历史上第一个在巴塞罗那乘热气球升空的当地人。第二次飞行非常成功,只有一点小小的遗憾:一些较低的云层妨碍了他们从某个高度看清热气球的航线。

后来,穆内说过,当热气球上升到3 000米的高度之后,他们开始在大片的云层之上飞行,而在那个高度,气温非常低。

两次相对成功的飞行使阿尔班成为巴塞罗那的英雄。随后,他准备前往马德里进行相同的表演,临行前,他保证总有一天会再回到巴塞罗那。在他的驾驶员职业生涯达到顶峰后的几个月,也就是在他成功飞越阿尔卑斯山后的几个月,他如约回到了巴塞罗那。时隔两年重返巴塞罗那,阿尔班准备从托林斗牛场再做一次全新的热气球飞行。

这次,他想带来更为壮观的升空表演,所以他添加了一部分巴塞罗那人没见过的内容。阿尔班和他的妻子携手进入了热气球的篮筐,他们打算一起飞行。他的妻子美丽高贵,举止优雅,征服了观众。阿尔班的想法是当热气球升起时,他们夫妇二人向所有人致意并抛洒鲜花,就像在其他地方做过的一样。然而,事情却不像阿尔班先生预想的那样顺利,要么就是用来充热气球的混合气体质量不够好,要么就是有泄漏问题发生。不管怎样,热气球承载着那么大的重量上升非常困难。在尝试了三次之后,热气球只上升了一点点,还撞倒了斗牛场上的观众。阿尔班很紧张,他决定暂停表演,但观众却开始吹口哨和尖叫,表现得不太友好。因为他们已经付了钱,想看热气球如何升空。人们对阿尔班夫妇破口大骂,说他们是胆小鬼、骗子。阿尔班非常生气,他让妻子下去,决定独自尝试。他的妻子一直哭,不知道自己的丈夫要做什么。最初,似乎阿尔班的决定是正确的,热气球变轻后顺利升空,顺利得都让人不敢相信。但突然风向一转,热气球猛地向阿尔班迎面扑来。他好不容易躲过了气球,风向又变了,热气球带着阿尔班向南飞去,消失了。之后,人们再也没见过阿尔班。阿尔班夫人崩溃了。她花光了所有的积蓄去寻找丈夫,找了人们提到的热气球曾出现过的所有地方:撒丁岛、马赛、马洛卡岛和梅诺卡岛。最后,这位女士留在了巴塞罗那,因为那里是她的爱人最后出现过的地方。她日渐消沉,不仅失去了钱财,还失去了美貌和理智,最后流浪街头,以卖敷在脚上去除死皮的泥巴为由,靠乞讨过活。阿尔班夫人成了巴塞罗那的一位传奇人物。19世纪末,她被慈善之家收留并在那里去世。

就在阿尔班第一次来到巴塞罗那的那一年,位于兰布拉大街的利塞奥大剧院落成。利塞奥大剧院占用的是原三位一体教团修道院的地皮,它的出现改变了兰布拉大道的风貌,也在某种程度上改变了巴塞罗那的面貌。利塞奥大剧院最初的历史与那些年巴塞罗那所发生的事件紧密相连。首先,利塞奥大剧院的前身是戏剧爱好者协会,它最初坐落于安赫尔门的蒙特西奥修道院。1835年夏骚乱期间,多明我会的修女们离开了修道院。1837年,戏剧爱好者协会便落户于此,这个协会创建的目的是通过戏剧和抒情作品的演出来为民兵组织筹集资金。一年后,因演出获得了极大的成功,协会决定转型并创建一个音乐学校(这个学校存在至今)。从那时起,它就被称为巴塞罗那利塞奥音乐戏剧协会。

转型后的协会成功地吸引了巴塞罗那资产阶级的主要成员,他们对于可以有一个地方让大家聚在一起欣赏音乐及戏剧感到非常惬意。当时的演出都在安赫尔门进行,但那里的地方不够宽敞。于是,1844年,协会买下了三位一体教团修道院的地皮,想在那里建造一座大型剧院和一个音乐学院。这需要大量资金,因此,协会采用了一种非常特殊的财务运作方式。协会按照典型的资产阶级及加泰罗尼亚人的思路成立了一家发行商业股票的公司。购买股份的人虽然不是部分产业的所有者,但可以直接拥有某些坐席或包厢。随着时间的推移,这种特殊的运作体系,特别是在包厢方面,让利塞奥大剧院变成了一种英式俱乐部,资产阶级可以在那儿组织牌局,或听着某位身穿曼托瓦公爵服装的男高音演唱《美丽的爱之女》,与朋友们度过漫长的下午。

最终，新落成的大楼被命名为利塞奥大剧院。自1579年以来，圣克鲁斯剧院就一直享有戏剧表演的垄断权。如果不是因为这种垄断的局面在1833年被打破的话，利塞奥大剧院就不可能存在。同时，圣克鲁斯剧院也意识到将有人和它竞争，便更名为"主剧院"，以表明自己的地位。利塞奥大剧院的诞生就是为了与主剧院竞争，而巴塞罗那人很快分成了两派，分别支持两个剧院。多年来，两家剧院势均力敌，难分高下，但主剧院逐渐失去优势。19世纪末，主剧院已经不再有歌剧演出。几年后，它变成了电影院，而利塞奥大剧院则成为巴塞罗那唯一的剧院。

不管怎样，在巴塞罗那，有人喜欢利塞奥大剧院，也有人憎恨它，这种情况持续到20世纪80年代。很多人指责它带有资产阶级和极端保守派的特点，他们说得没错；也有很多人欣赏它，因为在那里可以欣赏到其他地方无法看到的表演。在利塞奥大剧院里，阶级的区分是非常明显的：一楼的池座和包厢都是权贵们的领地；从这里往上一直到第五层，才是大众阶层的空间。有人说巴塞罗那真正的音乐爱好者都会坐在五楼那些看不清楚舞台的位置上，因为他们根本不需要看舞台上在表演什么，但坐在那里却能清楚地听到乐队的演奏。当然，这么说有些夸张。多年来，去利塞奥大剧院观看歌剧首秀的观众离场的环节变成了一个特殊的时刻。很多普通人来这里看那些有权有势者是如何穿戴的，什么样的马车来接他们，贵妇人们都佩饰着何种珠宝。进入20世纪后，这种离场时刻也成为统治阶层受嘲弄的时刻，人们会向他们发出嘘声。统治阶层被逼无奈，只能在兰布拉大街的中间部分露脸。经过了那么多年，兰布拉大街对于他们而言，已经变得越来越陌生了。

巴塞罗那的梦想:拆除城墙

利塞奥大剧院的诞生和资产阶级的蒸蒸日上与在加泰罗尼亚依然存在的冲突形成了鲜明对比。商业、工业、农业、社会等方方面面的危机依然没能解除:政府开始实行义务征兵制;食物和粮食的税额提高;新的自由派更为残酷和苛刻,已经超过了人们能忍受的限度。中央政府对加泰罗尼亚人的语言、行事方式、工作和生活方式的蔑视依然存在。当时的一位军政官曼努埃尔·帕维亚曾说过:"只靠军队,还不能让人安心。在加泰罗尼亚隐藏着无数的危险因素,这些因素一旦被激活,将变得无法收拾。"他的说法是有道理的。在1846年岁末至1847年,卡洛斯派在加泰罗尼亚各地发起了暴动。然而,第二次卡洛斯战争与第一次不同,它的范围仅限于加泰罗尼亚地区。因此,很多西班牙历史学家否认存在第二次卡洛斯战争,而将其归为地区性的动乱。此外,这场战争的残酷程度也没有超过第一次。但两次卡洛斯战争最本质的区别在于:在第二次战争中,很多进步派和共和派都站在了卡洛斯派的一边。虽然这令人难以置信,但有它的合理性。保守派政府的政策草率、粗暴,给社会造成了巨大的伤害,这让它变成了众矢之的,所有受其政策伤害的人都不愿意和它合作。即便如此,传统的卡洛斯派、君主制进步派和革命共和派之间的联盟也无法持久,因为这种联合缺少稳固的基础。虽然大部分战争是由卡洛斯派发起的,但他们确实得到了整个社会的同情。帕维亚将军经常说,这场战争什么时候结束取决于加泰罗尼亚人民的意愿,而不取决于军事上的胜利。实际情况确实如此:经过了三年的战争,当社会对卡洛斯派的支持减少后,他们才再次放弃斗争,选择流亡。

第二次卡洛斯战争也不是完全没有产生影响,正如我们看到的那样,它导致了保守派政权的垮台。在保守派政权真正倒台前不久,巴塞罗那市政府就已经这么认为了,它决定采取独立行动,仿佛保守派政府已经不存在了一样。1853年,巴塞罗那成立了一个由市政府成员、国会议员、报纸负责人及市里其他机构主席构成的委员会,再次开始研究拆除城墙的问题。

这个问题已经成为长期困扰巴塞罗那的一大难题,什么事都绕不过城墙和休达德拉城堡的拆除。据史书记载,那时的巴塞罗那臭气熏天,卫生条件极差,有近20万人居住在城墙围住的狭小空间内。巴塞罗那可能是当时欧洲人口密度最大的城市。在某些街道,因为空气不能充分流通,甚至会让人感觉呼吸困难。人们从很远的地方就可以根据工厂释放的浓烟和独一无二的气味找到巴塞罗那。城墙脚下的战壕里堆满了废物和在阳光下腐烂的动物尸体。休达德拉城堡几乎已经成为空城,年久失修,样子古怪,因为在第一次拆除工程之后,它又被歪歪扭扭地补上了几面墙。因此,推倒像噩梦一样的休达德拉城堡成为巴塞罗那人民的一大心愿。

委员会批准了市政厅秘书曼努埃尔·杜兰·伊·巴斯的报告,他非常聪明,只提出要拆除城墙,但未提及城墙沿海部分和休达德拉城堡的问题。巴塞罗那政府决定逐步采取行动,休达德拉城堡是全部拆除工程的最后一步。最初,风平浪静,什么都没有发生,但是当进步派在整个西班牙范围内揭竿而起时,巴塞罗那的态度对其能否取得胜利起到至关重要的作用。7月14日,巴塞罗那宣布支持进步派。几天后,巴塞罗那市政府迈出了具有划时代意义的第一步,它向由加泰罗尼亚军政官拉蒙·德·拉罗沙领导的省委员会提出申请,请求批准拆除工作。当然,委员会答复说要先向马德里中央政府提出申请。拉蒙·德·拉罗沙其实并不信任巴塞罗那人民,他下令调集约12 500名士兵前往巴塞罗那。一些工人利用当时的紧张气氛砸毁了自己工作的工厂,烧掉了蒸汽织机,即所谓的自动织机(selfactins,这个名字源于英文 self-acting)。德·拉罗沙将军立即下令枪毙这些工人,这引发了巴塞罗那的大罢工。德·拉罗沙只能让步,但禁止工厂使用自动织机,这让巴塞罗那的资产阶级也开始对他不满。德·拉罗沙将军果然"本领高强",在短短的几天内就让自己成了巴塞罗那所有社会阶层的眼中钉。而就在这个时候,一场霍乱却开始在整个城市蔓延。当时情况紧急,德·拉罗沙将军被撤职,巴塞罗那政府也趁机做了多年以来一直想做的事。8月7日上午,巴塞罗那市的最高领导人们走出市政厅,前往位于兰布拉大街地势最高处的卡纳雷塔斯塔楼,他们亲自启动了拆除工程。两天后,市政府召集了志愿者,拆除工作立即开始,而当时马德里政府已是自顾不暇,只能默许了巴塞罗那的拆除工作。

当城墙的拆除工作在有序进行时,霍乱也在整个城市蔓延开来。在霍乱持续的10个星期中,约有6 000人死亡。与此同时,人们最初拆除城墙的热情也冷却了,但这并不是因为工程进度慢了下来,而是因为所有人都意识到,如果不对如何拆除城墙进行规划,根本无法完成这项任务。应该考虑是否要保留有艺术价值的材料,应该规划拆下来的石材该怎样利用,应该决定是否必须保留城墙的某些部分,而最重要的是,应该制定一个城市改革的方案,这样才能让拆除工作变得有意义。城市的扩建很有必要,新增一个扩展区也势在必行。10月25日,市政府要求建筑师安东尼·洛韦拉·伊·特里亚斯制定一个城市改造的方案。洛韦拉·伊·特里亚斯是一位才华出众的建筑师,巴塞罗那消防局大楼的设计就出自其手,几年之后,他还设计了巴塞罗那最美的几个市场,如波恩市场和孔塞普西奥市场。他确实很优秀,他的高明之处就在于,他非常清楚,当对一件事没有足够的了解时,不能轻易做决定。因此,他拒绝了市政厅的委托。他认为必须先绘制一张巴塞罗那平原的精准地图,这样才能让城市的扩建稳妥地进行。

于是,市政府就将绘制巴塞罗那平原及巴塞罗那市平面图的任务交给了另一位建筑师米盖尔·卡利卡·伊·罗卡。同时,马德里政府也委托伊迪芬斯·塞尔达工程师做了同样的工作。然而,就在这个时候,政治和社会冲突再次打乱了城市改造的计划。1855年7月,巴塞罗那工人宣布罢工,这是针对进步派政府的专制统治和暴力行为的一次大罢工。实际上,进步派政府的行为与保守派一样,没有实质上的差别。然而,情况并未得到改善,大罢工只不过成为保守派重新掌权的跳板。保守派重新掌权之后,做的第一件事就是阻止城墙的拆除工程。此外,军方制定了一个新的计划,他们要修建比以前规模更大的城墙并立刻开始了行动。原来拆除城墙的工人被修建新城墙和防御工事的士兵所取代。然而,这些士兵们想要修建的工程简直荒谬至极,因为它们在军方的新计划中早就消失不见了。因此,工程不得不停下来,后来也没有再继续。

很多年来,巴塞罗那差不多一直保持着停滞不前的状态。大部分城墙都已经被推倒了,巴塞罗那终于可以喘口气,但海边的城墙和休达德拉城堡仍然原封不动。没有了城墙遮挡的巴塞罗那看起来有些奇怪,因为最初房屋的修建都是以城墙的高度为参照的,当城墙消失之后,很多房屋似乎都建得不够规范,看起来不成比例。

虽然没有了城墙的巴塞罗那平原景色比以往任何时候都更加壮观,但城市本身却没有发生什么变化,因为人们都不知道新的巴塞罗那应该是什么样子。即便是人们想在某个特定的时刻建设这座城市,军方似乎也不太愿意让人们这么做。也许正是因为这种不同寻常的情况,在那些年里,巴塞罗那人展开了大辩论。未来的巴塞罗那会是什么样子?应该怎样拓宽城市?为了让城市变得更为现代化,在旧城内必须拆除哪些建筑?铁路这种新的交通方式应该发挥什么作用?

它似乎也制约了城市发展,等等。这样的讨论出现在报纸上,在公共机构的会议上,在咖啡馆的聚会上,在大街上……现今,巴塞罗那人依然乐此不疲地讨论此类话题。巴塞罗那的任何重大改革都会引起巨大的争议和激烈的讨论。进入 21 世纪后,巴塞罗那人讨论的话题变成了论坛新区应该是什么样子、环形路扩建的可能性、对角线大道的改造、城市电车的重新启用、自行车道的建设、阿拉贡街的人行道,等等。虽然在这个地球上很可能还有其他城市的市民会对自己城市的发展投入同样的热情,但这样的城市肯定不多。此外,巴塞罗那人的这种热情绝对不是近几年才有的,专注于自我是巴塞罗那人独特的兴趣所在。

扩建巴塞罗那

1855 年,伊迪芬斯·塞尔达终于交出了一份城市的测绘图和一张城市规划的草图,这张草图后来就变成了巴塞罗那的扩展区。从理论上讲,这张草图看起来并没有什么吸引力。根据图纸上的设计,巴塞罗那北部的扩展程度远大于南部。草图上到处都是一模一样的方块,这些划分好的区域有着不同的用途。塞尔达设计的巴塞罗那是一座功能性的现代化城市,但这并不是市政府想要的,后者心仪的是一个到处都是林荫大道和独特建筑的城市,一个具有欧洲首都风格的城市,而不是塞尔达所设计的实用型的美式城市。1859 年,又有两项较为深入的城市设计方案提交,方案中详细地说明了未来的巴塞罗那应该是什么样子。首先是塞尔达的方案,这是他对四年前草图的进一步完善,他绘制了一座由被削去尖角的方块构成的城市,这些方块看起来像有八个角的方形"小岛"。虽然图纸上除了已有的格拉西亚大道之外没有再出现任何类型的林荫大道,但塞尔达设计了一些可以用作快速路的主干道和一条距离很长、横跨城市南北的大街,而这些主要街道相交处又形成了若干巨大的广场。他还针对旧城区制定了拆除计划,以连接老城区和扩展区交通。

另一个方案是由洛韦拉·伊·特里亚斯完成的,他设计的是以旧城区为中心向外呈放射状的城市扩展方案。依据他的设计,巴塞罗那将形成一个巨大的车轮,外围是维也纳环线风格的大道,从这条环道再引出几条林荫大道,成为这个车轮的半径。此外,他还在卡纳雷塔斯街和安赫尔门前设计了一个大型广场。市政府对这个设计非常满意,批准了这个方案,并向所有人宣布,巴塞罗那已经有了一个确定的扩建方案。但八个月后,马德里下达了明确的命令:要执行的方案应该是塞尔达的。到底发生了什么?其实很简单。塞尔达是一名受过培训的工程师,这在当时意味着他曾在军事学院学习过。他的很多老同学都在中央机构中任职。另外,塞尔达的方案体现了笛卡尔的理念,力求通过一定的统一性来寻求社会平等。他甚至想让子孙后代记住,现代已经超越了过去,这也是他放弃将旧城与新城结合在一起的原因。他也不介意推倒那些中世纪及现代的建筑来修建各种穿越老城区的大道。洛韦拉的方案是受到奥斯曼的启发而得来的,它展示了一个与众不同的巴塞罗那,一座让人想起巴黎或伦敦威斯敏斯特区的城市。他设计的城市没有丝毫笛卡儿的风格,它是一座有着固定区域的大都市,贫富差异明显地体现在居住区、商业区和工业区中,每个社区并不是整齐划一的,而是非常多样化。

虽然马德里强制性的命令引起了众怒,但命令还要执行。直到20世纪,巴塞罗那的知识分子才开始接受扩展区。甚至到20世纪中叶,经过了1936年至1939年的内战之后,还有人在批评扩展区单调的风格,他们认为各个区域间的差别太小。差异小也是一个重要的问题:塞尔达设计的城市,各个区域间的土地价格差别不大,因为每个区域都具有多种不同的功能,各个区域没有好坏之分。此外,他所设计的由房屋构成的小岛也都一样,他把这些小岛称为"街区",这也让每个街区的居民没有太大的差异。然而,实际上从这些小岛开始建造的时候,它们就已经大为不同。首先,格拉西亚大道成为高档建筑的一条轴线。在这条大道的左侧,沿着后来的巴尔梅斯街,要修建通往塞里亚的铁路。这样一来,在铁路右侧的小岛立刻变得比左侧的价格更高,而左侧小岛的建成也花费了更长的时间。此外,那些位于格拉西亚大道和圣胡安大道(是原来已有的圣胡安大道的延伸)之间的小岛也被划入了所谓的"右侧区域",因此,它们比圣胡安大道之外的小岛要贵。那段时间修建的最有趣的建筑都集中在扩展区这个"右侧区域",所以后来这个区域也被称为"黄金方块"。

还有很多其他的事情并没有按塞尔达的预期进行。他想建一个完全网格化的城市,每个部分紧凑程度相同,每个区域拥有相同的医院、学校和市场为居民提供服务,居民到达每种服务机构的路程都差不多。每个小岛只有三分之一的空间用来盖房子,其余的空间则专门用于花园或公共设施的建设。很快,这些想法被忽略掉了。首先,业主要求增加房屋的进深,这样就使街区中心区域的空间变小了;之后,政府又允许在小岛的四周建造房屋;再后来,已形成的大多数庭院都被私有化了。那些原来准备只建花园的小岛,面积被缩到了最小。又过了很多年,因为人口的压力,或者说,更重要的是因为投机倒把的需要,建筑物的高度也超过了原来的设计。20世纪60年代,波尔西奥雷斯市长允许增加小岛上建筑的高度。因此,人们往往会在19世纪的建筑物上再加盖两到三层楼,这极大地破坏了建筑物原始设计的美学效果。人们将这些加层称为"贝雷帽",因为它们看起来就好像是这些建筑物戴上的帽子。总之,塞尔达梦想的设计方案,不管好与坏,最终都因建筑监管人员、建筑工人及市政官员的贪欲而付之东流。

1860年10月4日,伊莎贝尔二世女王亲自为扩展区的奠基石培土。最初修建的四栋大楼构成了位于罗杰·德·尤利亚街与百人市政会街相交处的八角方形小岛。现今,其中的两栋建筑已经不在了,剩下的两栋建筑中有一栋楼变成了酒店,并在一定程度上保留了原貌,而另一栋保存得最为完好,也就是位于东南角那栋朝向大海和略夫雷加特河所在方向的建筑。这是巴塞罗那所特有的一种定位方式:东为海,西为山,北为贝索斯河,南为略夫雷加特河。如果你想装成是巴塞罗那人,就一定要记住这种非常本土化的定位方法。

扩展区完全是在投机活动的推动下发展起来的,政府并没有给予任何支持,官员们也只是"放任自流",然后等着相应的税款入账。即便如此,扩展区的小岛,特别是在右侧区域,仍保持了一定的一致性。例如,大多数建筑物都有可以通往不同楼层的中央楼梯。楼层越高,天花板越低,阳台也越小。通常,扩展区的建筑物都有一个通向楼梯的入口,通过楼梯可以上到二楼,这一层被称为夹层,办公室及为业主服务的设施都在这一层。三楼是主要楼层,是属于业主的,也是最奢华的,它甚至可以拥有一个朝街的眺台,而不是简单的阳台。最高的一层是为门卫提供的,从这一层可以登上楼顶。扩展区建筑物的后侧有朝向内部庭院的大窗户。这些窗户并不都用玻璃封起来,它们将一种被称为"走廊"的室内阳台包在里面,在走廊的一端有一个下水孔,供人们方便时使用的。虽然这个位置并不是整个建筑中最"方便"的地方,但19世纪建筑物的化粪池恰好建在那一侧,那时的化粪池都要用手动泵来清空。在建筑物大门旁边往往都会有几个通向半地下楼层的入口。现在,这些半地下的楼层通常都是商店,但最初这些地方是为了存放煤而设计的。此外,不管是以前还是现在,所有建筑物都装饰精美,从阳台的栏杆到收尾时使用的石膏或灰泥,每个细节都不放过。当然,更为奢华的建筑物还有其他的特点:宽敞的入口或大门,甚至连马车都可以通过;主人、佣人或租户使用不同的楼梯;房屋内外装饰极为奢华,等等。

一段属于自己的历史

尽管和邻国相比,西班牙严重落后,但新鲜的自由主义空气却让巴塞罗那繁荣起来。那时,西班牙是军人掌控大局,这是国家衰弱的明显标志。在法国或英国,军队处在从属地位,但因这两个国家(尤其是英国)频繁发动殖民战争,军人阶层依然具有很大的政治影响力。西班牙的政界却弥漫着腐败和懒散的风气。铁路网络的建设依赖于外国公司,主要是英国公司,他们肆无忌惮地贿赂西班牙权贵,首当其冲的就是女王伊莎贝尔二世,这样,他们就能获得非常有利的特许权。尽管巴斯克地区凭借毕尔巴鄂的天然港口及对煤炭资源的开采,在钢铁工业上崭露头角,但整个西班牙也只有加泰罗尼亚实现了工业化,其他地区还远远不能适应工业发展的节奏并参与其中。马德里则是一个为宫廷而生并依赖宫廷生存的官僚城市。西班牙的其他主要城市,如塞维利亚、巴伦西亚或马拉加,也仅在商业网络上有所发展,工业方面依然落后,这严重影响了它们的发展速度。西班牙城市的不平衡发展是一个严重的问题,这意味着加泰罗尼亚的工业发展需求与西班牙其他地区的需求毫无关系。此外,还有很多其他因素影响着加泰罗尼亚与西班牙中央政府的关系。无疑,语言是关键要素。从首都马德里开始,没有人理解加泰罗尼亚人的行为,没有人明白他们为什么要保留一种实际上已被从教育中剔除、被禁止在文学创作和刚刚兴起的新闻业使用的语言。就连政治家们在官方场合也只讲西班牙语,从不使用加泰罗尼亚语。即便如此,绝大多数加泰罗尼亚人还是只讲加泰罗尼亚语,他们不能用西班牙语清楚地表达自己的观点。

然而,由于加泰罗尼亚语在很多活动中都不能使用,变得越来越不受重视。语言问题,再加上外来官员所表现出来的傲慢态度(基本上是军人、警察和行政官员),逐渐唤醒了一种虽沉积在人们心底但从未完全沉睡的情感,人们称之为"加泰罗尼亚主义"。最初,这个词更多地是指一种情感,而不是一种政治诉求。如果说一个人是加泰罗尼亚主义者,是指这个人想以某种正常的方式来使用加泰罗尼亚语,他关心加泰罗尼亚的事务,关心其经济发展和教育质量。刚刚兴起的加泰罗尼亚主义只是对中央政府态度的一种反应。那时,人们还不知道这个词含有或将会含有什么样的政治意义。

当时正处于浪漫主义思潮存在的最后阶段,它已经失去了拿破仑战争之后所表现出的活力,日趋平静。尽管如此,浪漫主义仍然有着很强的影响力,浪漫主义者总是对一个国家的过去充满崇敬之情,并希望能够重建过去的辉煌。拥有自己的历史才能作为一个国家而存在,这就是那些最初的加泰罗尼亚主义者拼尽全力去做的事:他们尽一切努力去找回加泰罗尼亚的历史。重塑历史往往更多依靠的是想象,而不是现实或科学的依据,这对于全世界每个国家来说都一样。在这个方面,加泰罗尼亚的历史学家和西班牙、法国或德国(那时,德国还不是一个国家)的同行们没有差别。加泰罗尼亚的历史学家创造了"毛人"威弗雷多建立加泰罗尼亚国的历史,创造了加泰罗尼亚人在拜占庭敌后作战的英雄事迹,创造了加泰罗尼亚人对撒丁岛或西西里岛的征服,等等。

这些奉行加泰罗尼亚主义的历史学家中就有一位多才多艺的人物,他一生担任过许多不同的政治和学术职务,并在对巴塞罗那街道(特别是扩展区的街道)的命名上起到了重要作用,他就是维克多·巴拉格尔。巴拉格尔是巴塞罗那市的编年史官,这是一个奇怪的职位,虽然没有薪水却享有特权,这是对他所表现出的对加泰罗尼亚和巴塞罗那历史浓厚兴趣的一种认可。巴拉格尔是一位浪漫主义者,但同时也是一位实用主义者,尽管这两者看上去有些矛盾。他写了一部名为《巴塞罗那的街道》的作品,他不仅在书中回顾了巴塞罗那历史上曾使用过的地名,还为扩展区的街道取了新的名字。

在那之前,扩展区的新街道是按照塞尔达的想法来命名的,他的命名方法也体现了他的平等和统一的思想。从海到山走向(东西走向)的街道用数字 11 到 60 来编号,而从贝索斯河到略夫雷加特河走向(南北走向)的街道用字母 F 到 Z 来编号。街道没有从数字 1 或字母 A 开始编号,据说是因为要把这些数字或字母留给那些打破扩展区对称格局的重要街道。不管怎么说,这都是个可怕的想法。对此,市政府很有预见性地决定,这些还只存在于图纸上的街道应该有更为亲切的名称,而不是塞尔达想要的那种过度规范化的名称。市政府能做出这样英明的决定,实属罕见。此外,在马德里政府要求强制实施塞尔达的方案之后,巴塞罗那人要向所有人证明,虽然巴塞罗那人输了,但并未被击垮。最后,为这些新街道命名的工作就落在了维克多·巴拉格尔的肩上。

巴拉格尔提出了一个大胆却非常有吸引力的方案。当时,用近代杰出的政治家、王室成员的名字以及一些重要的战役来命名街道是一件很普遍的事,但巴拉格尔不仅是一名历史学家,也是一名政治家,他不仅提出了一系列与加泰罗尼亚历史相关的名称,在给街道命名时,他还综合考虑了扩展区的道路规划,这样做的目的是可以让人们通过巴塞罗那的平面图更多地了解加泰罗尼亚。从现在的视角来看,人们可能会认为巴拉格尔是独立运动的先锋。但他不是,这是毋庸置疑的。巴拉格尔的命名方案最后胜出,这个方案不仅向人们展示了加泰罗尼亚的首都巴塞罗那,也体现出加泰罗尼亚是阿拉贡王国的主要组成部分;同时,阿拉贡王国又是西班牙的一部分,而西班牙只能建立在尊重各地权利的基础上。换言之,巴拉格尔想表达的政治理念是:鉴于巴塞罗那的历史及其重要性,它应该成为一个更为开放、更为自由的新西班牙的主要城市和灯塔。巴拉格尔一直保有这样的政治意图,他是霍安·普里姆将军的支持者,自己还成为政府的部长。现在让我们来看看他是怎样把他的政治理念体现在街道的命名上的。

从加泰罗尼亚广场出发,我们首先到达的是卡斯佩协议街(巴塞罗那人只叫它卡斯佩街)。巴拉格尔认为,《卡斯佩协议》的签订将加泰罗尼亚的王位传给了卡斯蒂利亚王室,这为未来西班牙国家的建立奠定了基础。之后往上是加泰罗尼亚议会大道,加泰罗尼亚议会是中世纪"伪民主"的最高机构。在这条大道上方,和它平行的两条街分别是议会街和百人市政会街,街名中的两个机构是设在巴塞罗那的统治整个加泰罗尼亚公国的行政机构。向山的方向走就是阿拉贡大街,这是加泰罗尼亚公国所属王国的名称。继续往上,我们将看到以阿拉贡王国各个组成部分命名的街道:巴伦西亚街、马洛卡街、普罗旺斯街、罗塞洛街和科尔塞加街。过了圣胡安大道(保留了其在塞尔达方案之前就有的名字),还有以阿拉贡王国的另外几个领地命名的街道:那不勒斯街、西西里街、撒丁街以及卡拉布里亚街,卡拉布里亚街已经在扩展区的左侧了。简而言之,这是对与加泰罗尼亚有关的历史地域的回顾,从巴伦西亚、马洛卡岛、普罗旺斯、鲁西永、科西嘉岛到那不勒斯、西西里岛、撒丁岛和卡拉布里亚。

除了这些专门向阿拉贡王国及其机构致敬的街道名称外,我们还可以看到一些以加泰罗尼亚重要的历史人物命名的街道,例如,博雷尔伯爵街、奥西亚斯·马尔希街;以其他与卡斯蒂利亚战争有关的人物命名的街道,例如,波城的乌尔赫尔海梅街、保·克拉里斯街、拉法尔·卡萨诺瓦街、安东尼·德·比亚罗埃尔街及胡安·贝雷·丰塔内亚街；以与加泰罗尼亚东方公司①相关人物或事件命名的街道，例如，游击队街、罗杰·德·弗洛尔街、安登萨街、罗卡福尔特街和穆塔内尔街；以巴塞罗那经济的两大支柱产业——工业和航海——命名的街道。此外，巴拉格尔不仅使用了一系列阿拉贡王国历史上所发生的重要战役，还引入了一些伊斯巴尼亚王国或西班牙王国历史上的重要战役。例如，布鲁克街、赫罗纳街、拜伦（西班牙地名）街、独立街和5月2日街，这五条街的名字都是为了纪念西班牙独立战争，其中5月2日街是为了纪念1808年5月2日西班牙人民反抗拿破仑入侵。巴拉格尔也用了一些现代战役的名称：勒班陀、卡塔赫纳和圣金廷。还有一些街道是用来纪念那些不久前死去的加泰罗尼亚人，如阿里保街、巴尔梅斯街和阿里·贝街。在巴塞罗那以人名命名的街道中，有一条街叫做恩里克·格拉纳多斯街，这位著名的钢琴家在巴拉格尔给街道起名时，还没有出生。这条街原本叫大学街，但恩里克·格拉纳多斯的离世让人们深感痛惜，于是，市政府决定将这条街以他的名字命名。

维克多·巴拉格尔在巴塞罗那的历史上留下了不可磨灭的印记，这不仅是因为他为扩展区的街道命名，还因为他恢复了佛洛拉花神节。佛洛拉花神节是中世纪晚期在巴塞罗那出现的节日，每逢此节，都要对游吟诗人和文人所创作的诗歌佳作进行奖励。1859年，巴拉格尔与安东尼·德·布法鲁尔共同拉开了这个节日的帷幕，他们的口号是"祖国、信仰和爱情"，这也是参赛者所要提交的诗歌的主题。《一颗金玫瑰果》获得了最佳爱国诗奖，《金银紫罗兰》获得了最佳宗教诗歌奖，《鲜花》获得了最佳爱情诗奖。如果有人同时赢得三个奖项，他将会被冠以"诗歌大师"的称号。这些奖项已经远远超出了普通

---

① 加泰罗尼亚东方公司也被称为大加泰罗尼亚公司，是由罗杰·德·弗洛尔领导的一家雇佣军公司，成立于14世纪初期，曾被拜占庭皇帝安德洛尼卡二世雇用，以对抗奥斯曼土耳其人在安纳托利亚不断增长的力量。它主要由阿拉贡及加泰罗尼亚的游击队组成。——译注

文学奖项的范围,在几十年的时间里,它们明显地反映出人们对于加泰罗尼亚语态度的转变。在遭受了150年的压制后,加泰罗尼亚语虽然依然被大众广泛使用,但无疑它还是有了一定程度的退化,这在文学语言中表现得尤为明显。18到19世纪,很多西方语言的语法都经过了学院和学者的修订和更新,必要时他们还对语法规则进行完善和统一。但对于加泰罗尼亚语来说,这一项完全是空白,因为不管是在法国还是西班牙的统治下,政府都尽一切可能要除掉加泰罗尼亚语,就仿佛这种语言是一种疾病。当小说在整个欧洲已经成为一种文学体裁,杂文也不必再与宗教相关联时,加泰罗尼亚语文学还根本不存在。只有少数文人用加泰罗尼亚语写作,但他们在拼写和语法方面缺乏统一性,这给阅读带来了困难。此外,也没有一种加泰罗尼亚语的变体可以作为参照,这种词汇和语法上的散乱都无助于语言的传承。

　　语言是非常重要的一个因素,但不是19世纪中叶的加泰罗尼亚人所遭受的唯一压迫。中央政府对加泰罗尼亚的社会、政治新动向的抗拒已成为一种常态。自独立战争以来,虽然一些加泰罗尼亚的思想家和政治家就加泰罗尼亚和西班牙中央政府之间的关系发表了自己的意见,但都没有取得任何成效。因此,根据德国浪漫主义的观点,他们将语言和祖国等同起来。如果能重新说自己的语言,祖国就能赢得胜利。加泰罗尼亚语一天没有从沉睡中醒来,一天没有变成一种现代的语言,加泰罗尼亚就不能真正地从150年前的大火留下的灰烬中重生。

　　在一次佛洛拉花神节的演讲中,有人以"复兴"定义了这种观念。复兴运动是一个极为"腼腆"的浪潮,从整体上讲是很保守的,通常仅体现在要求恢复民俗文化方面。虽然它看起来影响不大,但它的重要性在于让人们表达出了对整个社会自我身份丧失所感到的不安。虽然复兴运动的主要推动者是资产阶级或中产阶级,但他们往往可以凝聚人民的力量。

毫无疑问,复兴运动最为大众化的体现就是克拉维合唱团。合唱是一种非常普遍的大众娱乐方式,这种娱乐通常与小酒馆和工人阶级的休闲生活紧密相关。但约瑟普·安瑟尔姆·克拉维却将这样的合唱提升到一个新的高度,让它远远超出了普通歌曲的娱乐功能。

克拉维来自一个普通的家庭。小时候,由于一只眼睛失明,他不能去上学,只能选择工作,但后来他的健康状况也让他不得不放弃了工作。从那以后,他自学音乐,身体康复后,就在酒馆和节日里的聚会上唱歌养活自己。他和两个非常重要的人——阿布多·特拉得斯和纳尔西斯·蒙图里奥尔——成了朋友(下文我们还会提到这两个人)。他们曾一起参加过"食客起义",但克拉维不幸被捕,被关押在休达德拉城堡的牢房里。因为克拉维已成为一个传奇人物,他过去的很多经历也都被神化了,而其中最为传奇的一段经历无疑是他在监狱里度过的这几个月。据说,克拉维在监狱里进行了深入的思考,最终他得出结论:工人阶级需要振作起来,相信自己,要通过更为公平的方式来改变世界。实际上,他吸收了一些法国思想家的想法,这些思想家认为,工人阶级应通过文化将自己从灰暗的命运中拯救出来。1850年,即在他出狱后的七年,克拉维创建了他的第一个合唱团,起名为"博爱"。合唱团的歌手们以唱跳表演为主,这让合唱团变得小有名气。1856年,克拉维因其共和派身份再次被捕,出狱后,他重组了博爱合唱团,并将其改名为"欧忒耳佩"①,经常在格拉西亚大道附近的花园里演出。实际上,在扩展区没有建成之前,格拉西亚大道周围有许多私人花园,但这些花园会向公众开放,且经常有节目和戏剧的表演。

---

① 希腊神话中掌管抒情诗的女神。——译注

今天,在这条大道旁,当时的景象还依稀可以看到,例如旋转木马剧院和新奇剧院。另外,从一些小街道的名称(例如天堂剧院街)也可以看到以前剧场的影子。在巴伦西亚街、马洛卡街、加泰罗尼亚大街和格拉西亚大道之间区域活动的欧忒耳佩合唱团都由克拉维本人统一管理。巴塞罗那人和格拉西亚大道的居民经常会来这些花园消遣娱乐,欧忒耳佩合唱团也很受欢迎。在不到三年的时间里,欧忒耳佩协会已经建立了多个有着相同风格的合唱团。1860年,克拉维将它们合并为克拉维欧忒耳佩合唱团联盟。优美的音乐、高认可度的主题、亲切的气氛和田园环境完美融合在一起,这极大地促进了克拉维合唱团的发展。在随后的几年中,合唱团联盟开始举行大规模的合唱团及歌手表演。1864年,它成功举办了由200名歌手、57个合唱团和300多位音乐家参加的为期三天的音乐会。

  克拉维的合唱团引起了政府的不安,但政府却不敢对他们采取行动。看到这么多的工人在一起,组织得井然有序,合唱团又在工薪阶层中越来越受欢迎,军政当局感到害怕。但不管怎样,克拉维合唱团不是革命者,而且他们的做法符合教会的规定,虽然方式令人不安,但教会曾说过,对文盲群众的教育会让他们离上帝更近。然而,这种音乐教育似乎既没有让工人更靠近魔鬼,也没有让他们变得更加虔诚。这些有组织的集会就像历史悠久的宗教集会一样,只不过宗教集会是人们在某个圣徒的纪念日去供奉这位圣徒的教堂做礼拜,而工人们的聚会是为了去看克拉维的某个合唱团演出。在这样的聚会中,往往会有数百名工人及他们的家人到来,规模空前。人们可以携带食物和饮料,男女青年可以相互认识,也可以公开聊天。那些围绕巴塞罗那的小山丘、蒙特惠奇山和科利塞罗拉山的山坡便成为这些非宗教性聚会举行的地点。克拉维寿命不算长,后来,他又投身于政治事业,这让合唱团的发展失去了动力。1874年,克拉维去世,合唱团也受到了严重的打击,再也没有达到以前的规模,盛景不再。

克拉维是革命者纳尔西斯·蒙图里奥尔的密友。蒙图里奥尔和阿布多·特拉得斯一样,也来自菲格雷斯,很可能正是因为如此,那里凛冽的北风影响了他的行为方式。据当地人所说,北风让安普尔丹人天生就具有一种独特的叛逆个性,这是其他地区的加泰罗尼亚人所没有的。蒙图里奥尔和其他许多人一样,也参加过1842年和1843年的起义,但他从中吸取了相当惨烈的教训,坚信应该寻找新的方式来进行社会变革,推翻西班牙的军政府,而这在当时完全是不可能实现的。

蒙图里奥尔是一个不安分的人,当加泰罗尼亚的时局变得艰难时,他就会去法国待一段时间。在一次这样的短暂流亡中,蒙图里奥尔读了空想共产主义创始人、哲学家埃蒂安·卡贝的作品。卡贝写了一本名为《伊卡利亚之旅》的书,他在书中描述了一个想象出来的共产主义社会,在这个社会中不存在个人财产,机器的使用让人们能够投身于更高层次的工作,而不用为基本生活资料担忧。卡贝的描述让蒙图里奥尔印象深刻,对很多法国人也是一样。但蒙图里奥尔明白,只有打破与过去的联系,这样的社会才有可能存在。他开始和卡贝通信,甚至还把他的作品翻译成西班牙语出版。蒙图里奥尔所做的一切最终促成了19世纪40年代末一个伊卡利亚社区的建立,这个社区就在今天的奥林匹克村。一段时间之后,这个社区的成员前往美国,与卡贝的其他追随者一起建立了一个乌托邦城市。然而,这座新的伊卡利亚城完全变成了一场灾难,仅用了几年的时间就垮掉了。此外,在它存在期间,痛苦也多于荣耀。居民间的争执和冲突不断,后来大多数人都被逼上了绝路。最终,卡贝和他的追随者被赶走。1856年,也就是在卡贝被驱逐并被限制自由后不久,他在美国密苏里州圣路易斯因中风去世。

蒙图里奥尔非常聪明,他放弃了卡贝式乌托邦的幻想,开始采用克拉维的方法。他大力推广了一系列出版物,试图让被统治阶层接受教育。显然,他的做法激怒了政府,政府时不时地就会把他关起来,或者将他流放,这在当时都是相当常用的惩罚方式。

就这样,蒙图里奥尔在 1855 年被迫去了卡达克斯。当时还没有旅游业,它的出现至少还需要几十年的时间。那时的卡达克斯只是一个偏僻的村庄,那里的居民只有渔民。蒙图里奥尔开始以绘画为生,他还观察了渔民们是怎样取珊瑚的。渔民们需要潜入海中很长时间,他们的工作条件非常艰苦,也非常危险。对科学怀有浓厚兴趣的蒙特里奥尔开始寻找解决问题的方案,他认为能够使用某种可以潜入水中的机器来取珊瑚,以避免危险发生。蒙图里奥尔已经有过一些发明创造,至少是有了设计图纸,例如,自动卷烟机,以及可以连续送纸的印刷系统。虽然这些看起来都是雕虫小技,但也显示出蒙图里奥尔务实的性格,尽管他曾有过乌托邦式的梦想。

蒙图里奥尔仅用了几年的时间就创建了一个可以让他的发明付诸实践的团队。到那时为止,人们已经测试过几艘可潜入水下的船只,但蒙图里奥尔的想法很新奇,因为他未来要制造的船将配备发动机,这是一个全新的想法。因为需要进行测试,他想制造一个靠人力运作的模型。虽然这艘"潜艇"(这艘船被这样称呼)只是靠人力运转,但还是有很多的闪光点,它的主要创新之处在于:它具有双层船体,这对承受压力至关重要;它还具有净化空气的系统,这使潜艇长时间水下作业成为可能。蒙图里奥尔和他的合伙人对这个发明充满期待,他们造出了这艘潜艇并进行了几次实验。1859 年 9 月,在众多观众面前,他们终于在巴塞罗那港口进行了一次实验。这次实验大获成功:这艘非常奇怪的"潜艇"在港口水域底部停留了两个多小时,没有出现任何问题。它长六米,用木头覆盖,形状类似于橄榄球。今天我们可以在巴塞罗那海事博物馆外看到这艘潜艇的复制品。

虽然潜艇取得了成功（它一共潜水 69 次，未发生一次事故），但政府并不想帮助蒙图里奥尔开发一艘容积更大的新潜艇。因此，他组织了一次集资活动，一共筹集到了 30 万比塞塔，这是一笔不小的数目。蒙图里奥尔用这笔钱建造了他的"潜艇二号"，这艘潜艇与之前的类似，但容积更大、也更为精密，最重要的是它装配了蒸汽发动机。今天，我们在巴塞罗那港可以看到它的复制品。发动机是这艘潜艇的关键，蒙图里奥尔发明了一种厌氧发动机，也就是说，它可以释放氧气，不仅推动船前进，还能够让船员在船舱里呼吸。这种厌氧发动机直到 1940 年第二次世界大战开始时才被重新使用，而这一用就是几十年。

潜艇二号可载船员 16 人，可潜入海中 30 米，航速接近 3 节。潜艇二号的第一次试航是在 1864 年 10 月 2 日，也是在巴塞罗那港进行的。这次试航产生的影响力远大于潜艇一号的第一次测试。蒙图里奥尔本人用一种非常诗意的语言描述了潜艇二号的试航：

> 随着潜艇潜入水中，光亮逐渐消失，视线难以穿透大片的水域，光线赋予水面一种青紫色。潜艇的晃动减少，鱼儿从玻璃窗前游过，这一切都在激发着人的想象力。潜艇上的人都开始怀疑他们是不是在水下，因为他们还可以继续呼吸、说话[……]当潜艇到达一定深度时，有时靠自然光根本无法看清外面，只能看到深水的黑暗：所有的声音都停止了，所有的动作都停止了；就好像大自然已经死了，而潜艇就像是一座坟墓。

虽然西班牙海军和政府都做出了承诺，但蒙图里奥尔从未得到他们的任何帮助，他感到很绝望。于是，1886 年，他把自己的发明提供给美国战争部，但也遭到了拒绝。因为在美国南北战争期间，南方联军已经对一艘潜艇进行了测试，但测试失败，船员伤亡惨重，所以，美国人吸取了经验教训。蒙图里奥尔自告奋勇要建一艘能容纳250名水兵、设施齐备的潜艇，这简直就是一个战争怪兽。蒙图里奥尔的目的是让他的潜艇成为一种可怕的武器，以说服人类放弃参加任何形式的战争。

最后，纳尔西斯·蒙图里奥尔不得不在1868年放弃了他的计划，他把潜艇当废品卖掉，然后投身于政治事业。然而，他并没有在政治上取得太大的成功。1885年，他死在了圣马丁-德普罗旺萨斯，那时他孑然一身，已经彻底被击垮。当工程师依萨克·贝拉尔向人介绍他的潜艇设计时，除了他自己（他一直很坦诚地承认是受到了蒙图里奥尔的启发），已经没有人记得那个来自菲格雷斯的乌托邦主义者蒙图里奥尔了。

小伙子们，去非洲！

那些年，为了要有所改变，西班牙在政治上非常动荡。1856年，巴塞罗那爆发起义，原因是埃斯巴尔特洛辞职，因为人们误认为他是自由的保证。起义受到萨巴特罗将军的残酷镇压，特别是在恩典区，那时它还不是巴塞罗那市的一部分。拉韦尔上校和其他六名军官在恩典区被俘。拉韦尔曾任一个军事法庭的主席，前一年，他下令以极其残忍的方式处死了恩典区的工人领袖约瑟普·巴塞洛。当起义者们一认出拉韦尔，就立即开枪打死了他和他手下的军官。之后，他们砍下了拉韦尔的头，在街上当球踢，最后还把它烧掉。作为报复，在萨连特投降的17名恩典区的工人被带回到拉韦尔和他的同伴被杀的地方执行枪决，虽然他们在投降时曾得到过军方不杀他们的承诺。这样的处决非常残忍，一方面因为这些人与所发生的事件毫无关系；另一方面，他们的家人和朋友只能眼睁睁地看着他们被处决，却什么都做不了。

起义爆发后,局势又变得和"压抑十年"时期非常相似。《巴塞罗那日报》的撰稿人及后来的负责人胡安·马涅·伊·佛拉科尔提出了一种方案,试图结束加泰罗尼亚地区的分歧和经常发生的暴乱:

> 应通过电报和铁路尽量缩短巴塞罗那及加泰罗尼亚其他主要城市与马德里的通讯时间。这是影响统一的重要因素。只有当这一天到来时,军政官们的王朝才能真正结束,加泰罗尼亚才能不再像是西班牙的殖民地。

马涅是新时代最重要的人物之一,他经常在报纸上提出一些连马德里都不敢付诸实施的建议。例如,他曾提出将巴塞罗那的工业整体迁出,分散在不同的地方,以降低工人和工薪阶层在巴塞罗那过度集中的危险,而巴塞罗那只需成为存储那些通过港口运出的货物的仓库即可。工厂应远离城市中心,因为巴塞罗那的工人非常危险,他们对雇主充满了敌意。加泰罗尼亚的资产阶级试图按照马涅的建议去做,他们将许多工厂(主要是纺织工厂)迁到了在巴塞罗那附近汇入大海的河流(主要是卡尔德内尔河和略夫雷加特河)岸边。这些工厂的工人就住在工厂里,也就是住在所谓的"工业殖民地"内。工人必须是农民和乡下人,这意味着他们比城里人更能干、更听话。不过,这些工业殖民地并没有完全实现这一目标,因为工作条件是决定工人反应的重要因素,而与工人是不是农民出身无关。

与此同时,政府在马德里进行了重组:保守派和进步自由派都加入了受军人控制的新自由联盟,而少数不同意这一路线的人,也就是那些想要一种接近共和制和联邦制的自由派,成立了民主党。当时的首相是莱奥波尔多·欧东内尔将军。由于西班牙正处于水深火热的境况之中,而欧洲强国又已经走上了毫无节制的殖民主义道路,因此,欧东内尔认为,他能采取的最好的措施,就是推行一种非常激进的外交政策以满足不同方面的需求：用外部敌人转移国内人民的注意力，调走可能给他造成影响的军队，并试图在殖民大国中占据一席之地。但他在这三个目标上几乎都没有获得成功，因为他让西班牙军队参加的三场战争都战绩平平地结束了。欧东内尔先是派兵到了交趾支那，然后是摩洛哥北部，最后是墨西哥。在交趾支那，所有的利益均被法国拿走；在墨西哥，普里姆将军高超的政治手腕让远征军避免陷入一场无法取胜的战争；在摩洛哥战场，西班牙虽然赢了战争，却未能收获预期的效果。

摩洛哥战争对于巴塞罗那来说非常重要。巴塞罗那政府之所以参与其中，是因为加泰罗尼亚的实业家们对于在摩洛哥建立殖民地寄予厚望。他们认为，如果这一目标实现，那么其中的部分收益将会属于他们。但所有人都没有想到的是，像摩洛哥苏丹国这样一个脆弱且四分五裂的国家，却得到了强大的英国直接支持。控制着直布罗陀海峡的英国人不希望海峡的另一端——具体来说是丹吉尔城——落入西班牙人之手，他们更希望在那里能有像摩洛哥这样中立的弱小国家。因此，从一开始，英国人就警告西班牙人，如果他们占领丹吉尔，英国就会对西宣战。这让西班牙远征军不知所措。最终，他们决定进攻得土安这座不太重要的农业城市，以免遭人嘲笑。

摩洛哥远征军是由欧东内尔本人率领的，他的主要目标是要让霍安·普里姆远离权力。普里姆有着高超的手腕，他向女王在远征军中申请了一个位置，虽然级别不高，但也达成了目的。普里姆的职位可以说是费力不讨好，因为他要指挥的是预备军，也就是那些战斗力最差及不那么重要的军队。但普里姆和他的朋友维克多·巴拉格尔想了个办法：他们在巴塞罗那政府的支持下创建了一支加泰罗尼亚志愿军。战士们的衣着在战斗中非常容易辨认：他们都带着加泰罗尼亚帽，扎着腰带，穿着灯芯绒的裤子和帆布鞋。可以说，他们的穿着打扮很像加泰罗尼亚农民。普里姆想要一个自己的军团并让所有人都听他的指挥。然而,普里姆的意图太过明显,政府竭尽可能地为他设置障碍。首先,政府限制了新兵的人数,只允许他招募450名新兵。随后,又要求巴斯克也采取同样的措施,以安抚加泰罗尼亚的情绪。最后,当军团在巴塞罗那的休达德拉城堡进行训练,政府又百般刁难以拖延他们出发的时间,因为政府希望,最好是当一切准备就绪,战争已经结束了。

不管怎样,志愿军最终还是成立了。其中很大一部分人是巴塞罗那人,他们都是失业的工人。他们之所以会失业,是因为一次周期性的危机影响了纺织工厂、铁路建设和港口工程,让这三者的活动都暂时中止,而这次危机也只是众多危机中的一次而已。志愿军在巴塞罗那大受欢迎,人们总能看到他们在城里走动,这让人感觉很兴奋。此外,那时巴塞罗那刚刚在兰布拉大街装上了天然气照明灯,第一批拥有街边橱窗的时尚商店也刚刚开业,这两大新鲜事让巴塞罗那人感到他们生活在世界上最先进的城市之一。此外,志愿军并不像常规军,他们的穿着打扮和举止行为都像普通人一样,这主要是因为他们其实就是普通人,也不会做其他事。

在那段日子里,街上到处都是卖宣传册和报纸的孩子和年轻人,这些小册子和报纸都在讲非洲发生的事情。当时,有几场战争已经爆发,特别是在被称为"打城堡游戏"的战争中(因为在战场上有两个不起眼的要塞,所以便这样命名了这场战役),普里姆将军表现出色,引起了很大的反响。我们都记得,普里姆是1843年轰炸巴塞罗那的主要负责人之一,他在巴塞罗那并不受欢迎。但普里姆在维克多·巴拉格尔和巴塞罗那市政府的帮助下开展了树立形象、提高声望的宣传活动,令人意外的是,他竟然一步步地达成了自己的目标。因此,当志愿军团最终登船时,巴塞罗那轰动了。主座教堂的宫廷神父加利西亚人曼努埃尔·维拉朗加,在教民和普通民众之间组织了一次募捐,为志愿军筹建一所战时医院,为他们前往摩洛哥作战提供保障。维拉朗加还亲自劝说维克的12名卡门教派修女离开维克,前往阿尔赫西拉斯附近的圣罗克。他计划在那里安排200张床位,让修女们照顾从摩洛哥战役中撤回的伤员。志愿军做了大量的准备工作,也参加了名目繁多的款待、颁奖典礼和仪式,最终,出发时间定在了1860年1月25日下午。为此,人们准备了盛大的欢送会。近500名志愿军从休达德拉城堡到港口的必经之路上挤满了人。但在出发前一天的下午,风向突变,志愿军不得不推迟出发的时间,这让巴塞罗那人非常沮丧。然而,并不是每个人都这样情绪低落。利塞奥大剧院的办公室里来了一位叫约瑟普·安东尼·费雷尔的年轻词人,他提议上演一部他自创的作品,名字叫《小伙子们,去非洲!》。他所用的音乐是波尔塞尔大师创作的。这部作品的情节略显粗糙:主人公是一个住在蒙塞拉特附近的男孩,他决定放弃一切离开家乡去参加志愿军,赴摩洛哥作战。母亲和女友泪流满面地送他离开。此时,不知道从哪里冒出来一个合唱团,他们歌唱着男孩将会在战争中获得的荣光,男孩穿过合唱团的人群离开。虽然这部作品时间不长,歌词水准平平,歌手的演唱还经常不在调上,但取得了不错的效果。不过,在志愿军离开之后,这部作品就不再上演了。

24日上午,利塞奥大剧院的管理层委托费雷尔加长作品的时间并邀请志愿军参加演出。同时,剧院也向志愿军全员发出邀约,请他们于当晚前往利塞奥大剧院观看演出。费雷尔用了几个小时就完成了名为《他们要去非洲了》的第二部分:主人公到达巴塞罗那,受到了志愿军(第一部分中的合唱团)的欢迎。随后,大家一起演唱几首传统的爱国歌曲来结束表演。那天晚上,志愿军队员们列队沿着兰布拉大街到达利塞奥大剧院,剧院里满满当当。表演非常成功,特别是排练次

数较多的第一部分。最令人感动的一幕出现在第一部分,也就是当合唱团大声唱起下面的段落时:

> 让我们迎着炮火浴血奋战!
> 让我们拿起武器去战斗!去战斗!
> 让我们冲上去杀死摩尔人!
> 小伙子们,去非洲!

第二天,天气转好,志愿者们往乘船的码头出发。巴塞罗那人都赶去送行,从休达德拉城堡到码头之间的道路上人头攒动。据史书记载,巴塞罗那人恋恋不舍地和志愿军告别。他们慷慨解囊,把自己能送的东西都送给了志愿军:香烟、护身符、烟草袋、零食、爱国徽章、祈祷书,等等。由于志愿军要乘坐的蒸汽轮"圣弗朗西斯科·德·博尔哈号"体积庞大,士兵们要先乘小船靠近。因此,光是登船就用了三个小时,这真是一次盛大的"集会"。在这一批离开的志愿军中,只有一半人返回了西班牙。这个军团的伤亡比例是最高的,因为普里姆将军从一开始就希望他们冲在第一线,能够所向披靡,尽管这会造成很高的死亡率,但普里姆将军确实获得了他所期待的成功。志愿军于2月3日抵达得土安海岸,普里姆和西班牙军队在那里迎接了他们。普里姆将军用加泰罗尼亚语对志愿军战士进行训话,以鼓舞大家的爱国热情。虽然那个年代的通讯非常不便,但普里姆的讲话两天后就在巴塞罗那和马德里的所有报纸上发表。普里姆和维克多·巴拉格尔的确深谙营销之道。巴拉格尔还用与此次非洲战争相关的人物及战役名称命名了巴塞罗那的几条街道,例如,得土安街、瓦德拉斯街、打城堡游戏街、罗斯·德·奥兰诺街,等等。

关于1862年的巴塞罗那,我们可以从一个非常特殊的视角来解读。历史上最著名的童话作家之一、丹麦人汉斯·克里斯汀·安徒生拜访过巴塞罗那。写过《丑小鸭》《红鞋子》和《小美人鱼》的安徒生一直都渴望能来到西班牙。在他小的时候,一名随拿破仑军队前往丹麦的西班牙士兵曾拥抱、亲吻过他。安徒生一直记得这件事。他还说过,如果他中了彩票,就返回西班牙。他看西班牙的视角或多或少与乔治·比才的歌剧《卡门》中描述的视角相似。

当安徒生快到60岁时,他的插图故事大卖,编辑付给了他一大笔钱。安徒生想都没有多想,认为自己中了彩票。于是,他决定陪一位朋友去南方旅行。9月6日,他到达了巴塞罗那,这座城市令他着迷。他住在东方客栈,这家酒店至今仍在,位于兰布拉大街尽头。安徒生不仅非常满意这家酒店的食宿,也很喜欢巴塞罗那的氛围:

> 午饭后,我们去了兰布拉大街。在那个美丽的下午,街上满是散步的行人。一些发型时髦、仪态优雅的绅士们正要去抽烟,有人戴着单片眼镜,看起来好像是从法国时尚杂志上剪下来的一样。女士们一般都戴着漂亮的西班牙纱巾:长长的带花边的黑纱用一把大梳子固定在头发上,向下垂至肩膀。女士们用细嫩的小手扇动着饰有亮片的黑色扇子,还有一位女士一身法式风格打扮,戴着帽子和披肩。

安徒生在巴塞罗那待了十几天。他来得很是时候,正好看到了从兰布拉大街淌下的水流,这并不是很常见的事。即使如此,他还是很喜欢这座城市:

> 去年第一次去都灵时,我觉得那是意大利的巴黎;在这里,我觉得巴塞罗那是西班牙的巴黎,这座城市有法国气息。它每条狭窄的街道上都满是来来往往的行人和各种各样的商店,商店里有琳琅满目的商品,如披风、头巾、扇子、五颜六色的围巾等,吸引着顾客的眼球。

在巴塞罗那的所有街道中,他最喜欢的无疑是兰布拉大街,那里

当时已经成为巴塞罗那重要的商业中心。此外,在兰布拉大街上,他看到了一种完全不同于丹麦的人际交往方式:

> 那些习惯在某些人家中举行的聚会在这里是没有的。人们在夜晚的街道上交朋友:他们去兰布拉大街,坐下来聊天,大家对这样的交往都很满意,甚至还约好第二天继续见面。情话从这里开始:年轻人在这里约会,双方在没有公开恋爱关系时,是不会去对方家中拜访的。在兰布拉大街上,年轻男孩们会遇到将来可能成为他们妻子的人。

这样的交往方式在当时的欧洲是很奇怪的,但在有着进步观念的安徒生看来,实在让人着迷。

拉开变革的架势

在接下来的几年中,一直到1868年,很多将军因害怕权力被削弱而试图发动政变,但政变往往在开始之前就流产了。在加泰罗尼亚,民众有较高的政治敏感度,一些政变让人们变得躁动不安,这种躁动既产生了正面的影响,也导致了负面的效果。经济危机接连发生,有时是因为美国南北战争导致棉花短缺,有时是因为收成不好,而现在又发生了金融危机……这一切不仅对工薪阶层产生了影响,也让很多部门陷入绝望。1867年,在一次由普里姆领导的起义中,加泰罗尼亚人被充分调动起来。有2 000名巴塞罗那人参加了起义,大家准备跟着普里姆将军推翻政府。可惜普里姆没有认清形势,他未经战斗就撤到了佩皮尼昂,政府军对起义者进行了残酷的镇压。未来的剧作家霍安·宾·索雷尔是事件的见证者,他曾在日记中评论,普里姆不想回到加泰罗尼亚,"因为他非常清楚,如果民众取得了胜利,革命将会大大超出他预想的范围。军人要的是一次'有限度'的起义;而人民要的是让政府彻底改头换面"。

当时,国家的腐败已经达到了令人无法忍受的程度。在1868年9月前的几个月里,身为西班牙政界主要人物之一的莱奥波尔多·欧东内尔因身体不适而去世。伊莎贝尔二世女王早已声名狼藉,这不仅因为她卷入了国家的黑暗交易,也因为她荒淫无度。虽然她的滥交和王室的男性成员及众多恬不知耻的普通男人并无差别,但对于女人而言,这是天大的丑闻。

在这种恶劣的环境中,进步派和自由联盟中的一部分人合作。在经过了几次流血事件后,他们成功地在一个月之内赶走了伊莎贝尔二世,女王则开始了她奢华的流亡生活。贝尼托·佩雷斯·加尔多斯是19世纪后期西班牙主要的小说家之一,1868年9月下旬,他待在巴塞罗那,亲身感受了当时城里的氛围。令人惊讶的是,虽然一年前巴塞罗那人有过惨痛的经历,他们也并未准备再次做出牺牲,但他们在思想上依然保持着非常激进的态度:

> 虽然我去过巴黎,也去过马赛,但对我而言,巴塞罗那仍是一个令人欣喜的发现,它令人钦佩。让我震惊和痴迷的是这里人民愉悦的精神状态、自信、对存在于每个人头脑中的自由主义思想的热爱、那种朴实的革命情感以及对进步和文明生活的向往。不管是已经找到前进道路的人,还是迷茫困惑找不到方向的人,都带着同样的热情在追求着这样的生活。

加尔多斯发现兰布拉大街很美。他看着扩展区慢慢地发展起来,他沿着海边的城墙散步,但一直没有遇上他期待碰到的起义或动乱,尽管他曾和很多人谈起19世纪在巴塞罗那发生的各种动乱。他唯一遇到的事情就是人们烧毁了消费税征收员的小屋和一些女王的画像。还有一件事也很重要:利塞奥大剧院里一上楼梯就能看到的伊莎贝尔二世半身像被人们用绳子拖上了兰布拉大街,最后被扔入海中。同时,在加泰罗尼亚,人们还烧毁了费利佩五世的肖像,因为他是这个已经风雨飘摇的波旁王朝中最令人憎恨的君主,这样的事情在西班牙其他地区还从未出现过。

然而,动乱次数的减少并不意味着加泰罗尼亚不会发生翻天覆地的变化。这么多年的压迫,这么多年得不到兑现的承诺,这么多年的腐败和欺骗都让加泰罗尼亚社会渴望进行更为深刻的变革,人民已经不满足于女王或摄政者退位,也不满足于波旁王朝被另一个朝代取而代之。从前的民主党现在已经变成联邦民主共和党,跟以前相比,他们的主张也有了很大的改变。加泰罗尼亚的普罗大众想要的是建立一个共和国,这个共和国由不同的联邦组成,而加泰罗尼亚就是其中之一。

1869年1月,西班牙举行了议会选举。在加泰罗尼亚,联邦共和党获胜。在巴塞罗那,联邦派获得27 000张选票,君主派获得了21 000张选票,传统卡洛斯派获得了4 000张选票,而此次选举的选民登记是根据收入进行的。虽然大多数工人无法投票,而且在那个时候也出现了一种工人阶级不问政治的倾向,但联邦派仍得到了非常高的支持率。一些共和派领袖开始对工人阶级不问政治的倾向感到担忧。因为"不问政治"并不是说工人阶级不关心政治,而是因为在接下来的几年里,无政府主义思潮逐渐强大,巴塞罗那也成为全世界无政府主义的中心。然而,联邦派很快分裂为所谓的仁慈派与激进派。激进派的领导人是瓦伦蒂·阿尔米拉尔,后来他成为加泰罗尼亚主义的奠基人。

激进派希望出现一种全新的形式,他们追求加泰罗尼亚独立并立即与西班牙其他联邦结盟。他们公开谈及一直到今天都在纠缠着巴塞罗那人和加泰罗尼亚人的一个存在:马德里。从这种意义上说,"马德里"既不是指位于伊比利亚半岛中心的那个城市,也不是指西班牙王国的首都。联邦派所提到的"马德里"是一个复杂的概念,它涵盖了一系列与当权寡头集团相关的利益关系。1870年3月23日,巴塞罗那《加泰罗尼亚联邦日报》的社论曾评论:

> 如果加泰罗尼亚能实施自己的法律,由本地人来管理,它的情况会大不相同,它的成就将更加辉煌。虽然我们加泰罗尼亚人以能成为马德里那些伪君子的头号敌人而感到骄傲,但是加泰罗尼亚不能归属于法国,这对西班牙而言也不合适。加泰罗尼亚可以归属西班牙,但绝不能归属法国。马德里虽然不好,但巴黎比它差1000倍。

当谈到加泰罗尼亚时,巴塞罗那的另一位联邦主义者安东尼·费留·伊·科迪纳这样说:

> 加泰罗尼亚并没有厌倦西班牙,因为它并没有厌倦自己。但它已经厌倦了马德里,厌倦了中央集权。只要能摧毁这个压迫一切、腐蚀一切的中心,今天依然悬而未决的问题自然就找到了解决方案。

显然,巴塞罗那和加泰罗尼亚在19世纪所经历的动荡不单是由经济问题引起的。西班牙动荡的局势已经让所有层面的问题都浮出水面。

古巴独立战争于1868年打响,直到1878年才结束(几年后才看出这场战争带来的糟糕影响)。西班牙需要有人去打仗,于是决定继续采用"成年兵役制"来征兵。应召入伍并在古巴服役对于每个家庭来说都是一场噩梦。死在古巴的可能性非常大,这不仅是因为战争所固有的危险性,还因为那里的热带疾病给年轻的欧洲新兵造成了非常严重的影响。此外，很多回来的人都患上了由寄生虫引起的慢性疾病，或因战争而致残。士兵们知道何时离开，却不知道何时能回来。如果军方高层认为有必要，他们就得延长服役的时间。摆脱兵役的一种方法就是花钱找一个人替你去服役，但这笔费用高昂，并不是所有家庭都能负担得起。1870年，为了反对这种征兵制，巴塞罗那又爆发了一次起义。

不管怎样，乱局的掌控者普里姆将军看到了一条出路：必须找出一位新国王。被选中的是意大利萨伏伊的阿玛迪欧。在阿玛迪欧登陆巴伦西亚接受加冕前的三天，普里姆受到了一次袭击，就在新国王到达的那天，他离开了这个世界。这次情况不明的袭击很可能是和普里姆一起推翻波旁王朝君主制的某些人策划的。

在1871年最初的几天，阿玛迪欧到达马德里，但他主要的后台及支持者普里姆将军已经不在。此外，一年前，第三次卡洛斯战争在加泰罗尼亚爆发，像第一次卡洛斯战争一样，这次战争同时也在巴斯克地区进行。尽管如此，在相对较短的时间内，战争就被限制在加泰罗尼亚和巴伦西亚，这主要是因为卡洛斯派新的王位争夺者卡洛斯七世承诺恢复费利佩五世《新基本法》中废除的条例。

现在，让我们来概括一下，巴塞罗那一直处于暴乱不断的状态：大多数巴塞罗那人都表现出了共和联邦主义的倾向；虽然联邦派内部分裂，但大多数人（激进派）赞成加泰罗尼亚享有独立的主权；在新国王萨伏伊的阿玛迪欧到来之际，霍安·普里姆被人设计害死；古巴爆发了独立战争；新国王阿玛迪欧很快宣布退位；第三次卡洛斯战争爆发。这一切同时发生似乎不太可能，但现实总是这么残酷。最后，还有一个因素让局势变得一触即发，那就是工人组织的建立。巴塞罗那已经不再是西班牙唯一高度工业化的城市，加泰罗尼亚之外的毕尔巴鄂、阿尔科伊，以及加泰罗尼亚内部略夫雷加特河和卡尔德内尔河沿岸的城市塔拉萨、曼雷萨和萨瓦德尔,都是工业化程度较高的城市。1864年,国际工人联盟(AIT)或第一国际在伦敦成立。工人阶级的重要领导人卡尔·马克思、弗里德里希·恩格斯和米哈伊尔·巴枯宁都投身工人运动之中。正是因为无政府主义者巴枯宁和共产主义者马克思、恩格斯之间的矛盾导致了第一国际在几年后解散。而世界上最能体现这两种意识形态冲突的地方,非巴塞罗那莫属,当地共产主义者和无政府主义者之间的冲突在1936年至1939年内战期间达到高潮。

在巴塞罗那和加泰罗尼亚的工人运动中,从一开始,无政府主义者就是主要力量。无政府主义与巴塞罗那人民的特质紧密相连,他们早已对权力丧失了信心。在巴塞罗那,至少从50年前开始,权力就已经落入来自中央政府的寡头集团手中,他们和巴塞罗那一部分相当重要的资产阶级人士狼狈为奸。因此,权力及其代表是不可靠的。对于无政府主义者而言,在加泰罗尼亚这些决疣溃痈又远离中央政权的机构中获得席位似乎并不是一个很好的选择,更好的方法是建立一个脱离腐朽旧体制的新社会。而社会主义则在马德里扎根,在很长一段时间,马德里官员的主要构成者都是工薪阶层,他们更了解当时机构的运行机制,只要这些机构管理得当,就可以从实质上改善工人的生活条件。

黄金时期

阿玛迪欧退位后,西班牙唯一的出路就是宣布成立共和国,也就是西班牙第一共和国。然而,第一共和国依然举步维艰。在三年的时间里,两个王朝倒台,西班牙就像打开了潘多拉的盒子,所有感到自身情况恶化的社会群体都认为已经到了要解决问题的时刻。

西班牙在 11 个月里更换了 4 位总统,前两位是埃斯坦尼斯劳·菲格拉斯和弗兰塞斯克·皮·伊·马尔卡尔,他们是加泰罗尼亚人,也是联邦派;第三位总统是尼古拉斯·萨梅隆,同样是联邦派;第四位总统是统一共和派人士埃米利奥·卡斯特拉尔。1873 年的那 11 个月是非常混乱的,不仅全国各地暴乱频发,古巴战争、第三次卡洛斯战争也正在进行。在此期间,巴塞罗那市政府及议会获得了民众的支持,试图宣布成立加泰罗尼亚联邦,但当得知只有加泰罗尼亚人决定这么做,而西班牙其他地区并不打算跟随它的步伐时,加泰罗尼亚不得不停了下来。要想建立联邦制,就必须找到能进行联合的对象,而当时在西班牙唯一真正想要建立联邦共和国的就只有加泰罗尼亚人。

1873 年岁初,帕维亚将军骑着马闯入议会,将塞拉诺将军扶上了共和国总统的位置。塞拉诺虽是一位糟糕的政治家,但喜好权谋,他实行的是一种没有明确方向的军事独裁,他的统治一直持续到 1873 年岁末。那时,另一位将军阿尔森尼奥·马丁内斯-卡波斯再次发动政变,支持波旁王朝复辟,王位继承人为伊莎贝尔二世之子阿方索十二世。从理论上讲,阿方索的父亲应该是伊莎贝尔的丈夫弗朗西斯科·阿西西,但似乎一切迹象都表明他的亲生父亲是巴伦西亚人恩里科·普伊格莫尔托·翁蒂年特中尉。也许将新鲜血液引进波旁王朝对于改善它的血统是好事,因为阿方索从一开始就展示出了他的政治才能。一切都发生在一个适当的时刻:那一刻恰好要为卡洛斯战争的胜利者颁发奖牌;那一刻代表了人们想要的稳定,因为人们已经厌倦了频繁发生的战争和冲突;那一刻对于最为保守的群体而言,就像找到了一个地处欧洲或世界中的安全小岛,它正在寻找走出困境的道路。我们再来想想当时的国际形势:扼杀了数千人性命的巴黎公社为法国建立极端保守的共和国开辟了道路;德国和意大利诞生,革命者建立自由温和王国的愿望被扼杀;美国也正在从毁灭性的内战中恢复过来,成为美洲的霸权国家;奥斯曼帝国正在陷落,已经没有人惧怕它,它已经不再是地中海的强国。

在波旁王朝复辟的时期,西班牙建立了保守派和自由派对峙的两党制,这种体制企图长期维持一个寡头集团的特权,再将由此获得的利益分配给一个人数更多的群体。这种体系生来就是腐败的,但最初人们并没有察觉到这一点,而是把它当成一种在经历了之前几十年的混乱之后获得政治稳定的方式。复辟的头几年为加泰罗尼亚资产阶级中很大一部分人提供了从事快捷大宗生意和投机的好机会,这就是所谓的"黄金时期"。那个时候,资金在整个欧洲流动,投资不仅限于产业经济,也在金融领域进行。

葡萄酒行业也得到了蓬勃的发展,这也是推动经济繁荣的因素之一。此前,加泰罗尼亚的酒类产品的出口相对较少。自 18 世纪以来,加泰罗尼亚生产的一款优质烧酒大量出口到荷兰和英国,但葡萄酒并没有外销。法国葡萄酒拥有很强的国际竞争力。法国人不仅拥有顶级的葡萄酒,也擅长营销。法国的葡萄酒享誉全球,法国成为当时唯一在世界范围内大量出口葡萄酒的国家。然而,根瘤蚜虫害让法国的葡萄酒业受到了严重打击。根瘤蚜是一种源于美洲的昆虫,以葡萄根为食。根瘤蚜可以使葡萄叶枯萎,这是此种虫害的主要症状。根瘤蚜寄居在葡萄树的根部,吮吸汁液,直到葡萄树地下的部分枯萎。此外,要杀死这种昆虫非常困难。它有极强的繁殖能力,在短短 7 个月内,根瘤蚜就可以繁衍出 1 000 万只幼虫。

这种昆虫通过美洲运送葡萄藤的船只抵达法国。1863 年,第一例虫害发生在阿维尼翁以北的皮若,但灾害似乎得到了控制。然而,两年后,根瘤蚜虫再次出现在阿维尼翁以南的一个农场中,离上次虫害的发生地很近。此后,这种虫害就一发不可收拾,以每年 25 公里的速度蔓延,法国农民不知道该如何遏制它的发展。

法国葡萄酒的出口量开始迅速下降,这让加泰罗尼亚农民看到了机会,他们甚至对法国发生根瘤蚜虫害感到开心。加泰罗尼亚开始大范围种植葡萄,甚至连巴塞罗那对面的科利塞罗拉山上也有种植。面对法国葡萄酒生产已经无法满足世界需求的情况,整个加泰罗尼亚都变成了一个巨大的葡萄园。因无法预知法国的虫害会持续多久,很多公司开始投资加泰罗尼亚的葡萄园。大多数人都不担心根瘤蚜虫会到达加泰罗尼亚。他们认为法国人很聪明,总有一天会掌握消灭虫害的方法。即使法国人没能成功,比利牛斯山也可以作为天然屏障阻止虫害发生。只要小心行事,不让任何一支藤蔓靠近比利牛斯山,就不会有问题。然而,虫灾的发生只是时间的问题。1879年,安普尔丹受到虫害的侵袭。几年后,整个加泰罗尼亚都受到了影响。人们对根瘤蚜虫害束手无策。实际上,今天人们也依然没有找到对付这种虫害的办法,但多年来人们尝试了各种手段,既有科学的,也有各种秘方,人们发现唯一能做的就是将欧洲的葡萄藤嫁接到美洲的葡萄根上。这种昆虫不太喜欢美洲的葡萄根,不会去祸害它。将所有的葡萄根都换成美洲品种是一项大工程,但除此之外,没有其他解决方法。

虫害给整个加泰罗尼亚带来了很大的问题。首先是农村的社会关系问题,例如葡萄采摘者,当葡萄还活着的时候,这些农民是有土地耕种权的,而葡萄藤一死,耕种合同就终止了,这导致社会矛盾迅速出现。除此之外,葡萄园因虫害影响也不得不改种其他水果和蔬菜。就在这个时期,卡瓦酒出现了,那时这种酒还可以叫"香槟"。这是因为一些产量已经不像以前那么高的葡萄园需要将生产专业化,以获得附加价值。总而言之,根瘤蚜虫害成了刺破投机气球的那根尖刺。在巴塞罗那,这种影响表现得最为明显,但总会有一些人能在衰退过后毫发无伤。

金融投机与房地产投机总是密切相关,这已经成为西班牙的一种传统。在19世纪最后的25年里，扩展区得到了飞速的发展，它的发展途径让人想到1992年的奥运会。那时，人们也是通过组织大型国际活动来促进这个地区的发展及对巴塞罗那进行改造，这个大型国际活动就是1888年的世界博览会。

1888年世界博览会

休达德拉城堡终于被拆除了，这给巴塞罗那腾出了大量空间。1868年革命后，霍安·普里姆授权议会批准拆除这个令人厌恶的堡垒，拆除工程的费用由巴塞罗那市政府负责(一直都是如此)，腾出的大部分空间将用来修建一个公园。建筑师约瑟普·冯特瑟雷接受委托，对这个区域进行城市化改造，但他的设计远远不止这个城堡公园，他还设计了其他很多建筑(如波恩市场等)。当休达德拉城堡中最令人憎恨的圣霍安塔楼被拆除后，工人们的拆除工作并没有停止，最后，城堡只有几个部分被保留下来(如军械库、小教堂等)。世界博览会将在尚未完工的休达德拉城堡公园的花园中举行。

这不是市政府的想法。这个主意源自一位特殊人物，他就是加利西亚人艾乌赫尼奥·塞拉诺·德·卡萨诺瓦。他曾是卡洛斯派军人，也是一位伟大的旅行家，参观过维也纳和巴黎的大型展会以及安特卫普的世界博览会。他也想在巴塞罗那组织一次这样的展会，这对城市及他本人来说都是一件好事。1886年，他创建了一个负责组织世界博览会的协会。然而，展会的规模太大，他不得不向市长弗兰塞斯克·德·保拉·利乌斯·伊·塔乌雷特求助。利乌斯·伊·塔乌雷特是一个精力充沛的人，塞拉诺说服了他，让他成立了一个由巴塞罗那若干重要人物组成的委员会，这个委员会将与市政府共同组织这次展会。此外，市长还获得了政府自由派总统普拉萨德斯·马特奥·萨加斯塔的支持。

最初,公众对这个想法并没有表现出太大的热情,因为通常重大事件只会让少数人获利。此外,在过去的几年里,巴塞罗那已经举办了14场国际展览和交易会,不管这次展会有多么国际化,它看起来似乎不会有什么特别之处。但市长利乌斯·伊·塔乌雷特认为这次活动是改造巴塞罗那的一个契机,而那时的巴塞罗那正发生着巨大的变化。市长利用流动资金推动了其他城市改造计划的实施;加泰罗尼亚大道被铺设了路面,在这之前,为了让通往马尔托雷尔的铁路通过,这条大道一直没有任何遮盖;平行大道开始修建;哥伦布大道进行了城市化改造。

此外,为展会本身也修建了很多建筑,但并非所有建筑都考虑到展览会之后是否还能继续使用。例如,在圣霍安大道上修建了正义宫;修建了凯旋门、工业馆、科学馆、农业馆和艺术馆;修建了三龙城堡餐厅(今天依然还在,餐厅因其外形而得名),这是受到剧作家塞拉菲·皮塔拉一部喜剧的启发;还建造了后来成为巴塞罗那主要象征之一的一座纪念碑:位于兰布拉大道尽头、毗邻大海的哥伦布纪念碑。

世博会从1888年5月开始,持续到12月结束。虽然与以前在欧洲各国首都举行的其他世界性展会相比,它显得平淡无奇,但依然极大地促进了巴塞罗那的发展。自1714年围城战以来,这是巴塞罗那第一次以具有积极意义的事件引起国际关注。此外,这次展会吸引来的参观者为这座城市做了很好的宣传,巴塞罗那古典(当地人并不喜欢保留下来的老城)与现代(扩展区的现代建筑)相结合的风格让他们感到非常特别。那时,在巴塞罗那已经开始建造具有独特风格的建筑了,这种风格在欧洲或在美洲的某个城市正在成为一种时尚,它有着不同的名称:新艺术运动、破裂主义、青年风、自由风,等等。后来,这种风格在加泰罗尼亚被称为现代主义。一年后,利乌斯·伊·塔乌雷特去世,他留给人们的是一个面向未来的巴塞罗那。他是巴塞罗那历史上最伟大的市长之一,巴塞罗那人民永远怀念他。

巴塞罗那,开足马力

19世纪末是一个疯狂的时期,似乎即将到来的20世纪加快了人们的生活节奏。在19世纪末最后的10年或15年中,紧锣密鼓地发生了很多事情,这主要是因为,在1885年左右,巴塞罗那已经成为拥有25万人口的大都市,到1900年,它的人口数量达到55万。此外,与19世纪末西班牙的其他城市相比,巴塞罗那充满活力,因为对于其他城市而言,19世纪末发生的事件给它们带来的更多是惊吓,而不是机遇。

当时的巴塞罗那是一座工厂之城,它周围几个小镇也跟着巴塞罗那的节奏快速发展。许多大型工厂搬离了巴塞罗那,选择在平原上的其他地方或是毗邻略夫雷加特河或贝索斯河的地方重新建厂。工商业为生活艰辛的人们提供了工作机会,这些人的生活条件虽然已经不像半个世纪前那样艰苦,但与上层阶级相比却有天壤之别。同时,中产阶级也在这个时期形成,由商店主、中小商人以及某些领域的自由职业者或行家组成。巴塞罗那中产阶级的人数越来越多,他们非常关心文化和政治,以一种在其他地方并不常见的方式联合起来(这种联合弥补了国家不提供的诸多服务)。随着时间的推移,中产阶级成了20世纪变革的核心力量。

工人阶级中的很大一部分人都拥护无政府主义。无政府主义是一种非常多样化的政治运动,它抵制任何形式的组织秩序,运动内部有着持不同观点的各种派别:从不自觉的无政府主义者到个别恐怖分子,前者比起为无依无靠者而战的斗士,他们更接近于佛教徒,而后者则认为,要建设一个新社会,必须从根本上摧毁旧社会。在这两个极端之间,存在着各种各样解释无政府主义的方式。从一开始,政府就很清楚,无政府主义者很危险,这不仅因为在某些(极少)情况下他们可能会采取暴力行动,更因为所有的无政府主义者,从最平和者到恐怖分子,都质疑既定的社会秩序,这是政府所不能容忍的。当时,唯一能遏制无政府主义的手段就是对其进行残酷镇压,这种镇压在20世纪的头十年达到顶峰。镇压的借口始终是之前的一些暴力事件,而这些暴力事件都不是凭空发生,因为一个无政府主义者总想对以前所遭受的某次镇压进行报复。这是一个可怕的恶性循环。

1893年9月24日,也就是巴塞罗那的恩典圣母节当天,无政府主义者保利·巴亚斯在格兰大道向载着阿尔森尼奥·马丁内斯-卡波斯将军的车扔了两枚奥西尼炸弹(一种内部装有炸药和插满雷管的铁球,看上去像一只金属的刺猬)。炸弹仅让将军受了轻伤,但造成了一名国民卫队成员死亡。巴亚斯并没有逃跑,而是举起了帽子,高喊无政府主义万岁。10月6日,他在蒙特惠奇山城堡前的战壕里被执行枪决。巴亚斯制造的恐怖袭击和他的死都给人留下了深刻的印象。这让另一位无政府主义者圣地亚哥·萨尔瓦多决定再次发起恐怖袭击来进行报复。为此,他选择了一个能够接触到上流社会的地方——利塞奥大剧院。自打剧院落成,它一直都是加泰罗尼亚资产阶级的地盘。人们往往会对剧院保有这样的印象,但事实上资产阶级(不管是不是音乐爱好者)几乎每个人都有专属座位和包厢。剧院的一楼确实是属于他们的,但其余的空间则属于那些热爱音乐、根本不算上流社会的普通人。然而,很多无政府主义者对此完全不加区分,因为他们都不是特别细致的人。

正是因为利塞奥大剧院的观众如此繁杂,11月7日,萨尔瓦多才能顺利地进入剧场。那天正是冬季场的首次演出,上演的是焦阿基诺·罗西尼的歌剧《威廉·退尔》。萨尔瓦多在衣服里藏了两枚奥西尼炸弹,爬上了五楼。那里挤满了想听歌剧的人。萨尔瓦多站在走廊上,当晚上11点第二幕开始时,他将两枚炸弹投向了下面的池座。第一枚炸弹撞上了第13排24号座椅的靠背,随后爆炸。第二枚炸弹落在了一名被炸死的妇女的怀里,避免了爆炸的再次发生。在接下来的几个小时内,一共有13人因爆炸而丧生。从那时开始,利塞奥大剧院就永久地撤掉了第13排座椅。

虽然当时圣地亚哥·萨尔瓦多成功逃走,但他在几周后便被逮捕,并被判处死刑。1894年11月21日,他在阿玛利亚皇后监狱的庭院中被公开处决,现在那里就是拉瓦尔区的弗尔奇·伊·托里斯广场,行刑者是尼科米德·门德斯,他是巴塞罗那最有名的刽子手之一。

门德斯是一个以自己的职业为荣的人,他甚至想在退休后在平行大道开一家叫"刑罚宫"的博物馆。他知道为萨尔瓦多执行死刑时,自己会成为全城目光注视的焦点,因此,他决定在行刑时运用一项他自认为是具有划时代意义的新技术。自费尔南多七世以来,民事处决都要使用"螺旋绞刑"。囚犯被要求坐在一把靠背笔直的椅子上,脖子会被套上一个金属环,之后,刽子手转动螺丝,金属环就会收紧,直至犯人的脖子被勒断。而门德斯发明了所谓的"加泰罗尼亚式的螺旋绞刑",在金属环上加了一个锥子,据他说,这种方法可以导致延髓立即破裂以减少犯人的痛苦。《先锋报》曾如此描述这番行刑:

> 萨尔瓦多自己走上了行刑台的台阶,走到绞刑架前的时候高喊:"社会革命万岁!"他环顾了四周的人群,又看了看科尔德雷罗斯院子里阳台和走廊上的人们,大喊:"无政府主义万岁!所有的宗教都见鬼去吧!"他唱了一段革命歌曲,随后走向刽子手并叮嘱:"别拧得太紧,会让我受伤的。"几秒钟后,他就不在这个世界上了。

无政府主义者的恐怖袭击仍在继续,镇压也是如此。接下来发生的一次重要袭击是 1896 年的圣体节游行，也就是在 6 月 7 日，这次袭击异常恐怖。虽然人们将这次袭击归咎于无政府主义者，但从当时的情形来看，策划此次袭击的人更像是挑衅的警察。

当时最著名的画家拉蒙·卡萨斯用他的画记录了袭击发生前不久圣体游行的队伍从海洋圣母圣殿离开的场景。在这幅画中虽然可以看到很多村民，但主要人物是政府官员、士兵、警察以及教友会的成员。这似乎是进行恐怖袭击的理想场合，但事实并非如此。当游行的队伍折返到堪维斯诺乌斯街时，有人扔了两枚炸弹，造成 12 人死亡，60 多人受伤。死伤人员都是行人，皆为工人。此外，袭击发生后的几小时，针对无政府主义者的大规模逮捕行动开始了，被捕者都被带到蒙特惠奇山城堡接受审判。7 名无政府主义者被枪杀，另外 60 人被判入狱。据了解，这些人中大多数都与袭击毫无关系。蒙特惠奇山的审判激起了民众的愤怒，因为人们清楚地看到，逮捕根本不是为了追查真相，而纯粹是为了将无政府主义者判刑。一年后，一名意大利无政府主义者为报复这次审判而刺杀了当时的总统——保守派人士安东尼奥·卡诺瓦斯·德尔·卡斯蒂略。

19 世纪末期的无政府主义对社会产生了巨大影响，这主要是因为政府想把所有无政府主义者都描绘成暴徒和恐怖分子，但他们中的大多数人都认同无政府主义提倡的其他方式，并拒绝使用暴力。当安东尼·高迪建造圣家大教堂的罗萨尔圣母廊柱时，他在一个托座上雕刻了一个恶魔的形象，这个恶魔正将奥西尼炸弹递到无政府主义者手中。

新式现代风格

无政府主义者自成一个世界，而这个世界通常是封闭的，他们的生活方式非常特别。无政府主义者中很大一部分来自较为卑微的阶级，但也有一部分人，与他们的同伴相比，日子过得没有那么艰辛。尽管如此，在那个年代，每个人的日子都不好过。虽然当时的死亡率已经低于19世纪初，但依然很高。正因为如此，人们认为有孩子是天大的好事，对孕妇的照顾也很讲究，如果我们参照现在的标准，不免会觉得有些夸张。那时，女人在怀孕期间要避免进行任何形式的体力活动，也不能交叉双腿或快速上下楼梯，因为人们认为这些动作都很危险，容易导致流产。对于生活富裕的女性来说，遵守这样的要求不难，但对于工作的女性而言，如果也像富人一样有这么多禁忌，根本无法办到。但这些并不是我们现在看来唯一不太常见的习俗。

19世纪末，巴塞罗那的中产阶级和上流社会家庭仍然保持着农业社会的特征。在巴塞罗那，祖父母、父母和子女及女佣同住在一所房子里的情况并不少见，女佣通常来自加泰罗尼亚贫穷内陆地区的农村。已婚的子女甚至每天下午都会带着妻子和孩子去看望父母，然后全家人一起吃晚饭，这也很常见。晚餐在一个非常欧式的时间开始，如果是夏天，就在下午6点或7点。家人们最大的娱乐活动是聊天，有时还有音乐，男人也会聚在一起抽烟，而对于女人而言，只要有人做家务，她们就可以做针线活消遣。家政服务很便宜，但雇主要负责女佣的吃住。还有很多其他服务都可以上门，例如，那时没有理发店或时装店，理发师或裁缝都是去客户家里服务。那时已经有书店、杂货店和服装店，店主或店员送货上门的情况也很常见。

虽然电灯已经逐渐进入家庭，但大多数的房屋还是使用天然气照明。电力公司会上门铺设电路，有时是免费的，以此来招揽未来的客户。一开始，很多家庭只在门厅装一个小电灯泡，而家里其余部分还是用天然气照明，这种情况持续了很多年。

同时，自来水开始在扩展区的新公寓里使用。人们不再需要去水源处取水，浴室也出现了。在使用自来水之前，人们很少洗澡，因为洗澡时要运输这么多的水实在太辛苦。人们洗脸、洗手，偶尔冲洗身体，仅此而已。但当水可以从水龙头里源源不断地流出，情况便发生了变化。尽管如此，那时也没人认为有必要过多清洁身体。例如，当身体出汗时，人们认为弄湿身体有一定的危险。一周洗两次以上的澡已经很少见了。一些手册上还说，一个月之内，洗澡和性生活均不能超过几次。

这些新的习俗在改变着巴塞罗那，让它变为一个非常现代化的城市。19世纪最后20年，有轨电车一站一站地连接着整个城市。随着电车的出现，一大早穿越城市去上班的工人队伍消失不见了。现在，巴塞罗那越来越大，发展也越来越快。乘坐公共交通上下班的不再是工人，因为他们往往会住在距离工厂很近的地方，以这种方式上下班的是日益增多的行政管理人员、会计等住在扩展区的中产阶级。

那个时候，与生产没有直接关系的服务业也开始发展起来：律师事务所、行政管理人员、海事船务专家、商业代表，等等。当时的工作构成与19世纪上半叶截然不同，工业和手工业的特征更为明显。新式社会的出现、人口的增长提升了人们对新式房屋和建筑的需求。而这些新建筑不但要具有现代感和舒适度，也要符合时代的审美要求。有一种美学风格在巴塞罗那、巴黎和纽约同时出现，那就是现代主义风格。

现代主义是加泰罗尼亚社会想与欧洲社会并驾齐驱的一种表现形式。虽然19世纪末的建筑并不都具有现代主义风格，但那时不想依照这种风格来装饰的建筑非常少见。现代主义希望将所有艺术形式融合到一件作品中，无论是建筑、锻铁、壁画还是陶瓷艺术，都要用上，彼此联系起来。根据现代主义者的观点，建筑物不能被理解为一个后来要用其他元素填满的空盒子。一幢建筑物就是一件完整的作品,从避雷针到下水道,从窗户到门把手,从天花板到水凝地板,整个建筑是一个整体。这种观念不仅把建筑师囊括进来,还让很多工匠也参与其中,他们为现代主义的成功和巩固发展做出了决定性的贡献。这些没有留下姓名的现代主义工匠是扩展区及其"金方块"的主要建设者。

整个扩展区到处都是现代主义风格的建筑,但有些建筑将这种风格体现得淋漓尽致,而有些建筑则表现不那么明显。1880年至1910年间,扩展区建造了很多房屋,每一栋房子都有自己的独特之处:有些房子阳台上的锻铁栏杆做工精巧,坚固耐用,有着优雅迷人的古典风格;有些房子的立面配有石膏或灰浆的拱形装饰;有些房子装着两扇可以开启的大门,这让空间变得更为开阔;有些房子有大理石的楼梯和华美的内墙边饰;有些房子地上铺着绘有五彩缤纷花朵图案的水凝地砖,等等。那段大约30年的时间,在建筑师之间以及在房屋经销商之间似乎爆发了一场战争,他们都希望自己的房子是周围建筑中最出众的。这场竞争可能促成了19世纪欧洲乃至全世界最大规模的民用建筑展示。虽然这样的竞争在扩展区的右侧可以看到,但它表现最为突出的地方是当时的"不和谐街区"。

19世纪末,市政法规有所改变,有钱人可以拆除家里位于格拉西亚大道南侧、百人市政会街和阿拉贡街之间的独栋房屋以建造更大的房子。突然之间,在巴塞罗那最时尚的街区修建豪华建筑成为可能。五栋建筑拔地而起,其中三栋有着明显的现代主义风格,另外两栋的风格则不太明确。所有这些建筑都是由当时最重要的建筑师负责装饰,其中大多数人都是坚定的加泰罗尼亚主义者。离加泰罗尼亚广场最近的是杰欧·莫雷拉之家,坐落于广场与百人市政会街的交角处。杰欧·莫雷拉家族是医生世家,他们把建筑的基础工程交给了一位不太有名的建筑师,但房子的立面设计,他们找了当时最好的建筑师路易斯·多梅内克·蒙塔内尔。他们本想找安东尼·高迪,但他们知道高迪手里的订单实在是太多了。后来,多梅内克·蒙塔内尔负责修建了加泰罗尼亚音乐宫及位于吉纳尔多区的新圣克鲁斯及圣保罗医院(从接受了富翁贝雷·基尔的捐赠后,医院的名字便加上了"圣保罗")现代主义风格的大厅。多梅内克设计的建筑立面装饰以花卉树木图案为主,因此,他设计的建筑就成了扩展区的"野生森林"。

这五栋建筑中的另外两栋分别是:柯马斯之家,它的立面是由恩里克·塞尼耶设计;伯内特之家,设计者为马尔塞里·康吉亚特。虽然这两栋建筑也很有价值,这毋庸置疑,但与其他三栋相比,它们的特点没那么突出。

第四栋建筑是阿马特耶之家。房子的主人是安东尼奥·阿马特耶,他在那个时代大名鼎鼎,因为他制作出了当时最受欢迎的阿马特耶巧克力。除了是巧克力大师之外,阿马特耶还是一位出色的艺术爱好者和赞助人。他将房屋的设计委托给约瑟普·普伊格·伊·卡达塔尔什。普伊格也是政治家,但他作为建筑师更为出色,虽然他在两个领域均有建树。阿马特耶之家是一所非常漂亮的房子,带有鲜明的现代主义特征,但又不像杰欧·莫雷拉之家那样繁复华丽。可惜的是,它紧挨着街区里的明星建筑巴特略之家,这让它黯然失色。巴特略家族致力于纺织和汽车行业,还间接成为《先锋报》的共同所有人。

约瑟普·巴特略将房子的改造工程委托给当时颇有争议的一位天才,他已经成为当时的大亨欧塞比·桂尔最喜爱的建筑师,此人就是雷乌斯人安东尼·高迪。高迪是一个古怪的人,虔诚的天主教徒,性格复杂,但毫无疑问,他也是加泰罗尼亚历史上最优秀的建筑师,是人类历史上最伟大的艺术家之一。虽然他的作品并不是每个人都喜欢(在他去世后不久,曾有人说要拆掉他的几座建筑),但他的建筑方案极为新颖,异常出色,任何人都不会对他的设计无动于衷。

一般来说，现在的巴塞罗那人很喜欢高迪，但这不意味着他们欣赏高迪的一切。人们非常喜欢高迪设计的米拉之家和桂尔公园，对巴特略之家和桂尔宫感觉一般，对圣家大教堂的喜爱则更少。如今，巴特略之家每天都被游客淹没，巴塞罗那人已经很难去参观它。圣家大教堂的情况也一样。米拉之家则不同，它一直或多或少地保持着私人用途。至于桂尔公园，即使在有大量游客涌入的情况下，也是玩滚球和抽陀螺的绝佳去处，这两种娱乐活动都是人们在桂尔公园的花园里的保留节目。

众所周知，位于格拉西亚大道转角处的巴特略之家立面具有丰富的象征意义，它的设计灵感来自海洋图纹。屋顶让人联想到龙的脊柱，而中央部分很注重细节，用陶瓷碎片点缀，让人联想到阳光照射下的海底。一座小塔楼从建筑的立面伸出，一些人喜欢把它看成是插在龙身上的长矛，但高迪却从未提过这一点。两个主要楼层设有蜿蜒曲折的走廊，这是整座建筑设计最为独特的地方。这座建筑造型奇特，令人赞叹。如果你有幸能赶走挡在入口的众多游客，你将会看到一个光怪陆离的奇妙世界。

巴特略之家并不是高迪的最后一件作品，但他的大部分作品都在20世纪完成。在接下来的20世纪，电影和大众体育成为两项非常重要的娱乐活动，它们在19世纪末就初现端倪。电影的历史开始于1895年12月28日巴黎的"印度沙龙"。在巴塞罗那，阿内丝和费尔南多夫妇经营着位于圣莫尼卡大街18号的拿破仑照相馆，他们很快就从法国卢米埃尔兄弟那里购买了一套放映设备。之后不到一年的时间，也就是在1896年12月，他们开始用这套设备来放映电影。巴塞罗那是世界上最早拥有电影院的城市之一，这要归功于卢米埃尔兄弟，他们早期的一部电影就是在巴塞罗那拍摄的，这部电影主要向人们展示了巴塞罗那的港口。他们用于拍摄的机器（也是用于放映的机器)很可能就是阿内丝和费尔南多夫妇买来放映电影的那台。电影院很受人们喜爱,巴塞罗那很快就开始有很多不同的地方(称这些地方为放映厅略显夸张)放映电影。

在20世纪,另一种激起人们热情的休闲项目就是大众体育。19世纪下半叶,人们对卫生及健康的认识有了突飞猛进的发展,人们认为只有通过健康的行为和均衡的饮食才能充分享有良好的身心健康。这样的认识不仅让温泉疗养业兴起,也让旅游业诞生。旅游业的发展是与新的铁路运输密切相关的,铁路的出现让人们可以在合理的时间内到达相对较远的地方。体育成为大众爱好之一也是因为人们对卫生及健康观念的转变。体育锻炼起源于古代,但在19世纪,人们给一些体育锻炼制定了规则,并对这些练习进行了改良。这样一来,这些体育项目就可以用来进行比赛。我们也可以说,到那时为止,其实还没有真正意义上的运动出现。然而,在那个时期诞生的一项真正的运动就是足球(虽然它和很多其他东西一样,起源都可以追溯到很久以前)。英国人是现代足球的发明者,足球曾是英国某个殖民地的民众进行的一项运动。在加泰罗尼亚,足球运动最初出现在帕拉莫斯,但很快这项新的发明就传到了巴塞罗那。当时,巴塞罗那已经有多家正常运作的体育馆,人们不仅可以在那里练习徒手体操和器械体操,还可以尝试传到巴塞罗那的新式运动。一家名为"托洛萨"的体育馆曾举办过几场足球比赛,"索雷"体育馆的成员汉斯·坎佩尔也想参加一场这样的足球比赛,但由于他是瑞士人,遭到了拒绝。汉斯·坎佩尔非常生气,他决定建立一支无论是外国人还是加泰罗尼亚人都可以加入的足球队。这个俱乐部于1899年成立,取名巴塞罗那足球俱乐部,球队的代表色为蓝色和暗红色。之所以选择这两种颜色,很可能是因为它们是巴塞尔城的象征,坎佩尔以前曾在那里踢球,但这个问题一直是历史学家和球迷之间争论的焦点,到目前为止还没有定论。第二年,更多的俱乐部成立,其中最重要的是西班牙社会足球俱乐部,后来变成了西班牙人俱乐部。西班牙人俱乐部之所以选择这个名字,就是为了和其他俱乐部相区别,因为其他俱乐部有很多外国球员,而这些球员通常比加泰罗尼亚人更有经验。西班牙人俱乐部承诺只接受西班牙人加入他们的球队。不久之后,巴塞罗那俱乐部和西班牙人俱乐部就成了竞争最为激烈的对手,主要因为这两家俱乐部的球迷逐渐表现出越来越高涨的政治情绪。挑起这种对抗的可能是西班牙人俱乐部,而巴塞罗那俱乐部的球迷们,为了与西班牙人俱乐部的球迷对抗,则越来越倾向于加泰罗尼亚主义。

巴塞罗那带着新的希望进入了新的世纪。1898年,西班牙失去了最后的海外殖民地——古巴、波多黎各和菲律宾——这刺激了很多加泰罗尼亚主义者,他们认为西班牙经历灾难之际,就是加泰罗尼亚获得发展良机之时。当西班牙在一次意想不到的惨剧中遭受损失时,加泰罗尼亚感觉自己已完全有能力去应对一个令人振奋的全新计划,无论是针对西班牙国内还是国外。1897年,巴塞罗那将平原上的其他城镇并入到自己的行政区划中,这些城市有恩典镇、塞里亚、雷斯科尔特斯、圣马丁-德普罗旺萨斯、圣赫尔瓦斯-德卡斯索雷斯、奥尔塔、巴尔维特拉和圣安德烈-德巴罗马尔。马德里市政府一直要求中央政府阻止巴塞罗那的发展,为此,巴塞罗那与中央政府进行了长达30多年的艰苦谈判。最终,因西班牙需要大量的资金来支付古巴战争的开销,巴塞罗那通过提高税收帮助西班牙渡过了难关,作为交换,巴塞罗那才最终达成了自己的目标。虽然损失了金钱,但巴塞罗那得到了想要的发展。对于巴塞罗那而言,也许是时候在政治和体制方面再向前迈进一步了。

第十二章
一座崭新的城市

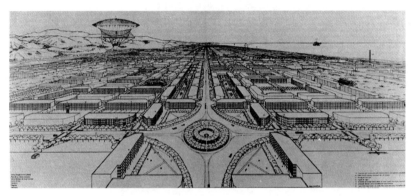

塞尔达设计的20世纪的巴塞罗那。
安东尼奥·阿尔梅斯托(Antonio Armesto)绘制。

全速发展

现在我们已经到了1901年,20世纪开始了。在"四只猫"小酒馆中,合伙人贝雷·罗梅乌和拉蒙·卡萨斯摘下了一幅一直挂在酒馆最显眼位置的画。在这幅画中我们可以看到两个留着胡须的男人的身影,他们穿着白色的衣服、合身的裤子,裤脚高高挽到腿部,系着粗糙的腰带,戴着白色的帽子,两人骑在双轮双座的自行车上。画中的两个人就是酒馆的两位合伙人:罗梅乌是一个很特别的家伙,高高瘦瘦,是酒馆的经营者;卡萨斯是那个时期著名的画家,是加泰罗尼亚资产阶级中的佼佼者,他时尚、风流、幽默。这幅画一被摘下来,他们就拿起了另一幅画,画的尺寸也相当大,他们准备把它挂在之前挂画的地方。在这幅画中,主角还是罗梅乌和卡萨斯,但这次他们身上穿着奢华的皮草大衣,坐在一辆崭新的红色双座汽车中。他们面前是放在方向盘和汽车仪表盘之间的柳条篮,里面卧着的是西姆,它是卡萨斯的一只直毛猊犬。

四只猫酒馆画作的更换有着强烈的象征意义,就像巴塞罗那现代派画家做过的其他很多事情一样。上面提到的两幅油画今天被并排陈列在位于蒙特惠奇山的加泰罗尼亚国家艺术博物馆。拉蒙·卡萨斯将骑自行车的那幅画命名为《19世纪的终结》,而把另一幅画命名为《20世纪的开始》。这样的命名意义非凡。20世纪是真正高速运转的世纪,汽车取代自行车是非常重要的进步(虽然自行车也是一种非常现代的交通工具)。拉蒙·卡萨斯在他的挚友圣地亚哥·鲁西诺和米盖尔·乌特里洛的帮助下开了这间小酒馆,这完全是因为贝雷·罗梅乌的一个想法,他曾在巴黎具有传奇色彩的黑猫酒馆工作过。罗梅乌的想法是要开一间酒馆,让它成为巴塞罗那艺术界人士聚会的场所,但并不是随便哪位艺术家都行。这些艺术家必须是紧跟时代步伐的人,是想要让未来的巴塞罗那成为巴黎的人,是那些可以用更为善良、更为乐观或是超现实主义(虽然当时还没有出现这个概念)的方式去解决社会问题的人。四只猫酒馆开在位于蒙特西奥街的马丁之家的地下室(马丁之家是由普伊格·伊·卡达塔尔什建造的)。如今,这里仍然开放,几年前,一些很有眼光的企业家让"四只猫"重新活了过来。虽然这里已经不再陈列着卡萨斯及其他现代主义画家的画作(如今这些作品都价值连城),但20世纪初的精神依然还在。

当时最重要的艺术家们经常在四只猫酒馆里聚会。画家毕加索、诺埃尔、雷戈佑斯及音乐家恩里克·格拉纳多斯、伊萨克·阿尔贝尼斯、路易斯·米莱特,都是这里的常客。他们不仅在艺术上进行交流,也分享生活及情感上的经历,因为他们中的一些人总是像少年一样,对生活充满激情。聚会的核心人物是卡萨斯、鲁西诺和乌特里洛,他们都出身于富裕家庭,才华出众。除了乌特里洛,其他两个人不太关心工人阶级的社会状况,也不关心政治冲突。他们生活在一种虚幻的泡沫中,这种生活只专注于艺术的敏感性、愉悦的精神状态和生活的乐趣。但这并不意味着他们逃避现实,只是他们的视角非常特别而已。例如,鲁西诺是一位多才多艺的人物,擅长戏弄性的模仿和讽刺。1907年,他写了一部小说,取得了意想不到的成功,后来这部小说被改编成戏剧。这部作品完美地反映了一个很难成为文学素材的社会阶层:商人阶层。《埃斯特夫先生的连环画》("连环画"是一种挂在绳子上出售的通俗文艺作品或连环画片）讲述了店主埃斯特夫的故事，从他出生讲起，描述了他一生的经历，最后结束于他宣布自己位于里贝拉区的"守信"商店关门停业。"守信"商店是一家小百货店，作者假定它开在公主街（今天那条街上确实有一家同名的商店）。鲁西诺以讽刺的口吻讲述了埃斯特夫的生活，回顾了从1830年至19世纪末巴塞罗那的日常生活，体现出作者对这个世界的热爱。埃斯特夫的儿子埃斯特维特拒绝接受家族生意，因为他不愿继续开店，而想投身于艺术事业。在祖父埃斯特夫（与主人公同名）的葬礼上，主人公非常伤心，因为父亲的去世象征着那个守信商店蓬勃发展时期的巴塞罗那的终结：

> 从老埃斯特夫先生到埃斯特夫，从埃斯特夫到他的儿子埃斯特维特，在这几代人的时间里，改变最大的就是巴塞罗那。里贝拉区经过了混乱的改造之后，以前的东西荡然无存。圣霍安大道就像老奶奶一样死去了。他们拔掉了法国梧桐，拉开了凳子之间的距离，把喷泉池里的大力神像、乌龟甚至瀑布都挪到了又远又偏的新社区，任它们发霉腐烂。将军花园里的黄杨和雕像都被当成垃圾处理掉了。林荫道上建起了对称的带门廊的房子，这种对称的设计就像瘟疫一样，让人无处可逃，既无法宽慰也不能原谅；波恩区里丰富多彩的生活、五颜六色的灯光、各种各样的商贩和喧闹都被关进了一个大棚子里。休达德拉城堡已被拆除，这件事做得很好。城墙被推倒了，斜坡也被铲平了。之后，在这里画上了线，种上了花。花儿生根发芽，士兵们也逐渐离开；树冠留下的影子越来越大，军营却变得越来越少，最后只剩下两个半军营，像是树林里的宫殿……因为太急于求变，那些来不及成为艺术家的有钱人做了不少奇怪的事：有人建了两个不能

通往任何地方的巨型楼梯；有人垒起了像牲口圈一样的假山；有人修了一个用石头围起来却不种任何东西的水塘，等等。但不管怎样，他们吸引了来自世界各地的各种类型的商人。以前充满了火药和食堂味道的军营，变成了一片开阔地；以前的城墙，变成了草坪；以前的碉堡，变成了花坛；就连以前那个听过太多死前的呻吟、让人恨之入骨的塔楼，现在也变成一片洒满阳光的空地，孩子们可以在这里玩沙子。

从王宫广场到议会街，一切都在发生着变化，其他的街区也都一样。也有一些顽固不化的小巷，里面的建筑物既不愿意根治那些陈年旧疾，也不想重新打扮一番，这或是因它们本身已经太过陈旧，或是因为早已千疮百孔，或是因为某些贵族家庭想要保留房子的古韵。除此之外，几乎其他所有房屋都搭建了新的楼层，加上了飞檐，所有的阳台都安装了护栏，所有房屋立面都重新粉刷并被逐渐调整到一条直线上，以免阻碍道路。瓦工们不停地将各种装饰、石刻雕花和半身雕塑的艺术字体镶嵌在墙上；铁匠们锻造了各种铁制的装饰：龙、幼鹰、巨嘴龙、具有象征主义的莴苣花和花椰菜叶。每当他们看到一个栏杆，就在上面增添一种饰品。

上面的引文确实很长，但很少有人能如此精确地描述巴塞罗那的变迁，或者说，巴塞罗那是如何从一个商人所熟悉、了解的城市变成一个不停向外扩张的怪物，以及如何以急行军的速度迈向现代化的。

关闭钱箱

不管怎样，政治问题仍然不断地困扰着处于全面变革中的巴塞罗那。1899年9月初，很多加泰罗尼亚商人和企业家拒绝向国家交税,他们已经厌倦了政府将全部财政压力都压在他们身上,而中央政府急需资金来支付战争费用和弥补失去殖民地带来的巨大损失。加泰罗尼亚是对维持西班牙公共支出贡献最大的地区,不管是从直接上缴的税收还是从税收所占比例来说都是如此。当时的税收基本上是向工商业征收的,而在土地或不动产方面,税收极低或根本不存在。因此,加泰罗尼亚商人受到的影响最大。

此外,经济上的诉求也与政治上的要求结合在一起。7月底,一支法国舰队访问巴塞罗那。法国水手们列队在兰布拉大街行进,他们想在艺术馆为巴塞罗那举行一场音乐会,艺术馆就在原来休达德拉城堡的所在地,由于城堡在炸弹的洗礼中遭受了严重的破坏,内战后被拆除。法国人邀请了加泰罗尼亚无伴奏合唱团和克拉维合唱团来参加音乐会。巴塞罗那市长巴尔托洛梅·罗伯特博士事前看了他们演出的节目单。为了避免麻烦,他要求无伴奏合唱团不要演唱《收割者》,同时也要求克拉维合唱团不要演唱《荣耀归于西班牙》(这首歌由合唱团的创始人写于1864年)。从理论上讲,双方都接受了。

7月21日晚上,音乐会开始后,一切似乎都进展顺利。当法国军乐队演奏《马赛曲》时,人们起立喝彩;然而,当西班牙国歌《皇家进行曲》响起时,人们开始吹口哨、喝倒彩。看到这样的气氛,由路易斯·米莱特指挥的无伴奏合唱团决定不遵守约定,演唱节目单之外的《收割者》。观众们兴奋起来,这与他们听到西班牙国歌时的态度形成鲜明对比。在场的官员大为恼火,省长下令警察在出口处把守。随后,警察与观众发生了冲突。马德里媒体对此大为光火,当时与《阿贝赛报》同属于一个出版集团的《黑与白》杂志这样评论:

> 一些人在制造混乱,无理取闹。他们对国家忘恩负义,已经展现出自己的丑恶嘴脸。他们向国歌发出嘘声,却高喊独立的加泰罗尼亚万岁、法属加泰罗尼亚万岁。这些在

西班牙正承受苦难的紧要关头大谈附庸或独立的人,应该受到最严厉的惩罚,以避免今后再发生类似事件。这些人在国际上给人留下了极为可悲的印象。

这样的氛围让加泰罗尼亚人的愤怒不断累积。当国家预算提高了对贸易和工业的税收时,这种愤怒决堤了。大家达成一致,巴塞罗那的商人进行罢工,6000家店铺停业。如果守信商店确实存在,它可能也会是这些店铺中的一家。总之,人们拒绝交税,这次运动被称为"关闭钱箱"。

10月24日,中央政府下令终止加泰罗尼亚的宪法权力。一个月后,政府宣布巴塞罗那进入战时状态。这一切仅仅是因为那些不愿交纳超额税款的商人和实业家们的一次抗议!很多人遭逮捕,很多人被处以罚款。11月中旬,罢工者不得不放弃。虽然"关闭钱箱"运动失败,但人们却感觉在公众舆论上占了上风,因为此次抗议不仅直指政府,还横向延伸到所有的社会阶层。

1900年5月,内政部长爱德华多·达托决定去加泰罗尼亚视察,以安抚民众情绪。人们自发地将加泰罗尼亚的旗帜插在阳台上,以示抗议,这种习惯延续至今。达托所到之处,人们嘘声不断。他觉得自己受到了屈辱,便提前回到马德里。达托对这次视察感到非常失望。自然,政府再次宣布巴塞罗那进入战争状态……

"加泰罗尼亚万岁!"或"西班牙去死!"

一年半之后,西班牙举行了议会选举。在那个年代的选举中,迫于一些手握重权者的压力,自由党和保守党实际上几乎瓜分了议会的所有席位。然而,事情并没有那么简单,因为某个大的政党内部经常会发生分裂,这种分裂使一个党派的执政往往只能维持一个立法议会任期,也只能满足某个议员群体的个人利益。这种两党制很难被打破,因为不仅有来自重要人物的压力,还有来自那些拥有投票权的选民(成年男性)的压力。

加泰罗尼亚主义的关注点不仅仅停留在纯粹的文学和民俗层面,在政治上,它也希望能有自己的代表。选举前的几周,加泰罗尼亚国家中心社和地区主义联盟这两个加泰罗尼亚主义政治团体联合组成了一个新的政党——区域主义者联盟(它的组织构成和当时欧洲领军国家的政党一样)。令人惊讶的是,在35个加泰罗尼亚的议会席位中,这个政党总共拿到了7个,其中巴塞罗那省议会5个,赫罗纳省1个,莱里达省1个。他们取得了令人震惊的成绩,这完全出乎人们的意料。这表明在加泰罗尼亚,选举投票不能像在西班牙其他地区那样被暗箱操作。在巴塞罗那市的议会选举中,结果更是具有轰动效应:在要选出的7个席位中,区域主义者联盟拿到了4个,也就是说,拿到了所有参选的席位;剩下的3个席位分别落入了2个共和党人和1个保守党人手中。

这些共和党人是谁?他们并不是那些曾在19世纪经过艰苦斗争的人,而是一群完全和他们不一样的人。这个共和派的政党名为共和联盟党,是在前共和国总统尼古拉斯·萨梅隆的推动下建立起来的。萨梅隆赞成加泰罗尼亚维护自己的权利,但前提是这些诉求要与他所梦想建立的共和国构架不发生冲突。不过,他的政党太过迂腐,成员都是一群围绕着他光辉形象打转的朋友而已。因此,为了在巴塞罗那的选举中推荐他的政党,他注意到了一个精力充沛的人。此人像他一样,也来自安达卢西亚,几个月前刚刚来到巴塞罗那,是一名记者。这个人叫阿雷亨德罗·勒洛思,是一位非凡的人物。他是出色的演讲者,懂得如何将危言耸听与风趣幽默相结合。他声如洪钟,讲话时声音可以传到任何一个地方。从一开始,勒洛思的演讲就有两个非常鲜明的特点：一方面，他会使用一些非常激进并有冲击性的话语（例如，三年后，他曾提出修女应该生养孩子）；另一方面，他表现出强烈的反加泰罗尼亚主义的倾向，在他的演讲中，他将任何一种具有加泰罗尼亚特色的表达，不论是什么，都等同于对工人阶级的压迫和对资产阶级的愚弄，甚至是在私人对话中出现这些表达都不行。勒洛思的讲演让他在那些刚来到加泰罗尼亚的工人中间非常受欢迎，这些工人对加泰罗尼亚所发生的事情一无所知，也没兴趣去了解；同时，他也受到一部分中产阶级的欢迎，这些人通常都是靠政府吃饭的官员。

虽然勒洛思的某些行为会让人觉得他虚伪、厚颜无耻、谎话连篇，但他并不傻，他知道在什么时候应该如何支持或反对某种观点。不管怎样，他都不是一个有原则的人。勒洛思经常提到一个很有说服力的论点：加泰罗尼亚主义与右翼反动派相同，没有任何差别，因此，捍卫西班牙、反对加泰罗尼亚主义就等同于保有进步主义的立场。勒洛思甚至放言："今天，在巴塞罗那，如果有人喊'加泰罗尼亚万岁'，就相当于在喊'西班牙去死'。"

当时，有谣传说勒洛思收了西班牙内政部的钱，但没人有确凿的证据，而现在我们可以肯定地说，他每个月从内政部领取 1 000 比塞塔，这在当时可不是一笔小数目。人们开始称呼勒洛思为"平行大道上的皇帝"。至少在他投身于政治的头几年里，他深知怎样去调整他的讲演，以免吓坏他的受众群。不论在身为共和联盟的成员时，抑或在建立了自己的政党（激进党）之后，勒洛思的演说都是以反加泰罗尼亚主义为主要基调的，因为他很清楚，与政党的方针政策相比，那些支持者和选民对他所提出的社会诉求更感兴趣。但同时他也很清楚，将加泰罗尼亚主义和工人阶级的不幸等同起来的方法撑不了多久。

然而，属于保守派的区域主义者联盟却间接地为勒洛思提供了帮助。如果考虑到从马德里来的那些政治提案，可以说区域主义者联盟在很多方面都不保守,但从捍卫加泰罗尼亚城市及乡村资产阶级利益的层面讲,它的确很保守。不可否认的是,虽然当时也存在左倾的加泰罗尼亚主义思想,但它已经被区域主义同盟的右倾思想给掩盖了,因为区域主义者联盟是一个相对年轻的政党,所以人们觉得,与那些来自马德里(不论右倾还是左倾)的保守政治立场相比,区域主义同盟更容易让人接受。

1902年,一场无政府主义性质的大罢工在巴塞罗那爆发,但最终没能取得成功。这次罢工的主要人物之一是安塞尔莫·洛伦佐,他后来曾这样谈及这次失败:

> 无产阶级倒下了,原因是欺骗及勒洛思派共和党人的分道扬镳,政府的政治迫害,还有资产阶级对温饱条约的抵制。这是给加泰罗尼亚的无产阶级造成了严重伤害的三大祸事。

同年5月,军方暂停了巴塞罗那的佛洛拉花神节,原因是政府要求悬挂西班牙国旗,而人们却朝国旗发出嘘声,侮辱国旗。11月,中央政府下令,只可以用卡斯蒂利亚语来讲授教义要理,这在大学里引起了混乱。区域主义者联盟开始跟加泰罗尼亚教会越走越近,这让党内世俗化程度较高的成员很不满意,党内气氛变得紧张起来。为此,区域主义者联盟付出了高昂的代价,因为在接下来的选举中,共和党成了巴塞罗那获得票数最多的政党,而区域主义者联盟的情况刚好相反。

在这种情况下,阿方索十三世宣布出访巴塞罗那,区域主义者联盟分化为界限分明的两个阵营:一部分人支持接待国王,他们主张向国王说明加泰罗尼亚的问题;另一部分人认为没什么要和国王讲的,唯一要做的就是抵制他。而一位年轻的律师弗兰塞斯克·坎波则认为只需接待国王即可。这导致区域主义者联盟分裂为三个部分。不管怎样,在1905年的选举中,区域主义者联盟虽然未能获胜,但他们获得的票数还是有所增加。当时,这个政党已经感到自己力量薄弱,所以决定举行一场宴会来庆祝自己所取得的进步,以鼓舞士气。

11月18日,区域主义者联盟在巴塞罗那最好的回力球场"伯爵回力球场"举行了晚宴,球场位于巴尔梅斯街与罗塞略街相交的地方(现在,庞佩乌-法布拉大学的一些部门在那里办公)。有2 500人参加了晚宴,大家玩得很尽兴。离开时,一些参加晚宴的人唱起了《收割者》,街上的勒洛思主义者向他们扔石头。区域主义者非常生气,他们沿着巴尔梅斯街走到大学的环路,开始大骂勒洛思派,因为那里是勒洛思派共和党人主要的办公场所之一。后来,有人从办公室里开枪,示威的人群便散开了。

如果事情就这样结束的话,这次事件只会成为那个年代发生在加泰罗尼亚主义者和共和党人之间诸多冲突中的一次。一本带有讽刺意味的、亲区域主义联盟的周刊《布谷鸟》在杂志的内页刊登了一则关于此次事件的笑话,当然这也只是它所刊登的众多笑话中的一个。这则笑话讲到,一群人进入伯爵回力球场,在这群人的对面有两个人正在说话,其中一人穿着普通人的服装,另一人穿着军装,像是要去维也纳歌剧院一样。他们两人的对话如下:

"这里在举行什么活动?为什么会有这么多人?"

"为庆祝胜利的晚宴。"

"胜利?啊,天啊,他们肯定是加泰罗尼亚人!"

现在,人们几乎无法理解这个笑话,因为它是在讽刺西班牙军队19世纪末20世纪初在古巴、菲律宾及摩洛哥所遭受的失败。这个笑话只是无数同类笑话中的一个,也不是最让人记忆犹新的一个。实际上,这个笑话并没有产生什么影响,因为它未能通过审查,最终没有出现在杂志上。然而,这个笑话却传到了政府的耳朵里,更令人难以置信的是,11月25日上午,军方也知道了这件事。到了晚上,一大批军官(没有普通士兵)来到位于阿维约街的杂志社,强行闯了进去,将稿件和档案都扔到了窗外。此外,他们还一并破坏了同在那条街上的《加泰罗尼亚之声》日报社。当局势开始失控时,几个级别较高的军官命令其他人停手。随后,军官们离开,在路上,他们还殴打了几位无辜的市民,因为他们怀疑这些人是民主党人。

当然,不同的报纸会以不同的方式来报道这件事,但马德里的所有报纸都在一个问题上保持一致:军官们采取了正确的行动,因为加泰罗尼亚主义者在以令人无法容忍的方式进行挑衅。马德里的《军事通讯》日报以专版发表社论,标题为"忍无可忍",副标题为"致加泰罗尼亚主义者"。文章中是这样写的:

> 可怜的贱民!卑鄙无耻的恶棍……火苗已被点燃,你们的末日已经到来,我们的同伴听到了我们的声音。军队对你们卑劣的行为不会忍耐太久;如果政府有足够的精力,会把你们赶出西班牙,禁止你们做西班牙人,因为你们不愿意做西班牙人。

自然,没有一名军官被捕。巴塞罗那、马德里和塞维利亚的军政官们和这些军官沆瀣一气,而想要将他们撤职的首相尤金尼奥·蒙特罗却被迫辞职。新首相任命塞维利亚军政官为部长,阿方索十三世本人也公开宣布支持袭击《布谷鸟》杂志社的军官们。

为了解决此次事件(从某种意义上说,可以理解为"解决"),政府颁布了一项新的法规,即《管辖权法》。该法令将任何企图危害国家统一或危害军队安全的事件都划归军事法庭管辖。实际上,这项法律让军人可以给犯人随意定罪,滥用刑罚。随着这项法令的出台,那个时期西班牙法律中原本就不多的权益保障也消失了。当然,这条法令掀起轩然大波,但最令人担忧的是国王支持这条法令,这极大地鼓舞了军队的不同部门,这些部门一直想要操控西班牙政治,这种情况一直持续到 1931 年共和国成立。

在巴塞罗那,这次事件对社会各个阶层都产生了巨大的影响。虽然西班牙军方一向表现得极为苛刻和专制,但对《布谷鸟》杂志社的袭击已经超出了正常范围。一切都没有保障,也没人能逃脱那些穿着制服的恶棍们的魔掌。但勒洛思却是少数支持军队的人士之一:

> 谴责军官?是的,我会谴责他们太过审慎、太过遵守纪律……我对所发生的事情感到非常高兴……这些卑鄙的贱民,对钱财的贪恋是其地区分离主义的根本,在和他们签订协议之前,我宁愿与所有人为敌,无论有没有人站在我这边。

加泰罗尼亚主义的政党、不支持勒洛思的共和党人甚至是卡洛斯主义者,都决定联合起来,组成"加泰罗尼亚团结党"参加选举,以反抗《管辖权法》及由勒洛思派与军方制造的暴力氛围。

1906 年 10 月 14 日,在西班牙广场的雷斯阿雷内斯斗牛场举行了一次集会,作家米盖尔·德·乌纳穆诺受邀参加。在活动进行到一半的时候,一些勒洛思分子进入斗牛场挑衅,但最后他们被赶了出去。观众们便在斗牛精彩的一幕出现时自发地默默挥舞起白色手帕。乌纳穆诺既感到吃惊,也颇为不悦,一个令人难忘的句子便脱口而出:"地中海东岸的人们,你们对美的执着真是令人窒息。"乌纳穆诺一语戳中要害。即便是在今天,加泰罗尼亚组织的大规模示威游行也跟世界其他地方不一样。在其他地方,游行的人们最多只是举着标语和旗帜而已。而在加泰罗尼亚,示威者们会手牵着手,带着五颜六色剪裁好的纸片或穿着红黄相间的衬衫来组成加泰罗尼亚旗帜。在巴塞罗那足球俱乐部的球场上,如果不拼人体马赛克,球迷就会不高兴。除此之外,想必巴塞罗那是世界上为数不多的经常因其地标性建筑而发生抗议的城市之一。巴塞罗那的地标建筑就是圣家大教堂,它一直都是引发各种抗议的主要原因,也从未得到巴塞罗那人的喜爱,而这一切只是因为它没有按照高迪的想法来建造,也就是说,它不够纯粹。原来圣家大教堂的不受欢迎完全出于美学原因。

不管怎样,加泰罗尼亚团结党大获全胜,几乎赢得了1907年选举中的所有议员席位。在这些新的议员中,有一位极具魅力的怪才。他曾是一名上校,但在《布谷鸟》杂志社受袭事件后,他决定离开军队。他就是弗兰塞斯克·玛西亚,一位清瘦高挑的年轻人,虽不善言辞,但为人真诚,被人们亲切称为"老爷爷"。后来,他成为第二共和国期间重建的加泰罗尼亚政府首任主席。加泰罗尼亚团结党的胜利对马德里产生了巨大的影响,也让弗兰塞斯克·坎波开始在政治上大放异彩。

坎波是一位非常特殊的人物。当时,31岁的坎波不仅是一位优秀的律师、资产阶级中的加泰罗尼亚主义者,也是一位出色的演讲者。坎波在国会引起了关注,因为西班牙国会是一个很容易发现值得注意的目标的地方。此外,国会议员们认为坎波懂得如何领导加泰罗尼亚团结党朝着对国会有利的方向发展。从某种意义上说,坎波让他们想起了30年前的普里姆将军。然而,坎波的性格特点却导致由不同意识形态者组成的团结党最终走向破裂。

当坎波在马德里取得胜利时,勒洛思也试着在巴塞罗那东山再起。他更为鲜明地支持在工薪阶层中很受欢迎的反教权主义,因为工薪阶层已经厌倦了教会和当权者蛇鼠一窝。虽然在教宗利奥十三世发出教谕《新事通谕》后,教会做出了一些支持资本主义的尝试,但从整体上讲,工人普遍感到和教会之间距离遥远。勒洛思除了发表反教权的演讲外,还鼓励他的支持者去破坏任何具有加泰罗尼亚特色的表现形式,甚至连一些最无辜的形式都不放过;他们拿着棍棒砸了萨尔达纳舞场;他们抗议并反对在学校里教加泰罗尼亚语,连教一个单词都不行;他们针对加泰罗尼亚语发表越来越带有煽动性的演讲。这一系列行动又让勒洛思重新站稳了脚跟。然而,这一切都是勒洛思在还没有回到巴塞罗那的情况下做到的,他当时人在南美。他回来之后,成立了激进党,他手下的人曾态度坚决地说过下面几句名言:"让我们放过加泰罗尼亚,但要多提防加泰罗尼亚人。"

勒洛思分子的行动在加泰罗尼亚社会中引起了不安,与之形成鲜明对比的是当时的巴塞罗那正在修建史无前例的宏伟建筑,也就是在那个时期,今天我们所能看到的巴塞罗那大致格局正在形成(虽然也有一些败笔)。1908年,加泰罗尼亚音乐厅竣工,这座建筑是加泰罗尼亚无伴奏合唱团委托路易斯·多梅内克·蒙塔内尔修建的。加泰罗尼亚无伴奏合唱团在短时间内迅速成为加泰罗尼亚主义的坚定捍卫者,它的演出无疑也变成了加泰罗尼亚爱国热情的展示。20世纪初,大量的杰出人士都与合唱团有关。成为合唱团的合作伙伴是一个人政治身份的标志,这样做一个最大的好处是他不必加入任何一个政党,就能投身于更广泛的社会运动,但合唱团的大部分领导人都是区域主义者联盟的成员。从某种意义上讲,这与今天的巴塞罗那足球俱乐部有些相似。

除彩排和办公外,合唱团还需要一个场地来举办大型音乐会。在新的莱埃塔那大街附近有一块地皮,以巴塞罗那人的眼光来看,这是一片很大的空地。实际上,从他们想要盖的大楼规模来看,这个地方并不是很合适,因为这块地被其他建筑物围在中间,如果不拆掉周围的建筑,大楼建成后很难被一眼看到。

多梅内克·蒙塔内尔忽略了这个问题,好像它根本就不存在。他建造了一座气派的大楼,他没有遵循巴塞罗那人把精力都集中于建筑内部的传统,更在意它的外观是不是能吸引人。他为大楼建造了一个具有鲜明现代主义风格的十分壮观的立面,尽管当时现代主义其实已经开始走向衰落。然而,在建筑内部,蒙塔内尔也并不拘谨。他打造了一座富丽堂皇的音乐厅，内部装饰应有尽有：画像、彩陶艺术品、雕塑、半身像、玻璃、吊灯，等等。总的来说，世界上的音乐厅都气势恢宏。当你进入一座宏伟的建筑，打开一扇门，突然发现自己置身于一个广阔的空间时，没人会对此无动于衷。利塞奥大剧院的缺点是大多数入口都在大楼的侧面，通向中央走廊的通道传递的信息过于庞杂，让人感觉不到建筑的整体气息。而音乐厅则不同，不管你从哪里进入，都会让你大吃一惊。参观音乐厅的最佳时间是在早上，阳光透过大厅周围的玻璃窗射进来，折射成五颜六色的光，舞台和观众席就沐浴在这样的阳光中。多梅内克可能有意要达到这样的光影效果，他还为音乐厅设计了一个奇怪的天花板，其实那是一个玻璃窗，像一滴落向池座的巨大水滴。最先感受到音乐厅所带来的轰动效应的是建筑工人，因为从第一天起，合唱团在付款方面就出现了问题。所有人都在很久之后才拿到酬劳，包括建筑师蒙塔内尔。这也让音乐厅工程在它建设的四年中一直都是个令人头疼的问题。为此，多梅内克非常生气，他拒绝参加 1908 年 2 月 9 日的开幕典礼。音乐厅是巴塞罗那最后修建的一栋现代主义建筑。虽然当时这个建筑获得了一致好评，但 20 年后，它已成为巴塞罗那人最为排斥的建筑之一。

悲惨一周

在富丽堂皇的音乐厅旁边，就是一幅艰难的场景。1909 年 7 月，一场殖民战争在北非的梅利利亚爆发。以罗马诺内斯伯爵为首的西班牙统治集团中的几个成员因采矿特许权所获得的利益引发了冲突，导致数千人死亡。因此，政府决定动员预备役军人，让他们去摩洛哥作战，并宣布大多数预备役军人要从加泰罗尼亚出发。被召集的军人都是多年前已经退伍的军人，其中不少人都有了自己的家庭，出征或因战争致残或死亡就会让所有以他们为依靠的家庭陷入窘境。几年前古巴战争的经验清楚地表明出征军人的命运都非常悲惨。此外,征兵并不是普遍的,有些人支付 1 500 比塞塔就可以免除兵役,但这笔钱对于大多数人来说无力承受。这样不公正的现象成为引发所谓"悲惨一周"的导火索。

自 7 月初开始,预备役军人从巴塞罗那码头登船前往摩洛哥。首批预备役军人登船是在 11 日,离别的场面令人伤感:有父母、妻儿哭着来送行,有人昏厥,有人愤怒地喊叫,有军官动粗……18 日,登船的场面变得更为混乱,这次有几位上层资产阶级的女士来和战士们告别,并为他们分发护身符以保佑他们平安,其中就有罗马诺内斯伯爵的夫人卡米拉。许多士兵感到很气愤,他们将护身符扔到地上,唾弃一番。士兵的家人们也开始大声喊叫,气氛变得躁动不安。最后,这几位女士不得不离开。上层社会和政府的厚颜无耻点燃了导火索,人们不满的情绪彻底爆发了。19 日,人们挤满了兰布拉大街,举行了反对战争和征兵的示威游行。政府决定软硬兼施:一方面,它暂停让士兵们登船,而另一方面却开始孤立巴塞罗那,不仅切断了电报、控制了通讯,还往巴塞罗那调兵。

最终,在 7 月 26 日星期一那天,大罢工爆发。从理论上讲,这次罢工要持续 24 小时。街道都被人们占领了,这些人中大部分都是工薪阶层,而警察和军队试图镇压,但没能控制住局面。最严重的事件发生在格兰大道附近的阿里保街,罢工的人们像每天上下班一样乘坐了一辆电车,军队朝电车射击,工人们从车上跳下,结果电车失控,拖着几个人一直向前开,造成三人死亡和十多人重伤。

第二天早晨,混乱的状态仍在继续,罢工演变成一场不知什么时候结束的暴乱。暴乱者试图让监视他们的士兵加入自己的阵营,但对付国民卫队唯一的办法就是展开激烈的战斗。人们不仅用铺路的方石及从各处收集来的木块、砖块在城上建街垒,也开始袭击宗教场所,最先被烧毁的是田间圣保罗教堂和圣安东尼大道上的慈善学校教团学院。在接下来的几天里,被烧毁的宗教建筑多达67座。人们将仇恨转向了教会,这主要因为:教会代表着上层阶级的利益,宗教总是让工人服从主人的命令,由教士和修女垄断的教育总在宣扬和工人想法相去甚远的信念,等等。鼓动人们烧毁教堂的人主要是激进党的勒洛思分子,他们之所以这么做,是因为这个目标很容易实现,跟袭击或占领政府机构或军营相比,风险较小。第二天早上,本来岌岌可危的情况完全失控了。没有人下达统一的命令,守卫各个街垒的队伍各自为政,相互之间缺少配合。流言四起,一些暴动者开始采取过激的行为,这也让"悲惨一周"变得更加触目惊心。一些埋在教堂和修道院里的尸体被了挖出来,其中大多数都是修女的尸体,当时有种说法,认为很多修女是受到其他修女的虐待而死。一些尸体被堆积在位于卡门街和罗伊格街之间的街垒前。当人们拖拉尸体时,一些无耻之徒居然拖着死尸跳舞,而周围人还大笑不止。这令人毛骨悚然的一幕给这次运动造成了极大的伤害,因为这种野蛮的行为令人无法接受,而后来这一点也被一些别有用心者用来诋毁此次工人运动。第二天,所有不当的行为都付出了代价。虽然军队保持克制,但国民卫队开始袭击暴动者。与此同时,参加暴动的人也意识到暴动既没有明确的目标,也不会收到任何的成效。最后,军方在周四开炮,让暴动在市中心结束,而在距市中心较远的地区,动乱又持续了一天。

到了周五和周六,大火虽已渐渐熄灭,但仍然有冲突发生,特别是在扩展区。有人被狙击手开枪打死,但扩展区并没有工人,这里的居民怀疑狙击手实际上是警察、士兵或是扮成平民的神父,他们这么做的目的就是为了挑起争端。随即,镇压和逮捕行动开始了,有数千人被逮捕,约1 700人接受了军事法庭的审判。国际知名教育家弗兰塞斯克·费雷尔·伊·瓜尔迪亚被捕是当时最轰动和最令人匪夷所思的事件之一。长期以来,保守派一直对费雷尔恨之入骨,因为他成立了一所名为"现代学校"的世俗学校,这个学校摒弃了当时人们一贯遵守的宗教准则和社会秩序。这是一所公开宣称无神论的学校,一切教学活动都用卡斯蒂利亚语进行,因为费雷尔认为加泰罗尼亚语不像卡斯蒂利亚语那样是一种通用语言。此外,这个学校的教学理念也很特别,它完全不考虑每个学生的特点,认为统一的教学方式是最好的选择。虽然费雷尔·伊·瓜尔迪亚的学校取名为"现代",但它的教学方法其实和那个时代的法国很像,没有太大的差别。费雷尔的学校问题百出,但还有人一直想给他找麻烦。最终,这所位于市政府和格兰大道之间的拜伦街的学校被关闭,原因是学校的图书管理员、无政府主义者马特乌·莫拉尔在马德里制造恐怖袭击,试图杀死国王,造成25人死亡。费雷尔在没有任何证据的情况下被指控为袭击事件的幕后指使者,他在监狱里待了一年。

虽然费雷尔·伊·瓜尔迪亚支持巴塞罗那暴动,这是无可置疑的事实,但他与暴动毫无关系,这主要是因为暴乱要实现的目标并不明确,主导思想更接近勒洛思分子而非无政府主义,尽管很多无政府主义者也参加了这次暴动。对费雷尔的审理和对其是"悲惨一周"策划者的指控影响极大。当时最为保守的报纸(如《先锋报》)都在煽风点火,指责费雷尔。加泰罗尼亚统治阶级之间达成了一定的共识,认为应该让费雷尔受到惩罚,以儆效尤。因此,在军方对费雷尔进行审判时,他们全力支持,甚至都没有想过要去调查费雷尔是否确实与所发生事件有关。尽管证据是伪造的,推论也不合理,但一切都对费雷尔不利。他们的目的就是要让这个曾用世俗学校挑战教会的无政府主义者被处决。

审判非常不公平,严重失实,这样的审判甚至让一些有地位的保守派都站出来反对。当时最有威望的诗人之一、《加泰罗尼亚之声》撰稿人、亲区域联盟作家胡安·马拉加尔曾发表过三篇文章。由于作者的名气，这几篇文章都受到了广泛的评论。在这三篇文章中，马拉加尔试图阻止对费雷尔执行死刑，他认为费雷尔从被捕的那一刻就好像已经被判了刑。他还指出，如果没有获得上帝的宽恕，不管谁有理，都不能做出裁决。这几篇文章中，特别是在第三篇，马拉加尔暗示教会在一定程度上应该对这种情况负责，而不应听之任之。这是马拉加尔第一次站在工人和工薪阶层一边，而不是为富裕阶层说话。虽然有很多国际人士抗议，也有不少类似马拉加尔所发起的运动，但军方对血债血偿的愿望太过强烈，最终，费雷尔于1909年10月13日在蒙特惠奇城堡前的战壕中被枪决。

新哥特区

"悲惨一周"让巴塞罗那产生了显而易见的变化，城市里最窄的街道被拓宽，最古老的街区也得以改造。其实，我们在塞尔达1859年的方案中就已经看到他打算用宽阔的大街自北向南、自西向东打通被城墙封闭的老城的想法。这个方案会给城市的结构造成破坏，但这并不是方案被推迟实施的原因，真正的原因很简单：这样做成本太高。建设扩展区是一项不错的生意，因为这个区城市化改造的过程就是建造房屋的过程，而拆除旧街区不仅需要对业主进行赔偿，还得修建新的建筑，这比在城外建房成本高得多。这就是为什么旧城区的拆除计划被无限期搁置的原因。但也有一些原来的方案得以执行，例如，尚未完工的主座教堂最终完工。主座教堂内部是哥特风格，而外部的立面尚未完成，工程自1417年就停止了。它的立面由巨大的方石建成，笔直高耸，上面有三扇大玻璃窗和几扇小窗，一扇非常简朴的大门镶嵌在拱形的门框中。在19世纪最后的30年,新哥特式风格开始流行,这更让人觉得主座教堂的立面还没有完成。

在哥特式风格已经不再流行的几个世纪后,银行家曼努埃尔·赫罗纳决定推进为主座教堂修建一个哥特式立面的计划。但因无人主动出资,赫罗纳只能自己支付了这笔钱,但这笔钱可能不够用来建造一个足够坚固的立面,而只能在主座教堂的墙面加上一种用金属钩固定的哥特风格的装饰。这个方案引起了争议。人们又提出了很多不同的方案,甚至就连不是建筑师的赫罗纳本人也提出了一个方案。然而,最终通过的方案并不是人们鼓掌支持的那个。在经过无休止的商讨之后,人们最终决定将两个方案结合,按照这个方案建造的立面就是今天我们所看见的主座教堂的立面。1913年,主座教堂巨大的圆顶落成,主座教堂也真正竣工。

最终,主座教堂的外观呈现出一种夸张的哥特式风格,与它所在街区的整体氛围显得格格不入,因为随着时间的推移,这个街区也慢慢被改造,到19世纪初,它已经变成一个风格朴素的街区,建筑上既没有哥特式的窗户、垛墙,也没有半圆形的拱门。有人提议对这个区进行改造,这样也可以顺便完成塞尔达的部分设计方案,而他的方案是以修建纵横大道为依托的。

路易斯·多梅内克·蒙塔内尔计划拆除将主座教堂与圣若梅广场隔开的所有建筑物,这样可以开拓出一个巨大的空间,在这个空间中仅保留奥古斯都罗马神庙留下来的三根柱子。大家尚在讨论这项计划的时候,开辟莱埃塔那大街的工程启动了,这是塞尔达设计的穿越老城的大街中唯一被完整建成的一条。

莱埃塔那大街的修建不仅是一项为了将巴塞罗那变为现代化都市的城市改造计划(坦白讲,在现代化这方面的突破有限),也是一桩极好的投机生意。巴塞罗那很多资产阶级人士都满心欢喜地参与其中。1908年3月10日,阿方索十三世国王下令从安普勒大街的71号开始拆除工程,那里是蒙尼斯特罗尔侯爵的家。在修建莱埃塔那大街的过程中,有270个庄园被征用,大约10 000人不得不永远离开家园,数十条街道消失了,还有很多街道变得面目全非。

并非所有人都对此感到高兴,而且这样的人为数不少,特别是中产阶级以及一大部分对艺术和历史敏感者,虽然他们进行了抗议,但拆除工程还是开始了。为了平复抗议人群的情绪,市政府提议列出一份被拆除的建筑清单,这遭到了工程负责方西班牙殖民银行的反对。正是这份清单让人们得到了启发,他们发起了另一项在拆除工作开始时没有想到的运动:必须要拯救一切可以拯救的东西,不仅仅是小件的建筑或艺术作品,如果可能的话,甚至应该拯救整栋建筑物。人们对这项工作充满热情,大家挑选了数百件物品及建筑物的残垣断壁,放到了市政府的仓库里。人们选择的东西太多,仓库里都放不下了。至今有人认为主座教堂周围的那个令巴塞罗那人很不满意的区域之所以能被改造,要归功于那些被移进去的物件或是整栋建筑。

我们提到的这个区被称为哥特区,政府认为这才是它该有的风格,应该说巴塞罗那人普遍上满意这种风格。此外,将一些建筑物移到哥特区的内部让这个街区的面貌发生了更大的改变。最重要的变化就是巴德亚斯之家,它原来在旧梅尔卡德尔斯街(差不多就是今天国家工作促进会所在的位置),后来被移至国王广场地势最低的位置。迁移工程开始后,在铺设地基时,发现了今天我们还可以去参观的壮观的罗马遗迹,这些遗迹一直延伸到迪内尔礼堂的地下。实际上,除了这些遗迹,人们还发现了西哥特时期及13世纪的中世纪巴塞罗那古基督教大教堂的一部分。这些惊人的发现不禁让人们神游往昔。

通过一块又一块地搬运石头的方法来迁移建筑物,以前在巴塞罗那也发生过。实际上,现在位于阿拉贡街上的孔塞普西奥大教堂就是圣玛丽亚-德容克雷斯修道院(原先位于现同名街道)和圣米盖尔教堂钟楼的结合体，这两栋建筑都在拆除城墙时受损。就这样，通过一系列的改造工程，一座地道的哥特式教堂在扩展区右侧中部修建完成。

高迪的神话

那些年里，大兴土木的热潮并没有随着新的莱埃塔那大街的出现而结束(这个名字很可能是后来弗兰塞斯克·坎波取的)，城市扩张的热情还在继续。一方面，多梅内克·蒙塔内尔正在修建新的圣克鲁斯和圣保罗医院的大楼，医院在远离市中心的山区。多梅内克·蒙塔内尔不满意塞尔达的方案，他打破了扩展区八角形设计，借口在于：由于气流的走向，他所做的改变会对病人的健康有利。他将整个医院(或者说几乎是整个医院)都"转"了45度，因为市政府要求医院入口处的立面必须保持原来的方向。在这座现代主义风格的新医院和另一座气势恢弘的新建筑圣家大教堂之间，诞生了一条在最初的设计中不存在的主干道，这是一条斜街，后来，它变成了高迪大街。

在那些年里，安东尼·高迪正在一点一点地盖着他的圣家大教堂。高迪在很多年前就接受了这项任务，因为当时这项工程的发起人、巴塞罗那最虔诚的书商约瑟普·玛丽亚·博卡贝拉及其顾问建筑师霍安·马尔托雷尔对弗兰塞斯克·德·保拉·维拉尔所设计的教堂第一层草图不满意。博卡贝拉和马尔托雷尔想要建一个和洛雷托的圣家圣殿一样的大教堂，而维拉尔却想要修建更为传统的新哥特式风格的教堂，这种风格在当时很流行。博卡贝拉和马尔托雷尔解雇了维拉尔之后，一致认为新的建筑师应该是一位大有前途的年轻人，这个人曾和马尔托雷尔一起工作过，他就是雷乌斯人安东尼·高迪。

圣家大教堂的修建开始了高迪的神话。高迪最初被归为现代主义风格的建筑师，但人们很快就从他的身上看到了一些完全不同的东西，它远远超出了一种特定的艺术风格。高迪就是高迪，他是独一无二的，是那个时代的产物。高迪的作品拥有极致的外观，这不仅是对自然深入观察的结果，也体现了一种独特的理念：整个物质世界都是数学计算的产物。高迪设计了一座非常奇特的圣家大教堂，在教堂修建的过程中，高迪的想法也越来越接近神秘主义和某种对宗教的癫狂。高迪的宗教观是非常奇怪的，这一点众所周知，因为他年轻时似乎是坚定的反教权主义者。关于这一点，约瑟普·普拉在他的作品《大人物》中讲了下面的话，他照搬了费利·伊利斯在其所著的一本书中提到过的一件趣事：

> 佩拉约咖啡馆的晚餐厅曾有过一次有趣的聚会。这是一个小型茶话会……是反教权主义者的聚会。据说，这些人聚在一起就只是为了发牢骚，就像是他们的一种夜间习惯。参加这个聚会的人有建筑师高迪和奥利维雷斯，还有另外一位叫法加斯的先生。高迪当时是建筑界的新手，他很有天赋，也很有创意，他参与过休达德拉城堡公园的修建工程，设计过皇家广场上漂亮的路灯，等等。他坚决反对天主教，积极参加最为激烈的反教权主义的示威游行，甚至还站在教堂门口叫喊着，大骂那些进出教堂的教徒是"温顺的羔羊"。主会好好惩罚他的！

高迪反教权的过去并不影响他成为一位不折不扣的建筑家。当高迪设计的建筑施工时，他会毫不犹豫地住到工地去。在桂尔公园和后来的圣家大教堂建造时，他都是这样做的。

整座圣家大教堂充满了象征主义的色彩，用神学及教理去解读的话，会发现每处设计都有自己的意义。将这种象征主义体现得淋漓尽致的就是对教堂中央塔楼高度的设计，塔楼高172.5米，是教堂最后建成的部分之一。在高迪的时代,人们认为修建圣家大教堂的地方高出海平面30米(实际上要更高一些),而巴塞罗那最高的蒂比达博山高度刚好是200米。因此,被称为耶稣塔的中央塔楼比蒂比达博山的最高峰低两米,因为人类的作品不能超过上帝的作品。这只不过是高迪对象征主义运用的一个小细节。

高迪知道自己无法完成圣家大教堂,他知道自己会在教堂远未完工时离开这个世界。因此,他为后人指明了建筑整体的走向,但没有提出能够解决设计带来的技术问题的具体建筑方案,他相信在接下来的几十年里会出现解决问题的方法。虽然他留下的大部分关于设计模型的文稿(很少)和试样(很多)在1936年7月那些动荡的日子里都遗失了,但现在看来,他是对的。圣家大教堂成了无政府主义团体针对的对象,因为这座教堂属于赎罪教堂,这让他们非常不满。巴塞罗那是世界上唯一拥有两座赎罪教堂的城市,它们分别是圣家大教堂和圣心圣殿,这两座教堂是在同一时期开始修建的。在一座城市修建一座赎罪教堂是为了让这座城市违背上帝意愿所犯下的罪行得到宽恕,因此,它的财政运作只能依靠想要获得上帝宽恕的教民的捐赠。拥有两座赎罪教堂等于向世人宣告巴塞罗那是世界上罪孽最为深重的城市,但正是因为这两座教堂,巴塞罗那吸引了众多的游客,也正是这两座教堂,体现出巴塞罗那人有多么喜爱自己的城市。

在修建圣家大教堂的同时,高迪还接受了其他酬劳更为优厚的工作委托。其中之一来自上层资产阶级的佩雷·米拉和罗瑟·西格蒙,他要在普罗旺萨街和格拉西亚大道相交处的街角修建一栋非常现代的房子。这座房子就是著名的米拉之家,或称为拉佩德雷拉("采石场"),它是高迪最重要的作品之一,也可能是巴塞罗那人最喜欢的高迪作品。如果我们足够严谨,这栋房子其实不应该被称为"米拉之家",而应叫做"瓜迪奥拉之家"。

约瑟普·瓜迪奥拉(他和那位足球教练一点关系都没有)曾去过美洲,他在危地马拉种植咖啡,发了大财。他生产的咖啡质量特别好,这是因为他发明了一种机器(所有人都称之为瓜迪奥拉机)可以自动烘干咖啡豆,这让他的咖啡豆更为干燥、品质更好。此外,这种机器能快速烘干咖啡豆,比用传统方法快得多。有了这台机器,瓜迪奥拉生产出了当时质量最高的咖啡,他也因此赚了很多钱。除了咖啡,他还投资金融,这更是让他的财富成倍地增长。当瓜迪奥拉到了一定年纪,决定让自己的一个女儿陪他回到加泰罗尼亚。瓜迪奥拉确实是可以选择的,因为他和不同的女人生了很多个女儿,但他可能只认识其中的几个。陪他回来的女儿罗拉在雷乌斯把她认识的一个女孩罗瑟介绍给了父亲。当时的罗瑟只有22岁,而瓜迪奥拉已经59岁了,他觉得罗瑟是世界上最美丽的女人。他们结了婚,去了巴黎生活。10年后,瓜迪奥拉去世,留给他的遗孀一笔巨额的财富。那时,罗瑟才32岁。

罗瑟·西格蒙成了很多人梦寐以求的寡妇,但她从来都不为此而感到开心。显然,她对瓜迪奥拉的爱是真诚的。瓜迪奥拉死后一年,罗瑟去维希浴场度假,她在那儿遇到了出身良好家庭的巴塞罗那律师佩雷·米拉,他更为人熟知的名字是佩利科。他比罗瑟小4岁,天生就是个诱惑者,但他有个坏习惯,花钱总是大手大脚,经常入不敷出。他对生活充满激情,喜欢汽车和斗牛。几年后,他成为纪念斗牛场的建造者和经营者,并组织了巴塞罗那第一次汽车比赛。人们都说他是巴塞罗那最优雅的人。他甚至还创建了鸽子舞厅,这充分体现了他的性格,该舞厅多年来一直是巴塞罗那最具代表性的地方之一。佩雷·米拉为人和善、长于交际、热情、年轻、优雅、等等。总之,他拥有一切。佩雷·米拉成功地让罗瑟爱上了他,但罗瑟并没有下定决心。她的丈夫刚去世不久,佩利科又工于心计,对她来说,也许还没到一个合适的时候。米拉使出浑身解数,加紧追求罗瑟。他送了两朵玫瑰到罗瑟的房间,一朵红玫瑰和一朵白玫瑰,并在纸条上写着,如果她出来吃晚餐时戴着红玫瑰,就代表她接受了自己。罗瑟胸前戴着红玫瑰去了浴场的餐厅,他们正式开始恋爱。之后,他们结了婚,并在学业大街安了家。

19世纪,居住在兰布拉大街一直是富人的一种时尚,但在注重现代性的20世纪,人们更愿意住在扩展区。佩利科的一位好朋友佩雷·巴特略正在装修他在格拉西亚大道和阿拉贡街相交处买的房子,米拉彻底被这栋房子迷住了。他想认识一下负责这项神奇工程的建筑师。当他与高迪谈过之后,他认为像自己这个层次的人应该在格拉西亚大道上拥有一栋私宅。此外,这栋房子的设计师必须是高迪,虽然此人性格孤僻,总爱板着脸,但的确是个天才。

现在,米拉有钱来盖这栋房子了。当时,有人说佩利科结了两次婚,一次是和瓜迪奥拉的遗孀,一次是和瓜迪奥拉咖啡机,也就是罗瑟的金库。他在普罗旺萨街和格拉西亚大道相交的街角找到了一所独栋房子,他把房子拆掉并把这片地块交由高迪处置。米拉夫妇和高迪之间的关系非常复杂:高迪当时已是鼎鼎大名,米拉则想要一栋巴塞罗那最为壮观的房子,而罗瑟觉得这一切都需要用她前夫在危地马拉挣的钱来支付,她也想发表意见。

高迪设计了一栋奇怪的房子,他没有使用直线条,房屋内部也没有承重墙,整栋房子完全靠柱子支撑,而柱子的形状也与传统大不一样。另外,高迪还无意中违反了市政厅的规定。例如,他在超出房屋用地范围之外的地方设计了一根柱子来更好地支撑阳台。市政府要求他拆除柱子,高迪回应说他会把柱子砍断,不过,他会在石头上刻字说明为什么把柱子砍掉。市政府只能让步。阁楼也是一样,超出了预计的面积。最终,高迪建造了一栋非同寻常的房子,这是巴塞罗那第一所拥有车库的房子,整个建筑浑然一体,内外完美结合。从技术层面讲,这所房子尚未完工,因为还没有安置守护房子的持念珠圣母像,这也是为了向房子的女主人致敬,但在"悲惨一周"发生之后,米拉夫妇决定最好不要引起事端。

在房子的建造过程中,巴塞罗那人也会走近去观望这栋奇怪的房子。房子的名字"拉佩德雷拉"(La Pedrera)在加泰罗尼亚语中是"采石场"的意思,因为它看起来仿佛是从山上凿出来的一样。高迪去世后,罗瑟·西格蒙拆除了她所居住的主要楼层上所有的现代主义装饰,也换掉了所有高迪设计的家具。因为她更喜欢古典风格,而高迪的现代主义风格让她觉得过于繁复。即便如此,多年以后,高迪设计的装饰和家具又被恢复了原样(今天我们参观米拉之家时,还可以看到)。此外,米拉之家的一部分一直都是居民住宅。

电影制作人和剧作家——阿方索十三世

巴塞罗那不仅以其建筑闻名,它还成为西班牙电影的圣城麦加。很多电影制作人和导演(那个时候,这两种身份区分不大)都来这里拍摄电影,这从巴塞罗那有电影放映的年代就开始了。其中最为重要人物无疑是塞冈多·德·乔蒙,他是特鲁埃尔人,定居在巴塞罗那。那时,他开始为法国百代电影公司工作。乔蒙是一位极具创新精神的人,他在巴塞罗那的工作室里发明了之后被称为"定格动画"或"逐帧动画"的拍摄技术。几年之后,当他在巴黎生活时,他又发明了推轨镜头拍摄法,这也是第一次实现了在任何平整的场地都能用移动摄影机来进行拍摄。

当时,其他的电影工作者还有住在桑兹区的弗鲁克多斯·格拉贝以及里卡尔多·巴纽斯和拉蒙·巴纽斯兄弟,他们成了全西班牙最重要的无声电影制作者。巴纽斯两兄弟制作了三部非常特别的电影：《忏悔者》《女性诊室》和《大臣》。这三部电影都是色情电影，如今，它们被保存在巴伦西亚电影资料馆里（其中一些片段可以在网上看到）。电影的制片人（出资方和构思人）及编剧是国王阿方索十三世，而执行制片人，也就是负责拍摄及雇用主要演员的人，正是间接造成"悲惨一周"的罗马诺内斯伯爵。阿方索十三世对色情电影很感兴趣，他经常和朋友一起观看此类电影。作为一名"合格"的波旁家族成员，他保持着极为频繁的婚内及婚外性生活，直到他得知自己的妻子、苏格兰美女维多利亚·尤金尼亚·德·巴特姆贝格是血友病患者后，才对她失去了热情。波旁王朝的阿方索热衷和各种类型的女人进行亲密接触，无论是贵族、富人、穷人还是妓女，他都不在乎。众所周知，在阿方索十三世的一生中，他曾与各种类型的女性有染。

虽然不知道是谁的主意，但确实是国王委托罗马诺内斯负责拍摄他想出来的这三部短片。罗马诺内斯去找了他遇到的最好的电影制片人巴纽斯兄弟，后者通过这三部电影大发横财。巴纽斯兄弟并没有把问题复杂化，他们直接雇用了拉瓦尔区的妓女和皮条客。国王本人构思的情节想象力平平：一个要去做忏悔的女人，为了赎罪不得不和神父发生关系；几个女人去看医生，而医生趁机和她们发生了关系；一个女人去请一位大臣帮忙，大臣提出以陪他上床作为交换。这几部电影不论是情节还是演员都粗制滥造，这非常符合色情电影的传统。

加泰罗尼亚共同体

在建筑和艺术发展的同时，加泰罗尼亚的政治依然动荡不安。"悲惨一周"不仅让所有政党震惊，也导致了他们之前结成的联盟破裂。现在，控制着强大的巴塞罗那议会的区域主义者联盟开始实施一种可能性战略。它们希望通过支持马德里轮值政府来实现加泰罗尼亚的自治。从政治层面讲,这是一个巨大的转变,因此,区域主义者联盟又提出另一种可能性:国家允许一些议会联合,或者说,允许这些议会在某些领域采取共同行动。虽然这不是自治,但也类似。最终,西班牙国会妥协,条件是只要这种体制适用于整个西班牙。但到最后,只有加泰罗尼亚的四个议会采用了这种体制。

1914年4月6日,在巴塞罗那议会大楼的圣霍尔迪大厅(加泰罗尼亚政府大楼)成立了加泰罗尼亚共同体,主席为区域主义联盟党的恩里克·普拉特·德·拉里巴。虽然区域主义者联盟处在领导地位,但除了激进党,其他所有政党都做出了贡献。加泰罗尼亚共同体的工作非常重要,特别是在普拉特·德·拉里巴(1917年,他死在了加泰罗尼亚政府大楼前)担任主席期间,它的工作已经远远超出了它的职能范围。普拉特·德·拉里巴经常提起,这是自从《新基本法》颁布以来加泰罗尼亚首次享有一定的自治权。

加泰罗尼亚基础设施的现代化改造是关键的一步。例如,加泰罗尼亚共同体尝试让所有的城市都能通电话、有图书馆、有公路联通、通自来水、通电。但是,除了这些关于加泰罗尼亚发展的基本问题之外,共同体也在教育和文化方面做了一项非常重要的工作,而巴塞罗那就是这项工作最直接的受益者。普拉特·德·拉里巴最早所采取的措施之一,就是将他在担任巴塞罗那议会主席时付诸实施的两个想法提上了日程。首先,要加强加泰罗尼亚研究院(IEC)的作用,这是一所研究加泰罗尼亚科学的学院,对加泰罗尼亚语的发展起到了至关重要的作用;其次,要大力完善加泰罗尼亚图书馆的建设,图书馆是研究院的附属机构,是在中央政府投入较少的情况下建立的。那时,在位于圣若梅广场的议会大楼二层,很多房间都被这两个机构占据。现在,这两个机构已经迁到了拉瓦尔区原圣克鲁斯医院的所在地,自

1931年共和国成立，它们就搬到了那里。

加泰罗尼亚研究院的语言文学部是由工程师庞佩乌·法布拉领导的。虽然他刚正不阿，但很有教养，彬彬有礼。像很多知识分子一样，他也担心加泰罗尼亚语分崩离析的状态，认为加泰罗尼亚语在短短几十年里就已经被边缘化。他根据当时一个语言文学流派的观点，提出有必要将加泰罗尼亚语进行系统化整理并予以规范。1913年，他通过加泰罗尼亚研究院发布了《正字法》。这一举动引起了巨大的争议，有人持赞成态度，也有人反对。加泰罗尼亚共同体立即采用了新的正字法，这极大地推动了加泰罗尼亚语的规范化。

加泰罗尼亚共同体实施的另一项推动巴塞罗那变革的重要措施，是创建并完善一系列工业学校，这些学校促进了年轻人对技术知识的学习。这些学校并不是要完全替代大学，而是要创建一个处于中等教育和高等教育之间的学习环境。很多这样的学校都在位于乌尔赫尔街的工业学院内，那里以前是坎·巴特略纺织厂。这些学校和建在巴塞罗那大学医学系旁的临床医院被认为是扩展区左侧城市化发展的主要推动力量。工业学院、临床医院、莫德尔监狱以及巴塞罗那足球俱乐部使用了很长时间的第一个球场，扩展区的左侧开始拥有了自己的实体单位。在这个区域，大量的服务机构与民房混合在一起，这样的发展方式跟扩展区右侧大相径庭。

加泰罗尼亚共同体的工作涉及教育的很多领域，这些领域为促进加泰罗尼亚社会的现代化发展起到了重要作用。在提高妇女地位方面，共同体更是推行了卓有成效的举措，它不仅创建了直接面向女性的女子职业学校和服装学校（教授裁剪和缝纫），还建立了三个当时认为适合女性学习的专科学校：护士学校、图书管理员学校和师范学校。现今，认为女性仅适合从事某些行业（例如护士、图书管理员或教师）是非常保守的想法，虽然这些职业都非常令人尊敬，但我们应该以

20世纪初人们的思维方式来看问题。虽然加泰罗尼亚共同体中的男性(基本上都是男人)绝对算不上是革命派,但他们非常现代,也愿意让加泰罗尼亚在工业发展和社会习俗方面一路领先。

加泰罗尼亚共同体存在的那些年一直都在积极地推动现代化改革。现代主义逐渐失去活力并走向消亡,新世纪主义兴起,这一切都绝非偶然。新世纪主义崇尚古典,但以最现代的方式来追求古典。虽然对法国的崇拜仍然存在,但新的圣城已经不再是巴黎,而变成了纽约。美国以及后来处于魏玛共和时期的德国成为新世纪主义精神追求的典范。新的农业技术来自加利福尼亚,新的建筑以及文学形式来自德国,杂志也极力模仿芝加哥、纽约和洛杉矶的编辑方式。虽然当时法国的电影依然流行,但人们已经开始对美国电影感兴趣。新世纪主义主张克制应战胜冲动,秩序应压制无序,理性应战胜感性。

显然,新世纪主义与加泰罗尼亚人及巴塞罗那人的部分观念是相通的,但它摒弃了加泰罗尼亚人身上最为卑劣的一些特性以及他们给人留下的根深蒂固的形象。例如,新世纪主义试图抹去加泰罗尼亚人暴力革命者的形象,始终强调加泰罗尼亚历史上政府机构所奉行的协约主义;而这种协约主义,就像我们之前讲过的,并不是以平等和公正为基础的,它所体现的观念是:"一个不完美的协议无论如何也好过靠武力达成的一致",这和真正的"协议"有着微妙的差别。

第一次世界大战:一个出奇繁荣的时代

第一次世界大战就在这样的环境中爆发了。早在几年前,很多人便预见到会有战争到来,但谁也没有料到有一天会在所有欧洲强国之间爆发一场大战。自从奥地利大公在萨拉热窝被暗杀之后,重大事件接踵而至。1914年8月初,人类历史上史无前例的大战爆发。虽然在之前的战争中已经看出新兴工业技术对战争方式产生的深刻影响,但这次大战则充分体现出了新式战争的残酷性。能给战争一方带来致命打击的决定性战役已不复存在。在以前的战争中,一国或一个联盟的大部队击败另一方,对方就已经失去了翻身的机会,但现在交战双方能够一次又一次地组建更有杀伤力的新队伍。此外,新型武器的出现及武器的大规模生产都让新型军队的杀伤力变得更为可怕。同时,随着欧洲食品供应的增加、卫生条件的改善和社会关怀的加强,参战的欧洲人体格也比以前的几代人更为强壮,可以说,这是历史上拥有年轻健康男性数量最多的时期。

巴塞罗那是一座工业城市,它不靠近前线。就像斯德哥尔摩,或多少类似于苏黎世和日内瓦,世界大战给巴塞罗那带来了难以想象的繁荣。所有军队后勤部门的首脑们都要求加泰罗尼亚的工厂为他们服务。在加泰罗尼亚,从来没有像在这个时期一样生产过那么多的制服和毯子。但世界大战不只是直接影响了工业的发展,巴塞罗那还受到一些出身权贵家庭的年轻人的青睐。成百上千的年轻人为了逃避战争来到这里,其中很多人来自法国,也有一些来自中欧,他们不想和自己的同胞一样冒险。巴塞罗那还出现了交战双方的间谍(例如神秘的玛塔·哈里)。此外,奢靡的色情活动达到前所未有的水平,毒品泛滥。从那时开始,巴塞罗那的外来客和本地人吸食可卡因变成一种常态,这是史无前例的。这并不是因为人们不了解可卡因,早在几十年前,一些药店就宣称可卡因可以帮助孩子提高学习效率,也可以让学生在考试期间集中精力。在那个年代,人们并没有将可卡因视为毒品,而是当成一种兴奋剂。因此,它没有引起人们太多关注。

弗兰塞斯克·坎波曾在他的回忆录中这样反映了战争的情况:

> 我们的态度非常明确:西班牙必须保持中立……因为没有其他的选择。西班牙既没有足够强大的军队,也没有既定

的国际目标。必须要尽一切可能避免战争对政治和经济造成破坏……如果可能的话,还要尽量利用战争带来的破坏。从参战国家的数量上看,这次战争是史无前例的,这在加泰罗尼亚引起了很大的轰动,所有人都害怕战争会带来灾难性的后果。居然没有人想到西班牙能经历一段异常繁荣的时期!所有人都忘记了半个世纪前的一句名言:"雨水、阳光和塞瓦斯托波尔的战争"①。这句话想说的是,因为西班牙所处的地理位置,它可以很好地利用周围其他国家交战的时期。这就好像反过来讲,当周边那些大国和平相处时,西班牙则变得无人问津。

毒品、妓女、源源不断的资金……从1914年夏到1915年夏的一年时间里,巴塞罗那发生了改变。已经成为巴塞罗那休闲场所的平行大道变成了一个日夜开放的空间,到处都是咖啡馆、剧院、妓院、游乐场和餐厅。这太疯狂了,平行大道和中国区的各种生意都得到了蓬勃发展,无论是那些见不得光的,还是那些非同寻常的。那种氛围是当时世界上其他任何地方都没有的,所以巴塞罗那吸引了那些逃离战争以寻找机会的人。但是,与此同时,对流入巴塞罗那的财富的分配却变得越来越不合理。富人和机会主义者富得流油,而工薪阶层和处处谨慎者的收入却每况愈下。无政府主义者和那些眼睁睁地看着财富之河从眼皮底下流走的人们都蠢蠢欲动。来到巴塞罗那的不仅有大国派来的间谍和特使,还有反战人士和那些认为战争可能引发革命的人。一位在意识形态上较为倾向无政府主义和加泰罗尼亚主义的年

---

① 塞瓦斯托波尔是位于克里米亚半岛西南岸的港口,也是19世纪中叶克里米亚战争时英俄两国必争之地。克里米亚战争造成欧洲部分地区局势动荡,土耳其人在法国和英国的帮助下攻占了俄国手中的塞瓦斯托波尔。由于气候恶劣,乌克兰谷物粮仓里到处都是蜘蛛网,而卡斯蒂利亚的粮仓为欧洲很多国家提供了昂贵的谷物。——译注

轻作家约瑟普·玛丽亚·弗兰西斯曾讲过：

> 我们活得就像鸡尾酒里的泡沫，而这种鸡尾酒是由军事委员会、激进工会、不屈服的议员及各式各样的谣言勾兑而成的。气氛压抑到令人窒息，如果有胆大妄为的人带头闹事，很难预测会发生什么……巴塞罗那的局势也非常紧张，已经影响到令人兴奋的城市扩建。1917 年，人们对圣体游行、圣胡安节及圣何塞节前夜狂欢派对的热情明显降低。到处都弥漫着危险的味道。

当战争还在进行时，巴塞罗那的繁荣景象就结束了。美国加入战争改变了一切。对于法国和英国而言，美国实业家是他们的盟友，与加泰罗尼亚人相比，他们生产的产品质量更好、价格更为便宜，最重要的是不必提前付款，一切都可以推迟到战后再说。因此，巴塞罗那很快就失去了自己的优势。同时，俄国的战争已经达到高潮，革命爆发。在西班牙，通过《管辖权法》获得自治权的军人组成的军事委员会依然试图在国家内部获得更大的权力。区域主义者联盟出错了牌，他们试图捍卫西班牙整个资产阶级的利益，但并未获得预期的支持。无政府主义者中最重要的派系组织起来建立了工会，即全国劳工联盟（CNT）。这个组织一直保持稳步上升趋势，1917 年，它的力量已经非常强大。8 月，全国劳工联盟联合劳动者总联盟（UGT）中的社会主义者（在加泰罗尼亚占少数）发起了总罢工，这是第一次由无政府主义工会领导的罢工。

一场噩梦

原本可以开启一个伟大繁荣时代的"局"最终像噩梦一样结束了。

许多巴塞罗那工业家都变得富可敌国,但很少有人投资改善工厂环境或改变工业结构以促进工业的现代化发展。他们赚了很多钱,大部分都用来购买房地产、汽车和珠宝,而投入到机器及工人住房上的钱非常少,更不用说投资医疗卫生服务来改善弱势群体的生活条件了。

1919年,全国劳工联盟领导了一场声势浩大的罢工,这次罢工以"加拿大公司大罢工"之名被载入史册。加拿大公司是巴塞罗那主要的水力发电公司,因为公司的大股东是一家加拿大银行,所以被称为"加拿大公司"。罢工是由于该公司解雇了一些办公室职员而引起的。罢工开始于该公司,随后扩大到整个行业,最后波及所有劳动者。巴塞罗那70%的工厂都在某个特定的时间关闭,而实际上几乎所有工厂的产量都大幅度下降。罢工持续了数月之久,从这次抗议活动中涌现出两个非常受欢迎的无政府主义领导人:萨尔瓦多·塞吉(人称"爱吃糖的男孩")和安赫尔·佩斯塔尼亚。

在这次罢工中也出现了两种理解无政府主义的方式:一种方式是专注于传统的工人斗争,包括罢工、抵制和组织抗争互助会;另一种方式则继承了以前那些制造炸弹袭击的无政府主义者的部分观念,支持所谓的"直接行动"。餐厅服务员霍安·加西亚·奥利维尔和弗朗西斯科·阿斯卡索及机械师埃纳文图拉·杜鲁蒂成了一群无政府主义者的领袖,这些人不仅袭击雇主,只要有可能,还会窃取公司的利润分给其他的同伙。这些人很快就受到了惩罚。惩罚首先来自军队和警察,然后来自他们的雇主。工厂主们会组织一些人对工人领袖进行报复,而这些实施报复的人通常都是"自由工会"的成员。

在很多年里,巴塞罗那都处在一种可怕的"行动-镇压"的模式中,而那些倒下的人往往并不是凶手和最重要的煽动者,而是支持和平解决冲突的人。1920年11月8日,塞韦里亚诺·马丁内斯·阿尼多将军被任命为巴塞罗那省的省长。这个人粗鲁蛮横,他在古巴、菲律宾和摩洛哥所实施的暴行和屠杀让他声名狼藉。马丁内斯·阿尼多推行了所谓的《逃犯法》：国民卫队将被逮捕的人带到一个偏僻的地方，告诉他们可以离开了，但当这些犯人要离开的时候，国民卫队就可以从背后开枪，理由是犯人试图逃跑。数十名工会成员及政府的反对派被以这种方式杀害，其中许多人就死在莫德尔监狱附近。

除此之外，马丁内斯·阿尼多为自由工会的枪手提供了前所未有的支持，他承诺为暗杀行动提供一切必要的掩护。1920年11月20日，他下令抓捕数十名工会成员。36人被送往梅诺卡岛的拉莫拉城堡，其中就包括一位年轻的律师路易斯·孔帕尼斯。

孔帕尼斯经常与巴塞罗那最有威望的劳工法律师弗兰塞斯克·拉伊雷特合作。孔帕尼斯的妻子求助于拉伊雷特，因为政府要将她的丈夫流放。当时住在巴尔梅斯街26号的拉伊雷特决定离开家，陪孔帕尼斯的妻子梅尔茜·比克去看看他能做些什么。下午5点半左右，他走出家门，梅尔茜·比克在一辆出租车里等他。在拉伊雷特上车之前，一个穿着工作服的年轻人走近他，朝他开了7枪，拉伊雷特当场死亡。这只是那张长长的谋杀案清单上的第一起，这些谋杀远远超过无政府主义团体所犯下的罪行。

1923年3月10日，萨尔瓦多·塞吉在拉瓦尔区的卡德纳街被杀害。他是当时无政府主义工会团体中最厉害的人物，有着非凡的领导能力，思路清晰，善于准确把握自己所在团体应采用的策略。当时，塞吉和其他一些工会成员在乌尔奎那奥纳广场的烤炉酒吧喝咖啡，其中就有路易斯·孔帕尼斯。塞吉和他的同事步行前往全国劳工联盟的玻璃制造商工会，当他们走到卡德纳街与圣拉法埃尔街相交的拐角处时遭到枪击。塞吉头部中枪，倒在地上。他的同事虽然受了重伤，但最终成功逃脱。一名枪手在犯罪现场掉了一个皮夹，里面有自由工会的证件。

因为这些暗杀事件,态度最为强硬的无政府主义者们组成了一个名为"团结者"的组织,该组织不仅以暗杀自由工会成员为目标,还暗杀西班牙的重要人物,但这些人并没有直接参与暴力事件。例如,他们刺杀了萨拉戈萨红衣主教胡安·索尔德维拉,这是对萨尔瓦多·塞吉遇刺事件的直接回应。

移民的冲击在某种程度上也是造成这种极端暴力行为的原因。自 19 世纪末以来,就有大量移民涌入加泰罗尼亚。之前,移民没有带来什么问题,这主要是因为加泰罗尼亚的雇主既歧视新来的移民,也歧视当地人。总体而言,移民的到来是有积极意义的:移民能轻易地融入当地人的生活,他们很快就开始讲加泰罗尼亚语,也迅速适应了当地的一些习俗。相反,当地人与被派到加泰罗尼亚任职的官员的接触要复杂得多,通常他们之间有无法逾越的鸿沟,因为这些官员往往与国家机构联系更为紧密,也往往对西班牙文化有更强的认同感。当然,不论是革命派还是保守派,他们的成分都非常复杂。

然而,来自西班牙同一地区的移民大量涌入,在一定程度上打破了这样的局面。从 1910 年到 1920 年的短短 10 年间,加泰罗尼亚的人口从原来 200 多万增加到 235 万,也就是说,仅仅在 10 年的时间里,加泰罗尼亚的人口增长率就超过了 12%。巴塞罗那及巴塞罗那省接收了大部分的移民,而在随后的 10 年中,移民的速度又进一步加快。开始于 20 年代的巴塞罗那地铁工程吸引了成千上万的穆尔西亚人(还有阿尔梅里亚人,但当时的统计把他们归入了穆尔西亚人),他们通常定居在略夫雷加特河畔的奥斯皮塔莱特,这里离巴塞罗那及横向地铁工程(差不多就是今天的地铁一号线)都很近。这是加泰罗尼亚历史上第一次形成了封闭的居住区,而加泰罗尼亚文化无法渗透到这些居住区或贫民窟。无政府主义团体得到了这些移民的支持,因为他们通常都会有复杂的文化融入问题,同时也缺少能够有力回应雇主打击的必要手段。

那时的西班牙正在滑向低谷,区域主义者联盟入主中央政府也无济于事。联盟试图利用对政府的支持换取通过一项新的《自治法》,以扩大加泰罗尼亚共同体有限的职权范围,但最后未能成功。普拉特·德·拉里巴去世之后,这个目标就更难实现了。普伊格·伊·卡达塔尔什接替了拉里巴的职位,但作为政治家,他远不像作为建筑师那么出色。他接任后,实现目标的可能性更小了。在摩洛哥的殖民政策也正在军队内部酝酿着一场危机,这场危机后来造成了严重的后果。

1921年7月,西班牙军队在摩洛哥北部里夫的安努阿尔遭到了惨败。近10 000名士兵丧生,但比这更可怕的是那些整天满口荣誉、责任和牺牲的军官们玩忽职守的事实。人们发现官方宣称装满武器和补给品的梅利利亚军用仓库实际上已是空空如也,因为包括将军在内的军官们将物品都卖给了里夫人,而后来里夫人正是用那些购买的物资来对付西班牙军队的。此外,还有传言说是阿方索十三世导致了惨剧的发生。他曾发电报给态度傲慢、不可一世的曼努埃尔·费尔南德斯·西尔维斯特将军,祝贺后者突袭里夫人成功,因为这次突袭是在没有掩护、没有计划、兵力分散的情况下进行的。国王似乎直截了当地对这位将军说:"西尔维斯特,真有种!"几天后,当成千上万的士兵在阿卢伊特被包围时,很可能是国王用一句话拒绝了里夫人提出的赎金要求,国王说:"不必多此一举了!"无论这句话是不是阿方索十三世说的,所有人都信以为真。发生了这样的惨案,必须要成立一个军事调查委员会。委员会由胡安·毕加索将军(确实是画家毕加索的亲戚)主持,负责调查这场灾难是如何发生的,军官们到底有哪些失职行为。在调查进行期间,先是有人想免去毕加索将军的职务,又有人想贿赂他,最后,还有人威胁他。但毕加索是一个正派人士,他一直都不受外界的干扰。毕加索和他的军事小组(事实上,后来在内战期间,该小组中还活着的人都被佛朗哥分子枪决)完成了报告并把它发给了国会。然而,又有人试图扣下这份文件,显然这是因为国王和高层军官都卷入其中。面对这种情况,1923年10月1日,国会召开了一次全体会议,并在会议上公开了这份报告。

普里莫·德·里维拉的独裁及1929年的国际博览会

得到国王的默许,军方决定不再容忍这样的事情发生。在阿方索十三世的支持下,他们提出三种不同的方案,试图发动政变。9月13日,最后胜出的是加泰罗尼亚军政官米盖尔·普里莫·德·里维拉提出的方案。普里莫·德·里维拉得到了区域主义者联盟和加泰罗尼亚中产阶级的广泛支持,中产阶级认为他是一个遵守已有社会秩序的人,可以遏制无政府主义工会的发展。他们还认为里维拉将军不反感加泰罗尼亚人,由他领导的政府在区域主义者联盟的支持下可以允许加泰罗尼亚通过共同体的形式维持一定的自治权。此外,他们认为普里莫·德·里维拉是一名改革家,最多过几周或几个月,他就会将权力归还给民事政府。谁也没有想到,中产阶级的想法其实大错特错。

从一开始,普里莫·德·里维拉的一个主要目标就是要除掉任何具有加泰罗尼亚特性的东西。首先,他禁止在教堂里使用加泰罗尼亚语,后来,这条禁令被推广到所有正式场合。他禁止跳萨尔达纳舞,攻击使用加泰罗尼亚语的私人协会,关闭了加泰罗尼亚无伴奏合唱团的场地。军事委员会非常重视教育监管,派检查员去检查在教室中是否还有人使用加泰罗尼亚语教学,哪怕是一个单词都不行。军事委员会甚至还解雇了加泰罗尼亚的老师,换上了卡斯蒂利亚的老师。最令人震惊、造成影响最大的一个事件,就是议会球场被关闭6个月,当时那里是巴塞罗那足球俱乐部的主场。

1925年6月14日,巴塞罗那足球俱乐部组织了一次向加泰罗尼亚无伴奏合唱团致意的比赛,这个合唱团曾在意大利进行过长期的巡回演出。在和木星队比赛休息的间隙,一支来自访问巴塞罗那的英国军舰的乐队表演了节目。英国人想表示友好,所以开始时演奏了西班牙国歌,他们误以为这样做能讨观众的欢心。结果,观众开始吹口哨、大声喊叫。于是,乐队又开始演奏《天佑国王》(那时英国在位的是国王而不是女王),观众开始鼓掌。政府立即就得到了消息,下令关闭球场并"请"巴塞罗那足球俱乐部的主席和创始人汉斯·坎佩尔离开西班牙。坎佩尔在瑞士待了6个月,被禁止回到巴塞罗那继续经营足球俱乐部。这件事令他非常难过,5年后,他自杀身亡,这很可能和此次事件有关。

普里莫·德·里维拉建立的政权极力推行极权主义。在他统治西班牙的时期,西班牙基本上处在停滞的状态。当时,法西斯军人刚刚控制了罗马,墨索里尼的统治也才拉开序幕。虽然里维拉对法西斯主义表示认同,但他想要的是另一种模式。里维拉这种极权独裁统治的证据,就是大部分机构、法律甚至是公职都于1939年内战佛朗哥取得胜利后才得到恢复。

1929年,在巴塞罗那举行的国际博览会是普里莫·德·里维拉及其追随者奉行的一致性特色的体现。从20世纪初开始,区域主义联盟及其重要人物都积极推动巴塞罗那尽可能多地举办国际展会,这主要是因为他们看到了1888年世界博览会给巴塞罗那带来的好处。此外,在区域主义联盟看来,这些展会都应该服务于更为有序的城市改造及扩建工程。自1888年世界博览会之后,塞尔达的计划就被搁置到了一边,但那次展会不仅令办实业的资产阶级眼界大开,也给他们带来了巨大的收益。最初,有人提议可以在休达德拉城堡再组织一次展会,一些为1888年世博会修建的建筑依然挺立在那儿。但开办展会的首要目的是要通过城市改造来做投机生意,所以在一个已经完成城市建设的区域办展会没有太大的意义。因此,有人提议重新启动塞尔达计划。该计划要在加泰罗尼亚荣耀广场周围建立巴塞罗那新的商业中心,但当时那个区域居住的人口数量并不多,同时,考虑到未来地铁也要通到那里,人们就把目光投向了巴塞罗那的另一个方向——蒙特惠奇山。

蒙特惠奇山基本上已经荒废了。山朝向大海的一侧被诺乌公墓所占据,虽然山顶上的城堡依然还在,但山朝向城市的一侧几乎什么都没有:那里到处是果园和泉水,巴塞罗那人会去散步、喝下午茶,那里还有数量繁多的简陋小屋,巴塞罗那最穷的人们就住在里面。当然,那里还有一个很大的优势:现有的铁路线为修建连接巴塞罗那市中心、奥斯塔弗兰克斯区以及更远的略夫雷加特河畔奥斯皮塔莱特的地铁提供了便利条件。因此,蒙特惠奇山最终成为要修建展会区的地方。

这次大会的官方名称是"国际电气工业博览会"。自1913年以来,市政府和巴塞罗那的劳动力都全身心地投入到此次展会的准备活动中。1920年,样品交易会开始了。但由于当时处在独裁统治下,一切都停了下来,因为没有政府的明确命令,什么事都不能做,而人们始终都没有等到这个命令。即便如此,1926年,巴塞罗那又重新启动了展会计划,因为当时普里莫·德·里维拉和意大利的法西斯主义站在了同一阵线,他推行了一项关于公共工程的政策,为将公共资金转移到个人手上打开了方便之门,这让他在西班牙遇到的障碍日渐增多,所以里维拉希望能恢复加泰罗尼亚对他的支持。于是,他批准巴塞罗那可以再举办一次类似于1888年世界博览会的国际展会,但规模要小一些;他还要求这次展会跟在塞维利亚召开的伊比利亚美洲博览会同时举行,目的是为了降低巴塞罗那展会可能引发的国际影响。

奇怪的是，这样的手段在多年以后又被再次使用。1992年，当巴塞罗那举办奥运会时，另一次世界博览会也同时在塞维利亚拉开帷幕。

展会区刚好在1923年夏天完工，也就是在独裁统治刚刚开始的时候。它的外观和现在相似，有着非常规则及雅致的花园，数条小路通往山上，这些小路总是试图让人们感觉不到是在爬山，沿途点缀有宏伟壮观的大楼，与周围小巧精致、功能性更强的私人建筑或机构驻地形成鲜明对比。那里有一些具有很强象征意义的重要元素（例如，坐落于展会区奥斯塔弗兰克斯区一侧入口处的那四根柱子，柱头是爱奥尼亚风格的，象征着加泰罗尼亚旗帜上的四条红色横纹），还有一个名为伊贝罗纳的休闲区，里面有一排排的房子，代表着伊比利亚半岛上的每个地方。

普里莫·德·里维拉到了巴塞罗那之后，改变了所有的一切。首先，他下令将柱子拆除；威尼斯双塔之所以被保留下来，是因为据说它们代表了西班牙国旗上的两条红色横纹（实际上在建造塔楼时，从没有人这么想过）；双塔前的广场被命名为西班牙广场，普里莫·德·里维拉希望在这个广场的中心建一座"西班牙民族"纪念碑，但后来这座纪念碑改为向环绕着伊比利亚半岛的三片海域致敬。最后，伊贝罗纳区被更名为西班牙村，增强了该区域建筑和风景的西班牙特色。西班牙村受到了普里莫·德·里维拉的青睐，他常在这里举办冗长的晚会。在晚会开始前，他还会找妓女来参加自己的私人聚会，这已经成为他的一种爱好。

展会是成功的，或者说是相对成功的。从民众的角度来说，展会当然是成功的：所有巴塞罗那人都涌向展会区，每天都把那里围得水泄不通；但从国际的角度讲，展会是失败的，因为当时恰好赶上了1929年的经济危机，这给展会造成了巨大影响。

1929年的展会给我们留下了很多东西，其中不乏一些宏伟的建筑,如蒙特惠奇魔幻喷泉,它用科技为我们带来奇幻美妙的感觉;由密斯·凡·德·罗专门为博览会设计的德国馆,成了当时最为时尚的建筑;展会的各个展馆;威尼斯塔楼和国家宫,后者目前是加泰罗尼亚国家艺术博物馆(MNAC)的所在地;希腊剧场和奥林匹克体育场。此外,还有一些普通建筑,如城市卫队总署大楼、考古博物馆、阿尔贝尼兹宫,其中阿尔贝尼兹宫曾接待过造访巴塞罗那的很多知名人士。总之,整个巴塞罗那的面貌焕然一新,许多街道铺设了柏油路面,很多广场上修建了花园,交通也得到了很大的改善。1920年,因考虑到要办展会,巴塞罗那还修建了埃尔普拉特机场。同时,也有很多小型工程破土动工,这些工程虽规模不大,却让现在的游客看起来赏心悦目,如加泰罗尼亚政府大楼和议会大楼之间的哥特桥、邮政大楼和弗兰西亚火车站。虽然这些建筑的外观总能让人联想到蛋糕的样子,但大家非常喜欢它们。

博览会结束时,里维拉的独裁统治也走向灭亡。普里莫·德·里维拉患有糖尿病,支持他的人也越来越少,他不得不在被撤职之前向国王提出辞职。当时的经济形势一团糟,没有人对独裁者普里莫·德·里维拉的愚蠢行为感到满意。他最终流亡巴黎,在那里度过了他人生的最后两个月。虽然几位年轻女士陪伴在旁,但跟病得这么重的男士在一起,能做的事情也不多了。

在普里莫·德·里维拉独裁统治期间,他不遗余力地压制加泰罗尼亚,这一做法激起了当地人民的加泰罗尼亚主义情绪。如果说此前加泰罗尼亚主义在大多数民众心中依然是一种模糊不清的感觉,那么对加泰罗尼亚语及最具加泰罗尼亚特色的活动的限制,让绝大多数加泰罗尼亚人的态度发生了转变。如果没有普里莫·里维拉无耻的独裁统治,强大的加泰罗尼亚共和左翼党也不会在几个月后诞生。里维拉的倒台让国王陷入了非常不利的处境,所有人都认为国王应该对发生的一切负责。之后，由军人领导的政府不断更迭，但他们都不知道如何解决西班牙的问题。

海市蜃楼般的加泰罗尼亚共和国

20世纪20年代的最后几年里，在巴塞罗那，已经能预见到现代性的爆发即将来临（即共和国的降生）。这种现代性随处可见，体现在各个领域。新世纪主义已经将目光投向了美国，而协约国在第一次世界大战中取胜更是让美国成为工业国家中的领头羊。加泰罗尼亚想成为美国，巴塞罗那想成为纽约。男男女女们开始改变着装，这种变化在普里莫·德·里维拉将军倒台之后变得更加明显，因为那时人们似乎是第一次觉得自己所期待的变化会很快变成现实。1924年，西班牙有了第一家广播电台——巴塞罗那广播电台——由一群饱含热情的人合伙创立。独裁统治迫使该电台将执照转让给一个名为联合电台的团体，该团体在几年后成为西班牙广播传媒公司（SER）。巴塞罗那广播电台的声音在各处传播，它成为那个正在经历变革的时代的鲜明标志。这种变革也体现在报刊媒体上。新一代记者达到了至今尚未被超越的最高水平，他们创办了大量的报纸和杂志。例如，1931年，一位美国《纽约时报》的通讯员劳伦斯·费尔斯沃思在抵达加泰罗尼亚不久后写道："我惊讶于在巴塞罗那看到如此之多的报纸。在一个像巴塞罗那这样拥有100万人口的城市中，报纸的数量至少是拥有700万人口的纽约的两倍。"此外，对于劳伦斯·费尔斯沃思而言，巴塞罗那的报纸"比我们的报纸更具个性"，而记者们又重新可以接收到大量的信息，甚至被信息所吞噬。

多梅内克·德·贝尔蒙就是一名这样的记者，他很可能是那一代伟大的记者中最优秀的一位：早上，他是公务员，这是他谋生的职业；

中午,他和其他记者同事一起吃午餐;下午,他在报社工作;晚上,他出去做报道,参加会议,与政治家共进晚餐……第二天,依然如此。多梅内克·德·贝尔蒙的笔名为多梅内克·巴耶罗拉,他什么都报道。他可能会装作走投无路急需贷款的样子去向一位逛妓院的放贷人求助,也可能会去跟兰布拉大街的乞丐坐上一会儿。除此之外,在他的报道中,我们还可以看到巴塞罗那是什么样子的。在一次报道中,他曾讲过自己应约陪法国人朱利安先生游历巴塞罗那的情景:

> 现在,我们漫步于哥伦布大道,这是整个巴塞罗那最具地中海风情的大道。高高的棕榈树上枝叶慵懒地低垂着,给街道增添了一丝东方的气息。港口的灯光、船上的桅杆、客轮上的烟囱、湿润的海风都给这条大道烙上了浓浓的地中海印记。从尼斯到马赛,从巴塞罗那到热那亚,坐落于这片蓝色海岸的那些美丽城市都拥有如此风格的海滨大道。

很美,不是吗?多梅内克·德·贝尔蒙只是众多杰出人物中的一员,其他人还有约瑟普·玛丽亚·普拉纳斯、哈维尔·本塔略、卡尔雷斯·辛特雷乌、约瑟普·普拉、阿维尔利·阿尔提斯、约瑟普·玛丽亚·拉多和伊蕾内·保罗。巴塞罗那的记者们经常在咖啡馆里聚会,他们在那里各抒己见,为即将发生的重要事件做思想上的准备。这即将发生的事件,就是君主专制的垮台和第二共和国的建立。

在普里莫·德·里维拉独裁期间,区域主义者联盟表现欠佳。之后,加泰罗尼亚的政治格局发生了很大变化。那时,再也不能认为加泰罗尼亚主义思潮是资产阶级性质的,因为加泰罗尼亚的大资产阶级想要的只是自保而已,他们一点都不关心全国性的计划。相对温和的左派人士则坚信必须以完全不同的方式来规划加泰罗尼亚的未来。如果要继续留在西班牙,就必须在不同的环境下生存，可能要在联邦共和国的体制下生存，只有这样，加泰罗尼亚才能拥有高度的自治权。提出这种想法甚至要求独立的人，就是弗兰塞斯克·玛西亚。

加泰罗尼亚的左派非常松散，1930年到1931年间的所有谈判，议题均集中在如何实现未来的联盟。同时，西班牙的共和派也希望能组织起来。1930年8月，《圣塞巴斯蒂安条约》签署，通过这个协议，所有西班牙中央政府的反对力量都团结一致，要推翻君主制并建立联邦共和国。加泰罗尼亚的情况最为复杂，引起了很多争论，也最难达成一致。最终，大家同意经加泰罗尼亚起草《自治法》，交由公民投票并在西班牙议会上进行讨论。

在无政府主义阵营中，推翻君主制的计划也在酝酿。全国劳工联盟虽然在独裁统治期间被取缔，但它一直维持地下活动。然而，这种活动方式使它的组织受到了严重破坏。1927年7月，无政府主义者中的强硬派在巴伦西亚成立了伊比利亚无政府主义者联盟（FAI）。从那时起，这些无政府主义者就和另一部分已跟左派达成协议以推翻君主制的无政府主义者展开了不懈的斗争。

1931年岁初，政府宣布将举行国会选举，但在此之前要在4月12日进行市政选举。这时的政府希望恢复独裁统治之前的状态，想回到一种不论对于君主制还是保守派都能采取宽容态度的民主状态。各个政党都在急着为这些选举做准备。加泰罗尼亚左派在恩典区共和协会及桑兹区的共和促进会召开了为期三天紧锣密鼓的会议，最后，他们决定组建一个新政党，由加泰罗尼亚国家党（玛西亚所在政党）、加泰罗尼亚共和党（孔帕尼斯所在政党）、《观点》周刊（霍安·尤伊）的部分职员及其他小型地方政治协会合并而成。这个政党叫做加泰罗尼亚共和左翼（ERC），虽然它实施左倾的行动纲领，但这个纲领却非常含糊，这主要是为了能够取悦构成这个政党的不同派别。这个政党既不是社会主义性质的,也不是社会民主性质的;既不是马克思主义性质的,也不是自由主义性质的。它是所有这些意识形态的集合,更像是欧美不同种类的进步主义运动,而不是一个具体的政党。这个新的政党中最具魅力的人物,是当选为主席的弗兰塞斯克·玛西亚。

4月的市政选举进行时,加泰罗尼亚共和左翼成立还不到一个月,因此,它对选举不太有把握。当时,在加泰罗尼亚,有可能获胜的是传统右翼政党区域主义者联盟,或是传统左翼政党加泰罗尼亚行动党。此外,和西班牙社会工党及激进党联合的左派、马克思主义左派人士及西班牙保守党也有机会获胜。没有人押注在加泰罗尼亚共和左翼身上,因为一个在选举前四个星期才刚刚诞生的政党似乎完全没有机会获得代表席位。然而,结果却让人大吃一惊,加泰罗尼亚共和左翼大获全胜。共和党人在巴塞罗那和整个加泰罗尼亚赢得了显著的胜利,路易斯·孔帕尼斯则成为巴塞罗那的新市长。

由于票数的统计工作进行得非常缓慢,到了4月13日,关于选举结果的流言越来越多。4月14日上午,选举结果最终揭晓,加泰罗尼亚共和左翼获胜。孔帕尼斯走向巴塞罗那市政厅,从身为勒洛思派的前市长手里接过了权杖。孔帕尼斯手拿权杖走出了市政厅的阳台,对聚集在那里的为数不多的民众宣告西班牙共和国成立,并下令升起了共和国的三色国旗。玛西亚很快就知道了这件事,他迅速赶到市政厅,并与孔帕尼斯争执起来。对于玛西亚来说,孔帕尼斯在宣布加泰罗尼亚共和国成立前先宣布西班牙共和国成立是不对的。但不管怎样,迫于形势,玛西亚穿过广场,朝着议会大楼(也就是现在的加泰罗尼亚政府大楼)走去。那个时候,已经有很多人涌入广场,他们也跟着玛西亚一起走向议会大楼。玛西亚对议会主席霍安·马鲁奎尔宣称他要占领市政大楼。为了维持尊严,马鲁奎尔回答说除

第十二章 一座崭新的城市

非使用武力,否则他不会交出市政大楼。而玛西亚懂得如何引导别人,他把手轻轻地放在马鲁奎尔的肩膀上,回答道:"就把这个动作当成是使用武力吧。"随后,玛西亚在加泰罗尼亚共和左翼一些领导人的陪同下走出阳台,宣布加泰罗尼亚共和国成立,它将成为伊比利亚联邦的一个部分。

大街上,一片欢欣鼓舞的气氛。人们带着加泰罗尼亚的旗帜和西班牙共和国国旗走出家门,涌上兰布拉大街。卖花的人看到了商机,所有由四朵花做成的花束(象征着加泰罗尼亚旗帜上四条红色横纹)及紫色的鲜花都被抢购一空(因为紫色是西班牙共和国国旗上新增加的颜色)。同一天,在马德里同样获得了胜利的共和党人也宣布共和国成立。在短短的几个小时内,共和国的成立就成了板上钉钉的事实。

几天后,气氛平静了下来。来自马德里的一个部长代表团(其中大多数人是加泰罗尼亚人)会见了玛西亚和加泰罗尼亚共和国的领导人,会谈的目的是要让玛西亚给之前所宣布的内容"打个折扣"。但这并非易事,因为玛西亚只是在履行大家不到一年前签署的《圣塞巴斯蒂安协议》而已。然而,加泰罗尼亚共和左翼还是一个非常脆弱的政党,它无法做到坚决反对马德里的主张。最后,玛西亚只能屈服。

加泰罗尼亚共和政府

加泰罗尼亚共和国夭折了,但必须要有一个新的机构来领导未来的自治。大家决定将这个机构命名为"加泰罗尼亚政府"(Generalitat),这个名字是在14世纪"讲礼仪者"佩德罗四世统治时期用来称呼加泰罗尼亚议会的。因此,玛西亚也从加泰罗尼亚共和国的总统变成了加泰罗尼亚政府的主席,但这个机构最初就是加泰罗尼亚共同体的起死回生。不管怎样,摆在玛西亚面前的是一片广阔的天地。此外,在6月的国会选举中,加泰罗尼亚共和左翼依然有很大的获胜机会。这个政党控制了加泰罗尼亚政府、巴塞罗那市政府以及西班牙共和国国会中加泰罗尼亚的议员席位。然而,最初的加泰罗尼亚政府只是个空壳,面对一大部分不肯妥协的西班牙议员,关于加泰罗尼亚在新西班牙中所扮演的角色的争论变得非常复杂,困难重重。

唯一得到巩固的机构只有市政府,但巴塞罗那市政府也存在着很大的问题:它负债累累。很多官员非常保守,他们当中有不少人是通过勒洛思派的人际关系获得工作职位的。此外,根据当时的传统,一个新政党进驻政府就意味着要用自己的亲信来替换大部分的工作人员。由此可见,开局并不平静。

尽管如此,重获新生的加泰罗尼亚政府想要开展的首要任务之一就是进行教育改革。因为资金不足,这项改革先在巴塞罗那进行,而改革的负责人当然就是巴塞罗那市政府。《自治法》于1932年投票通过,但西班牙议会对该项法律中规定的自治权进行了残酷地削减,几乎没有给加泰罗尼亚政府留出任何余地来对教育进行管理。不过,自治政府通过使用一些法律手段推进了教育改革。例如,自治政府在新议会对面的休达德拉城堡中的总督宫成立了一个学院。这个学院实施了一系列革命性的改革措施:男童和女童一起接受全面的教育;用加泰罗尼亚语进行教学;在对待学生和教学形式上完全采用世俗的方式;取消教科书。学院的负责人约瑟普·艾斯塔雷亚博士曾说过:

> 方法论原则中最重要的一点就是让教学的重心落在学生而不是老师身上。老师的任务只是纠正、测定水平,学生

必须尽一切努力来完善自己。学生不是无生命的物质,而是有生命的个体,他们要观察、实践、研究。他们应在完全意识不到老师的观察及引导的情况下自由地完成一切活动。

也就是说,这种理念提倡对学生既不进行惩罚,也不进行奖励。在这种理念的指导下,这个学院培养了一代教师,他们都成为共和时期加泰罗尼亚教育改革中的主角。

除了教学方式的改革,在加泰罗尼亚政府的支持下,市政厅还在巴塞罗那学校的创建上投入了大量的精力。例如,当时创建了奥西亚斯·马尔希学校和皮·伊·马尔卡尔学校等专科学院以及一些教育团体。此外,市政府还尽量为学校创造舒适的环境,如暖气、淋浴和良好的通风设施,这些都是当时大多数家庭不具备的。老师中间有很大一部分是女性,她们毕业于加泰罗尼亚共同体时期的师范学校。共和国建立后,女性的地位有了前所未见的提高,虽然程度有限。在很长一段时间里,共和国议会一直在讨论女性是否应享有选举权。但令人惊讶的是,反对女性拥有选举权的通常都是左派,因为他们认为女性更为保守,她们总会将选票投给右派。这简直是一派胡言,不过是他们没有任何根据的带有大男子主义的偏见。

尽管大男子主义在当时的社会普遍存在,但女性已经在社会上扮演了更为重要的角色。当时,有位年轻的姑娘名叫伊蕾内·保罗,她是最伟大的女性记者之一,是一位现代而又大胆的女孩。据说,她是20年代末在巴塞罗那第一位穿裤子的女性,即便不是第一个,也不会差太多。伊蕾内·保罗还是一位伟大的作家,她非常勇敢。当时,矿主经常虐待工人,不按劳动法规定办事,矿工们对此忍无可忍,于1932年发动罢工。伊蕾内·保罗毫不犹豫地就搬到上略夫雷加特河地区去进行跟踪报道。此外,伊蕾内·保罗不仅研究了势头强劲的法西斯主义,还投入了大量的时间到文化领域。在与文化圈人士交往的过程中,她经历了一件事,而这件事彻底改变了她的人生。

在诗人及剧作家费德里戈·加西亚·洛尔卡一次造访巴塞罗那之际,他创作的话剧《单身女子罗西塔》在位于拜伦街70号的学苑剧场上演。洛尔卡和当时著名的女演员玛尔格丽达·希尔古是好朋友,她就住在学苑剧场旁边,拜伦街66号底层。这个剧院非常特别,它曾经是马斯里艾拉兄弟的珠宝店,是兄弟二人让人仿照罗马时期巴希诺城塔贝尔山顶上的奥古斯都神庙修建的(这栋建筑物今天仍然还在,但已经基本上废弃了)。为了能获得采访洛尔卡的机会,伊蕾内·保罗和女演员玛尔格丽达·希尔古成了朋友。两人间的友谊不断升温,最后发展成爱情,至少对伊蕾内来说是这样。没人知道希尔古是否在某个时刻回应了伊蕾内,也没有人知道希尔古最终是否得知伊蕾内如此爱她。不管怎样,玛尔格丽达·希尔古被聘请去南美洲展开巡回演出。洛尔卡本应陪她一起去,但最终他退缩了,所以希尔古提议让伊蕾内·保罗陪她同行,在巡回演出中给她当助手(或者就像今天我们所说的,作为巡回演出的经纪人)。

伊蕾内·保罗离开了家人,放弃了新闻工作和她辛辛苦苦获得的社会地位,与心爱的人一起登上了开往美洲的船。当她们到达布宜诺斯艾利斯时,西班牙内战爆发,希尔古毅然决定留在美洲,因为她想等情况变得明了之后再做打算。伊蕾内·保罗只能设法将她的母亲和姐妹们接到阿根廷。后来,希尔古的公司解散,西班牙内战结束,伊蕾内却患上了严重的抑郁症。她的情况非常糟糕,1942年,她最终选择自杀。

共和国时期的加泰罗尼亚政府存在的时间很短,其实共和国也是如此,但两者相比,加泰罗尼亚政府存在的时间要短得多。从1931年4月至1932年9月间,加泰罗尼亚政府处于风雨飘摇的状态。随后,在被缩减的《自治法》框架下,加泰罗尼亚政府一直坚持到1934年

10月。此后，它被中止，直到 1936 年 2 月才得以恢复。同年 7 月，西班牙内战开始，加泰罗尼亚政府一直未能正常履行职能。如果说这还不够的话，1937 年 10 月末，当西班牙共和国政府将巴塞罗那变成国家首都时，加泰罗尼亚政府实际上已经名存实亡。虽然加泰罗尼亚政府存在的时间很短，也受到强烈打压，但这并不影响它在人们的脑海中留下深刻的印象。

1933 年 11 月，西班牙举行国会选举，右派势力赢得了胜利。这令加泰罗尼亚政府的运作变得更为复杂。仅在一个月后，也就是在 1933 年的圣诞节当天，弗兰塞斯克·玛西亚因腹膜炎在加泰罗尼亚政府大楼去世。他的死对加泰罗尼亚人的士气造成了严重打击。据史书记载，超过 100 万加泰罗尼亚人加入了玛西亚的送葬队伍，队伍的路线始于加泰罗尼亚政府大楼，途经凯旋门，之后前往蒙特惠奇山公墓。灵车后面跟着 120 辆载满鲜花的汽车，今天我们可以在位于桑乔·德·阿维拉街殡仪馆的灵车博物馆中看到这辆灵车。从那次葬礼之后，这辆车就一直没有再使用过，这一方面是为了向玛西亚表示尊重，另一方面也因为自上世纪 30 年代以来，加泰罗尼亚人的体型发生了很大的变化，这辆车已经放不下现在的棺材了。

内战前的紧张局势

当时主持议会的路易斯·孔帕尼斯接替了玛西亚，成为加泰罗尼亚政府的主席。孔帕尼斯虽然不像玛西亚那样具有超凡的魅力，但也毫不逊色。尽管他一直没有达到玛西亚的高度，但他是一位精明的律师，多年活跃在政治一线。从他第一天执政起，就一直和马德里政府针锋相对，马德里政府总试图削减加泰罗尼亚政府已少得可怜的权力，并在必要时以武力压制任何反对的声音。政府这种粗暴、专制的行为让西班牙左翼势力的中坚力量深信只有通过武装政变才能解决问题。此外,法西斯分子的气焰也越来越嚣张。前独裁者的儿子何塞·安东尼奥·普里莫·德·里维拉创建了"长枪党",该党得到西班牙各种见不得光的势力的支持。长枪党正式的行动不多,但拥有充足的资金支持。作为法西斯团体,它还可以得到各种武器。长枪党的成员们经常成群结队地出去,全副武装,四处挑衅,随意殴打妨碍他们的人。长枪党领袖的何塞·安东尼奥(他喜欢别人这么叫他)深知巴塞罗那对于他的计划的重要性。最初,他认为可以接近全国劳工联盟的某些领导人,拉他们为自己效力。但长枪党人与无政府主义工会成员经过几次接触之后,最终什么协议都没有达成。何塞·安东尼奥习惯了安逸的生活,当他到访巴塞罗那时,就住在位于贝尔卡拉街蕾赫娜酒店(这个酒店现在仍然对公众开放)。他还经常光顾"七扇门"餐厅,这是巴塞罗那最为传统和著名的餐厅之一。

西班牙的局势越来越紧张,紧绷的弦终于在1934年10月4日断裂了。那时,勒洛思已经在马德里站稳了脚跟,并把他的政党变成了一个无耻的右翼团体,他邀请了三位西班牙右翼自治联盟(CEDA)的部长组建政府。西班牙右翼自治联盟的领导人何塞·马利亚·吉尔·罗伯斯崇尚纳粹和法西斯体制。此外,像弗朗西斯科·佛朗哥将军一样,他也是军队的保护者。本已右倾的政府继续向右转,这直接引发了一次暴动,但显然暴动者们并不知道该如何支配自己的力量。

西班牙的左翼力量暗中联合,准备发动起义,虽然全国劳工联盟不支持,但加泰罗尼亚政府也决定加入。10月6日,拥护加泰罗尼亚政府的军队、几百名加泰罗尼亚自治警察、加泰罗尼亚国家党的几支小分队以及来自工商业人员自主裁决中心(CADCI,基本上都是行政人员和店员)的会员用极其有限的武器占领了巴塞罗那的战略要地。对于很多参加起义的人来说,这是他们第一次摸步枪或手枪。孔帕尼斯十分天真地认为情况会和两年前的 4 月 14 日一样,民众大受鼓舞并积极响应,但当时民众失望的情绪越来越强烈,积极性已经受到严重打击。

晚上 8 点 10 分,孔帕尼斯走出加泰罗尼亚政府大楼的阳台,发表了激情洋溢的讲话。他声称西班牙"所有的共和派力量和最先进的社会部门"都已经揭竿而起,加泰罗尼亚也不能置身事外。但这并不是真的,因为当时只有阿斯图里亚斯是这样,在西班牙的其他地方,起义仅在小范围内进行,而且只是昙花一现。像玛西亚一样,孔帕尼斯再次宣布西班牙联邦共和国加泰罗尼亚联邦成立,此举随后遭人指责,起义被定性为彻底的分裂主义。因此,西班牙左派并没有参与其中。最后,孔帕尼斯宣称:"大家各司其职,加泰罗尼亚及共和国在所有人的心中!"这是他令人印象最深刻的话语之一。

市长卡尔雷斯·皮·伊·松耶尔领导下的巴塞罗那市政府表示支持孔帕尼斯。市政府成员决定离开市政厅,穿过圣若梅广场,去加泰罗尼亚政府大楼与孔帕尼斯会合,但广场已经被军队占领。军事统领多梅内克·巴特将军已向马德里报告,正在等待指示。巴特将军不是反动派,他是一个严守纪律的人,虽然保守,但非常尊重法律。他是毕加索将军军事调查委员会的成员,梦想着能拥有一支纪律严明的专业军队。后来,因不支持 1936 年 7 月的政变,他被佛朗哥分子枪决。

马德里希望巴特调动一切力量对付叛乱分子,但遭到了巴特的拒绝,这并不是因为巴特同情孔帕尼斯,而是他认为这会导致毫无意义的屠杀。当天晚上,出现了几次冲突,其中最严重的事件发生在位于兰布拉大街的工商业人员自主裁决中心门前,那里的人们向包围他们的军队开枪,一位士官丧生。军队也开枪回击,三名工会会员中枪身亡。整个晚上,加泰罗尼亚政府都处在被包围的状态,巴特将军扛着巨大的压力,违抗了马德里下达的炮轰加泰罗尼亚政府大楼的命令。

最后,巴特下令开炮,但命令炮弹不装炸药。虽然加泰罗尼亚政府大楼没有受到多大损伤,但足以让加泰罗尼亚政府明白抵抗是无用的。加泰罗尼亚政府主席、所有政府及其他机构的职员均被逮捕,并被带上了"乌拉圭号"这座浮动的监狱。加泰罗尼亚政府被取缔,《自治法》也被停止使用。在接下来的几周,所有参与起义者(约2 500人)都接受了审判。孔帕尼斯被判处30年监禁,他被转移到加的斯的圣玛丽亚港监狱服刑。阿斯图里亚斯的形势更为严峻:佛朗哥领导的军团对起义进行了血腥的镇压,约4 000人被杀害。

加泰罗尼亚的政府机构也由军队或从马德里派来的官员控制。在1935年一整年里,巴塞罗那看似风平浪静,实则暗潮汹涌。中央政府针对加泰罗尼亚采取的无耻反动政策以及对工人阶级所施加的压力,最终让1933年未能实现的事情发生了:左派联合起来参加1936年2月的选举。在加泰罗尼亚,左翼阵线(西班牙有个类似的联盟被称为人民阵线)出现,它基本上联合了共和党左派以及从社会民主主义党派到马克思主义党派的一系列政党。而在另一个阵营中,也产生了一个联盟,即由区域主义者联盟领导的加泰罗尼亚秩序阵线,由卡洛斯派、君主专制派、反动派和勒洛思分子构成。然而,西班牙最终也未能形成一个类似的联盟,西班牙右翼自治联盟领导着一支纯粹的右翼力量(可以说已接近极右势力),而激进派则组成了另一个略显保守的联盟。

左翼势力在加泰罗尼亚取得了压倒性的胜利:在要选出的54个席位中,左翼阵线获得41个席位,秩序阵线获得13个席位。在巴塞罗那参加竞选的20个席位中,左翼获得16个席位,右翼获得4个席位。整个西班牙共有236个席位落入左翼势力手中,136个席位被右翼势力把持,59个席位落入在左右势力之间徘徊的政党手中。这样的结果使很多政治犯获得释放,其中就包括孔帕尼斯和他的政府成员,他们回到巴塞罗那并受到民众的欢迎。

新组成的议会以及加泰罗尼亚变化不大的权力分配都无法掩盖一个非常严重的问题:近年来的政治局面已经将人们的愤怒情绪推向了顶点。一大批左派和右派的议员随时准备以武力压制对方。加泰罗尼亚的左翼力量因受到民众支持而变得强大,他们与西班牙劳动者总联盟中的社会主义工会联系紧密,并一直保持着世俗及共和传统。而右翼势力,除了得到大多数军人的支持外,还得到了卡斯蒂利亚农业部门及西班牙其他大部分地区的支持。在这样的情况下,整个西班牙都充斥着要让一方压倒另一方的阴谋。左翼势力一直保有革命传统,特别是无政府主义工会会员,他们认为议会选举的游戏根本毫无用处,只不过是分散工人群众注意力从而让他们远离基本目标的把戏,只有社会革命才真正发挥作用。在右翼势力方面,虽然各个派系在自身直接利益上存在很大差异,但它们之间的联盟正在形成,这样做的目的是为了让得到法西斯势力及卡洛斯派支持的军队掌握政权。不论是左翼势力还是右翼势力(特别是右翼),都想让自己成为最终的胜利者。因此,他们都拼尽全力,不仅希望敌手直接从这个世界上消失得越多越好,也希望恐怖的气氛在那些残余分子中蔓延。

情况一天比一天紧张,而暗杀行动又让局势变得更加动荡不安。1936年4月28日,米盖尔·巴蒂亚和约瑟普·巴蒂亚兄弟在巴塞罗那被杀害。兄弟二人的家位于慕塔内尔街52号,当天下午,他们很早便离开了家。一群武装分子在等着他们,其中一些人坐在车里,另一些人躲在街角。当巴蒂亚兄弟走到慕塔内尔街与百人市政会大街相交处时,这些武装分子向他们开枪,两人当场死亡。是谁杀死了巴蒂亚兄弟?米盖尔曾是加泰罗尼亚政府警察的负责人,曾参加过多次警方的逮捕和追捕行动(他参加的次数太多,人们称其为"有种的上校"),这似乎可以解释他为什么遇袭。确切地说,是因为他曾下大力气追捕毒贩,这些毒贩对他进行了报复。此外,两兄弟都是有名的加泰罗尼亚主义者,他们曾在1934年10月发生的事件中起到了重要作用。因此,法西斯分子和反动派都可能是此次暗杀行动的幕后指使。这两人遇害还有其他更多的原因:两兄弟有时过于偏执和冲动,很多派别都看不惯他们。例如,他们与主席孔帕尼斯的关系非常糟糕,一部分原因是女人,因为孔帕尼斯和米盖尔·巴蒂亚对同一个女人感兴趣。难道是孔帕尼斯因嫉妒而起了杀心?另外,我们也不能忘了米盖尔是如何迫害伊比利亚无政府主义者联盟中那些顽固不化的恐怖分子的,这也可能是他遇袭的原因。

针对谋杀的调查立即开始,这次事件震惊了加泰罗尼亚社会。两人的尸体被停放在赫罗纳街3号,也就是加泰罗尼亚国家党的所在地。随后人们举行了非宗教性质的游行,将尸体送到墓地,很多人都参加了游行。虽然人们普遍认为是无政府主义者杀害了兄弟二人,但没人完全相信这一点。暗杀行动中使用的车在议会斜街和瓦勒塞普街相交的街角被发现。这种车是伊比利亚无政府主义者联盟的枪手最喜欢使用的,但这并不是确凿无疑的证据。在凶案发生三天后,记者约瑟普·马里亚·普拉纳斯直接控诉了那些无政府主义者,他写道:

> 作为一名记者,我可能犯了不严谨的错误,因为我大声说出了90%加泰罗尼亚人小声说的话。昨天很多朋友都来告诉我,我的坦诚会让我付出沉重的代价。但那些我的文章中提到的人们很可能知道,我这样说是有根据的。

他的话是有道理的。1936年8月,普拉纳斯这位有着坚定信念的民主党人被绑架。他被带到了阿拉巴萨达公路,无政府主义者在那儿朝他的头部开了几枪,将其杀害。

随后,伊比利亚无政府主义者联盟一个名叫胡斯托·布埃诺的著名枪手被捕,但后来他又获释,因为案件的证人们都陷入了莫名其妙的沉默。另一位记者阿维尔利·阿尔提斯,也就是蒂斯内尔,在《兰布拉报》上公布了关于此次凶案的大量细节,目标直指胡斯托·布埃诺和其他伊比利亚无政府主义者联盟的成员。7月6日,蒂斯内尔在编辑部接待了一次来访,而来访者正是胡斯托·布埃诺。蒂斯内尔本来以为布埃诺会在编辑部杀了他,但布埃诺却做了一件很奇怪的事:他详细地讲述了谋杀案的细节,讲完之后,布埃诺威胁蒂斯内尔,现在他已经了解了全部的真相,如果他将这一切公之于众的话,他应该很清楚在自己身上会发生什么事。蒂斯内尔勇敢地决定在第二天把一切昭告天下,他确实这么做了。自那以后,有人企图在乌尔奎那奥纳广场暗杀他,他不得不逃到巴黎。9月下旬,当蒂斯内尔回到巴塞罗那时,被人绑架并受到威胁,幸运的是,他未被杀害。

在这种情况下,蒂斯内尔选择去阿拉贡前线。他认为在战场上比在巴塞罗那的街头更安全。到了阿拉贡之后,一天,轮到他开运水车去给前线的战士送水。当他在一条狭窄的道路上行驶时,发现有一辆小坦克停在路上,挡住了他的去路。蒂斯内尔从卡车上下来,让坦克里的人把坦克开走。结果他大吃一惊,因为从坦克里出来正是胡斯托·布埃诺。后者也感到很惊讶,开心地对蒂斯内尔说:"瞧,如今我们在同一阵营,为了同一事业而战斗了。你开卡车,我开坦克,这是我们之间的唯一区别。战争之前是另外一回事,已经过去了。如果在以往我遇到你,我会开枪打死你,因为你罪有应得。但是现在不一样了,我们是朋友。我想告诉你,我的组织一直崇尚的东西就是胆量。这个东西你不仅有,而且还非常大!"蒂斯内尔松了一口气。

后来,布埃诺不得不逃离了加泰罗尼亚,因为他私吞了用于支持战斗的一笔钱,为了掩盖自己的欺诈行为,他杀死了几名无政府主义者。他组织了一个抢劫团伙,在法国南部活动。战争结束后,他回到巴塞罗那,在街头被认了出来,遂遭逮捕,最后在拉博塔刑场被执行枪决,那里就是今天世界论坛举行的地方。

1936年7月19日叛乱详录

1936年7月19日,巴塞罗那的大部分驻军占领了这座城市。巴塞罗那一直都在观望,因为军事叛乱于17日从摩洛哥开始,18日已延伸到伊比利亚半岛。因此,人们有理由相信叛乱很快会在巴塞罗那发生。公共秩序安全局局长弗雷德里克·埃斯科菲特制定了一项计划来阻止军队的行动。在计划中,他主要依靠加泰罗尼亚自治警察、突击警卫队(联邦警察),同时,他希望国民卫队也能站在他这边。然而,埃斯科菲能依靠的人实在太少了,但他们要面对的却是大约5 000名装备精良的士兵,而且这些士兵还配有火炮和机关枪。

通过当时的资料,我们可以看到叛乱进行的每一分钟。19日零时,军人们在巴塞罗那的营房中秘密完成了加入反对共和国政府的军事叛乱的准备工作。虽然加泰罗尼亚的军政官弗朗西斯科·拉诺·德·拉恩科门达曾多次下令阻止军人行动,但大多数军官都支持叛乱。在莱埃塔那大街的警察局里,弗雷德里克·埃斯科菲特让加泰罗尼亚自治警察、突击警卫队保持高度警惕,以防生变。街上有很多来自全国劳工联盟-伊比利亚无政府主义者联盟及其他工会组织的小分队和一部分武装力量在巡逻,他们一直监视着军营的动向。

凌晨1点,军营里不愿意参加政变的军官被俘。虽然军政官弗朗西斯科·拉诺·德·拉恩科门达加泰罗尼亚政府主席孔帕尼斯放心,但孔帕尼斯还是辗转难眠,凌晨2点左右,他与好友、当时的文化部长文图拉·加索尔走上了兰布拉大街。虽然那里很平静,但越来越多左翼政党的工人和武装分子已经开始聚集。

凌晨 4 点 15 分，巴塞罗那所有军营里的军人都宣布加入叛乱。在等待正式指挥曼努埃尔·戈代德·略皮斯将军从马洛卡赶来的这段时间里，骑兵将军阿尔瓦罗·费尔南德斯·布雷尔担任叛乱的临时指挥。政变的计划是要将巴塞罗那周围不同军营里的士兵都集中到市中心。15 分钟后，来自佩德拉尔韦斯步兵营的部队出发，他们沿对角线大道下行。很快，所有的工厂及港口的船只都拉响了汽笛以提醒民众。10 分钟后，埃斯科菲特命令加泰罗尼亚自治警察、突击警卫队根据先前制定的反政变计划迅速移动到巴塞罗那不同的战略要地。

凌晨 5 点，塔拉戈纳街军营的骑兵离开营地，前往西班牙广场。其中一个小分队沿着科尔塞卡街，向位于对角线大道和格拉西亚大道相交处的五金元花广场挺进。15 分钟之后，圣安德烈-德帕洛玛尔炮兵营的士兵也离开军营，穿过希伯伦谷地街区，朝市中心挺进。5 点 10 分，在对角线大街与巴尔梅斯街相交处的十字路口，佩德拉尔韦斯军营的主力部队被突击警卫队的一支小队拦截，经过一阵密集的射击后，军队四散而逃。10 分钟后，从科尔塞卡街赶来的骑兵小队在五金元花广场遭到了突击警卫队队员和一些平民的进攻，受到重创。被击溃的这两支队伍逃到了对角线大道和尤利亚街相交处街角上的圣衣会修道院，两股力量汇合后，战斗力有所加强。

巴塞罗那城里有很多工会会员带着自己的或是在枪支商店征用的武器赶到发生战斗的地点，加入加泰罗尼亚政府组织的武装力量。他们开始在整个巴塞罗那搭设街垒。直到早上 7 点，军队才有大规模的行动。塔拉戈纳街军营的军队占领了西班牙广场，由平行大街下来的众多小分队中的一支也到达了哥伦布广场。另一支小分队在加泰罗尼亚共和左翼总部遭遇密集的射击后，占领了大学广场，并架设了机关枪，长枪党人和武装的卡洛斯派分子也汇入了这支队伍。同时，由洛佩兹·瓦雷拉上校指挥的新村炮兵营部队离开军营，沿着伊卡里亚大道向王宫广场挺进，他们的目标是占领政府的所在地。

早上7点，孔帕尼斯转移到莱埃塔那大街的警察总署指挥工作，当时城里到处都有枪战发生。受到奥斯塔弗兰克斯区工人群众支持的突袭卫队在西班牙广场浴血奋战，最后歼灭了叛军。同时，加泰罗尼亚政府军在全国劳工联盟-伊比利亚无政府主义者联盟（组织基地在剧院拱门街）成员的帮助下，消灭了沿平行大道下来的一支纵队，但佩德拉尔韦斯步兵营的一支小分队成功到达了大学广场。随后，这支队伍继续向加泰罗尼亚广场挺进，他们虽然遭到了狙击手的伏击，但最终还是成功驻扎在加泰罗尼亚广场。不久之后，他们还出乎意料地占领了电信大楼、哥伦布酒店和其他建筑物。在司令部里，费尔南德斯·布雷尔一直在要求军政官参加政变，但没能成功。虽然布雷尔遭到了军政官的拒绝，却也不敢将其逮捕。

中午时分，一支突击警卫队的小分队在格兰德格拉西亚街上与一支沿格拉西亚大道下来的别动队遭遇，这支别动队原本要去增援盘踞在市中心各个广场的叛乱分子。经过一场激烈的战斗，突击警卫队迫使别动队撤退。同样，加泰罗尼亚政府军也在议会街与莱埃塔那大街相交的十字路口处挡住了来自赫罗纳街军营的一支纵队，他们本来要去乌尔奎那奥纳广场。摄影师阿古斯蒂·森特耶斯就是在这个十字路口拍摄了那张著名的照片。在照片中我们可以看到突袭卫队的战士们将一匹死去的战马当成射击时的射垛，朝叛军开枪。尽管突袭卫队奋力反抗，叛军还是成功地在格兰大道上架设了大炮和机关枪。

在滨海区，沿着伊卡里亚大道前进的炮兵纵队被突击警卫队和无政府主义者在街上搭设的街垒拦截。很多炮兵纵队的士兵在无政府主义者的游说下，放下了武器，洛佩兹·瓦雷拉被捕。到了11点半，可以说参与军事政变的军人在大多数地方都被击败了，只有在加泰罗尼亚广场和大学广场还有叛军在抵抗。但司令部依然掌握在叛军手中,他们在皇家造船厂军营的力量有所加强,并继续在圣衣会修道院进行防御。

中午时分,戈代德将军乘坐水上飞机降落在巴塞罗那码头。虽然戈代德将军中了枪,但当他一到司令部之后,就立刻下令逮捕了军政官弗朗西斯科·拉诺·德·拉恩科门达。很快,戈代德将军便确认普拉特领导的空军是不会支持他的,因为他们依然效忠于政府。他还同国民警卫队的负责人阿兰古伦将军通了电话,因为到那时为止,国民警卫队这支至关重要的力量尚未介入此次事件。结果,阿兰古伦拒绝支持政变。

下午2点,由艾斯科瓦尔上校指挥的国民警卫队的第一个团从政府大楼出发,沿莱埃塔那大街而上。当他们到达警察局门前时,艾斯科瓦尔上校立正面对站在阳台上的孔帕尼斯主席,向他表示愿意听命于埃斯科菲特将军。共和派的领导人们都松了一口气。国民警卫队参加了在加泰罗尼亚广场和大学广场上的战斗,在突击警卫队和穿越地铁隧道而来的工人支持下,他们最终赢得了维持共和国合法存在的战斗。

参加政变的军人最终在他们盘踞的大楼中投降。午后第一时间,在清晨俘获的大炮帮助下,国民警卫队、突击警卫队和工会会员组成的联合部队围攻了总司令部。经过长时间的战斗,司令部投降,戈代德将军被捕,但被群众从私刑拷打中解救出来。后来,他被带到孔帕尼斯面前,通过广播承认政变失败。戈代德和许多参加叛乱的军官被关押在"乌拉圭号"浮动监狱中,孔帕尼斯之前也曾被关在那里。大批士兵放弃抵抗,整个城市都充满了革命胜利的喜悦。

加泰罗尼亚反法西斯军人中央委员会

19日晚间,群众开始焚烧教堂和宗教场所。黎明时分,全国劳工联盟-伊比利亚无政府主义者联盟袭击了圣安德烈军营,缴获了大量武器和战争物资。埃斯科菲特派遣的突袭卫队小分队没有及时赶到,未能阻止事情的发生。上午,全国劳工联盟袭击了皇家造船厂和哥伦布军营,那里的军人防守严密,奋力反击,全国劳工联盟伤亡惨重,无政府主义领袖弗朗西斯科·阿斯卡索也在此次突袭中丧生。最终,皇家造船厂被攻陷,全国劳工联盟俘获了军营里所有的武器装备。手里掌握大量的武器及战斗的决心,让全国劳工联盟-伊比利亚无政府主义者联盟成为局势真正的主导者,它的作用超过其他政党和工会。听令于艾斯科瓦尔上校的国民警卫队,在无政府主义者的支持下占领了圣衣会修道院。之后,民众私自处决多位军人和宗教人士。到了下午,包括杜鲁蒂和加西亚·奥利维尔在内的20名全副武装的无政府主义领导人出现在加泰罗尼亚政府大楼。孔帕尼斯别无选择,只能接受成立反法西斯军人中央委员会,这个机构在之后的两个月里成为加泰罗尼亚真正的权力机构。

巴塞罗那的情况就是这样。在城市的中心区域,有数百人死亡,很多尸体躺在街道上。虽然政变已被加泰罗尼亚自治警察、突击警卫队以及最后一刻加入的国民警卫队瓦解,但无政府主义者领导着人民大众参与到战斗的第二阶段,导致巴塞罗那在很大程度被全国劳工联盟-伊比利亚无政府主义者联盟控制。在战斗结束后的一段日子里,局势走向并不明了。人们感到很迷茫,来自西班牙不同地区的消息也不像大家所期待的那么清晰。虽然效忠政府的力量在马德里以微弱的优势获得了胜利,但来自加那利群岛和摩洛哥的部队却在安达卢西亚开始了大规模的屠杀。非洲军团和正规军采用焦土政策,所到之处,不留活口,因为他们知道自己人数不多,只有速战速决,采用恐怖政策,才能取得胜利。原本计划的政变已经失败,或者说远远没有达到预定目标,这是确凿无疑的事实。原来的政变计划是通过两到三天的战斗,军队能够控制整个西班牙的政权。然而,事实却远不像他们想象的那样。

从理论上讲,巴塞罗那应该是共和国最稳固的地方,但实际情况并非如此。虽然政府机构都保留了自己原来的名字,但共和国的权力实际上已被层层分化。实权并不在通过民主选举产生的人手中,而是由有组织的武装团体掌控。

为了响应全国劳工联盟,特别是伊比利亚无政府主义者联盟的要求(其实也是响应各个政党的要求,但政党的要求所占比例不大),巴塞罗那开始出现武装巡逻队。他们有计划地进行拘捕行动,并暗杀那些他们认为与革命背道而驰的人。任何人都可能落入他们手中,从忠诚的教徒、神父到像约瑟普·马利亚·普拉纳斯这样的反无政府主义人士,从长枪党的支持者到卡洛斯派,无一幸免。

巡逻队不止一次对过去的恩怨进行报复。例如,所有与自由工会有关的人,也就是工会所雇用的枪手,都被以一种非常残酷的方式杀害。其中,最令人毛骨悚然的一个案例是:在格拉西亚大道和格兰大道相交的十字路口,一个人被绑在两辆汽车上,两辆汽车同时往相反的方向开,人被活活拽死。巡逻队采用的更为常见的方法,是将那些被抓捕的人带到随便哪个空旷、偏僻的地方(如阿拉巴萨达的公路或巴塞罗那公墓的墙边),一杀了之。

很多教堂被烧毁,教堂里存放的艺术珍品被付之一炬。同时,巴塞罗那所有教堂的教区记录也被烧毁,这些记录中有很多都可以追溯到中世纪时期。唯一被保留下来的只有松树圣母圣殿的教区记录,这多亏了加泰罗尼亚图书馆的图书管理员们的一次壮举——他们冒着枪林弹雨,穿越熊熊大火,从教堂的屋顶将古籍转移。

在这些恐怖的巡逻进行的同时,许多年轻的男性,甚至是一些女性,都自愿上前线参战。各个政党和工会组织民兵纵队开赴阿拉贡。其中大多数人是无政府主义者,但也有一些人来自一个新成立的政党——加泰罗尼亚统一社会党(PSUC)。后来,另外一个托洛茨基主义政党——马克思主义统一工人党(POUM)——也组织了民兵纵队,这个政党的领导人是知识分子安德烈·宁。加泰罗尼亚共和左翼也组织了玛西亚-孔帕尼斯纵队;年轻的加泰罗尼亚主义激进分子和山区的阿拉贡人还组织了比利牛斯山纵队,等等。从整体上讲,这些志愿者往往都是理想主义者,也是最具有建设性的人才,他们的离开对于巴塞罗那而言有害无益。

许多公司、机构和实体单位均被公有化。在某些情况下,公司或机构所有者或管理者都参与了公有化的过程,他们变成公司的技术人员。战争结束后,他们才收回了自己的财产。在这个过程中,人们的情绪逐渐地平静下来。加泰罗尼亚反法西斯军人中央委员会最终遏制了巡逻队在最初几周的野蛮行径,但它采用的方法给其他加泰罗尼亚人造成了严重的影响:委员会把巡逻队派去了阿拉贡前线的后方,而这些人又开始在普欧拉特和上德拉地区大开杀戒。

战争被拉长了。6月底,很多参加国际纵队的外国人组成的小分队开始抵达。其中有一位在12月26日抵达巴塞罗那,这便是英国作家乔治·奥威尔,也就是寓意深刻的《动物庄园》和《一九八四》这两部小说的作者。一个有着这样政治倾向的人,居然加入英国的一支信仰马克思主义的人士组成的队伍,奔赴加泰罗尼亚,投身于西班牙内战,似乎令人感到惊讶。实际上,奥威尔很快就对马克思主义统一工人党产生了好感,因为这些人都是当时马克思主义者中的非主流人群，推崇托洛茨基。在那些年里，加泰罗尼亚统一社会党才是斯大林主义的代表。战争结束前，奥威尔回到了英格兰并创作了《向加泰罗尼亚致敬》（1938年）。在书中，他讲述了内战中的巴塞罗那给他留下的印象：

> 这里没有私人汽车，因为所有的车都被征用了。电车、出租车和一大部分运输工具都被刷成红色和黑色。革命宣传板随处可见，宣传板上的红色和蓝色让墙上都洋溢着革命的热情，这也让墙上那些所剩无几的广告看上去像斑驳的泥块。沿着城市的主动脉兰布拉大街，人潮涌动，川流不息。喇叭几乎日夜不停地大声播放着革命歌曲。最令人惊讶的是人们的面貌。从表面上看，在这座城市里似乎已经没有富人阶层了。除了少数女性和外国人外，看不到衣着考究者。几乎每个人都穿着工作服、蓝色工服或某种改良款的民兵制服。一切都如此新奇和令人感动。

但并非一切都像这样充满了田园诗般的气息，奥威尔还曾提到：

> 巴塞罗那弥漫着令人窒息的战争气息。城市的卫生条件很差，一片破败和萧条的景象。道路和建筑物残破不堪；因为害怕空袭，晚上的街道黑得伸手不见五指；大多数商店的卫生状况也很糟糕，货品短缺，肉类稀缺，几乎买不到牛奶；煤炭、糖和汽油也供应不足；面包供给更是极为匮乏，买面包的队伍经常长达数百米。尽管如此，人们看起来都非常满足并充满希望，这真是令人敬佩。每个人都有工作，生活费用并不高；除了吉普赛人，几乎看不到真正的穷人，连一个乞丐都没有。最重要的是，大家都保有革命信念，对未来充满信心，有一种突然进入了一个平等、自由时代的感觉。

这种状态持续了一段时间。战争对共和派力量来说就是一场灾难,造成这种局面的部分(很小的一部分)原因是后方的混乱。社会主义者和共产主义者已在西班牙各地掌握领导权,而在加泰罗尼亚除外,那里是全国劳工联盟和马克思主义统一工人党的天下。1937年5月,这两个党派在巴塞罗那街头发生冲突,280人在战斗中丧生。被看成是共产党人中的异类的马克思主义统一工人党成员惨遭屠杀,他们不仅被剥夺了权力,甚至还被控叛乱罪。与此同时,无政府主义者的影响力也大幅下降。加泰罗尼亚统一社会党成为主导力量。那时,逐渐收回了加泰罗尼亚政府部分权力并能够实行一定程度自治的孔帕尼斯,再次被剥夺了控制公共秩序的权力,这是从战争开始时中央政府就一直想做的事。

轰炸下的巴塞罗那

在这样的情况下,巴塞罗那还经历了空袭。格尔尼卡和马德里已经遭受了可怕的空袭,但它们是靠近前线的两个城市。到那时为止,还没有出现过打击远离前线的城市那样的野蛮行径。佛朗哥先是得到了意大利空军和海军的支持,后来德国空军也为其提供帮助。他的策略是要打击地中海沿岸的主要城市。

巴塞罗那是地中海沿岸遭受空袭最多的城市,从1937年3月到1939年1月,它一共遭受过194次轰炸。其间,约2 500人死亡,3 200人受伤。虽然并没有统计过被毁坏的房屋数量,但有一些街区完全消失,还有一些不得不被拆除,因为那里已经变成了废墟。

在空袭开始前的一段时间里,巴塞罗那政府建造及修缮了约1 400个防空洞。地铁的隧道也被用来充当避难所,能容纳人数最多的是大学广场的地铁隧道。政府提前采取了各种保护措施:首先,当飞机来的时候,要通知市民,这并不是一件容易的事。这要通过海岸边靠无线电联系的小船,或者通过位于城市制高点上配有望远镜的瞭望台来实现。由于最初的空袭主要针对港口和自由贸易区,所以在蒙特惠奇山上架设了第一批防空炮,但这些炮根本没有起到任何作用。

此外,飞机很快就开始轰炸整座城市,从老城的中心到扩展区,包括恩典区、奥尔塔区、桑兹区和波布塞克区。造成数千人丧生的最密集的轰炸发生在1938年5月16日、17日和18日。意大利空军在没有征求佛朗哥意见的情况下,开始一步步地摧毁巴塞罗那。他们没有任何具体的目标,只是不停地制造恐怖气氛。17日,一枚炸弹偶然击中一辆在格兰大道上行驶的装有炸药的卡车,"双重爆炸"造成了数百人死亡。靠海的多栋建筑物倒塌,房屋里的人被掩埋在瓦砾之下。散落的弹片远远地飞出了格拉西亚大道,造成多人死亡。这种毫无节制的野蛮行径让教宗都忍无可忍,他要求贝尼托·墨索里尼停止杀戮行为。

1938年7月,埃布罗河战役开始,这给巴塞罗那带来了更多的苦难。除了饥饿之外,刚满17岁的年轻人也不得不上前线战斗,其中很多人再也没有回来。虽然巴塞罗那已经耗尽了所有,但仍对战役的结果翘首期待。共和党人一直都在观望,直到欧洲大战的爆发日渐临近。他们认为,如果法国和英国对德国开战,两国很可能还会进攻佛朗哥控制的西班牙,这就让共和党人有机会恢复共和国的地位。然而,事情并没有像他们设想的那样发展。9月底,《慕尼黑协议》签署,共和国也被宣判了死刑。

埃布罗河战役的失败带来的直接后果就是加泰罗尼亚沦陷。1939年岁初,佛朗哥的进攻已是势不可挡。1月22日,在一支由各个派别成员组成的驻守在巴塞罗那附近的军队保护下,加泰罗尼亚政府被迫开始流亡,和它一起出走的还有约45万人。在一个被永远铭记的异常寒冷的冬天,他们有如耶稣一样,走上了赴难的苦路。

佛朗哥的军队向巴塞罗那这座不设防的城市挺进。一些共产党领导人下令炸毁巴塞罗那,以免它落入敌人之手。幸运的是,接到莫斯科下达的要让巴塞罗那变成一地瓦砾这道命令的人,是加泰罗尼亚政府公共工程部的部长、共产党员米盖尔·塞拉·伊·帕米斯,他不但没有理会这个命令,还阻止了该计划的实施。

佛朗哥军队进入巴塞罗那

佛朗哥的军队本可以在1月23日或24日进入巴塞罗那,但他们还是决定等待。等待的意义在于:他们想在26日进城,这一天恰好是1641年卡斯蒂利亚军队遭遇惨烈失败的日子。选在26日进城,是对那次失败的一种报复。当纳瓦拉军队的指挥官、卡洛斯派人士何塞·索尔查卡将军到达蒂比达博山的瞭望台时,他俯瞰在自己脚下延伸的巴塞罗那。虽然是在战争时期,但城里的房屋、工厂、公园和街道依然充满生机,这让他非常惊讶。戴着贝雷帽的何塞·索尔查卡将军站在瞭望台上大声喊道:"我的上帝,怎么会这样?"

26日,坦克从对角线大道开进巴塞罗那。至今,那些依然在世的佛朗哥军队士兵还经常回忆起这一幕:人们都走出家门向进城的士兵欢呼。这是很有可能发生的,因为走上街头的一部分人是支持佛朗哥的,但更多的人只是为了庆祝战争的结束。当然,也不乏有很多人出来只是为了公开表示他们和共和国没有丝毫关系,以此来逃避马上就要到来的报复行动。

和军队一起进入巴塞罗那的还有在佛朗哥阵营里战斗的巴塞罗那人,其中就包括记者卡尔雷斯·森蒂斯。森蒂斯是共和国新一代记者中的一员,他在意识形态上比较靠近加泰罗尼亚行动党,这个政党是加泰罗尼亚共和左翼的盟友。1934年10月之后,森蒂斯与坎波变得亲近,内战爆发后,他们一起流亡国外。在流亡的过程中,他曾为佛朗哥的情报部门服务。他已经在佛朗哥体制中站稳了脚跟,在巴塞罗那被占领后不久,他回到那里并在《先锋报》上发表了一篇著名的文章,标题为《加泰罗尼亚的终结》。他在文中感慨:

> 加泰罗尼亚的这场革命多像是一部大型的"黑帮"电影!由犹太人撑起的好莱坞让此类电影风靡世界,而加泰罗尼亚是对美国"经典"之作的邪恶抄袭!我们大家都记得,巴塞罗那革命的最初表现就是那些从巴尔梅斯街的柏油路上呼啸而过的汽车,里面坐着手持帕拉贝鲁姆手枪的杀手,汽车刹车时发出极为刺耳的声音……那样的加泰罗尼亚已经不复存在,而真正的加泰罗尼亚就在今天获得重生。

新政府不遗余力地压制市民活动。大多数在战争中和暗杀有关的人都逃走了,而那些意志坚定者留了下来,他们坚信自己没有做过任何应该受到谴责的事情。

然而,新的政体显然不是这么认为的:首先,他们展开了肃清调查,以掌握每个人在共和国时期都参与了哪些事件。那些被认为曾以某种方式参加过加泰罗尼亚政府及共和国政府的人都被免职,通常他们被迫离开巴塞罗那,而最坏的情况是遭到监禁。此外,佛朗哥分子在采取报复措施和审判时,所采用的标准并不统一,也许他们是故意这么做的。很多人仅仅因为与加泰罗尼亚共和左翼或和全国劳工联盟有牵连就被枪决,而相同的情况,另一些人则没有受到任何惩罚就被释放了。佛朗哥分子的判断太过随意,但这样的方式却比有统一标准的严格执法更令人恐惧。

最具代表性的"清算"就是1940年10月15日对加泰罗尼亚政府主席路易斯·孔帕尼斯的处决。在德、法政府的默许下,孔帕尼斯在法国被佛朗哥的特务逮捕。在遭受了酷刑的折磨之后,孔帕尼斯被带回巴塞罗那的蒙特惠奇山城堡,他在那里接受了极为荒唐的审判并被判处死刑。在圣艾乌拉利娅城堡前的战壕里,孔帕尼斯赤脚踩在加泰罗尼亚的土地上大喊"为加泰罗尼亚而战!"随后,他被执行枪决。

除了流放、囚禁和处决这些直接的镇压方式外,还有更轻的惩罚,例如,没收战败方某些人的财产,通常这些财产被直接转到胜利方的某些人名下。有时,也会装模作样地拍卖这些资产,但只卖给那些佛朗哥体制内的成员。胜利方的一些家庭就以这种方式发了大财,这些人基本都是右翼势力。事实上,就连他们的后代都在继续享受着他们战后掠夺来的财富。

然而,对于那些没有特权可以享受的人们而言,日常生活是非常凄惨的。他们不得不忍饥挨饿,虽然不像战争期间那么惨,但也令人难以忍受。加泰罗尼亚语再次被禁止使用,一些人因在街上讲加泰罗尼亚语被佛朗哥的手下听到而惨遭毒打,这样的事屡见不鲜。教堂里也不能使用加泰罗尼亚语,因为教堂是佛朗哥思想的主要依托,佛朗哥政权通常被定义为国家天主教性质的政权,这是无可否认的事实。在佛朗哥统治的第一个十年里,灰色笼罩着巴塞罗那。因为害怕受到报复,没有人愿意成为那只出头鸟。在那段艰难的日子里,沉默、小心翼翼和徐而图之成为主要的生存法则。许多人让自己沉浸于家庭生活,或将自己封闭在一种私密的宗教生活中。

城市的面貌天翻地覆。破损的房屋被拆除,这不仅拓宽了主座教堂前的诺瓦广场,也使马德里城市广场的修建有了可能。同时,点缀着巴塞罗那的历史古迹也发生了变化。1936年,在对角线大道与格拉西亚大道相交处修建了一座方尖纪念碑(至今依然矗立在那里,人们因其酷似一支铅笔而称之为"铅笔纪念碑")。纪念碑旁边是一座献给皮·伊·马尔卡尔的共和国雕像,这尊雕像出自雕塑家约瑟普·维拉多马特之手，他用一位裸体女性来代表共和国。为了挑选安放在纪念碑旁的雕塑，巴塞罗那还举办过比赛，雕塑家弗雷德里克·马雷斯仅落后于维拉多马特，获得了第二名。正是因为这尊女性雕像以及献给诗人摩森·辛多·贝尔达格尔的纪念碑（位于对角线大道与圣胡安大道相交处），当巴塞罗那人约在这两个标志性建筑之间的地方见面时，他们往往会说"在某女士（共和国雕像）和某教士（贝尔达格尔的雕像）①之间的地方见"。

当佛朗哥军队占领巴塞罗那后，他们想拆除共和国雕像，但这并不是因为它的象征意义，而是因为它是个裸体女人。马雷斯非常机灵，他总是站在当权者的一边，他对自己的雕像进行了适当的修改，并立即将它展示给佛朗哥政府。他称自己的雕像代表了希腊胜利女神妮琪。此外，这座雕像的右臂展开，马雷斯解释说可以理解为女神在行法西斯军礼，佛朗哥政府对此表示非常满意。因此，原来的共和国雕像被换下，为了防止它遭到破坏，官员们把它藏在了仓库里。

几年后，创作了共和国雕像的约瑟普·维拉多马特被国民警卫队抓住了马脚。维拉多马特看不起马雷斯，曾公开指责马雷斯是法西斯分子和无耻之徒。那时，维拉多马特常往返于安道尔和巴塞罗那之间。他有一辆安道尔牌照的豪华汽车，出于法律原因，一年里他只能在西班牙境内开六个月。然而，他并没有遵守这一规定。一天，国民卫队将他拦下，没收了他的汽车。随后，维拉多马特向政府求助。他得到的答复很明确：如果他想拿回自己的车，就必须帮佛朗哥政府一个忙，雕刻一尊骑马的佛朗哥将军雕像。维拉多马特居然接受了这项任务（他可是坚定的左翼人士啊），这尊雕像曾在蒙特惠奇山城堡的院子里待了很多年。

---

① 摩森·辛多·贝尔达格尔是诗人也是教士。——译注

20 世纪 50 年代的移民

从 20 世纪 50 年代开始,巴塞罗那改变的原因和以往大不相同,来自安达卢西亚、埃斯特雷马杜拉、卡斯蒂利亚和加利西亚的移民成为它改变的重要原因。虽然加泰罗尼亚由于战争和流亡失去了很大一部分人口,但并没有完全丧失工业生产能力。加泰罗尼亚需要劳动力,在那些年里,几十万人来到这里,他们满足了这一需求。最初,他们生活在巴塞罗那的周边地区,住在随意搭建的简陋小屋里,这些地区条件艰苦,不适宜人类居住。1952 年,第 31 届国际圣餐大会在巴塞罗那举行,这次大会对于被国际社会孤立的佛朗哥政权来说无疑是一件礼物。当时,面对西班牙经济可能陷入瘫痪的状况,佛朗哥政权竭尽全力地想在世界上占有一席之地。为了会议的召开,巴塞罗那主教格雷戈里奥·莫德雷戈及佛朗哥政府的官员们推动在巴塞罗那北部的圣安德烈区建造 3 000 多套房屋的计划,这个地区也是从那时开始被称为会议区的。

来到巴塞罗那的移民很快发现自己无法在城里落脚,因此他们开始在周围以农业生产为主业的村庄寻找住处。也就是在那时,环绕着巴塞罗那的周边地带、略夫雷加特河畔奥斯皮塔莱特地区、科尔内利亚、圣科洛马-德格拉马内特、圣阿德里亚-德贝索斯等地区都得到了迅速发展。通常,这些涌进巴塞罗那的移民,家乡的生存条件非常艰苦,这不仅仅是经济的原因,也有政治因素的影响。在西班牙内陆地区,很多村庄被庄园主控制着,农民的生活条件极为艰难。于是,很多人都选择离开。在加泰罗尼亚,佛朗哥政权的统治与在安达卢西亚或加利西亚并无太大差异,但这里没有庄园主,有的是资产阶级。而资产阶级非常了解劳动关系应如何运作:虽然要通过对工人的经济剥削来实现利润，但也不能压榨工人个人及其家庭。虽然选择离开原居住地可能会面临一种"刚出虎穴、又入龙潭"的境遇，但大多数人宁愿去冒这个风险。此外，一般来说，巴塞罗那人可以很好地将真诚讨生活的移民跟来自佛朗哥体制内带着征服者气势的坐享其成者区分出来。实际上，在佛朗哥统治期间，大规模的工人斗争开始变成城镇居民的斗争，而在这些斗争中，加泰罗尼亚本地人和新来的移民并肩作战。在圣科洛马-德格拉马内特区这个几乎所有居民都讲卡斯蒂利亚语的地方，父母呼吁要让自己的孩子在学校里拥有讲加泰罗尼亚语的环境，这也成为值得一提的趣事。

对佛朗哥政权的回击

移民不断涌入巴塞罗那并在这里定居，与此同时，民众也开始表现出对佛朗哥政权的不满情绪。1951年，大规模民众抗议爆发，原因是巴塞罗那电车价格的上涨。当时，巴塞罗那电车的票价明显要比马德里贵得多。当年3月，政府宣布提高巴塞罗那电车票价，这样做的目的是为了用这笔钱来补贴马德里的新交通运输。这激怒了巴塞罗那人民，他们开始秘密散发传单，呼吁抵制电车。抗议活动在很短的时间内就被组织了起来，这让政府措手不及，不知该如何应对。最初，人们被用枪指着逼上了电车，但在3月12日，这样的强制行为最终导致了暴乱的爆发。人们自发地参加了示威游行，大家沿着莱埃塔那大街朝圣若梅广场走去，后因警察赶到，示威人群被驱散。一群抗议者朝坐落于格兰大街和尤利亚街相交处街角的丽兹酒店走去，并用石头砸了这家酒店。人们还让行驶在圣安东尼环道、罗塞略大街和穆塔内尔大街上的电车脱离了轨道。最后，警察介入并杀死了几名抗议者。然而，抵制电车的行动并没有结束。星期天，巴塞罗那足球俱乐部在议会球场有一场比赛,那天雨下得很大。政府要求多辆空着的电车停在议会球场门口等候,这样,当球迷们离开球场时,就可以看到对面的电车。即便这样,观看比赛的球迷也没人乘坐电车,所有人都冒着大雨步行回家。政府撤了省长和市长的职,并在巴塞罗那市民中展开大规模的搜捕行动。因为电车事件,一些人被判处死刑,一些人被判处多年监禁。

虽然抵制电车运动是一个孤立的事件,但它引发了一系列还击佛朗哥政权铁腕压制反对者的行动。20世纪50年代,学生、工人、文化及文学界人士、报界人士都以非常谨慎的方式反抗着佛朗哥的统治。颇为重要的一点是加泰罗尼亚教会中大部分人的转变,特别是在无等级教会中,它们开始支持人民、反对政府,虽然在开始阶段这种转变体现得并不明显。为了更好地稳定经济以引进外国资本,也为了更好地改善国际关系,特别是和美国的关系,佛朗哥政府不得不容忍了这样的情况,因为只有在反扑行动上表现得比十年前更为克制,它才能实现自己的目标。

1953年,西雅特工厂在自由贸易区开工。"西雅特"是工业部为了获得意大利菲亚特公司的许可并生产自己的车型而创造出的一个品牌。佛朗哥政府原本计划在巴利亚多利德开设西雅特工厂,但这一提议遭到了意大利人的拒绝。意大利人明确表示,如果工厂不建在巴塞罗那,他们将不授予西班牙生产许可证。佛朗哥政府虽然让步,但对这个计划的热情已经荡然无存。当西雅特生产的第二种型号的汽车"西雅特600"投放市场时,公司的发展达到了最为繁荣的时期。"西雅特600"极大地推动了加泰罗尼亚机动化的发展,这是史无前例的。在那个年代,想买这个型号的汽车要花一大笔钱,还必须有人推荐并为购买人担保。"西雅特600"不仅让在自由贸易区的西雅特工厂得到了飞速的发展,也养活了位于蒙特惠奇山墓地旁的整个自贸区。

20世纪60年代,佛朗哥虽然节节败退,但从未完全放弃令他脱颖而出的杀戮精神。佛朗哥和他的政府试图改变佛朗哥政体及独裁者的形象。从佛朗哥将军的着装上看,军人的特点越来越少;政府的官方消息也总是展示他家庭生活的场景,如看电视、钓鱼、参加开幕仪式,等等。相反,他签署死刑的场景却从未曝过光,其实这也是他非常喜欢的项目。

20世纪60年代是约瑟普·玛丽亚·波尔西奥雷斯担任巴塞罗那市长的年代。波尔西奥雷斯仍然是一位有争议的市长。目前,抛开他在政治上体现出的法西斯专制倾向不谈,很多人都认为总体上他做得不错,推动了巴塞罗那的积极转型;还有一些人虽然不否认他的闪光点,却对他的作为提出质疑,认为波尔西奥雷斯给巴塞罗那带来的一些变化至今还在让人们付出代价。

波尔西奥雷斯原来是一位公证员,出生于巴拉格尔,是主业团①的成员,他通过一次非常偶然的机会当上了市长。他从一开始就将自己的个人利益与将巴塞罗那建设成国际化大都市的愿望结合在一起。波尔西奥雷斯担任市长的时期也是大规模拆除城里房屋和古迹的时期,这样做的目的是为了能建造更多的公寓和办公室。因此,大型建筑公司总是对波尔西奥雷斯感恩戴德。波尔西奥雷斯市长依然保留着他的公证事务所,他在那里为很多公寓做了公证,而这些公寓都是在他的间接帮助下建成的。波尔西奥雷斯还准许扩大扩展区建筑所占用的空间。这项举措成为影响巴塞罗那市容的重要因素之一:原来一些已经非常体面的建筑上又加盖了两到三层。虽然这样做大大地提高了房屋的盈利能力,却可能永久地破坏了扩展区的建筑风貌。抛

---

① 主业团(拉丁语为Opus Dei),亦称为"圣十字架及主业社团"(Sanctae Crucis et Operis Dei; Prelature of the Holy Cross and Opus Dei),是一个隶属天主教会的自治性社团。——译注

开美学因素不谈,现今的一些城市规划学者认为这一举措是成功的,因为这使扩展区不仅仅只有办公室,空间的增加也让人口有所增加,这也是扩展区能一直保持丰厚商业利润的原因。可能是这样吧,但如果我们按这样的思路来想问题的话,或许市政府应该允许在所有的十字路口、加泰罗尼亚大道中间、扩展区的所有广场及所有市政府认为可以建造房屋的地方盖房子。

变化的风潮

巴塞罗那人民最终回应了波尔西奥雷斯,他们在20世纪70年代初就已经对任何与佛朗哥政府相关的事情不感兴趣了。示威游行虽然总被镇压,但一直持续不断。在佛朗哥统治的最后几年里,巴塞罗那市民们建立的协会越来越多,已经多到开始影响城市生活。此外,市政府的作为总是让人觉得荒唐可笑。1975年3月,也就是佛朗哥去世前的8个月,变革之风已吹得异常猛烈,让人无法忽视。就在这个时候,参加全体会议的26位市政府成员中有18位投票反对为加泰罗尼亚语的教学提供补贴。这次投票令全城一片哗然。后来,很多官员不得不公开道歉,这可不是一件寻常事。赶来"灭火"的巴塞罗那省长马丁·维拉解散了全体会议,试图平息抗议活动。

佛朗哥的死开启了一个新的时代。虽然佛朗哥的影响残存多年,但其实很多社会部门从很早以前就已经放眼于欧洲。20世纪70年代末,巴塞罗那的年轻人成为新风尚的领路人,而巴塞罗那很快就变成了很多欧洲年轻人心中的圣地。这些年轻人就是20世纪60年代曾推动植根于民俗传统的"新歌曲"运动的主力群体之传承者,是他们的姊妹或孩子。

从20世纪70年代末到20世纪80年代初,巴塞罗那的年轻人不仅开始欣赏自己，对自己评头论足，也开始欣赏巴塞罗那，并对整座城市评头论足。市政府由民主选举产生更是极大地推动了这场永不休止的公民辩论。在帕斯夸尔·马拉加尔的领导下，巴塞罗那开始不停地和自己展开辩论，尤其是在美学方面。人们热议建筑师奥利欧尔·博伊卡斯的团队给巴塞罗那带来的变化，谈论毫无人情味的广场，并讨论路灯的设计以及城市中美学方面的改变。马拉加尔向巴塞罗那人证明了自己是一位出色的市长，虽然他有时会略显冲动，但这恰恰是巴塞罗那人喜欢他的地方。正是马拉加尔提出了让巴塞罗那进行现代转型的伟大构想，他所实施的一项最重要的举措就是主办1992年奥林匹克运动会。马德里政府超强的运作能力（虽然最初是非常不情愿的）及当时的国际奥委会主席何塞·安东尼奥·萨马兰奇的帮助，让巴塞罗那最终成为举办奥运会的城市。

马拉加尔不希望在奥运会结束后巴塞罗那变成一座只剩下一堆华而不实的体育设施的废城。因此，在筹备奥运会时，他展现了自己超凡的能力。他不仅在巴塞罗那修建了一条外环线来疏解交通的压力，还让巴塞罗那得到了一个朝向大海的新区，即奥运村。他不仅趁机彻底清洁了巴塞罗那所有现代主义建筑的立面，还帮助所有的餐饮和服务业进行了升级改造。突然间，以前那个虽有魅力却不够舒适的巴塞罗那一跃成为国际旅游胜地之一。

自举办奥运会以来到现在的几十年里，巴塞罗那一直都是著名的旅游城市，但生活在一座挤满游客的城市里，也会让很多巴塞罗那人觉得自己才是外来客。虽然这么说可能有些夸张，但在某些街区里，和那些"入侵"的游客和平共处确实没有那么简单。最有代表性的例子就是巴塞罗内塔区，这个区一直都是经济水平一般的工人聚居的区域，但现在游客的进入却让这个区域所有商品的价格飞速上涨，远远超出了本地居民的承受能力。

进入 21 世纪，巴塞罗那又充满了斗志，或更确切地说，巴塞罗那又恢复了一直以来让自己大放异彩的斗志。近年来，巴塞罗那已经成为世界上举行过民众参与度最高的示威游行的城市，虽然这些游行都是以和平的方式进行的，却充满了为自身权益而战的热情。经历过科尔多瓦王国阿尔曼索尔入侵的巴塞罗那，成立了代表全城居民的百人市政会的巴塞罗那，遭受过瘟疫和动乱的巴塞罗那，从蒙特惠奇山之巅击溃入侵者的巴塞罗那，连续几个月坚守城池、令全世界钦佩的巴塞罗那，一次次与不公抗争的巴塞罗那，被视为火中玫瑰的巴塞罗那，挺身而出、手捧鲜花宣布共和国成立的巴塞罗那……现今，经历了风霜的巴塞罗那再次崛起，它的复兴可能至少再持续 2000 年。

致 谢

我已经当了50多年的巴塞罗那人,让我们暂且先这么说。在我生命的不同阶段,我和我的故乡之间一直保持着相对密切的关系。以我现在的年龄,我比我的同胞们更以自我为中心,更加随心所欲、自得其乐,可能每个人到了这个年纪都会有类似的感受。然而,从很久以前,我看待巴塞罗那的每条街道和巴塞罗那人民的方式就发生了变化。我开始慢慢地浸入到巴塞罗那的过去,我发觉它已经有了几千年的历史。我不知道是否所有的城市都一样,但巴塞罗那确实如此。有一条看不见但很结实的线,将21世纪的巴塞罗那人与各个年代的巴塞罗那人紧密联系在一起。巴希诺、巴切诺那、巴希卢那、巴塞罗那,它一直都是我的故乡,直到不久前,我才意识到这一点。我很高兴自己意识到这一点,也很高兴当自己每天在街上散步时,能更好地去欣赏这座城市。

这本书是我对巴塞罗那的爱的结晶。然而,如果没有别人的帮助,这部作品是无法完成的。首先,我要感谢我的编辑皮拉尔·贝尔特兰女士,感谢她在我充满疑虑和不安时,给予我理解,感谢她以无限的耐心不断地支持和鼓励我。我还要感谢艾乌赫尼·卡萨诺瓦,从一开始,他就在文献查找和插图搜集方面为我提供了很多帮助,这本书能够完成,他做出了巨大贡献。

由于篇幅有限,我不能一一列举那300多位我曾经参考过他们作品的历史学家的名字。虽然历史学家的工作一直都没有得到足够的重视,但如果没有这些人持之以恒的工作,像本书这样的作品是不可能完成的。为此,我对他们表示由衷的感谢。

然而,能完成这本书,我最应感谢的是所有巴塞罗那人,尤其是那些已经逝去的人们。我由衷地感谢那些我认识的、我爱的人们,例如,我的父亲,也由衷地感谢那些和我素不相识、但也被我爱着的人们,还有每一位在历史上的某一天曾漫步在巴塞罗那并深深地爱着她的人。

著作权合同登记号　图字：01-2018-2640
图书在版编目(CIP)数据

巴塞罗那传／(西)恩里克·卡尔佩纳著；王晨颖译．—北京：北京大学出版社，2021.3
ISBN 978-7-301-32016-7

I. ①巴… II. ①恩… ②王… III. ①城市史—巴塞罗那 IV. ①K955.15

中国版本图书馆 CIP 数据核字(2021)第 032775 号

书　　　名	巴塞罗那传
	BASAILUONA ZHUAN
著作责任者	〔西〕恩里克·卡尔佩纳　著　王晨颖　译
责任编辑	柯　恒
标准书号	ISBN 978-7-301-32016-7
出版发行	北京大学出版社
地　　　址	北京市海淀区成府路 205 号　100871
网　　　址	http://www.pup.cn　http://www.yandayuanzhao.com
电子信箱	yandayuanzhao@163.com
新浪微博	@北京大学出版社　@北大出版社燕大元照法律图书
电　　　话	邮购部 010-62752015　发行部 010-62750672
	编辑部 010-62117788
印　刷　者	涿州市星河印刷有限公司
经　销　者	新华书店
	850 毫米×1168 毫米　A5　21.25 印张　510 千字
	2021 年 3 月第 1 版　2021 年 3 月第 1 次印刷
定　　　价	118.00 元

未经许可，不得以任何方式复制或抄袭本书之部分或全部内容。
版权所有，侵权必究
举报电话：010-62752024　电子信箱：fd@pup.pku.edu.cn
图书如有印装质量问题，请与出版部联系，电话：010-62756370